Medienwechsel

KAD
MOS

Berliner {Programm} einer Medienwissenschaft 5.0

Herausgegeben von
Friedrich Kittler und Wolfgang Ernst

»Denn aus denselben Buchstaben sind Tragödie und Komödie« (Aristoteles)

Band 1

Christof Windgätter studierte Philosophie, Germanistik und Kulturwissenschaften in München, Los Angeles und Berlin. Arbeitet zur Zeit als Lehrbeauftragter an der Humboldt-Universität zu Berlin. Seine Forschungsschwerpunkte sind Sprachtheorie, Ästhetik, Wissenschafts- und Mediengeschichte.

Christof Windgätter

Medienwechsel

Vom Nutzen und Nachteil der Sprache für die Schrift

Kulturverlag Kadmos Berlin

Gedruckt mit Unterstützung der
Johanna und Fritz Buch Gedächtnisstiftung, Hamburg

Die Deutsche Bibliothek – CIP-Einheitsaufnahme

Die Deutsche Bibliothek verzeichnet diese Publikation in der
Deutschen Nationalbibliographie; detaillierte bibliographische
Daten sind im Internet unter http://dnb.ddb.de abrufbar

Internet: www.kulturverlag-kadmos.de
Umschlaggestaltung: j_e_s Berlin, unter Verwendung des
Seiltänzer-Bildes von Paul Klee
Gestaltung und Satz: kaleidogramm, Berlin
Druck: Oldenbourg
ISBN 3-86599-008-8

O scoică și câteva pietre
și un nume ciudat
pe care nu-l înțelege nimeni
și speranța mea de-a ajunge
să nu-l mai înțeleg nici eu într-o zi.

Octavian Paler

Inhaltsverzeichnis

AM UFER

AUF DEM MEER

Einleitung

HOFFMANN Wo geschrieben wird, ist der Schrecken nicht weit – das wird schon Kinderaugen spätestens beim *Struwwelpeter* klar, dessen IV. Geschichte nicht nur den »g r o ß e n   N i k o l a s« mit grimmigem Gesicht und erhobenem Zeigefinger vorstellt, sondern auch sein »großes Tintenfaß« (+ Gänsefeder), in dem er wenige Zeilen darauf das Lachen dreier Buben erstickt:

Der N i k o l a s wurde bös und wild, –
Du siehst es hier auf diesem Bild!
Er packte gleich die Buben fest,
Beim Arm, beim Kopf, bei Rock und West',
Den W i l h e l m und den L u d e w i g,
Den K a s p a r auch; der wehrte sich.
Er tunkt' sie in die Tinte tief,
Wie auch der Kaspar: Feuer! rief.
Bis über'n Kopf ins Tintenfaß
Tunkt sie der große N i k o l a s.[1]

Eine Geschichte von 1845; nicht weniger grausam als charakteristisch, denn erstens sind es zu dieser Zeit nur Männer, die (von Berufs wegen) schreiben, was deshalb zweitens kein Kinderspiel ist, drittens aber gelernt werden muss, obwohl doch viertens mit jeder Schrift zugleich etwas Unlebendiges, weil Atemloses in die Welt kommt. Am Ende der IV. *Struwwelpeter*-Geschichte jedenfalls stehen »Tintenbuben«, schwarz auf weiß; schon selber zu jenen Graphismen geworden, die sie bald auch in die unzählbaren Seiten ihrer Schulhefte eintragen werden: als dicke und dünne Federstriche in möglichst gleichmäßigen Zügen, als Bögen, Schlaufen und Verbindungslinien in ansehnlichen Proportionen.

Die Schauplätze

117, 249, 302, 366

Und hätten sie nicht so gelacht,
Hätt' N i k l a s sie nicht schwarz gemacht.

[1] HOFFMANN 1845, S. 18 ff.; das sind, ironisch genug, »lustige Geschichten mit 15 schön kolorierten Tafeln für Kinder von 3–6 Jahren«.

Nachdem »Müttermünder« Kinder zu Hause »sprechen machen«[2], kommen professionelle Männerhände, die sie das Schreiben lehren, die sie eintauchen in den Stoff, aus dem (Mitte des 19. Jahrhunderts) die Alphabete sind. Oder, von seiner anderen Seite: Es ist die Schreibschule, die in unserer Kultur ihre heranwachsenden Zöglinge mit einer ersten, sie ebenso initiierenden wie formierenden Todeserfahrung konfrontiert. Dann tatsächlich alphabetisiert 47,75,
zu sein und also zu schreiben, wird heißen, diese Erfahrung immer wieder 117,131
zu erneuern; in der Schwärze der Schrift sein Selbst: das Sein selbst, für Derrida: »l'être comme présence«, »sa proximité au logos«[3], zu verlieren.

NIETZSCHE Als im Juli 1862 ein gerade mal 18-jähriger Pastorensohn die »Strenge« des ehemaligen Fürsteninternates »Pforta« erlebt, verhält sich das nicht anders:

> In meiner Stube ist es todtenstill – meine Feder kratzt nur auf dem Papier – denn ich liebe es schreibend zu denken, da die Maschine noch nicht erfunden ist unsre Gedanken auf irgend einem Stoffe, unausgesprochen, ungeschrieben, abzuprägen. Vor mir ein Tintenfaß, um mein schwarzes Herz darin zu ersäufen, eine Scheere um mich an das Halsabschneiden zu gewöhnen, Manuscripte, um mich zu wischen und ein Nachttopf.[4]

Keine Frage: Was Nietzsche da in seiner Einsamkeit notiert, lässt Pförtner-Pädagogen und preußische Bildungsreformer alt aussehen, beschreibt es doch das Schreiben selbst, so wie sie immer es vergessen haben: als eine Handgreiflichkeit, die den Tod nicht nur voraussetzt, sondern einübt, die Gefühle nicht nur nicht in Werke überträgt, sondern ihre Produkte dem Schicksal von Fäkalien überlässt, die zwar alle notwendigen Schreibutensilien bei sich hat, aber nur, um sie im Ernstfall zu missbrauchen. Stille ist eingetreten, wo sonst das (Lehrer-)Wort herrscht; unterbrochen einzig vom Kratzen der Feder: dem Schreibakt in seiner klassischen Materialität.

Auf die Maschine nämlich, die Nietzsche sich zu dieser Zeit erträumt, muss er noch 20 Jahre warten. Bis zum 4. Februar 1882 ganz genau, als er in Genua, längst zum Ex-Philologen geworden, seine Malling-Hansen-Skrivekugle 180,216,
kauft und ausprobiert: eine kleine = leichte Reiseschreibmaschine, benannt 319,368

[2] Kittler 1985 b, S. 35 ff. Dort heißt es auch (auf S. 36 f., 41, 39): »Die unterweisende Mutter ist eine Erfindung von 1800«, bzw. »Ihre Positivität hat die mütterliche Unterweisung als Input elementarer Kulturtechniken« – »Spracherwerb«. Damit geraten sie »auf strategisch entscheidenden Posten.«

[3] Derrida 1967 a, S. 145, 31. »Ce que trahit l'écriture elle-même, dans son moment non phonétique, c'est la vie. Elle menace du même coup le souffle, l'esprit, l'histoire comme rapport à soi de l'esprit. Elle en est la fin, la finitude, la paralysie.« Ders. 1967 a, S. 40.

[4] Nietzsche, KSB 1, S. 17; BAW 2, S. 71 (= *Euphorion Cap. I.*).

nach ihrem dänischen Erfinder. Mit anderen Worten: Noch bevor solche Mechanisierung die (amtlichen, geschäftlichen und häuslichen) Schreibtische massenhaft erobert hat, ist Nietzsche den Weg von der Feder zur Tastatur, von der Skriptographie zur Typographie schon einmal gegangen – mit bescheidenem Erfolg, jedoch mit anhaltenden Folgen. Denn nicht nur fallen zum ersten Mal in der Geschichte Schreiben und Drucken in dieselben zwei Hände,[5] die dazu immer öfter Frauen gehören werden,[6] vielmehr schafft
38, 79, 236, 360 Nietzsche, durch Störungen beim Tastenspiel bewegt, auch den Sprung zur Medientheorie. Seither kann man wissen, dass beim »Worte-mache[n]«[7] noch sehr viel anderes geschieht, als Sinn, Bezeichnung oder Kommunikation im
37, 63, 162, 349 Namen ihrer Autoren.

Nachfolgend also wird es, historisch und systematisch zugleich, um den *Wechsel zweier Schreibszenen* gehen, den nicht nur Nietzsche wie niemand vor ihm erfahren und expliziert hat, sondern der sich auch mit jeweils zeitgenössischen Begriffen von Sprache auseinander setzt. Der Spielplan

Allerdings, solcher Medienwechsel muss eingeleitet werden:

So zeigt der *Erste Teil* dieser Arbeit, wie es gegen Ende des 19. Jahrhunderts überhaupt zur Frage nach der Sprache als ›Sprache‹ gekommen ist: Dass man ihre Funktionen entwertet hat, um ihr Funktionieren zu erkunden; dass man sie für keine Äußerung mehr halten wollte, um sich ihrer Äußerlichkeit zuzuwenden. Schon in Foucaults ›Archäologie der Humanwissenschaften‹ spielt diese Diskontinuität eine wichtige Rolle: Von ihr soll hier aus- und dann weitergegangen werden. Oder: Es ist nicht das Gleiche (weder materiell, noch praktisch, noch formal), was vor und was nach 1900 jeweils Sprache heißen konnte. Unselbstverständlichkeit ist seither ihr Status, deren Konsequenzen als Irritationen, aber auch als Versprechen bis in unsere Gegenwart reichen.

Dabei führt dieser *Erste Teil* nicht nur thematisch in die Arbeit ein, sondern zeigt genauso ihr literarisches bzw. theoretisches Umfeld an: Welche Texte herangezogen werden, um ihre Thesen darzustellen und aus welcher Theorietradition heraus (mit welcher Methodik) hier eine Aufmerksamkeit für Nietzsche vorbereitet wird.

[5] »The typewriter«, schreibt McLuhan 1964, S. 262, 260, »carried the Gutenberg technology into every nook and cranny of our culture and economy« bzw.: »The typewriter fuses composition and publication, causing an entirely new attitude to the written and printed word.«

[6] Vgl. Kittler 1986, S. 297: »Auch wenn im Zug der allgemeinen Alphabetisierung mehr und mehr Frauen die Buchstaben lernten, Lesenkönnen war noch nicht Schreibendürfen. Vor der Entwicklung der Schreibmaschine hatten Dichter, Sekretäre, Schriftsetzer alle dasselbe Geschlecht.«

[7] Nietzsche, NF, KSA 11, 29[55], S. 349.

Im *Zweiten* und *Dritten Teil* dann betreten Hegel und Saussure die Bühne. Dialektiker der eine, Semiologe der andere: als deutsche Sprachphilosophie und schweizer Systemlinguistik. So sind sie jeweils Beispiel für eine klassische und eine moderne Konzeption von Sprache; einschließlich ihrer Unterschiede. Denn während Hegel (in seiner *Phänomenologie* bzw. *Enzyklopädie*) noch Kategorien wie ›Geist‹, ›Ausdruck‹ oder ›Mitteilung‹ bemüht, gilt für Saussure (in seinem *Cours de linguistique générale*), dass er die Sprache an und für sich selbst beschreibt; ja mehr noch, dass er sich sein Objekt ›die Sprache‹ regelrecht erfindet.

Auf beide Autoren dagegen trifft zu, dass sie hier einer Auslese: einer ebenso strategischen wie selektiven Lektüre unterzogen werden. Statt Exegese oder Werkschau nämlich, ist es das Ziel, aus relevanten Textstellen eine Art Kulisse aufzubauen, vor der sich anschließend die Thesen zu Nietzsche umso deutlicher abheben lassen.

Diese Rolle übernimmt der *Vierte Teil*, der den zuerst Alt- und dann Ex-Philologen nicht nur als einen Pionier des mechanisierten Schreibens inszeniert, sondern gleichfalls zeigt, dass der Wechsel zur Maschine seine Vorstellungen von Sprache verändert hat.[8] Ging es Nietzsche in den 1870er Jahren um ›Rhetorik‹, ›Metaphern‹ und ›(griechische) Beredsamkeit‹, so ist er ab 1883 seinen Genueser Erfahrungen auch theoretisch gefolgt: Macht, Körper, Rauschen – aus der *Vorrede* des *Zarathustra* können diese Kategorien herausgelesen und konkret aufs neue Medium bezogen werden. Mit anderen Worten: *Bei Nietzsche wird aus der Frage nach der Sprache als ›Sprache‹ eine Frage nach dem Schreiben, der Schrift und ihren Schreibgeräten*. Oder, parallel dazu: Auf seinem Weg vom Baseler »Examinator« zur heimatlosen »Schriftstellerei« verlässt Nietzsche den Horizont sprachphilosophischer bzw. zeichentheoretischer Prämissen.[9] Er wird zur Kippfigur in einen Diskurs, den statt Namen Kulturtechniken tragen – nicht zuletzt dort, wo er über seine eigenen Schriften schreibt, an ihnen »ist etwas, das immer und immer meine Scham beleidigt: sie sind Abbilder eines leidenden unvollständigen, der nöthigsten Organe kaum mächtigen Geschöpfes«.

Berlin, im Februar 2006

[8] Das ist systematisch konsequent, historisch jedoch ein Rösselsprung – und also abseits linearisierter Genealogien: von *Hegel 1807* über *Saussure 1916* zu *Nietzsche 1882*. 57, 214, 244, 318

[9] Nietzsche, KSB 3, S. 83; KSB 5, S. 452. Das direkt folgende Zitat ders. KSB 6, S. 121 f.

Zur Textgestalt

LIEDE Aus Gründen, die in der Durchführung dieser Arbeit deutlich werden, verläuft der Zeit/Raum ihrer Beschreibungen in nicht-linearer Weise. Anstatt also Fließtext zu sein, Nachahmung jener sequenziellen Ordnung der Rede, orientiert am Leitfaden von Geschichte(n), sodass Wort auf Wort, Satz auf Satz, Seite auf Seite einander folgen müssen, unternimmt sie den Versuch, sich als ebenso diskrete wie differenzierte *Schrift-Szene* vorzustellen; das ist: ihr Auftritt als eine Art schwarz-weißer Corps de ballet – jeweils ausgebreitet auf dem Papier, zu konkreten Figuren gesetzt durch ihre Textsegmente. Schreibweisen

Hier deren Schema (als linke Seite) oder, wie es unter Bezugnahme aufs σχημάτιον (gr.) = ›Tanzfigur‹ auch heißen könnte, deren *Choreographie*:[1]

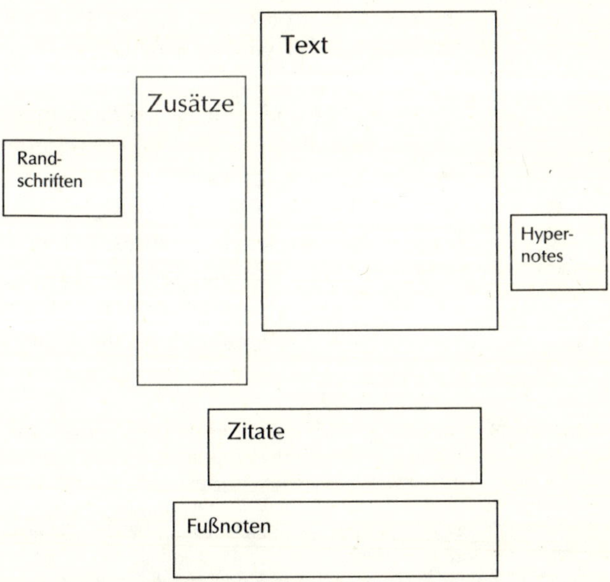

[1] Nicht zu verwechseln mit Sartres (abschätzig gemeinter) Formulierung vom »ballet de l'argumentation«, die das Medienpraktische der hier versuchten Choreographie verfehlt. SARTRE 1952, S. 388. Eher anzuschließen wäre da an LIEDE 1963-2, S. 75, der »getanzte Ana- →

Dazu die Segmente im Einzelnen, von denen manche zwar bekannt sind, denen hier jedoch, exponiert und ergänzt, eine darstellungspraktische Funktion zugewiesen wird:

Text	–	Stellt vor, was man üblicherweise als Haupttext bezeichnet (fachsprachl. = Mengentext bzw. Werksatz); das heißt: In diesem Segment werden die wichtigsten, weil laufenden Thesen und Theoriemomente verortet und beschrieben.
Zitate	–	Sind entweder in den ›Text‹ integriert oder (sofern ausführlicher zitiert wird, weil deren Formulierungen im jeweiligen Absatz eine prägende Rolle spielen) als eigenes Segment hervorgehoben. So zeigt sich ihre Ambivalenz zwischen Unterbrechung und Kontext, ehemaliger Lektüre und konkreter Einschreibung.
Fußnoten	–	Hier werden nicht nur bibliographische Angaben bereitgestellt, sondern zugleich Nebenthesen abgeleitet sowie Kommentare angeführt. Auch für anschließende Zitate und Literaturhinweise ist dies der Ort. In jedem Fall aber bilden sie ebenso choreographisch wie buchstäblich einen Subtext, der immer schon mitläuft.
Zusätze	–	Bieten Raum und Zeit für Anmerkungen, die weder im ›Text‹ noch in den ›Fußnoten‹ untergebracht werden können. Zumeist handelt es sich um Vor- oder Rückgriffe; aber auch Akzentuierungen und Ergänzungen außer der Reihe sind hier möglich.
Randschriften	–	Befinden sich als Marginalien neben den Segmenten ›Text‹ und weisen dort auf thematische Schwerpunkte hin. Anders als die Überschriften je-

gramme« als »B u c h s t a b e n b a l l e t t e« bezeichnet, um sie dann den »Gattungen der [keineswegs abschätzig gemeinten] Unsinnspoesie« zuzurechnen. Als Beispiel nennt er die Beschreibung einer »Buchstabenscharade« bei Dante, *Divina Comedia*, Paradiso 18. Gesang. Hinzuzufügen wäre da die »*Grammatikè theoría*« des Kallias; uraufgeführt ca. 430 v. Chr. im Athener Dionysos-Theater. Vgl. Svenbro 1988, S. 202 ff.: Ein Frauen-Chor stellt die 24 Buchstaben des ionischen Alphabetes vor. *Und so wie dort körperlich auf der Bühne, so soll hier druckgraphisch auf dem Papier Schriftlichkeit inszeniert werden.* »On va donc v o i r les lettres au théâtre [...].«

Im Anschluss an Wise 1998, S. 3, 5 könnte man freilich auch behaupten, dadurch wird ins Verhältnis gesetzt, was seit dem fünften vorchristlichen Jahrhundert ohnehin zusammengehört: Text und Theater, Alphabet und Aufführung; »historically speakng«: »the spread of literacy and [...] the invention of theatre in ancient Greece«.

doch, denen man im Verlauf des ›Textes‹ begegnet und die eher zum Eindruck von Vertikalität beitragen, stellen Randschriften horizontale Ausfallschritte dar: Merkmale einer parataktischen Ordnung.

Hypernotes – Sind Querverweise zwischen ausgesuchten (= unterstrichenen) Begriffen. Ans Ende versammelt und alphabetisch geordnet würden sie eine Art Index ergeben; sind hier aber, um ihre Wirkung bzw. Anwendung zu verstärken, den verschiedenen Segmenten an die Seite (= Bundsteg) gestellt. So soll explizit werden, was Texte buchstäblich immer schon sind: Geflechte.

Allerdings, die Inszenierung solcher Segmente will nicht nur phonographische und sequenzielle Vorurteile gegenüber der Schrift außer Kraft zu setzen, sondern versucht auch, die Darstellung nicht hinter dem Dargestellten, die *Textpraxis* nicht hinter der *Theoriebildung* zurückzulassen. Eine Sache ist es daher, auf die stilistisch-rhetorischen Aspekte der Schrift zu achten (auf Wortwahl, Tropen, Syntax usw.), eine andere jedoch, ihre medialen, in diesem Fall druckschriftlichen Strukturen zugleich performativ: durch Anordnung des Geschriebenen, hervorzuheben.

NIETZSCHE Auf diese Weise soll ein Leseverhalten erreicht werden, dass sich, von den jeweiligen Textfiguren aufgefordert, kreuz und quer, nach Leseweisen
14, 214, 235, 301 oben, unten, rechts und links übers Papier bewegt. Weshalb hier Sprünge, variable Rhythmen, Mehrspurigkeiten sowie Richtungs- und Geschwindigkeitswechsel viel wichtiger sind als üblich und also der stete, geradlinige Blick: jene deszendierende, an prosaischen Abläufen geschulte Rezeptionsform, die ohnehin nur noch um den Preis von Ahistorizität und Technikverachtung für selbstverständlich zu halten ist.[2] Mit anderen Worten: Kann die Inzenierung der folgenden Seiten als *figurativ* bezeichnet werden, dann ihr
70, 87, 144, 210 Lektüreangebot als *kombinatorisch*: ein Spiel mit heterogenen Segmenten und seinen Zwischenräumen.

Ohne Fließtext, heißt das, kein Lesefluss oder, indem Nietzsche ein erstes Mal zu Wort kommt:

[2] Gegen das Vorurteil, nicht-lineares Lesen bzw. Schreiben sei nur mit elektronischen Medien möglich und also »erst nach dem Ende der ›Gutenberg-Galaxis‹«, vgl. u.a. SCHÖN 2002, S. 80, 85ff., 95f., bzw. (für wissenschaftliche Drucksachen) CAHN 1997, S. 96, 102f.

[3] NIETZSCHE, FW, KSA 3, S. 633. Die direkt folgenden Zitate ders. KSB 5, S. 440; KSB 6, S. 207, 555; KSB 7, S. 116, 220.

> Man will nicht nur verstanden werden, wenn man schreibt, sondern ebenso gewiss auch nicht verstanden werden.[3]

Eine Formulierung, die schon 1887 keine Ausrede war für schlecht Geschriebenes, als vielmehr der Versuch, auf dessen Schriftlichkeit zu insistieren. Ist letztere der blinde Fleck in klassischen Verstehenslehren, ein »Viertel«-, »Halb«-, »Drei-Viertel« und schließlich »Siebenachtel-Blinder« hat ihn sichtbar gemacht. So wie man vom Baseler (Ex-)Philologen auch weiß, dass er seine Texte typographisch in der damals noch ungewohnten Antiqua, statt in Fraktur (das ist: in »lateinischen« statt in »deutschen Lettern«) gedruckt haben wollte – um von Gänsefüßchen, Sperrsatz, Klammern, Gedankenstrichen u.ä. 67, 232, 280, 322 vorerst zu schweigen.[4] Nietzsches Strategie jedenfalls, das Medium durch Störung seiner Medialität hervorzuheben, zieht sehr genau die Konsequenz 13, 57, 238, 372 aus der eigenen, in *Jenseits von Gut und Böse* gestellten Diagnose: Dass nämlich kein Leser mehr »einzelne Worte (oder gar Silben) einer Seite sämmtlich abliest«, sondern »er nimmt aus zwanzig Worten ungefähr fünf nach Zufall heraus und ›erräth‹ den zu diesen fünf Worten mutmaasslich zugehörigen Sinn.«[5]

Nicht anders das oben gezeigte Schema, denn was es an Unterbrechungen, Verweisen und Parataxen aufzubieten hat, will Lesegewohnheiten irritieren, die vor lauter Sorge um Sinn und Verstand das Schwarz auf Weiß der (Druck-)Schriften immer schon vergessen oder einfach voraussetzen. Worauf es hier ankommt ist also kein »extrahierendes Verfahren«: die Ansicht, man könne aus Zeichen »an sich amediale und in der Zeit stabile 25, 59, 170, 264 ›Informationen‹ [...] entnehmen«[6], als vielmehr eine *materialistische*, an den Schrift-Corpora selbst interessierte Lektüre.

BARTHES Dabei war Nietzsche in postklassischen Zeiten allenfalls der erste, nicht aber der einzige, der durch (choreo-)graphische Komplizierung seiner Texte zum buchstabierenden Hinsehen zwingen wollte. Ganz im Gegenteil, haben doch Anschläge auf die Routine von Leseraugen ab 1900 zunehmend Karriere gemacht. Mallarmés typo- und topographische Gedichte sind

[4] NIETZSCHE, KSB 8, S. 344; KSB 5, S. 350.

[5] NIETZSCHE, JGB, KSA 5, S. 113. Vgl auch ders. BAW 5, S. 268.
Eine Gewohnheit, die als »sakkadische Lesetechnik« bezeichnet wird: als »flüchtiger Blick, um von der tausendfach gesehenen Wortgestalt auf die mutmaßlich immer gleiche Bedeutung zu schließen« – nicht selten unter Mithilfe der Autoren und Verleger, die entweder durch ihren »Sprachgebrauch [...] jede irritierende Wendung vermeiden« oder durch die »immer gleiche Gestalt der gedruckten Type [...] das Wiedererkennen leicht machen«. FIETZ 1992, S. 336. Genauer noch ROMMEL 1988, S. 316 f. im Anschluss an den Psychophysiologen und »Erfinder der Dioptrie« Emile Javal.

[6] FIETZ 1992, S. 334.

dafür genauso ein Beispiel wie die Experimente von Morgenstern, Ball und Marinetti oder die Erfindung der Stefan-George-Schrift durch den
34,90, gleichnamigen Dichter.[7] Mit dem Ziel, dass auch der Leser kein Souverän
128,248 mehr ist des zu Lesenden. Radikaler noch wird dann 1973 bei Roland Barthes »l'illisible« als »l'utopie du Texte« bezeichnet:

> [On] détache la pulsion de l'écriture de l'imaginaire de la communication.[8]

88,187, Durchgeführte Unlesbarkeit also zeigte das Geschriebene in seiner Körper-
282,354 lichkeit: als bedrucktes Blätterwerk oder – Letternrauschen.

Außerdem gilt:

Namen (in Versalien)	–	Leiten im ›Text‹ die meisten Absätze ein. Auf diese Weise soll sich nicht nur die Heterogenität ihrer Quellen und Einflüsse, ihrer Kontexte und Traditionen erweisen, sondern auch, dass kein Phantasma des ›Ich schreibe‹ mehr gilt. Stattdessen: Namen sind hier Figuren auf einer Bühne, die sie schon deshalb nicht selber errichtet haben, weil sie ihnen vorhergeht.
Namen (in Kapitälchen)	–	Werden für Autoren in den bibliographischen Angaben der ›Fußnoten‹ verwendet: um sie als *dramatis personae* hervorzuheben und um (nicht zuletzt) die typographische Vielfalt der Arbeit zu erhöhen.
Fremdsprachen	–	Wenn möglich, werden Zitate den jeweiligen Originalquellen entnommen. Zunächst der philologischen Genauigkeit wegen, dann aber auch, um das (schon im Wort enthaltene) Entfremdungspotenzial zu nutzen. Würde man sie (trotz des *Glossars*) nicht in jedem Fall vollständig lesen und verstehen können, so das Kalkül, rückte einmal mehr ihre Materialität in den Vordergrund.

[7] Zu Einzelheiten vgl. Blanchot 1959, S. 285 ff. bzw. Kittler 1985 b, S. 324–333. Außerdem, über »visuelle Poesie« als »Experimentieren mit dem Materialcharakter der Sprache«, Wende 2002, S. 302 ff.: »Grammatische und semantische Normierungen werden außer Kraft gesetzt, konventionelle Textformen und syntaktische Konstruktionsmöglichkeiten werden negiert, Wörter und Buchstaben werden neuartig komponiert, und die sprachliche Form gewinnt gegenüber dem Inhalt an Bedeutung. [...] Von Interesse ist zuallererst die Sprache selbst, ihre Bauelemente und ihre Verknüpfungsstrategien.«

Dass solche aufs jeweilige Medium verweisenden Schreib- und Lesetechniken aber schon sehr viel früher, nämlich für barocke Figurengedichte (sog. »carmina figurata«) charakteristisch waren, zeigt Ernst 1985, S. 69 ff.

[8] Barthes 1973 a, S. 144.

Abbildungen – Davon gibt es nachfolgend zwei Arten: Jene der Farbtafeln, die als Dokumente direkt zur Theorie gehören und jene, die zwischendurch das Geschriebene ergänzen. Während der Text erstere beschreibt, wird er von letzteren selber kommentiert: Dass nämlich seine Theorie auch als Auseinandersetzung verschiedener Kugel- bzw. Kreisgestalten funktioniert: Vom σύμβολον der Griechen und Galileis monokularem Fernrohr über den Kreislauf des Geistes bei Hegel, das Zyklopenauge des Sokrates bis zur Saussure'schen Zeichen-Figur und Nietzsches Schreibkugel.

Jahreszahlen – Nennen in Zitatbelegen aus Büchern oder Artikeln deren Ersterscheinung, im Literaturverzeichnis (als Jahreszahl hinter dem Verlagsort) auch das Erscheinungsdatum der benutzten Ausgabe.

Interpunktionen – Sie gehorchen nicht in jedem Fall der Duden-Norm: vor allem Doppelpunkte und Semikola. Für Zitate gilt, dass sie unverändert übernommen werden, einschließlich ihrer Orthographie- und Zeichensetzungsfehler.

[ ] – Sie klammern Auslassungen (als drei Punkte) oder Ergänzungen (als Text) ein.

→ – Zeigt die Fortsetzung einer ›Fußnote‹ am Ende der folgenden Seite an.

Abc... – Das Buch ist in der von Hermann Zapf 1952 für die D. Stempel AG in Frankfurt/M. entworfenen und dort 1958 erschienenen *Optima*-Type gesetzt: Eine serifenlose Antiqua mit dynamischer Strichstärke, geschnitten im Verhältnis $\varphi = a : b = b : (a+b)$. Es wurde im Offset gedruckt: als Broschur 15 x 23 cm, leimgebunden, auf Werkdruckpapier *Alster,* 90g/qm.

AN LAND

ERSTER TEIL

Von der Sprache zur ›Sprache‹

FOUCAULT Es ist in unserer Kultur keineswegs so, dass Sprache immer schon und geradezu selbstverständlich ein Gegenstand der Befragung gewesen wäre. Viel eher trifft zu, dass sie die Aufmerksamkeit der verschiedensten auch theoretischen Aktivitäten erst seit relativ kurzer Zeit auf sich gezogen hat. Zweifellos und in Anbetracht aller Konsequenzen muss man davon ausgehen, dass die Frage nach der Sprache ihre Zeit hat.

Diskontinuität sprachlicher Ordnungen

Mit dem Zerbrechen der klassischen Ordnung im 19. Jahrhundert, das hat Michel Foucault in *Les mots et les choses* beschrieben, entsteht eine nachhaltige Unruhe über etwas, das dem Menschen bis dahin als seine Sprache vertraut und natürlich gewesen ist. Eine Unruhe, die nicht von fern an ihren Gegenstand herangetragen wurde, die nicht an einem Ort außerhalb der Sprache entstanden ist, sondern die sich in ihr selbst ereignet hat und von der man heute, im Rückblick, sagen kann, dass sie die Sprache selbst geworden ist.

Folgt man Foucault, und das soll hier zunächst geschehen, dann verlieren an jener historischen Grenze die Wörter ihren bis dahin gewohnten Stellenwert: In jenem Augenblick, in dem ihre Ordnung sich zu verschließen beginnt, werden sie zu etwas anderem. Deshalb bezieht sich die Unruhe über die Sprache auch nicht auf unübliche Bedeutungen, auf alternative Inhalte, die einzelne Wörter oder ganze Texte im Übergang zur Moderne allmählich annehmen und durch die sie sich dem Verständnis der Klassik entziehen. Weit entfernt, die Notwendigkeit einer modernen (oder gar postmodernen) Version der klassischen Sprache zu beschwören, geht es hier um den *Status selbst der Worte*. Es gibt kein gemeinsames, zugrunde liegendes Faktum, kein vorgezeichnetes Gebiet: die Sprache – und dann 31,55, 164,317 jeweils dessen klassische oder moderne oder postmoderne Interpretation. Es ist nicht so, dass eine bereits vollzogene Lektüre (eine bereits erworbene Datenmenge) nun eine neue Erklärung erhalten würde. Vielmehr kann heute eine ›Sprache‹ beschrieben werden, die in ihrer Konstituierung und Funktion gänzlich verschieden ist und die deshalb auch als ein neuer Gegenstand, der zugleich eine neue Gegenständlichkeit anzeigt, anerkannt werden muss. Was sich im 19. Jahrhundert zu verändern beginnt, so Foucault, ist der »mode d'être du langage«[1] – eine Diskontinuität, die sich zunächst im Schatten wissenschaftlich dominanter Disziplinen zugetragen hat, um dann, ein knappes Jahrhundert später, von literarischen und linguistischen Diskursen in besonderer Weise thematisiert zu werden.

Aus den Analysen Foucaults sind vor allem zwei komplexe Brennpunkte herauszulesen, an denen sich die Unruhe der klassischen Sprache und ihrer Ordnungsprinzipien entzünden konnte: zum einen das *Modell der Repräsentation*, zum anderen die *Funktion des Menschen*. Als Dispositive konnten beide für lange Zeit den Raum der Sprache definieren, bevor sich gegen Ende des 19. Jahrhunderts das Wissen vom Verlust ihrer fundamentalen Rolle ausgebreitet hat. Seither jedenfalls sah und sieht sich eine Vielzahl von Diskursen immer wieder zur expliziten Befragung der Sprache als Sprache herausgefordert. Einige dieser Diskurse werden im Folgenden in Szene gesetzt.

Die Philosophie der symbolischen Ordnung

Im Anschluss an *Les mots et les choses* zählt es zu den Voraussetzungen der klassischen Sprache, dass Wörter keine Gegenstände mehr sind: »comme une chose de nature«[2]; dass sie aufgehört haben, sich einträchtig und ohne Unterschied in die Ordnung der Dinge einzureihen: »à résider du côté du monde, parmi les plantes, les herbes, les pierres et les animaux«. Seit dem Beginn des 17. Jahrhunderts, heißt das, können die sichtbaren und hörbaren Gestalten der Welt nicht mehr selbst als sprachliche Signaturen, als »blasons, caractères, chiffres« oder »hiéroglyphes« verstanden werden.

Mit seiner »invectiva contra los libros de caballerías« als Parodie der alten Ordnung hat Miguel de Cervantes jene Grenze markiert.[3] Gedemütigt und zerbeult irrt sein Don Quijote durch eine Welt, die er nicht mehr versteht. Für ihn stellt das Bauernmädchen eine Prinzessin, die Schenke eine Burg und vierzig Windmühlen eine Horde schrecklicher Riesen dar. Ob »hidalgo sosegado« oder »caballero andante« – indem er Ritterbücher und Realität in eins setzt, indem er die Literatur mit dem Leben verwechselt, ist der stolze Held zur traurigen Gestalt geworden: »*el Caballero de la Triste Figura*«.

[1] Foucault 1966 a, S. 294.

[2] Foucault 1966 a, S. 50. Ebenso die direkt folgenden Zitate.
Die Formulierungen dieses Absatzes enthalten einen darüber hinaus nicht weiter zu verfolgenden Rückgriff auf das, was Foucault »La prose du monde«: die prosaische Welt des 16. Jahrhunderts nennt und die er als Vorgeschichte der klassischen Ordnung begreift.

[3] Cervantes 1605, S. 85. Die direkt folgenden Zitate S. 118, 214.

»Don Quichotte lit le monde pour démontrer les livres.«[4] Aber, die Welt ist nicht länger »un grand livre ouvert«: »l'écriture des choses«, deren Rätsel
149,164, 299 durch Nachbuchstabieren zu lösen wären. »L'écriture a cessé d'être la prose du monde.« Anstatt die Wörter weiterhin mit den Dingen zu vermischen oder, umgekehrt, die Dinge selber wie Wörter aufzulesen, anstatt also das Wissen auf die Ähnlichkeit: »la ressemblance«[5], von Wörtern und Dingen zurückzuführen: »à rapporter du langage à du langage«, sind es vielmehr jene sprachlichen Signaturen, die nun aus der Masse der Dinge hervortreten
18,69, 217,266 und als Zeichen: »les signes«, ein eigenes Profil gewinnen:

> Au seuil de l'âge classique, le signe cesse d'être une figure du monde. [...] en cette période la pensée cesse de se mouvoir dans l'élément de la ressemblance.[6]

Unterscheidung von Wort und Welt

Die Zeichen sind sich nicht mehr ähnlich und die Ähnlichkeiten besitzen nicht mehr den Status von Zeichen. Tatsächlich, so Foucault, haben die Wörter und die Dinge begonnen, sich vom jeweils anderen abzuheben. Aus ihren komplexen Verwicklungen, aus dem Spiel ihrer Verwandtschaften und Vergleiche, sind getrennte, einander gegenübergestellte Ordnungen geworden. Eine Neuerung, die sowohl den Status und das Funktionieren der Sprache als auch das Wissen über die Welt verändert. Denn nunmehr
53,62, 154,314 gilt, dass sich ihre Beziehung als bisher unbekannte Zweiteilung organisiert, in der die Zeichen auf deren eine, eben bezeichnende Seite verwiesen werden:

> La pensée par ressemblance [...] est remplacé par une organisation strictement binaire.[7]

Im frühen 17. Jahrhundert also beginnt durch eine *Umorganisation der abendländischen Kultur* (»cette grande discontinuité dans l'épistémè de la culture occidentale«) das Zeitalter der Klassik. Seither und wahrscheinlich

[4] Foucault 1966 a, S. 61. Die direkt folgenden Zitate S. 42, 49, 61.

[5] – das sind erstens: »la *convenientia*« (»le voisinage des lieux«), zweitens: »l'*aemulatio*« (»une sorte de convenance«, »une ressemblance sans contact«), drittens: »l'*analogie*« (»un nombre indéfini de parentés«) und viertens: »des *sympathies*« (»une instance du Même«, »le pouvoir d'assimiler, de rendre les choses identiques les unes aux autres, de les mêler«). Vgl. Foucault 1966 a, S. 32–39.
Die direkt folgenden Zitate S. 55.

[6] Foucault 1966 a, S. 72, 65.

[7] Foucault 1966 a, S. 78. Die direkt folgenden Zitate S. 13, 59. In diesem Zusammenhang heißt es auf S. 57 f. auch: »Depuis le stoïcisme, le système des signes dans le monde occidental avait été ternaire, puisqu'on y reconnaissait le signifiant, le signifié et la ›conjoncture‹ (le τύγχανον). A partir du XXe siècle, en revanche, la disposition des signes deviendra binaire, puisqu'on la définira avec Port-Royal, par la liaison d'un signifiant et d'un signifié. [...] La profonde appartenance du langage et du monde se trouve défaite.«

bis zum Ende des 18. Jahrhunderts wird Sprache als eine Anordnung von Zeichen verstanden: als »régime des signes«.

Tessera hospitalis. Vorder- und Rückseite. Aus: Tomasinus 1670, S. III.

Titelblatt (Detail) aus *De Tesseris Hospitalitatis* des Jacobus Philippus Tomasinus, Amsterdam 1670. Geschnitten von Abraham Bloteling.

Dabei bietet Foucaults Wortwahl einigen Anlass zur Verwechslung; hat er in *Les mots et les choses* doch unterschiedslos und quer durch all seine Analysen der Sprache hindurch von ›Zeichen‹ (= les signes) geschrieben. Der Unterschied aber soll an dieser Stelle gemacht werden, sodass der Begriff des *Zeichens* einem späteren Kapitel über Saussures *Cours de linguistique générale* vorbehalten bleibt, während er in den folgenden Abschnitten zur Klassik durch den des ›Symbols‹ ersetzt wird.

Im Falle Saussures dürfte sich diese Zuschreibung von selbst verstehen; immerhin hat der Genfer Professor die Sprache (»la langue«) als »système de signes« und dessen allgemeine Prinzipien unter dem Titel »Nature du signe linguistique« allererst definiert.[8] Aber auch die Nominierung des Symbols erweist sich hier als nahe liegend: Bereits dessen Etymologie nämlich zeigt, dass es im Anschluss ans griechische σύμβολον (lat. = ›tessera hospita- 55, 150,
lis‹) die beiden Hälften eines zerbrochenen Ringes meint, die zwischen 219, 301

[8] Saussure 1916, S. 33, 97.

Gastfreunden vergeben wurden, um bei späteren Begegnungen als wechselseitiges Erkennungsmerkmal zu dienen: indem sie dann wieder zu ihrem ursprünglichen Ganzen zusammengefügt werden: συμβάλλω.[9]

So entsteht die klassische Sprache in ihrer Struktur und ihrem Funktionieren aus einer Verdoppelung heraus; historisch und systematisch: Indem sie zuerst eine sehr viel ältere = griechische Kulturtechnik übernimmt und dann entlang einer vertikalen Achse – »la dimension profonde«, wie Roland Barthes sie beschreibt[10] – die natürlichen oder idealen Dinge mit einer zweiten = symbolischen Ordnung überzieht. Von nun an verläuft zwischen der Welt und den Wörtern eine Grenze, die diese sowohl voneinander trennt, will sagen *externalisiert,* als auch miteinander verbindet, will sagen *repräsentiert.* Eine Grenze also, an der das σύμβολον aufgeteilt wird, um es schließlich wieder zu versammeln, es einzusammeln. Da der Hausherr die eine Hälfte des Wissensringes seinem Gast überreicht, stiftet er die Möglichkeit der Rückkehr und des Wiedererkennens. Anders formuliert: Sein Gastgeschenk (die Verdoppelung, die Aufteilung usw.) funktioniert stets als Aufforderung zum Austausch, als Einleitung eines Kreislaufes, einer Zirkulation der Freundschaft. Die Wörter: die Welt. Weshalb das Symbol nicht zuletzt den Gehorsam der klassischen Sprache gegenüber dem *Gesetz der Äquivalenz* symbolisiert.

Mit der bisherigen Definition des Symbols ist bereits an dieser Stelle angedeutet, was erst im Kapitel über Hegel wirklich explizit werden kann: Dass jede in welcher Weise auch immer symbolisch organisierte Sprache gleichermaßen von einer *Ökonomie des Wissens* und einer *Zeitlichkeit als Geschichte* beherrscht wird.

KANT Externalisierung und Repräsentation also: Die Externalisierung der Sprache zum Dispositiv der Repräsentation.

[9] Vgl. Röttgers 1990, S. 34: »Symbole sind zerbrochene Ganzheiten, die füreinander zum Erkennungszeichen werden, indem sie den Bruch, d.h. eine individuelle Relation identifizierbar machen, zu jeder beliebigen Zeit, an jedem beliebigen Ort, aber eben nur im Zusammenfügen der durch den Bruch unverwechselbar individualisierten Teile.«

Nicht zu vergessen, dass σύμβολα zugleich jene münzähnlichen Marken aus Bronze, Blei oder Ton genannt wurden, die als Berechtigungszeichen für den Besuch der Volksversammlung, der Gerichtsverhandlung, des Theaters, Zirkus, Bades oder Bordells dienten. Mit eingeprägten Bildern bzw. Zahlenbuchstaben sind sie aber auch als Rechenmarken und Steuerzahlungsbelege verwendet worden. Ebenso wie ein σύμβολον der Beitrag ist, den jeder Teilnehmer zu den Kosten eines gemeinsamen Gelages beisteuert. Vgl. Kroll/Mittelhaus 1934-IV/A 1, S. 1089ff.; Ziegler (et al.) 1975-5, S. 443.

25, 170, 217, 319
[10] Barthes 1962, S. 207. Im Unterschied jedoch zu den ebenfalls zwei Seiten eines Zeichens, verbindet die beiden Ringhälften des Symbols eine »natürliche« und keine »arbiträre« Beziehung. Vgl. dazu auch Saussure 1916, S. 100f.

So hat das Hervortreten einer symbolisch organisierten Sprache dazu geführt, die Wissensproduktion mit Bezeichnungs- und Benennungsverfahren in Verbindung zu bringen. Im 16. Jahrhundert noch war man davon überzeugt, die Oberfläche der Erde selbst als ein Gefüge von Signaturen zu entziffern. In 31,63,
der Weise, in der die Dinge vorhanden waren, konnten sie direkt und unmit- 83,214
telbar als Sprache aufgelesen werden. Im Zeitalter der Klassik dagegen wird die Sprache allererst und jeweils durch einen Erkenntnisakt des Menschen hervorgebracht. Folglich sind ihre Symbole nicht einfach vorhanden, nicht einfach Dinge auf der Erde, die in aller Ruhe und Verschwiegenheit ihre Entzifferung erwarten, sondern in jedem Fall das Resultat einer Analyse: »Parce que l'esprit analyse, le signe apparaît.«[11] Sprache ist, was man als Wissen *über* die Welt sagen und schreiben kann; was hervortritt, indem sich menschliches Erkennen in Symbole transformiert: »Désormais c'est à l'intérieur de la connaissance que le signe commencera à signifier.«

Das aber ist zugleich die *Verschiebung* und die *Umkehrung* jener vorklassischen Verhältnisse: deren Verschiebung, indem die Signaturen zu Symbolen geworden sind; deren Umkehrung, indem die Symbole nicht mehr in die Masse der Dinge eingeordnet werden, sondern ihrerseits eine ordnende Funktion erfüllen; indem sie selbst nicht mehr der Welt zu entnehmen sind, sondern als deren überweltliche und also undingliche Gegenseite die Erkenntnis des Menschen beschließen. *Folglich führt die Externalisierung der Symbole zur Entmaterialisierung der Sprache.* Oder: »La raison occidentale entre dans l'âge du *jugement*.« Durch seine Zweiteilung impliziert das Symbol die Logik des Urteils. Kant wird dies in seiner *Kritik der reinen Vernunft* als begriffliche = mittelbare Erkenntnis von Gegenständen definieren und dementsprechend alle Handlungen des Verstandes auf Urteile zurückführen.

> Von den Begriffen [heißt es dort] kann nun der Verstand keinen anderen Gebrauch machen, als daß er dadurch urteilt.[12]

Was die kantische Erkenntnistheorie dabei voraussetzt, ist genau dies: Die Anerkennung der Wörter als Be-zeichnungen, die in dieser Funktion eine von den Dingen zu unterscheidende Ordnung darstellen. Denn ebenso wie die Objektivität juristischer Verfahren auf deren Distanz zu den Vorfällen beruht (der Richter muss gegenüber den Streitparteien jederzeit eine her-

[11] Foucault 1966a, S. 75. Die beiden folgenden Zitate S. 73, 75.

[12] Vgl. Kant 1781/87, A 68f. Vgl. auch B 350. In der philosophischen Literatur ist Kant vielleicht der prominenteste Vertreter eines solchen juridisch verfassten Diskurses. Bekanntlich verlangt er vom »Verfahren« der Kritik, dass es einen »Gerichtshof« einzusetzen habe, der »unparteilich« die »gerechten Ansprüche« der Vernunft nach ihren »ewigen und unwandelbaren Gesetzen« sichern soll. Angeklagt ist die traditionelle Metaphysik, deren »grundlose Anmaßungen« und »schwärmende Wißbegierde« dazu verleiten, die »Grenzen« möglicher Erfahrungen zu übertreten. Vgl. Kant 1781/87, A XIff., XXI, B XIII, XIX, XXII.

ausgehobene Position einnehmen), so hat sich nun auch die Sprache in einer urteilsfähigen Entfernung zu den Dingen niedergelassen: Sie hat eine wesentliche Differenz hergestellt zwischen den Symbolen, aus denen sie sich zusammensetzt, und einer nicht-symbolischen Ordnung.

Differenz als Wiederholung

FOUCAULT Diese Differenz jedoch, obwohl wesentlich, ist keineswegs absolut gesetzt worden. Ganz im Gegenteil: Gerade in der Klassik wurde die Herkunft des Symbols aus der griechischen Freundschaftslehre niemals verleugnet. Trotz der Entfernung der Wörter von den Dingen ist es stets darauf angekommen, zwischen beiden Seiten einen ebenso wesentlichen und notwendigen Zusammenhang: ›la liaison‹, wie bei Foucault gelesen, aufrechtzuerhalten. Scheidung und Entscheidung sind komplementäre Verfahren. Die beschriebene Externalisierung hat deshalb keine einsame, isolierte Sprache zur Folge: gleichsam losgelöst oder entwurzelt, als Ordnung nur für sich; vielmehr funktioniert die Differenzsetzung, die sie historisch
49, 162, 264, 284
etabliert (die Zweiteilung, Verdoppelung usw.) immer auch als »représentation«[13]; in ihrer klassischen Formel: *Aliquid stat pro aliquo – etwas steht für etwas anderes.* So wird die Sprache, alles Reden und Schreiben, zum Stellvertreter einer natürlichen oder idealen Ordnung; zur Wiederholung einer Präsenz, die sie selber nicht ist, die sie aber dennoch in ihrem Wesen zu symbolisieren vermag. Die Wörter sind die Dinge getreulich noch einmal. Ihre Abgrenzung hat sich in einer Weise vollzogen, durch die sie jederzeit die Entsprechung (eben den Austausch oder die Äquivalenz) des Heterogenen gewährleisten kann. Foucault schreibt:

> La *Logique de Port-Royal* le dit: »le signe enferme deux idées, l'une de la chose qui représente, l'autre de la chose représentée; et la nature consiste à exciter la première par le seconde.«[14]

GADAMER Dazu zwei Ergänzungen:

Erstens; für die Klassik gilt, dass sie ihre binär organisierte Sprachvorstellung nur durchsetzen konnte, indem sie das Hervortreten der Wörter zugleich an deren prinzipielle *Referenzialität* gebunden hat. Als Symbole

[13] FOUCAULT 1966 a, S. 72.

[14] FOUCAULT 1966 a, S. 78; darin: *Logique de Port-Royal*, 1683, 1re partie, chap. IV, Paris.
Wohl im Anschluss an Jacques LACAN (z.B. 1957, S. 497) beschreiben Gilles Deleuze und Félix Guattari diese Beziehung einer symbolischen zu einer nicht-symbolischen Ordnung (diese Zusammengehörigkeit der zunächst getrennten und aufgeteilten Hälften des σύμβολον) als »relation bi-univoque«. In: DELEUZE/GUATTARI 1980, S. 11. Man muss aber noch abwarten, was in einem späteren Abschnitt über Hegel dazu beigetragen werden kann, denn das Problem der Zweiteilung: die Externalisierung der Sprache zum Schema der Repräsentation, ist eines auch von Identität und Differenz.

(oder Repräsentationen) von etwas weisen die Wörter stets über sich und ihre Ordnung hinaus. In diesem Sinne hat Hans-Georg Gadamer noch 1981 geschrieben:

> Sprache und Schrift bestehen immer in ihrer Verweisung. Sie *sind* nicht, sondern sie *meinen*.[15]

Das impliziert, für Produzenten und Rezipienten gleichermaßen, die Aufforderung, durch die Symbolisierungen der Sprache hindurch die Ordnung der Referenten in den Blick zu bekommen: »En sa perfection«, kann deshalb Foucault im Rückblick konstatieren, »le système des signes, c'est ce langage simple, absolument transparent qui est capable de nommer l'élémentaire.«[16] Im Horizont einer repräsentationalistischen Sprache müssen sich Reden und Texte durch ihren vertikalen Bezug zum Wesen der Dinge rechtfertigen. Die Externalität der Symbole und deren Transparenz sind füreinander unerlässlich: Hervorgehoben und dennoch durchsichtig – solchermaßen wurde eine Ordnung etabliert, die sich nicht nur durch ihre Abgrenzung von den Dingen konstituiert, sondern die, komplementär dazu, auch ihre Überschreitung, oder besser: ihre verständige Durchdringung als Grundgesetz aufgerichtet hat. Nur indem Sprache ihrerseits unsichtbar blieb (ohne materielle Dichte), konnte sie etwas anderes (ihr Anderes: die zweite Hälfte des Ringes) sichtbar werden lassen. Durch ihren »réseau incolore«[18] hindurch, in der Tiefe ihrer Symbolisierungen, sollte das Sein der Dinge identifiziert werden. 38, 234, 262, 296

»Ich kann das W o r t so hoch unmöglich schätzen«[17]; mit diesem Ausruf hatte bereits der Doktor Faust seine *Wendung vom Buchstaben zum Geist* vollzogen. Als dessen später Berufsgenosse bestätigt Gadamer, dass für die Interpretation dasjenige, »was in einem Text mitgeteilt wird, [...] das einzige ist, worauf

Zweitens und im Anschluss daran: Die neue Ordnung der Sprache verlangt auch neue Methoden des Lesens; soll heißen, anstatt Symbole noch wie Signaturen zu entziffern, anstatt sie

[15] So Gadamer 1981, S. 51, der doch schon bei seinem ehemaligen Lehrer die eigene Verspätung hätte nachlesen können. Mit Blick nämlich auf das 19. Jahrhundert und einen Text Wilhelm von Humboldts schreibt Heidegger, dass dessen »Weg zur Sprache nicht [...] von der Sprache als der Sprache« bestimmt wird, sondern »durch die Sprache hindurch auf anderes führt«. Heidegger 1959, S. 248 f.

[16] Foucault 1966 a, S. 76. Gleichzeitig aber gilt: »Le signe dans la pensée classique n'efface pas les distances, et n'abolit pas le temps: au contraire, il permet de les dérouler et de les parcourir pas à pas. Par lui les choses deviennent distinctes, se conservent en leur identité, se dénouent et se lient.« Ders. 1966 a, S. 75.

[17] Goethe 1806, S. 174. Zum »epistemologischen Schnitt« der faustischen »Übersetzung« als neuer »Textumgangsform« vgl. Kittler 1985 b, S. 15 ff.

[18] Foucault 1966 a, S. 321.

in buchstäblicher Weise aufzulesen, profiliert
23,164, 297,359 sich die *Klassik als Epoche der Interpretation*. Eine Veränderung, über die Gadamer zweifellos zu Recht geschrieben hat, dass sie »das allgemeine Verhältnis der Menschen zueinander und zur Welt betrifft«[19], von der im Folgenden jedoch behauptet werden soll, dass sich dazu allererst deren Verhalten zur Sprache verändern musste. Der »Begriff Interpretation« benennt deshalb (und diesmal gegen Gadamer) keine »grundlegende Ausstattung des Menschen« mehr, keine »kategoriale Grundbestimmung« mit »universalem Anspruch«, vielmehr den ebenso systemkonformen wie systematischen Effekt einer Umorganisation der abendländischen Kultur. Interpretation als Verhältnis zur Sprache ist ein Reflex auf Dispositionen, die sie selber nicht interpretieren kann. Nur im Zeit/Raum ihrer klassisch gewendeten Ordnung nämlich war es überhaupt möglich, jene Palette von Erkenntnis- und Verstehenstechniken zu entwickeln, die, bei aller internen Vielfalt, stets die Auffassung von Sprache als einer symbolischen Ordnung und der Symbole als Repräsentationen zur Voraussetzung hatten. These also ist, dass Interpretation als ein historisch und kulturell kodierter Blick auf Sprache
28,66, 214,322 beschrieben werden muss, der durch die Oberfläche und Äußerlichkeit der Wörter hindurch zu einem verbindlichen Wissen über das Wesen der Dinge vordringen will. Daher auch Gadamers Hinweis auf die Etymologie: »*interpres*«, (lat.) = ›Übersetzer‹, ›Vermittler‹, ›Erklärer‹; derjenige, der sich über die »Barriere einer fremden Sprache« hinwegsetzt und deren »Kunde auf ihre ursprüngliche Authentizität [ihr »richtiges Verständnis«] zurückführt«; der sich nicht bei »schriftlichen Fixierungen« oder dem »im Gespräch Geäußerten« aufhält, sondern mitteilen kann, was »der Sprechende bzw. der Schreibende [...] hat sagen wollen.«[21] Der Interpret liest »nicht wörtlich«,

es ankommt.« Alles andere, etwa das »Funktionieren von Sprache«, das die Linguistik thematisiert, gilt ihm als »bloße Vorbedingung«. Der Interpret fragt nicht nach dem *Sagen* (als »Wortlaut« oder »Text«), sondern stets nach dem *Gesagten*, nach dem, was der Redner oder Schreiber »ursprünglich« hat sagen wollen. So wird jede Interpretation zum »verständnisvollen Lesen [...], das die sprachliche Erscheinung ganz hinter sich läßt.« Denn: »Was den Verständigungsvollzug trägt ist im Gegensatz zur Linguistik geradezu *Sprachvergessenheit*, in die die Rede oder der Text förmlich eingehüllt ist.«[20]

[19] Gadamer 1981, S. 24. Die direkt folgenden Zitate S. 25, 27.
Eine solche hermeneutische Wendung vorbereitend, hatte bereits Heidegger in *Sein und Zeit* das »Verstehen« nicht mehr »im Sinne *einer* möglichen Erkenntnisart unter anderen« begriffen, sondern als »fundamentales Existential« des Menschen dargestellt, als »Grundmodus des *Seins* des Daseins«. Heidegger 1927, S. 143.

[20] Gadamer 1981, S. 35, 54, 36f. »Es ist klar, dass man auf diese Weise [...] den Schriftsteller oft noch weit besser verstehen werde, als er sich selber verstand.« Fichte 1804, S. 93.

[21] Vgl. jedes lateinisch-deutsche Wörterbuch sowie Gadamer 1981, S. 33, 39, 45. Ebenso das direkt folgende Zitat.

sondern »sinngemäß«; er interpretiert dem Geiste und nicht den Buchstaben nach, die auf dem Papier vorhanden sind. Insofern ist ihm Erkennen und Verstehen zum Umkehrprozess, gleichsam zur Rückübersetzung und schließlich zur Wiederbelebung einer vergangenen Produktion geworden; das Lesen zu einem invertierten Schreibvorgang.[22] Oder: Interpretieren heißt, in der Repräsentation die Präsentation (die Präsenz der Wahrheit, des Wesens usw.) aufzudecken; heißt, den extrasymbolischen Bezug zu verfolgen und zu ergründen, den jedes Symbol immer schon meint.

Vorrang von Sinn und Verstand

So erteilt der Klassiker Gadamer noch einmal Antwort auf die nicht minder klassische Frage des Faust: »Wie spricht ein Geist zum andern Geist?«[23] Für die Fachmänner der Interpretation jedenfalls, für ihr Verlangen nach sinnerfüllter Sprache, ist diese penetrante, quasi-penetrierende Besichtigung der (wenn nur irgend möglich jungfräulichen, also authentisch-reinen) Wort- und Textkörper unerlässlich. Stets ist es ihr entscheidender Antrieb, die Klarheit sowie Eindeutigkeit einer repräsentational gewordenen Sprache herzustellen, die doch immer damit drohte, die Ordnung der Dinge durch ihren externalisierten Status zu überdecken.

HERDER In der Folge durfte, eher dem Setting einer Peepshow vergleichbar, kein Wort in sich selbst und vor seinem Anderen verschlossen bleiben.[24] Ein wahrhaft aufklärerisches Projekt, dessen Herrenmoral dann auch preußischen Gymnasien bzw. Universitäten ihr allgemeines Gesetz gegeben hat. »[D]er sonnenverwandte Geist«, schreibt Fichte in seinen *Grundzügen des gegenwärtigen Zeitalters,* »wird unwiderstehlich

106, 183, 328, 351

Ein solcher Vorrang von Sinn und Verstand jedoch übergeht Sprache (die Bewegung der Signifikanten) als besonderes und deshalb gesondertes Problem.

[22] Dazu BARTHES 1970, S. 179f. (auch wenn er den Interpreten durch den Kritiker ersetzt): »[L]'*auteur* est toujours censé aller du signifié au signifiant, du contenu à la forme, du projet au texte, de la passion à l'expression; et, en face, le *critique* refait le chemin inverse, remonte des signifiants au signifié. [...] L'auteur est un dieu (son lieu d'origine est le signifié); quant au critique, il est le prêtre, attentif à déchiffrer l'Écriture du dieu.«

Ebenso KITTLER 1979a, S. 202: »Schleiermacher, 1882: ›Auslegungskunst und Uebertragungskunst ist Auflösung der Sprache in Denken.‹ Dilthey, 1900: ›Verstehen nennen wir den Vorgang, in welchem wir aus sinnlich gegebenen Zeichen ein Psychisches, dessen Äußerung sie sind erkennen. [...] Aus Steinen, Marmor, musikalischen geformten Tönen, aus Gebärden, Worten und Schrift, aus Handlungen, wirtschaftlichen Ordnungen und Verfassungen spricht derselbe menschliche Geist zu uns und bedarf der Auslegung.‹ Gadamer, 1960: ›Alles Schriftliche ist eine Art entfremdete Rede und bedarf der Rückverwandlung der Zeichen in Rede und in Sinn.‹« Zu weiteren Textbeispielen dieser »schönen Fiktion« einer »Zirkulation des Sinns« vgl. WEIMAR 1989, S. 351f., 365.

[23] GOETHE 1806, S. 151.

[24] Zum »Voyeur-Verhältnis« des Menschen zur Wahrheit sowie dessen Geschichte vgl. auch BLUMENBERG 1960, S. 61ff., 76: »Die Metaphorik der ›nackten‹ Wahrheit«.

angezogen werden und hin sich wenden, wo Licht ist und Recht.«[25] Zwar blieb der »Deducirte Plan einer zu Berlin zu errichtenden höheren Lehranstalt« ihres späteren Rektors unberücksichtigt; jene *Koppelung von Interpretation und Institution* jedoch, von Professorenamt und Staatsraison, wurde durch die Bildungsreformen nach 1800 zielstrebig durchgesetzt: Seither beugen Generationen
74,198, 303,328 von Gymnasiasten, Studenten und humanistisch gesinnten Pädagogen ihre Köpfe über »Deutsche Aufsätze«[28], um sich am Medium ihrer soeben erst standardisierten Hochsprache
53,127 all jene Erkenntnis- und Verstehenstechniken einzubläuen, die das Augenmerk vom *Wie*
19,187, 282,311 der Worte, von der Körperlichkeit (den Bewegungen und Praktiken) der Sprache oder, wie man später sagen wird, von der Materialität der Signifikanten, auf das *Was,* das heißt auf den Inhalt oder propositionalen Gehalt des Gesagten verlagern sollen.[29] Was geschrieben wurde, wird interpretiert, und was interpretiert wurde, wird wieder aufgeschrieben. Das Hervortreten der symbolischen Ordnung erfordert im Gegenzug die Eindringlichkeit ihrer Leser.

Von der Externalität der Worte, von ihrem Prestige als Symbol, führt kein Weg zur Beachtung ihrer Materialität.[26] Worauf man als Interpret stoßen will, sind nicht die Buchstaben und deren Kombinationen als Text, sondern der zugrunde liegende Geist (ihr Sinn, ihr Signifikat usw.), auf die sie als Symbole oder Repräsentationen immer schon verweisen.[27] So wird durch interpretierendes Lesen die Zweiteilung von Wort und Wahrheit in deren Vermittlung umgewandelt; in einen verstehenstechnisch abgesicherten und tendenziell eindeutigen Übergang von Entfernung in Erkenntnis.

[25] Fichte 1804/5, S. 212. Das direkt folgende Zitat ders. 1807, Titel.

178,188, 199,273 [26] Die Trennung von Sagen und Gesagtem als Herabsetzen der Körper sowie deren Praktiken beschreibt auch Barthes 1962, S. 208f. Außerdem: »So sage ich«, schreibt Fichte 1804, S. 56, »nicht das Fleisch lebet sondern der Geist.«

[27] Folglich »ist der eigentliche Zweck dieses Lesens [lies Interpretierens] der, dass man der Belebung, Erhöhung und Bildung des Geistes theilhaftig werde, welche das Werk zu gewähren vermag.« Gleiches gilt für Fachliteratur (ohne das sie schon so heißen dürfte): »Was zuvörderst wissenschaftliche Werke betrifft, so ist der erste Zweck beim Lesen derselben, sie zu verstehen und den eigentlichen wahren Sinn des Verfassers historisch zu erkennen.« Noch einmal Fichte 1804, S. 94, 91.

[28] Kittler 1980, S. 153 sowie ders. 1985b, S. 47f., 191 über das »preußische Abitur« und den 1810 zur »Pflichtübung« erhoben »Abituraufsatz«.

Zur »ersten Schulübung des Erklärens eines deutschen Textes an Universitäten« (ab 1788) sowie der Einrichtung der »ersten Deutschprofessuren« (ab 1789) vgl. außerdem Weimar 1989, S. 154ff., 167ff.

[29] Mit dankenswerter, wenn auch nicht ganz freiwilliger Offenheit spricht Gadamer 1981, S. 57 vom »Schlagartigen des Verstehens«. Ein Hinweis nicht nur auf pädagogische Praxis, sondern vor allem die strukturelle und institutionelle Gewalt, die solches *Umschalten von Buchstaben auf Geist* impliziert. Ihr Name: Alphabetisierung. Ihre Handhabe: Schulpflicht (z.B. in Preußen ab 1717).

> Worte ohne Gedanken lernen [kann deshalb der Bildungsreformer Herder behaupten] ist der menschlichen Seele ein schädliches Opium [...], ein süßer Traum, ein Tanz von Sylben und Bildern.[30] 73,113, 262,331

* * *

Sprache und Autorschaft

FOUCAULT Hinter der Sprache aber ist nicht nur Sinn und Sein der Dinge zu finden, sondern auch das Dispositiv *Mensch*. Anders gesagt: So wie die Symbole den wahren Namen der Dinge repräsentieren, so bekommt die Menge dieser Repräsentationen nun ihrerseits einen Namen: den ihres (einen und zumeist männlichen) Autors. Ein komplexer Vorgang, der zu wichtigen 13,40, 132,294
Veränderungen in der Definition von Sprache führt. Allgemein gilt: *Indem der Mensch zum Autor wird, ist er zum ersten Mal als das souveräne Subjekt der* 19,90, 207,359
Sprache eingesetzt; ganz unabhängig davon, ob es sich um gesprochene oder geschriebene Sprache handelt, ob sie als Rede oder in Buchform erscheint. Um 1800 also – »à la fin du XVIIIe siècle et au debut du XIXe siècle«[31] – sind solche Zeiten historisch geworden, in denen man sprachliche Werke verfassen, verbreiten und lesen konnte, ohne dass sich die Autorfrage stellte, ohne dass ihre Anonymität eine prinzipielle Zumutung dargestellt hätte. 217,241, 290,326

Dabei übernimmt der Mensch als Subjekt der Sprache zunächst eine *organisatorische Funktion*. Autorschaft, heißt es bei Foucault, ist zum »principe de groupement du discours« sowie zum »foyer de leur cohérence«[32] geworden. Die Bezeichnung der Bezeichnungen, die der Autorname ja vornimmt (und

[30] Herder 1800, S. 809. Aber auch Fichte 1804, S. 109, 93: »Gerade dasjenige, was der Autor nicht sagt, wodurch er aber zu allem seinem Sagen kommt, müssen wir ihm sagen; das, was der Autor selbst innerlich, vielleicht seinen eigenen Augen verborgen, i s t , und wodurch nun alles Gesagte ihm so wird, wie es ihm wird, müssen wir aufdecken, – den G e i s t müssen wir herausziehen aus seinem Buchstaben. [...] d.h. wir müssen die Absicht des Meisters, und was eigentlich er durch sein Werk habe liefern wollen, vollkommen begreifen, und diese Absicht als den Geist des Ganzen, aus allen Theilen des Werks, und diese wieder aus jenem, herauszuconstruiren vermögen.« Vgl. dazu Kittler 1980, S. 155f. bzw. Weimar 1989, S. 150ff.

[31] Foucault 1969 c, S. 799.

Mit dieser These freilich geht einher, dass Klassik und Moderne zumindest in Bezug auf die Kategorie Autor nicht so gänzlich verschieden sind, wie es Foucault 1966a, S. 319, 233 behauptet. Zum Beispiel Kant (die folgenden Abschnitte sollen das zeigen), in dessen *Kritik* von 1781/87 sich das Dispositiv der *Repräsentation* mit dem des *Menschen* überkreuzt und der deshalb auch für eine Beschreibung der Sprache diejenige Rolle spielt, die ihm Foucault nur hinsichtlich der Moral zugestehen will: »Entre les deux [nunmehr Klassik und Moderne], le moment kantien fait charnière«. (Foucault 1966a, S. 339) Um 1800, heißt das, im Horizont jener symbolischen Ordnung, gelten Subjekt *und* Objekt, die Souveränität des Menschen *und* das Sein der Dinge als bestimmt-bestimmendes Gegenüber der Sprache.

[32] Foucault 1970, S. 28. Das direkt folgende Zitat ders. 1969 c, S. 811.

weshalb er kein Wort unter Wörtern mehr sein soll), macht es möglich, die Menge der Symbolisierungen zu klassifizieren und zu differenzieren, sie zu Texten zusammenzufassen, sie einander gegenüberzustellen oder in Beziehung zu setzen, sie abzugrenzen und einige auszuschließen. »Depuis le XVIIIe siècle, l'auteur a joué le rôle de régulateur [...].« So werden Raum und Zeit der Sprache sowohl um die Position als auch um die Positivität des Autors herum zentriert.

Überdies etabliert sich am Ende des 18. Jahrhundert eine *konstitutive Autorfunktion*. Denn fortan ist der Mensch nicht nur das Organisationsprinzip von Diskursen, sondern ebenso, wie Foucault in einem Interview betont, »le Sujet majuscule, le Sujet comme origine et fondement du [...] Langage«; oder: »cet homme qui est censé mettre en œuvre le langage, le parler, le transformer, le faire vivre!«[33] Die Sprache ist dazu übergegangen exklusiv zur Sprache Des Menschen, zu *seiner* Sprache zu werden. Entsprechend einer Formulierung Herders, ist dann derjenige ein Autor, der etwas

> selbst vortragen kann, nach seiner eigenen Art, mit seinen eigenen Worten. Merkt euch dieses, ihr Katecheten. [...] Wie in allen Künsten die eigene Übung Alles, Alles und ohne sie keine Kunst ist, so ist in den Wissenschaften nichts ohne eigene Aufsätze, in seiner eigensten Gedankenmanier, in der man kein einziges unverstandenes Wort erlaubt.[34]

[33] Foucault 1969a, S. 788 sowie ders. 1969 d, S. 774.

Vgl. auch Illich 1993, S. 106, der in seiner Studie über das Entstehen der modernen
56, 244, Buchseite an eine *Typologie der Schreibtätigkeiten* von Bonaventura erinnert (*Prooemium,*
310, 316 *Commentarium in libris sententiarum*, in: Ders., *Opera omnia,* Claras Aquas, 1882–1902, I, S. 14–15): »There are four ways of making a book. There are some who write down the words of others, without adding or changing a thing, and he who does so is a scribe (*scriptor*). There are those who write down others' words, and add something, however not their own additions. One who does this is a compiler (*compilator*). Then, there are those who write down both others' and their own things, but material of others predominates, and their own is added like an annex of clarification. Who does so is called a commentator (*commentator*), rather than an author. But he who writes both what comes from himself and from others, with the material of others annexed for the purpose of confirming his own, ought to be called author (*auctor*).«

[34] Herder 1800, S. 811. Im Redetext sind diejenigen attributiven Adjektive, die das Eigene der Worte und Gedanken ausdrücken, stets gesperrt gedruckt.

Vgl. außerdem Kittler 1980, S. 158 sowie ders. 1985b, S. 191f.: »Der deutsche Abituraufsatz«, heißt es dort (und diesmal mit Schleiermacher), »darf frei gewählt werden und schon darum vom Thema her ›niemals ein bloß factischer sein‹, weil er ›vorzüglich die Bildung des Verstandes und der Fantasie beurkunden soll‹. Aufgeschriebene Phantasien legen nämlich die ›ganze Individualität‹ des Schülers, ›sein innerstes Selbst‹ ›dem Lehrer in die Hände‹.« *So dient die Einführung des Abituraufsatzes an deutschen Gymnasien der Einübung von Autorschaft*; oder, wie Nietzsche, BA, KSA 1, S. 678ff. im Rückblick nicht zuletzt auf seine eigene Schulzeit schreiben wird: »Die deutsche Arbeit ist ein Appell an →

Dabei ist Herders Gebrauch des attributiven Adjektivs so mehrdeutig wie aufschlussreich; zeigt es doch, dass sich durch die Funktion Autor eine *Logik des Eigenen* in die noch immer symbolische Ordnung der Sprache eingeschrieben hat.

Diese Logik etabliert vor allem drei Merkmale: *Eigentum – Selbsttätigkeit – Medialität.* Zusammen genommen bilden sie eine Art *anthropologisches Dreieck,* das um 1800 als Grundlage und Begründung der Sprache verbindlich geworden ist.

›carrés appropriés‹

Die von Herder so genannten eigenen Worte sind diejenigen, die ihrem Sprecher oder Schreiber auch selbst gehören. Neben das Gesetz, dass ›Interpretation‹ und ›Deutscher Aufsatz‹ seien sollen, ist deshalb gegen Ende des 18. Jahrhunderts ein Urheberrecht 61,111
getreten (»une régime de propriété«), das jedes Wort zum Eigentum seines Autors erklärt.[35] Indem aber Worte auf Herren und Besitzer verweisen, wird eine folgenreiche juridische Beziehung des Menschen zur Sprache einführt. ›Wer spricht?‹ – Durch diese Frage, die fortan jede Rede und jeden Text in ihr Verhör nimmt, werden nicht nur Besitzverhältnisse festgestellt, sondern auch

Dieser letzte Aspekt übrigens macht darauf aufmerksam, dass die juridische Absicherung der Täter-Text-Konstruktion (gemeint sind die Autorenrechte als solche, die Beziehung des Autors zu seinem Verleger, das Wiedergaberecht usw.) diejenigen, die sprechen und schreiben, auch finanziell (jedenfalls

das Individuum«; eine »erste Originalleistung« der heranwachsenden Schüler; ein »allseitiges Gewährenlassen der sogenannten ›freien Persönlichkeit‹«.

[35] Vgl. Foucault 1969 c, S. 799. Weder in der römischen noch in der deutschen mittelalterlichen Gesetzgebung ist ein Urheberrecht bekannt. Erst durch Erfindung der Buchdruckkunst und der damit einhergehenden Möglichkeit zur Vervielfältigung von Texten ist ein Schutz gegen unerlaubten Nachdruck nötig geworden. Dieser wurde zunächst durch Privilegien gewährt, welche der Kaiser und die Landesherren den Verlegern und Schriftstellern erteilten. Eine diesbezügliche Gesetzgebung ist in Preußen jedoch nicht eher als 1794 allgemein anerkannt und am 11. Juni 1837 umfassend kodifiziert worden. Kurz darauf, am 9. November 1837, wurden auch durch Beschluss der deutschen Bundesversammlung allgemeine Grundsätze zum Urheberrecht aufgestellt, die dann in späteren Bundesschlüssen (1841, 1845, 1856, 1857) weitere Ausgestaltung fanden. In den Jahren 1855–57 entstand darüber hinaus ein vom Börsenverein der deutschen Buchhändler ausgearbeiteter Entwurf. Zum Urheberrecht an Werken der bildenden Künste und an Fotografien ergingen besondere Gesetze vom 9. und 10. Jannuar 1876. Nach wiederholten Konferenzen in Bern kam dort am 9. September 1886 die »Übereinkunft betreffend die Bildung eines internationalen Verbandes zum Schutz von Werken der Literatur und Kunst« (kurz »Berner Konvention«) zustande und konnte am 7. Dezember 1887 in Kraft treten. Diese Übereinkunft bildete später die Grundlage für ein internationales Urheberrecht, das von den Vertragsstaaten (u.a. Belgien, Deutschland, England, Frankreich, Italien und die Schweiz) am 4. April 1896 unterzeichnet wurde. Vgl. *Meyers Enzyklopädisches Lexikon*, Bd. 17, Leipzig, Wien 1897, S. 120 ff.

Verantwortlichkeiten adressiert.[36] Der lateini-
13,132, 162,325 sche Wortstamm sagt es bereits: Als ›auctor‹ werden die Redner und Schreiber zu Bürgen ihrer Sprache (und umgekehrt: Durch die Bürgschaft ihres Autors ist die Sprache als dessen Schuldner immer schon verpflichtet, sich den Lesern als ihren Gläubigern zu offenbaren). Hinter jeder Äußerung, so zunächst die *Logik des Eigenen* als *Eigentumslogik*, muss ein Täter, eine Person mit Gedanken, Absichten, Motiven usw. zu identifizieren sein, die entweder haftbar gemacht werden kann oder der, im günstigeren Fall, Ansehen und Auszeichnung gebühren.

mehr oder weniger) an der Publikation und Distribution ihrer Reden bzw. Schriften beteiligt. Die Funktion Autor öffnet deshalb den Raum der Sprache nicht nur für Herrendiskurse, deren Strukturen und Hierarchien, sondern ebenso sehr für ökonomische Kalkulationen und die damit einhergehenden Akkumulationsprozesse. »Il est donc logique«, wie Roland Barthes kommentiert, »que ce soit [...] l'idéologie capitaliste qui ait accordé la plus grande importance à la ›personne‹ de l'auteur.«[37]

SERRES Diesem ersten Merkmal einer *Logik des Eigenen* kann ein weiterer Aspekt hinzugefügt werden. Es ist Michel Serres, der auf die Verbindung hinweist, die im französischen Wort für das Eigene als Eigentum festgehalten wird. Eigentum (»la propriété«) nämlich heißt dort zugleich auch das, was nicht schmutzig
68,201 ist: also das Bereinigte oder Gesäuberte (»le propre«). Serres schreibt.

> Non, ce n'est pas un jeu de mots, c'est, simplement, le même mot: le propre, c'est le propre, et la propriété n'est que la propreté.[38]

Diese These wird in drei Schritten erläutert.

Erstens: Eigentum an Worten ist nicht Gottesgabe oder natürliche Ausstattung des Menschen, sondern das Ergebnis eines Aneignungsprozesses, der in unserer Kultur um 1800 einsetzt und den das Urheberrecht juristisch festgeschrieben hat. Man kann diesen Vorgang buchstäblich als *Privatisierung der Sprache* beschreiben: Durch den Autornamen wird im Betrieb ihrer Symbole ein Bezirk eigener Worte abgesondert und abgesteckt. Bei Serres heißt das: Die Aneignung der Worte beginnt als Abgrenzung: »les décou-

[36] Foucault stellt in seinem Text über den Autor (1969 c, S. 792) die umgekehrte Frage. Er zitiert Beckett mit den Worten: »Qu'importe qui parle, quelqu'un a dit qu'importe qui parle?« Dieser Satz, von einem *Jemand* gesagt, unterstellt, dass die Frage nach dem Wer? der Sprache für die Vorgeschichte des zeitgenössischen Schreibens von besonderer Bedeutung gewesen ist.

[37] Barthes 1968, S. 64. Vgl. außerdem Bosse 1981, S. 7 ff., 99 ff.: »Autorschaft ist Werkherrschaft. Über die Entstehung des Urheberrechts aus dem Geist der Goethezeit«, Kapitel I (»Die verkauften Wörter«) und Kapitel IV (»Geschichten von der Entstehung der Werkherrschaft«).

[38] Serres 1980, S. 257.

per«.[39] Ein Gebiet wird eingezäunt oder man nimmt die Einfriedung eines Gartens vor. Aber auch die Herstellung geschlossener Texte oder Systeme gehört in diesen Zusammenhang. Auf jeden Fall findet eine bestimmte Art der Einschließung statt; Markierungen werden gesetzt und Grenzlinien eingezeichnet. Von nun an gibt es Privates: Es teilt den Raum der Sprache auf, indem es die Trennung von Innen und Außen sowie die damit operierenden Verfahren der Inklusion und der Exklusion hervorbringt. »[Le privé] dessine une ligne fermée: à l'intérieur le sacré, à l'extérieur le profane, à l'intérieur le temple, à l'extérieur le vague où le mal court. A l'intérieur la ville, entourée de murailles, et la campagne à l'extérieur.«[40]

Zweitens: Durch die Begründung der Autorfunktion kommt es zur »centralisation« des sprachlichen Binnenraums.[41] Eine ausgezeichnete Quelle, gleichermaßen drinnen und draußen, in die Mitte eingesetzt sowie dem Ganzen enthoben, wird zum Ursprung der Macht: die ἀγορά, die Kirchturmglocke oder die Sirene auf dem Rathaus. Das Gewebe der Debatten, der Predigten, der Signale usw. geht jeweils von einem Knoten aus, der es regiert. Das Zentrum ist die Position der Spinne – oder ein Autor als Herr seiner Texte. So entstehen funktional gerasterte, auf einen jeweiligen Mittelpunkt hin ausgerichtete Räume; Netzwerke aus lauter zentrierten Netzen: »Tout centre, 30, 52, 258, 291 distribué, produit son pouvoir local, par identification à l'intérieur, expulsion à la frontière.«[42]

Drittens: Wenn das Zentrum seine Macht bis an die Grenze des jeweiligen Ausschnittes durchhalten will, darf es keine Unterbrechungen oder Störungen geben. Das Eigene ist das Gereinigte: ›la propriété‹ und ›le propre‹. 18, 79, 236, 360 Es geht darum, saubere Bezirke zu schaffen; homogene und kontinuierliche Systeme, die sich dem Gesetz ihrer lokalen Herren fügen. An dieser Mission wird unermüdlich gearbeitet, denn schließlich will man ein Zuhause haben – oder eine häusliche Sprache: Das ist der eigene Garten und die Einfriedung darum herum. Ohne Zweifel ist es für uns allein die Arbeit, die eine solche 119, 165, 190, 201 Aneignung zu bewerkstelligen vermag; sie ist der Kampf gegen das Unkraut, gegen das, was nicht dazu gehört. Sie ist Ausmerzung und Vertreibung: bis

[39] SERRES 1980, S. 176.

[40] SERRES 1980, S. 319. Um die nicht zuletzt religiösen Implikationen dieser *Logik des Eigenen* zu bestätigen, vgl. einen Beitrag von Peter Cornelius MAYER-TASCH in der *Neuen Zürcher Zeitung*, S. 51. Dort heißt es: »Der ›Urgarten‹ ist ein Trumpf der Ordnung, ein *Paradies im Quadrat*, ersonnen in der ebenen Wüste Persiens. [...] Der Name des Paradieses nämlich ist aus dem altpersischen ›pairi-dae-za‹ abgeleitet, was nichts anderes als ›Umzäunung‹, ›Umwallung‹ bedeutet und insofern ein Synonym zum indoeuropäischen Wurzelwort ›ghordo-s‹ darstellt, aus dem sich u.a. das griechische ›chortos‹, das lateinische ›hortus‹ und der deutsche ›Garten‹ gebildet haben.«

[41] SERRES 1980, S. 252.

[42] SERRES 1980, S. 253.

sich das Eigentum klar und deutlich von allem Fremden unterscheiden lässt. Serres schreibt: »Toute société fondée sur le travail et sur l'économie est policière [...].«[43] Auch die Reinigung der Sprache, ihre Verwandlung in eigene Diskurse und Wissenssysteme, beruht auf der Ausweisung uneigentlicher Wörter: der Heteronome, der Mythologien, der Metaphern.

Drei Schritte also:

> Découper, centrer, purifier. Vous le retrouvez de l'agriculture à l'axiomatique. Peut-être est-ce le schéma, la structure fondamentale des cultures de producteurs.[44]

Die entscheidende Leistung dieser Struktur besteht in der Ermöglichung und
129,159, Hervorbringung buchstäblich eigener Räume: »carrés appropriés, rangés,
201,360 bien limités«[45], darum geht es hier. Sei es als Bauer, der seine Felder aus einer unwirtlichen Landschaft herausschneidet und rodet, oder als Priester, der ein ›templum‹, einen gereinigten und geweihten Bezirk absteckt, in dessen Mitte sich das Heiligtum befindet. »Le soc de la charrue est un couteau sacrificiel.« Immer wieder entsteht jenes Paradies im Quadrat: ein Viereck nackten Bodens, ein jungfräulicher Ort – und dann: sich in den Boden eingraben und das Land vermessen; Furchen ziehen und Grundrisse aufzeichnen. Der Bauer und der Priester vollziehen diesen begründenden
52,151, Akt für unsere Kultur der Sesshaftigkeit. *Um 1800, kann man sagen, wird*
311 *auch der Autor in diese Reihe männlichen Schaffens eingefügt.* In seiner neuen, heute wiederum klassischen Funktion hat der Mensch die Autorität über jenes Viereck Papier erobert, in das Federn oder Griffel die eigenen Worte einprägen und das von nun an seinen Namen tragen wird:

> *pagus* [nämlich, schreibt Serres an einer anderen Stelle,] ce même mot latin, de vieille langue agraire, ainsi que le verbe *pango* nous dictent ou donnent la page, celle que, ce matin, je laboure en sillons réguliers, au soc du style, petit découpage où se fixe, où se plante, où s'établit l'existence de qui écrit, où il la chante.[46]

* * *

HERDER Die Pädagogik der eigenen Worte jedoch steht um 1800 nicht Vom selbst
nur im Zusammenhang mit einer Institutionalisierung der Interpretation und zum Selbst
einer Verrechtlichung der Sprache, vielmehr kann und muss sie darüber

[43] Serres 1980, S. 170.

[44] Serres 1980, S. 176.

[45] Serres 1980, S. 321. Das direkt folgende Zitat S. 318. Und ein paar Zeilen weiter: »Nettoyage par le vide. C'est bien l'acte premier du religieux et ce fut, par chance, acte agricole.«

[46] Serres 1985, S. 260.

hinaus auch auf ihren historischen Kontext, das Programm der Aufklärung, bezogen werden: Eigene Worte sind demnach allein solche, die ein Autor 13,34, 236,241
»frei und selbsttätig«, das heißt, ohne »ein Sklave fremder Gedanken und Meinungen«[47] zu sein, hervorbringt. Zu diesem Zweck wollen Herders Reformen der Lehre und Bildung die Schüler schon früh von »bequemer Untätigkeit« entwöhnen und alles »völlig Unnütze« sowie »alles Fremde, was nicht zu ihnen gehöret« fernhalten. Als selbstständig denkende Jünglinge, so die zeittypische Argumentation, mit der die Würde des Menschen im Gegensatz zu Tieren und Technik bestimmt wird, dürfen sie weder wie »die Raben und Papageien ausschließlich Wortschälle wiedersagen« noch als »schöne, hellklingende Wortmaschinen« lebenslang »Nachsprecher, Wortstreiter, Worttändler« bleiben.

KANT Der politische Imperativ, der solche Bildungsziele angestiftet hat und der hier als zweites Merkmal für jene *Logik des Eigenen* fungiert, ist prominent. Er wurde von Kant 1783 in seinem Aufsatz zur *Beantwortung der Frage: Was ist Aufklärung?* formuliert. Dort heißt es gleich zu Anfang (im Sperrdruck und mit Ausrufungszeichen):

> Aufklärung ist der Ausgang des Menschen aus seiner selbst verschuldeten Unmündigkeit. Unmündigkeit ist das Unvermögen, sich seines Verstandes ohne Leitung eines anderen zu bedienen.

Und Kant folgert daraus:

> Sapere aude! Habe Mut, dich deines eigenen Verstandes zu bedienen![48]

[47] HERDER 1800, S. 810, 814f. Ebenso die direkt folgenden Zitate. Vgl. auch KITTLER 1980, S. 158.

[48] KANT 1783, A 481f.

Eine vergleichende Lektüre von Schulrede und Aufklärungsschrift kann, über das Lob des Eigenen hinaus, noch weitere Gemeinsamkeiten entdecken. Ebenso wie Herder nämlich, macht auch Kant »Faulheit und Feigheit« (A 481) für die Unfähigkeit des Menschen verantwortlich, mit eigenen Worten zu sprechen: »Es ist so bequem, unmündig zu sein.« (A 481). Außerdem: Gegen Gedankenschlummer und Wortträume, die nach Herder ja als Opiate die Gehirne der Lernenden umnebeln und deren Gefahren seine Beschwörung des eigenen Denkens motivieren, empfiehlt auch Kant die »Bearbeitung des Geistes« und den »vernünftigen Gebrauch seiner Naturgaben« (A 484). Und schließlich dient die Aufklärungsschrift noch dem Abgrenzungsschema der Schulrede als Vorbild: Der Mensch soll nicht wie das »Hausvieh« (A 482), eingesperrt und dumm gemacht, keinen Schritt ohne Anleitung tun, sondern man muss ihn gemäß seiner Freiheit und Würde behandeln, durch die er »mehr als nur eine Maschine ist« (A 494). So einig sind sich der Philosoph und sein Pädagoge darin, alles Fremde und Untätige aus dem neu zentrierten und bereinigten Raum der Sprache herauszuhalten.

In eine positive These übersetzt besagt dies: Die Mündigkeit des Men-
109, 130, 203, 309 schen, wörtlich: dessen Vermögen für sich selbst zu sprechen und so im öffentlichen Betrieb der Worte über eine eigene = menschliche Stimme zu verfügen, beruht darauf, seinen Verstand ohne Vormundschaft und Oberaufsicht selbst zu gebrauchen; kurz: auf der Fähigkeit des Menschen, selber eigene Menschengedanken zu denken. An anderer Stelle spricht Kant auch von einer »Übung im Selbstdenken« und sogar von einem »selbsteigenen Gebrauch der Vernunft«.[49] So wird mit der Forderung nach Aufklärung, d.h. als diese Forderung selbst, der eigene Verstand (die eigene Vernunft) als die Bedingung der Möglichkeit eigener Worte gesetzt. Stets geht es darum, hinter den Sprechakten des Menschen eine Ebene der Bewusstseinsakte als deren Voraussetzung aufzuzeigen. Die Sprache aber kann dann nur können, wollen und aussagen, was das menschliche Bewusstsein zuvor in sie hineingelegt hat, sodass die Möglichkeiten und Grenzen des Bewusstseins immer auch die Möglichkeiten und Grenzen der Sprache definieren.

Um 1800 formieren sich deshalb nicht nur, wie es Foucault im Allgemeinen beschreibt, »les sciences humaines«, man fragt nicht nur »Was ist der Mensch?«;[50] vielmehr kann hier, buchstäblich und spezifischer, von einer Entstehung der *Geistes*wissenschaften gesprochen werden – das heißt von Wissenschaften, für die das Bewusstsein Des Menschen, dessen geistige Vermögen, gleichzeitig Subjekt und Objekt, Bedingung der Erkenntnis *und* Gegenstand des (Selbst-)Erkennens darstellen.[51] Eine solche Ausrichtung der Wissenschaft jedoch kennt, ganz im Gegensatz zur Ausführlichkeit ihrer erkenntnistheoretischen Analysen, keine gesonderte (nach eigenen Kriterien oder Prinzipien organisierte) Befragung der Sprache. Eigenständig ist allein

[49] Kant 1800, A 26ff. Man achte auf das attributive Adjektiv, das Kant hier verwendet (oder erfindet): Durch seine Verbindung von Selbstbezüglichkeit und Eigentum bestätigt es in ausgezeichneter Weise jene *Logik des Eigenen*.

[50] Vgl. Foucault 1966a, S. 352, 329, 355. Die Frage ›Was ist der Mensch?‹, die Foucault zitiert, stellt Kant in seiner *Logik*, in: Kant 1800, A 26. Dort schreibt er auch, dass alle anderen Grundfragen der Philosophie (»1. Was kann ich wissen?, 2. Was soll ich tun?, 3. Was darf ich hoffen?«) auf diese zentrale Frage nach Dem Menschen bezogen sind. Deshalb ist Philosophie für Kant in letzter Konsequenz immer »Anthropologie«. Entsprechend aber der oben vorgenommenen Spezifizierung der ›sciences humaines‹ als Geisteswissenschaften, kann man nun hinzufügen, dass die Sprache um 1800 nicht nur *anthropologisiert*, sondern darüber hinaus auch *spiritualisiert* wird: Statt wie Foucault ihren ›mode d'être‹ allgemein auf die Positivität Des Menschen zurückzuführen, geht es genauer um die Vermögen, Beschaffenheiten und Grenzen seines Bewusstseins.

[51] Im Französischen heißt das, der Mensch wird ›Sujet‹ und ›sujet‹; oder: »[O]n peut être sûr que l'homme [»comme réalité épaisse et première, comme objet difficile et sujet souverain de toute connaissance possible«] y est une invention récente.« Foucault 1966a, S. 398, 321.

der Geist, nicht die Worte, über die er verfügt: Als Repräsentationen jedenfalls bleiben sie von den Verstandesleistungen Des Menschen sowohl abgeleitet als auch abhängig. Und selbst dort, wo Ausdrücke wie »Begriff« und »Mündigkeit«, aber auch »Prädikat«, »Grundsatz« oder »Lehrsatz« (um vom λόγος hier zu schweigen) die Sprache direkt zu registrieren scheinen, da werden sie, nicht nur bei Kant, als Synonyme für gedankliche Operationen verwendet und bedeutungstheoretisch überformt. Obwohl externalisiert und aus der weltlichen Ordnung hervorgehoben, macht ihre Transparenz die Symbole nicht nur für das Sein der Dinge oder die Subjektivität des Menschen durchsichtig, sondern ebenso für eine separate Theoriebildung unsichtbar.

Für das Dispositiv Autor im Raum der Sprache spielt diese Ableitung eine entscheidende Rolle. Sie zeigt, dass die *Logik des Eigenen*, sei es als Pädagogik der Selbstrednerschaft oder als Politik der Mündigkeit, immer schon die Etablierung des Menschen als selbsttätiges und selbstbewusstes Subjekt voraussetzt. Durch das »Ich denke«, das »alle meine Vorstellungen muss begleiten können«,[52] bringt Kant diese groß geschriebene Subjektkonstruktion auf ihre bündige und zugleich *philosophische* Formel:

Sie besagt zum einen, dass der Mensch über die Freiheit verfügt, unbedingt und souverän, d.h. unter Ausschluss fremder Einflüsse, seine eigenen 14,34,
Anfänge zu setzen. Anstatt also Vorstellungen nur zu empfangen, anstatt 128,248
sich in der Erkenntnis allein auf sinnliche Anschauungen, Wahrnehmungen usw. zu verlassen, ist das begriffliche Vermögen des Verstandes darüber hinaus in der Lage,

> Vorstellungen selbst hervorzubringen [und auf diese Weise] einen Zustand oder eine Reihe von Folgen schlechthin anzufangen. Begriffe [heißt es deshalb] gründen auf der Spontaneität des Denkens.[53]

Zum anderen impliziert jenes ›Ich denke‹, dass der Mensch seine Vorstellungen nicht nur mit Bewusstsein jeweils zu einer Erkenntnis zusammensetzt, sondern dass er immer auch und immer schon ein Bewusstsein von dieser Zusammensetzung der Vorstellungen in seinem Bewusstsein besitzt.[54] In

[52] Kant 1781/87, B 132.

[53] Kant 1781/87, B 75, 92 f., 446, 473.

[54] »Ich verstehe aber unter Synthesis in der allgemeinsten Bedeutung die Handlung, verschiedene Vorstellungen zueinander hinzutun, und ihre Mannigfaltigkeit in einer Erkenntnis zu begreifen. [...] allein die Synthesis ist doch dasjenige, was eigentlich die Elemente zu Erkenntnissen sammelt, und zu einem gewissen Inhalt vereinigt.« Kant 1781/87, B 103. Insofern gilt, dass die Synthesis tatsächlich synthetisch funktioniert: Als etwas, das allererst hergestellt, zusammengesetzt werden muss – eine Leistung, die noch einmal auf →

die Abfolge der Bewusstseinsakte wird dadurch eine selbstbezügliche Figur eingezeichnet. Man könnte auch von einem Bewusstsein des Bewusstseins sprechen oder einem Bewusstsein zweiter Ordnung – wird doch bereits hervorgebrachten Gedankengängen auf diese Weise kein weiterer Schritt hinzugefügt, als vielmehr die transzendentale und durchgängige Ebene einer Ich-Identität eingeschrieben. So wie das einfache, Kant schreibt: das »empirische Bewußtsein«[55] die Menge seiner mannigfaltigen Vorstellungen
110, 131, 143, 154 *synthetisiert*, so gewährleistet eine im Hintergrund wirkende *reflexive* Bewegung des Bewusstseins, dass dabei zugleich auch eine *Aufklärung über die Art und Weise* stattfindet, in der es jeweils die Einheit seiner Vorstellungen erreicht. Das meint an dieser Stelle nicht, dass es zwei Klassen oder zwei Zeiten von Bewusstsein gibt: ein gefesseltes und ein befreites, ein naives und ein fortgeschrittenes Denkvermögen, vielmehr üben Bewusstseinsakte in jedem Augenblick eine doppelte Funktion aus: Die Aufklärung über das, was das Bewusstsein tut, ist eine Aufklärung des Bewusstseins nicht über seine Vorstellungen und Erkenntnisse (das Subjekt erreicht nicht nur schattenlose Klarheit über das eigene Meinen und Wollen, über seine Motive, Absichten usw.), sondern vor allem über sich selbst als deren beständige und allgemeine »Form«[56]. Eben diese ordnende, wenn man so will: formatierende, und nicht bloß inhaltliche Bewegung beschreibt der kantische Begriff des Selbstbewusstseins: die *re*flexive Schleife, in der sich jeder Gedankengang wie in einem Spiegel kontinuierlich selbst begleitet;[57] buchstäblich die Krümmung eines Denkens, das sich immer auch über die eigenen Aktivitäten zurückbeugt.

die Spontaneität des Bewusstseins verweist: Denn das Versammeln der Vorstellungen ist nicht durch die Objekte gegeben, sondern wird vom Subjekt selber verrichtet: »[...] wir können uns nichts, als im Objekte verbunden, vorstellen, ohne es vorher selber verbunden zu haben.« Kant 1781/87, B 130.

[55] Kant 1781/87, B 133.

[56] Als »Form« bezeichnet Kant 1781/87, B 34 »dasjenige, welches macht, daß das Mannigfaltige der Erscheinungen in gewissen Verhältnissen g e o r d n e t w e r d e n k a n n.« Die Subjektivität des ›Ich denke‹ besteht also in der ihm zugeeigneten Form; das heißt: In jener von Kant als ursprünglich erachteten Beschaffenheit oder Machart des Denkens, die der Mensch in sich selbst, besser noch, als sein Selbst besitzt und durch die er sowohl seine Vorstellungen als auch deren Erkenntnis hervorbringt.

Subjektivität als Form heißt aber auch, dass um 1800 das Subjekt, (lat.) = ›sub-iectus‹, ganz im Gegensatz zu seiner Etymologie, nicht länger ›Untertan‹ sein muss, sondern zum Souverän: zum Herrn seiner Worte und Taten, geworden ist; dass es sich als etwas ›Darunter liegendes‹, ›Unterstelltes‹ nicht länger ›untergeben‹ oder ›demütig‹ zu verhalten hat, sondern aufgestiegen ist zum universalen Gesetz des Denkens.

[57] Deleuze/Guattari 1980, S. 11 bringen diese reflexive Figur des Bewusstseins auf eine sehr knappe, aber dennoch zutreffende Formel: »La loi [...] de la réflexion, le Un qui devient deux.«

Zweifellos muss das ›selbst‹ (in allen Wortbildungen, die mit ihm vorgenommen wurden) als einer der zentralen Begriffe des Aufklärungszeitalters anerkannt werden.

Als *Reflexivpronom* bezeichnet es zunächst die denkende Selbstbeziehung des Menschen: Krümmung des Bewusstseins und Rückkehr zu sich selbst; Krümmung als Rückkehr. Um aber eine solche reflexive Bewegung einzuleiten, um zu sich selbst zurückkehren zu können, muss das Denken jenes ›sich selbst‹, das es erreichen will, immer schon voraussetzen. Reflexionen, zumindest in ihrer klassischen Ausführung, reflektieren Gegebenheiten: Sie spiegeln, was ihnen vorgefertigt hier und jetzt gegenüber steht; d.h., sie setzen ihre Objekte nicht in die Welt, sondern wiederholen (oder repräsentieren), was ohne ihr Zutun und vor ihrer Zeit entstanden ist. Insofern vollzieht sich die von Kant beschriebene Selbst-Beziehung des Bewusstseins als die Aktivität eines bereits »stehenden und bleibenden Selbst«[58], auf das sich seine Beziehung dann überhaupt erst beziehen kann.

Im Spiegel seines Denkens erblickt das Subjekt einzig sich selbst als Selbst. Auf diese Weise zum *Substantiv* geworden, bezeichnet das Pronomen nun auch die transzendentale Ebene des Ich, über dessen Ursprünglichkeit sich das Denken in einer begleitenden Schleife der Reflexion bewusst wird. Substantivierung des Pronomens heißt, eine Doppelgängerschaft zu bahnen und als Dispositiv zu etablieren, die von der Figur zur Form, von der Bewegung zur Instanz, vom Mannigfaltigen zur Identität führt. Pointiert könnte man behaupten, dass die reflexive Kraft des kleinen ›selbst‹ es vermag, das Regime des großen ›Selbst‹: die wissens- und sogar weltbildende Autorität des Subjekts, zu begründen und zu stabilisieren. Jedenfalls stellt das Ich sowohl diejenige Identität und numerische Einheit dar, zu der das gekrümmte Denken zurückkehrt, als auch die notwendige subjektive Bedingung für die Synthesis der Vorstellungen im empirischen Bewusstsein. Als Selbst ist das selbstbewusste und selbsttätige Subjekt gleichermaßen Ursprung seiner Gedanken und Ziel seiner Reflexionen; es funktioniert als zirkuläres Modell: Ich weiß, dass ich selbst als Selbst denke,

> sonst würde ich ein vielfarbiges verschiedenes Selbst haben [und die Vorstellungen würden nicht] insgesamt meine Vorstellungen sein [und] durchgängig mir angehören.[59]

›Le Sujet majuscule‹, wie bei Foucault gelesen: »maître et possesseur de lui-même.« So führt die selbstbezügliche Figur des Bewusstseins zur Ei-

[58] Kant 1781/87, A 107.

[59] Kant 1781/87, B 132f., 134. Das direkt folgende Zitat Foucault 1968, S. 663.

genheit des Selbst: Es erkennt und bestätigt, was ihm selbst eigentlich zu eigen ist.

Aus dem Kontext der bisherigen Beschreibungen heraus kann nun eine Serie von zunächst *formalen* Verweisungen benannt werden:

Seit dem späten 18. Jahrhundert kennt unsere Kultur eine organisatorische und konstitutive Abhängigkeit der Sprache vom Dispositiv Mensch. Worte, heißt das, müssen sich nicht mehr nur durch ihr referenzielles Verhältnis zum Wesen der Dinge, sondern ebenso durch ihren wesentlichen Bezug zu einem Autor rechtfertigen lassen. Dessen Position und Positivität aber konnte abgeleitet werden aus der Erfindung Des Menschen als selbsttätiges sowie selbstbewusstes Subjekt. Der Mensch ist das Ich, ist der Autor. Oder, im Horizont jener Verrechtlichung von Sprache: Subjektivität ist zur normativen Bedingung für Autorschaft und eigene Worte geworden. *So verhält sich der Autor zur Sprache, wie das Subjekt zum Denken.* In der Weise, in der der mündige, seine eigenen Gedanken denkende Mensch zum Herrn seiner Vorstellungen wurde, in der Weise hat ihn die Autorschaft auch zum Herrn seiner Reden oder Texte gemacht. Ist das Subjekt, nach Kants Diktum, ein Selbstdenker, so ist der Autor jemand, der seine Gedanken in eigenen Worten ausgedrückt hat. Wird durch die aufklärerische Subjektkonstruktion eine selbstbezügliche Figur gezeichnet: das Bewusstsein des Bewusstseins, so etabliert der Autorname die Bezeichnung der Bezeichnungen. Selbstbewusstsein und Selbsttätigkeit des Subjekts sowie die Selbstrednerschaft des Autors, der kein Sklave fremder Gedanken, Meinungen oder Anleitungen sein darf, gehören zusammen. Mit anderen Worten: *Zwischen dem ›Ich spreche‹ des Autors und dem ›Ich denke‹ des Subjekts besteht sowohl logisch als auch historisch eine Komplizenschaft.* In jedem Fall handelt es sich darum, eine verstreute und namenlose Menge von Elementen durch das Band einer Ich-Identität zu verknüpfen und zu zentrieren, sodass jeweils eine Ordnung eigener Gedanken und Worte dabei herauskommt.

Kopfgeburten: Vaterschaft und Filiation

BARTHES Allerdings; um 1800 hat sich zwischen dem Subjekt und seinen Symbolen keineswegs nur ein formaler Verweisungszusammenhang etabliert, wie es die Beschreibung von Eigentum, Zentralisierung oder Herrschaft bisher noch suggerieren konnten. Vielmehr trat der Autor über diese Beziehungstypen hinaus auch als die eigentliche Produktivkraft der Symbolisierungen auf. Im Horizont von Spontaneität und Mündigkeit,
41, 130, 273, 294 durch sein Vermögen, mit eigener Stimme für sich selbst zu sprechen, wurde das Subjekt vor allem als der *Ursprung* seiner Worte gesetzt; als dasjenige also, von woher und wodurch sie jeweils werden, was sie sind

und wie sie sind. Stets ist es ein Bewusstsein, das die Sprache mit seinen Intentionen belebt. Die symbolische Ordnung, heißt das, findet im Autor=Subjekt, in der Innerlichkeit und Intimität seines Denkens ihren Anfang. Entsprechend der *Logik des Eigenen* nicht nur als Eigentum, sondern auch als Selbsttätigkeit gelten Reden und Texte klassischerweise als originäre Werke ihrer Autoren, die diese aus sich selbst heraus sprechen oder schreiben.

Anders formuliert: Die Wirklichkeit sprachlicher Werke entstammt dem spontanen Vermögen ihrer Autoren; sie entstehen im wörtlichen Sinne als deren Erzeugnisse. Werden aber die Reden und Texte jeweils von Autoren zur Welt gebracht, stammen sie eigentlich und ursprünglich von ihnen ab, dann kann man auch behaupten, dass jeder Autor nunmehr als der Vater seiner Werke eingesetzt worden ist. Oder, wie Roland Barthes es beschreibt:

> L'auteur est réputé le père et le propriétaire de son œuvre.[60]

So kommt ausgerechnet das Zeitalter der Aufklärung zum Phantasma des gebärfähigen Vaters. Worum es dabei geht, ist eben dies: jener Übergang von der Innerlichkeit und Inhalt- 134,143, 159,176
lichkeit des Bewusstseins zur Äußerlichkeit der Werke. Im Gegensatz zu den Frauen jedoch, die körperlich gebären, bringt das Autorsubjekt, das mitsamt seinen eingrabenden und furchenden Techniken als phallozentrisches Unternehmen entstanden ist, seine Geschöpfe durch Bewusstseinsakte: als regelrechte Kopfgeburten, hervor. Aufklärung also etabliert an dieser Stelle die *Geburt der Sprache aus dem Geiste ihres Autors.* Sie sorgt dafür, dass Erzeugung und Entbindung in eins gesetzt werden können – in die Einheit des Subjekts, dessen Selbsttätigkeit den oder das Andere im Höchstfall (und das heißt im Fall der Dialek-

Solchermaßen bestätigt die neue Zeit der Aufklärung zugleich einen althergebrachten Topos: die *konstitutive Verbindung von Sprache und Leben.* »Le récit arabe«, schreibt Foucault in seinem Aufsatz *Qu'est-ce qu'un auteur?*, »– je pense aux *Mille et Une Nuits* – avait aussi pour motivation, pour thème et prétexte, de ne pas mourir: on parlait, on racontait jusqu'au petit matin pour écarter la mort, pour repousser cette échéance qui devait fermer la bouche du narrateur.«[61] Bei ihrer Erzeugung zunächst selber an die Erfahrung und die lebendige Präsenz des Autors gebunden, haben eigene Worte schließlich die Aufgabe, ihren Autor an einer Art Unsterblichkeit teilhaben zu lassen. Das heißt: In Gestalt eines Werkes soll die Sprache nicht nur für das Auskommen und die Anerkennung ihres rechtmäßigen Urhebers sorgen, sondern auch noch dessen endgültiges, spurlo-

[60] Barthes 1971, S. 74.

[61] Foucault 1969 c, S. 792.

tik) als Projektionsfläche für eigene Gedanken benötigt: »Dasselbe 18. Jahrhundert, das die Selbstbefriedigung auf den medizinischen Begriff brachte, hat auch eine Selbstrednerschaft
12,75, 117,186 erfunden und als Funktion Autor in die [nicht nur] literarischen Diskurse eingeführt.«[62]

ses Verschwinden und Vergessen-Werden verhindern: erinnert oder archiviert (als beständige Zeugnisse) überdauern Schriften und Reden den Tod ihres Autors.

FOUCAULT Darüber hinaus wird durch die Zusammengehörigkeit von Vaterschaft und Autorfunktion deutlich, dass die *Logik des Eigenen* von Anfang an einer spezifischen Zeitlichkeit folgt: Als ursprüngliche Identität ist der Autor seinen Worten und Texten prinzipiell vorgängig. So wie in der Generationenfolge der Erzeuger seiner Zeugung vorausgeht, so muss auch im Bereich der Sprache immer erst ein Autor und sein eigenes Denken vorhanden sein, damit überhaupt Symbolisierungen möglich werden. Die Vorsilbe im Begriff der Repräsentation, die diese Symbolisierungen ja sind, vermerkt neben der logischen Verweisungsstruktur ebenfalls dieses
56,176, 252,313 *genealogische Nacheinander*. Umgekehrt können die Werke dann ihrerseits als eine Fortpflanzung ihres jeweiligen Autors verstanden werden; als die (hier zunächst zeitlich verstandene) *Extension seines Bewusstseins mit sprachlichen Mitteln*. Eigene Worte in der Autor-Werk-Beziehung sind dann solche, die stets die Eigenheit ihres Erzeugers fortsetzen; das heißt: in ihrer Authentizität ausdrücken und zur Welt bringen. Man kann diese zeitliche Abfolge durchaus, wie Roland Barthes es tut, als »filiation«[63] bezeichnen und hinzufügen, dass die Werke, indem sie jeweils als Repräsentationen ihres Autors auftreten, dessen individuelle Gedanken oder Ideen *re-produzieren* – also gleichermaßen wiederholen und weiterführen, vererben und verlängern.

* * *

MCLUHAN Neben *Eigentum* und *Selbsttätigkeit* gehört als Drittes die *Medialität* der Sprache zu jener *Logik des Eigenen*. Das meint im Horizont der Aufklärung zunächst ganz buchstäblich, also lateinisch, dass die Wörter dem Menschen als ein zuverlässiges und stets greifbares Mittel dienen. Sprache als Verkehrsmittel

[62] KITTLER 1980, S. 148. Neuerdings auch SCHINDLER 2001, S. 16: Es ist »kein Zufall, wenn am historischen Ort der modernen Differenzierung des bürgerlichen Subjekts neben dem philosophischen Diskurs von der Selbstreflexion (Descartes) zum Selbstbewußtsein (Hegel) auch der sexuelle von der *Selbstbefriedigung* auftaucht.«

[63] BARTHES 1971, S. 74. Auch: Ders. 1970, S. 179: »Un récit classique donne toujours cette impression: que l'auteur conçoit *d'abord* le signifié (ou la généralité) et lui cherche *ensuite*, selon la fortune de son imagination, de ›bons‹ signifiants, des exemples probants [...].«

Oder besser anders herum, um das logisch-genealogische Gefälle zu beachten: Es ist der Mensch in seiner Position als Autor, der sich der Sprache bedient und der sie jeweils als Mittel zu seinen Zwecken einsetzen kann. Autor ist, wer eigene Worte zur Verfügung hat; wer Reden oder Texte für sich selbst: für sein Selbst sowie in seinem eigenen Sinne nicht nur hervorbringt, sondern auch gebraucht. Um 1800 jedenfalls bedeutet Medialität, dass sich die Sprache in einem Dienstleistungsverhältnis zum Menschen 51,90,
befindet: Dem Bewusstsein gleichermaßen 128,293
äußerlich und zu eigen, sind die Wörter zu einem treuen, allzeit bereiten Werkzeug seiner 84,112,
Expression, Signifikation und Kommunikation 291,313
geworden. Mit anderen Worten: Als Medium drückt Sprache die Intentionen ihres Autors aus, sie bezeichnet das Sein der Dinge und sie übermittelt Botschaften zwischen ihrem Sender und ihrem Empfänger.

Für ein solches Dienstverhältnis gilt dann aber, dass die Worte nicht nur als genealogische Fortsetzung ihres Erzeugers, sondern ebenso als dessen instrumentale Verlängerung (= Erweiterung, Ausdehnung usw.) funktionieren. Das wird nicht zuletzt durch die Äquivokationen belegt, die jene Formel von der *Sprache als Extension des Bewusstseins* mit sich bringt: Neben der bereits erwähnten Zeitlichkeit sprachlicher Äußerungen nämlich vermerkt sie gleichermaßen eine spezifische 73,120,
Räumlichkeit in der Autor-Werk-Beziehung.[64] 177,300
These ist, dass sich die Medialität der Sprache, indem sie als Mittel ihres Autors fungiert, in Analogie zum Modell des Kanals beschreiben

Zur Beziehung von Autor und Werk (als Täter-Text-Konstruktion) gehört folglich auch ein Leser, der die Werke durch seine interpretativen Techniken auf das rückbefragt, was ihr Autor an originalen Inhalten und eigenen Intentionen einst in sie hineingelegt hat. Schreiben (oder Sprechen), um nicht sterben zu müssen, um etwas Eigenes vor dem Tod in Sicherheit zu bringen; aber auch, um den Menschen durch jene Bücher, die seinen Namen tragen zu verherrlichen – was die Hervorbringung so genannter Werke motiviert, ist deshalb nicht zuletzt die Hoffnung ihrer Autoren, sich in ein kulturelles Gedächtnis hineinzuschreiben und so den Tod aus dem Bezirk des Lebens und der Konstituierung des Menschseins fernzuhalten.

[64] Vgl. hierzu McLuhan 1964, S. 3f., 90, der sehr viel später und dann auf elektronische Medien bezogen, diese als »extensions of man« oder »extensions of consciousness«, d.h. als räumliche Erweiterungen oder Verlängerungen menschlicher Vermögen, bezeichnet hat. Zweifellos reiht sich der kanadische Professor mit dieser These in den Kanon *anthropomorpher Medientheorien* ein: »During the mechanical ages we had extended our bodies in space. [...] It is a persistent theme of this book that all technologies are extensions of our physical and nervous systems to increase power and speed.«

Ähnlich anthropomorph hieß es übrigens schon bei Freud 1930, S. 449f.: »Mit all seinen Werkzeugen vervollkommnet der Mensch seine Organe – die motorischen wie die sensorischen – oder räumt die Schranken für ihre Leistungen weg.«

lässt – ein Ausdruck, der sich hier weniger durch seine aktuelle Karriere in der Elektronik oder Informatik aufdrängt, als vielmehr durch eine sehr viel längere Tradition sowie sein metaphorisches Potential;[65] und also in mehrfacher Hinsicht:

19, 162, 264, 284 FREUD Zuerst, heißt das, wird durch den repräsentationalen Charakter der Sprache jener Übergang von der Innerlichkeit und Intimität der eigenen Vorstellungen zur Äußerlichkeit der Werke verbürgt. Insofern stellt das Gesagte und Geschriebene jeweils einen Weg dar, der die Verstandesleistungen des Subjekts nach außen verlängert. Oder: Als Medium im buchstäblichen Sinne ist Sprache zu einem Kanal der Äußerung und Veröffentlichung geworden; zu einer Art *Geburtskanal*, der die Autorintentionen sicher und für alle sichtbar zur Welt bringt – Aufklärung und anthropomorphe Medientheorien also machen es möglich: Sprache fungiert als Entbindungseinrichtung für ihren väterlichen Autor. Im Horizont männlichen Schaffens werden auf diese Weise die extensiven und zugleich eigentlichen Symbole zu einer diskursiven Prothese, zu einem ὄργανον des Autors, das seiner Gedankenarbeit jederzeit instrumentierend zur Seite steht.

> Der Mensch ist sozusagen ein Prothesengott geworden, [kommentiert Freud] recht großartig, wenn er all seine Hilfsorgane anlegt.[66]

Und mehr noch, denn die als Prothese angesetzte und insofern als Medium dienende Sprache supplementiert ein Organ, das der Autor in seiner Position als Vater anders nicht haben kann. Entsprechend lässt sich das Dispositiv der Autorschaft sowie dessen Genealogie der eigenen Worte auf einen konstitutiven Mangel beziehen: auf eine abwesende Fähigkeit und Möglichkeit der männlichen Sexualität. Es ist also keineswegs nur Polemik, wenn man feststellt, dass die klassischen Definitionen von Sprache,

[65] In seiner Studie über den Buchdruck hat GIESECKE 1991, S. 157 ff. darauf hingewiesen, dass zur Beschreibung medialer Funktionen der Sprache (bzw. der Schrift) besonders im 16. Jahrhundert immer wieder *hydrologische Metaphern*, also »Bilder aus dem Bereich der Bewässerungswirtschaft« verwendet wurden: »Demnach stellt man sich die Informationsvermittlung wie einen Wasserstrom vor, der ausgehend von einem ›Brunnen‹ oder einem anderen Reservoir über sich verzweigende Kanäle zu den potentiellen Empfängern fließt.« Ein paar Seiten weiter heißt es sogar: »Die metaphorische Verknüpfung von ›Kommunikation‹ und Bewässerung war zu jener Zeit [im 16. Jahrhundert] schon uralt. Die christliche Gemeinschaft wird seit den Tagen des Alten Testaments über die Taufe hergestellt, der Ausschluß aus dieser Gemeinschaft erfolgt durch Abkopplung vom Kommunikationsnetz, durch Exkommunikation. Weil das Wasser der Katalysator zur Bildung der christlichen Sozialgemeinschaft ist, flieht der Teufel das Weihwasser. Alle Mitglieder der Christengemeinde sind insoweit durch das Wasser mit Gott in Berührung gekommen. Er erscheint in dieser Konzeption als Ursprung des Wassers, als Quelle.«

[66] FREUD 1930, S. 451.

Medium und Werk lange Zeit von einem Begehren kommandiert wurden, dessen umgedrehte Version Freud dann den Frauen (bzw. Mädchen) als »Penisneid«[67] sprichwörtlich angehängt hat.

Zweitens; in einer Struktur, die organisatorisch und konstitutiv um das ›Ich denke‹ herum zentriert ist, dienen dessen sprachliche Verlängerungen dazu, Gedanken oder Bewusstseinsinhalte zwischen Subjekten zu kommunizieren. Seit dem späten 18. Jahrhundert, das heißt, seitdem der Mensch zum Eigner und Ursprung der Wörter geworden ist, richtet er seine Äußerungen nur mehr an seinesgleichen. Dabei mag weiterhin über alles Mögliche gesprochen oder geschrieben werden, über die Götter so gut wie über die Gesellschaft, die Tiere oder die Natur, als Akteure und Adressaten jedoch kommen fortan nur noch Menschen in Frage. Ist die Sprache als Mittel gleichermaßen Mitteilung, dann, um exklusiv zwischen Subjekten ausgetauscht zu werden, um als Verkehrsverbindung inmitten einer Gesellschaft mündiger Bürger zu dienen. *So wird die Sprache intersubjektiv.* Ihre Medialität funktioniert als *Kommunikationskanal*, der eine auf Verständigung angelegte zwischenmenschliche Übertragung von Inhalten, 167,234
Botschaften usw. bewerkstelligen soll: als Reihe oder Zyklus von Subjekt zu Subjekt.[68]

In gewisser Weise kann dieser Eigenschaft der Sprache sogar eine Vorrangstellung zugeschrieben werden, denn auch dort, wo sie als Erkenntnisinstrument verwendet wird, wo sie die Dinge in ihrem Wesen bezeichnen soll oder wo jemand den eigenen Überlegungen einen Ausdruck verleihen will, ist ein kommunikativer Zweck schon mitgesetzt. Erst einmal zum klassischen Symbol geworden und dann in den Dienst genommen, steht der Mensch am Anfang und am Ende aller sprachlichen Äußerungen. Und umgekehrt: Kommunikative Prozesse sind eingebettet zwischen denkende und dann auch handelnde Subjekte; als Wiedergabe der Intentionen eines Senders in den Interpretationen der Empfänger.

[67] FREUD 1904, S. 96. Vier Jahre später, in seiner Studie *Über infantile Sexualtheorien*, heißt es genauer, dass sich kleine Mädchen im Vergleich mit den Knaben beschädigt fühlen und wünschen, wie diese einen Penis zu besitzen: »Wenn es [ein Mädchen] den Wunsch äußert: Ich möchte lieber ein Bub sein, wissen wir, welchem Mangel dieser Wunsch abhelfen soll.« FREUD 1908, S. 180.

[68] MCLUHAN 1964, S. 89, dessen deutscher Übersetzer den Ausdruck ›Kanal‹ in den Titel von *Understanding Media* aufgenommen hat, schreibt in diesem Zusammenhang: »The term ›communication‹ has had an extensive use in connection with roads and bridges, sea routes, rivers and canals, even before it became transformed into ›information movement‹ in the electric age.«

BAYLE Als eine Bestätigung dieser Beschreibung kann gelten, dass im
61,112, 130,163 Jahrhundert von Subjektwerdung und Autorschaft auch die *Mobilmachung der Schrift* (der Bücher und ihrer Formate) betrieben wurde.

Zum Beispiel Pierre Bayles berühmtes *Dictionaire historique et critique*, das 1697 in seiner Amsterdamer Originalausgabe noch als Foliant erschienen ist,[69] dessen deutsche Übersetzung 1797 jedoch im Taschenbuchformat gedruckt wurde. Der Herausgeber Ludwig Heinrich Jakob liefert dazu die folgende Erklärung: Portative statt Folianten

> Unser [18.] Jahrhundert ist das Jahrhundert der Almanache und Taschenbücher. Ein Foliant macht gar kein Glück mehr, und will man das Gute in Umlauf bringen, so ist kein anderer Rath, als ihre Form zu verkleinern.[70]

Anstatt also, wie noch um 1700, sperrige Folianten in öffentlichen Bibliotheken aufzusuchen und dort aufrecht stehend an einem Pult zu lesen, beginnen um 1800 handliche und handhabbare Taschenbücher außerhalb der Bibliotheken das Funktionieren der Schrift sowie die Gewohnheiten ihrer Leser zu verändern. Im Anschluss an die notwendigen technischen Änderungen[71] spielen dabei auch ökonomische Interessen eine Rolle, denn der Umlauf des Guten, die Zirkulation der Güter, hat beachtliche Auflagensteigerungen zur Folge. *Die Sprache im*
48,62, 168,306 *Dienst ist zugleich die Sprache, mit der man verdient*: Taschenbücher sind nicht nur in
167 Herstellung und Anschaffung preisgünstiger als Folianten, sondern sie erreichen, unterstützt durch verlegerisches Engagement und die Verlagerung der Lektüre an private Orte, ein vielfach erweitertes Lesepublikum.

Darüber hinaus aber führt diese *Verkleinerung der Formate* auch zu einer Wende in der Beziehung von Mensch und Schrift:

»God, having designed man for a sociable creature, made him not only with an inclination and under a necessity to have fellowship with those of his own kind, but furnished him also with language, which was to be the great instrument and common of society.«[72]

Das Konzept von Kommunikation impliziert, sprachliche Äußerungen als gemeinnützige Praktiken zu begreifen. Aufgeklärte Gesellschaften (der ja nach Kants Revolution und Herders Reformen nur Menschen und keine Tiere oder Maschinen an-

[69] Genau genommen: vier Bücher (mit 719, 915, 831 und 804 Seiten) in zwei Folio-Bänden (jeweils 34,5 x 25 cm). Vgl. Abb. 1 der Farbtafeln.

[70] In diesem Fall auf 20,5 x 12 cm. JAKOB 1797-1, S. III (= *Vorrede*); nach einem Hinweis bei BEXTE 1991, S. 11. Vgl. Abb. 2 der Farbtafeln.

[71] Vgl. ILLICH 1993, S. 111 ff.: Verkleinerung der Buchstaben bzw. ihrer Lettern, Verminderung des Blattgewichts und Verfeinerung seiner Oberfläche sowie Verbesserung der Beschreibflüssigkeit.

[72] LOCKE 1690, S. 427.

gehören) werden nicht mehr als Gemeinden durch ein erstes Gotteswort gestiftet, vielmehr in einem ebenso öffentlichen, wie vernünftigen Austausch von Argumenten begründet und verbunden. Ein derartiges Verfahren, wird überdies behauptet,[73] könne in fairer Weise den Konsens konkurrierender Interessen regeln; es könne gesellschaftliche Einrichtungen legitimieren und schließlich zu Resultaten führen, die als normative Grundlagen des menschlichen Zusammenlebens fixiert werden dürfen. So ist unterm Vorzeichen der Kommunikation die Sprache zu einem wahrhaft *sympathischen Medium* geworden. Das Präfix ›syn-‹ (unter Berücksichtigung seiner Assimilationsformen) sagt es bereits: Nicht anders als beim *Sy*mbol, der *Syn*these oder dem *Sy*stem geht es auch diesmal, zumindest idealtypisch, um Inklusionen und Konvergenzen; darum, ein wechselseitiges Verständnis und Einverständnis zwischen sprechenden Subjekten zu erreichen. Aus kommunikationszentrierter Perspektive jedenfalls wird vorausgesetzt, dass Sprache einen Prozess fortschreitender Vernetzung sowie friedlicher Annäherung der Menschen in Gang setzt. Ohne zu zogern, wird dabei jegliche Während sich die Gelehrten um 1700 noch zu den Folianten begeben mussten, da diese fest an ihren Plätzen aufgestellt waren, sind es ein Jahrhundert später – gerade umgekehrt – die Bücher, die bewegt werden und die Autoren nicht weniger als ihre Leser, die nun endlich Platz nehmen können. Der
sesshaft und identisch gewordene Mensch 39,151, 311
mobilisiert seine Verkehrsmittel. Um 1800 hat die Schrift damit begonnen, sich um ihre Subjekte zu drehen; sie ist verfügbar geworden: eben »portatif« – eine Übertragung ihres 82,237, 255,273
Wissens findet statt, indem sie de facto hin und hergetragen wird, indem sie als papierener Gegenstand zwischen ihren Subjekten zirkuliert. Mit anderen Worten: *In Form und Format von Taschenbüchern hat sich die Verfügbarkeit der Schrift institutionalisiert.* So sehr ist das Reden oder auch Schreiben von
Kommunikation: die Möglichkeit, Rede oder 64,135, 302
Schrift als kommunikative Dienstleistung zu definieren, immer schon abhängig gewesen von der technischen und materialen Einrichtung ihrer jeweiligen Medien.

GADAMER Die Logik der eigenen Worte, so wurde gezeigt, strukturiert nicht nur den
signifikativen und expressiven Übergang 46,128, 151,164
zwischen Autorintentionen und Außenwelt, sondern sie macht Sprache auch zu einen Durchgangsraum von Intentionen auf ihrem Weg zu einem Empfänger. Insofern kann die Medialität der Sprache durch ihren Status als
Passage definiert werden (lat. medius = ›räum- 30,234, 262,291
lich und zeitlich in der Mitte befindlich‹, ›dazwischenliegend‹): In dieser Funktion überträgt sie Botschaften, die sowohl woanders

[73] Zum Beispiel im *Vorwort zur Neuauflage 1990* des Klassikers *Strukturwandel der Öffentlichkeit* von Jürgen HABERMAS 1990, S. 33ff. Die Formulierungen und Anspielungen in diesem *Zusatz* sind, wenn nicht anders vermerkt, in diesem Text nachzulesen.

entstanden sind als auch verstanden werden, und die daher ihren Kanal nur vorübergehend – gewissermaßen als *Passagiere* – benutzen. *Sprache also wird eingesetzt, um Differenzen zu überwinden;* was dann aber auch heißt: *Es sind eben diese Differenzen, die klassischerweise als Zeit/Raum der Sprache fungieren: sei es als Mittel und Mitte oder, wie später*
33, 127 *bei Hegel, als Vermittlung*.

12,72 Schließlich wird noch Gadamer davon aus-
153,186 gehen, dass sprachliche Äußerungen ein »bloßes Zwischenprodukt« darstellen, eine »Phase im Verständigungsgeschehen, die als solche gewiß auch eine bestimmte Abstraktion einschließt, nämlich die Isolierung und Fixierung dieser Phase.«[75] So ist Sprache (je nachdem im doppelten oder dreifachen Sinne) zwar als dasjenige Medium ausgezeichnet, mit dem Subjekte untereinander kommunizieren, jedoch darf sie als Teil eines übergeordneten Ganzen (der verständigen Einheit des von Gadamer so genannten »Sinngehalts«) keine gesonderte Thematisierung für sich beanspruchen.

Einerseits gibt es eine *Passage*, vorgestellt als sprachliches Verkehrsmittel zwischen Subjekten, andererseits und davon unterschieden, einen *Passagier*, der diesen sprachlichen Raum durchquert, um seine Stelle zu wechseln.

Form der Trennung, Entfernung, Teilung usw. als Deformation bewertet, als ein Unheil, das für Irrtümer, Missverständnisse und sogar für die zivilisierten Barbareien des 20. Jahrhunderts mit verantwortlich gemacht werden kann. »La distance est identifiée à la mort«, kommentiert Paul Virilio.[74] Und deshalb: Gegen diesen Tod (gegen die Angst vor diesem Tod) wird nicht zuletzt eine Sprache gesetzt, die bereits auf der einfachen Ebene ihrer Existenz (als jeweilige *Mutter*sprache) die Rolle einer *gesellschaftlichen Matrix* übernehmen soll. – Die Versammlung aller Betroffenen, die Gleichberechtigung ihrer Interessen, die Zwanglosigkeit der Interaktion; das wäre, sehr buchstäblich und sehr klassisch zugleich, ihr fürsorglicher Anspruch, der auf Fremdheit nicht mehr mit (väterlicher) Aggression oder schlichter Ausgrenzung reagiert, sondern für den Sprache jederzeit und überall ein integratives Medium darstellt.

Im Zuge solcher Beschreibung wird deutlich, dass die kommunikativ- Unschuld des Mediums
25,62 mediale Definition der Sprache auf einer grundsätzlichen Zweiteilung
154,172 beruht. Nachdem durch das Dispositiv der Repräsentation bereits eine Grenzziehung zwischen Wort und Welt, zwischen einer als Symbol externalisierten Sprache und der Ordnung der Dinge eingeführt wurde, spalten sich nun die jeweiligen Symbolisierungen noch einmal in sich selbst: Es gibt einen vorgängigen und in seiner Eigentlichkeit sprachlosen

[74] VIRILIO 1975, S. 17.

[75] GADAMER 1981, S. 35. Ebenso das direkt folgende Zitat.

Ein solcher Anspruch freilich kommt nicht umhin, sprachlichen Äußerungen von vornherein eine *ethische Funktion* zu unterstellen: Wer kommuniziert, wer verhandelt und miteinander redet, führt gegeneinander weniger (hoffentlich keine) Kriege. Kommunikation, wird man nicht müde zu versichern, erreiche die Entschärfung von Konflikten; sie wirke deeskalierend, da schon die Tatsache, dass überhaupt geredet werde, ein Schritt in Richtung Ausgleich und Versöhnung sei. So wird auf diese oder ähnliche Weise immer wieder versucht, Sprache als das ganz Andere der Gewalt (der Ausbeutung, der Unterdrükkung usw.) zu definieren. Weder sollen es Diskurse sein, die herrschen oder beherrscht werden, noch dürfe man ernsthaft davon ausgehen, dass sich Sprache als ein ebenso komplexes wie heterogenes Machtgeschehen ereigne; dass ihre Verhaltensweisen und deren Verhältnisse jeweils einen Zeit/Raum der Auseinandersetzungen, der Differenzierungen und auch der Zwänge konstituierten. Stattdessen gehört es für Kommunikationstheoretiker bis heute zur conditio sine qua non, an die freie, unvermachtete Zirkulation der Wörter zu glauben: an die Grenzenlosigkeit argumentativer Verfahren nicht weniger als an den guten Willen ihrer Teilnehmer.

Inhalt, der vom Menschen zwecks Kommunikation in seine Worte hineingelegt wird. Im Horizont von Subjektivität und Autorschaft stellen Bewusstseinsinhalte und Sprechakte deshalb die zwei Seiten des einen und vereinigten sprachlichen Ausdrucks dar. Oder, in Anlehnung an die Formulierungen zur Repräsentation: Als Medium kommuniziert Sprache eine Botschaft, die sie zwar nicht selber ist, die sie aber dennoch in ihrem Wesen zu übertragen vermag.

Um das Risiko einer Durchquerung zu bannen, um zu verhindern, dass der Sinn im Medium seiner sprachlichen Äußerung aufs Spiel gesetzt wird, ist die interne Zweiteilung der Symbolisierungen durch eine prinzipielle Neutralität cha- 101,206,216
rakterisiert. Genauso wie die Repräsentationen in ihrer Transparenz den unverstellten Blick auf Sein und Sinn der Dinge freigeben, so bleibt auch der sprachliche Kanal indifferent gegenüber seinen Passagieren, dem zu übertragenen Sinn. Eine unschuldige Grenze also; eine indifferente Differenz, die durch ihre Unterscheidung, ganz im Sinne des mündigen Subjekts, nichts entstellt oder beeinträchtigt. Ihre Zweiteilung 64,75,138,305
funktioniert vielmehr *hermetisch* und *hermeneutisch* zugleich, denn zuverlässig versiegelt: abgedichtet gegen fremde Einflüsse, beschützt vor Havarie oder Abweichungen erreicht die Botschaft ihren Adressaten; gewissermaßen das rettende Ufer, um dort zweifelsfrei, d.h. ohne Verlust, ohne irreduzible Mehrdeutigkeiten verstanden zu werden. Im Medium Sprache bleibt das Kommunizierte in seiner Identität stets erhalten. Unversehrt und unberührt von der Zeit (noch hat Hegel die Bühne nicht betreten) durchquert der Sinn die Passage seiner Worte: Vielleicht nicht immer als frohe Botschaft, aber in jedem Fall als ein geglücktes Hinübersetzen.

Der **Mercurio** des Giambologna. Vollendet ca. 1580 für einen Brunnen der Villa Medici in Rom. 180 cm, Bronze. Aus: HOLDERBAUM 1983, S. 112. *Museo Nazionale del Bargello*, Florenz.

Transparenz und Neutralität; in beiden Fällen handelt es sich darum, dass die Verhaltensweisen sowie die Verhältnisse der Sprache als solche unauffällig bleiben. Der Mensch, organisatorischer und konstitutiver Grenzwert der symbolischen Ordnung, Ursprung und Zweck aller sprachlichen Äußerungen,
26,150, thematisiert sein Medium (seine Sprache) nur
219,249 von den Peripherien, gewissermaßen von den Schnittstellen aus: dort, wo er seine Gedanken in die Worte hineinlegt und dort, wo er sie
23,164, mittels Interpretation wieder daraus hervor-
297,317 holt. Dementsprechend funktioniert Sprache in ihrer Definition als zwischenmenschliche Dienstleistung zugleich *medienvergessen*: Für sie stellt sich die Übertragung von Vorstellungen in Symbole (vom Medium des Bildes zum

Bekanntlich wird von Hermes, dem ebenso schlauen wie redegewandten Sprössling des Zeus und der Maia, dem nächtlichen Späher der Götter, berichtet, er habe nicht nur die Leier erfunden, sondern bei seinen Erkundungen stets das σύμβολον mit sich geführt: jenen ausgezeichneten Botenstab, um den sich zwei Schlangen winden und zu einer Schlinge vereinigen. In eben dieser Funktion aber kann Hermes auch um 1800 noch als Experte, wortwörtlich als Schutzengel, der Passagen und Übergänge bezeichnet werden.

Medium der Stimme oder der Schrift) weder als Problem dar, noch gelangt sie zu einer gesonderten Aufmerksamkeit für deren jeweilige Materialität und dessen Funktionieren.

Geometrien: Bild vs. Band

BAYLE Aus der Formulierung vom *Kanal der Sprache* aber kann noch etwas Drittes herausgelesen werden: Und zwar, dass die Symbolisierungen nicht nur in die genealogische Reihe von Erzeuger und Erzeugnis eingerückt sind, 47,62, 252,323 sondern dass auch die Erzeugnisse selber, die Werke, eine solche lineare oder, wie man jetzt formulieren könnte: *kanalisierte Ordnung* darstellen. Diese allgemeine und durchgängige Linearität organisiert sowohl die Rede als auch die geschriebene, will sagen: die aufgeschriebene Sprache; nur dass dann die Verkettung der Grapheme und nicht die Aufeinanderfolge der Phoneme gemeint ist (die notwendige Unterscheidung von gesprochener und geschriebener Sprache, die sich hier andeutet, wird an späterer Stelle durchgeführt).

In erster Linie geht es darum, dass zum klassischen Status der Sprache in besonderer Weise das Buch gehört: 35,244, 310,349 Als Autor bringt man seine eigenen Gedanken nur zur Welt, indem man sie davor auch zu Papier gebracht hat. Um 1800 jedoch erscheinen beschriftete Papiere nicht mehr als sperrige und feststehende Folianten, sondern, wie bereis erwähnt, als handlich-handhabbare Taschenbücher, als Portative. *Die These ist, dass eine solche Verkleinerung der Formate neben der Auswanderungsbewegung der Bücher aus den Bibliotheken und der Ermöglichung ihrer (Über-)Tragbarkeit auch zu einer veränderten Geometrie der Schrift geführt hat.* Dazu sei beispielhaft noch einmal aus Pierre Bayles *Dictionaire* zitiert: Dessen französischsprachige Originalausgabe erschien 1697 in Amsterdam als Foliant. In ihm bestand jede Seite aus:

Erkennbar reagiert diese Beschreibung einer Medienvergessenheit auf die von Gadamer so genannte (und bei ihm wiederum von Heidegger übernommene) »Sprachvergessenheit«, die jeden »Verständigungsvollzug« als »Vorbedingung« trägt und in die alles Sprechen bzw. Schreiben »förmlich eingehüllt« ist.[76] Um das, *was* in einen Text oder Vortrag mitgeteilt wird, in seiner »ursprünglichen Authentizität« zu lesen oder zu hören, um das Gemeinte »ohne Anstoß« zu verstehen, darf nichts davon wörtlich genommen werden; vielmehr muss man die »sprachliche Erscheinung«: ihre Ereignishaftigkeit, ihr Funktionieren, ganz hinter sich gelassen haben. *Das Vergessen des Sprechens oder Schreibens beim Sprechen oder Schreiben ist die Regel kommunikativer und insofern verständigungsorientierter Prozesse, keineswegs deren Ausnahme.* Denn tatsächlich gilt dies: Je unauffälliger der Akt des Sprechens und Schreibens, umso sicherer seine Beherrschung, umso verständiger sein Sinn. Je

[76] Vgl. noch einmal GADAMER 1981, S. 35–39. Ebenso die direkt folgenden Zitate.

> einem Verweisungssystem von Haupttext, zweispaltigem Kommentarteil, Marginalien rechts und links sowie Fußnoten.[77]

Durch eine solche mehrdimensionale Ausbreitung unterschiedlicher Texttypen und
13,236 360,372 Textsegmente auf einer Seite musste freilich auch die Lektüre in ihren Bewegungen mehr-
14,214 244,301 fach hin- und herspringen, um den Verweisungen nach oben, unten, rechts oder links folgen zu können. »Il faut bien remarquer«, schreibt Bayle in seiner *Préface de la premiere édition*, »que ces gros Livres ne sont pas faits pour être lus page à page.«[78] Demnach ist es bis in das Zeitalter der Folianten hinein unüblich (sogar unmöglich) gewesen, eine Buchseite einfach von oben links nach unten rechts und ganze Bücher von vorne nach hinten kontinuierlich durchzulesen, denn sowohl ihr Layout als auch ihre Lektüre orientierten sich an der Gestaltungsweise von Bildern. Zwar kann man für das 17. Jahrhundert sehr wohl feststellen, dass es eine charakteristische Ästhetik entwickelt nebensächlicher die Struktur und die Materialität des (jeweiligen) Mediums, umso freundlicher und fragloser seine Anwendung. Erst die Unterbrechung dieser Vergesslichkeit: eine Störung in der Verständigung oder die Unlesbarkeit eines Textes, führt dazu, auch noch auf »den Text als Text zurückzukommen. [...] Man kann geradezu sagen: Daß man überhaupt auf den Wortlaut bzw. den Text als solchen zurückgreift, muß immer durch die Besonderheit der Verständigungssituation motiviert sein.«

Bei McLuhan findet sich zu solchen klassischen Gewissheiten der passende Kommentar: »Indeed, it is only too typical that the ›content‹ of any medium blinds us to the character of the medium.« Und ein paar Seiten weiter: »The

[77] Bexte 1991, S. 10. Zur Geometrie der Schrift und zur Seitengestaltung des *Dictionaire* vgl. Abb. 1 und 2 der Farbtafeln bzw. den Herausgeber-Kommentar zur elektronischen Edition der Amsterdamer Originalausgabe: »Bayle's *Dictionaire* is notable for the complex page layout. It combines four different levels of text and notes that are defined spatially in the eighteenth-century editions in the following manner: 1. The text of the main articles is located at the top of the page, in one broad column. These articles include notes of two types: Numbered references for bibliographic citations [and] lettered footnotes (indicated by upper-case letters) for the critical commentary. 2. The text of the critical footnotes is found in the lower portion of the page (often they occupy much more than half the page), in two columns. Again, in this text there are further bibliographic references, indicated by either lower-case letters or numbers. The type of this commentary is slightly smaller than the typeset used for the text of the main articles. 3. The references from the main text are indicated in the margins to the left and right of the text. The italicized type used for these notes is smaller yet. 4. The references from the text of the critical commentary are, again, indicated in the margins to the left and right of the text of the commentary. The typeset here is the same used for the other marginal indications.« *http://www.lib.uchicago.edu/efts/ARTFL/projects/dicos/BAYLE* (16. August 2005).

[78] Vgl. Bexte 1991, S. 10, bzw. das Faksimile unter http://duras.uchicago.edu/cgi-bin/BAYLE.sh?PAGEOBJECT=20 (16. August 2005).

›content‹ of a medium is like the juicy piece of meat carried by the burglar to distract the watchdog of the mind.«[79]

und durchgesetzt hat, doch in Bezug auf die Geometrie der Schrift galt für diese Epoche nach wie vor, was schon von mittelalterlichen Kodizes[80] oder zeitgenössischen »carmina

[79] McLuhan 1964, S. 9, 19. Über Vergesslichkeit bei der Anwendung von Medien ist freilich schon in *Sein und Zeit* zu lesen: »Für den, der zum Beispiel eine Brille trägt, die abstandmäßig so nahe ist, daß sie ihm auf der ›Nase sitzt‹, ist dieses gebrauchte Zeug [Heideggers Alt- und Alltagsdeutsch für das »im Besorgen begegnende Seiende«] umweltlich weiter entfernt als das Bild an der gegenüberliegenden Wand. Dieses Zeug hat so wenig Nähe, daß es oft zunächst gar nicht auffindbar wird. Das Zeug zum Sehen, desgleichen solches zum Hören, zum Beispiel der Hörer am Telefon, hat die gekennzeichnete Unauffälligkeit des zunächstst Zuhandenen.« Erst durch seine »Unzuhandenheit«, indem es »fehlt« oder »überhaupt nicht ›zur Hand ist‹«, wird daher das Zeug als solches bemerkt. »Die Modi der Auffälligkeit, Aufdringlichkeit und Aufsässigkeit haben die Funktion, am Zuhandenen den Charakter der Vorhandenheit zum Vorschein zu bringen.« Heidegger 1927, S. 68, 74, 107.

Ganz ähnlich und sogar auf die Sprache bezogen heißt es dann in einem Aufsatz von 1957f.: »Allein, wann immer und wie immer wir eine Sprache sprechen, die Sprache selber kommt dabei gerade nie zum Wort. Zur Sprache kommt im Sprechen vielerlei, vor allem das, was wir besprechen: ein Tatbestand, eine Begebenheit, eine Frage, ein Anliegen.« Heidegger 1957f., S. 161.

[80] Wie weitgehend und kompromisslos sich das Mittelalter um die »Bildwerdung der Schrift« bemüht hat, beschreibt Jantzen 1951, S. 53, 55ff. Dort heißt es: »Die Verbildlichung der Schrift bezieht sich im Endergebnis auf die Gestaltung der gesamten Schriftseite rein aus dem zeichenhaften Wesen der Schrift heraus. Und die Gesamtwirkung wird [...] gerade durch Kontrastwirkung der Schriftzeichen erstrebt. Es werden zahlreiche Abstufungen der Schriftgrößen eingeführt, die Buchstaben einzeln oder in Wortgruppen verschiedenartig behandelt. Es braucht auch keineswegs ein einziger Buchstabencharakter zu sein, der auf der gleichen Seite oder gar im gleichen Wort durchgehalten wird (z.B. kann das Wort ›Evangelium‹ in zwei Zeilen mit verschiedenartigen Buchstabenformen geschrieben werden, Oxford Douce 176), vielmehr wird gerade im Wechsel das optisch Lebendige gesucht. Nicht zu vergessen die Farbe als ein für die Verbildlichung der Schrift äußerst wirksames Mittel. Der Augustin Paris lat.12168 bringt rhythmisch ganz frei verteilte Initialen, Worte, die unaufhörlich in ihrem Charakter, ihrem Verhältnis zum Grund wie nach ihrer Zusammenstellung wechseln. [...] Es kommt hinzu, daß die Schriftzeichen ›gestalthaft‹ – jeder Buchstabe mit einer anderen Physiognomie – geformt sind. [...] Zudem taucht hier ein weiteres Merkmal auf: das Prinzip der Rahmung. [...] Der Malerschreiber der QUID-GLORIARIS-Seite des St.-Gallener Folchart-Psalters setzt in die Mitte ein das ganze gerahmte Bildfeld beherrschendes, mit Riemenwerk gefülltes Q, dessen machtvolle Form – Gold auf Purpur mit hinterlegtem grünen Grund – den Wortzusammenhang mit den übrigen in freier Akzentuierung verteilten Buchstaben überstrahlt.« Jantzen resümiert schließlich: »Das Gestaltungsprinzip verlangt, daß nicht der logische Wortzusammenhang, sondern der optische Zusammenhang der Zeile als Teil eines optischen Ganzen der Schriftseite entscheidend für die Wahl der Schriftzeichen wird. [...] Der logische Buchstabenzusammenhang wird zerrissen zugunsten einer ausdrucksstarken Ganzheitswirkung der Seite, die in erster Linie von der bildmäßig verteilten Komposition der Schriftzeichen lebt.«

Übrigens ist bei McLuhan 1964, S. 159 gleichzeitig eine Bestätigung und Erweiterung dieser zweidimensionalen Erfahrung der Schrift zu finden. In *Understanding media* wird ein bekannter mittelalterlicher Schriftmaler zitiert, dem die Buchstaben dreidimensional: als plastisch-taktile Formen, erscheinen: »In the study of the art of Andrea Mantegna, the →

figurata«[81] bekannt war und woran sogar die Erfindung des Buchdrucks mit beweglichen Metall-Lettern durch Gutenberg[82] nichts Prinzipielles geändert hatte: Dass jede Buchseite als eine eigene Bildfläche erscheint; dass deren Beschriftung, worauf McLuhan in *Understanding media* hinweist, ein »pictorial statement«[83] darstellt: Nicht als wechselseitige Ergänzung von Schrift und Bild, als Veranschaulichung der Textteile durch Illustrationen oder Abbildungen, sondern indem die *Schrift selbst als eine bildhafte Ordnung* hervorgebracht und wahrgenommen wird. Auf der Buchseite der großen Formate, heißt das mit Rücksicht auf die Etymologie, formieren
18,27 sich die Zeichen weiterhin als Zeichnungen.

217,351 Ganz anders dagegen 1797:

illuminator of manuscripts, Millard Meiss mentions that, amidst the flowery and leafy margins of the page, Mantegna's letters ›rise like monuments, stony, stable and finely cut. ... Palpably soled and weighty, they stand boldly before the colored ground, upon they often throw a shadow...‹.«

[81] Vgl. Ernst 1985, S. 69ff. Über barocke Figurengedichte heißt es dort auf S. 89, dass »ihre Sprachzeichen zusätzlich zu ihrer semantischen Funktion das Material zum Aufbau einer Graphik bilden« und deshalb auch als »Gegenstand der Betrachtung fungieren«.

[82] Giesecke 1991, S. 81, 140ff. hat in diesem Zusammenhang hervorgehoben, dass Gutenberg (und sein Gehilfe, der Kalligraph Peter Schöffer) in den vierziger Jahren des 15. Jahrhunderts eine »Schönschreibmaschine« und keine »Photokopiermaschine« erfunden haben. Anstatt Handschriften schneller und billiger vervielfältigen zu können, ging es dem Mainzer Drucker vielmehr um die »Verbesserung der Schrift und die gesellschaftliche Durchsetzung dieser Verbesserung«. Mit Hilfe seiner beweglichen Lettern nämlich konnte er erstmals eine ebenso präzise wie regelmäßige Anordnung der Buchstaben, Zeilen und Absätze erreichen. So ist es ihm gelungen, »jedes einzelne Zeichen, z.B. jedes einzelne ›A‹ in jedem Wort, auf jeder Zeile und auf jeder Seite des Buches ›gleich‹ zu schreiben« – ein »Ähnlichkeitsideal«, an dem sowohl geübte Skriptoren als auch traditionelle Blockdruckverfahren scheitern mussten und mit dem sich Gutenbergs Erfindung »umstandslos in die über ganz Europa verbreitete Zeitströmung ein[ordnet], der die Kunstwissenschaft den Namen ›Renaissance‹ gegeben hat. Er [= Gutenberg] vollzieht auf dem Gebiet der Textgestaltung, was in seiner Zeit auch in der Architektur und Malerei anhebt.« Die Überlegenheit jener »nova ars scribendi« also wurde durch kalligraphische Kriterien entschieden: durch das »Gleichmaß«, die »Proportionierung« und die »wundervolle Harmonie des ausgedruckten Bogens«. Für Gutenberg war die bessere Schrift vor allem die »schönere Schrift«; das heißt, nur eine solche Buchseite, die durch Zusammenarbeit von Drucker, Kalligraph und Illuminator mit einem »ausgewogenen *Schriftbild*« erscheinen konnte.

Einen eher diskurspolitisch, -polizeilichen Aspekt dieses Ideals nennt außerdem Schön 2002, S. 90: »Bei den Heiligen Schriften, vor allem bei den Messbüchern, war Einheitlichkeit dringend erforderlich, umsowohl unbeabsichtigte, durch Schreibversehen zustandegekommene Veränderungen auszuschließen wie auch beabsichtigte Veränderungen durch Ketzer.«

[83] McLuhan 1964, S. 160. Noch einmal Schön 2002, S. 95, 93: »Die Ästhetik einer Gutenbergschen Druckseite erschließt sich nicht in der Linearität, sondern in der Simultanität, im Anschauen der nach den Proportionen des ›Goldenen Moduls‹ gestalteten Seite. [...] Danach liegt der Aufteilung jeder seiner Bibelseiten ein Zahlenverhältnis zugrunde, ein ›Modul‹, der von der Zahl 3 ausgeht, durch die alle Maße von Länge, Breite und Fläche geteilt werden können.«

> Die Herausgeber der deutschen Ausgabe des *Dictionaire* haben sich genau an dieser Gestaltung der Folioseiten gestoßen. Ihr Ziel war es, die verschiedenen Textteile zu einem durchlaufenden Fließtext für Kleinformate einzuschmelzen.[84]

So ist auf der Buchseite am Ende des 18. Jahrhunderts eine Schrift entstanden, die sich nicht länger durch ihre mehrdimensionale Segmentierung (als räumliche Ausbreitung, Hervorhebung usw.), sondern durch ihre eindimensionale Abfolge auszeichnet; deren Geometrie also dem Modell der Linie und nicht der Produktions- bzw. Rezeptionsweise von Bildern gehorcht. Die Medialität des Buches jedenfalls stellt nach Maßgabe und Metaphorik von 1797 eine kanalisierte Ordnung dar, in der sukzessiver Schreibfluss der Autoren und fließende Lektüre ihrer Leser zueinander finden. Aus dem *Schriftbild* für schöngeistig Gelehrte ist ein *Schriftband* für selbstbewusste Subjekte geworden: eine verbundene und in ihrer Gebundenheit zugleich verbindliche Aneinanderreihung von Buchstaben – Zeile für Zeile, Seite für Seite. Im Format der neuen Bücher stellt Sprache ein Band nicht nur im 45, 169, 205
gesellschaftlichen Sinne dar: als intersubjektives Medium, als Matrix einer kommunikativen Öffentlichkeit, sondern auch für sich: als interne Organisation ihrer Symbolisierungen sowie als gehefteter Gegenstand aus Papier.

LESSING These ist deshalb auch dies: *Anstatt historische Konstante oder selbstverständliches Wesensmerkmal von Schrift zu sein, erscheint deren linearisierte Gestaltungsweise als der Effekt ihrer veränderten Formatierung.* Erst auf den (über-)tragbaren Seiten von Taschenbüchern sind die Zeichen keine Zeichnungen mehr, sondern laufen als Zeilenschrift. Um 1800 wird deshalb am Medium des Buches die Unterscheidung einer *ikonologischen* und einer *grammalogischen* Ordnung der Sprache erkennbar: Ganz im Sinne der Aufklärung (und also gegen Aberglauben, Mythos, Magie usw.) haben sich ihre Zeichen von der alten Macht (einschließlich den alten Machthabern) der Bilder entfernt. Oder: In der Geschichte der Schrift ergibt sich deren Gestaltung nunmehr durch zwei einander ausschließende Dispositive.

Mit aller Deutlichket hat »diesen wesentlichen Unterschied« auch Lessing 1766 in seinem *Laokoon* beschrieben:

> [D]ie Zeitfolge [heißt es dort] ist das Gebiet des Dichters, so wie der Raum das Gebiet des Malers.[85]

[84] BEXTE 1991, S. 10f.

[85] LESSING 1766, S. 119. Die direkt folgenden Zitate S. 103f.
Vgl. dazu auch FLUSSER 1987, S. 17f., der noch über 200 Jahre später von der »ikonoklastischen« Wirkung des »eindimensionalen Zeilencodes« der Schrift überzeugt ist: »Der ritzende Stilus ist ein Reißzahn, und wer Inschriften schreibt, ist ein reißender Tiger: Er zerfetzt Bilder. Inschriften sind zerfetzte, zerrissene Bilder.«

Und ein paar Seiten weiter: In der Malerei werden »Mittel oder Zeichen gebrauchet«, deren »verschiedene Teile sich nebeneinander im Raume entwickeln«; in der Dichtung dagegen solche, deren »verschiedene Teile sich nach und nach, in der Folge der Zeit, ereignen«.

Für die Medialität als Merkmal jener *Logik des Eigenen* bedeutet das wenigstens dreierlei:

Erstens; die Verkleinerung des Buchformates zum Portativ: zum handlichen und handhabbaren Verkehrsmittel, zur kommunikativen Schrift, die geeignet ist, zwischen Subjekten zu zirkulieren, bestätigt die *Verfügbarmachung der Sprache* durch die organisatorische und konstitutive Autorität der Autorfunktion. Mit anderen Worten: Die veränderte Erscheinungsweise der
51,112 Bücher (durch Mobilmachung, Formatierung und Geometrie) kollaboriert
130,163 mit der Entstehung einer sprachlichen Struktur, die immer schon von der vorgängigen Präsenz Des Menschen konstituiert, angeleitet und benutzt wird. Solchermaßen übertragen Bücher nicht nur das Wissen einer Epoche, sondern sie tragen auf ihrem Rücken ebenso das Kennwort ihres neuen Dispositivs: den Namen eines Autors.

Zweitens; durch seine veränderte Geometrie verweist das Buch, dessen Einband nicht zufällig lange Zeit mit einem Schloss versehen war, auf die *Herstellbarkeit geschlossener Werke*. Das heißt: Bücher erscheinen nicht nur optisch und materiell (durch die unveränderliche Abfolge der gedruckten Zeilen und den nach allen vier Seiten abgegrenzten Block des Satzspiegels) als abgeschlossene Gegenstände; vielmehr bilden sie als Werke auch inhaltlich und formal jeweils eine zu Ende geführte und vollendete Einheit. Zur Äußerung seines Wissens bringt der Autor ein erstes und ein letztes Wort zu Papier; progressiv oder regressiv, erlösend oder apokalyptisch: als Gerade oder als Kreis. Idealerweise knüpfen Gedanken wie Zeilen im neu formatierten Buch jenen sprichwörtlichen roten Faden: Sie verlaufen von einem spontan gesetzten Anfang zu einem verwirklichten und insofern abschließenden Ende.

Drittens; die Abgeschlossenheit des Buches bestätigt auch jene These,
36,111 nach der die Autorfunktion (unterstützt durch ein Urheberrecht) gewisse Einschließungen im Raum der Sprache vornimmt. Zu den Setzungen von Anfang und Ende gehört deshalb die *Trennung von Innen und Außen*: So wie man Felder aus einer unwirtlichen Landschaft herausschneidet und rodet, einen geweihten Bezirk: ein ›templum‹, absteckt, so definiert auch der beschriftete und eingefasste Stapel viereckigen Papiers, was dazugehört und was draußen bleibt. Gedanklicher Faden, Zeilenschrift und Heftband erzeugen nicht einfach nur einen verbundenen und gebundenen Gegenstand; vielmehr markieren sie auf diese Weise zugleich eine

Grenzlinie, die entscheidet, was als authentischer und eigener Ausdruck in ein Werk hineingeschrieben wird und was als fremder, uneigentlicher Einfluss ausgeschlossen werden muss.

* * *

STEINER Zur Autorschaft soll noch eine letzte Bemerkung hinzugefügt werden. Sie expliziert, was bisher nur angedeutet werden konnte: Die klassische Sprache nämlich definiert sich nicht nur durch eine Serie logischer Verweisungen sowie eine genealogisch organisierte Zeitlichkeit, sondern 47,176, ihre Worte sind dazu auch in ein *ontologisches Schema* eingesetzt. 276,313

Referenz und Rückkehr

Seit dem 17. Jahrhundert, das heißt, seitdem Sprache zu einer externalisierten und dann extensiven Ordnung geworden ist, funktionieren die so entstandenen Zeichen (bzw. Symbole) innerhalb einer vertikal zweigeteilten und hierarchischen Struktur: ob als Repräsentationen oder im Dienste eines 48,90, Autors – in jedem Fall handelt es sich um die *Installierung einer Differenz*, 180,293 der zufolge die Worte als Aussage oder Ausdruck etwas darstellen, das sich ontologisch von ihnen unterscheidet, das sie aber dennoch (oder gerade deshalb) hervorbringt, anleitet und kontrolliert. In *Sein und Zeit* schreibt Heidegger, dass durch die Ontologie thematisch wird, »was sich zunächst und zumeist gerade *nicht* zeigt, was gegenüber dem, was sich zunächst und zumeist zeigt, *verborgen* ist, aber zugleich etwas ist, was wesenhaft zu dem, was sich zunächst und zumeist nicht zeigt, gehört, so zwar, daß es seinen Sinn und Grund ausmacht.«[86] Anders formuliert: Jene Zweiteilung, 25,53, die der Sprache ihren abgeleiteten (bloß re-präsentationalen) Status zuweist, 154,195 funktioniert als ein wesentliches Nicht zwischen den Worten und dem, was sie jeweils aussagen oder ausdrücken. Klassischerweise also müssen sich Wörter jederzeit überschreiten lassen; müssen sich immer schon in einem Schematismus bewegen, durch den sie auf Nicht-Worte verweisen. Ein Nicht freilich, dass weder Nichts noch Vernichtung bedeutet, sondern einen Differenztyp etabliert, der zwei Bereiche, indem er sie voneinander trennt, zugleich miteinander verbindet. Auf diese Weise kann Sprache organisatorisch und konstitutiv auf die Gegebenheit außersprachlicher Referenten (seien es eine Substanz oder eine Idee, das Sein der Dinge oder die Subjektivität des Menschen) bezogen werden, die ihr jeweils vor-

[86] HEIDEGGER 1927, S. 35. Für zwei andere, freilich ebenso zentrale wie traditionelle Kategorien der Ontologie heißt es dann strukturanalog: »Die Abhebung des Seins vom Seienden 69,170, und die Explikation des Seins selbst ist Aufgabe der Ontologie.« Dabei gilt: »Das Sein des 213,334 Seienden ›ist‹ nicht selbst ein Seiendes.« – aber: »Sein ist jeweils das Sein eines Seienden.« Ontologie also ist ihrem Schema gemäß die »aufweisende Grund-Freilegung« oder das »Durchsichtigmachen eines Seienden [...] in seinem Sein.« HEIDEGGER 1927, S. 27, 4, 9, 7f.

gängig sind und die deshalb als ihr normativer Grund, als ihre verbindende und insofern verbindliche Begründung auftreten. Noch 1989 ist George Steiner in seinem fürwahr unzeitgemäßen Essay *Real Presences* der Meinung, »that any coherent understanding of what language is and how language performs, that any coherent account of the capacity of human speech to communicate meaning and feeling is, in the final analysis, underwritten by the assumption of God's presence.«[87]

Oder, eine Nummer kleiner und weltlicher:

> A *Logos*-aesthetic and hermeneutic is one of reference to authorship, to the potential of »authority« contained within that word and concept.

Und also belehrt uns der große alte Mann der Literaturwissenschaft: »There is language [...] because there is ›the other‹.« Im ontologischen Schema gerät Sprache in die Abhängigkeit einer transzendenten Andersheit; das heißt einer Instanz, die sie gleichermaßen beherrscht (›au[c]toritas‹), versichert
13,34 (›auctor‹) und fördert bzw. vermehrt (›augere‹). Somit ist Sprache prinzipiell:
132,241 noch bevor ihr erster Laut gesprochen oder ihr erster Buchstabe geschrieben sein wird, in ein Verhältnis von wesentlichem, allgemeinem Untergrund und
28,31 symbolisch, konkreter Oberfläche eingebaut. Was auch immer vor/hinter/
340,354 über/unter, und das heißt: jenseits ihrer Symbolisierungen zu finden ist, was auch immer als Bedingung ihrer Möglichkeit, ihrer Unmöglichkeit oder ihrer Wirklichkeit gesetzt ist, stets nimmt es den Rang eines positiven und beständigen Originals ein, das sie darzustellen oder wiederzugeben hat.

DELEUZE/GUATTARI Original und Wiedergabe: Die Beschreibung der Sprache als *R*epräsentation zeigt nicht nur das ontologische Gefälle an, das in dieser Ableitung wirksam ist, sondern auch, dass sie auf diese Weise zum Schauplatz einer Wiederholung gemacht worden ist. Etwa so, wie es bereits von den Figuren der *R*eferenzialität, der *R*eflexion und der *R*eproduktion beschrieben wurde. *These ist, dass Sprache als die Außenseite der ontologischen Doppelung (als deren Extension; als das, was sich zunächst*

Eine solche Struktur der Sprache führt nicht zuletzt dazu, auch die Aufmerksamkeit von Produktion, Interpretation und Theorie stets jener Seite zuzuwenden, die in den Ordnungen von Klassik und Aufklärung als Anfang der Spra-

[87] Dies und die direkt folgenden Zitate STEINER 1989, S. 3, 101, 137.
Übrigens gibt Steiner selbst (auf S. 200 seines Essay) Auskunft darüber, wie man am Ende des 20. Jahrhunderts noch zu solchen Thesen kommt. Er schreibt: »This entails taking a further step, a step beyond both moral and the existentially empirical. It is a step embarrassing *beyond words* where ›embarrassment‹ must serve precisely as that which compels inference beyond words. Transcendence is another, almost technical, name for that passage.«

che bzw. als deren Herkunft bezeichnet wurde. Folglich war man bestrebt, ein ursprüngliches Gesetz (eine Richtlinie, ein Modell, einen Code usw.) zu postulieren, auch zu beweisen, von dem aus jede Rede und jeder Text, kurz: jedes Werk, als Ausdruck, Anwendung oder Abweichung definiert werden konnte. Im Horizont der symbolischen Ordnung und ihrer Dispositive galt: Das, was an der Sprache *wirklich* ist, die Wörter und Texte, sind nicht das, was Sprache in Wirklichkeit *ist*.

und zumeist zeigt) durch das Präfix ›re-‹ organisiert 51, 135,
wird. Wiederholung besagt dann Rückkehr und 302
Wiederkehr; besagt Kreislauf, Austausch und Versammlung: Eine sich krümmende Bewegung, durch die die Aussagen und Ausdrücke in jedem Augenblick ihrem Ursprung zugeneigt bleiben. Auch in der Sprache also geht es um die Einheit und die Wiedervereinigung des Getrennten: Der Sohn wird auf den Vater zurückgeführt, das Wort spiegelt den Gedanken. Deshalb muss die Formel von Deleuze / Guattari: ›le Un qui devient deux‹, gleichermaßen in umgedrehter Richtung gelesen werden: Die Verdoppelung, die zur einen Hälfte des symbolischen Ringes gewordene Sprache, kehrt zurück; so wollte es bereits die Gastfreundschaft und das Gesetz der Äquivalenz, dem sie gehorcht. Jedenfalls können die Präfixe ›syn-‹ und ›re-‹ nun als die Vorzeichen komplementärer Wissenstechniken beschrieben werden. Für die klassische Zweiteilung wird ihre Zusammenfügung zur Notwendigkeit: Immer wieder bestätigt und stabilisiert der Doppelgänger, der noch kein Schatten ist, noch kein dunkler Begleiter, von dem Unheil zu befürchten wäre, sein jeweiliges Original.[88]

Die Philologie der grammatischen Formen

FOUCAULT Jedoch, eine *erste und vorläufige Verschiebung dieser Strukturen*, die über einen langen Zeitraum hinweg Sprache um die Dispositive der Repräsentation und des Menschen herum konstruieren konnten, ergab sich bereits kurz nach 1800. Zu dieser Zeit, auch das beschreibt Foucaults *Les mots et les choses*, ist eine *Philologie* entstanden, die Sprache nicht mehr als symbolische Ordnung versteht, sondern damit begonnen hat, sie erstens im Plural anzuerkennen (dadurch, dass sie von der Sprache im Allgemeinen zu den Nationalsprachen im Besonderen übergegangen ist), um dann zweitens

[88] – so wie etwa Freud das »Doppelgängertum« oder die »Wiederholung« als »Quelle des unheimlichen Gefühls« beschreiben wird. Vgl. FREUD 1919, S. 246, 249.

Allerdings vermerkt Freud (indem er sich auf Otto Rank, 1914: *Der Doppelgänger* bezieht) auf S. 247 auch, dass »der Doppelgänger ursprünglich eine Versicherung gegen den Untergang des Ichs, eine ›energische Dementierung der Macht des Todes‹, und wahrscheinlich 54, 305,
die ›unsterbliche‹ Seele der erste Doppelgänger des Leibes [war].« 313, 355

173,197 deren jeweilige grammatische *Formation* zu analysieren.[89] So hat sich der
275,292 Status der Worte verändert. Und das heißt vor allem, dass sich Sprachen in ihrem ›mode d'être‹ nicht mehr auf eine externe und vorgängige Instanz, also weder auf eine natürliche oder ideale Ordnung der Dinge noch auf die lebendige Präsenz eines Autors, beziehen lassen:

> L'analyse indépendante des structures grammaticales, telle qu'on la pratique à XIXe siècle, isole au contraire le langage, le traite comme une organisation autonome [...].[90]

Entmachtung der Ontologie

Die Wörter und ihre verschiedenen Wortgruppen werden jetzt als grammatische Einheiten, die verschiedenen Sprachen als grammatische Konstruktionen wahrgenommen, die man einerseits historisch untersucht und einordnet, die man andererseits aber auch untereinander vergleicht, klassifiziert und deren Variationen man feststellt. Was auf jeden Fall wichtig wird, sind die *formalen*, nicht-semantischen Beziehungen sowie die Prinzipien und Strukturen, die den Aufbau einer gegebenen Sprache als eigenes System gewährleisten.

In der Folge dieser Analysen werden die Wörter aus dem gewohnten zweiteiligen Schema herausgelöst. Eben das ist ihre Isolierung (›isoler...le langage‹) zu einer selbständigen und keineswegs bloß externalisierten Ordnung: Dass sie organisatorisch und konstitutiv nicht länger auf etwas ontologisch Verschiedenes, auf die erste Hälfte jenes Wissensringes, zu-
26,150 rückverweisen. Das σύμβολον zerfällt; nicht in seine zwei komplementären
178,219 Hälften, sondern als konstitutives Schema von Sprache überhaupt. Für die Grammatik ist es deshalb ohne Belang, ob jedes Wort mit einem weltlichen oder idealen Äquivalent ausgetauscht werden kann. *Anstatt Sprachen als*

[89] Foucaults Textgrundlage für diese These bilden Schriften von Jakob Grimm (*Deutsche Grammatik*, 1818), Friedrich Schlegel (*Über die Sprache und Weisheit der Inder*, 1808) sowie Franz Bopp (*Über das Conjugationssystem der Sanskritsprache im Vergleich mit der griechischen, lateinischen, persischen und germanischen Sprache*, 1816). Vgl. Foucault 1966 a, S. 294ff.

Dabei muss zweifellos berücksichtigt werden, dass sich deren Grammatik-Begriffe von überlieferten oder gar griechisch-lateinischen Definitionen (z.B. als erste jener *septem artes liberales*) unterscheiden. Das heißt zunächt: Grammatik in der hier verwendeten Weise bezieht sich weder auf die Fertigkeit des Lesens und Schreibens im Allgemeinen noch auf die kommentierende Bearbeitung und Interpretation kanonischer Werke im Besonderen. Genauso wenig aber wird noch versucht, unter ihrer Anleitung logische oder psychologische Grundformen der Sprache zu rekonstruieren. Und schließlich: Nach 1800 ist die strukturelle Grammatik auch keine normative (quasi pädagogische) Disziplin mehr. In ihrer Lehre wird nicht länger der richtige vom falschen Gebrauch der Worte unterschieden; ihre Aufgabe besteht nicht darin, mit Hilfe von Regelwerken Lese- oder Schreibfehler nachzuweisen und zu korrigieren. Vgl. hierzu Grimm 1893ff.-8, S. 1799ff. sowie Saussure 1916, S. 14f.

[90] Foucault 1966a, S. 308.

Symbolisierungen von Tatsachen zu lesen, geht es vielmehr darum, dass sie selber zu einer Tatsache, zu einem Stück Umwelt für den Menschen geworden sind: Von nun an bilden ihre Formen eine »positivité philologique«[91], die ihre Konstruktionsprinzipien selbst enthält und die deshalb immanent charakterisiert werden muss.

Anders formuliert: Die vertikale Achse, die einst das Prestige des Symbols begründet hat, ist zugunsten einer *horizontalen Kombinatorik grammatischer Einheiten* entmachtet worden. Anstatt die Worte weiterhin als abgeleitete, bloß äußerliche (sich zeigende) Verdoppelung eines Originals zu behandeln, anstatt durch ihre Oberfläche hindurch die Autorität eines nicht-sprachlichen 28,83, 214,354
Referenten in den Blick zu nehmen, ist man dazu übergegangen, sie nach ihren eigenen Regeln und ihrer eigenen Materialität zu befragen: Die Regeln 70,204, 211,287
der Sprachen sind ihrer »composition grammaticale« zu entnehmen; das Material besteht aus ihren »noms, verbes, de mots en général, mais aussi de syllabes, de sons«[92] usw. In ihrer Besonderheit werden Sprachen jetzt durch die Art und Weise definiert, in der sie ihre grammatischen Partikeln regelmäßig untereinander verknüpfen, sie kombinieren; zuerst zu einfachen Sätzen, dann zu textuellen Geweben:

> La langue se définit alors par le nombre de ses unités, et par toutes les combinaisons possible qui peuvent dans le discours s'établir entre elles; il s'agit alors d'un »assemblage d'atomes [...].[93]

Noch anders formuliert: Im Unterschied zu Gadamer (et al.) verschwindet nun nicht mehr das Medium hinter der Botschaft (die Sprache hinter dem Sinn, das Wie hinter dem Was), sondern umgekehrt, man ist bemüht, die Botschaft hinter dem Medium verschwinden zu lassen. Was klassischerweise vernachlässigt, wenn nicht gar vergessen wurde, kehrt als neues Dispositiv auf die Bühne des Wissens zurück.

Atome, Materialien, Partikeln – nicht zuletzt geht es darum, dass Sprache, indem sie als grammatische Formation analysiert wird, die vormalige Trans-

[91] Foucault 1966a, S. 294.

[92] Foucault 1966a, S. 295.

[93] Foucault 1966a, S. 296. Auf ähnliche Weise: als kombinierbare Menge, als Spiel von Einheiten, beschreibt ein reichlich unromantischer Novalis die Sprache in seinem *Monolog*: »Der lächerliche Irrtum ist nur zu bewundern, daß die Leute meinen – sie sprächen um der Dinge willen. Gerade das Eigentümliche der Sprache, daß sie sich bloß um sich selbst bekümmert, weiß keiner. [...] Wenn man den Leuten nur begreiflich machen könnte, daß es mit der Sprache wie mit den mathematischen Formeln sei – sie machen eine Welt für sich aus – sie spielen nur mit sich selbst.« Novalis 1799, S. 426. Bekanntlich übergeht Heidegger, der Zitate aus dem *Monolog* an den Anfang eines seiner Aufsätze zur Sprache stellt, gerade diesen mathematisch-spielerischen Aspekt, den Novalis hervorhebt. Vgl. Heidegger 1959, S. 241.

parenz des Symbols verloren hat: Nicht als Mangel an Aufklärung oder als Gefahr einer erneuten Verdunkelung, sondern so, dass die Philologie nunmehr der Buchstäblichkeit ihres Namens folgt und als Liebe zum Wort einen ersten Schritt unternimmt, sich von heliozentrischen Definitionen und Beschreibungen der Sprache abzusetzen.

> A partir du XIXe siècle [schreibt Foucault] le langage se replie sur soi, acquiert son épaisseur propre, déploie une histoire, des lois et une objectivité qui n'appartiennent qu'à lui. Il est devenu un objet de la connaissance parmi tant d'autres: à côté des êtres vivants, à côté des richesses et de la valeur, à côté de l'histoire des événements et des hommes.[94]

Sprache in Gänsefüßchen

Solche Formulierungen zeigen aber auch, dass der veränderte Status der Wörter die zuvor etablierte *Logik des Eigenen* nicht einfach beiseite geschoben hat. Vielmehr heißt es jetzt: »organisation *auto*nome«, »épaisseur
37,201 propre«; und an anderen Stellen: »pesanteur *propre*«, »être *propre*«[95]. So folgt der Begriff des Eigenen noch jener Verschiebung der sprachlichen Strukturen. Zwar hat sich herausgestellt, dass seine Logik aus der Verbindlichkeit des anthropologischen Dreiecks als Grundlage und Begründung der Sprache ausgeschert ist: Wörter werden nicht mehr auf die Funktion des Autors bezogen, sie werden nicht mehr in erster Linie als Eigentum, eigene Werke und verfügbare Mittel bzw. Mittler definiert, doch muss man nun zur Kenntnis nehmen, dass stattdessen die *Eigen*heit und *Eigen*gesetzlichkeit einer jeweiligen Sprache selbst ins Zentrum der Aufmerksamkeit gerückt ist. *Vom Eigner der Reden und Texte ist die grammatische Analyse übergewechselt auf das Eigentümliche seines Eigentums.*

Sprache als Formation für sich, entlassen in eine Positivität, die sich von ihrem Anderen abgewendet hat, ist die als besonderes und deshalb auch gesondertes Objekt anerkannte Sprache. ›L'analyse isole le langage‹ hatte Foucault geschrieben. Für die Philologien des 19. Jahrhunderts haben die Dispositive der Repräsentation und Des Menschen bereits ihre fundamentale Rolle verloren. Indem die Sprache angefangen hat, sich in sich selbst zu verschließen, wird der Beginn einer Unruhe signalisiert, die seither und bis heute noch die explizite Frage nach der Sprache als ›Sprache‹ herausfordert
18,232 294,362 – »man versteht, wie ich hoffe, ihr Anrecht auf Gänsefüßchen?«[96] – denn sie

[94] Foucault 1966 a, S. 309. Vgl. dazu bereits Barthes 1953, S. 8, 62: »On sait que vers la fin du XVIIIe siècle, cette transparence [»du langage«] vient à se troubler.« So entstehen, wie es am Ende des Buches heißt, »des signes opaques«.

[95] Vgl. Foucault 1966 a, S. 294, 309.

[96] Nietzsche, JGB, KSA 5, S. 26. *Man versteht hoffentlich auch, dass dieses Anrecht seither unvermindert gilt – und also im Folgenden nicht immer mitgeschrieben werden muss.*

zeigen, dass dazwischen: am Wort, nichts mehr selbstverständlich, vielmehr alles problematisch geworden ist.

Die Linguistik der semiologischen Systeme

SAUSSURE Was also charakterisiert die Sprache selbst? Und nicht: Welcher Ausdruck bezeichnet in Wahrheit Sinn und Sein der Dinge? bzw.: Was ist der Mensch? Ein Diskurs, der diese philologische Verschiebung voraussetzt und der selber noch einmal den Status der Sprache verändern wird, ist die Linguistik. Als sie um 1900 mit Saussures *Cours de linguistique générale* die Bühne betritt, will sie Wissenschaft der sprachlichen Tatsachen und ihrer allgemeinen Gesetze sein.[97] An späterer Stelle soll gezeigt werden, zu welchen Thesen diese (zumeist als ›linguistic turn‹ bezeichnete) Veränderung führt.

Spiel der Zeichen: immanent

Zunächst nur so viel: »Avec la linguistique«, schreibt Foucault, »on aurait une science parfaitement fondée dans l'ordre des positivités extérieures à l'homme [...].«[98] Dem Menschen, genauer noch seinem (Selbst-)Bewusstsein äußerlich – das heißt: Sprache wird hier als eine Positivität anerkannt, die in ihrem ›mode d'être‹ ohne Bezugnahme auf das ›Ich denke‹, die Autorität und Zentralität jenes ›Sujet majuscule‹, beschrieben werden kann. Oder: Zum Auftritt der Linguistik gehört die Entdeckung von der Unverfügbarkeit der Sprache. Im *Cours* steht dazu geschrieben:

> la linguistique a pour unique et véritable objet la langue envisagée en elle-même et pour elle-même. [...] elle n'admet pas une disposition quelconque; la langue est un système qui ne connaît que son ordre propre.[99]

Bekanntlich wird diese Eigenständigkeit der Sprache von Saussure nicht als symbolische Ordnung oder grammatische Formation definiert; für ihn geht es nicht darum, Buchstaben, Wörter und Werke einer philosophischen Grundlegung oder einer vergleichenden Philologie zu unterziehen. Vielmehr wird er Sprache als ein *Zeichensystem* analysieren, in dem ausschließlich

[97] Vgl. SAUSSURE 1916, S. 20f., 31, 144.

[98] FOUCAULT 1966a, S. 392. Indem Saussure Den Menschen aus dem Zentrum der Sprachtheorie vertreibt, kann er tatsächlich als »Galilée de cette métamorphose« bezeichnet werden. Vgl. Jean-François Revel in: *L'Express*, 10.-16. Juli 1967, S. 59, zit. nach DOSSE 1992, S. 135.

[99] SAUSSURE 1916, S. 317, 43. Ob diese (wie auch alle anderen) Sätze des *Cours* tatsächlich von Saussure selber stammen und nicht vielmehr das Produkt seiner Schüler bzw. Herausgeber sind, kann dahingestellt bleiben. In der Wirkungsgeschichte des Textes jedenfalls (und das ist hier entscheidend) hat gerade das obige Zitat eine wichtige Rolle gespielt. Zur Problematik vgl. u.a. FRANK 1984, S. 185 sowie STETTER 1994, S. 349.

Stellungsverhältnisse: »les oppositions de ses unités concrétes«[100], wirklich und von Wichtigkeit sind. Ganz so nämlich, wie beim Schachspiel der Wert der Figuren vom Zustand der jeweiligen Partie, also den aktuellen Verhältnissen auf dem lokalen Spielfeld abhängt, so bestimmt sich auch der
18,25, 170,351 Wert eines Zeichens durch seine Abhängigkeiten und Gegenüberstellungen im System.[101]

In diesem Punkt bestätigt Saussure die philologischen Neuerungen des 19. Jahrhunderts: Auch seine Analysen der Sprache setzen die Entmachtung
62,81, 334,345 jenes ontologischen Schemas voraus, das für die symbolische Ordnung charakteristisch gewesen ist. Die Worte; und keine Welt. Oder: *How to do no things with words.*

Anstatt auf Nicht-Zeichen zu verweisen, beziehen sich linguistische Zeichen immer nur auf anderen Zeichen. Von ihnen gilt, dass ihre Werte negativ und differenziell hervorgebracht werden: Ein Zeichen ist, was ein anderes Zeichen nicht ist. Und: Es ist das, was es von einem anderen Zeichen unterscheidet. Konnte die Philologie der Sprachen noch sagen, dass diese sich aus grammatischen Einheiten zusammensetzen, die Klassifikationen und Kombi nationsmöglichkeiten an sich selbst erkennen lassen, so zeigt die Linguistik, nunmehr im Unterschied dazu, dass es im Zeichensystem keineswegs auf die
206,211, 277 Präsenz einfacher oder originaler Elemente ankommt. Ihren Wert besitzen sprachliche Zeichen nicht an/in sich selber oder selbstbestimmt, sondern alles beruht auf Relationen und Komplexität: auf »un jeu d'oppositions au sein du système.«[102]

[100] Saussure 1916, S. 149.

[101] Über die Sprache, heißt es deshalb im *Cours,* sie sei »un système de pures valeurs que rien ne détermine en dehors de l'état momentané de ses termes«. Saussure 1916, S. 116. Eine solche These aber ist alles andere als nebensächlich; impliziert sie doch, dass Zeichen keine Wahrheit mehr ausdrücken oder Momente in einem Erkenntnisprozess sind, sondern nur *innerhalb* ihres Systems und als Auseinandersetzung *mit anderen Zeichen* funktionieren. Werte also entstehen durch Positionierungen, nicht dadurch, dass die Inhaber dieser Positionen (seien es nun Zeichen oder Schachfiguren) sie (natürlicherweise) an sich haben – woraus wiederum folgt, dass sie prinzipiell *ersetzbar* sind; dass sie jederzeit gegen andere Inhaber ausgetauscht werden können. Auch dazu der Vergleich mit dem Schachspiel: »Supposons qu'au cours d'une partie cette pièce [»un cavalier«] vienne à être détruite ou égarée: peut-on la remplacer par une autre équivalente? Certainement: non seulement un autre cavalier, mais même une figure dépourvue de toute ressemblance avec celle-ci sera déclarée identique, pourvu qu'on lui attribue la même valeur.« Ders. 1916, S. 153f.

[102] Saussure 1916, S. 168. Allerdings, solche Beschreibungen deuten bereits an, dass im *Cours* eine *Systemtheorie* der Sprache von einer *Zeichentheorie* unterschieden werden kann. Erstere spielt in diesem Kapitel eine Rolle, denn anstatt zu fragen, was als »nature du signe linguistique« (S. 97) zu gelten hat, geht es um die Beziehungen und Verhältnisse, durch die sich eine Sprache als ein eigenes auf sich selbst bezogenes System konstituiert.

Linguistik als positiver Antihumanismus

Dem Bewusstsein äußerlich, und nun: innerhalb des Systems – das sind zwei Formulierungen dafür, dass die Sprache, wie Saussure hervorhebt, »sa vie sémiologique«[103] führt. Der jeweilige Zustand des Systems (»l'état de la langue«), der immanent durch Stellungsverhältnisse aufgebaut wird, entzieht sich der Verfügung und der Kontrolle durch das Subjekt. Oder, um noch einmal vom Schachspiel zu schreiben: 17, 74, 144, 204

> Pour que la partie d'échecs ressemblât en tout point au jeu de la langue, il faudrait supposer un joueur inconscient ou inintelligent.[104] 203, 216, 340, 346

Für die Konstituierung und Organisation der Sprache ist Der Mensch nicht länger wesentlich; sein Ich, ob heroisch oder tragisch, ob als Prometheus verherrlicht oder als Sisyphos beklagt, gilt nur noch als Wort unter Wörtern. Weder ist es das selbstbewusste Subjekt, das die Sprache hervorbringt oder begründet und für die es als Bürge, als Autor=Autorität verantwortlich wäre, noch ist es der Einfluss seines Willens oder die Verwirklichung seiner Absichten, durch die das System der Zeichen belebt werden könnte. Man wird auch keine vernünftige Regel als Grundlage der Systembildung feststellen 66, 80, 205, 270 können (»reposer une norme raisonnable«): Das Spiel der Zeichen ist für die politischen und/oder pädagogischen Ambitionen der Aufklärung gar nicht zugänglich; es unterstellt sich keiner Gerichtsbarkeit, die es rechtfertigen oder verwerfen wollte. (Die Linguistik hat keine *Kritik* der Sprache hervorgebracht; zumindest auf ihre Systemanalyse hat sie diese philosophische Perspektive nicht einfach übertragen.) Vielmehr muss man die jeweilige System-Situation als etwas Zufälliges, Unplanbares und der Sprachgemeinschaft Auferlegtes anerkennen: »c'est spontanément et fortuitement que ses pièces à elle [de la langue] se déplacent – ou plutôt se modifient.«[105]

KITTLER Die Analyse der Linguistik beginnt mit einer Zurückweisung der transparenten Sprache: Die Wirklichkeit der Worte ist dort, wo das Sein der Dinge nicht ist; und: Das System der Zeichen kann nicht länger durch eine Philosophie des ›Ich denke‹ begründet oder gestützt werden. Diese doppelte Geste jedoch, durch die jener klassische Status der Sprache (deren Dispositive, deren symbolische Ordnung) für uns unmöglich geworden ist, durch die wir uns unwiderruflich von ihr entfernt haben, traf die zeitgenössischen Diskurse keineswegs unvorbereitet. Vielmehr wurde auf diese Weise, und zwar ohne das Lamento vom Werteverfall oder das Lob der Deregulierung zu bedienen, ein Motiv bestätigt und verstärkt, das unterschwellig bereits

[103] SAUSSURE 1916, S. 111. Das direkt folgende Zitat S. 125.
[104] SAUSSURE 1916, S. 127. Das direkt folgende Zitat S. 106.
[105] SAUSSURE 1916, S. 127. Vgl. dazu auch S. 104, 106, 121 f.

die grammatischen Analysen des 19. Jahrhunderts begleitet hat: Neben der Psychoanalyse und der Ethnologie exponiert Foucault die Linguistik als »troisième ›contre-science‹«[106], die der Formierung geisteswissenschaftlicher Diskurse nicht beisteht, sondern ihnen entgegenarbeitet, sie durchkreuzt. Es ging deshalb, wie man im Anschluss an eine Formulierung von Kittler hinzufügen könnte, um die Austreibung des Geistes aus den Strukturen der Sprache.

[106] Foucault 1966a, S. 392.

Auf der Spur des Versprechens

KAFKA *Ein Traum*[1]: Josef K. geriet während eines Spaziergangs auf den Friedhof. »Schon von der Ferne faßte er einen frisch aufgeworfenen Grabhügel 170, 177, 191
ins Auge, bei dem er Halt machen wollte. Dieser Grabhügel übte fast eine Verlockung auf ihn aus und er glaubte nicht eilig genug hinkommen zu können.« Kaum aber erschien K. neben dem Hügel, wurde dort ein Grabstein in die Erde gestoßen und ein Künstler, der aus dem Gebüsch hervortrat, begann damit, den Stein mit einem Bleistift zu beschriften: »Hier ruht-«. Weiter kam der Künstler nicht, denn er musste seine Arbeit unterbrechen; »es bestand irgend ein Hindernis, er ließ den Bleistift sinken und drehte sich nach K. um. [...] K. geriet dadurch in Verlegenheit; sie wechselten hilflose Blicke; es lag ein häßliches Mißverständnis vor, das keiner auflösen konnte. [...] Zur Unzeit begann nun auch die kleine Glocke von der Grabkapelle zu läuten« – und endlich verstand K. den Künstler: »[M]it allen Fingern grub er in die Erde [...]; alles schien vorbereitet.« Ein großes Loch öffnete sich, »in das K., von einer sanften Strömung auf den Rücken gedreht, versank. Während K. aber unten, den Kopf im Genick noch aufgerichtet, schon von der undurchdringlichen Tiefe aufgenommen wurde, jagte oben sein Name mit mächtigen Zieraten über den Stein. Entzückt von diesem Anblick erwachte er.«

Traumdeutung bei Kafka

Eine seltsam verkehrte Situation. Josef K. versinkt in seinem Grab und ermöglicht erst auf diese Weise, dass sein Name geschrieben werden kann; nicht als gewöhnliche Grabinschrift, sondern als mächtiger Zierat, als Werk eines Künstlers. Tatsächlich ist in dieser Erzählung die Beschriftung, die künstlerische Schrift, die Literatur, zu etwas geworden, das nur entsteht, indem der Mensch als deren begründende Instanz, als deren Träger und Besitzer verschwindet: K. ist ein Hindernis, ein hässliches Missverständnis, das die Schrift unmöglich macht. Der Künstler ist erst in der Lage seine Tätigkeit fortzusetzen, nachdem K. seinen Tod als Voraussetzung der Schreibarbeit anerkannt hat. *Die Entstehung* 12, 47, 93, 127
der Schrift, kann man sagen, fordert den Tod des Menschen.

Deshalb funktioniert auch der Name oder die Namensgebung in der Erzählung auf eine sehr ungewöhnliche Weise: Dessen Konstituierung vollzieht sich als die Beschriftung eines Grabsteines: als Bekundung des Todes.

[1] KAFKA 1917, S. 295 ff. Ebenso die direkt folgenden Zitate.

Und das besagt: Es geht weder darum, einen Taufakt vorzunehmen, noch darum, sich als Autor in der Öffentlichkeit einen Namen zu machen. Der Schriftzug stiftet nicht den Anfang eines Lebens und er etabliert sich nicht am Ende eines Werkes. Schreiben heißt nach Kafka nicht mehr: die eigene
48,120, Subjektivität in ein kulturelles Gedächtnis einzutragen, um sich zu bewahren
205,300 und so an der eigenen Unsterblichkeit zu arbeiten; heißt nicht: den Tod hinauszuschieben, sondern: seiner Verlockung zu folgen und sich seiner Fatalität zu stellen. Foucault schreibt – 1969 in *L'archéologie du savoir* –:

> Le discours n'est pas la vie: son temps n'est pas le vôtre; en lui, vous ne vous réconcilierez pas avec la mort [...].[2]

Aber die Schrift (der Diskurs, die Sprache; das bleibt hier noch ungeschieden) ist nicht nur nicht mehr die Zeit des Menschen: gleichsam dessen Unzeit, sie entsteht nicht nur nach seinem Verschwinden, aufgrund seines Verschwindens, sondern sie ist auch dort, wo der Mensch schläft.

Josef K. träumte – Die Hervorbringung der Schrift ist an einen Ort verlegt, an dem die Gesetze des Bewusstseins, des wachen und selbstgewissen ›Ich denke‹ außer Kraft gesetzt sind. Kafka zeigt diesen Traumort: Es ist die
34,113, Erzählung selbst, denn ihr Traum ist ein geschriebener Traum; ein Traum
262,340 von der Schrift: als Schrift. Der hervorgehobene erste und letzte Satz des Textes, die eine Art Rahmenhandlung darstellen (eben sie sind es, die das Erzählte als Traumgeschehen kennzeichnen), spreizen den Raum auf, in dem das Erzählte stattfindet. So ist der Traum einerseits die erzählte Handlung: das Entstehen einer Schrift ohne den Menschen, einer unmenschlichen Schrift; und andererseits die Lokalität, an der das Erzählte stattfindet: das Geschriebene zwischen dem einleitenden und abschließenden Satz. Oder, um es aus der Perspektive der Schrift zu sagen: Sie ist zugleich Zeit und Raum, zugleich Ereignis und Text: Sie erzählt das Traumgeschehen, in dem die Schrift ihre klassische Beziehung zum Menschen aufkündigt, um sich mit dessen Tod zu verbünden; und sie bildet jenen Traumort, der nicht mehr von der Autorität und Zentralität des denkenden Subjekts beherrscht wird – *entzückt von diesem Anblick erwachte er.*

FOUCAULT Also doch alles nur ein Traum, in Wahrheit sogar ein böser Alptraum: Ausdruck der persönlichen Tragödie eines Autors, der seinem Schreiben, das er über alles liebte, die Schuld für sein nichtgelebtes Leben, seine nichtgeführten (oder immer wieder beendeten) Beziehungen gab,

[2] Foucault 1969 b, S. 275. Nicht anders in jenem Aufsatz zur Autor-Frage 1969 c, S. 793: »Ce lien [»la parenté de l'écriture à la mort«] renverse un thème millénaire. [...] L'œuvre qui avait le devoir d'apporter l'immortalité a reçu maintenant le droit de tuer.«

der sich aus Angst vor der Welt in ein Reich des Imaginären, in den Bau seiner Texte verkrochen hat?

Mit der Linguistik ist am Anfang des 20. Jahrhunderts das Wissen um eine sprachliche Struktur entstanden, die dem Bewusstsein äußerlich ist. Die Worte; und kein Mensch. Stattdessen »le pur dehors où les mots se déroulent indéfiniment.«[3] Für die Beschreibung des Zeichensystems jedenfalls, für seine Positivierung als Spiel von Entgegensetzungen, ist die philosophische 70,109, 204,280
Konstruktion des ›Ich denke‹ ohne Belang:

> – alors on peut bien parier que l'homme s'effacerait, comme à la limite de la mer un visage de sable. 115,180, 241,352

Die Sprache hat ihr menschliches Antlitz verloren; ihr Leben: ›sa vie sémiologique‹, bewirkt das Sterben des Autors: ›le Sujet comme origine et fondement du Langage, maître et possesseur de lui-même‹. Auf den letzten Seiten von *Les mots et les choses* bezeichnet Foucault eben jene Grenze, an der die Verbindlichkeit der klassischen Sprache für uns zu verwischen begann. Eine Grenze, die keine reinigende Krise herbeiführt oder zur Bearbeitung (bzw. Überwindung) eines Mangels aufruft, sondern die eine Absetzung des anthropologischen Dreiecks (Eigentum, Selbsttätigkeit und Medialität) als Grundlage der Sprache bewirkt. *Das Gesicht des Menschen verschwindet und gibt eine Leerstelle frei*:

> De nos jours on ne peut plus penser que dans le vide de l'homme disparu.[4]

In der Leere denken, schreibt Foucault; und unter Berufung auf die Linguistik (man bemerkt jetzt, in welchen Kontext Kafkas *Traum* gestellt werden muss) wird für ihn diese Leerstelle als solche, dieser historisch-systematische Grenzverlauf, der uns von der Sorge um den Menschen abschneidet und der unseren Humanismus der Sprache auslöscht, zur Einsatzstelle einer 33,198, 307,328

[3] Foucault 1966 b, S. 523. Das direkt folgende Zitat ders. 1966 a, S. 398.

[4] Foucault 1966 a, S. 353. Oder: »[L]'être du langage n'apparaît pour lui-même que dans la disparition du sujet.« Foucault 1966 b, S. 521.

Dazu als Kommentar: »Que l'homme disparaisse, ce n'est pas rien [»sans faire place au néant, ce refuge trop facile«], mais ce n'est qu'un désastre à notre mesure; la pensée peut supporter cela.« Und nicht anders als Kafka: »il semble qu'on puisse s'en accommoder et même s'en réjouir.« Blanchot 1969, S. 234.

Um die Jahrhundertwende also gilt, dass die Sprache aufgehört hat, ihre klassische Doppelgängerrolle Des Menschen zu spielen; oder, wie es Freud in seinem Aufsatz über *Das Unheimliche* formuliert: In »dieser Phase ändert sich das Vorzeichen des Doppelgängers, aus einer Versicherung des Fortlebens wird er zum Vorboten des Todes. [...] Der Doppelgänger ist zum Schreckbild geworden.« Freud 1919, S. 247 f.

»promesse« von »ce ›retour‹ du langage«[5]. *Die Spur des Verbrechens, der* 47,135, 153,244 *Nexus von Sprache und Tod, führt auf die Spur eines Versprechens.* Freilich nicht als Rückkehr der unmöglich gewordenen Ordnung und ihrer Theorien (es geht nicht darum, eine Apokalypse als Voraussetzung der Auferstehung, eine Trennung als Voraussetzung der Wiederaneignung zu beschwören), vielmehr als das Entstehen, für Kafka: den Traum, einer anderen Sprache, als die Möglichkeit zur Definition veränderter sprachlicher Ereignisse. »L'auteur [»qu'une des spécifications possibles de la fonction-sujet«] doit s'effacer ou être effacé au profit des formes propres aux discours.«[6]

Für jenes Versprechen aber, das Foucault formuliert hat, gilt auch dies: Dass es selber noch einem Diskurs angehört, der am Ufer stehend (also vom Festland aus) spricht: Das Gesicht am Strand verwischt, doch das Meer, dessen Wirklichkeit die Leerstelle freigibt, bleibt unbefahren. Es handelt sich, wenigstens im Kontext von *Les mots et les choses* (»pour l'instant«), um Eröffnungen: »[I]l faut les laisser en suspens«.[7] Die andere Sprache ist hier »périlleuse imminence«, eine Veränderung, »que nous devons mais que nous ne pouvons pas encore penser.« *Mit* Foucault kann daher die Frage nach der Sprache in ihrer Entstehung beschrieben werden. Die Unruhen, die sie auslöst und deren erste Wellenschläge bereits bei den Philologen des frühen 19. Jahrhunderts zu finden sind, wurden explizit. *Nach* Foucault jedoch wird deren Erkundung zur Aufgabe. Der Spur seines Versprechens zu folgen heißt dann: sich herausfordern zu lassen; heißt (im Unterschied zu dem, was Serres die landwirtschaftliche Arbeit der Bauern und Priester genannt hat): Das Meer auch wirklich zu befahren, von dem nicht verschwiegen wurde, 54,305, 313,329 das es die Macht der Auslöschung ist.

In diesen Zusammenhang gehört die Bemerkung, dass in *Les mots et les choses* das letzte Kapitel (und nur dieses!) ohne Überschrift geblieben ist: als ein unbeschrifteter Ort, als eine blanke Stelle im Text selber. Das hat zunächst eine textpraktische Relevanz, denn auf diese Weise beansprucht jene Leerstelle, die Frage nach den Veränderungen der Sprache, auch einen konkreten Textort. Die Leere im Text ist eine Stelle, die von diesem nicht beherrscht wird. Ebenso wie Kafkas *Traum*, bildet Foucaults Versprechen nicht einfach den Inhalt einer Aussage, sondern es entsteht gleichermaßen auf dem Papier und durch die Praktiken der Schrift selbst.

[5] Foucault 1966 a, S. 353, 395.

[6] Foucault 1969 c, S. 811, 817.

[7] Einschließlich der direkt folgenden Zitate Foucault 1966 a, S. 396 ff.

MALLARMÉ Darüber hinaus zeigt dieser unbeschriftete Ort aber noch etwas anderes. 1897 nämlich hat Stéphane Mallarmé in seinem Vorwort zu *Un coup de dés* geschrieben:

> Les *blancs* en effet, assument l'importance, frappent d'abord [...][8]

– und er meint, dass die weißen Stellen, die Distanzen oder Zwischenräume, die durch die Verteilung (»l'espacement«) der Verse und der Lektüre auf jeder Seite (seines *Coup*) entstehen, von Wichtigkeit sind. »[L]a mobilité de l'écrit«: Das Gedicht tritt auf als typographische Inszenierung. Mallarmé exponiert eine Schrift, deren Ausführung sich durch Distanzen (deren »silence alentour«) und deren Wörter sich durch Unterscheidungen (»la différence des caractères d'imprimerie«) konstituieren. So macht der Text, worauf Maurice Blanchot hingewiesen hat, einen Raum sichtbar, der die gewöhnliche Bewegung des Lesens und Schreibens: »la répétition d'un va-et-vient linéaire«, in Frage stellt.[9] Die Wörter sind stattdessen in alle auf dem Papier möglichen Richtungen verteilt; sie befinden sich in ständiger Unruhe: »Mouvement de diaspora [gr. διασπορά = ›Zerstreuung‹, ›Verstreutheit‹] qui ne doit jamais 89, 172, 301 être réprimé, mais préservé et accueilli comme tel [...].« Was sich dabei zeigt ist die Sprache als »système de relations spatiales infiniment complexes«. Und einige Seiten weiter: »Cette langue nouvelle«, gleichsam »un paysage visible de mots«, »est une langue stricte, destinée à élaborer, selon des voies nouvelles«. Es ist diese Textur, diese mehrdimensionale Ordnung von Orten, die Mallarmé nicht nur beschrieben, sondern in seiner Schrift auch gezeigt hat.

Affirmation des Dazwischen

›Jeu d'oppositions‹, ›la limite‹, ›le vide‹ und jetzt ›les blancs‹: Tatsächlich kann man sagen, dass all diese Formeln, die um 1900 den Raum des Wissens explizit (vielleicht sogar obsessiv) erobern, das Thema Sprache in eine nachdrückliche Bewegung gebracht und dadurch noch einmal versetzt haben.

> [Q]u'est-ce que cette règle de la disparition de l'écrivain ou de l'auteur permet de découvrir?[10]

Für Foucault heißt das: Die blanke Stelle in seinem Text verspricht, dass die andere Sprache zu einem Problem der *Differenz* geworden ist. Statt Mensch *und* Sprache, statt Sprache *des* Menschen nun Sprache *und* Differenz: Spra-

[8] MALLARMÉ 1897, S. 222ff. Ebenso die direkt folgenden Zitate.
In *L'archéologie du savoir* hat FOUCAULT 1969 b, S. 27 diesen Bezug zu Mallarmé selbst nahegelegt. Er schreibt dort, dass man versuchen müsse, jenen »espace blanc« zu definieren, in dem die Diskurse ihre jeweilige Form annehmen.

[9] BLANCHOT 1959, S. 285. Die direkt folgenden Zitate S. 286f., 293.

[10] FOUCAULT 1969 c, S. 817.

che *als* Zeit/Raum von Differenzen. Was in *Les mots et les choses* vor allem als historisches Ereignis bemerkt wurde, kann deshalb auch als Struktur der Sprache selbst angesetzt werden. So treten an der Differenz nicht mehr nur Mensch, Wort und Welt auseinander, als Leerstelle ist sie nicht allein Eröffnung oder Versprechen einer veränderten sprachlichen Wirklichkeit, sondern überdies deren neues (zumindest neu entdecktes) Konstruktionsprinzip.

FOUCAULT ›Penser *dans* le vide‹ – die Aufgabe besteht keineswegs darin, diese Leerstelle als eine Art blinden Fleck aufzuarbeiten oder den unbeschrifteten Ort in der Schrift seinerseits zu beschriften: gleichsam die Leere durch eine Lehre auszufüllen. Die andere Sprache (= Schrift) verträgt sich nicht mit Etiketten. Als differenzielle Ordnung, das hat sich bei Saussure bereits angedeutet, entzieht sich ihre Wirklichkeit dem Imperativ der Präsenz, der in ihr eine bestimmte Menge von Inhalten oder Qualitäten erkennen will. Stattdessen muss man versuchen, die Unruhe, die an ihrer klassischen Grenze entstanden ist und die nun ihrerseits zum Charakterzug von Sprache wird, zu bestätigen und zu vertiefen.

Anders formuliert: Es geht um die Affirmation der Leere; darum, dass die *Frage nach der Sprache vor allem und explizit zu einer Frage nach der Auseinandersetzung dieser Leerstelle als Differenz geworden ist.* »Retenons donc nos larmes.«[11]

Welche Art von Auseinandersetzung aber taucht im Zeit/Raum der Sprache und nun als diese selbst auf? Oder: Welche Modalitäten kennzeichnen die Differenz? Wie funktioniert sie und auf welche Weise ist sie wirklich?

* * *

Bevor solche Fragen gestellt werden können, ist es unerlässlich, einigen Texten und Thesen nachzugehen, durch die das Differenzproblem sowohl philosophisch als auch sprachwissenschaftlich bereits besetzt ist. Die konstitutive Verbindung der Sprache mit der Differenz nämlich ist keineswegs so neu, wie es das Reden und Schreiben vom ›linguistic turn‹, ›Paradigmenwechsel‹, ›Wertewandel‹ usw. gerne hätte. In gewisser Weise kann sie noch nicht einmal als originärer Topos der Linguistik angesehen werden. Stattdessen, und dazu soll vor allem das Kapitel über Hegel beitragen, ist die Differenz auch in klassischen Diskursen als Raum und Zeit von Sprache dargestellt worden; freilich in bestimmter Art und Weise unter ebenso bestimmten Voraussetzungen. Es wird deshalb im Folgenden nicht so sehr um

[11] FOUCAULT 1969 c, S. 817.

die Tatsache gehen, *dass* sich die Problematik der Differenz überhaupt mit der Sprache verbunden hat, als vielmehr darum, historisch und systematisch unterschiedene *Szenarien der Differenz* zu exponieren: Hegel - Saussure - Nietzsche.

Zur Art und Weise des Fragens

LUHMANN Diskurse sind keine Antworten auf vermeintlich grundlegende oder immer wiederkehrende Fragen, denn auch Fragen werden gestellt. So muss man in jedem Fall von einem *Diskurs der Frage* ausgehen.

Eine zunächst unverfängliche These. Jedoch nur so lange, bis man bemerkt, dass die Frage in keiner Weise unabhängig von ihrem jeweiligen Gegenstand behandelt werden kann. Das Befragte steht seiner Befragung nicht einfach als Antwort gegenüber. Ebenso wenig ist es schon immer irgendwo irgendwie vorhanden und kann fragend einfach eingeholt oder aufgedeckt werden. Weder gibt es das Befragte vor der Befragung (als ursprüngliches Faktum, als die Menge bereits anderenorts erworbener Daten) noch kann man sagen, dass sich die Frage über ihren Gegenstand als dessen Wiederaufnahme zurückbeugen würde. Vielmehr ist es so, dass jede Fragestellung, indem sie als Diskurs auftritt, ihren Gegenstand konstituiert: Das Befragte entsteht allein im Verlauf der Befragung – und schon deswegen kann ihr Diskurs vor
13, 236 Überraschungen, Ablenkungen, Störungen usw. niemals sicher sein. Das
360, 372 gilt erst recht für die Frage nach der ›Sprache‹: Denn jetzt ist der Diskurs nicht allein konstitutiv für seinen Gegenstand (die Sprache), sondern dieser Gegenstand ist darüber hinaus auch dasjenige, was die Frage, indem sie fragt, selber tut. Als diskursives Geschehen ist Sprache zugleich das Wonach und Womit ihres Fragens. So kommt es, dass sie dreierlei bezeichnet: die Produktionsstätte, die Produktion und das Produkt. Mit anderen Worten: Sprache ist der *Ort der Fragestellung*, die *Tätigkeit der Befragung* und der *fragliche Gegenstand*: das durch die Befragung konstituierte Befragte.

Wie man weiß, hat Niklas Luhmann solche Verhältnisse »autologisch« genannt: Das »Instrument der Beobachtung begegnet sich selbst unter seinen Objekten« – für jede Erkenntnistheorie ein »logisches Desaster«; nicht anders als für den Systemtheoretiker, der es jedoch a) für »unvermeidlich« hält und b) nicht hinzuzufügen vergisst, dass »Ablehnung nur eine Seite einer Unterscheidung ist, deren andere Seite Akzeptierung«[1] heißt.

[1] LUHMANN 1994, S. 419 f. »Die klassische Erkenntnistheorie [ebenso wie die »klassische Logik«] ist dagegen durch die Absicht charakterisiert, Selbstreferenzen als bloße Tautologien und als Öffnung für schlechthin Beliebiges zu vermeiden.« Ders. 1984, S. 31, 419.

Sokratische Gewohnheiten

Auf welche Art und Weise also wird hier die Befragung der Sprache, die mit Foucault möglich und nach ihm zur Aufgabe wurde, vollzogen? Aus der Tradition heraus bieten sich dazu *zwei Diskurstypen* an:

HEIDEGGER An erster Stelle ist das die Frage nach dem *Wesen* von etwas. Entsprechend würde man sich darum bemühen, die Natur der Sprache zu erkennen; also ihr wahres Sein, ihren verbindlichen Ursprung aufzudecken und festzuhalten. Wird die Frage auf diese Weise gestellt, verschiebt sich ihr Gegenstand: Das Wesen der Sprache (was auch immer dann als solches bestimmt wird) kann selber keine sprachliche Erscheinung sein. Nicht das konkrete Sprechen oder Schreiben ist nunmehr von Belang, nicht der Gebrauch der Worte, die Kritik der schlechten und das Lob der guten Rede; auch nicht die Beziehung ihrer jeweiligen Elemente untereinander, vielmehr die *Sprache an sich*: in jener Wahrheit, die sie abgesehen von ihren jeweiligen Praktiken bzw. Materialitäten selbst auszeichnet. *Was ist...?* – so lautet die Formel der Wesensfrage.

> In der Schulsprache der Philosophie [so Heidegger] heißt »Wesen« jenes, *was* etwas ist, lateinisch: quid. Die quidditas, die Washeit gib Antwort auf die Frage nach dem Wesen.[2]

Das klingt vertraut: Anstelle der kantischen Formulierung: Was ist der Mensch? nun also: Was ist die Sprache?[3] Zweifellos aber wiederholt diese Übertragung der Wesensfrage dann jene Schleife ihrer Substantivierung, durch die am Ende des 18. Jahrhunderts die vielen Menschen, die Männer und Frauen, auf Den Menschen: das mündige Subjekt, ›le Sujet majuscule‹, bezogen werden konnten. Ebenso wie die klassische Anthropologie verfährt auch die Frage nach dem Wesen der Sprache reflexiv; nur dass sie nun, statt sich über die Mannigfaltigkeit der Bewusstseinsakte zu beugen, hinter die Aktivitäten der Sprache zurückkehrt, um dort auf die transzendentale und durchgängige Ebene *Der Sprache* zu stoßen. Und ebenso kann man sagen: Noch bevor die Frage nach dem Wesen der Sprache ihre kontroversen Antworten erhält, noch bevor die verschiedenen Theorien und Schulen ansetzten, ihrem Anspruch zu folgen, findet sie sich bereits von einer vertikal

[2] HEIDEGGER 1955, S. 29. »La métaphysique«, kann DELEUZE 1962, S. 86 daher schreiben, »formule la question de l'essence sous la forme: Qu'est-ce que...?«

[3] Tatsächlich stellt Saussure in seinem *Cours* genau diese Frage: »Mais qu'est-ce que la langue?« Und er erklärt, dass die Sprachwissenschaft »les faits de langue« zum Gegenstand hat, während ihre Aufgabe darin besteht, deren »lois générales« abzuleiten. An anderer Stelle schreibt er auch von »nature du signe linguistique«. Vgl. SAUSSURE 1916, S. 25, 13, 20, 97. 70,205, 270,287

zweigeteilten und hierarchischen Struktur beherrscht.[4] Oder: Die Wesens-
62,170, 213,334 frage beruht auf der Setzung einer ontologischen Doppelgängerschaft als ihrer Voraussetzung. Denn immer schon hat sie anerkannt, dass es ein vorgängiges, beständiges Gesetz gibt im Unterschied zu seinen sprachlichen Anwendungen; immer schon hat sie der Sprache (wie Kant dem Denken) eine Tafel transzendentaler Bedingungen unterlegt im Unterschied zu deren empirischen Wirklichkeiten. Für sie gilt: Was an der Sprache wirklich ist (nach Heidegger: was sich zunächst und zumeist zeigt), die Wörter und Texte, ist nicht das, was die Sprache in Wirklichkeit ist (nach Heidegger: was sich zunächst und zumeist nicht zeigt).

NIETZSCHE Die Differenz von Gesetz und Anwendung, von Bedingung und Wirklichkeit – zumindest in Bezug auf ihren Fragetyp darf die kantische Anthropologie keine Revolution der Denkart für sich beanspruchen; vielmehr ist sie aus einer ungleich älteren Tradition als deren Bestätigung und Fortsetzung hervorgegangen. Bei Nietzsche findet sich die These, nach der die vom ontologischen Schema beherrschte Wesensfrage als ein *sokratischer Fragetyp* bezeichnet werden kann. In *Die Geburt der Tragödie* heißt es:

> In jene Gründe eindringen und die wahre Erkenntniss vom Schein und vom Irrthum zu trennen, dünkte dem sokratischen Menschen der edelste, selbst der einzige wahrhaft menschliche Beruf zu sein [...].[5]

Bekanntlich ist Sokrates für Nietzsche nicht allein der Held platonischer Dialoge, der seine Gesprächspartner nachhaltig zu irritieren und mit seinen Antworten zu verblüffen weiß, sondern er profiliert ihn vor allem als einen »Wendepunkt und Wirbel der sogenannten Weltgeschichte« – »gleich einem in der Abendsonne immer grösser werdenden Schatten«, der sich »über die Nachwelt hin ausgebreitet hat«.[6] Durch seine Reden und seinen Tod

Es ist hier auch der Ort darauf hinzuweisen, dass mit Sokrates ein spezifisches Medium für die Philosophie, wenn schon nicht erfunden, so doch (aus den mythischen Erzählungen) aufgenom-

[4] Dazu Derrida: »[E]n demandant ›qu'est-ce que le signe en général?‹, on soumet la question du signe à un dessein ontologique, on prétend assigner à la signification une place, fondamentale ou régionale, dans une ontologie. Ce serrait là une démarche classique. On soumettrait le signe à la vérité, le langage à l'être, la parole á la pensée et l'écriture à la parole.« DERRIDA 1967 c, S. 25. Vgl. auch ders. 1967 a, S. 31.

[5] NIETZSCHE, GT, KSA 1, S. 100.

[6] NIETZSCHE, GT, KSA 1, S. 100, 97. Hier jene Gebrauchsanweisung, die Nietzsche seinem Wort ›Sokrates‹ mit auf den Weg gibt: Er schreibt von ihm als einem »Fall« (GD, KSA 6, S. 71) – und diese Formulierung spielt nicht nur darauf an, dass der Athener Philosoph von eben diesen Athenern zum Tode verurteilt und hingerichtet wurde (der Fall als Gerichts- →

men und neu befestigt wurde: das Licht – die Duplizität von Hell und Dunkel, von Verblendung und Einsicht, Sichtbarem und Unsichtbarem, die Bedeutung des Imaginären (der Anschauungen, Vorstellungen usw.) sowie die Beziehung dieser Diskurse zur einen Sonne. »Λέγε δή, ἴδω«, mit dieser Aufforderung konnte schon Sokrates an seine Gesprächspartner herantreten.[9] So wird Philosophie zur Aufklärung; nicht im Sinne einer Epochenbezeichnung, sondern als Selbstverständnis ihrer Aktivitäten überhaupt.

Und von daher ist es wohl zutreffend, dass Nietzsche dem platonischen Sokrates »das eine große Cyklopenauge« zugeschrieben – in Athen jedenfalls sind die Probleme des Wissens andere geworden. Sokrates war der erste Philosoph: Er sprach hintergedanklich bzw. untergründig; er war, um hier eine Formulierung aus Nietzsches *Zarathustra* zu verwenden, der erste »Hinterweltler«[7]. Mit ihm wurde es zur Gewohnheit, die »Welt [zu] scheiden in eine »wahre« und eine »scheinbare« Welt.«[8] Seine Setzung besagt: Die Dinge sind Erscheinungen, deshalb gibt es Gründe. Und: Es gibt eine lückenlose Einsicht in diese Gründe.

Anders ausgedrückt: Der sokratische Fragetyp etabliert in der abendländischen Kultur eine neue Struktur der Wissensproduktion und insofern auch einen neuen Gegenstandsbereich des Wissens. Was den Diskursen dadurch eingeprägt wurde, ist das hierarchische Schema einer Verdoppelung und die Wirklichkeit eines Wesens, die nicht das

verfahren bzw. als Sturz), sondern sie zeigt auch, dass es sich hier um eine *typisierende Beschreibung* (oder besser Zuschreibung) handelt. So ist der Fall Sokrates für Nietzsche buchstäblich: d.h. im selbst beschriebenen außermoralischen Sinn, »Metapher«: eine »willkürliche [lies: nicht-wesensnotwendige] Übertragung«, die er herstellt, um sie in seinen Texten 51,102,
für bestimmte Zwecke zu funktionalisieren. (WL, KSA 1, S. 878) Eine solche Metapher ist 237,273
dann Konstruktion: ein »Bühnenspiel«, »ein Bau wie aus Spinnefäden« (WL, KSA 1, S. 877f., 888), keineswegs hermeneutische Interpretation oder gar Platon-Exegese: In ihr vermischen sich historische und philologische Aspekte (Lebensdaten, Wirkungsgeschichten usw.) mit strategischen Interessen. In einem nachgelassenen Fragment vom September 1876 heißt es deshalb: »Der platonische Sokrates ist im eigentlichen Sinne eine Carricatur, denn er ist 331,362
überladen mit Eigenschaften, die nie an Einer Person zusammensein können.« Ders. NF, KSA 8, 18[47], S. 327.

7 Nietzsche, ZA-1, KSA 4, S. 36.
Im Übrigen weiß Nietzsche sehr wohl, dass er seiner Konstruktion des Sokrates rückwirkend ein faustisches Begehren unterstellt; das heißt: Als sokratisch wird von ihm ein Gelehrtentypus bezeichnet, der sich fragt, »was die Welt / Im Innersten zusammenhält« (Goethe 1806, S. 150). Zugleich aber markiert für Nietzsche der »durch alle Facultäten unbefriedigt stürmende, aus Wissenstrieb der Magie und dem Teufel ergebene Faust [...] die Grenzen jener sokratischen Erkenntnisslust«. (Nietzsche, KSA 1, GT, S. 116) Das Faustische also stellt hier sowohl eine *Vollendung des Sokratismus* dar: eine Meisterschaft der hintergründigen Erkenntnis, als auch die Möglichkeit einer erneuten *Umwendung der sokratischen Wende*.

8 Nietzsche, GD, KSA 6, S. 79.

9 Zum Beispiel Platon, Πολιτεία/*Politeia*, 457 c.

Mannigfaltige der wirklichen Erscheinungen ist. Wollte man sich heute noch einmal in den Horizont dieser Wende stellen, würde die Frage nach der Sprache zu einem bohrenden
31,63, 214,312 Blick werden, der durch die Oberfläche der Reden oder Schriften, ihrer Praktiken und Materialitäten, zum Innersten Der Sprache vordringt.

ben hat. Worum es ging, war eben dies: Dass der Athener Philosoph darauf aus war, gegen die dunklen Gewohnheiten seiner Mitbürger »ein Tageslicht in Permanenz herzustellen – das Tageslicht der Vernunft.«[10] Philosoph zu sein heißt dementsprechend: mit dem einen und Einen Auge zu denken; heißt: das wesentliche Geheimnis der Dinge sichtbar zu machen, verborgene Gründe zum Vorschein zu bringen, seine Anschauungen und Vorstellungen zu reflektieren. Das gilt vom Blitz des Zeus über die platonischen Ideen und die Epoche der Aufklärung bis zum lichtenden Bergen beinahe zeitgenössischer Theorien.

* * *

Die Installierung des ontologischen Schemas zeigt aber auch, dass sich die Wesensfrage mit einem zweiten Fragetyp überschneidet. Durch die sokratische Wende nämlich entsteht nicht nur die Frage nach dem Hintergrund der Sprache, sondern ebenso die nach ihrer Begründung. In die Gründe eindringen, wie Nietzsche geschrieben hat, das heißt jenem

> unerschütterlichen Glauben [des Sokrates zu folgen,] welche[r], an der Hand
> 274,193, 334 der Causalität, sich anmaasst, das innerste Wesen der Dinge ergründen zu können.[11]

Anders als die Wesensfrage (deren Schema eine eher statische Differenz zweier Welten voraussetzt), bemüht sich die *Kausalfrage*, durch diese Differenzsetzung hindurch, um die sukzessive Rückverfolgung einer Begründungskette. *Warum...?* – das ist die Formel ihres Fragetyps. Seit und mit Sokrates wollen wir erklären, was die Ursache von Etwas ist; wir suchen nach den Motiven und Absichten in einem Geschehen, nach dessen ursprünglichem Auslöser. Es geht uns darum, den langsamen, beständigen Bogen einer Entwicklung ausfindig zu machen und nachzuzeichnen. Wir sind fest daran gewöhnt, dass wesentliches Wissen auf der Erkenntnis von Gründen beruht: So »a c c e p t i e r e n wir den Kanonenschuß erst, wenn wir uns die Möglichkeit ausgedacht haben, wie er entstanden ist, d.h. allem E r l e b e n geht eine Zeit voraus, wo die zu erlebende Thatsache m o t i v i e r t wird.«[12] Gesetzt ist auch hier: Die Dinge sind Erscheinung; aber: Als solche sind sie jeweils die notwendige Folge oder Verwirklichung ihres Grundes. Auf

[10] Nietzsche, GT, KSA 1, S. 92; GD, KSA 6, S. 72.

[11] Nietzsche, GT, KSA 1, S. 118. Vgl. auch ders. GT, KSA 1, S. 99; GD, KSA 6, S. 69f.

[12] Nietzsche, NF, KSA 11, 26[35], S. 157.

diese Weise wird das ontologische Schema nicht nur dualistisch verstanden, nicht nur als die Entgegensetzung einer wahren und einer scheinbaren Welt, sondern gleichermaßen geschichtlich: als die Totalität eines Ursprungs und seiner Entfaltung, eines Anfangs und seiner Vollendung.

Entsprechend wird Hegel, der die besondere Bedeutung der Zeit (genauer: der Geschichtszeit) für die Konstituierung des Wissens thematisiert hat, in seiner *Vorrede* zur *Phänomenologie des Geistes* schreiben: »Das Wahre ist das Ganze. Das Ganze aber ist nur das durch seine Entwicklung sich vollendende Wesen.«[13] Folglich können dann, am »Leitfaden der Causalität«[14], wissenschaftliche Diskurse dazu übergehen, eine Chronik der Ableitungen als Aufklärung und Erklärung ihrer Gegenstände zu erstellen. Bezogen auf die Befragung der Sprache würden sie das Nacheinander (eben jenen leitenden Faden) der vielen kleinen Schritte und feinen Abstufungen präsentieren, durch die bestimmte Reden und Texte jeweils zu Werken geworden sind: Entweder um sich eines nicht weiter hintergehbaren Anfangs zu versichern: eines ersten Elementes, eines ersten Wortes, eines ersten Sprechers, oder um Verschuldungen und Täterschaften zu ermitteln, die für das Erscheinen 48,291, 313,335
sprachlicher Werke verantwortlich gemacht werden können. Stets fordert die Kausalfrage dazu auf, Vaterschaften nachzuweisen, die Geburt und Genese (manchmal auch die Entfremdung) der Vorstellungen zu erhellen oder rückblickend die Rechtfertigung und Kritik dessen zu unternehmen, was doch als Gegenstand immer schon bekannt ist.

Auge im Kreis drehen

So viel ist jedenfalls deutlich geworden: Im Zuge jener strukturellen Veränderungen, die Nietzsche im Fall ›Sokrates‹ darstellt, ist die Frage nach der Sprache zu einer Erforschung ihrer Hintergründe oder Begründungen geworden. Während die Wesensfrage eher die Räumlichkeit des ontologischen Schemas hervorhebt, verfolgt die Kausalfrage vorzugsweise dessen Zeitlichkeit.

Entsprechend konstituiert sich der erste Fragetyp als reflexive Figur: Kant hat gezeigt, wie es durch eine Schleife des Denkens gelingt, hinter die Fassaden der Dinge und des eigenen Bewusstseins zurückzukehren.

[13] Hegel 1807, S. 15. Spätestens hier wird deutlich, dass der Fall ›Sokrates‹ auch eine theoriegeschichtliche Zuordnung impliziert. Aus der Exposition der beiden Fragetypen nämlich kann gleichermaßen eine Auseinandersetzung mit bestimmten Merkmalen der kantischen und hegelschen Philosophie herausgelesen werden: Während sich die *Wesensfrage* vor allem auf die dualistische Organisation der Transzendental-Philosophie: die Spiegelung von Gesetz und Anwendung, die diskrete Absetzung der Erscheinung vom Ding an sich, beziehen lässt, spielt die *Kausalfrage* vorwiegend auf die genealogische Organisation der Dialektik an: auf deren spezifisches Verständnis der Zeit als Geschichte eines Ursprungs und seiner Vollendung.

[14] Nietzsche, GT, KSA 1, S. 99.

Aber auch der zweite Fragetyp ist dieser Bewegung des ›re-‹ keineswegs untreu. Nietzsche schreibt, dass die Suche nach den Begründungen nur als »Umkehrung der Zeit« möglich ist: »[D]ie ›Ursachen‹ werden n a c h d e r ›T h a t‹ imaginirt.«[15] Das heißt, die erklärende Chronik der Ableitungen verläuft genau entgegengesetzt zur wahren Genese des Geschehens. Das, was für unser Erleben das Erste und Wirkliche zu sein scheint, das, was sich uns zunächst und zumeist zeigt, ist in Wahrheit das Darauffolgende und Hervorgegangene. Die Kausalfrage beschreibt eine Entwicklung, die sich von der Gegenwart, von der Präsenz der Erscheinungen aus, zu deren Anfang in der Zeit zurückspannt: Nicht so sehr als einfache Verdoppelung der Welt im Spiegel des Bewusstseins, sondern so, wie es Hegel von seiner Dialektik schreibt: als »Kreis«[16], als Wiederholung des Ursprungs durch seine Vollendung.

Die **Blendung des Polyphem** durch Odysseus. Detail einer attischen Grabvase, Mitte 7. Jahrh. v. Chr. *Argos Museum*, Athen.

[15] Nietzsche, GD, KSA 6, S. 92. Vgl. auch ders. NF, KSA 11, 26[35], S. 157, 35[54], S. 437; NF, KSA 13, 15[90], S. 458.

[16] Hegel 1807, S. 14.

SERRES Das griechische Wort für ›Kreis‹ aber heißt κύκλος – und sofern man bereit ist, die Etymologie zu beachten, ergibt sich daraus eine Beziehung zu dem, was Nietzsche als das eine und große Zyklopenauge des Sokrates 183, 219, 243
bezeichnet hat: Der Zyklop, (gr.) = ›Κύκλωψ‹, ist zugleich der Einäugige und der Rundäugige. Er ist derjenige, der seinen Blick unaufhörlich kreisen lässt; derjenige, der alles sieht und dem alles, vor allem auch das Denken, ein Sehen: Blick ist. Sein Auge bildet eine Kugel, bestehend aus lauter Augen: allseitig ausgerichtet, offen und klar. Der Blick des Sokrates ist ungetrübt; von Tränen wurde niemals berichtet (und auch von Trunkenheit nur, um sie auszuschließen); er kennt weder blinde Flecken noch tote Winkel. Als der Rundäugige ist er deshalb, worauf Michel Serres hingewiesen hat, »Panoptès, le panoptique« – Beobachter der Welt und der Menschen, ihr Wächter und Observator, ihr Polizist und Voyeur:

> Nul ne prend Panoptès par-derrière, il n'a ni dessous ni arrière, sphère de scrutation.[17]

Selber zu einem Wesen ohne blinde Kehrseite geworden, ist es das Geschäft des Rundäugigen, sich im Rücken aller anderen zu postieren. Es ist unmöglich, von ihm ungesehen zu bleiben oder ihn zu überraschen. Und mehr noch: Man muss hinzufügen, dass der panoptische Blick ebenso den Ursprung seines eigenen Sehens in den Blick bekommt. So ist mit Sokrates, dem Hinterfragenden, der Ort (und nicht zuletzt der Beruf) des Philosophen entstanden: Seit jenen Setzungen kennt die abendländische Kultur nicht nur Überblick und Überwachung, sondern gleichermaßen das nach innen gedrehte Auge. Der allseitig kreisende, zyklopische Blick ist derjenige, der auch sich selber zugewendet bleibt; sei es als Verdoppelung des Raumes oder als Beugung der Zeit.

* * *

Auf interessante Weise unterscheidet sich eine solche Setzung von dem, was Foucault über das *Bentham'sche Panopticon* von 1787 geschrieben hat, jenes zunächst Papier und dann Stein gewordene »dispositif disciplinaire«: »un pur système architectural et optique«, das es dem jeweiligen Wächter ermöglicht, von einem zentralen Turm aus die ringförmig um ihn angeordneten Zellen der Sträflinge, Kranken, Schüler usw. zu überwachen. »[D]ans la tour centrale«, heißt es deshalb bei Foucault, »on voit tout«[18] – nur

[17] Serres 1985, S. 37, 44.

[18] Foucault 1975 a, S. 241, 239, 235. Vgl. aber auch S. 233–240 sowie die darin enthaltene Abbildung Nr. 17.

sich selbst, so würde die Philosophie um 1800 ergänzen, bleibt dieses Sehen stets unsichtbar.

FOUCAULT Die Frage nach der anderen Sprache zu stellen, die nicht das Andere der Sprache ist, heißt, eine Positivität zu erfragen, deren Konstituierung und Organisation nicht länger von den Dispositiven der Repräsentation oder Des Menschen regiert wird. Von daher muss bereits der Fragetyp eine Einstellung gewinnen, die sich außerhalb jener Orientierungen und Schemata bewegt, die hier mit dem Fall ›Sokrates‹ verbunden worden sind.

›Penser *dans* le vide de l'homme disparu‹, hatte Foucault geschrieben. Es wird also darum gehen, die Leerstelle, die durch das Verschwinden des anthropologischen Dreiecks als Grundlage und Begründung der Sprache aufgebrochen ist, als Differenz zu thematisieren. Eine leere Stelle jedoch, die keineswegs auf die Negation des Menschen oder auf die Geste einer Eröffnung reduziert werden kann, sondern die darüber hinaus als das Strukturprinzip der veränderten sprachlichen Wirklichkeit auftritt. Denn tatsächlich ist man spätestens seit Mallarmé und Saussure auch explizit daran gewöhnt, dass Differenzen – ›les blancs‹, ›le jeu d'oppositions‹ – einen besonderen Stellenwert in der Konstituierung von Sprache einnehmen. Alles beruht auf Distanzen und Zwischenräumen, auf Relationen, sagt man.

Choreographisches Fragen

Wie aber verhalten sich solche blanken Stellen, die weder ein Nichts oder eine Verneinung sind noch die Erwartung einer Lehre (als semantisches Feld oder Sinn im Allgemeinen, als Geschichte oder Katalog von Referenten), die auftaucht, sich ausbreitet und schließlich die Leere besiegt? Welche
17,109, Modalitäten kennzeichnen sie? Oder: Für welches Spiel, für welche Arten
275,295 von Auseinandersetzung, Gegenüberstellung usw. muss die Befragung der Sprache als Sprache aufmerksam werden? *Was sich in dieser Weise als Aufgabenstellung abzeichnet, soll im Folgenden ein choreographischer Fragetyp genannt werden.*

Wie funktioniert...? – das ist seine unsokratische Formel. Nicht um sprachliche Strukturen zu verstehen (als ob ein Funktionieren überhaupt verstanden werden könnte), vielmehr um in verschiedenen Szenarien der Differenz (= Hegel, Saussure und Nietzsche), deren jeweilige Beschreibung von Sprache vorzustellen.

Aus den griechischen Termini χῶρος und γραφή zusammengesetzt, be-
311,249, zeichnet Choreographie in wörtlicher Übersetzung ›Tanzschrift‹ bzw. ›Tanz-
312,341 Platz-Schrift‹. Diese Übersetzung wird hier in zweifacher Weise gelesen:

DERRIDA Erstens; als choreo-*graphische* Einstellung reagiert sie auf das, was Derrida in seiner *Grammatologie* »la disruption de l'écriture« oder

»l'avènement de l'écriture«[19] genannt hat. Dadurch wird die Aufmerksamkeit sowohl auf eine *spezifische Struktur* gelenkt, die sich der Herrschaft des λόγος, der Innerlichkeit und Intimität des Denkens, entzogen hat, als auch auf eine *spezifische Materialität* jener anderen Sprache, die weder (worauf Derrida besonders hinweist) phonozentrisch zu beschreiben ist: als 185, 273,
gesprochenes Wort oder Stimme, denn der λόγος äußert sich zuallererst 339, 352
und unmittelbar als Rede, noch (worauf Derrida weit weniger hinweist) heliozentrisch: als Aufklärung, Reflexion oder panoptischer Blick. Das γραφή in der Frage zeigt also Folgendes an:

Einerseits wird es wichtig, die dezentrierende (und nicht bloß skeptische) Macht der Schrift, ihre Ferne zu jener Instanz, die für so lange Zeit als Ursprung der Wahrheit, als transzendentales oder privilegiertes Signifikat gesetzt war, zu positivieren und für die Beschreibung zu nutzen. Solchermaßen verfolgt das choreographische Fragen ein strukturelles Interesse. Es will ein Szenario auch der anderen Sprache erstellen: Wie funktioniert deren Struktur und welche Verhältnisse bildet sie?

Andererseits geht es auch darum, Sprache als einen veränderten Gegenstand, der zugleich eine veränderte Gegenständlichkeit zeigt, auszuzeichnen. Choreographie exponiert dann das Auftreten und die Äußerlichkeit von Körpern (der Schrift nicht weniger als ihrer Schreibgeräte). Auf diese 19, 162,
Weise soll sie ein *graphematisches Regime* beschreibbar machen, das nicht 259, 311
nur dem Blick der Philosophen, sondern auch einer Politik und Pädagogik der Mündigkeit immer schon entgangen ist.

BARTHES Zweitens; durch eine *choreo*-graphische Einstellung der Frage wird außerdem die Räumlichkeit der Sprache selbst als Differenz thematisiert. Wie verlaufen ihre Verhältnisse? Wie nehmen sie ihre Plätze ein? Wie sind sie jeweils in Szene gesetzt? Aber auch: Welche Rolle spielt dabei die Zeit bzw. welche Zeit ist es, die hier eine Rolle spielt? Es wird also darauf ankommen, *differenzielle Praktiken* zu bemerken und zu beschreiben, durch die sich jene ›écriture‹ zugleich als ›écrire‹ konstituiert:

> *Dis-cursus* [schreibt Roland Barthes] c'est originellement l'action de courir ça et là, ce sont des allées et venues, des »démarches«, des »intrigues«.[20]

[19] DERRIDA 1967a, S. 31, 16. »Tout se passe donc comme si ce qu'on appelle langage n'avait pu être en son origine et en sa fin qu'un moment, un mode essentiel mais déterminé, un phénomène, un aspect, une espèce de l'écriture.« Allerdings: »Ce qui ne veut pas dire, par simple inversion, que le signifiant [die Schrift als »jeu des renvois signifiants«] soit fondamental ou premier.« Ders. 1967a, S. 18, 32, 16.

[20] BARTHES 1977a, S. 7.

Anstatt wie üblich die Frage nach ersten und letzten Dingen zu stellen, nach jenen invarianten Elementen: an sich selbst bestimmt, als hörbare oder sichtbare Rohstoffe der Sprache; anstatt die Stimme des Herrn (das anfängliche Wort) sowie die Buchstaben des Gesetzes (das abschließende Urteil) zu verehren, interessiert sich das choreographische Fragen für eine Bewegungsstudie dieses Auseinanderlaufens und dieser Machenschaften des Diskurses. ›Mouvement de diaspora‹ hatte Blanchot geschrieben. Mit Hilfe des χῶρος soll daher nach der *performance* der γραφή gefragt werden, das seiner Etymologie zufolge, als das Einschneiden (oder Aufdrucken) durch Schreibgeräte, auch eine Trennbewegung meint: eine Differenz, deren
76, 172, 301 Zeit/Raum eher distanziert als verbindet, eher zerstreut als versammelt.

Kein neuer König

FOUCAULT Zweifellos jedoch ist eine solche choreographische Einstellung nur möglich, indem man Sprache nicht länger auf all jene Autoritäten, Bürgschaften und Verantwortlichkeiten bezieht, die zuvor im Horizont Des Menschen und durch ihn gesetzt waren. Oder, um sich von dem zu unterscheiden, was Jürgen Habermas für die Entstehung eines *Nachmetaphysischen Denkens* hält:[21] Es kommt hier keineswegs darauf an, zwei Substantive: die *Sprache* und den *Menschen*, die sog. Sprachphilosophie und die sog. Bewusstseinsphilosophie gegeneinander auszuspielen. Es geht nicht darum, innerhalb gewisser Voreinstellungen (unter Beibehaltung eines vertrauten Systemdesigns) die Plätze zu tauschen; nicht darum, dass nun *die* Sprache oder die Sprachen den verwaisten Thron des Menschen besteigen, dessen Leerstelle erneut besetzen, seine Autorität noch einmal retten.

Ganz im Gegenteil, denn der χῶρος der Choreographie besagt auch, dass keinerlei Interesse an der Position oder Positivität eines Königs (bzw. der Geschichte einer Krönung) besteht; ganz gleich in welcher Struktur, Form

[21] Vgl. Habermas 1988 a, S. 15: »Einen ebenso tiefen Einschnitt [im Denken des 20. Jahrhunderts] bedeutet der Paradigmenwechsel von der Bewußtseins- zur Sprachphilosophie. [...] Die Relationen zwischen Sprache und Welt, Satz und Sachverhalt lösen die Subjekt-Objekt-Beziehungen ab. Von der transzendentalen Subjektivität gehen die weltkonstituierenden Leistungen auf grammatische Strukturen über. Die rekonstruktive Arbeit der Linguisten tritt an die Stelle einer schwer überprüfbaren Introspektion. Denn die Regeln, nach denen Zeichen verkettet, Sätze gebildet, Äußerungen hervorgebracht werden, lassen sich an sprachlichen Gebilden als an etwas gleichsam Vorliegenden ablesen. So schaffen sich nicht nur analytische Philosophie und Strukturalismus eine neue methodische Grundlage; von Husserls Bedeutungstheorie werden Brücken geschlagen zur formalen Semantik, und sogar die Kritische Theorie wird schließlich von der linguistischen Wende ereilt.« – Aus dieser Ablösungssperspektive heraus ist es für Habermas dann ein Leichtes, der »Sprachphilosophie« eine »transzendental geprägte Sprachauffassung« (S. 53) zu bescheinigen. Ganz ähnlich schon bei Frank 1983, S. 264, 268, 282 sowie in Bezug sogar auf Nietzsche Kalb 2000, S. 11, 17f.

oder Begrifflichkeit.[22] *Was nachfolgend als choreographisches Fragen auftritt, hat sich deshalb dem Modell der Souveränität sowie der dazugehörigen* 19,34,
Topologie der Transzendenz entzogen. Indem es seine Aufmerksamkeit der 168,207
Sprache als Sprache (einem jederzeit heterogenen und instabilen Szenario) zuwendet, wird es deren Verhalten und Verhältnisse gerade nicht von ihren Peripherien aus identifizieren: dort, wo man sie als brauchbare Dienstleistung 48,90,
bis vor einiger Zeit noch einem komplementären Anderen unterstellt hat, mit 136,306
dem sie sich verbinden musste, weil es ihnen Sinn und Sein verlieh. Mit anderen Worten: Sprache soll hier weder auf Hintergründe und Begründungen zurückgeführt werden: um sich einer Tafel ihrer Stammbegriffe zu versichern oder zum Ursprung ihrer Entwicklungen zurückzukehren, noch darf man erwarten, dass die Ideen und Intentionen ihrer Absender und Adressaten eine zentrale Rolle spielen.

Stattdessen wird von einem Analysetyp aus- und weitergegangen, den bereits Foucault im Rückblick auf seine archäologischen Beschreibungen formuliert hat:

> [O]n essaie de se maintenir au niveau du discours lui-même.[23]

Was aber nichts anderes heißt, als erstens »le domaine d'existence et de fonctionnement d'une pratique discursive« zu entdecken, um zweitens genau diese Praktik in ihrer »réalité matérielle« (»dans sa complexité et dans son épaisseur«)[24] zu beschreiben – für deren Ausführung dann gilt:

> Elle n'est rien de plus et rien d'autre qu'une réécriture: c'est-à-dire [...] une transformation réglée de ce qui a été déjà écrit.[25]

[22] Foucault 1969 c, S. 795f. hat diese Möglichkeit auch in Bezug auf die Schrift (und ihren Status bei Derrida) abgelehnt: »Je me demande si [...] cette notion [»d'écriture«] ne transpose pas, dans un anonymat transcendantal, les caractères empiriques de l'auteur. [...] En effet, prêter à l'écriture un statut originaire, n'est-ce pas une manière de retraduire en termes transcendantaux, d'une part, l'affirmation théologique de son caractère sacré, et, d'autre part, l'affirmation critique de son caractère créateur?« Stattdessen: »La disparition de l'auteur, qui depuis Mallarmé est un événement qui ne cesse pas, ce trouve soumise au verrouillage transcendantal.«

[23] Foucault 1969 b, S. 66.

[24] Foucault 1970, S. 10; ders. 1969 b, S. 215, 272. Außerdem auf S. 182, 65: »L'archéologie [...] ne traite pas le discours comme *document*, comme signe d'autre chose, comme élément qui devrait être transparent mais dont il faut souvent traverser l'opacité importune pour rejoindre enfin, la profondeur de l'essentiel; elle s'adresse au discours dans son volume propre, à titre de *monument*.« Ihre Absicht ist also, »de définir les discours dans leur spécificité; [...] n'est pas de neutraliser les discours.« 54,101,

[25] Foucault 1969 b, S. 183. Das direkt folgende Zitat S. 267. 206,216

Schon deshalb ist auch die hier gestellte Frage nach der Sprache »discours sur des discours«. Nicht als Metasprache, sondern so, dass sie selber der Ordnung ihrer Objekte angehört; dass sie Text ist von Texten, Beschreibung von Geschriebenem. Oder: Es wird nunmehr darauf ankommen, sich gleichermaßen vom Anfang und vom Ende, von der einen und der anderen Außenseite des Diskurs-Szenarios zu entfernen, um es als jenen Zwischenraum thematisieren zu können, dessen ›Zwischen‹ dann nicht länger auf eine Passage: als Mitte, Mittel oder Vermittlung, zu reduzieren ist.

ZWEITER TEIL

Die Philosophie des Großen & Ganzen

HEGEL – der Name ist geeignet, einige Verlegenheit auszulösen. Nicht nur, weil die unter ihm zusammengefassten Texte ein umfangreiches, geradezu enzyklopädisches Werk darstellen, dessen Stil und Syntax sich jedem Leser hartnäckig entgegenstemmen; auch nicht nur, weil die theoretischen Disziplinen, vor allem in der zweiten Hälfte des 20. Jahrhunderts, ein sehr berechtigtes Misstrauen gegenüber dem Absolutheitsanspruch und den Allmachtsphantasien der hegelschen Vernunftlehre etabliert haben, sondern vor allem, weil Hegel, trotz (oder gerade wegen) dieser Vorbehalte und Widerstände, die man gegen ihn geäußert hat, nach wie vor als mächtiger Schatten die Diskurse begleitet. Auch wenn man seit einiger Zeit davon überzeugt ist – und vielleicht markiert diese Überzeugung ja eine der wenigen Schnittstellen gegenwartsbezogener Theorien –, dass die Metadiskurse des 19. Jahrhunderts: diese universalisierenden und vereinheitlichenden Legitimationserzählungen des Wissens, ihre einstige Geschlossenheit und also auch Verbindlichkeit verloren haben, so muss man doch anerkennen, dass die Herrschaft des hegelschen Systems nicht einfach durch Beschluss oder Jahrhundertwenden abgefertigt werden kann. Vielmehr ist Hegel einer der großen Untoten der Philosophiegeschichte und sein Verwesungsprozess keineswegs so gewiss, wie es Marx in seiner *Deutschen Ideologie* behauptet; er ist, wenn man so will, ihr Zombie, ihr Wiedergänger – der er auch bleiben wird, solange man ihn zu töten versucht.

Zweifelsohne gehört Hegel zu jener Sorte Väter (= überkommener Autoritäten oder kanonisierter Werke), die ihre Ermordung nicht nur überlebt haben (denn ebenso wie der platonische Sokrates denkt auch Hegel
12,53, 117,127 immer schon im Angesicht des <u>Todes</u>: eines bestimmten Todes), sondern die, indem sie die Schwelle des Todes durchschreiten, überhaupt erst zu ihrem eigentlichen Leben erweckt werden. Dieser Vatermord findet seit mehr als eineinhalb Jahrhunderten statt: in der Form der Kritik oder der Überwindung, als Umkehrung oder gar als Hass. Insofern kann man sich Foucault zunächst nur anschließen, wenn er davor warnt, dass »notre recours contre lui est encore

peut-être une ruse qu'il nous oppose et au terme de laquelle il nous attend, immobile et ailleurs.«[1]

Hegel zwischen Anspruch und Aura

Zugleich jedoch darf man sich von der Totalität des hegelschen Systems, in dem Gott und Teufel, Gut und Böse stets gemeinsam ihren Platz gefunden haben, nicht einschüchtern lassen. Diese Totalität nämlich ist vor allem eine Behauptung des Systems selber: sein absoluter Idealismus, keineswegs dessen Wirklichkeit. Dass man beide, System und Wirklichkeit, miteinander identifiziert, gehört zu Hegels zentralen Thesen und trägt immer schon zur Sicherung und Ausdehnung seiner Herrschaft bei.

DERRIDA Im Folgenden soll deshalb etwas anderes unternommen werden: Man könnte es als eine *Hegel-Auslese* bezeichnen, die sich darauf eingestellt hat, dass seine Texte, so wenig wie alle anderen, aus einem Stück gefertigt sind und dass daher auch deren Lektüre nicht per se zur Versammlung des Großen und Ganzen, zur Suche nach der großen und ganzen Einheit verpflichtet ist. Anstatt also die hegelsche Philosophie in ihrer vermeintlichen Kontinuität zu durchlaufen, anstatt zu behaupten, es gäbe eine kohärente Architektur ihrer Aussagen, geht es hier, viel bescheidener und vielleicht schon deshalb unhegelianisch, darum, sowohl *strategisch* als auch *selektiv* in einige seiner Texte einzubrechen und einzelne Thesen hervorzuheben, sie für den weiteren Verlauf zu präparieren. Jedoch nicht als Widerspruch zu Hegel, denn das ist unmöglich, ohne der Komplizenschaft anheim zu fallen, die seine Philosophie (als Anspruch, inzwischen aber auch als Aura) durchwegs bereithält, sondern als *Vorbereitung eines Standortwechsels*: einer Entfernung aus jenem Bannkreis, den das dialektische Regime um die Theorie der Differenz und der Sprache gezogen hat. Was Exegeten bzw. denen, die um eine philosophie- und/oder weltgeschichtliche Bewertung des hegelschen Œuvre bemüht sind, eher unbefriedigend erscheinen mag, wird indessen zur Exposition zweier Komplexe: *Hegel (I)* und *Hegel (II)*, führen.

Man könnte mit Derrida auch von einer *Hegel-Iteration* sprechen: »*iter*, derechef, viendrait de *itara*, *autre* en sanskrit, et tout ce qui suit peut être lu comme l'exploitation de cette logique qui lie la répétition à l'altérite«.[2] Wiederholung und Andersheit: Wiederholung als Veränderung, die dann aber, statt weiterhin an Hegel zu erinnern, mit den Namen Saussure und (noch einmal anders) mit Nietzsche verbunden sein wird.

Der erste Komplex, mit dem Titel *Dialektik der Aufhebung*, bezieht sich insbesondere auf den Hegel der *Phänomenologie* als einen wegbereitenden,

[1] Foucault 1970, S. 74f.
[2] Derrida 1971, S. 375.

oftmals bis heute noch maßgeblichen Philosophen der Differenz. Das heißt: Wenigstens an dieser Stelle soll der künftige Staatsdenker Preußens nicht einfach und eindeutig die Rolle eines Generalverdächtigen spielen, die ihm spätestens seit Mitte des 20. Jahrhunderts immer wieder zugeschrieben wurde.[3] Denn ohne die Vorarbeit seiner Dialektik, ohne den Beistand und die Wirkung ihrer Begriffe, davon kann man sehr wohl ausgehen, wäre es aller Theorie seither schwer gefallen, eine Aufmerksamkeit für Differenz zu entwickeln.

Insofern werden hier jene Thesen beschrieben, mit denen Hegel um 1800 das Differenzproblem philosophisch auf die Bühne gebracht hat. Drei Modalitäten sind dabei von Belang: *Arbeit – Negation – Geschichte*. An ihnen ist abzulesen, welche Art der Differenz von Hegel konzipiert wurde, auf welche Weise sie funktioniert und in welche umfassende Systematik er ihre Darstellung eingebaut hat.

Allerdings, der Bereich der Sprache bleibt aus diesem Zusammenhang noch weitgehend ausgeklammert. Die hegelsche *Phänomenologie* nämlich wollte in erster Linie und nach eigenem Bekunden Wissenschaft überhaupt vom Werden des absoluten Geistes sein, keineswegs Sprachwissenschaft. Und dennoch wäre es schon allein aus etymologischen Gründen unhaltbar, ihr als Dialektik, (gr.) διάλεκτος = ›Gespräch‹, ›Redeweise‹, ›Mundart‹, eine prinzipielle Gleichgültigkeit gegenüber der Sprache zu unterstellen. Vielmehr leistet die Explikation der Differenzphilosophie implizit auch dies: Die Markierung und Definition jenes Ortes, an dem Hegel die Sprachthematik in sein System hineinlässt. Das ist dort, wo es um die Veräußerung und

3 – Etwa von Glucksmann 1977, S. 191, 310. Sein Verdacht: »Le vrai est sujet, dit Hegel, tout manuel de philosophie sait cela. Il glisse aussi: le sujet est désert, le désert est sujet [...]. Se pourrait-il que la vérité des maîtres penseurs [das sind neben Hegel auch Fichte, Marx und Nietzsche] soit désertique? Qu'elle recèle et abrite les déserts à venir?« Seine Auflösung: »Sous couleur de savoir les maîtres penseurs ont agencé l'appareil mental indispensable au lancement des grandes solutions finales du XXe siècle.«

Oder, um etwas näher an den Kontext der Fragestellung heranzurücken: Gilles Deleuze, der in seinen differenztheoretischen Schriften einen ausdrücklichen Antihegelianismus verfochten hat. Vor allem Nietzsche wird dazu immer wieder als Kronzeuge gegen Hegel aufgebaut. »Contre la dialectique« oder »Contre le hégélianisme«, so lauten Kapitelüberschriften aus seinem Nietzsche-Buch. Gleich auf dessen ersten Seiten ist dann zu lesen: »C'est l'ensemble de la philosophie de Nietzsche qui reste abstraite et peu compréhensible, si l'on ne découvre pas contre qui elle est dirigée. [...] L'anti-hégélianisme traverse l'œuvre de Nietzsche, comme le fil de l'agressivité.« Deleuze 1962, S. 9, 180 (vgl. aber auch S. 187). Sechs Jahre später, in *Différence et répétition*, ist das nicht anders. Dort werden die Tragödienschrift, der Bruch mit Wagner und die Tänze Zarathustras als »fondation pratique d'un [»vrai«] théâtre de l'avenir« dargestellt und auf diese Weise dem »faux mouvement« von »opposition« und »médiation« sowie dem »faux théâtre« der »représentation« und dem »concept abstrait« entgegengesetzt, für die der Name »Hegel« einzustehen hat. Deleuze 1968, S. 16 ff.

Veränderung (als die Verräumlichung und Verzeitlichung) des Geistes geht; wo seine Dialektik dem Wider*spruch* und dem Gegen*satz* zu ihren wissenschaftlichen Karrieren verholfen hat.

Aufgabe des zweiten Komplexes ist es dann, die hegelsche Sprachphilosophie explizit zu machen; d.h. zu beschreiben, wie er an einer zentralen Stelle seiner Dialektik die Sprache als solche thematisiert, sich mit ihr auseinander setzt. Unter dem Titel *Die Zeichen des Geistes* und vor allem mit Bezug auf die *Enzyklopädie der philosophischen Wissenschaften* wird das zu drei Thesen führen: Dass Sprache als *Äußerung*, als *Handlung* und als *Mitteilung* zu verstehen sei. So zeigt sich nicht nur, wie sehr Hegels Differenzphilosophie als Richtschnur dient, sondern auch, welche Strukturmerkmale er der Sprache selbst zugeschrieben hat. Dem Bewusstsein von der Differenz jedenfalls folgt um 1830 ein bestimmtes Interesse an der Sprache. Oder, wie es der nunmehr »ordentl. Professor der Philosophie an der K. Friedr. Wilh. Universität in Berlin« formuliert hat: »Das Zeichen (»namentlich [...] das Sprachzeichen«; noch genauer »die Äußerung des Sprechens«) muß für etwas Großes erklärt werden.«[4]

[4] Hegel 1830 c, S. 269, 195. Zum Titel des Professors vgl. die Titelseite der *Enzyklopädie*: Abb. 3 der Farbtafeln.

Dialektik der Aufhebung: Hegel (I)

Die Arbeit des Begriffs

Um mit einer Textstelle aus der *Phänomenologie des Geistes* und deshalb mit dem Hegel aus Jena zu beginnen:

> Die Tätigkeit des Scheidens ist die Kraft und die Arbeit des V e r s t a n d e s,
> 54, 115, 138, 305 der verwundersamsten und größten, oder vielmehr der absoluten Macht.[1]

Mit dieser Formulierung bezeichnet Hegel zunächst und ganz allgemein die geistige Tätigkeit des Menschen als *Arbeit*: Das ist die Fähigkeit des Verstandes, die eigenen »Vorstellungen« im buchstäblichen Sinne des Wortes zu »analysieren«; sie in sich selbst zu spalten, in ihre ursprünglichen Gedanken auseinander zu legen; oder: Zurückzugehen zu ihren ersten Elementen, um diese in ihrer jeweiligen Differenziertheit aufzufächern. Die eigenen Vorstellungen jedoch sind für das Denken immer schon ein »Bekanntes«. Sie sind dessen anfängliches und unmittelbares Wissen, dessen »sinnliche Gewißheit«[2]; das, was vor der Analyse als deren Ausgangspunkt

Gewissheiten in Frage stellen

[1] Hegel 1807, S. 25. Alle Zitate dieses ersten Komplexes: Hegel (I), sind, wenn nicht anders vermerkt, den S. 24–28 der *Vorrede* der *Phänomenologie des Geistes* entnommen.

Um aber sogleich darüber hinaus zu gehen: Dass Hegel jene Tätigkeit und Kraft des Verstandes eine Arbeit nennt, ist keine Zuschreibung unter anderen. Die »Arbeit« nämlich, heißt es in seiner *Philosophie der Geschichte*, ist »der T r i e b, der Impuls des geistigen Lebens in sich selbst.« Und einige Seiten weiter: »Die Tätigkeit, welche sie [die »Bestimmungen« des Verstandes] ins Werk und Dasein setzt, ist des Menschen Bedürfnis, Trieb, Neigung und Leidenschaft. Daran, daß ich etwas zur Tat und zum Dasein bringe, ist mir viel gelegen, ich muß dabei sein, ich will durch die Vollführung befriedigt werden. [...] Dies ist das unendliche Recht des Subjekts, daß es sich selbst in seiner Tätigkeit und Arbeit befriedigt findet.« Hegel 1822/28, S. 78.

[2] Hegel 1807, S. 69. »Es war aber darum zu tun, daß das Beste nicht im Innern zurückbliebe,
116, 158, 181 sondern aus diesem Schachte zu Tage gefördert werde.« (Ders. 1807, S. 51) Über diese »sinnlichen Gewißheit« schreibt Hegel in seiner *Enzyklopädie* auch, dass sie ein »noch nicht erkennendes Wissen«, eine »unbestimmte«, in ihrer Wahrheit »unentfaltete [...] Anschauung« darstellt: die »im [»nächtlichen« oder »bewußtlosen«] Schacht meiner Innerlichkeit schlafenden Bilder«. (Dass solche Formulierungen auch als Modifikation des platonischen Höhlengleichnisses gelesen werden können, ist sehr wahrscheinlich, soll hier jedoch nicht weiter verfolgt werden). An einer anderen Stelle heißt es noch: »Die Anschauung ist daher nur der B e g i n n des Erkennens. Auf diese ihre Stellung bezieht sich der Ausspruch des →

bereits geschlossen und wie selbstverständlich in ihm ruht, mit denen »der Geist fertig geworden, worin daher seine Tätigkeit und sein Interesse nicht mehr ist.« In ihrem Bekanntsein bilden die Vorstellungen das »nicht verwundersame Verhältnis« im Denken, weshalb sie von Hegel als »unbegriffene Unmittelbarkeit oder unbewegte Gleichgültigkeit« bezeichnet werden. Von ihnen gilt: »Das Bekannte überhaupt ist darum, weil es b e k a n n t ist, nicht erkannt. Es ist die gewöhnlichste Selbsttäuschung wie Täuschung anderer, beim Erkennen etwas als bekannt voraus zu setzen, und es sich ebenso gefallen zu lassen; mit allem Hin- und Herreden kommt solches Wissen, ohne zu wissen wie ihm geschieht, nicht von der Stelle.« Die Tätigkeit des Scheidens hat sich daher von vornherein gegen das unbegriffene Bekanntsein und die (Selbst-)Gefälligkeit seiner Vorstellungen, gegen das Verschlafene der eigenen Innerlichkeit, zu richten. Was sie zunächst erreichen muss, ist die »bewußte Einsicht in die Unwahrheit des erscheinenden Wissens.«[3]

So wird die Arbeit zum Modus Cogitandi für das Erkennen; und erst auf diese Weise macht der Geist den Unterschied.

In seinem »heißen Eifer für die Wahrheit« hat er das Bedürfnis, »über das Beschränkte, und da ihm dies Beschränkte angehört, über sich selbst, [...] hinauszugehen«[4], sich zu transzendieren. »Das Gesagte kann auch so ausgedrückt werden, daß die Vernunft das z w e c k m ä ß i g e Tun ist«: Kein willkürliches Darauf-los-rennen, Hals über Kopf, keine blinde Wut des Machens, sondern eine zugleich gezielte und ihren Zielsetzungen gemäße Tätigkeit. Erkennen als Arbeit impliziert die *Intentionalität des Geistes*; dass er (mit einem Übersetzer Foucaults und also in Anlehnung an Nietzsche) Wille zum Wissen ist; absolute Macht, nach der Wahrheit über sich selbst zu greifen, im Hinblick auf die eigene Identität zu denken. Wie ein Leitfaden ist dieser Zweck vor dem einen, das heißt Einen »Auge des Geistes« ausgerollt und 103, 182, 340, 361

Aristoteles [in *Metaphysik* I, 2, S. 982 b], daß alle Erkenntnis mit der V e r w u n d e r u n g anfange. [...] Das p h i l o s o p h i s c h e Denken aber muß sich über den Standpunkt der Verwunderung erheben. Es ist ein völliger Irrtum, zu meinen, daß man die Sache schon wahrhaft erkenne, wenn man von ihr eine u n m i t t e l b a r e Anschauung habe.« HEGEL 1830 c, S. 260, 255.

[3] HEGEL 1807, S. 61.

[4] HEGEL 1807, S. 63. Die direkt folgenden Zitate S. 16, 8.

Wie zur Bestätigung dieser These schreibt dann der Hegelleser Karl Marx: »Was aber den schlechtesten Baumeister vor der Biene auszeichnet, ist, daß er die Zelle in seinem Kopf gebaut hat, bevor er sie in Wachs baut. Am Ende des Arbeitsprozesses kommt ein Resultat heraus, das beim Beginn desselben schon in der Vorstellung des Arbeiters, also schon ideell vorhanden war. Nicht daß er nur eine Formveränderung des Natürlichen bewirkt; er verwirklicht im Natürlichen zugleich seinen Zweck, den er weiß und der die Art und Weise seines Tuns als Gesetz bestimmt [...]. Die einfachen Momente des Arbeitsprozesses sind die zweckmäßige Tätigkeit oder die Arbeit selbst, ihr Gegenstand und ihr Mittel.« MARX 1867, S. 193.

als seine Zukunft vorgesehen: um die Arbeit zu bündeln und ihre notwendige Richtung anzuzeigen.

Das Einfache und Unmittelbare ist nicht das Wahre; vielmehr das Ärmste an Bestimmungen: unentwickeltes Denken. Anstatt also die sinnliche Gewissheit, deren Kritik nicht zufällig als Eröffnungskapitel der *Phänomenologie* auftritt, zu hüten, anstatt es sich in ihren Anschauungen und Gefühlen bequem zu machen, geht es für Hegel darum, deren nicht-verwundersame Verhältnisse der verwundersamen Arbeit des Verstandes zu unterziehen:

> Das Wissen, wie es zuerst ist, oder der unmittelbare Geist ist das geistlose, oder ist das sinnliche Bewußtsein. Um zum eigentlichen Wissen zu werden, oder das Element der Wissenschaft, was ihr reiner Begriff ist, zu erzeugen, hat er durch einen langen Weg hindurch zu arbeiten.[5]

Mit solchen Formulierungen freilich wird Arbeit schlechthin zur Bedingung des Wissens erklärt. Was Hegel, aus gutem Grund und im Einverständnis mit seinem historischen Kontext, zu Identifikation von Wissenschaft und Arbeit veranlasst, ist dies: Der erkennende Verstand trennt nicht nur die eigenen Vorstellungen und kommt auf diese Weise zu einer *Auseinander-legung* ihrer ursprünglichen Elemente, sondern er stiftet die getrennten und auseinander gelegten Elemente auch zu einer produktiven *Auseinandersetzung* mit sich selbst an. »Aber ein wesentliches Moment ist dies *Geschiedne*, Unwirkliche selbst; denn nur darum, daß das Konkrete sich scheidet, und zum Unwirklichen macht, ist es das sich Bewegende.« Soll der Verstand tatsächlich arbeiten, soll er das ihm jeweils schon Bekannte auseinander setzen, dann ist es von nun an seine Aufgabe, die geschiedenen Elemente *als solche* aus ihrem unbewegten und deshalb unbegriffenen Zusammenhang herauszugreifen. Denn nur, indem er das Geschiedene aus seiner bekannten Wirklichkeit versetzt, es ihr entgegensetzt und in diesem Sinne unwirklich macht; nur indem seine anfängliche Gewissheit »das Fixe ihres Sichselbstsetzens« aufgibt, wird es ihm gelingen, seine »festen Gedanken in Flüssigkeit zu bringen«.

[5] Hegel 1807, S. 21. Der »Geist« ist deshalb »nicht ein Abstrakt-Einfaches«, sondern »ein System von Bewegungen, worin er sich in Momente unterscheidet«. Ders. 1807, S. 8. Oder: »Das wahre Sein des Menschen ist vielmehr seine T a t.« Ders. 1807, S. 215. Ganz egal wo man als Leser in das hegelsche Werk einsteigt, früher oder später stößt man auf eine Vielzahl vergleichbarer Äußerungen. Hier noch ein Beispiel aus den *Vorlesungen über die Geschichte der Philosophie*: »Sein [= des Geistes] Leben ist Tat. Die Tat hat einen vorhandenen Stoff zu ihrer Voraussetzung, auf welchen sie gerichtet ist und den sie nicht etwa bloß vermehrt, durch hinzugefügtes Material verbreitert, sondern wesentlich b e a r b e i t e t und u m b i l d e t.« Hegel 1816, S. 22.

Am Anfang also war das Feste, und das Feste war der Geist. Herausgegriffen jedoch aus ihrem unbegriffenen Zusammenhang sind dessen Elemente zu aufgegriffenen Momenten seiner Erkenntnisbewegung geworden – einer philosophischen Praktik, wenn man so will, die weder bei der einfachen Analyse stehen bleibt noch prüfend oder räsonierend an der Oberfläche 124,144,
ihrer Gedanken entlangläuft, sondern die das jeweils Geschiedene zu etwas 161,163
macht, das es zuerst und unmittelbar: in jenem Schacht der Innerlichkeit, gerade *nicht* ist. Nach dem *Scheiden* der Vorstellungen muss das *Geschiedene* selbst noch zu einem von sich *Verschiedenen* weiterverarbeitet werden. Mit anderen Worten: Es geht Hegel nicht so sehr um Verstehen oder Erklären (man wird ihn schwerlich einen Hermeneuten oder Formalisten nennen können), als vielmehr um das »Anderswerden«[6] der jeweils gegebenen Vorstellungen; darum, absichtsvoll und mit Bewusstsein eine wirkliche Veränderung der eigenen Wirklichkeit herbeizuführen. Auf dem Wege der Auseinandersetzung als einem »sich anders Werden mit sich selbst« soll der Geist seine Differenz zu jenen Verhältnissen herausarbeiten, die von ihm bisher bedenkenlos anerkannt und festgehalten wurden.

Wirkliches Wissen nur als Wissenschaft

Und zu guter Letzt: »Durch diese Bewegung werden die reinen Gedanken Begriffe, und sind erst, was sie in Wahrheit sind, Selbstbewegungen, [...] geistige Wesenheiten.« Von der Differenz, dem Verschiedenwerden des Geschiedenen, gilt, dass sie die unmittelbaren Gewissheiten des Denkens in sicheres und allgemeingültiges Wissen überführt. Für den Geist, und darin dürfte sich die hegelsche Identifikation von Arbeit und philosophischem Erkennen wohl am nachdrücklichsten behaupten, ist der Begriff der »Äther

[6] Hegel 1807, S. 14f. Ebenso das direkt folgende Zitat. In seiner *Enzyklopädie* schreibt Hegel dazu: »Der Geist ist nicht ein Ruhendes, sondern vielmehr das absolut Unruhige, die reine Tätigkeit [...].« Vgl. Hegel 1830 c, S. 12.

›*Absolute* Unruhe‹, ›*reine* Tätigkeit‹; und zuvor schon ›*absolute* Macht des Verstandes‹. Mit solchen Adjektiven will Hegel nicht nur Ausmaß und Bedeutung der ›Arbeit‹ für das Wissen hervorheben, sondern auch anzeigen, dass der Geist seine *Zwecke* nicht von Außen empfängt, dass er mit seiner Arbeit nicht aufgrund fremder Anleitungen (fremder Interessen) beginnt. Das heißt: Der Geist ist die sich selbst initiierende Aktivität; seine Begriffsbildung ein »Sich-von-innen-heraus-Entwickeln« als »reine Selbstbewegung« oder: das »sich selbst Setzende, in sich Lebende«. In diesem Sinne agiert er als »Subjekt« = Agent der eigenen Hervorbringung, Entwicklung und Vollendung. Er kann »von allem Äußerlichen und seiner eigenen Äußerlichkeit, seinem Dasein selbst abstrahieren [...]. Die Substanz des Geistes ist die Freiheit, d.h. das Nichtabhängigsein von einem Anderen, das Sichaufsichselbstbeziehen.« Vgl. Hegel 1807, S. 35, 37 sowie ders. 1830 c, S. 19, 25f.

Ganz ähnlich hatte schon Kant formuliert: »Begriffe gründen auf der Spontaneität des Denkens«. Dieses vermag, unbedingt und unter Ausschluss von Voraussetzungen, seine Vorstellungen selbst hervorzubringen; »einen Zustand oder eine Reihe von Folgen schlechthin anzufangen.« Vgl. Kant 1781/87, B 75, 93.

seines Lebens«[7]. Oder: Die »wahre Gestalt der Wahrheit [...] hat an dem Begriffe allein das Element ihrer Existenz.« Sie darf sich »nur durch das eigene Leben des Begriffs organisieren.« Um die aufgegriffenen Momente des Unbegriffenen zu begreifen, kommt es also darauf an, deren Unbewegtheit zu bewegen und so die Andersheit des Eigenen hervorzubringen; kurz: die »Anstrengung des Begriffs« auf sich zu nehmen.

> Wahre Gedanken und wissenschaftliche Einsicht [schreibt Hegel] ist nur in der *Arbeit des Begriffes* zu gewinnen. [...] Wenn die begrifflose Betrachtung bei ihren äußerlichen Verhältnissen stehenbleibt, sie isoliert und als feste Voraussetzungen läßt, so ist es vielmehr der Begriff, der sie selbst ins Auge faßt, als ihre Seele sie bewegt und ihre Dialektik hervortut. [...] Denn die *vollendete* Erkenntnis gehört nur dem *reinen Denken der begreifenden Vernunft* an.[9]

Dabei kann jene Bewegung des Verstandes als Variationsreihe des Verbums *greifen* beschrieben werden: vom Unbegriffenen über das Herausgreifen und Aufgreifen zum Begreifen und zum Begriff, über den Hegel schreibt, dass er sich »nicht mit den Händen greifen läßt, und überhaupt muß uns, wenn es sich um den Begriff handelt, Hören und Sehen vergangen sein.«[8] So wird die Vergangenheit der greifenden Hand zu einer Voraussetzung für die begreifende Vernunft. Am Ende wird der Begriff den sinnlichen

[7] Hegel 1807, S. 528. Die direkt folgenden Zitate S. 39, 43, 6. An letzterer Stelle schreibt Hegel auch: »Die wahre Gestalt, in welcher die Wahrheit existiert, kann allein das wissenschaftliche System derselben sein. Daran mitzuarbeiten, daß die Philosophie der Form der Wissenschaft näher komme, – dem Ziele, ihren Namen der *Liebe* zum Wissen ablegen zu können und *wirkliches Wissen* zu sein, – ist es, was ich mir vorgesetzt.« Man mag darin den Vorwurf der »schwärmenden Wißbegierde« wiedererkennen, den schon Kant 1781/87, A XIII gegen die alte Metaphysik erhoben hat (Hegel selbst schreibt 1807, S. 8, 52, dass es »Ekstase« und »gärende Begeisterung« seien, vor der sich die Philosophie zu hüten habe), vielleicht auch einen Affekt gegen die Romantik oder nur einen jener vielen Versuche der Philosophie, das eigene Fach gegen die Dominanz der Naturwissenschaften zu behaupten; jedenfalls lässt Hegels Text eine Unterscheidung von Wahrheitsliebe und begrifflich vermittelter (oder, was dasselbe ist: erarbeiteter) Erkenntnis, von gefühlter bzw. angeschauter und gedachter Wahrheit zu. »Der wesentliche Zweck einer Philosophie des Geistes kann es nur sein, den Begriff in die Erkenntnis des Geistes wieder einzuführen [...].« Hegel 1830 c, S. 11.

[8] Hegel 1830 a, S. 307f.

[9] Hegel 1807, S. 43, 52; ders. 1813/16, S. 560 sowie ders. 1830 c, S. 255.
Darüber hinaus – und bei aller Orientierung am »Begriff«, jener Arbeiterklasse unter den Worten – ist es bemerkenswert, dass die Sprache für Hegel zunächst kein separat und selbständig zu befragendes Problemfeld darstellt. Was in der *Phänomenologie* »Arbeit des Begriffs« heißt, bleibt (auch dort, wo sie die »dialektische Bewegung des Satzes« gegen »Prädikation«, »Urteil« und »philosophisches Beweisen« wendet) ein Synonym für
54,90, 206,216 die ebenso wissenskonstituierenden wie medienneutralen Leistungen des Geistes; oder, worauf Derrida hinweist: »langage sans langage«. Derrida 1968 b, S. 125. Nicht anders in Hegels *Enzyklopädie:* Dort wird die Sprache nicht etwa im *Ersten Teil, Dritte Abteilung: Die Lehre vom Begriff* beschrieben, sondern im *Dritten Teil*: *Die Philosophie des Geistes*, unter →

Akt des Begreifens hinter sich gelassen und dennoch erinnert haben. Daran fällt zunächst die Orientierung auf: jener Weg von der sinnlichen Gewissheit zum sinnvollen Wissen, von der Physiologie zur Psychologie, der Äußerlichkeit zur Innerlichkeit. Trotz ihrer Abneigung gegen »Rhetorik« oder »poëtisches Denken«[10] funktioniert Hegels Wissenschaft deshalb buchstäblich und in zweifacher Weise als Metapher: Sie überträgt die Bewegungen des Greifens auf die Arbeit der Vernunft und ihr Erkennen bedeutet die Übertragung des Unbegriffenen in Begriffe. Außerdem verrät sie eine strukturelle Analogie zum Geben und Nehmen der Hand, zur Ausgabe eigener Besitzstände (fester Überzeugungen) als Verpflichtung ihrer Wiedereinnahme; kurz: zu einer ökonomischen Verfasstheit ihrer Handlungen und dem darin wirksamen Gesetz der Äquivalenz. Durch Begriffsarbeit zeigt der Geist, dass er Gegebenes nicht anerkennt; dass für ihn zu sicherem Wissen nicht werden kann, was sich einseitig gegeben hat: als Hingabe; unwiederbringlich und also ohne weitere Gelegenheit zum Tausch.

Konnte sich der Philosoph einst als Liebhaber der Weisheit verstehen, so ist er für Hegel zu einem Arbeiter des Wissens geworden. Es scheint, als habe seine *Phänomenologie*, indem sie ankündigt, den Geist von jenem »Hausrock« des »gesunden Menschenverstandes« zu befreien, zugleich die Absicht, diesen durch die Arbeitermontur zu ersetzen.

Bisher also konnte Folgendes herausgestellt werden: Erstens; für Hegel ist *Arbeit* die spezifische Kraft und Tätigkeit des Geistes. Zweitens; diese Definition von Arbeit profiliert sich im Zuge einer dialektischen Erkenntnisphilosophie. Die differenziellen Leistungen des Geistes können deshalb als eine *Ökonomie des Wissens* beschrieben werden. Drittens; als Modus Cogi- 52, 82, 255, 269
tandi der Dialektik zeichnet sich Arbeit durch die Attribute *Bewegung* und *Veränderung* aus. Das ist der Eifer des Verstandes, die Bekannt- 119, 166, 179, 363
heit seiner Vorstellungen zu beunruhigen und dadurch sich selbst auf den Weg des Begreifens zu bringen. Dieser Weg jedoch ist für den Geist kein »harm- und kampfloses bloßes Hervorgehen«, sondern »harte [...] Arbeit gegen sich selbst«[11]; mithin seine bewusst und absichtsvoll eingesetzte Macht, die Festung der eigenen Unmittelbarkeit zu schleifen. So ist »der Geist«, wie Hegel dann in seiner *Philosophie der Geschichte* schreibt, »in ihm selbst sich entgegen, er hat sich selbst als das wahre feindselige Hindernis 178, 238, 250
seiner selbst zu überwinden.«

* * *

dem Titel: C. *Psychologie. Der Geist.* So bleibt für Hegel der Begriff an sich selbst eine Denkbestimmung: eine »geistige Wesenheit« oder »solche reine Selbstbewegungen, die man Seelen nennen könnte«: als »g e d a c h t e Einheit« jener aus ihrer Unmittelbarkeit herausgegriffenen Momente und deren verändernde Reflexion. Vgl. dazu Hegel 1807, S. 43, 48; ders. 1813/16, S. 245 ff. sowie ders. 1830 b, S. 21.

10 Hegel 1807, S. 50.

11 Hegel 1822/28, S. 76. Ebenso das direkt folgende Zitat.

Arbeit historisieren

ARENDT Dass *Arbeit* die grundlegende und wesentliche Tätigkeit des Menschen sei, dass man sie, wie Hegel, mit der Konstituierung des Wissens, aber auch der Erzeugung des Lebens, der Freiheit und des Wohlstands: mit der Menschlichkeit im Allgemeinen in Verbindung bringen kann, ist eine relativ junge Erfahrung. In *The Human Condition* hat Hannah Arendt gezeigt, wie diese Privilegierung der Arbeit, ihre Setzung als Möglichkeitsbedingung von Erkenntnis überhaupt, zu einer bestimmten Zeit und im begrenzten Ausschnitt der europäischen Kultur entstanden ist.

Ausgehend von Galileis teleskopischem Blick in das Jenseits sinnlicher Wahrnehmung (also dorthin, wo unmittelbar: ohne Mittel, nichts zu sehen ist) und den daraus abgeleiteten philosophischen Zweifeln von Descartes: »De omnibus dubitandum est«, beschreibt sie eine
98, 182, 340, 361 tiefgreifende Veränderung der menschlichen Denkungsart:

> A radical change took place in the seventeenth century [...] – that has been the reversal of the hierarchical order between the *vita contemplativa* and the *vita activa.*[12]

Den Beginn dieser Neuen Zeit ermöglicht nicht zuletzt die Erfindung und Anwendung einer neuen Technologie: Es war weder spekulierendes Denken noch einfache Erfahrung, »but a man-made instrument, the telescope, which actually changed the physical world view.«[13] Das ist keineswegs trivial, denn das neue, nicht mehr geozentrische Bild der Welt, das

Auf Hegel bezogen könnte man dementsprechend pointiert formulieren, dass ein monokularer Blick zu den Sternen um 1600 eingeleitet hat, was dann um 1800 in der *Phänomenologie* das eine und Eine Auge des Geistes vollbringen soll. Mit anderen Worten: Für den Jenaer Philosophen sind es zwar geistige Zusammenhänge, die am Anfang stehen; über den Anfang seiner eigenen Geisteswissenschaft jedoch ließe sich an dieser Stelle behaupten, dass ihn ein optisch-technisches Medium zumindest aus der Ferne mit ermöglicht hat.

Einen Schritt näher freilich liegt es, Hegels Orientierung an der Wahrheit-als-Licht auf den Physiker und Philosophen Johann

[12] ARENDT 1958, S. 291, 289.
Über Galilei und Descartes heißt es dort (S. 260) auch: »By ›confirming‹ his predecessors [vor allem Kopernikus mit seiner Hypothese des heliozentischen Sonnensystems in *De revolutionibus orbium coelestium*, veröffentlicht 1543], Galileo established a demonstrable fact where before him there were inspired speculations. The immediate philosophic reaction to this reality was not exultation but the Cartesian doubt.« Und an einer anderen Stelle (S. 273): »[...] – the author of the decisive event of the modern age is Galileo rather than Descartes. Descartes himself was quite aware of this, and when he heard of Galileo's trial and his recantation, he was tempted for a moment to burn all his papers, because ›if the movement of the earth is false, all the foundations of my philosophy are also false‹.«

[13] ARENDT 1958, S. 274. Um genau zu sein und einschlägige Handbücher zu berücksichtigen (z.B. KÖNIG 1991-3, S. 199ff.): Galilei war zwar der erste, der ein Teleskop zur Beobachtung der Planeten eingesetzt hat; das Instrument selbst jedoch (ein monokulares Rohr mit einer →

Heinrich Lambert (1728–1777) zurückzuführen, der nicht nur die Karriere des Begriff »Phänomenologie« maßgeblich befördert hat, sondern selbige auch als »transzendente Optik« beschreibt. In seinem *Neuen Organon* von 1764 jedenfalls heißt es (nach der Würdigung von »Fernröhren und Vergrößerungsgläsern«), dass schon »die Optik in Absicht auf das Auge tue«, womit sich »Phänomenologie überhaupt« beschäftigen müsse: »aus dem Wahren den Schein, und hinwiederum aus dem Schein das Wahre zu bestimmen«.[15] Phänomenologie also ist »allgemeiner gemachte« Optik: deren »Ausdehnung bis in das Gedankenreich«, bzw. »Umstände bemerken und anzeigen, die eine Sache aufklären und ihren Zusammenhang enthalten, heißt Licht und Ordnung über dieselbe ausbreiten, oder die Sache ins Licht setzen.«

Galileis mittelbare, durch ein optisches Medium ermöglichte Astronomie ans Licht bringt, 183, 328 führt nicht bloß zur Korrektur überlieferter Anschauungen, nicht bloß dazu, vorhandenes Wissen von Vorurteilen zu reinigen und zu vervollkommnen; auch handelt es sich keineswegs um eine Erweiterung des Horizontes oder eine ungewöhnliche Sicht auf die alten Dinge, vielmehr um die Hervorbringung einer völlig neuen Wirklichkeit. Im Großen, ebenso wie im Kleinen (das erste zusammengesetzte Mikroskop wurde vermutlich 1590 von den holländischen Optikern Hans und Zacharias Janssen gebaut), kann nichts mehr als das hingenommen werden, als das es sich ohne den Einsatz technischer Medien zeigt.[14] Das Wirkliche der Wirklichkeit ist nicht mehr das, wofür man es so lange Zeit gehalten hatte.

An der Feststellung aber, dass sich die unmittelbaren Anschauungen des Menschen (dessen sinnliche Gewissheiten) als Quelle des Irrtums und der Täuschung erwiesen haben, dass sie nicht nur ausnahmsweise, sondern grundsätzlich die Ursache eines falschen Wissens bilden, ist Repertoire und Routine der zeitgenössischen Philosophie nicht unangetastet vorbei gekommen.

Sammellinse als Objektiv und einer Zerstreuungslinse als Okular, jeweils hergestellt aus so genanntem Fluor-Kron-Glas) wurde, aller Wahrscheinlichkeit nach, zuerst vom holländischen Brillenschleifer Hans Lipperhey (Middelburg) gebaut und im Oktober 1608 in Den Haag als Patent angemeldet. Galilei jedenfalls schreibt 1610 in *Sidereus nuncius*, dass er in Padua von der Erfindung des Holländers gehört hat und daraufhin ein Teleskop gleicher Bauart für sich anfertigen ließ. Vgl. dazu auch Dotzler 1995, S. 13: »Galilei als ›Mythos‹ und ›Affäre‹«.

14 Lambert 1764-2, S. 667, 646, 824. Die direkt folgenden Zitate S. 656, 650, 658. Den Einfluss Lamberts auf Hegel (möglicherweise über Kant, Herder und Reinhold) versucht auch Wolfgang Bonsiepen in Hegel 1807, S. Xff. (= *Einleitung*) zu rekonstruieren.

15 In einer *Geschichte des Sehens* müsste also das Teleskop als Weltveränderungs- bzw. Erneuerungstechnik und nicht nur als Sehkraftverstärker (zur Optimierung menschlicher Wahrnehmung) beschrieben werden. Vgl. Dotzler 1995, S. 18, 20, 25, der dazu eine Medien- von einer Instrumentengeschichte unterscheidet.

Zwei Teleskope des Galilei. Hölzerne Röhren (98 cm) mit Papier bzw. braunem, ehemals rotem Leder ummantelt. Objektive bi-convex; Okulare plan-convex und bi-convex mit 14- und 21-facher Vergrößerung. Aus: VAN HELDEN 1999, S. 14. *Museo di Storia della Scienza*, Florenz.

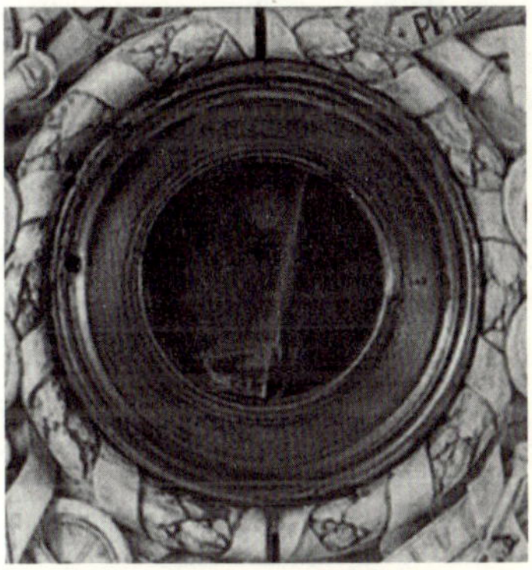

Linse aus Galileis Teleskop (zerbrochen und 1677 in einen Elfenbeinrahmen montiert). Originalgröße 410 x 300 mm. Aus: VAN HELDEN 1999, S. 13. *Museo di Storia della Scienza*, Florenz.

Bereits für das 17. Jahrhundert gilt: Medium + Innovation = Krise der Philosophie. Bekanntlich war es Descartes, der auf diese Gleichung mit einem Gedankenexperiment, einem philosophischen Selbstversuch reagiert hat: nämlich durch umfassenden Zweifel (»tantae dubitationis«) seine eigenen Meinungen und Wahrnehmungen so lange umzustoßen, ihre sinnliche Evidenz von sich abzuwehren, bis etwas Unerschütterliches und Bleibendes (vergleichbar jenem archimedischen Punkt: »firmum et immobile«) für die Wissenschaften bewiesen ist. In den *Meditationes* heißt es dementsprechend:

Kartesianischer Zweifel (Leiden)

> Nempe quidquid hactenus ut maxime verum admisi, vel a sensibus vel per sensus accepi, hos autem interdum fallere deprehendi, ac prudentiae est numquam illis plane confidere, qui nos vel semel deceperunt.[16]

Nicht zuletzt durch solche Sätze und Ansätze hat sich auch in philosophischen Kreisen die Einsicht durchgesetzt, dass es aus Gründen der Erkenntnissicherheit notwendig geworden war, zu einem neuen Typ von Reflexion, zu einer neuen Verhaltensweise der eigenen Wissenschaft zu gelangen.

Im Anschluss an Descartes' Experiment ist es für die Philosophie unmöglich geworden, sich noch länger auf die griechische bzw. dann christlich-scholastisch überlieferte Haltung der θεωρία zu berufen; auf die reine, will sagen, unmittelbare Anschauung und ruhige Betrachtung dessen, was von sich aus immer schon da ist: Hatte doch gerade diese Erkenntnisart die Menschen durch die Jahrhunderte hindurch glauben lassen, die Sonne kreise um die 32, 183,
Erde. Es ist auch keineswegs mehr so, dass man vom Erkennen weiterhin 328, 351
verlangen könnte, bewusst in allen Tätigkeiten und Bewegungen innezuhalten; die Dinge sein zu lassen, was sie selber sind und wie sie selbst sich zeigen, da die Wahrheit kein Gemachtes sein darf, kein vom Menschen zubereitetes oder hergestelltes, gesprochenes oder geschriebenes Werk. Ebenso wenig kann man als Philosoph noch jene enthaltsame und entrückte, will sagen, arbeitsfreie sowie an weltlichen (also praktisch-politischen) Angelegenheiten desinteressierte Lebensweise pflegen, die Aristoteles βίος θεωρητικός genannt hat und die im Mittelalter dann als ›vita contemplativa‹ übersetzt wurde.[17]

[16] Vgl. Descartes 1641, S. 22, 42 sowie 30f.: »Alles nämlich, was ich bisher am ehesten für wahr gehalten habe, verdanke ich den Sinnen oder der Vermittlung der Sinne. Nun aber bin ich dahinter gekommen, daß diese uns bisweilen täuschen, und es ist ein Gebot der Klugheit, denen niemals ganz zu trauen, die uns auch nur einmal getäuscht haben.«

[17] Vgl. Arendt 1958, S. 14, 16.
Was bei dieser Übersetzung allerdings beachtet werden muss: Im antiken Griechenland bezeichnet θεωρία zunächst »sakrale Festgesandtschaften«, die als »Gäste« und »offizielle Vertreter ihrer Heimatstadt« die Feierlichkeiten fremder Staaten besuchten. Soweit bekannt, waren die größeren hellenischen Staaten bestrebt, wenigstens ihren vier »Hauptfesten« (den Olympien, Pythien, Isthmien und Nemeen) durch die Anwesenheit von Gästen einen »panhellenischen Charakter« zu geben. Sie entwickelten daher eine rege zwischenstaatliche »Propaganda«: Eigens gewählte Gesandte (»θεωροί«) hatten in feierlicher Form Einladungen an alle erreichbaren Gemeinden und Staaten zu überbringen. Die Motive sowohl für die Festgesandtschaften als auch für die Propagandareisen sind umstritten. Es wird aber vermutet, dass »nicht religiöse Begeisterung«, sondern »wirtschaftliche Interessen« oder einfach »lokalpatriotische Eitelkeit« im Vordergrund standen. Jedenfalls wurde für die Zeit der Feste eine Art »Gottesfriede« (»ἐκεχειρία«) verkündet, der nicht nur den Gästen eine sichere Reise ermöglichte, sondern der auch dazu führte, dass etwaige Feindschaften in den nicht-kriegerischen Bereich sportlicher Wettkämpfe und feierlicher Selbstdarstellungen verlagert wurden. Vgl. Kroll/Mittelhaus 1934-V/A 2, S. 2228ff. →

Stattdessen findet die Wissenschaft der Neuen Zeit (denn Descartes hat, wie Kant und Hegel nach ihm, immer wieder unterstrichen, dass Philosophie eine Wissenschaft sein oder werden müsse) als bewegender und deshalb verändernder Eingriff des Menschen in die Natur, in das Gegebene und wie selbstverständlich Vorhandene statt. Erkennen und Handeln, Wahrheit und Werk haben aufgehört jene zwei hierarchisch aber auch sozial und moralisch abgestuften Lebensbereiche (»βίοι«) des Menschen zu bezeichnen, die sie vom Standpunkt einer ›vita contemplativa‹ aus stets gewesen sind. Im 17. Jahrhundert, so Hannah Arendt, ist es vielmehr die Arbeit (»the labor«), die aus der annähernd zweitausendjährigen Privatsphäre des »οἶκος«, also dem Gesetz (= »νόμος«) des familiären Haushaltes, heraustritt, wo sie bisher als unfreie, vor der Öffentlichkeit verborgene Tätigkeit, von Tieren, Sklaven und Frauen verrichtet wurde. Nicht um die Schaffung von persönlichem Eigentum und gesellschaftlichem Reichtum zu ermöglichen (diese Funktionen der Arbeit waren längst definiert und anerkannt), sondern um sich fortan auch als der Ursprung von Wissen und Wahrheit zu behaupten.[18]

Durch eine derartige *Entgrenzung des* οἶκος jedoch: durch die Ausweitung seiner Hauswirtschaft zur Staatswirtschaft, verschwindet die griechische Trennung von Philosophie und Ökonomie, die Unterscheidung einer marktgängigen Wissenschaft von den Gesetzen der privaten Wirtschaft. Jedenfalls gilt für Philosophen, nicht selten bis auf den heutigen Tag, der Titel

Des Weiteren kennt die Etymologie für θεωρία zwei sehr unterschiedliche Lesarten: θεα-ορός = »der eine Schau sieht« und θεο-ωρός = »den Gott wahrend«. Die erste Lesart ist *thea-tralisch* und bezieht sich auf die Zuschauer und das Anschauen der Feste (besonders der Choraufführungen und der Wettkämpfe). Die zweite Lesart dagegen ist *theo-logisch*. Sie hebt den heiligen Charakter der Feste hervor, die stets zu Ehren der Götter gefeiert wurden. Vgl. Ziegler (et. al.) 1975-5, S. 730f. Im ungriechischen, weil bereits christianisierten Mittelalter dann wurde der aristotelische βίος θεωρητικός als »vita contemplativa« übersetzt. Karl Ernst Georges 1962-1, S. 1593 schreibt dazu: »contemplativus, a, um (contemplor) = θεω-ρητικός, betrachtend, beschaulich, theoretisch [...].« Das darin enthaltene »templum« wiederum meint »ein abgemessenes Stück Land«, »das man einem Gotte weihte« oder einen »heiligen Tempelbezirk«. Georges 1962-2, S. 3049. So ist der theatralische Aspekt der θεωρία mit der Übersetzung ins Lateinische völlig verschwunden. Was als »contemplatio« übrig blieb, war vor allem die »Beschaulichkeit« einer den Göttern gewidmeten Lebensweise sowie die »geistigen Betrachtungen« scholastischer Philosophen. Auf den folgenden Seiten wird das Wort θεωρία deshalb stets in seiner lateinisch-christlich überformten Lesart verwendet. Dass im Gegensatz dazu die griechischen Festgesandtschaften auch als Reisen zu den Dionysien beschrieben werden müssen, wird nicht übergangen, sondern an späterer Stelle (bei Nietzsche) und unter anderen Vorzeichen (denen der Choreographie) weitergeführt.

18 Arendt 1958, S. 87f. Zu John Locke und Adam Smith, deren Texte *Two treatises of government* (1689) und *Inquiry into the Nature and Causes of the Wealth of Nations* (1776) die Arbeit bereits als »source of all property« bzw. »source of all wealth and found« beschreiben, vgl. dies. 1958, S. 93, 95f., 101.

›Arbeit‹ (einschließlich seiner Ableitungen) als Ausweis tiefer Bedeutsamkeit und Seriosität.[19]

Als Arbeit ist das neuzeitliche Erkennen praktisch geworden; gleichsam performativ: von einer impliziten Nicht-Handlung zu einer expliziten Handlung, von der Ruhe des Verweilens zur Unruhe der Veränderung.

Allerdings; eine solche Privilegierung der Aktivität gegenüber der Kontemplation darf nicht als Abwertung des Denkens, als Gleichgültigkeit oder Entfremdung der Menschen in Bezug auf die Wahrheit missverstanden werden. Die neue Rangordnung von ›vita activa‹ und ›vita contemplativa‹ führt nicht dazu, die überlieferte Rangordnung von Denken und Handeln einfach vom Kopf auf die Füße zu stellen. Vielmehr impliziert deren Umkehrung zugleich eine spezifische Verschiebung. In ihrer neuzeitlichen Verbindung nämlich werden Denken und Handeln zu etwas ganz anderem; weder ihre Gegenüberstellung noch jeweils ihre Definition und Bewertung bleibt erhalten. Durch das Hervortreten und die Verherrlichung der Arbeit ist nicht die Achtung vor dem Denken überhaupt verloren gegangen, sondern das Vertrauen der Philosophen in eine bestimmte Art und Weise ihres Verhaltens. Mit anderen Worten: Das Denken als θεωρία ist der Philosophie in dem Maße unzugänglich worden, in dem sich das Denken als Arbeit ausgebreitet und neu etabliert hat. Die Wirklichkeit und deren Wahrheit ist nicht mehr das, was sich einer Betrachtung unmittelbar und ohne Mittel selber zeigt, sondern sie entstehen allererst als das Resultat einer produktiven Tätigkeit, die der Mensch von sich aus und unter seinen Bedingungen an den Gegenständen (seinen Aktionsobjekten) durchführt. Das bewegende und verändernde *Zugreifen*, nicht das empfangende *Zuschauen* ist seitdem zum Modus auch der Philosophie geworden. Zweifelsfreies, allgemeingültiges Wissen ist für sie nur dort erreichbar, wo zuvor gearbeitet wurde; wo allererst Eingriff und Zugriff des Menschen gewährleisten, dass sein Begreifen der Wirklichkeit ihren wahren Begriff hervorbringt.

Kopernikanische Wende (Königsberg)

KANT Von Anfang an und als ihr Anfang befindet sich der philosophische Arbeiter seinen Objekten gegenüber in der Position desjenigen, der sie produziert. Die Einstellung gilt, »that one can know only what he has

[19] Zum Vorhergehenden vgl. auch BLUMENBERG 1960, S. 34 ff., der kurz nach Arendts Essay, dann aber mit Bezug auf Galilei und Bacon, die neuzeitliche »Verschmelzung von Tat und Wahrheit« bestätigt: »Hier [im 17. Jahrhundert] endet eine über zwei Jahrtausende unangetastete *splendid isolation* der Wahrheit von allen Charakteren der Angestrengtheit. [...] Nichts hinnehmen, alles erzeugen und auf Erzeugtes beziehen! [...] Daß die Wahrheit ›sich zeigt‹, wird dem geschichtlichen Selbstverständnis der Neuzeit, vor allem ihrer Aufklärung, gerade zu dem Irrtum, in dem die Leichtfertigkeit des Mittelalters mit der Wahrheit als Grund seiner Selbstverdunklung wurzelt.«

made himself.«[20] Sogar die *Kritik der reinen Vernunft*, immerhin eineinhalb Jahrhunderte nach den kartesianischen *Meditationes* veröffentlicht, hat sich noch einmal ausdrücklich auf diese Umkehrung des überlieferten Weltbildes als ihren unhintergehbaren Ausgangspunkt bezogen. Mit Hinweis auf Galilei und vor allem Kopernikus fordert Kant von der zeitgenössischen Philosophie (also von sich selbst), jene »Revolution der Denkart«, die der Naturwissenschaft »so vorteilhaft geworden ist, [...] wenigstens zum Versuche nachzuahmen.« Als Erklärung heißt es weiter:

> Bisher nahm man an, alle unsere Erkenntnis müsse sich nach den Gegenständen richten; aber alle Versuche über sie a priori etwas durch Begriffe auszumachen, wodurch unsere Erkenntnis erweitert würde, gingen unter dieser Voraussetzung zunichte. Man versuche es daher einmal, ob wir nicht in den Aufgaben der Metaphysik damit besser fortkommen, daß wir annehmen, die Gegenstände müssen sich nach unserem Erkenntnis richten.[21]

Um an den sicheren Ort der Wissenschaft zu gelangen und zu verhindern,
17,70, dass »Arbeit in Spiel, Gewißheit in Meinung und Philosophie in Philodoxie«
144,280 zurückfällt, darf sich das erkennende Denken nicht, wie bisher, den Gegenständen unterordnen, sich von ihnen anleiten lassen und der Natur ihre Wahrheit gleichsam abschauen, sondern der Mensch selbst, seine subjektiven Vermögen: Sinnlichkeit und Verstand, müssen als die eigentlichen Produktivkräfte des Wissens eingesetzt werden.

Indessen signalisiert bereits die Etymologie,
45,130, die das Vermögen mit der Macht und dem
203,309 Können verbindet (etwa so, wie auch Hegel von

Dabei hat Kant nie verschwiegen, dass sich eine solche Revolution der Denkart alles andere als harmlos vollziehen wird. In den beiden *Vorreden* seiner *Kritik* jedenfalls schreibt er vom »Heeresweg der Wissenschaft« und dass er »einen ganz verwachsenen Boden zu reinigen und zu ebnen nötig hatte«.

[20] Arendt 1958, S. 295.

[21] Kant 1781/87, B XVI. Das direkt folgende Zitat B XXXVII. Und obwohl Kant in seiner *Kritik* keinen expliziten Begriff der Arbeit definiert, kann man doch in der *Vorrede* sowie der *Einleitung* zur zweiten Auflage den Ausdruck selbst bzw. eine ihm verwandte Metaphorik antreffen. Zum Beispiel ist dort von »Vernunftbearbeitungen« zu lesen; desgleichen vom »Geschäft der Vernunft«, von der »Bearbeitung der Erkenntnisse, die zum Vernunftgeschäfte gehören« oder, im Zusammenhang mit den Möglichkeiten und Grenzen menschlicher Erkenntnis: »[...] es gibt üble Wirtschaft, wenn man blindlings ausgibt, was einkommt, ohne nachher, wenn jene ins Stocken gerät, unterscheiden zu können, welcher Teil der Einnahmen den Aufwand tragen könne, und von welcher man denselben beschneiden muß.« Vgl. ders. 1781/87, B 9, XXXV, VII, X.

Überdies hat der Königsberger Philosoph in seiner bereits erwähnten Aufklärungsschrift die »eigene Bearbeitung des Geistes« gefordert, um sich aus dem ursächlich durch »Faulheit und Feigheit« entstandenen »Unvermögen« der Unmündigkeit zu befreien. Ders. 1783, A 481 f., 484.

Auch wer ausgeschlossen werden muss, ist ihm von vornherein klar: Neben »Dogmatikern« (zu »despotisch«) und »Indifferentisten« (zu »dunkel«) sind das vor allem die »Skeptiker, eine Art Nomaden, die allen beständigen Anbau des Bodens verabscheuen« und »von Zeit zu Zeit die bürgerliche Vereinigung zertrennen«.[22]

der Kraft und Arbeit des Verstandes schreibt), dass die kritische Erkenntnistheorie den Schritt aus dem eher aristokratischen βίος θεωρητικός heraus ins neue Lager der philosophischen Arbeiterschaft vollzogen hat. Die Sinnlichkeit – zuerst und zunächst – »liefert [sic!] die Anschauungen«, worüber der Verstand 299
sodann begrifflich urteilt: als jener »Aktus der Spontaneität«, den das Subjekt selbst verrichtet und der im »Mannigfaltigen der Anschauungen synthetische Einheit bewirkt.«[23] Das heißt: *Für Kant ist Synthesis die Arbeit der Begriffe*. Folglich müssen im Zuge naturwissen- 43,131, 143,154
schaftlicher Veränderungen auch die Philosophen davon ausgehen, dass

> die Vernunft nur einsieht, was sie selbst nach ihrem Entwurfe hervorbringt; [...] was das denkende Subjekt aus sich selbst hernimmt.[24]

Dass Kant in seiner Kritik der menschlichen Erkenntnisvermögen nach wie vor den Ausdruck »Anschauung« verwendet, steht dazu nicht im Widerspruch. Zwar schreibt er von der »Rezeptivität der Eindrücke«, die »das Gemüt auf gewisse Weise affizieren«; auch von den Anschauungen, zu denen es gehört, ihre »Vorstellungen zu empfangen«, doch konstatieren solche Definitionen nicht, dass sich dadurch die Beschaulichkeit der θεωρία in seine Philosophie herübergerettet hätte. Ganz im Gegenteil, denn weder kann man behaupten, dass Kontemplation und ruhige Betrachtung nun den ersten Teil einer weiterführenden begrifflichen Gegenstandsbestimmung darstellten, noch dass es Kant darum geht, einer überlieferten philosophischen Haltung eine neue, nun kritisch geprüfte Vorgehensweise hinzuzufügen. Vielmehr führt die Umkehrung in der Art und Weise der Wissenskonstituierung auch zu einer Umänderung dessen, was mit ›Anschauung‹ gemeint werden kann. Genauer gesagt: An die Stelle jenes zuschauenden Sein-lassens, das alle Tätigkeit und alle Bewegung still stellen wollte, um das Sich-zeigende in

[22] Kant 1781/87, B XII, A XXI, IX f. Mit solcher Ausgrenzung freilich wiederholt der Philosoph für das von ihm kartographierte »Land der Wahrheit« (A 235) in abgemilderter Form, was nach einem »preußischen Edikt vom 5.10.1725« auch außerhalb von Diskursen gilt: Dass nämlich Nomaden, in diesem Fall »Zigeuner, so im Lande angetroffen werden, und im 18. Jahr und darüber alt seyn, ohne Gnade mit dem Galgen Bestraffet, und die Kinder in Wäysen-Häuser gebracht werden sollen [...].« Über *Kants Zigeuner* sowie den Zusammenhang zwischen politischer und metaphorischer Verurteilung von Nomaden vgl. Röttgers 1997, S. 64, 77.

[23] Kant 1781/87, B 33, 130, A 105.

[24] Kant 1781/87, B XIII, XXIII. Die direkt folgenden Zitate B 33, 74.

seiner Eigenheit zu belassen, setzt die *Kritik* ein Veranlassen der jeweiligen Gegenstandsvorstellungen, das von vornherein an die subjektiven Bedingungen der Sinnlichkeit geknüpft ist. Die Gegenstände, heißt das, sind dem Menschen ausschließlich als »Objekte der Sinne« gegeben, »vermittelst der Sinnlichkeit«; oder, um hier den dazugehörigen Terminus technicus anzubringen: als »Erscheinungen«[25]. Statt die Dinge in ihrer Unmittelbarkeit selbst wahr und als Wahrheit zu nehmen, bezieht sich der anschauende Mensch für Kant auf ein von den Sinnen geliefertes Weltbild: auf eine sinnlich hervorgebrachte Vorstellung der Dinge.

Wohl geht es zu weit, wenn man behauptet, dass die Sinne in der gleichen Weise arbeiten wie der Verstand und seine Begriffe; dennoch muss man zur Kenntnis nehmen, dass Kant ihren Vermögen eine veranlassende und bedingende Funktion zugeschrieben hat – sogar eine richtende, quasi-richterliche Funktion, wenn man buchstäblich liest, dass sich der Gegenstand, noch bevor ihn sein begriffliches Urteil erreicht, bereits »nach der Beschaffenheit unseres Anschauungsvermögens [...] richtet«[26]. Anders gesagt: Als subjektives Vermögen funktioniert Anschauung nicht *kontemplativ*, sondern *konstitutiv*. Indem sie jederzeit (und also auch beim Rezepieren bzw. Empfinden) eine sinnliche Aktivität bedeutet, ist sie zum konstruktivischen Moment im Ganzen der kantischen Erkenntnisphilosophie geworden.

Durch die vorangegangenen Formulierungen wird wenigstens zweierlei über Kants kritisch gewendete Wissenschaft ausgesagt: Zum einen muss man deren Erkenntnisart als einen zweckmäßigen Handlungsvollzug anerkennen, der sein Wissen über die Gegenstände gemäß der eigenen Produktionsbedingungen hervorbringt; zum anderen ist es das selbsttätige und selbstbewusste Subjekt, jenes bereits beschriebene ›Ich denke‹, das hier als eingreifend-begreifende Instanz der Wissensproduktion gesetzt wird. In dem Moment nämlich, in dem das Erkennen zur Arbeit geworden ist, sind es die Vermögen des Menschen, die als Ursprung der Erkenntnis vorausgesetzt werden: sowohl als Produzenten, weil ihr Wissen etwas durch das Denken
36, 61 Gemachtes ist, aber auch als Autoren (urheberrechtlich geschützt), sofern sie das gedachte Wissen aussprechen oder aufschreiben. Auch die *Kritik der reinen Vernunft* kann deshalb als Entwurf jenes neuzeitlichen Topos gelesen werden, dass zweifelsfreies Wissen nicht von sich aus einfach da

[25] Kant 1781/87, B 74, 42, XVII, XX.

[26] Vgl. Kant 1781/87, B XVII. Die juridische Metaphorik der *Kritik* ist bekannt, erklärt sie doch nicht zuletzt ihr eigenes Vorhaben zu einem »Gerichtshof«, der die »gerechten Ansprüche« der Vernunft nach »ewigen und unwandelbaren Gesetzen« sichern soll. Vgl. ders. 1781/87, A XI f.

ist, dass es nicht vor- und bereitliegt: unabhängig vom Menschen, und nur noch aufgenommen werden müsste, sondern dass es vermöge der menschlichen Produktivität (heute würde man sagen: in Abhängigkeit des Beobachterstandpunktes) überhaupt erst entsteht. Kant hat auf diese Weise eine Erkenntnisphilosophie konzipiert, in der er Position und Formation des Subjekts zum transzendentalen Gesetz des Wissens erklärt. In jedem Fall aber heißt Subjekt-sein Täter-sein; heißt, alles Wissen selbst und als Selbst 48,84, 295,335
hervorzubringen: durch die Aktivität der Sinne, die eine unbestimmte Datenmenge aufnehmen, sowie durch anschließende Verstandesleistungen, die diese Datenmenge verarbeiten, auswerten und dann zum Ausdruck bringen.

Totale Mobilmachung (Wilflingen)

FOUCAULT *Folglich gehört, was an dieser Stelle ›Arbeit‹ genannt wird, in den Horizont einer anthropozentrischen Ordnung* – eine These, die nicht darauf 245,335
hinaus will, dass sich allein der Mensch durch Arbeit auszeichnet, etwa im Unterschied zu den Tieren oder den Göttern, sondern dass schlechterdings nur in einem solchen historisch-geographischen Zeitraum gearbeitet wird, in dem sich das Wissen organisatorisch und konstitutiv um Den Menschen: ›le Sujet majuscule‹, herum anordnet. In diesem Zeit/Raum jedoch ist dann tendenziell alles zur Arbeit und jeder zum Arbeiter geworden.[27]

Genauso aber, wie ein Zentrum nur im Verhältnis zu seiner Peripherie festgestellt werden kann, genauso formiert sich auch jene Subjektivität nur

[27] Auch wenn es bis in unsere Gegenwart hinein, und vorzugsweise mit Hinweis auf Marx und seine elfte These zu Feuerbach (die ja einen Unterschied macht zwischen der philosophischen *Interpretation* der Welt und deren *Veränderung*), immer noch und immer wieder diskutiert wurde: Der Konflikt zwischen Theorie und Praxis hat sich längst entschieden; ihr überlieferter Antagonismus nivelliert. Denn die Arbeit ist auf den Markt gekommen, nicht die Philosophie an den Herd. Überflüssig seither, Philosophen eigens zur Arbeit anzutreiben oder ihren so genannten Rückzug ins so genannte Private zu beklagen. Überflüssig auch in Direktoren-Mund zu legen: »Der Worte sind genug gewechselt, / Laßt mich auch endlich Taten sehn!« GOETHE 1806, S. 142.

Viel eher kann man feststellen, dass Arbeit (auch für die Subjekte der Theoriebildung) zu einem fundamentalen und allgegenwärtigen Code geworden ist. Längst hat sie die Gesamtheit der Lebensbereiche sowie die (Re-)Produktion des Lebens selbst ergriffen. Sie verlässt niemanden mehr; erst recht nicht in der Arbeitslosigkeit. Es ist Ernst Jünger, der in diesem Zusammenhang schreibt, dass durch Arbeit ein »neues Prinzip«, eine »besondere Lebensart« in unserer Kultur zur Geltung gekommen ist, die als Diktatur der »Totalen Mobilmachung« (der »wirkenden Verwandlung der Welt«) die gesamte Epoche beherrscht: 51,61, 130,163
»Arbeit ist das Tempo der Faust, der Gedanken, des Herzens, das Leben bei Tage und Nacht, die Wissenschaft, die Liebe, die Kunst, der Glaube, der Kultus, der Krieg; Arbeit ist die Schwingung des Atoms und die Kraft, die Sterne und Sonnensysteme bewegt. [...] Das Gegenteil der Arbeit ist nicht etwa Ruhe oder Muße, sondern es gibt unter diesem Gesichtspunkt keinen Zustand, der nicht als Arbeit begriffen wird.« Vgl. JÜNGER 1932, S. 89f., 45, 62, 68, 91. Im Anschluss daran auch BAUDRILLARD 1976, S. 26ff.

im Verhältnis zu Objekten. (Subjekt und Objekt, würde Heidegger sagen, sind gleichursprünglich.) Innerhalb der anthropozentrischen Ordnung ist Arbeit deshalb nicht auf einen einzelnen Stand oder eine bestimmte Klasse eingeschränkt, sie lässt sich nicht reduzieren auf eine Tätigkeit neben anderen, sondern charakterisiert das inklusive und also maßgebliche Verhalten des Menschen zur Natur im Allgemeinen: zu jener unbestimmten Mannigfaltigkeit, die zuerst und zunächst gegeben und wie selbstverständlich vorhanden ist.[28] Mit anderen Worten: Seit der Mensch als Dispositiv die Produktion des Wissens übernommen hat, findet er sich immer schon einer untätigen Andersheit gegenübergestellt; fremd und nahe zugleich: ein komplementärer Schatten, der ihn ununterbrochen begleitet; der ihn nötigt, sich immer wieder neu zu sammeln und zu formieren, da er dessen Dunkelheit als 34, 73, 262, 331 Täuschung, Traum oder Wahnsinn (Descartes hat in seinen *Meditationes* davon geschrieben) noch in sich selbst bemerkt. Dabei handelt es sich, vom Menschen aus gesehen, stets um etwas Nichtidentisches, Unbegriffenes, das ähnlich dem Gesang der Sirenen die Konstruktionen des vernünftigen Selbst zu verwirren droht. Die Arbeit des Verstandes jedenfalls war es von Anfang an, sein Gegenüber (das Andere nicht anders als den Anderen) von sich aus und für sich zu identifizieren und zu begreifen:

> L'essentiel [schreibt Foucault] c'est que la pensée soit pour elle-même et dans l'épaisseur de son travail à la fois savoir et modification de ce qu'elle sait, réflexion et transformation du mode d'être de ce sur quoi elle réfléchit.

Worauf auch immer sich das neuzeitliche Denken bezieht, was auch immer es reflektiert oder zum Ausdruck bringt, was es entdeckt, aufklärt oder sich bewusst macht:

> Elle fait aussitôt bouger ce qu'elle touche. [...] Avant même de prescrire, d'esquisser un futur, de dire ce qu'il faut faire, avant même d'exhorter ou seulement d'alerter, la pensée au ras de son existence, dès sa forme la plus matinale, est en elle-même une action - un acte périlleux.[29]

[28] Für die Struktur von ›Arbeit‹ ist es ohne Belang, ob mit ›Natur‹ die Natürlichkeit des Menschen selber oder die ihm äußerlichen Dinge gemeint sind, ob es sich um eine rohe, amorphe Stofflichkeit der Welt handelt oder das nicht-verwundersame Bekanntsein von Vorstellungen.

Ohne Belang ist an dieser Stelle auch die Reichweite oder der Umfang des Wissens: Ob man also wie Kant 1781/87, B XX die »Sache an sich selbst zwar als für sich wirklich, aber für von uns unerkannt liegen lasse« oder ob man wie Hegel 1807, S. 57f. diesen Bruch: die Grenze jeder möglichen Erfahrung, in der kantischen Erkenntnistheorie überwinden will, da man solches »Hin- und Herreden«, dass »zwischen das Erkennen und das Absolute eine sie schlechthin scheidende Grenze falle« für eine »Ausrede« vor den »Mühen der Wissenschaft« hält.

[29] Foucault 1966a, S. 338f. Entsprechende Formulierungen finden sich auch bei Marx. Dass sich dieser dabei weniger auf die geistigen Vermögen des Menschen, als vielmehr auf →

Als Arbeit also kann jener durch (aber auch für) das Subjekt initiierte und überwachte Erkenntnisvollzug bezeichnet werden, der Gegebenes in Gemachtes, Bekanntes in Erkanntes oder, ganz allgemein, Natürliches in Kulturelles verwandelt. Seit sich die Art und Weise der Wissenskonstituierung umgekehrt hat, seit es für die Philosophie unmöglich geworden ist, sich auf bloße Theorie zurückzuziehen, wird als sichere Wahrheit nur noch das Werk begrifflicher Bewegung und Veränderung anerkannt. Auf die anfängliche Übermacht der Natur, aber auch auf die Zumutung bestehender Verhältnisse oder abgeschlossener, in sich ruhender Vorstellungen, reagiert der aufgeklärte Mensch mit der Kraft und Arbeit seines Verstandes: ›Omnia Vincit Labor‹. Diese ist, der ihr zugeeigneten Struktur nach und vor allem besonderen Inhalt, Resistenz, Auflehnung gegen das ihr Aufgedrängte. Nicht als unbedingte, voraussetzungslose Schöpfung, sondern in der Weise eines subjektgesteuerten *Transformationshandelns*. Jede Arbeit des Begriffs ist daher »Formveränderung«[30]: ist denkender Eingriff in Gegebenes als das Herausarbeiten seiner begrifflichen Wahrheit.

* * *

Nichts anderes besagt ja auch die hegelsche Erkenntnisökonomie, der zufolge wahre Gedanken und wissenschaftliches Wissen nur durch die »Anstrengung des Begriffs«, durch die »Taten des Geistes«, die »wesentlich bearbeiten und umbilden«, zu gewinnen seien – eine These, von der ausgeführt wurde, dass sie Verbindlichkeit allein in einem begrenzten Zeitraum und innerhalb einer spezifischen Ordnung für sich beanspruchen kann. In der abendländischen Kultur ist Arbeit so wenig wie der Mensch, der sie ausübt, ein konstantes Problem des Wissens. Schon deshalb ist Hegels Philosophie keineswegs so absolut und total, wie er das von ihr behauptet. Indem seine Werke, darin eher Zeitgeist als Weltgeist, eher Effekt kultureller Umstände als ›prima philosophia‹, die Setzung der Arbeit zum Ursprung von

dessen körperliche Praxis: die materielle Produktion, bezieht, hat bekanntermaßen mit jener Figur des Auf-die-Füße-Stellens der idealistischen Tradition zu tun. Seine *Kritik der politischen Ökonomie* will keine Kritik der Vernunft, keine philosophische Ökonomie sein – was aber, außer dem Vorzeichen, nichts an der Struktur von Arbeit ändert. Marx also schreibt: »Die Arbeit ist zunächst ein Prozeß zwischen Mensch und Natur, ein Prozeß, worin der Mensch seinen Stoffwechsel mit der Natur durch seine eigene Tat vermittelt, regelt und kontrolliert. Er tritt dem Naturstoff selber als eine Naturmacht gegenüber. Die seiner Leiblichkeit angehörigen Naturkräfte, Arme und Beine, Kopf und Hand setzt er in Bewegung, um sich den Naturstoff in einer für sein eigenes Leben brauchbaren Form anzueignen. [...] Sein Produkt ist ein Gebrauchswert, ein durch Formveränderung menschlichen Bedürfnissen angeeigneter Naturstoff.« Vgl. Marx 1867, S. 192, 195.

[30] Hegel 1830 a, S. 309.

Erkenntnis bestätigen, ihr die Treue wahren, ist auch ihnen jene gewendete und nun geisteswissenschaftlich eingestellte Erkenntnisart implementiert, die sich im Anschluss an Descartes für einige Zeit als Geschäftsgrundlage der Philosophie behaupten konnte.

Auf eine merkwürdig unzeitgemäße Weise jedoch ist es heute immer noch blasphemisch gegen die Herrlichkeit und die Propheten der Arbeit, auch von ihr zu schreiben, was Foucault vom Dispositiv des Menschen längst gezeigt hat: Nicht dass sie umverteilt oder gar neu geschaffen wird,
74,180, sondern dass mit dem Gesicht des Menschen am Meeresufer ebenfalls
241,352 dessen Arbeit verschwunden ist.

Die Macht des Negativen

HEGEL In einem weiteren Schritt soll nun das Transformationshandeln: jene veränderende Bewegung, in die der erkennende Geist seine Vorstellungen jeweils versetzt, durch den Modus der *Negation* ergänzt und genauer beschrieben werden. Dabei handelt es sich um ein komplexes Motiv, das bei Hegel in verschiedene Wortfelder (u.a. ›Tod‹, ›Widerspruch‹, ›Verlust‹, ›Äußerung‹) eingelassen ist und das deshalb in verschiedenen Einstellungen, gleichsam seriell: unter Berücksichtigung des jeweiligen Sprachgebrauchs durchgespielt wird. Anlauf zur Dialektik

Folgende Fragen werden hier gestellt: Wie bewegt und verändert die von Hegel so genannte Arbeit des Verstandes die eigenen nicht-verwundersamen Vorstellungen? Oder: Auf welche Art und Weise arbeitet die Arbeit? Auf welchem Weg erreicht sie ihre Ausbildung der Begriffe und wie genau funktioniert dieser Weg des Begreifens?

In der *Vorrede* der *Phänomenologie* heißt es:

> Aber daß das von seinem Umfange getrennte Akzidentelle als solches, das gebundene und nur in seinem Zusammenhange mit anderem Wirkliche, ein
> 54,64, eigenes Dasein und abgesonderte Freiheit gewinnt, ist die ungeheure Macht
> 305,355 des Negativen; es ist die Energie des Denkens, des reinen Ichs.[31]

Was Hegel an dieser Stelle das Negative oder die Negation nennt, weist noch einmal darauf hin, dass die philosophische Wissensbeschaffung nicht auf das Analysieren gegebener Zusammenhänge reduziert werden kann. Die Arbeit des denkenden Ichs: des ›Ich denke‹, ist nicht schon am Ziel,

[31] Noch immer gilt: Alle Zitate dieses ersten Komplexes: Hegel (I), sind, wenn nicht anders vermerkt, den S. 24–28 der *Vorrede* der *Phänomenologie des Geistes* entnommen.

nachdem die im Schacht seiner Innerlichkeit schlafenden Bilder, die eigenen nicht-verwundersamen Vorstellungen geschieden und in ihre ursprünglichen Rohstoffe aufgefächert wurden; es genügt nicht, bekannte und deswegen unerkannte Gewissheiten in sich selbst aufzuspalten und deren Festigkeit: das, wovon ihr Erkennen wie selbstverständlich seinen Anfang genommen hat, in Flüssigkeit zu bringen. Vielmehr kommt es Hegel darauf an, dass sich die scheidende Tätigkeit des Verstandes erweitert und als »Arbeit des Negativen«[32] fortsetzt. Wahrhaftes Wissen kann nur sein, was durch die Negation hindurch ging; weshalb eine Wissenschaft, die Hegels Forderung folgt und sich zur Philosophie erhebt, nicht einfach analytisch, sondern darüber hinaus *dialektisch* vorzugehen hat. 97, 158, 181

Mit anderen Worten: Als Negationsbewegung wird Arbeit zum Modus Operandi der Differenz. Wo die Analyse nur zu den jeweiligen *Elementen* einer Vorstellung zurückgeht, kann jene ungeheure Macht des Negativen das Geschiedene selbst zu *Momenten* einer weiterführenden Erkenntnisbewegung machen; wo die Analyse jene gebundenen Zusammenhänge nur *auslegt*, gelangt die dialektische Bewegung dahin, sie als das ihr immer schon Bekannte auch zu *widerlegen*. Die Arbeit des Negativen vollzieht sich als Verneinung oder, was dasselbe ist, als Differenzwerdung: Indem sich der Verstand den eigenen Vorstellungen entgegen setzt und dadurch als deren Widerspruch in Erscheinung tritt. Das ist: Erkenntnis durch zweckmäßige Verwandlung; seiner selbst wie auch seines anderen.

Solche Negation freilich ist eine der Wirklichkeit; ihre Verneinung keine bloß logische Operation: Indiz dafür, dass »wir sie zum leblosen Schema, zu einem eigentlichen Schemen, und die wissenschaftliche Organisation zur Tabelle herabgebracht sehen«[33], vielmehr ist sie selber inhaltlich und auf Inhalte bezogen. Dass Hegel ihre Anstrengungen als »Arbeit« bezeichnet (und Ernst Jünger ein Jahrhundert später die Arbeit eine besondere Lebensart des Menschen nennen wird), macht ausdrücklich darauf aufmerksam. Der Verstand muss seine »Erfahrung der Sache selbst« als den »Ernste des erfüllten Lebens« bewegen und verändern – eine Differenzwerdung, die einzig und allein als »b e s t i m m t e Negation«, das heißt: weder durch abstrakte Urteile oder allgemeine Kritik noch im Stile einer ›Großen Weigerung‹ (à la Marcuse), zu bewerkstelligen ist. Wenigstens dreierlei kann aus diesem Schlüsselbegriff der hegelschen Dialektik herausgelesen werden:

Erstens; Negativität hat ihre jeweilige Bestimmung, da sie zielgerichtet, als geregelter Widerspruch oder intentionales Handeln vorgeht.

[32] Hegel 1807, S. 15.

[33] Hegel 1807, S. 37. Die direkt folgenden Zitate S. 6, 44, 62.

Zweitens; als ein solches Handeln bezieht sie sich stets auf etwas Bestimmtes, da ihre Arbeit konkrete Lebens- und Bewusstseinsverhältnisse transformiert.

Und drittens; sie liefert eine Bestimmung dieser transformierten Verhältnisse, da ihr Widerspruch zugleich als die erste Stufe der Erkenntnis auftritt.

KOJÈVE Durch die Arbeit des Negativen werden die aus ihrer vertrauten Wirklichkeit entbundenen, abgesonderten Elemente zu etwas von sich Verschiedenem gemacht und auf diese Weise so gedacht, wie sie sich der Verstand zuerst und zunächst gerade *nicht* vorstellt. Es ist dieses gezielte ›Nicht‹ der Negation: seine Macht zu verneinen und sich entgegen zu setzen, an der die Wirklichkeit jeweils zur Unwirklichkeit wird. Denn das Geschiedene ist verschieden auch in dem Sinne, dass es ein Ende nimmt. Unmittelbar kann kein Gedanke bleiben, was oder wo er war: »[U]nd dies Herausgerissenwerden ist sein Tod.«[34] Außer mit dem Widerspruch und der
11,243, Differenz also bringt Hegel (der in Jena nicht nur mit Feder und Papier an
302,366 seiner *Phänomenologie* arbeitet, sondern den dabei auch der Schlachtenlärm einer Grande Armée begleitet) die Negation mit dem Ereignis sowie der Metaphorik des Todes in Verbindung:

Not-wendigkeit des Todes

> Der Tod, wenn wir jene Unwirklichkeit so nennen wollen, ist das Furchtbarste, und das Tote fest zu halten, das, was die größte Kraft erfordert.[35]

HEGEL Das *Furchtbare des Todes* und das *Festhalten des Toten* – auch diese Formulierung, die eine der wichtigsten und zugleich brisantesten Konstruktionen der hegelschen Dialektik beschreibt, ist von durchaus kalkulierter Mehrdeutigkeit.

12,47, Zunächst weist sie darauf hin, dass der Tod als ein wesentliches Moment
131,186 in der Produktion des Wissens anerkannt und gewissermaßen selbst erfahren werden muss: »Das Negative«, schreibt Hegel in der *Enzyklopädie* von 1830, »das Andere, der Widerspruch, die Entzweiung gehört zur Natur des Geistes.«[36] Anstatt also vor dem Tod zurückzuschrecken, anstatt die

[34] Hegel 1807, S. 62. Eine gleichsam mephistophelische Geste: »Ich bin der Geist, der stets verneint! / Und das mit Recht; denn alles, was entsteht, / Ist wert, daß es zugrunde geht; / [...]«. Goethe 1806, S. 177.

[35] Hegel 1807, S. 26. Zur Schreibszene in Jena vgl. Kojève 1947, S. 163. Zwar schreibt Hegel selbst (in einem Brief an Schelling vom 1. Mai 1807), dass er die »Redaktion« seiner *Phänomenologie* »in der Mitternacht vor der Schlacht bei Jena geendigt habe«; das Manuskript der *Vorrede* jedoch schickt er erst im Januar 1807 an seinen Bamberger Verleger. Ende März, Anfang April erscheinen dann die ersten Druckexemplare. Vgl. auch Wolfgang Bonsiepens *Einleitung* zu Hegel 1807, S. XXI ff.

[36] Hegel 1830 c, S. 26. Das direkt folgende Zitat ders. 1807, S. 144.

Begriffstätigkeit vor dem Negativen, dem Widerspruch usw. abschirmen zu wollen, macht es gerade deren besondere Leistungsfähigkeit aus, das Unbegriffene der eigenen Vorstellungen selbst zu töten und deren Tod auf sich zu nehmen, zu ertragen. Dialektik ist auch »unglückliches Bewußtsein«; das heißt: Es gibt für Hegel keine wahre Gestalt der Wahrheit, die nicht zuvor und zuerst eine der Unwahrheit gewesen ist. Das Anderswerden, die »Entzweiung des Einfachen, oder die entgegensetzende Verdoppelung«, mithin »der Weg des Zweifels [...] oder eigentlicher der Weg der Verzweiflung«[37], ist deshalb dem Erkennen nicht nur möglich (eine Gelegenheit neben anderen, eine punktuelle Wahl), sondern notwendig: gleichsam unumgänglich. So bedeutet Sterben die erste Arbeit des Geistes. Denn nur wer widerspricht, kann seine Gewissheiten in Wissen transformieren; nur wer leidet, befindet sich auf dem rechten Weg zur Wahrheit: »μακάριοι οἱ πενθοῦντες, ὅτι αὐτοὶ παρακληθήσονται.« (Mt. 5,4)

In seiner *Phänomenologie* hat Hegel aus dieser Notwendigkeit der Negation, der Arbeit des Negativen, folgende Konsequenz gezogen:

> Die Kraft des Geistes ist nur so groß als ihre Äußerung, seine Tiefe nur so tief, als er in seiner Auslegung sich auszubreiten und sich zu verlieren getraut.[38]

Das ist fraglos eine imponierende These. Auf dem Weg zur wahren Gestalt seiner Wahrheit muss sich der Geist ein Dasein außer sich geben; er muss, wie es an einer anderen Stelle heißt, sein »reines Selbst« in der Zeit: »Dieses nach Diesem«, und ebenso als Raum: »Dieses neben Diesem« zur Erscheinung bringen.[39] Damit ist nicht weniger gemeint als die ebenso konstitutive wie systematische Heraus-forderung der Wissenschaft zur Äußerlichkeit und sogar zum Verlust; oder, um hier noch einmal eine

In diesem Kontext ist es wichtig, die Kraft der ›Äußerung‹, die Hegel dem Geist zugeschrieben hat, als Äquivokation zu lesen. Mit ihr könnte zunächst irgendeine äußerliche Gestalt des Geistes gemeint sein: etwa dessen

[37] Hegel 1807, S. 14, 61. Dabei hat Hegel (ohne diese Problematik hier weiter verfolgen zu können) ›Zweifel‹ und ›Verzweiflung‹ sowohl von einem allgemeinen und abstrakten Skeptizismus als auch von den experimentellen Zweifeln Descartes' unterschieden. Vgl. z.B. Hegel 1807, S. 61f., 140f.

[38] Hegel 1807, S. 9. Es gibt eine Reihe von Textstellen, die Ähnliches beschreiben; z.B. im Schlusskapitel der *Phänomenologie* (S. 529): »Das Wissen kennt nicht nur sich, sondern auch das Negative seiner selbst, oder seine Grenze. Seine Grenze wissen, heißt sich aufopfern wissen. Diese Aufopferung ist die Entäußerung [...].« Oder, bezogen auf eine besondere Gestalt der Äußerlichkeit: die »Natur«, im *Zweiten Teil* der *Enzyklopädie*: »Die Natur ist der sich entfremdete Geist, der darin nur a u s g e l a s s e n ist, ein bacchantischer Gott, der sich selbst nicht zügelt und faßt; in der Natur verbirgt sich die Einheit des Begriffs.« Hegel 1830 b, S. 25.

[39] Vgl. Hegel 1807, S. 524, 530 sowie ders. 1830 c, S. 18.

Variation aus der *Enzyklopädie* anzubringen, die Zügellosigkeit und Ungefasstheit des Geistes selbst. Tatsächlich kann man konstatieren, dass Hegel die Negativität: seine dialektische Definition der Differenz, zur Pflichtübung des Geistes erhoben hat.

Folglich muss darauf geachtet werden, wie weit Hegel bereit ist (wie weit er sich ›getraut‹), diese selbstgestellte Herausforderung anzunehmen und durchzuhalten. Soviel aber kann man
38,165, 190,201 jetzt schon vermerken: Die Arbeit des Negativen erhebt den Anspruch, durch die Extreme hindurchzugehen. Von ihr fordert Hegel das *Aushalten*, nicht das Fernhalten des Todes, sodass dieser in seiner Definition als Negativität, von der Wissensproduktion aufgegriffen und mitgetragen ist; keineswegs ausgegrenzt oder
102,158, 179,241 bloß angeheftet.

Seine begreifende Macht jedenfalls übt der Geist nicht aus, indem er

> von dem Negativen wegsieht, wie wenn wir von
> 125,152, 213 etwas sagen, dies ist nichts oder falsch, und nun, damit fertig, davon weg zu irgend etwas anderem übergehen; sondern er ist diese Macht nur, indem er dem Negativen ins Angesicht schaut, bei ihm verweilt.

Erscheinung in der Natur (in den Gegenständen) oder dessen Verkörperung als Dasein im Allgemeinen. Nahe liegender ist es jedoch, bereits hier einen Hinweis auf den spezifischen Einsatzort der Sprache zu lesen. »Äußerung« meint dann jene Bewegung, durch die der Geist seine Innerlichkeit zum *Aus*druck bringt; das ist: der durch die Negation hervorgebrachte Wider*spruch* oder Gegen*satz* des Geistes in Bezug auf die Unmittelbarkeit und Unbegriffenheit der eigenen Vorstellungen.

Passend dazu heißt es in einem späteren Kapitel der *Phänomenologie*: »Der sprechende Mund, die arbeitende Hand, wenn man will auch noch die Beine dazu, sind die verwirklichenden und vollbringenden Organe [...]. Sprache und Arbeit sind Äußerungen, worin das Individuum nicht mehr an ihm selbst sich behält, und dasselbe Anderem preisgibt.«[40]

Über das Aushalten des Todes hinaus ist es deshalb ebenso wichtig, das Tote selbst: die durch die Energie des Subjekts gelösten und aus dem Schacht der eigenen Innerlichkeit herausgegriffenen Vorstellungen, nicht als überflüssigen Ballast fallen zu lassen, sich nicht gleichgültig von ihnen abzuwenden (sich nicht von dem abzulösen, was man einst selbst gewesen ist), sondern sich ihrer bewusst zu bleiben. So wird die Arbeit des Verstandes noch zu einer »Zauberkraft, die es [das Negative = Tote] in das Sein umkehrt. – Sie ist dasselbe, was oben das Subjekt genannt [wurde]«. Wenigstens einen Moment muss der Geist in der Gestalt seiner Unwahrheit: außerhalb seiner selbst, verbringen; sich in seinem Anders-Sein niederlassen. Das Festhalten

[40] Hegel 1807, S. 208.

des Toten meint deshalb den *Aufenthalt* des Geistes bei dem, was er durch Negation zuvor von sich selbst aufopfern musste. Oder: Als Arbeit bleibt das Subjekt dem selbst hervorgebrachten Anderen seiner selbst: dem Entäußerten, fortwährend zugewandt.

Eingedenken des Toten

Negativ verhält sich der Geist nicht als (Selbst-)Zerstörung; die Macht zur Auflösung seiner festgefügten Vorstellungen übt er nicht aus als deren Auslöschung. Vielmehr ist es so, dass die Bestimmungen, die der Geist im Laufe seiner Begriffsbildung an sich selbst erarbeitet, ihre Voraussetzungen: die eigene Unmittelbarkeit sowie deren Anderswerden, unmittelbar in sich aufgenommen haben:

> Alle Tätigkeiten des Geistes sind nichts als verschiedene Weisen der Zurückführung des Äußerlichen zu der Innerlichkeit, welche der Geist selber ist, und nur durch diese Zurückführung, durch diese Idealisierung oder Assimilation des Äußerlichen wird und ist er Geist.[41]

Nach all dem, was Hegel so eindrucksvoll von der Äußerung und Ungefasstheit des Geistes behauptet hat, eine eher überraschende Feststellung; und dennoch kein Grund zur Beunruhigung. Ganz im Gegenteil. Denn neben der Entzweiung und der Unumgänglichkeit des Todes, die er seiner Erkenntnistheorie eingeschrieben hat, neben jener Aufopferung, die er ihrem begreifenden Denken abverlangt, gehört es komplementär und ebenso unumgänglich zu jedem ihrer Arbeitsgänge, dass sie sich die Gestalten der eigenen Vergangenheit: ihre Widersprüche gegen die bestehenden Verhältnisse, das sich selbst Anders- und Äußerlichwerden der Vorstellungen, buchstäblich in »E r - I n n e r u n g«[42] bringt; das heißt: sie mit Bewusstsein immer wieder in die fortschreitende Bewegung ihres Begreifens hineinholt und dort aufspeichert, zur Verfügung hält. Von daher ist der Begriff nicht nur die abschließende Wahrheit über das zuerst noch Unbegriffene, sondern auch das Gedächtnis seiner differenziellen, aus sich herausgegangenen Gedanken, durch die er überhaupt erst auf seinen Weg gebracht wurde. Etwas auf seinen Begriff zu bringen bedeutet an dieser Stelle, eine Versammlung zu organisieren und ein Denkmal zu errichten; bedeutet, sich jederzeit um 48, 73, 177, 300

[41] Hegel 1830 c, S. 28, 21. Wie für die oben genannte These gibt es auch hierzu die passende Textstelle im Schlusskapitel der *Phänomenologie*: »Das Z i e l, das absolute Wissen, oder der sich selbst wissende Geist hat zu seinem Wege die Erinnerung der Geister, wie sie an ihnen selbst sind und die Organisation ihres Reiches vollbringen.« Hegel 1807, S. 530f.

[42] Hegel 1807, S. 530. Das direkt folgende Zitat S. 389. An einer anderen Stelle schreibt Hegel auch: »Alles ist ihr [der Philosophie] in der Vergangenheit unverloren [...]. So ist hiermit schon gesagt, daß die gegenwärtige Gestalt des Geistes alle früheren Stufen in sich begreift.« Hegel 1822/28, S. 105.

die Präsenz des Vergangenen im Präsens des Bewusstseins zu sorgen. Für Hegel gibt es Wissen nur dort, wo erinnert wird, vergegenwärtigt; wo die Kraft und Arbeit des Verstandes schließlich den Sieg errungen hat über jene berühmte »Furie des Verschwindens«. Oder: Das Produkt »Wahrheit« beinhaltet stets die Totalität jener Momente, die es zu seiner Produktion durchlaufen musste - vergleichbar mit der Summe zweier Zahlen, die ihre Summanden weiterhin in sich trägt, obwohl diese doch für sich selbst, in ihrer einstigen Selbständigkeit, verschwunden sind. So kommt es, dass das Aushalten des Todes und der Aufenthalt beim Toten auf die *Erhaltung* dessen hinausläuft, wovon die begriffliche Arbeit jeweils ihren Anfang genommen hat.

Gerade an dieser letzten Wendung wird auffällig, dass sich Hegel nicht allein auf die epistemisch notwendigen Bewegungen des Begriffs beschränkt, sondern dass er seine Wissenschaft darüber hinaus auch mit einer bestimmten Arbeitsmoral imprägniert hat: Du sollst das Vergangene (das Gedachte und seine Herkunft, das Negative usw.) nicht vergessen, sondern vergegenwärtigen! Du sollst den Tod (das Andere und Äußere, den Widerspruch usw.) nicht ausgrenzen, sondern integrieren! So kommt es, dass die Mehrdeutigkeit des ›Festhaltens‹ die Wissensproduktion stets zu einer *Ethik der Anwesenheit* und des *Eingedenkens* verpflichtet.

›Ich *habe* dies... erkannt‹ - so müsste nach Hegel die grammatisch korrekte Form jeder wahren Erkenntnis lauten. Denn auf diese Weise

> wird keine bloße Vergangenheit, vielmehr zugleich die Gegenwärtigkeit ausgedrückt. [...] Das beim Perfektum gebrauchte Wort »haben« hat aber ganz eigentlich die Bedeutung der Gegenwärtigkeit; was ich gesehen [in diesem Fall: erkannt] habe, ist etwas, das ich nicht bloß *hatte*, sondern noch *habe*, - also etwas in mir Gegenwärtiges. Man kann in diesem Gebrauch des Wortes »haben« ein *allgemeines Zeichen* der Innerlichkeit des modernen Geistes sehen, der nicht bloß darauf reflektiert, daß das Vergangene nach seiner Unmittelbarkeit vergangen, sondern auch darauf, daß dasselbe im Geiste noch erhalten ist.[43]

Inwiefern jedoch durch diese Bewegung des Geistes ein Wort zum allgemeinen Zeichen der Innerlichkeit werden kann, sogar werden muss, davon wird noch zu schreiben sein.

* * *

Wie anders also ist das Andere? Wie äußerlich seine Äußerungen? Oder: Aufhebung als wider und wieder
12,53, 135,186 Für wie tödlich hält Hegel den <u>Tod</u> und von welcher Todesart handelt seine Philosophie?

[43] Hegel 1830 c, S. 256f.

Bisher ist dies die Antwort: Der Tod tritt ein, aber – das Tote wird festgehalten. Eine Formulierung, mit deren Hilfe die begriffliche Arbeit als eine auch in sich entgegengesetzte Bewegung der Entgegensetzung beschrieben werden konnte. Sie ist deshalb, wie Hegel in seiner *Vorrede* zur *Phänomenologie* schreibt,

> ungetrennt Übergehen in das Äußere oder in das Dasein [...] UND UMGEKEHRT ist das Werden des Daseins das sich Zurücknehmen ins Wesen. Die Bewegung ist der gedoppelte Prozeß und Werden des Ganzen.[44]

Und nur einige Seiten weiter:

> Es ist der Prozeß, der sich seine Momente erzeugt und durchläuft, und diese ganze Bewegung macht das Positive und seine Wahrheit aus. [...] Das Wahre ist so der bacchantische Taumel, an dem kein Glied nicht trunken ist [...] UND EBENSO die durchsichtige und einfache Ruhe.[45]

Auch in der hegelschen Philosophie geht es folglich nicht anders zu, als in der reformierten, aufs Eigene bedachten Pädagogik seiner Zeit: Stets werden Ausgelassenheit oder gar bacchantische Fassungslosigkeit (für Herder das ›schädliche Opium‹ des bloß auswendig Gewussten) in einer Weise
dargestellt, dass sie als halbe Wahrheit zählen; dass Bacchus den Narren 326,370,
geben muss am Hofe der Vernunft. So wird der Sohn das andere Ich, das 372
Spiegelbild, des Vaters = Zeus. Die Herausforderungen des Geistes jedenfalls bleiben jederzeit zur Loyalität gegenüber der eigenen Herkunft verpflichtet. Ihr Mut zur Äußerung, also dazu, auf ihrem Weg die Fassung: sowohl die Einfassung als auch die Gefasstheit, zu verlieren, reicht gerade so weit, wie sie im Gegenzug ihrer Fähigkeit zur Innerlichmachung vertrauen können.

Bekanntlich hat Hegel diese dialektische Bewegung mit dem »Begriff
der Aufhebung« verbunden – entsprechend den »zwei lexikalischen Be- 132,137,
deutungen« des Wortes. In seiner *Logik* schreibt er: 160,351

> Aufheben und das Aufgehobene ist einer der wichtigsten Begriffe der Philosophie, eine Grundbestimmung, die schlechthin allenthalben wiederkehrt. [...] Aufheben hat in der Sprache den doppelten Sinn, daß es soviel als aufbewahren, erhalten bedeutet und zugleich soviel als aufhören lassen, ein Ende machen.[46]

[44] Hegel 1807, S. 32. (Großschreibungen Ch. W.) Im Kapitel VI der *Phänomenologie* (S. 334) heißt es dann noch einmal: »Die wahre Aufopferung des Fürsichseins ist daher allein die, worin es sich so vollkommen als im Tode hingibt, ABER in dieser Entäußerung sich ebensosehr erhält.«

[45] Hegel 1807, S. 35. »Indem seine Momente [die des Geistes] in ihrer Reinheit gefaßt werden, sind sie die ruhelosen Begriffe, die nur sind, ihr Gegenteil an sich selbst zu sein und ihre Ruhe im Ganzen zu haben.« Ders. 1807, S. 501.

[46] Hegel 1831, S. 113f.

→

Demnach vollzieht sich für Hegel jedes philosophische Erkennen in einer gedoppelten Bewegung des Geistes. Mit anderen Worten: Ambivalenz wird zum Antrieb für Transformation: Sie verlangt sowohl das Verneinen und infolgedessen das Vergehen der Vorstellungen (der Gewohnheiten, des Bestehenden usw.) als auch das Eingedenken und die Erhaltung des Vergangenen. Während die eine Seite der Aufhebung einen Pakt mit der furchtbaren Macht des Todes schließt, kollaboriert deren andere Seite mit der Einrichtung eines umfassenden Gedächtnisses. Für das Große & Ganze seiner Wissenschaft braucht Hegel immer beides zusammen: die Komplementarität der Extreme, das Eine *und* das Andere; immer das ›Sowohl...als auch‹ anstelle eines ›Entweder...oder‹.

Im Schlusskapitel der *Logik*[47] hat Hegel diese *Dialektik der Aufhebung* dann folgendermaßen skizziert:

Um mit dem Erkennen zu beginnen, wird ein »allgemeines E r s t e s«: dasjenige, was der Verstand begrifflos und unmittelbar in sich vorfindet, zum »Anderen seiner selbst« gemacht. »Das Z w e i t e, das hierdurch entstanden, ist somit das N e g a t i v e des Ersten und, indem wir auf den weiteren Verlauf zum voraus Bedacht nehmen, das e r s t e Negative«. Als solches wird es von Hegel auch das »einfache Bestimmte« oder »das Hervortreten der D i f f e r e n z« genannt, da seine Unbestimmtheit »in dem Anderen u n t e r g e g a n g e n«, zugleich aber »im Resultate [eben jener differenziellen Bestimmung] festgehalten« ist. »Das Erste ist somit wesentlich auch im Anderen a u f b e w a h r t und e r h a l t e n.« Von daher gilt, dass die erste Negation in den Angelegenheiten des Wissens auf keinen Fall das letzte Wort behalten kann: Die Arbeit des Begriffs ist nicht zuvor über

Außerdem: Für jeden gewissenhaften Leser könnte an dieser Stelle der *Logik* der Eindruck entstehen, als wolle Hegel mit seinem Hinweis auf des lateinischen »tollere« noch eine weitere (= dritte) Bedeutung von »Aufheben« beschreiben: nämlich das »Emporheben«. Liest man aber ein paar Sätze weiter, dann zeigt sich, dass die zwei zuerst genannten Seiten der Aufhebung durch diesen Hinweis aufs Lateinische nicht ergänzt werden, sondern dass die eine Seite der Aufhebung: das Aufbewahren oder Erhalten, jenes Emporheben jederzeit impliziert bzw. selber darüber hinaus geht. Aufbewahrt werden kann nur, was zuvor enden musste, da der Geist bereits die nächste, höhere Stufe seiner Erkenntnis erreicht hat. Jedenfalls schreibt Hegel: »Der Doppelsinn des lateinischen t o l l e r e (der durch den ciceronianischen Witz ›tollendum esse Octavium‹ berühmt geworden) geht nicht so weit, [wie die Aufhebung], die affirmative Bestimmung geht *nur* bis zum Emporheben.« Insofern stellt das ›tollere‹ (= beendigen und emporheben) eine immer schon vorausgesetzte Version der *zwei* lexikalischen Bedeutungen des Aufhebens (›ein Ende machen‹ und ›aufbewahren‹) dar.

[47] Hegel 1813/16, S. 556, 561 ff. Ebenso die folgenden Zitate. Vgl. dazu auch als Kurzfassungen ders. 1830 c, S. 22, 30f.

die einfache Analyse der Vorstellungen hinausgegangen, um sich nun mit dem einfachen Widerspruch zufrieden zu geben (– sie bliebe sonst, wie Hegel schreibt, »räsonnierendes Verhalten« oder das »bloß Negative«; sie 100,144,
wäre »das Letzte, das nicht selbst über sich hinaus zu einem neuen Inhalt 161,163
geht«[48]). Stattdessen fordert seine Dialektik, die Arbeit des Negativen auch auf die Negation selbst anzuwenden. Das ist: die »Beziehung des Negativen auf sich«, um dadurch im weiteren Verlauf ihrer Begriffsbildung das »Andere des Ersten« noch einmal zu verändern. Durch Rückkopplung, die Selbstbesinnung der Negation auf die eigene Macht, die 132,134,
eigenen Bestimmungen (und darin solidarisch mit der reflexiven Bewegung 177,214
des Bewusstseins bei Kant), berichtigt Dialektik die Vorgängigkeit ihrer Differenzwerdung.

Der Widerspruch muss wiederholt werden; der Arbeit des Negativen muss es darum gehen, ihr *wider* ebenfalls als *wieder* zu organisieren. Tatsächlich kann dies: die *Einschiebung des Buchstabens*, als die erste Hälfte einer konstitutiven List der 134,136,
Aufhebung bezeichnet werden. 150

Oder, um hier den Kriegserfahrungen des Odysseus die Ehre zu geben: Es ist diese »Negation der Negation« die von Hegel als eine Art trojanisches Pferd gegen die Festung des Unmittelbaren eingesetzt wird. Denn so, wie das hölzerne Opfer der Griechen an Troja im Gegenzug endlich zur Eroberung der Stadt führt, so gelingt es auch dem Geist, der mit dem Widerspruch zugleich die Wiederholung in den Schacht seiner Innerlichkeit hineinlässt, diesen aufzulösen und zu verwandeln. Nur dass der Philosoph, um 1800 einzig Herrscher über Geisterreiche (statt über Armeen und Kriegsgeräte), die Bewegungen des wi(e)der 131,164,
zunächst in umgekehrter Richtung: von Innen 298,338
nach Außen und insofern als harte Arbeit des Geistes gegen sich selbst: das wahre feindliche Hindernis, organisiert hat.

Einschiebung des Buchstabens aber heißt dann nichts anderes als die *Einschiebung der Sprache*; heißt, dass im wi(e)der nicht mehr nur jene Stelle markiert wird, an der Hegel die Sprache in seinem System etabliert, sondern dass nun auch etwas über die Bewegungsart, über die Strategie, ausgesagt wird, die der Geist an dieser Stelle und als diese selbst ausführt: *Die Sprache nämlich wird genau dort thematisch, wo in der Dialektik die Wiederholung am Werke ist,* wo sich aus ihrer erkenntnisphilosophischen Zielsetzungen heraus die Arbeit des Geistes (die Negation seiner Vorstellungen, Begriffe usw.) mit der Wiederholung verbinden muss.

Endstation Wissen: pacem facere

Indem das Denken darauf hinarbeitet, die Negation abermals zu negieren, bringt es den »Wendepunkt« seiner begreifenden Bewegung hervor: die »Umkehrung des Bewußtseins selbst«. So wird die Arbeit des Negativen

[48] Hegel 1807, S. 44.

zu Hegels Version einer Kehre. Für sie gilt: Das Resultat ihrer »Zweiten Negation« bleibt nicht mehr selber negativ; vielmehr bildet »das Andere des Anderen, das Negative des Negativen das P o s i t i v e, I d e n t i s c h e, A l l g e m e i n e.« In der Zählung der *Logik* entsteht auf diese Weise das »D r i t t e zum ersten Unmittelbaren«; die wahre und diesmal unwiderrufliche Bestimmung dessen, was der begrifflichen Arbeit als ihr Material zuerst und zunächst gegeben war.

Die Negativität des Denkens also ist dazugehörig: unumgänglich, nur als
119, 152, 213 »das Verschwindende«, als das, was »das Falsche genannt werden würde, wenn es als ein solches betrachtet werden könnte, von dem zu abstrahieren sei.«[49] Mit dem Anspruch aber, noch jeden Rest der Differenzbestimmung verschwinden zu lassen, triumphiert bei Hegel drastisch die Identitätslogik. Zwar nicht so, dass sie Widersprüche von vornherein vermeiden oder ausschließen würde (die hegelsche Dialektik folgt keineswegs einem Reinheitsgebot), aber doch als deren Bewältigung; als letztendliche Überwindung ihrer Nichtidentität; das ist: »die übergreifende Einheit seiner selbst über sein Anderes.« Der gelöste Widerspruch bedeutet deshalb zugleich die Auflösung der eigenen Negativität: Nach Momenten der Entzweiung und Verzweifelung wendet sich die Dialektik der Aufhebung, die schon keine einfache Analyse war,
43, 110, 131, 154 stets um in die *Synthese* ihrer begreifenden Bewegungen; in die Dreieinigkeit eines absoluten Wissens, das seine vorangegangenen Differenzen bruchlos in sich versöhnt hat.

> Die Wunden des Geistes [so Hegel] heilen, ohne daß Narben bleiben; die Tat ist nicht das Unvergängliche, sondern wird von dem Geiste in sich zurückgenommen [...].[50]

Eine wahrlich zauberhafte Dialektik, die es da erlaubt, bei aller Verneinung dennoch ein zuverlässiger Jasager zu bleiben.

[49] Hegel 1807, S. 35. (Man beachte den Konjunktiv!) Das direkt folgende Zitat ders. 1830 c, S. 283.

[50] Hegel 1807, S. 440. Einzig auf der Seite der Guten und in diesem Sinne als Positivist ist es Hegel möglich, sich zum Anwalt des Negativen zu machen: »Diese Aussöhnung [die Synthese der vorangegangenen Differenzen] kann nur durch die Erkenntnis des Affirmativen erreicht werden, in welchem jenes Negative zu einem Untergeordneten und Überwundenen verschwindet, durch das Bewußtsein, teils was in Wahrheit der Endzweck der Welt sei, teils daß derselbe in ihr verwirklicht worden sei, und nicht das Böse neben ihm sich letztlich geltend gemacht habe.« Und etwas später: »Die Einsicht nun zu der [...] die Philosophie führen soll, ist, daß die wirkliche Welt ist, wie sie sein soll, daß das wahrhafte Gute, die allgemeine göttliche Vernunft auch die Macht ist, sich selbst zu vollbringen.« Hegel 1822/28, S. 28, 57.

Zum »*christologischen* Kern« dieser Dialektik vgl. u.a. Etgeton 2005, S. 158f.

Als gedoppelte Arbeit hat der Geist seine Fassung wiedererlangt; er hat das Andere und Äußere seiner selbst in den Griff bekommen. Souveränität ist dafür 19,34, 168,296
der Name: Dass sich der Geist seine Ausgelassenheit (die Herausforderung, Verzweiflung usw.) leisten kann; dass er sich, nicht anders als Odysseus, der die Meerenge (die Passage, den Kanal) zwischen Σκύλλα und 136,176, 214
Χάρυβδις erfolgreich durchquert, im Angesicht seines Todes bewährt haben wird. Über den *Satz* (das im Gegebenen unmittelbar Gesetzte) und dessen *Gegensatz* hinaus erreichen also die Bewegungen des Geistes einen verbindenden sowie verbindlichen *Schlusssatz*: Zuerst geschieden, werden sie zuletzt wieder entschieden, geschlichtet und als solche positiv durch die Umkehrung der Negation, identisch durch die Umkehrung der Differenz und allgemein durch die Umkehrung ihres individuellen Daseins.

> Das Werden [stellt Hegel fest] ist eine haltungslose Unruhe, die in ein ruhiges Resultat zusammensinkt.[51]

Alle Taten sind vollbracht, alle Leiden durchlitten. Vom Transformationshandeln, von den Anstrengungen des erkennenden Subjekts, das eigene Unbegriffene auf seinen wahren Begriff zu bringen, gilt, dass es auf das Finale des absoluten Wissens hinarbeitet: »Diese letzte Gestalt des Geistes, der Geist, der seinem vollständigen und wahren Inhalt zugleich die Form des Selbst gibt, und dadurch seinen Begriff ebenso realisiert, als er in dieser Realisierung in seinem

Nein...Aber: Ja – ein Resultat und Schema, an dem nicht zuletzt abgelesen werden kann, dass das Präfix ›syn-‹ auch für die dialektische Produktion (für ihr *System*) von besonderer Wichtigkeit ist: Gastfreundschaft und Äquivalenzgesetz weisen ihr den Weg. Denn so, wie einst das σύμβολον nur in seine zwei Hälften zerbrochen und zwischen den Gastfreunden aufgeteilt wurde, um ihnen die Rückkehr und das Wiedererkennen zu gewährleisten, so hat nun das ›Außersichsein‹ des Geistes in Raum und Zeit ein Zurücknehmen, die Heimkehr und die Versammlung seiner Momente, zur Folge. Es kann dies: die Einheit der Zweiteilung (der zwei Hälften des Wissensringes), die Komplementarität von Entäußerung und Innerlichmachen, von Tod und Gedächtnis, die *symbolische Struktur der Aufhebung* genannt werden.

[51] Hegel 1831, S. 113. Bei Marx 1867, S. 195 heißt es passend dazu: »Der Prozeß erlischt im Produkt. [...] Die Arbeit hat sich mit ihrem Gegenstand verbunden. Sie ist vergegenständlicht, und der Gegenstand ist verarbeitet. Was auf der Seite des Arbeiters in der Form der Unruhe erschien, erscheint nun als ruhende Eigenschaft, in der Form des Seins, auf Seiten des Produkts. Er hat gesponnen, und das Produkt ist ein Gespinst.« Die Übereinstimmung mit Hegel freilich reicht hier bis zum Gebrauch des Perfektum; soll heißen: Bei Marx zeigen auch die Verbformen, dass sich Produktion und Produkt in einer bestimmten Zeitlichkeit befinden; dass sie sich zueinander verhalten wie Vergangenheit und Gegenwart: Damit auch tatsächlich ein Arbeitsergebnis vorhanden ist (im Präsens als Präsenz), müssen die Veränderungen und Bewegungen daran vergangen sein; der Geist muss sie in einem (perfekten, im Perfekt formulierbaren) Abschluss aufgehoben haben.

Begriffe bleibt, ist das absolute Wissen; es ist der sich in Geistesgestalt wissende Geist oder das begreifende Wissen.«[52] Ein derartiges Wissen freilich war weder von Anfang an in der Welt, um dieser dann ganz in Ruhe abgeschaut zu werden, noch ergab sich seine wahre Gestalt (das Selbstbewusstsein des Geistes, seine Identität usw.) unmittelbar als Vorstellung; vielmehr muss es auf dem konkreten und mühsamen Weg der
33,53 »Vermittlung« allererst hervorgebracht werden: als das Resultat einer Arbeit, als Wissenschaft mit Versicherung fürs Happy End.

Differenz und Logik des Sinns

Als Arbeit des Negativen bringt der Geist den bestimmten Widerspruch oder Gegensatz seiner Gedanken, Gewissheiten, Vorstellungen usw. hervor. Insofern gilt: *Es ist die Negation des Geistes durch sich selbst und im Hinblick auf sein Selbst, die das hegelsche Szenario der Differenz charakterisiert.* Als These formuliert: Unter dem Etikett der Negativität hat Differenz ihre dialektische Laufbahn begonnen; und: Indem Hegel ihr diese Laufbahn eröffnet, hat er sie in eine Praktik der Wiederholung eingeschrieben.

Für den Jenaer Philosophiedozenten ist deshalb Differenzsetzung zu einem notwendigen und dennoch wieder umzukehrenden Moment der Wissensproduktion geworden. Notwendigkeit besagt, dass die Entzweiung des
47,153, 186,244 Denkens mit sich selbst: als Tod der zunächst bedenkenlosen Vorstellungen, unumgänglich zur Erkenntnis gehört. Umkehrung besagt, dass sie, nach ihrem eigenen Gesetz, noch als Mangel an Sicherheit und Verwirklichung erscheint, als unbewältigte Nichtidentität. An die Notwendigkeit der Differenzproduktion muss sich deshalb, nicht minder notwendig, deren weitere Transformation in die Identität anschließen. Was dem Geist gegeben ist, wird sich als kommensurabel: versöhnlich, erweisen. Was sein gesichertes Wissen werden soll, darf nicht draußen bleiben: fremd, distanziert; es muss aufgehört haben, ihm als eine Schranke und Beschränkung zu begegnen. Am Ende wird diese Bewegung noch über den eigenen Schatten gesprungen sein. Das Ganze der Arbeit: ihre wi(e)derholte Negation, verwandelt den Mangel, den sie voraussetzt. Sie sorgt dafür, dass Unbestimmtes in Bestimmungen, Unbegriffenes in Begriffe aufgeht; kurz: Dass sinnliche Gewissheit sich selbst bewegt und wissender Geist werden wird.

Insofern ist das, was mit und seit Hegel eine Differenz genannt wird, von vornherein unter die Aufsicht und das Kommando des Sinns oder der (Selbst-) Besinnung gestellt. Erst einmal als *bestimmte* Negation verstanden, existiert sie niemals schlechthin oder, wie aus der *Phänomenologie* zitiert, »abstrahiert«: als »der sich selbst überlaßne Unterschied«[53], sondern sie hat

[52] Hegel 1807, S. 523. Das direkt folgende Zitat S. 15.

[53] Hegel 1807, S. 527.

ihre Mission: den Advent des Absoluten; die Endlösung der erfüllten Wahrheit. Dass es in allem, was geschieht, einen Sinn gibt und dass die Produktion (die Suche, die Erkenntnis usw.) des Sinns immer möglich ist, dass Sinn sein soll und nicht vielmehr Nicht-Sinn; kurz: dass es einen Sinn des Sinns gibt – noch bevor die Dialektik ihre Arbeit aufgenommen hat, sind es diese Voreinstellungen (Nietzsche würde schreiben: diese sokratischen Vorurteile), an die ihr Dreistufenplan mit allem Ernst und ohne jeden Zweifel glaubt.

Dabei ist der Sinn für Hegel nicht nur das Ziel jeder begrifflichen Bildung: die Intention, von der ihre widersprechenden Bewegungen angeleitet und orientiert werden; sinnvoll ist für ihn auch der Vorgang der Begriffsbildung selbst, jener mühsame Weg, auf dem sich der Geist die wahre Gestalt seiner Wahrheit allererst erarbeiten muss. Von der Differenzwerdung kann man deshalb schreiben, dass ihr als unumgängliches Moment der Wahrheitsproduktion selber eine Wahrheit zukommt; wenngleich eine *vorläufige* Wahrheit, da sie ihrem fertigen Begriff sowohl *zeitlich* vorhergeht, ihn durch ihre erste Bestimmung vorbereitet, als auch im Zuge ihre Fertigstellung *inhaltlich* noch einmal revidiert, einer wiederholten Bestimmung unterzogen werden muss.

Die Anerkennung solcher Voreinstellungen jedoch erfolgt nicht ohne Konsequenzen. Genau in dem Augenblick nämlich, in dem Hegel von der Nützlichkeit der Differenz ausgeht, in dem er sie als Negation für die Identität, den Sinn usw. arbeiten lässt, hat er sich damit zufrieden gegeben, ihre Herausforderung (der er so weit nachgegangen ist, wie vielleicht kein anderer vor ihm) als eine *Dienstleistung* zu verstehen: als einen »Heroismus
des Dienstes«, wie es in der *Phänomenologie* ausdrücklich heißt, der »für die 48,62,
vorhandene Macht handelt und wirklich ist.«[54] So bleibt der Geist in jedem 136,220
Fall der *Souverän* (= Dienstherr) seiner Transformationen; und umgekehrt, 34,168,
trotz jener Emphase, mit der Hegel den Widerspruch (und all die anderen 180,207
Begriffe, die hier eingesetzt werden können) beschreibt, fungiert die Differenz
nur mehr als *Übergang* des Geistes zu sich selbst; das heißt: Sie stellt sowohl 46,134,
die *mittlere Stufe* in der Triplizität seiner Wissenschaft dar als auch das ge- 151,164
dankliche Mittel des Subjekts, seine anfängliche Gewissheit in endgültiges Wissen zu verarbeiten. Für die Erkenntnisbewegung, erklärt Hegel, wird

> in der Negation der Übergang gemacht, wodurch sich der Fortgang durch die vollständige Reihe der Gestalten von selbst ergibt.[55]

Differenz also ist ein anderer Name für Medialität – ganz so, wie es dessen Aufnahme aus dem Lateinischen ins Zeitalter der Klassik bereits festgeschrie-

[54] Hegel 1807, S. 333.
[55] Hegel 1807, S. 62.

39, 159, 201, 360

ben hat: Als Übergang findet sie sich zwischen zwei Positionen wieder, die sie nicht mehr oder noch nicht ist, und die sie deshalb als ihren Anfang und ihr Ende beherrschen. Stets gibt es eine Umrandung oder Umfassung, in die sie hineingehört, in der sie ihre genau bezeichnete Stelle findet, ein ›frame of reference‹ (bei Serres ›carré approprié‹), ohne den Sinn und Identität nicht herzustellen sind; stets gibt es ein Davor (eine ursprüngliche Präsenz), als dessen Ableitung sie überhaupt erst entstehen kann, und ein Danach (eine finale Präsenz), als dessen Zuleitung sie letztlich wieder verschwinden muss. Die Differenz im Dienst jedenfalls, als Mitte und Mittel zum Zweck, ist zugleich die *epistemisch* und *systematisch einbegriffene Differenz*: instrumentalisiert von den begreifenden Ansprüchen des Subjekts und integriert in die dialektische Bewegung des Begriffs. Ihre Thematisierung ist für Hegel nur möglich im Rahmen (in der Fassung und in der Gefasstheit) einer Erkenntnisphilosophie: Dort, wo es für ihn darauf ankommt, die Ökonomie des Wissens mit einer verfügbaren und alles in allem stabilen Infrastruktur auszustatten.

Mit anderen Worten: Bei Hegel bestätigt sich jene klassische Umkehrung in der Etymologie des ›subiectus‹ nicht nur durch die Positionen und Praktiken des Geistes, die er beschreibt, sondern auch insofern, als er der Differenz die Rolle eines Untertanen, eines »stolzen Vasallen« vor dem »Thron« des Absoluten zugewiesen hat.[56]

* * *

Figuren der Äquivalenz

DERRIDA »Von dieser Seite tut es besondere Not, daß wieder ein ernsthaftes Geschäfte aus dem Philosophieren gemacht werde.«[57] Durchaus einer kaufmännischen Kalkulation gemäß wird die einbegriffene Differenz von Hegel als Beitrag (besser: Betrag) für die bevorstehende Identität verstanden. Unter dem Vorzeichen der Negativität fließt sie ein in die Haushaltsführung der Dialektik und wird dort zu einem positiven Ganzen verrechnet. Sie kann von daher auch der Preis genannt werden, den die Erkenntnis um des Absoluten willen zahlt – ein Preis jedoch, der sich am Ende regelmäßig bezahlt macht:

> La notion d'*Aufhebung* [schreibt Derrida in einem Aufsatz, der Hegels *Phänomenologie* mit Batailles Hegelianismus konfrontiert] [...] signifie *l'affairement* d'un discours s'essoufflant à se réapproprier toute négativité, à élaborer la mise en jeu en *investissement*, à *amortir* la dépense absolue.[58]

[56] Hegel 1807, S. 333, 531.

[57] Hegel 1807, S. 49. An einer anderen Stelle bezeichnet Hegel, nicht ohne Sinn fürs Komische, die »welthistorischen Individuen« als die »Geschäftsführer des Weltgeistes«. Ders. 1822/28, S. 46.

[58] Derrida 1967 b, S. 377f.

In der Ökonomie des Wissens muss die Differenz ihre Rechenschaft ablegen. So geht die Arbeit des Negativen, die sich das Denken zunächst abverlangt, niemals endgültig verloren, sondern wird – umgekehrt – am Ende mindestens wieder ausgeglichen: *Die Negation der Negation tilgt ihre Schulden*. Das ist die aufbewahrende Seite der Aufhebung, ihre ›Er-Innerung‹. Immer wieder entschädigt sie den begreifenden Verstand für das, was nach Hegels Diktum seine größte Kraft erfordert: Dass er mit der eigenen Veräußerung zu rechnen hat; dass er im Laufe seiner Wissenschaft dem Tod ins Angesicht schaut.

Denken also heißt danken; heißt, dass auch Hegel den Geist als universales Äquivalent konstituiert hat. Oder: »**Dank** m. Mhd. ahd. *danc*, as. *thank* aus g. **panka-* m. ›Dank‹, auch in gt. *pagks*, anord. *pokk f.*, ae. *pank*, Rückbildung zu *denken*. Der Sinn ist ›in Gedanken halten‹ = ›danken‹ (vgl. *Ich werde daran denken* als Wort des Dankes oder der Drohung).«[59]

Und mehr noch: Durch die Wiederaneignung der ihrer Unmittelbarkeit entfremdeten Vorstellungen (›se réapproprier toute négativité‹) werden diese in das nunmehr vermittelte Eigentum des Verstandes überführt. Auch und gerade die Dialektik der Aufhebung partizipiert daher an jener beschriebenen *Logik des Eigenen*. Begriffliche Arbeit, das will damit gesagt sein, bewerkstelligt die Transformation unbestimmter Gewissheiten in wertvolles und rundum gesichertes Wissen; vermöge ihrer wi(e)derholten Anstrengung kehrt sie die Veräußerung schließlich um in ein Vermögen des 45,109, 188,309
Subjekts. Nicht anders aber als der kantische Ausdruck des Vermögens, steht auch Hegels Zentral- und Zauberwort der *Aufhebung* einer von den beiden Philosophen zwar nicht explizierten, dafür aber in jedem deutschen Wörterbuch zu findenden ökonomischen Lesart offen: als Ertrag und Einkunft des Geldes. An das Ende dessen, was dann Ernst Jünger die ›Totale Mobilmachung‹ durch Arbeit nennen wird, hat Hegel bereits die Immobilie 51,61, 112,163
des absoluten Wissens gesetzt: das beruhigte, die Momente seiner Hervorbringung in sich versammelnde Produkt; das Positive, Identische, Allgemeine. Von daher ist es wohl zutreffend, seine Dialektik als eine haushälterische und sogar vermögensorientierte, akkumulative Wissenschaft zu beschreiben; die Äquivalenz von Tod und Gedächtnis, von Veräußerung und Verinnerlichung gleichsam als den Bausparvertrag ihrer philosophischen Begriffsbildung. Was darin immer schon festgelegt wurde, ist eben dies: keine Leistung ohne die Sicherheit einer Gegenleistung; keine Wahrheit ohne Tausch. Welche Kosten das Geschäft und die Geschäftigkeit (›l'affairement‹) des Begreifens auch verursacht, jederzeit ist dem von ihr beherrschten Szenario der Differenz

[59] Aus Kluge 1989, S. 127.

eine positive Kehrseite, ein Übergang ins Positive, vorbehalten; jederzeit hat sie die Bewegung ihrer Begriffe so weit im Griff, dass deren Reversibilität erreicht werden wird.

These: *Indem Hegel die Differenz als Arbeit und Negation definiert, hat er sie zum Investitionsmoment in der fortschreitenden Bewegung des Geistes*
124,136, *gemacht.* Seine Dialektik der Aufhebung, deren zuerst wi(e)dersprechende
164,338 / 43,125, und dann synthetisierende Arbeit, läuft darauf hinaus, die Ausgaben des
143,154 Erkennens, zuverlässig in deren Rückgabe: in absolutes Wissen, zu transformieren; der Differenzwerdung also unter allen Umständen eine rückhaltlose Verausgabung vorzuenthalten, zu verweigern. Für Derrida bezeichnet deshalb der Begriff Aufhebung

> le geste économique et calculateur [...] qui réserve la dépense et cède à la peur.[60]

Deren erste Bedeutung, die Verneinung, ist ausnahmslos von der Art, dass auch deren zweite Bedeutung, das Eingedenken und Aufbewahren des
47,135, Verneinten, gewährleistet ist. In ihrer Dialektik geht der Eintritt des Todes
153,186 stets einher mit dem Festhalten des Getöteten, sodass die systematisch und epistemisch einbegriffene Differenz nur unter dem Vorbehalt ihrer Umkehrung: im Vertrauen auf ihre kommende Entschuldung, herausgearbeitet wird. Sie kann deshalb, in Anlehnung an Derridas Formulierung, als eine *reservierte Differenz* bezeichnet werden: zum einen in Anspruch genommen von subjektiven Intentionen, im Rahmen einer ökonomischen Kalkulation, reserviert also, um zu produzieren, um im Auftrag der Wahrheit zu arbeiten; zum anderen aber auch auf Investitionen beschränkt, auf eine Arbeit, die zur Entlohnung verpflichtet, die die Äquivalenz von Ausgaben und Einnahmen wahrt, reserviert also, um ein Residuum aufzusparen, das in der Produktion nicht eingesetzt und in Gefahr gebracht wird, das vielmehr seine vorbehaltlose Preisgabe zurückhält.

Erst die Einbegriffenheit und nun die Reservierung der Differenz: Damit ist weder ein beiläufiges Charakteristikum der Dialektik noch gar ein Denkfehler oder eine Laune ihres Autors gemeint. Denn tatsächlich hat Hegel (der Philosoph) unter den Voraussetzungen, die er eingegangen ist, insofern er die Identität und den Sinn, die Arbeit, die Negativität usw. als Leitmotive seiner Geschäftsordnung akzeptiert, keine Wahl: Er

Ob als Sprache, wie es die Hegel'sche Terminologie nahe legt, oder als Natur (als Welt, Dasein usw.), stets wird die Andersheit des Anderen, die Äußerlichkeit

[60] Derrida 1966 a, S. 361.

der Äußerungen als die Andersheit und Äußerlichkeit *des* Geistes verstanden, als eine besondere Gestalt *des* Begriffs im »Außereinander« von Raum und Zeit;[62] ›Genitivus possessivus‹, genauer ›Genitivus auctoris‹: Der Geist erschafft sich *seine* Differenz; sie ist sowohl seiner Dynamik eigentümlich als auch ihm zu Eigen; sie ist sowohl das, was nach wie vor mit seinen Motiven und Intentionen übereinstimmt, als auch der Ausdruck seiner selbst, seines Selbst. Das Andere und Äußere ist der Geist getreulich noch einmal: »Alles Tun des Geistes ist deshalb nur ein Erfassen seiner selbst, und der Zweck aller wahrhaften Wissenschaft ist nur der, daß der Geist in allem, was im Himmel und auf Erden ist, sich selbst erkenne. Ein durchaus Anderes ist für den Geist gar nicht vorhanden.«[63] Differenz*darf* – um diese Ziele nicht zu verfehlen – dem Aussichherausgehen und Anderswerden des Geistes keine Irreversibilität gestatten; er *muss* immer wieder dafür Sorge tragen, dass sich die
Differenz in Reichweite ihrer Rückkopplung 124,134,
aufhält, dass sie den Ring des Wissens nicht 177,214
unwiederbringlich verlässt. So wird Haushalts- 34,63,
führung, die Verfügung des Geistes über die 162,294
Differenz wie über ein Gut (oder eine Ware), für Hegel zur Notwendigkeit. Als seine Richtlinie gilt: größtmögliche Einnahmen bei geringstmöglichen Ausgaben; aber auch: ein Minimum an Worten für ein Maximum an Sinn.

> [D]er Geist [schreibt Hegel] verliert sich nicht in diesem Anderen, erhält und verwirklicht sich vielmehr darin, prägt darin sein Inneres aus, macht das Andere zu einem ihm entsprechenden Dasein [...].[61]

Was die Dialektik der Aufhebung so sicher und 122,137,
zuverlässig macht, was es ihr ermöglicht, dem 160,186
Gesetz der Äquivalenz (ihrer symbolischen Struktur) jederzeit zu folgen, ist also dies: Dass sie Differenz als *Ausprägung* definiert;

[61] Hegel 1830 b, S. 41.
In seiner *Logik* 1813/16, S. 561 hatte er geschrieben, dass sich der Geist als »das Andere seiner selbst« zeigt, als »das Negative des Ersten« oder das »Negative des Unmittelbaren«.

[62] Hegel 1830 c, S. 28. Deswegen hieß es ja schon in der *Phänomenologie*, dass jede Gestalt des Geistes als der »A u s d r u c k des Innern im Außern zu verstehen ist.« Vgl. Ders. 1807, S. 208.

[63] Hegel 1830 c, S. 10. Und fünf Seiten weiter: »Die ganze Entwicklung des Geistes ist nichts anderes als sein Sichselbsterheben zu seiner Wahrheit.« Übrigens verrät Hegel in diesem Zusammenhang noch eine weitere Voraussetzung (ein weiteres Leitmotiv seiner Geschäftsordnung), die unerlässlich ist, um in wissenschaftlichen Angelegenheiten auf eine solche *Ontologie der Entsprechung*: auf die Adäquation, die Übereinstimmung von Welt und Geist, von Anschauung und Begriff (etc.), setzen zu können. Nicht anders als der Fall ›Sokrates‹ nämlich gehört auch der Philosoph des absoluten Wissens in die Reihe derer, die man mit Nietzsche als Erkenntnisoptimisten bezeichnen könnte. Vgl. Nietzsche, GT, KSA 1, S. 94f., 116f., 153 sowie NF, KSA 13, 18[14], S. 536. Dort heißt es polemisch: »H e g e l: etwas
vom schwäbischen Gottvertrauen, vom kuhmäßigen Optimismus.« Oder: »Deutschland ist 144,254,
die Brutstätte für den historischen Optimismus geworden: daran mag Hegel mit Schuld 336,345
sein.« Nietzsche, NF, KSA 8, 5[58], S. 57. →

als die *Verwirklichung* des Geistes zu einem seiner Intimität und Innerlichkeit *entsprechenden* Dasein.

Die doppelt negative Bewegung des Begriffs setzt auch als Tour de Force gegen bestehende Vorstellungen keine Vernichtung in Gang. Sie wirft ihre vorläufigen Bestimmungen des zuerst noch Unbestimmten nicht einfach weg oder bewirkt die Ablösung von dem, was sie selbst einmal gewesen ist, vielmehr verrichtet sie ihre Arbeit, nach Hegels berühmten Worten, als »gehemmte Begierde, aufgehaltenes Verschwinden, oder sie bildet.« An einer dazu passenden Stelle in der *Logik* heißt es:

> Der Begriff [...] erhebt auf jede Stufe weiterer Bestimmung die ganze Masse seines vorhergehenden Inhalts und verliert durch sein dialektisches Fortgehen nicht nur nichts, noch läßt er

werdung heißt folglich für Hegel, dass der Geist *sich selbst sein Anderes und Äußeres* geworden ist. Nicht als irgendeine differenzielle Einstellung oder Abweichung ohne weiteren Zweck, vielmehr als »Selbstunterscheidung«, als jenes »Sichselbstäußerliche«; sodass (und dieser Rückgriff kann jetzt kaum noch überraschen) »Gott der Vater [...] einen Sohn (sein anderes Ich) erzeugt, in diesem Anderen aber kraft seiner unendlichen Liebe sich selbst anschaut, darin sein Ebenbild erkennt.« Oder, um aus Hegels Naturphilosophie zu zitieren: »Der Zweck dieser Vorlesungen [= *Zweiter Teil* der *Enzyklopädie*] ist, ein Bild der

Bei Hegel selber finden sich dann folgende Sätze: »So ist der Geist die s c h l e c h t h i n a l l g e m e i n e, d u r c h a u s g e g e n s a t z l o s e G e w i ß h e i t s e i n e r s e l b s t. Er besitzt daher die Zuversicht, daß er in der Welt sich selber finden werde, daß diese ihm befreundet sein müsse, daß, wie Adam von Eva sagt, sie sei Fleisch von seinem Fleische, so er in der Welt Vernunft von seiner eigenen Vernunft zu suchen habe.« (Hegel 1830 c, S. 230. Vgl. auch ders. 1830 b, S. 23) An anderer Stelle heißt es dann in Bezug auf Naturerkenntnis: »Aber dessenungeachtet muß die Vernunft das Zutrauen zu sich selbst haben, daß in der Natur der Begriff zum Begriff spricht und die wahrhafte Gestalt des Begriffs, die unter dem Außereinander der unendlich vielen Gestalten verborgen liegt, sich ihr zeigen wird.« Hegel 1830 b, S. 539.

Auf die bündigste aller möglichen Formeln hat Hegel seine Entsprechungsthese und ihre Voraussetzungen allerdings schon in der *Phänomenologie* gebracht: »Das Geistige allein ist das Wirkliche.« (Hegel 1807, S. 19) Um ihr Wissen zu begründen (und wohl auch, um ihren institutionellen Aufwand, den Status ihrer Werke und das Ansehen ihrer Vertreter zu rechtfertigen), muss die philosophische Vernunft im Voraus die Vernünftigkeit (oder Sinnhaftigkeit) der Welt behaupten: Dass sie »nicht dem Zufall anheimgegeben sei« oder ein »verrücktes, törichtes Geschehen«. Soll heißen: »Der einzige Gedanke, den die Philosophie mitbringt, ist aber der einfache Gedanke der V e r n u n f t, daß die Vernunft die Welt beherrsche, daß es also auch in der Weltgeschichte vernünftig zugegangen sei.« (Hegel 1822/28, S. 22, 53, 20) Der Vorwurf *diese* Voraussetzung zu unterschlagen, kann Hegel jedenfalls nicht gemacht werden. Ebenso wenig wie er seine Leser darüber im Unklaren lässt, was es braucht, um überhaupt auf seine Philosophie eingehen zu können: einen »festen, unüberwindlichen Glauben. [...] Wenn daher die Menschen behaupten, man könne die Wahrheit nicht erkennen, so ist dies äußerste Lästerung.« Vgl. Hegel 1822/28, S. 22 sowie ders. 1830 c, S. 231.

Natur zu geben, um diesen Proteus zu bezwingen, in dieser Äußerlichkeit nur den Spiegel unserer selbst zu finden, in der Natur einen freien Reflex des Geistes zu sehen.«[65] Auch im Anderen und Äußeren ist der Geist immer noch er selbst; seine Vermittlung deshalb »nichts anderes als die sich bewegende Sichselbstgleichheit.« Bei sich selbst zu sein, seinem Selbst nichts mehr gegenüber zu haben, was es nicht selber ist, darin besteht dann die von Hegel so genannte »Freiheit des Geistes«.

Denn ähnlich dem Blick des Ναρκίσσος in jene Quelle bei Thespiai muss auch hier der »Prozeß des Sich-von-sich-selbst-Unterscheidens« ein ständiges »Sichaufsichselbstbeziehen« bleiben. Als Spiegelung, als Zeit/Raum der Reflexion, hat Hegel, der das Pronomen ›selbst‹ in seinen Texten inflationär verwendet, die Differenz zu einem Produktionsmittel der Wissenschaft, zu einer Funktion in der Ausbildung des Geistes gemacht – wohl nicht zuletzt auch deshalb, um Vergesslichkeit, Zufall, Nicht-Sinn usw. ausschließen zu können: als Exorzismus eines anderen Anderen, einer Äußer-

etwas dahinten, sondern trägt alles Erworbene mit sich und bereichert und verdichtet sich in sich.[64]

Was vom Griff dieser Wissensökonomie erfasst und in Fassung gehalten wird, bleibt unverlierbar. Denn um ihre Energien nicht nutzlos, ohne Sinn und Verstand, zu vergeuden, um sie nur ja nicht verantwortungslos, in einer ebenso luxuriösen wie ruinösen Geste aufs Spiel zu setzen: also etwas zu tun (zu sagen oder zu schreiben), mit dem nichts anzufangen ist, aus dem nichts Vernünftiges werden kann, das zu nichts führt, muss jede Differenzwerdung von vornherein als die Einleitung einer Transformation konstruiert und ausgegeben werden: als ein Übergang, der aus jeder Grenze zugleich 46, 128, 151, 176
eine Verbindung, aus jeder Krise zugleich eine Chance macht. Wie in einem totalisierten, perfekt durchorganisierten Recyclingsystem wird alles gesammelt, verarbeitet und muss schließlich wiederkehren. Für die Dialektik der Aufhebung gilt, dass ihre List nicht nur den Fortschritt 124, 136, 150
des *wider* zum *wieder* erreicht, sondern dass sie darüber hinaus (als ihre zweite Hälfte) auch die Mehrdeutigkeit der *Wiederholung* für die eigenen Zwecke auszunutzen weiß: Indem sie den Widerspruch *wiederholt*, das heißt: noch einmal auf sich selber anwendet, gelingt es ihm, den vergangenen Einsatz *wiederzuholen*, das heißt jetzt: ihn zu retten und zurückzubringen. *Die Rückkopplung des Systems führt zur Rück-* 124, 132, 177, 214
kehr seiner Veräußerungen.

Dabei ist dieser zweite Aspekt des Wiederholens nicht irgendein mögliches Vermögen

[64] Hegel 1807, S. 135 sowie ders. 1813/16, S. 569. Das Erinnern also führt zur Versöhnung, nicht das Vergessen (in Form der Amnestie zum Beispiel).

[65] Hegel 1830 c, S. 15, 23 sowie ders. 1830 b, S. 539. Die direkt folgenden Zitate ders. 1830 c, S. 23, 26; ders. 1807, S. 16. In der *Phänomenologie* (1807, S. 528) ist auch zu lesen, dass »die Kraft des Geistes« ganz genau darin besteht, »in seiner Entäußerung sich selbst gleich zu bleiben [...].«

des Begriffs, sondern, gemeinsam mit der wiederholten Negation, die entscheidende Produktionsbedingung des absoluten Wissens: »[L]'économie de la vérité«, so nennt Derrida diese doppelte Arbeit des Begreifens – für Hegel gibt es Wahrheit nur dort, wo die Wiederholung am Werke ist:

lichkeit, die viel eher »Alien«[66] wäre (ein monströser Fremdling, eine unerwartete Gewalt) denn Abwandlung des Selbst, Ausprägung jener Kraft und Arbeit des Verstandes.

> La répétition *résume* la négativité, recueille et garde le présent passé comme vérité, comme idéalité. Le vrai est toujours ce qui se laisse répéter.[67]

Wahrheit als Resultat der Wiederholung: buchstäblich als deren *R*esümee, als das Versammeln und Verrechnen der Widersprüche, und deshalb zugleich prinzipielle Wiederholbarkeit der Wahrheit.

Die Ausgaben der Erkenntnisarbeit dürfen nicht umsonst gewesen sein, sondern müssen sich, wie bei Derrida gelesen, auf jeden Fall amortisieren (›*amortir* la dépense absolue‹). Dieser Ausdruck ist präzise gesetzt, denn das spätlateinische ›ad-mortire‹, von dem er sich herleitet, meint das Abtöten, das schrittweise Abtragen von Schulden. Folglich bezeichnet die Rückgabe des Negativen, dessen abschließende Umkehrung, den Tod der zuerst und zunächst unumgänglichen Ausgaben der Wissensproduktion. Nachdem aber Hegel, vor allem im Sprachgebrauch der *Phänomenologie*, bereits den ersten Arbeitsschritt der Negation als den Tod bezeichnet hat (das ist: der Tod des Unmittelbaren oder der sinnlichen Gewissheit), kommt man nun dahin, dass die von ihm verlangte Wiederholung der Arbeit, die Anwendung der Negation auf sich selbst, zugleich das Abtöten des ersten Todes bedeutet. In dem Maße, in dem die Negation als einfacher Widerspruch nicht das letzte Wort behalten konnte, in dem Maße stellt für Hegel auch der Tod nicht einfach

Wille zum Leben

12, 131, 135, 244

[66] »Jede Philosophie des Fremden hat es im Grunde nur mit dem kleinen anderen zu tun, den Fremden, nie mit dem ALIEN.« So Siegert 1999, S. 200 (in Anspielung auf Ridley Scotts gleichnamigen Film).

[67] Derrida 1966 a, S. 362.

Angemerkt werden muss allerdings, dass jenes ›répétition‹ diejenigen Wendungen, die hier mit dem ›wi(e)der‹ durchgeführt wurden, nicht vollständig abdeckt. Das Französische kennt zwar, wie das Zitat von Derrida zeigt, die Mehrdeutigkeit der Wiederholung: das Abermals und die Rückkehr, doch der buchstäbliche Bezug zum Widerspruch: die Einschiebung des Buchstabens, ist mit ihm nicht möglich. Stattdessen jedoch weist der Ausdruck ›répétition‹ darauf hin, dass auch Hegels Dialektik der Aufhebung (jedenfalls deren aufbewahrende, sich erinnernde Seite) jener Wissenstechnik die Treue hält, die zuvor durch das Präfix ›re-‹ gekennzeichnet wurde: Wiederholung ist Rückkopplung und Rückkehr; aber auch *R*esultat, *R*eserve, *R*ecycling oder *R*esümee.

52, 64, 302

das Ende, das spurlose Verschwinden des Lebens dar, sondern muss, um die positive Bilanzierung der Aufhebung nicht zu sabotieren, selber noch einmal sterben. Der Tod, der alles vergehen macht, muss selber vergänglich sein. Entsprechend der Negation der Negation gehört die Verneinung des ersten und einfachen Todes zur Grundausstattung des dialektischen Bewusstseins,

> welches so *aufhebt*, daß es das Aufgehobene *aufbewahrt* und *erhält*, und hiermit sein Aufgehobenwerden *überlebt*. In dieser Erfahrung wird es dem Selbstbewußtsein, daß ihm das Leben so wesentlich als das reine Selbstbewußtsein ist.[68]

Mit anderen Worten: Durch die List der Aufhebung verändert sich der Tod, 124,134,
mit dem sie das »Leben des Geistes« zuerst und zunächst bedroht, mit dem 150
sie es herausfordert, es aufhören lässt und ihm ein Ende macht. Als gedoppelte Arbeit, nacheinander Widerspruch und Wiederholung, nimmt sie die furchtbare Macht des Todes hinein in den Dienst des Lebens, vereinnahmt 48,62,
sie für die Verwirklichung des selbstbewussten Geistes. Denn genauso, wie 220, 293
von der Negativität geschrieben wurde, dass sie mittels Rückkopplung in die Positivität des absoluten Wissens übergeht, genauso gilt für den Tod, dass er, auf sich selbst bezogen, den Verlust des Lebens immer wieder umkehrt und ausgleicht. Dem »Daransetzen des eigenen Lebens«, heißt es in der *Phänomenologie*, folgt die »Bewährung [...] durch den Tod«. Die Differenz also, als Aufopferung und Ausgelassenheit des Geistes, ist die »bestandne Gefahr des Todes selbst, der überlebt wird«.[69] In der ganzen Bewegung des wi(e)der ist der Tod nicht vergebens gewesen, nicht absolut und ein- 124,131,
fach tödlich, sondern nützlich für das Leben, produktiv. »Wo aber Gefahr 164,338
ist, wächst / Das Rettende auch«[70]; so wird gewöhnlich zur Unterstützung dieser These der Hegelfreund Hölderlin zitiert. Und »›Retten‹«, das meint dann auch Heidegger, »ist: einholen ins Wesen.«

Dem Tod einen Sinn im Sinne seiner Wissenschaft zu geben, darum geht es Hegel; ihn als Nicht-Sinn, als unbeherrschtes und willkürliches Ereignis, als Fatalität, unmöglich zu machen. Von daher ist der Wissende für ihn zugleich der Überlebende, der durch Wiederbelebung Gerettete: Der Passagier, der sich im Abenteuer des Übergangs (bei der Durchquerung der Passage, 126,176,
des Kanals) bewährt hat und nun glücklich seine Bestimmung erreicht. Er 214

[68] Hegel 1807, S. 130f. Das direkt folgende Zitat S. 26.

[69] Hegel 1807, S. 130f., 334. Was der Tod auf keinen Fall sein darf, ist dies: »[...] der kälteste, platteste Tod, ohne mehr Bedeutung, als das Durchhauen eines Kohlhaupts oder ein Schluck Wasser.« Ders. 1807, S. 390.

[70] Hölderlin 1803, S. 197. Das direkt folgende Zitat Heidegger 1955, S. 28.

ist derjenige, das wusste schon der platonische Sokrates, der sterben *will*, der sich den Tod gibt, an dem er identisch und sich seiner selbst: seines Selbst, bewusst wird.[71] Was Hegel am Ende der *Phänomenologie* in Aussicht stellt, dass die Wissenschaft »aus dem Kelche dieses Geisterreiches« kostet, ist ihr deshalb nicht möglich, ohne vorher jenen Schierlingsbecher angesetzt zu haben, der noch das Sterben zu ihrem eigenen Werk macht.[72] Einzig um den Preis dieses Todes, indem das natürliche Bewusstsein (als Unbegriffenheit oder Unmittelbarkeit des Daseins) die Schwelle seines Verschwindens überschreitet (also die Arbeit des Begriffs oder die Vermittlung auf sich nimmt), findet es letztlich zu seiner wahren Gestalt und Wahrheit. »[L]'économie de la vie«, so bezeichnet Derrida dieses Äquivalenzprinzip von Todesgefahr und Lebensrettung; dass sich das Leben des Geistes im Angesicht des Todes formt und ausbildet: »[L]a vie est donc restée en vie.«[73] Das Leben überlebt den eigenen Tod. Und der Tod – er wird zum strategischen Moment in den Bewegungen des Lebens, dass sich nur weggegeben hat, um sich in Wahrheit zu gewinnen, dass sich nur aufgeopfert hat, um sich am Ende zu behalten.

> 122, 132, 160, 351 Par ce recours à l'*Authebung* qui conserve la mise, reste maîtresse du jeu, le limite, le travaille en lui donnant forme et sens (Die Arbeit...*bildet*), cette économie de la vie se restreint à la conservation, à la circulation et à la reproduction de soi, comme du sens [...].[74]

Soll der Tod keine Vernichtung sein, soll er das Leben nicht rückhaltlos: »sans réserve«, nehmen, dann, indem er selber zur Hoffnung wird; indem

[71] Vgl. die Beschreibung vom Tod des Sokrates in: Platon, Φαίδων/*Phaidon*, 117 bff. »Sokrates w o l l t e sterben«, schreibt dazu Nietzsche, GD, KSA 6, S. 73, »e r gab sich den Giftbecher«. Ebenso Macho 1987, S. 51: »Sokrates hat demonstriert, wie ein mündiger Bürger stirbt: [...] Darin liegt die wesentliche Pointe der platonischen Apologie: Sokrates verwandelt die Todesstrafe – den Mord – schon in einen Selbstmord, in einen beispielhaften und autarken Tod, der mit feiner Ironie die Gesetze ehrt. [...] [U]nd so gelingt es ihm, den verhängten Tod zu einem selbstverantworteten Tod zu machen.«

[72] Vgl. Hegel 1807, S. 531. Bei Kojève 1947, S. 569 heißt es dann: »Et, à l'encontre de la mort ›naturelle‹, purement biologique, la mort qui est l'Homme est une mort ›violente‹, à la fois consciente d'elle-même volontaire. La mort humaine, la mort de l'homme, – et par conséquent toute son existence vraiment humaine, sont donc, si l'on veut, un *suicide*.«

[73] Derrida 1967 b, S. 375f. Bereits Kojève 1947, S. 570 hatte in diesem Zusammenhang geschrieben: »[I]l [= Hegel] assimile l'auto-création de l'Homme à l'actualisation de sa mort.« Bei Hegel selbst steht, »daß die Veränderung, welche Untergang ist, zugleich Hervorgehen eines neuen Lebens ist, daß aus dem Leben Tod, aber aus dem Tod Leben hervorgeht.« Hegel 1822/28, S. 98.

[74] Derrida 1967 b, S. 375f. Vgl auch Baudrillard 1976, S. 69, 223, 208, 201, der solche Ökonomie des (Über-)Lebens als »mort *différée*« beschreibt. An die (mittelalterliche) Stelle eines »*théâtre collectif* de la mort [...] sous les auspices du rituel et de la fête«, so seine These, ist die (neuzeitliche) Dialektik als »administration de la mort« getreten.

man aus ihm gleichermaßen einen *gebenden*, die Negativität (die Schulden, die Veräußerungen usw.) *vergebenden Tod* macht. Der Tod ist keineswegs Schlusspunkt, vielmehr Wiederholung: seiner selbst und dadurch des Lebens. Nicht anders als das absolute Wissen, kann auch das wahre Leben, nur das aus dem Tod zurückgekehrte, das durch die wiederholte Arbeit wiedergeholte Leben sein: das Leben nach dem Tod; besser noch, das Leben vermittels und durch die Mitte des Todes. Es wäre dies auch das österliche Motiv in der Dialektik; oder: Renaissance.

HEGEL Zweifellos gehört Hegel nicht zu denjenigen, die von einem Leben ohne Tod träumen. Denn anstatt den Tod auszuschließen oder gar ein Todesverbot zu errichten, geht es dem Philosophen darum, für die Erfordernisse seiner Wissenschaft eine bestimmte Todesart zu definieren:

> Aber nicht das Leben, das sich vor dem Tode scheut und von der Verwüstung rein bewahrt, sondern das ihn erträgt, und in ihm sich erhält, ist das Leben des Geistes. Er gewinnt seine Wahrheit nur, indem er in der absoluten Zerrissenheit sich selbst findet.

Das Leben *gibt* sich den Tod und durch diesen Tod *nimmt* es sich sein Leben. Ebenso in umgekehrter Richtung: Der vom Leben ermächtigte Tod macht das Leben. Auf alle Fälle muss man zur Kenntnis nehmen, dass der Tod umzingelt wird von Leben; dass er für Hegel zu einer Arbeitskraft in seiner ökonomisch verfassten Wissenschaft geworden ist; ein unumgänglicher und deshalb zu beschreitender Übergang. Lebenstüchtig und nicht todessüchtig vollzieht sich seine Dialektik der Aufhebung; als Beschwörung des Lebens noch in den schwärzesten Metaphern des Todes. Worum es ihr geht, ist gerade dies: mit aller Macht an der Durchsetzung des Lebens zu 54, 75,
arbeiten; kurz: Leben zu schaffen. Dialektik also ist nicht nur kein formalis- 141, 355
tisches Schema; vielmehr die Identifikation der Bewegungen des Geistes mit den Bewegungen des Lebens, das sich in seiner selbstbewussten Gestalt jeweils hervorbringen und bilden soll.

Die Zeit der Geschichte

ARENDT Nachdem die *Arbeit* bisher als Handeln und Handel der Aufhebung beschrieben wurde, kann nun *Geschichte* der große & ganze Prozess dieser Anstrengung heißen: Das wirkliche Durchlaufen jener Momente, als welches der Tod hergestellt und wieder überwunden wird, als welches sich das Leben des Geistes preisgegeben hat, veräußert, damit es im Gegenzug seine wahre Gestalt und Wahrheit erreicht.

Weder Historik noch Zeit an sich

Um aber sogleich einem Missverständnis vorzubeugen: Was hier als ›Geschichte‹ thematisiert wird, bezieht sich nicht auf den Tätigkeitsbereich des Historikers; weder auf das Rekonstruieren der Vergangenheit, das Interpretieren von Quellen oder Dokumenten, noch auf das Entdecken, Anordnen und Periodisieren jener zahllosen vom Menschen hinterlassenen Spuren. Dieses Kapitel hat keineswegs die Absicht, in die Kritik einer wissenschaftlichen Disziplin: ihrer Institutionen, Vertreter und deren Veröffentlichungen, einzusteigen (sei sie nun konservativ oder emanzipatorisch, der Traditionspflege verbunden oder eher dem Klassenkampf). Es geht nicht darum, Defizite nachzuweisen oder Errungenschaften zu untermauern, gewisse Methoden, Instrumente oder Stile zu verurteilen und andere zu rechtfertigen; mithin (von oben herab oder aus der Versenkung heraus) zu erklären, wie man etwas richtig macht und was in Wahrheit gewesen ist. Stattdessen wird im Folgenden die Frage nach der *Geschichte als Geschichtszeit* gestellt: Welcher spezifische *Typ* von Zeitlichkeit geht mit Hegels Dialektik einher, und durch welche *Struktur* ist dieser Zeittyp gekennzeichnet?

Eine solche Aufmerksamkeit jedoch (um noch einem weiteren Missverständnis vorzubeugen) bewirkt keinen Themenwechsel von der Geschichtsschreibung zur Zeit-an-sich. Gefragt wird nicht, *was* die Zeit bedeutet, sondern *wie* sie für Hegel bedeutet: Wie sich durch ihre Macht die unmittelbaren Gewissheiten des Geistes in sicheres Wissen transformieren. Also nicht *Was ist*...die Zeit? Vielmehr: Auf welche Art und Weise funktioniert, über den bisher beschriebenen systematischen Aufbau hinaus, der zeitliche Ablauf des Erkennens?

Mit anderen Worten: Geschichte soll hier als der Modus Procedendi der Differenz beschrieben werden. Denn dass es gerade die Zeit als Geschichte ist (eine sehr spezifische Zeit), die Hegel in seiner Dialektik explizit und für die europäische Philosophie hoffähig gemacht hat, davon kann man sehr wohl ausgehen.

In seiner *Phänomenologie* also schreibt Hegel:

> Das Wahre ist das Ganze. Das Ganze aber ist nur das durch seine Entwicklung sich vollendende Wesen. Es ist vom Absoluten zu sagen, daß es wesentlich R e s u l t a t, daß es erst am Ende das ist, was es in Wahrheit ist; und hierin eben besteht seine Natur, Wirkliches, Subjekt, oder sich selbst werden, zu sein.[75]

Dieses Zitat kann zunächst als eine Bestätigung gelesen werden; insofern nämlich, als es die Treue gerade der hegelschen Philosophie gegenüber

[75] Hegel 1807, S. 15.

der neuzeitlichen Welt- und Wissensbildung unterstreicht. Mit Hannah Arendt konnte ja gezeigt werden, wie Medientechnik und experimenteller Zweifel im 17. Jahrhundert zur Umkehrung der überlieferten Hierarchie von ›vita activa‹ und ›vita contemplativa‹ geführt haben. Anstatt das Erste, Unmittelbare schon für das Wahre zu halten und den Rest für Verdunkelung, verbergendes Gerede, anstatt das Wertvollste und Wesentlichste allein im Ursprung zu suchen, als feierliche Beschwörung des Anfangs und der Herkunft, setzt Hegel immer schon voraus, dass die wahre Gestalt der Wahrheit auf dem mühsamen Wege der Vermittlung, vermöge des begrifflichen Denkens, allererst hervorgebracht werden muss. Für ihn ist es ganz selbstverständlich, dass sich Philosophen nicht mehr auf die Beschaulichkeit der (ohnehin scholastisch überformten) θεωρία stützen können; darauf, die Dinge in ruhiger Betrachtung sein zu lassen, was sie selber sind und wie sie selbst sich zeigen, sondern dass zweifelsfreie, sichere Erkenntnis nur dort erreicht wird, wo zuvor gearbeitet, sogar wiederholt gearbeitet wurde. So ist Wissenschaft produktiv geworden, handlungsfähig, und Wissen ihr eigenes Werk: Aus dem Zuschauen wurde ein Zugreifen, aus dem Seinlassen ein Veranlassen. Einst Liebhaber der Weisheit, betreibt der Philosoph sein ernsthaftes Geschäft fortan als Arbeit des Begriffs. Wirklich erkannt haben wird er am Ende nur das, was er selbst gemacht hat; was sich durch die verändernden Bewegungen des Geistes, die wiederholten und wiederholenden Anstrengungen seiner Negation, überhaupt erst konstituiert hat.

Aus dem genannten Zitat aber kann noch anderes als nur diese Bestätigung herausgelesen werden. Gemeint ist, dass *Erkennen als Arbeit* für Hegel immer auch heißt *Erkennen als Prozess*; das ist: Der Lebenslauf des Geistes, der darin sich selbst als Selbst hervorbringt, entwickelt und vollendet. Denn dass der Geist arbeiten muss setzt voraus, dass ihm das, was er in Wahrheit ist, erst noch bevorsteht. Er kann sich die konkrete Durchführung seiner Bestimmungen nicht ersparen:

> Als der Geist, der weiß, was er ist, existiert er früher nicht, und sonst nirgends als nach Vollendung der Arbeit.[76]

Indem Hegel das Absolute als das Resultat beschreibt, das Wahre als das Ganze, hat es seine Wissenschaft nicht nur mit einem System fertiger Begriffe zu tun, sondern ebenso mit dem Prozess ihrer Fertigstellung. »ἐγώ εἰμι«, könnte deshalb auch der Geist um 1800 erklären, »ἡ ὁδὸς καὶ ἡ ἀλήθεια καὶ ἡ ζωή.« (Joh. 14,6) Jedenfalls bietet die Dialektik der Aufhebung keinen Anlass, Raum und Zeit: die systematische und die prozessuale Konstituierung des Wissens, gegeneinander auszuspielen.

[76] Hegel 1807, S. 523.

Dazu noch einmal Hannah Arendt:

> The break with contemplation was consummated not only with the elevation of man the maker to the position formerly held by man the contemplator, but with the introduction of the concept of process into making.[77]

Das *Wissen als Werk*, das man vom Absoluten schreiben kann, es sei wesentlich Resultat, lenkt die Aufmerksamkeit auf das *Werden des Wissens. These ist, dass die Handlungen und Verwandlungen des Geistes die Verzeitlichung des Erkennens implizieren.* Für die hegelsche Dialektik also ist Zeit nicht nur ein möglicher Forschungsgegenstand, sondern sie selber, als
51,61, 112,163 mobilgemachte, performative Wissenschaft, vollzieht sich immer schon in zeitlicher Art und Weise: kein absolutes Wissen ohne dessen Entwicklung; keine Entwicklung ohne eine spezifische Zeit und Zeitlichkeit, die der Geist braucht, um zu arbeiten; um an sich selbst jene Prozesse in Gang zu bringen und zu durchlaufen, in denen er seine anfänglichen Gewissheiten in endgültiges Wissen transformiert. Nur indem sich der Geist (als Subjekt seiner Entwicklung allemal Inbegriff des Selfmademan) von jener überlieferten Haltung der θεωρία losmacht, nur indem er die Anstrengung der gedoppelten Negation auf sich nimmt, wird er endlich Zeit haben. Einzig seine Taten machen ihn zeitlich. Oder: Es ist die Arbeit, durch die sich ihre Subjekte selbst Zeit geben.

Vom Dasein zum Werden: Raum/Zeit

HEGEL Der *Zweite Teil* der *Enzyklopädie* beschreibt Raum und Zeit als »zwei Formen des Negativen«. In ihnen hat sich der Geist zu der ihm eigenen differenziellen Gestalt transformiert. Er hat sein reines Selbst veräußert oder als Dasein außer sich zur Erscheinung gebracht. Während Hegel den Raum als »unmittelbare daseiende Quantität« beschreibt, »worin alles bestehen bleibt«, als das »ruhige Nebeneinander« seiner Elemente: »Dieses neben Diesem« in ihrer »vermittlungslosen Gleichgültigkeit«, ist es für ihn
75,278, 305,329 erst die »Macht der Zeit«, die alles Elementare in Bewegung bringt und die erreicht, dass dem Dasein des Bestehenden auch der kontinuierliche Fluss des Erkennens entspringt.[78]

[77] Arendt 1958, S. 301.

[78] Hegel 1830 b, S. 48. Bis zur folgenden Fußnote sind alle Zitate den S. 41–51 der *Enzyklopädie*, 1830 b entnommen. Vgl. dazu aber auch ders. 1830 c, S. 252 sowie ders. 1807, S. 32f. Dort nämlich schreibt Hegel zunächst über den *Raum*: »Der Raum ist das Dasein, worin der Begriff seine Unterschiede einschreibt, als in ein leeres, totes Element, worin sie ebenso unbewegt und leblos sind. [...] Denn das Tote, weil es sich nicht selbst bewegt, kommt nicht zu Unterschieden des Wesens, nicht zur wesentlichen Entgegensetzung oder Ungleichheit, daher nicht zum Übergang des Entgegengesetzten in das Entgegengesetze, →

Der Raum ist negativ nur in der Weise, dass seine Elemente sich unmit- 159,188,
telbar gegeneinander absetzen und dadurch in »Höhe, Länge und 212
Breite voneinander unterscheiden«: noch nicht als qualitative Differenzen, ausgerichtet und bewertet durch einen absoluten Zweck (von sich aus kennt der Raum weder »konkrete Bestimmungen« noch »ein Oben, Unten, Rechts, Links«), sondern *topologisch*, als Ordnung von Orten, d.h. von begrifflosen, weil abzählbaren Größenverhältnissen, die innerhalb des Raumes und als dieser selbst bestehen: Indem etwas so hoch, lang oder breit erscheint, wie etwas anderes *nicht* erscheint. In Hegels Worten:

> Die Negation im Raume ist Negation an einem Anderen.

Was sie zustande bringt, ist das Hier und Jetzt differenzieller Quantitäten: Eine »allgemeine« oder »abstrakte Vielheit«, die trotz ihrer Auseinandersetzung noch nichts von sich weiß und die deshalb »in gleichgültiges Bestehen zerfällt.« Gleichgültig verhält sich das jeweils Auseinandergesetzte, indem es als Gleiches unter Gleichen gilt, indem es Ungleichheit abwehrt; mithin als *Simultanität des Unvermittelten*: »eins neben dem anderen, ohne sich zu stören.« In seiner räumlichen Form also ist das Außersichsein des Geistes »nur oberflächlich und ein völlig leerer Unterschied.« Gäbe es nur Raum, dann
bliebe das Negative »in seiner ganzen Unruhe [...] paralysiert«; dann wäre 146,209
alles unentwegtes Bestehen – die Welt gleichsam ein Kristall: differenziert zwar aber leblos. Hegel konstatiert daher einen »Mangel des Raumes«, denn »das Negative kommt so im Raume noch nicht zu seinem Rechte.«

Um dies zu erreichen, ist es vielmehr nötig, dass die räumlichen Verhältnisse ihr unvermitteltes, gegeneinander gleichgültiges Dasein mobilisieren; dass sie, wie es die Dialektik der Aufhebung beschreibt, ihre erste Auseinandersetzung selber noch einmal negieren. Solche Negation, die den Raum aus seiner Gleichgültigkeit heraustreibt, nennt Hegel

> das an sich selbst Negative, die Zeit; sie ist die Negation der Negation, die 164,185,
> sich auf sich beziehende Negation. 300,323

Ist der Raum das ruhige Nebeneinander der Quantitäten, dann bewirkt die Zeit deren Entstehen und Vergehen; den »alles gebärenden und seine Geburten zerstörenden Kronos.«[79] So vollzieht sich in der Zeit und als

nicht zur qualitativen, immanenten, nicht zur Selbstbewegung.« Über die *Zeit* heißt es dann: »Das Innre Entstehen oder Werden der Substanz ist ungetrennt Übergehen in das Äußere oder in das Dasein, Sein für anderes; und umgekehrt ist das Werden des Daseins das sich Zurücknehmen ins Wesen. Die Bewegung ist so der gedoppelte Prozeß und Werden des Ganzen [...].«

[79] Vgl. auch Hegel 1822/28, S. 101f. Dabei ist Hegels Anlehnung an die griechische Mythologie bestenfalls auf einer strukturellen Ebene zutreffend (Entstehen und Vergehen ist wie →

diese selbst die Negation dessen, was Hier und Jetzt als Dasein einfach da ist. Für Hegel ist deshalb die Verzeitlichung des Geistes zugleich die Veränderung des Bestehenden: dass nun »Dieses nach Diesem« folgt und räumliches Dasein sich nicht länger vor der gedoppelten Macht des Negativen verschließt. Als Zeit erscheint der Geist nicht mehr kristallisiert in der Simultanität des Unvermittelten, sondern wird verflüssigt zur *Sukzession jener Momente*, die er sich als Bewegung zum absoluten Wissen erarbeiten muss. Was topologisch nur ist, muss *dialektisch* noch werden. Um überhaupt erkennbar zu sein, müssen sich räumliche Auseinandersetzungen in zeitliche Folgen umwandeln lassen.

> Die Wahrheit des Raumes ist die Zeit [schreibt Hegel], so wird der Raum zur Zeit; wir gehen nicht so subjektiv zur Zeit über, sondern der Raum selbst geht über.

46,134, 159,176 Die Dialektik der Aufhebung ist wesentlich eine Philosophie dieses Übergangs – dass es Zeit wird für die Wissenschaft und dass die Zeit zur Wahrheit wird.

Raum und Zeit: Das sind Dasein und Werden der Äußerlichkeit. Das ist der Geist in den Momenten seiner Negation; im Prozess seiner wiederholten Arbeit. Dabei wird die Zeit (um mit diesem Thema fortzufahren) von Hegel nicht als Grundlage der geistigen Aktivitäten definiert, als deren transzendentale Möglichkeitsbedingung, gleichsam unabhängig und getrennt von allem, was sie zeitigt, sondern es ist der Geist selbst, der sich zur Zeit macht; ausgegossen in das Werden seiner Momente: nicht mehr gleichgültig im Schacht seiner Innerlichkeit und noch nicht wieder ausgeglichen durch die
43,110, 125,154 Synthese seines absoluten Wissens. Zeit also kann die wirkliche Unruhe des Geistes genannt werden; die Herausforderung der eigenen Gewissheiten und der Mut, seiner Herkunft zu widersprechen; sowohl die Entzweiung mit sich selbst als auch die Verzweifelung; genau jene Momente, in denen er dem Tod ins Angesicht schaut, in denen er sein Leben weggibt, um sich daran zu bewähren und es schließlich in Wahrheit wieder zu gewinnen.

> [N]icht i n der Zeit [schreibt Hegel] entsteht und vergeht alles, sondern die Zeit selbst ist dies W e r d e n, Entstehen und Vergehen [...].[80]

Gebären und Zerstören), denn »sprachlich-etymologisch« hat der Titanensohn und Kindermörder Kronos, (gr.) = ›Κρόνος‹, mit der Zeit, also Chronos, (gr.) = ›Χρόνος‹, »garnichts zu tun«. Vgl. Kroll/Mittelhaus 1934-III/2, S. 2482; dies. 1934-XI/2, S. 1986 sowie Ziegler (et. al.) 1975-1, S. 1166.

[80] Hegel 1830 b, S. 49. Im *Zusatz* dieses Paragraphen (auf S. 50) schreibt Hegel auch, dass »die Zeit nicht gleichsam ein Behälter [ist]«, in den Gedanken, Dinge usw. »gestellt« werden könnten.

Mit anderen Worten: Für seine Dialektik gilt die Zeit *existential* und nicht *fundamental*. Einerseits ist sie der Geist auf dem Weg und in der Bewegung des Begreifens (= performativ), andererseits die Veränderung seiner bestehenden Lebensverhältnisse (= praktisch) – anstatt logisches Apriori die *Chronologie seiner Gestalten*, anstatt formales Gesetz die *Transformation seiner Unmittelbarkeit*. Streng genommen ist die Zeit kein Begriff, sondern jeder Begriff in seinem Werden; das konkrete Sich-Vollziehen seiner Bildung.

Zeit als Fortschritt

Zeitlich zu sein heißt für den Geist, bei der Arbeit zu sein. Das Produzieren seines Wissens, die begriffliche Bewegung und Veränderung selbst, ist der Vollzug dieser Zeit. Hegel identifiziert Zeit und Arbeit. Was er Wissenschaft nennt, die Selbsterkenntnis des Geistes, ist kein interesseloses Geschehen, nicht die bloße Anhäufung von Einfällen, die »räsonierende Kombination 100, 124, 161, 163
von Umständen und Umständchen«[81], sondern der zweckmäßige Gang des Begreifens. Auf diese Weise wird die Zeit, im Unterschied zum quantitativen Dasein des Raumes, *qualitativ*. In ihren Bewegungen entfaltet sich stets und stetig die teleologische Verfasstheit des Geistes; dass er einen Bildungsprozess absolviert und dass er, um nicht »faule Existenz« zu sein oder sich im »Spiel von Zufälligkeiten« herumzutreiben, seine Zeit sinnvoll nutzen 17, 70, 204, 265
muss. Zeit als Arbeitszeit meint deshalb das koordinierte Nacheinander der jeweiligen Arbeitsschritte; sowohl (wie schon mehrfach beschrieben) das Hinarbeiten des Geistes auf sein Ziel als auch (und nun darüber hinaus) seinen »Fortschritt im Bewußtsein der Freiheit«[82]; das ist: sein »Fortschreiten von dem Unvollkommnen zum Vollkommneren«. Hegel zufolge enthält jedes ernsthafte Erkennen (lies: jedes geschäftige und geschäftstüchtige Philosophieren) einen »Trieb der P e r f e k t i b i l i t ä t«, sodass die Transformationen, die der Geist an sich selbst erarbeitet, jederzeit seinen »Fortgang zum Besseren«, einen »Stufengang der Erhebung« darstellen.

Solche Überzeugungen jedoch sind nicht nur gnadenlos optimistisch 132, 254, 336, 345
(und deshalb mit einem abgeklärten Lächeln einfach beiseite zu schieben), vielmehr zeigen sie, dass Hegels Qualifizierung der Zeit, systembedingt und systematisch zugleich, immer schon einen Unterscheid voraussetzt zwischen Arbeit und Spiel, zwischen Notwendigkeit und Zufall. Unter den Vorzeichen seiner Dialektik funktioniert die Zeit ausschließlich als zweckmäßig fortschreitender Prozess. Was auch immer dem Geist begegnet, wie auch immer er sich bewegt, stets bleibt er über die Richtung seiner Transformationen und die Richtlinie seines Handelns orientiert; stets geht er davon aus, dass die Minimierung der Kontingenz zur gewünschten Maximierung des Sinns

[81] Hegel 1822/28, S. 82f. Die beiden folgenden Zitate S. 53, 75.

[82] Hegel 1822/28, S. 32. Die direkt folgenden Zitate S. 78, 74 sowie ders. 1830 c, S. 15.

führt. *So wird die Zeit, die der Geist im Laufe seiner wiederholten Negation ja selber ist, geschichtlich.* Denn

> [d]ie Bewegung, die Form seines Wissens von sich hervorzubringen, ist die Arbeit, die er [= der Geist] als w i r k l i c h e Geschichte vollbringt.[83]

Ist die Anstrengung des Geistes, das Mangelhafte seines Anfangs zu verwandeln, *Arbeit* genannt worden, dann kann die Zeit dieser teleologischen Verwandlung nun *Geschichte* heißen. Als solche bildet sie den Übergang von der bekannten Wahrheit zur wahren Erkenntnis; jene *dreistufige Prozession des Begreifens,* die mit der Herausforderung des Unmittelbaren beginnt und sich dann mittels Negation: wider und wieder, in dessen vermittelter Erinnerung vollendet. Dass sich der Geist seiner selbst bewusst wird und dass er dazu die vollständige Reihe seiner Gestalten durchlaufen muss, das macht seine wirkliche Geschichte als Geschichte seiner Wirklichkeit aus: die Totalität der auseinander hervorgegangenen und wieder in sich zurückkehrenden Momente seiner begrifflichen Arbeit. Insofern bedeutet Geschichte für Hegel durchwegs Geistesgeschichte (Geschichte *des* Geistes als deren Subjekt); nicht einfach und überhaupt Zeit, vielmehr deren spezifisch philosophische Machart.

These: *Als Dialektik der Aufhebung implizieren die selbst hervorgebrachten Transformationen des Geistes zugleich die Geburt der Geschichte.* Indem der Geist arbeiten muss, indem Negativität, Entäußerung usw. für ihn unumgänglich geworden sind, ist sowohl sein Erkennen in die Zeit als auch diese Zeit in ihre Geschichtlichkeit eingetreten. Bliebe der Geist lediglich im Eigenen, versunken im Schacht seiner Innerlichkeit, würde er, wie in der *Phänomenologie* gelesen, vom Negativen wegsehen und sich vor der Verwüstung rein bewahren, gäbe es nicht nur kein sicheres Wissen, sondern mit Sicherheit auch keine Geschichte.

* * *

[83] Hegel 1807, S. 526. Über den Prozess dieser großen & ganzen (also stets ›weltgeschichtlichen‹) Arbeit des Geistes schreibt Hegel auch: »Die Weltgeschichte stellt nun den S t u f e n g a n g der Entwicklung des Prinzips, dessen G e h a l t das Bewußtsein der Freiheit ist, dar. Die nähere Bestimmung dieser Stufen ist in ihrer allgemeinen Natur logisch, in ihrer konkreten aber in der Philosophie des Geistes anzugeben. Es ist hier nur auszuführen, daß die erste Stufe das schon vorhin angegebene Versenktsein des Geistes in die Natürlichkeit, die zweite das Heraustreten derselben in das Bewußtsein der Freiheit ist. Dieses erste Losreißen ist aber noch unvollkommen und partiell, indem es von der unmittelbaren Natürlichkeit herkommt, hiermit auf sie bezogen und mit ihr, als einem Momente, noch behaftet ist. Die dritte Stufe ist die Erhebung aus dieser noch besonderen Freiheit in die reine Allgemeinheit derselben, in das Selbstbewußtsein und Selbstgefühl des Wesens der Geistigkeit. Diese Stufen sind die Grundprinzipien des allgemeinen Prozesses [...].« Hegel 1822/28, S. 77.

Zyklus des Wissens

Wie aber funktioniert diese Geschichtlichkeit und in welcher Struktur ist sie organisiert? Welche Bewegungen führen den Geist in die Fremde? Auf welchem Weg begibt er sich durch jene Wüste des Negativen? Dazu Hegel:

> Es [das »Wahre«] ist das Werden seiner selbst, der Kreis, der sein Ende als seinen Zweck voraussetzt und zum Anfang hat, und nur durch die Ausführung und sein Ende wirklich ist.

Oder: Es ist

> der in sich zurückgehende Kreis, der seinen Anfang voraussetzt und ihn nur im Ende erreicht.[84]

Zweierlei wird durch solche Formulierungen zunächst und noch einmal hervorgehoben:

Erstens; Geschichte nennt Hegel jene Zeit, die sich durch einen Anfang und ein Ende konstituiert. Stets gibt es eine Intention, mit der die begriffliche Arbeit einsetzt und ein Resultat, in dem sie sich vollendet; einen Willen, der den Geist in Bewegung bringt und ein Ziel, in dem er sich schließlich wieder beruhigt.

Zweitens; Geschichte ist das Werden des Geistes als die konkrete Durchführung seiner Zwecke. Sie ist, wenn man so will, ›work in progress‹: genau diejenige Zeit, die der Geist braucht, um sein Wissen auch tatsächlich zu erarbeiten, um sich selbst dahingehend zu transformieren, dass seine gegebene Unbegriffenheit in eigenes Begreifen übergeht.

Neu hingegen ist an dieser Stelle die Beschreibung der *Geschichte als Kreis*: als das »Jetzt und Vor- und Nachher, daß sich mit sich zusammenschließt [...].«[85] Nicht im Sinne einer geometrischen Figur, als Dasein im Raum und deshalb noch paralysiert, sondern als Zeitkreis, als Aussage über die Modali- 142, 209
tät geschichtlicher Prozesse. Denn geschichtlich funktioniert die Hervorbringung des Wissens als Kreislauf selbst des Geistes; chronologisch zwar, *linear*: als Versammlung der losen, gegeneinander gleichgültigen Begebenheiten zu einer wohldurchdachten Reihe, *jedoch ohne Geradlinigkeit*. Das heißt: Die von Hegel geforderte Wissenschaft ist reflexiv nicht allein durch ihr Expertentum fürs kleine Pronomen ›selbst‹, sondern auch in der Weise, dass sie die *Flexion der Zeit* unternimmt; dass ihr sukzessives Begreifen buchstäblich die Runde macht, sich beugt und wendet, um aus dem wiederholten Widerspruch heraus schließlich in die Wiederholung des Widersprochenen einzumünden. Unter dem Vorzeichen seiner Geschichtlichkeit jedenfalls

[84] Hegel 1807, S. 14, 525.

[85] Hegel 1830 b, S. 59.

fließt der Zeitstrom auch zurück zur Quelle; weshalb die Transformationen des Geistes einen »in sich geschlungenen Kreis dar[stellen], in dessen Anfang, den einfachen Grund, die Vermittlung das Ende zurückschlingt.«[86] Das Ende dieser Bewegung aber kann nur darum die Rückkehr zu ihrem Anfang erreichen, weil dieser Anfang jederzeit seinen Zweck hat; weil er, wie von Hegel weiter oben beschrieben, seine Vollendung »als Zweck voraussetzt«.

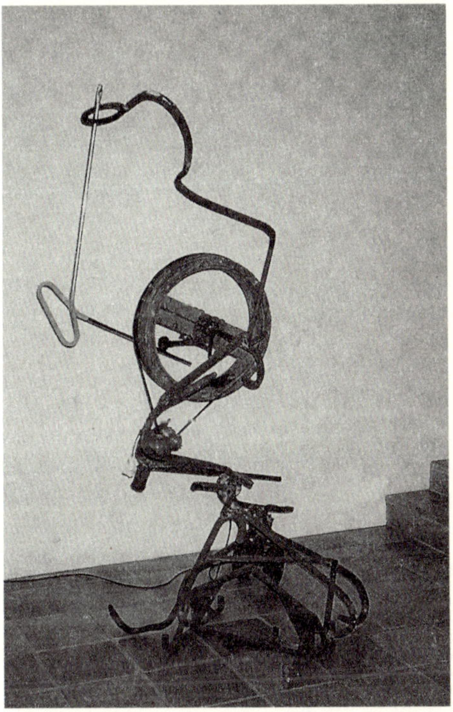

Jean Tinguelys **Hegel**. Mixed Media Assemblage, 1988. Aus: E. Violand-Hobi 1995, S. 17. *Museum Jean Tinguely*, Basel.

Solches Voraussetzen freilich ist äquivok, denn es kann gleichermaßen Motivationen und Intentionen, ἀρχή und τέλος bezeichnen: einerseits eine Vergangenheit, in der die Bewegungen des Geistes eingeleitet wurden, von der sie einst ausgegangen und nun fortgegangen sind, andererseits eine Zukunft, die dem Geist noch bevorsteht, auf die er sich zu bewegt und die ihn vollenden wird. Nun ist es unschwer zu erraten, dass Hegel mit dieser

[86] Hegel 1813/16, S. 571. Wie bereits zitiert, hat Nietzsche, GD, KSA 6, S. 92 diese Bewegung als eine »Umkehrung der Zeit« beschrieben.

Äquivokation nicht zu einem ›Entweder...oder‹ auffordern wollte, sondern dass es für ihn der Austausch und der Ausgleich beider Momente ist, die den Lauf der Geschichte organisieren und als Kreis zusammenschließen. Es kennzeichnet also die Struktur dieser Geschichte, dass der Geist *auf der Grundlage des Vorausgesetzten* und zur selben Zeit *im Hinblick auf dieses Vorausgesetzte* arbeitet; dass er seine Zukunft herstellt, indem er die eigene Vergangenheit wieder findet.

DERRIDA In der Geschichtlichkeit dieser Bewegung bedeutet der Anfang stets das Vermögen zur Vollendung und das Ende stets die Verwirklichung des Anfangs. Mit anderen Worten: Als Anfang ist der Zweck bloß die innere Absicht des Geistes, ein abstrakter und deshalb noch leerer Gedanke; etwas, das er zwar erreichen will, das aber bisher nur als *Möglichkeit* vor ihm liegt. Am Ende dagegen hat der Geist die eigenen Absichten ausgeführt; er hat seinen vorgesehenen Zweck erfüllt, die Innerlichkeit seines Wollens auf den Begriff gebracht. Das Mögliche ist dadurch zur *Wirklichkeit* geworden – was der Geist erreicht also kein beliebiges Resultat: irgendwo, sonst wann; vielmehr die Erkenntnis seiner selbst: die Realisation und Realität ganz genau jenes Gedankens, der ihn einst in Bewegung gesetzt hat. Der Geist muss »für sich« werden, was er »an sich« immer schon war.[87] Ordnungsgemäß kehrt er im Laufe der Zeit zu seinem Ursprung zurück. So wird seine Zukunft zur Vergangenheit, die sich ihrer selbst bewusst geworden ist.

> [D]as A [schreibt Hegel in der *Enzyklopädie*] ist das Ω,

und er konzipiert damit den Zeitkreis als »sich bewegende Sichselbstgleichheit«: Dass die Verwandlungen des Geistes auf die Anverwandlung von Anfang und Ende hinauslaufen; dass sich Einleitung und Schluss der Geschichte am Leitfaden ihrer Zwecke ineinander schlingen.

Das heißt aber auch, dass der Geist seine Transformationen in einer *buchstäblichen Ordnung* vollzieht. In den Momenten seiner Negation, indem er Geist seinen Prozess der Aus-

[87] Hegel 1830 c, S. 38. Tatsächlich können solche oder ähnliche Formulierungen in jedem Hegeltext gefunden werden. In der *Philosophie der Geschichte* etwa heißt es, dass sich die Gestalten des Geistes »zwar als selbständig nacheinander ausgebildet [haben]; was aber der Geist ist, ist er an sich immer gewesen, der Unterschied ist nur die Entwicklung dieses Ansich.« Hegel 1822/20, S. 105. Oder: »Die Bewegung des Begriffs ist die Entwicklung, durch welche nur dasjenige gesetzt wird, was an sich schon vorhanden ist. [...] Das Richtige in dieser Hypothese ist dies: daß der Begriff in seinem Prozeß bei sich selbst bleibt und daß durch denselben dem Inhalt nach nichts Neues gesetzt, sondern nur eine Formveränderung hervorgebracht wird.« Hegel 1830 a, S. 308 f. Die beiden folgenden Zitate ders. 1830 b, S. 30 sowie ders. 1807, S. 16.

HEGEL Woher der Geist kommt, ist, wohin er geht. Was er als seine Zukunft plant, wird ihm als die eigene Vergangenheit begegnen.

> Auf diese Weise ist es, daß jeder Schritt des Fortgangs im Weiterbestimmen, indem er von dem unbestimmten Anfang sich entfernt, auch eine Rückannäherung zu demselben ist; daß somit das, was zunächst als Verschieden erscheinen mag, das rückwärtsgehende Begründen des Anfangs und das vorwärtsgehende Weiterbestimmen, ineinanderfällt und dasselbe ist.[88]

Geschichtliche Prozesse also werden durch die Komplementarität zwei einander entgegengesetzter Bewegungen des Geistes konstituiert:
25, 164, 299 Sie sind gleichermaßen Entäußerung und Verinnerlichung, Differenzproduktion und Selbstbeherrschung; sowohl das Töten der eigenen Vorstellungen als auch das Gedächtnis des Vergangenen. Einzig Geschichte kann daher jener Typ von Zeitlichkeit sein, der Hegels Dialektik der Aufhebung organisiert. Oder: Was
124, 131, 298, 338 bisher als List des wi(e)der beschrieben wurde, die Wiederholung des Widerspruchs als Wiederholen des Widersprochenen, geht einher mit dem flektierten Ablauf der Geschichtszeit. Die Einschiebung des Buchstabens bestätigt deshalb nicht nur das systematische Interesse der Dialektik, sie kennzeichnet nicht nur das vollständige Ausmaß ihrer Negation (sowie den Einsatzort der Sprache), sondern zeigt auch, wie sich die Erarbeitung des Wissens als Buchstabenfolge, als Sukzession der Wörter und Zeilen vollzieht.

Für die Geschichte, jenen Modus Procedendi der Differenz, ergeben sich daraus folgende Konsequenzen:

bildung durchläuft, muss er sich als (Schrift-) Sprache konstituieren, sich unter den Bedingungen des Alphabets zur Erscheinung bringen. »*Geschichte* vereint in unserer Sprache die objektive sowohl als subjektive Seite und bedeutet ebensogut die *historiam rerum gestarum* als die res gestas selbst; sie ist das Geschehene nicht minder wie die Geschichtserzählung.«[89] So kommt es, dass die spezifische Zeitlichkeit der Dialektik für Hegel immer auch »prosaisch« funktioniert: entsprechend dem »gleichförmigen [keineswegs gleichgültigen] Verlauf« der Gedanken und Begriffe; als kontinuierliche Erzählung, zu der sich die Selbstverwirklichung des Geistes versammelt. Oder: Die Zeit als Geschichte folgt dem Ausbuchstabieren der wirklichen Differenzierung des Geistes. Was heißt, dass erstens eine literarische Gattung zum Inbegriff der Wissensproduktion verallgemeinert wird und deshalb zweitens zumindest auf Hegel die von Derrida nur sehr unspezifisch formulierte These zutrifft, »que l'histoire de la philosophie est l'histoire de la prose.« Und ein paar Sätze weiter: »La philosophie est l'invention de la prose. Le philosophe parle en prose.«[90]

88 Hegel 1813/16, S. 570.

89 Hegel 1822/28, S. 83. Ebenso die direkt folgenden Zitate. Vgl. außerdem S. 142.

90 Derrida 1967 a, S. 406. Etymologisch übrigens kann ›Prosa‹ vom altlateinischen ›proverto‹ abgeleitet werden, das wiederum den Worten ›pro(r)sus‹ = ›nach vorwärts gerichtet‹, ›ge- →

Dynamisierung der Differenz

DERRIDA Erstens; die Komplementarität ihrer gedoppelten Bewegung gehorcht der *Struktur des Symbolischen* und dem darin wirksamen *Gesetz der Äquivalenz*. So wie einst das σύμβολον der Griechen nur in seine zwei 26,55, 219,346
Hälften zerbrochen und zwischen Gastfreunden aufgeteilt wurde, um ihnen die Rückkehr und das Wiedererkennen zu ermöglichen, so ist nun auch Geschichte als ein Prozess organisiert, in dem sich vorwärts gehendes Weiterbestimmen und rückwärts gehendes Begründen des Geistes ineinander schlingen. Das Symbol symbolisiert ›le Un qui devient deux‹ – und umgekehrt: das Entzweite (sogar Verzweifelte), dass sich schließlich wieder vereint, sich beruhigt. Aus dem Ring der Gastfreundschaft also ist bei Hegel der Kreislauf des Geistes geworden.

HEGEL Zweitens; im Modus der Geschichte funktioniert die Unterscheidung von Anfang und Ende, von Gewissheit und Wissen des Geistes als *generative Differenz*. Das heißt: Die Arbeit des Negativen besteht nicht darin, einfache Widersprüche oder abstrakte Vielheit festzustellen; ihre Anstrengung folgt keineswegs dem Dualismus einer wahren und einer scheinbaren Welt (etwa so, wie man es aus der *Kritik der reinen Vernunft* kennt). Anstatt gegebene Zusammenhänge lediglich zu analysieren, sie in ihre Bestandteile auseinander zu legen: in eine Ordnung von Orten, 124,134, 136
oder den »Wolken des Irrtums« einen »Himmel der Wahrheit«[91] entgegenzusetzen, geht es in der Dialektik vielmehr darum, dass der Geist durch sein Sich-von-sich-selbst-Unterscheiden

Das σύμβολον als Leitfaden für Austausch und Zirkulation: Was der Geist ausgibt, was er an eigenen Gewissheiten negiert, wird er wieder einnehmen, als sein sicheres Wissen identifizieren. Das bestätigt die *ökonomischen Implikationen der Geschichte*: Jetzt nicht mehr nur als Arbeitszeit oder Produktionsprozess des Wissens, sondern als Heimweg des Geistes zum οἶκος, als seine Rückkehr nach Hause, zu Hab und Gut, zur Familie etc. Entsprechend wird die Ökonomie zur οἰκονομία; und auf diese Weise kreist Geschichte um einen heimatlichen Ort, der sie orientiert und ihr jederzeit den rechten Weg weist. Mit anderen Worten: Bei Hegel ist diese οἰκονομία der Geschichte als *Odyssee des Geistes* konzipiert. Die beschriebene Zeitlichkeit ihrer Struktur folgt dem Weg des Odysseus: seinem Kreislauf von Abschied, Krieg und Wiederkehr; seiner listigen Strategie, die nicht nur Festungsmauern überwindet, sondern auch Irrfahrten in staatsmännische Erfolge verwandelt (um hier von Frau und

adeswegs‹ sowie ›verso‹ (zu deutsch: der ›Vers‹ einer Dichtung) = ›hin und her wenden‹, ›umkehren‹ entlehnt ist. Auf diese Weise bestätigt sich, was Hegel von der Prozessualität der Geschichte schreibt: Dass sie als Hinausgehen und Zurückkehren des Geistes funktioniert, dass sie einen »Kreislauf von Stufen« bildet, in dem die Linearität des Fortschritts immer schon die Schleife der Wiederholung impliziert. Vgl. Hegel 1822/28, S. 104f.

91 Hegel 1807, S. 57.

einen fortschreitenden Produktionsprozess: die Genese seiner eigenen (Aus-)Bildung, in Gang bringt. So führt der Raum zur Zeit; die Entfernung zur Erzeugung.

> Es ist das Wichtigste [schreibt Hegel], im Auffassen und Begreifen der Geschichte, den Gedanken dieses Übergangs zu haben und zu kennen.[92]

128, 134, 164, 176 Übergang also von einer Topologie der Positionen zur Positivierung ihrer Geschichte; aber auch Hinübergehen des Geistes von einem Ar-
39, 52, 311 beitsschritt zum nächsten: auf dem Weg zur wahren Gestalt seiner Wahrheit. Die Differenz, nach Hegel, ist nicht nur kategoriales Mittel des Geistes: Werkzeug für eigene Werke, sondern ebenso die Vermittlung seiner Momente; nicht nur Dreh- und Angelpunkt inmitten einer erkenntnisphilosophischen Systematik, sondern ebenso deren dynamisches Prinzip par excellence.

Drittens; geschichtlich organisierte Prozesse werden von Hegel ausnahmslos als *Zwischenzeit des Wissens* definiert. Eine These, die zunächst noch einmal hervorhebt, dass die hegelsche Darstellung der Differenz: die doppelte Arbeit des Negativen, definiert ist als eine Bewegung zwischen Herkunft und Ziel, zwischen dem, was der Geist nicht mehr sein will und dem, was er noch nicht sein kann. Was bisher Geschichte genannt wurde, charakterisiert deshalb das Anders- und Äußerlichwerden des Geistes als Medium der Differenz, seinen wirklichen Kind, von Freiermord und Vaterschaft zu schweigen). Nicht anders als der König von Ithaka verlässt auch der hegelsche Weltgeist das Eigene nur, weil er es wieder in Besitz nehmen kann. So wird die Sorge um das Haus zum Motiv für Heldentaten und wiederholten Arbeitseifer. Die Odyssee ist dann das Abenteuer von solchen, die Heimat, Herd oder Hof im Rükken haben; eine Unternehmung für Grundbesitzer und andere sesshafte Geister. Auch dazu Derrida: »L'être-auprès-de-soi de l'Idée dans le Savoir Absolu serait odysséique en ce sens, celui d'une *économie* et d'une *nostalgie*, d'un mal du pays, d'un exil provisoire en mal de réappropriation.«[93]

Die Formel der generativen Differenz bietet den Vorteil der Mehrdeutigkeit. Als Übergang oder Vermittlung kann sie über ihre ökonomischen Implikationen hinaus auch auf den *Bereich und die Metaphorik des Genealogischen* bezogen werden. Keineswegs im Sinne einer Alternative: Genese statt Produktion, Erzeugung statt Werkzeug, sondern durch den Ablauf seiner Bewegungen in Analo-

[92] Hegel 1822/28, S. 104.

[93] Derrida 1991, S. 18. In diesem konzeptionellen (keineswegs historischen) Zusammenhang könnte man Odysseus tatsächlich als eine Art Bildungsreisenden bezeichnen; die Odyssee als einen regelrechten Bildungsroman. Ihre Struktur (d.h. ihre Bildung) der Zeit als οἰκονομία wäre dann exemplarisch nicht nur für Hegels Dialektik, sondern würde sich genauso auf den platonischen Sokrates beziehen lassen, der ja, während er über die Marktplätze und durch die Gymnasien Athens spazierte, Bewegung mit Besinnung verbunden hat, sowie auf Heideggers berüchtigte Denkwanderungen über Feld- und Holzwege.

gie zu einer bestimmten Auffassung von organischen Prozessen). Hegel : »Die Knospe verschwindet in dem Hervorbrechen der Blüte, und man könnte sagen, daß jene von dieser widerlegt wird; eben so wird durch die Frucht die Blüte für ein falsches Dasein der Pflanze erklärt, und als ihre Wahrheit tritt jene an die Stelle von dieser. [...] Aber [diese] flüssige Natur macht sie zugleich zu Momenten der organischen Einheit, worin sie sich nicht nur nicht widerstreiten, sondern eins so notwendig als das andere ist, und diese gleiche Notwendigkeit macht erst das Leben des Ganzen aus.«[95]

Kreislauf aus der Innerlichkeit heraus und wieder zurück zur Erinnerung; genau jene Momente, die er *nach* dem Aufgeben seiner anfänglichen Gewissheiten und *vor* dem Erreichen des endgültigen Wissens verbringt.

> Die Zeit, [heißt es dazu in der *Phänomenologie*] ist der Begriff selbst der da ist[94]

119, 125, 213

– der Begriff also in einer Gestalt, die der Geist als sein eigenes Da-sein jeweils und bis auf weiteres zur Erscheinung bringt. So kann geschichtlich immer nur sein, was *Draußen* stattfindet; gleichsam die auswärtige Beschäftigung und Geschäftigkeit des Geistes, die Reihe seiner exzentrischen Momente. Das Ganze der Geschichte ist nicht selber schon das Ganze; vielmehr das Durchschreiten der Differenz: die Unumgänglichkeit des Übergangs.

Selbstbezug der Zeit

Aber nicht nur dies, denn »[d]ie Zeit«, schreibt Hegel weiter,

> erscheint als das Schicksal und die Notwendigkeit des Geistes, der nicht in sich vollendet ist [...], und er erscheint solange in der Zeit, als er nicht seinen reinen Begriff erfaßt, das heißt, nicht die Zeit tilgt.[96]

[94] Hegel 1807, S. 524 sowie in der *Vorrede* (S. 34): »Was die Zeit betrifft, [...] so ist sie der daseiende Begriff selbst.«

[95] Hegel 1807, S. 528, 4. Ähnliche Formulierungen finden sich auch in der *Enzyklopädie*, Teil III, *Die Philosophie des Geistes* (und nicht etwa in Teil II, *Die Naturphilosophie*): »Wie bei dem Lebendigen überhaupt auf ideelle Weise alles schon im Keime enthalten ist und von diesem selbst, nicht von einer fremden Macht hervorgebracht wird, so müssen auch alle besonderen Formen des lebendigen Geistes aus seinem Begriffe als ihrem Keime sich hervortreiben.« Einige Sätze weiter heißt es dann über die begriffliche Arbeit als gedoppelte Bewegung des Geistes: »Durch diese Selbstunterscheidung, durch dies Sichumgestalten und durch die Zurückführung seiner Unterschiede zur Einheit seines Begriffs ist der Geist, wie ein Wahres, so ein Lebendiges, Organisches, Systematisches, und nur durch das Erkennen dieser seiner Natur ist die Wissenschaft vom Geiste gleichfalls wahr, lebendig, organisch, systematisch.« Hegel 1830 c, S. 14f. Vgl. auch ders. 1822/28, S. 31: So wie »der Keim die ganze Natur des Baumes, den Geschmack, die Form der Früchte in sich trägt, so enthalten auch schon die ersten Spuren des Geistes virtualiter die ganze Geschichte.« Oder S. 78: Die anfängliche »Unvollkommenheit« des Geistes enthält »das Vollkommene als Keim, als Trieb in sich.« Und deshalb (S. 104): »Wir können ihn [= den Geist] mit dem Samen vergleichen, denn mit diesem fängt die Pflanze an; aber er ist auch das Resultat des ganzen Lebens derselben.«

[96] Hegel 1807, S. 524. Ebenso das direkt folgende Zitat.

Draußen zu sein: unterwegs zwischen Gewissheit und Wissen, besagt deshalb auch, dass die Zeit mit der Ungefasstheit des Begriffs *beginnt* und mit seiner Erfassung wieder *endet;* dass ihr geschichtlicher Ablauf (die Aufhebung im doppelten Sinn, ihre odysseische Struktur) durch die Entäußerung des Geistes eingeleitet wurde und durch seine Verinnerlichung wieder abgeschlossen wird. In seiner Dialektik also macht Hegel die Zeit zum Ausdruck für einen Mangel des Begriffs. Als Geschichte ist sie der Geist nur in den Momenten seiner Negation; zwar auf dem Weg und in der Bewegung seiner Fertigstellung, aber gerade deshalb noch unfertig, noch nicht gänzlich übergegangen in die wahre Gestalt seiner Wahrheit.

Sobald jedoch der Geist diese letzte Gestalt erreicht, sobald er tatsächlich zu sich selbst als Selbst zurückgekehrt ist, sind die Bewegungen und Übergänge an ihm zu einem Ende gekommen. Die *Verzeitlichung des Erkennens* führt schließlich zur *Entzeitlichung ihrer Erkenntnisse*. Die schrittweise Bildung des Begriffs vollzieht sich als das fortschreitende Vergehen der Zeit; »indem dieser sich selbst erfaßt, hebt er seine Zeitform auf [...].« So wird die Zeit bei Hegel selber zeitlich; das heißt, die Negation, als die er ihr Werden ja beschreibt, ist mit sich selber rückgekoppelt. Wiederholung bricht die Macht des Kronos (bzw. was Hegel dafür hält: nämlich den Kindermord, die Unterbrechung der genealogischen Reihe). Oder: In ihrer Definition als Geschichte läuft jene Zeitlichkeit stets auf das eigene Verschwinden hinaus.

Ein Verschwinden freilich der Vergänglichkeit, der Unterbrechung. Ein
12,72, 186,244 Abtöten des Todes: ›amortir la dépense‹ – weshalb das Ende bei Hegel keine Niederlage des Geistes bedeutet, kein Misslingen seiner Absichten oder Zielsetzungen, sondern die notwendige Bedingung für den *Triumph des Wissens*: als durch die Zeit hervorgebrachte Ewigkeit.

* * *

Zweifellos muss man anerkennen, dass die Differenz in Hegels Dialektik nicht so etwas wie eine Black Box darstellt, ein undurchsichtiges Laufwerk des Geistes, eine dubiose Kategorie seiner Urteilskraft, deren Aufbau im Dunkeln bleibt und deren Anwendung man besser vermeidet. Sie ist nicht jene »Nacht [...], worin, wie man zu sagen pflegt«, wie Hegel schreibt, »alle Kühe schwarz sind«[97]. Ganz im Gegenteil, denn unter den Vorzeichen von *Arbeit, Negation* und *Geschichte* hat er gerade die Differenzwerdung des Geistes zum Thema gemacht: Er hat die Systematik beschrieben, in die sie hineingehört, das Funktionieren ihrer Praktiken definiert sowie ihre eigen-

[97] Hegel 1807, S. 13.

tümliche Struktur gekennzeichnet. Und mehr noch: Anstatt die Differenz für einen Betriebsunfall der Erkenntnis zu halten, für eine Nachlässigkeit ihrer ansonsten so eindeutigen Begriffe, kommt es Hegel darauf an, sie als bewussten und bewusst in Kauf genommenen Umweg des Geistes zu etablieren, der sich vor dem Unbekannten oder Fremden nicht länger verschließt. In seiner Dialektik jedenfalls signalisiert die Differenz Bewegungsfreiheit und Tatendrang des Geistes: das Öffnen der Vergangenheit als Eröffnung ihrer Zukunft; Raum und Zeit für die reflektierten Wendungen des Begreifens zur Schleife der Reflexion.

Allerdings, was auf der einen Seite als *Bewusstmachung der Differenz* zweifellos zur Attraktivität der hegelschen Dialektik beiträgt, zieht auf der anderen Seite zugleich deren klassische Reserviertheit nach sich: Einzig als Dienstleistungsfunktion nämlich (als jene gehemmte Begierde), indem er 48,62,
sie sowohl den Motiven als auch den Intentionen des Geistes unterstellte, 168,180
indem er sie als dessen Mittel und Vermittlung zur Sinnbildung behandeln konnte, wurde die Differenz von Hegel in Szene gesetzt, war es ihm überhaupt möglich, ihre Herausforderung anzunehmen. Zwar bezeichnet Hegel solche Differenzwerdung von Anfang an als unumgänglich, doch nur so, dass sie zur *eingeschränkten Komplexität* seines Systems führt (als selbst- bzw. auf das Selbst bezogene Zweiteilung, Verdoppelung usw.) und 25,53,
dass sich deshalb der Umweg, den sie fürs Erkennen bedeutet, jederzeit zu 195,314
einem Übergang weiterentwickeln lässt: zu einer wiederholten Anstrengung, die das zunächst noch Unbegriffene auf dessen zukünftigen Begriff hin überschreitet. Übergang heißt dann aber, dass über die Differenz hinaus ein Vorgriff auf das Resultat (als Synthese bzw. Identität) immer schon 43,110,
stattgefunden hat; dass der Geist, gerade in den Momenten, in denen er 125,131
alles Bekannte hinter sich lässt, voraussetzen kann, dass es erstens absolute (Selbst-)Erkenntnis gibt und dass er zweitens diese Erkenntnis mit absoluter Sicherheit erreichen wird.

> Vorsehung [schreibt Hegel] regiert die Welt; eine »innere Bestimmung«, die den Gang des Begreifens orientiert.[98]

So hat er (ganz traditionell, ganz philosophisch) die geglückte Erkenntnis, das Erkannte in der wahren Gestalt seiner Wahrheit, zur Norm erklärt; die Differenz zum Medium ihrer Erfüllung. Und insofern gilt eben auch dies: Dass die Dialektik, indem sie ihre Bewegungen als Übergang definiert, die Differenz *als solche* übergeht. Wohin der Übergang führt, ist, worin er zu guter Letzt verschwindet. ›Er-Innerung‹ tilgt seine Medialität: die Rückkehr des Geistes aus Raum und Zeit. Oder: Durch Wiederholung (im doppel-

[98] Hegel 1822/28, S. 25, 75.

ten Sinn) setzt sich der Geist über das Andere und Äußere seiner selbst hinweg. »Dies Resultat«, heißt es dazu in der *Logik*, »hat nun als das in sich gegangene und mit sich identische Ganze sich die Form der Unmittelbarkeit wiedergegeben. [...] [D]enn unmittelbar ist das Andere des Anderen, das Negative des Negativen das Positive, Identische, Allgemeine.«[99] *Absolutes Wissen resultiert aus der Absolution der Differenz; aus der Erlösung, buchstäblich der Loslösung oder Freisprechung vom Bösen.* Nicht anders als die Helden ihrer zeitgenössischen Dichtung geht auch Hegels Dialektik an ihrem Teufelspakt keineswegs zu Grunde; sie regeneriert vielmehr daran und setzt sich fort zu einer ausgesprochen Heilsgeschichte des Geistes:

> *Mephistopheles tritt, indem der Nebel fällt, gekleidet / wie ein fahrender Scholastikus, hinter dem Ofen* [des Faust'schen Studierzimmers] *hervor.* / [...] *Faust*: Nun gut, wer bist du denn? / *Mephistopheles*: Ein Teil von jener Kraft, / Die stets das Böse will, und stets das Gute schafft.[100]

Der Kreis wird geschlossen werden; soviel ist sicher. Und die Differenz? Obwohl zu einem zentralen Problem avanciert, hält Hegel ihre Bewegungen alles in allem für unproblematisch. Differenz ist für ihn, worüber der Geist auf Umwegen verfügt: als eine rechtmäßige Veränderung, als das Fremde in seiner zugelassenen Fremdheit. Unterm Anspruch der Normerfüllung ereilt sie deshalb das Schicksal der Normalisierung: Irrtum (oder Irrfahrt) im System inbegriffen, denn dass sich der Geist (wie bereits Odysseus) im Laufe seiner Selbstbewusstwerdung verirrt, gehört zum Pflichtprogramm jener Dialektik nach 1800. Was sie »Irren« nennen würde, und damit wäre sogar Heidegger einverstanden,[101] erblickt in den Transformationen des Geistes

[99] Hegel 1813/16, S. 564f.

[100] Goethe 1806, S. 177 – auch wenn es dazu noch des Zweiten Teils, ders. 1832, S. 507, bedarf: »*Mephistopheles*: Doch wie? – Wo sind sie hingezogen? / Unmündiges Volk, du hast mich überrascht! / Sind mit der Beute himmelwärts entflogen; / Drum haben sie an dieser Gruft genascht! / Mir ist ein großer, einziger Schatz entwendet: / Die hohe Seele, die sich mir verpfändet, / Die haben sie mir pfiffig weggepascht.«

[101] Tatsächlich schreibt Heidegger in seinem Aufsatz *Vom Wesen der Wahrheit* die folgenden hegelähnlichen Sätze: »Der Mensch irrt. Der Mensch geht nicht erst in die Irre. Er geht nur immer in die Irre, weil er ek-sistent in-sistiert und so schon in der Irre steht. Die Irre, durch die der Mensch geht, ist nichts, was nur gleichsam neben dem Menschen herzieht wie eine Grube, in die er zuweilen fällt, sondern die Irre gehört zur inneren Verfassung des Da-seins, in das der geschichtliche Mensch eingelassen ist. Die Irre ist der Spielraum einer Wende [...]. Die Irre ist das wesentliche Gegenwesen zum anfänglichen Wesen der Wahrheit.« Und einige Abschnitte weiter: »Als Beirrung schafft die Irre aber zugleich mit an der Möglichkeit, die der Mensch aus der Ek-sistenz zu heben vermag, sich *nicht* beirren zu lassen, indem er die Irre erfährt und sich nicht versieht am Geheimnis des Da-seins.« Heidegger 1943, S. 24f.

immer schon die Anbahnung seiner Heimkehr. Unfehlbar wird es der Geist selbst sein, der als Selbst am Ende des Weges steht. Wo ich war, soll Ich werden. Hegels historisches Apriori besteht darin, dass er eine *Philosophie der Differenz* geschrieben hat - in Bann gehalten von Sinn und Subjekt, von Bewusstsein und Begriff.

Zeichen des Geistes: Hegel (II)

Wahrscheinlich gehört es nach wie vor zu jedem Vorurteil gegenüber Hegel (bzw. dem Hegelianismus), dass speziell von ihm keine nennenswerte Beschäftigung mit der Sprache zu erwarten sei. Durch seinen absoluten Primat des Geistes, könnte man sich von diesem Vorurteil weiter anleiten lassen, sei er vielmehr einer Epoche zuzuordnen, deren Paradigmen weder linguistisch gewendet noch grammatologisch disloziert waren. Das mag historisch zutreffend sein, denn tatsächlich bewegt sich Hegel, um eine Polemik Foucaults gegen den Marxismus zu paraphrasieren, im Denken des 19. Jahrhunderts wie ein Fisch im Wasser – thematisch jedoch gilt gleichermaßen dies: Dass er nicht nur an einigen, wenn auch verstreuten Stellen seiner Texte und Vorlesungen explizit auf die Sprache eingegangen ist, sondern dass vor allem seine Differenzphilosophie immer schon eine Beschreibung der Sprache impliziert; dass dort, wo bei ihm Widerspruch, Negation, Tod usw. begrifflich Karriere machen, wo er ihre Modalitäten definiert und ihr Funktionieren erklärt, die Sprache jederzeit inbegriffen ist. *So wird die Differenz (eine bestimmte Differenz) zu Raum und Zeit der Sprache im System.* Und umgekehrt: *Was in der hegelschen Systematik Sprache heißt, wird jeweils als Differenzfunktion des Geistes auf seinem Weg zum absoluten Wissen hervorgebracht.* Sprache und Differenz also können nicht voneinander isoliert werden, sie bilden keine getrennten Forschungsgegenstände oder Aufgabenbereiche. Vielmehr soll hier behauptet werden, dass sich Hegels Beschäftigung mit der Sprache sowohl im Rahmen als auch im Gefolge seiner differenzphilosophischen Thesen bewegt: als deren Eintragung in die *Dialektik der Aufhebung*, nicht schon als Versuch, seine Wissenschaft unter neue Vorzeichen zu stellen.

Auf den folgenden Seiten wird deshalb zweierlei zu zeigen sein:

Erstens; inwieweit und auf welche Weise Hegels Philosophie der Differenz seine Konzeption von Sprache orientiert.

Zweitens; zu welchen Merkmalen der Sprache selbst diese Orientierung führt.

Während sich die erste Frage noch einmal auf die *Phänomenologie des Geistes* bezieht (und von dort aus weiter liest), wird sich die zweite Frage vorzugsweise an das *Psychologie*-Kapitel aus dem *Dritten Teil* der

Enzyklopädie wenden. In jedem Fall aber liefern Hegels Beschreibungen der Sprache keine einheitlichen oder eindeutigen Vorgaben, sodass es auch diesmal sehr buchstäblich darauf ankommt, die auflesende Praxis der Lektüre als eine Auslese relevanter Textstellen zu organisieren.

Am Leitfaden der Differenz

Und also schreibt Hegel (1807 noch Privatdozent in Jena):

> Der sprechende Mund, die arbeitende Hand, wenn man will auch noch die 102,166,
> Beine dazu, sind die verwirklichenden und vollbringenden Organe, welche das 216,363
> Tun als Tun, oder das Innre als solches an ihnen haben; die Äußerlichkeit aber, welche es dadurch gewinnt, ist die Tat, als eine vom Individuum abgetrennte Wirklichkeit. Sprache und Arbeit sind Äußerungen, worin das Individuum nicht mehr an ihm selbst sich behält und besitzt, sondern das Innre ganz außer sich kommen läßt, und dasselbe Anderem preisgibt.[1]

Um zunächst der differenzphilosophischen Orientierung von Sprache nachzugehen, kann dieses Zitat in drei Thesen auseinander genommen und ausgeführt werden.

Herausforderung zur Sprache (Räumlichkeit)

Erste These: *Sprache ist Äußerung*. Das heißt, sie wird von Hegel als die »äußere Gestalt« oder »Außenseite«[2] des Geistes beschrieben, der sich auf diese Weise von sich selbst verschieden macht. Indem der Geist aus sich herausgeht, indem er durch das Sprechen (und anders noch durch das Schreiben) eine besondere, also auch abgesonderte Wirklichkeit gewinnt, steht er im Widerspruch zur Unmittelbarkeit seiner Vorstellungen. Oder: Aufgrund seiner bloßen »Existenz«, als »Gebärde der leiblichen Sprechäußerung«, ist jeder Satz Gegensatz; die Entfernung des Geistes von der eigenen Herkunft; die Negation all jener Gewissheiten, die er bisher ebenso ruhig wie selbstverständlich für sich gewusst und in sich gehütet hat. So führt die Äußerung
jeweils dazu, das Eigene zu veräußern; den im Schacht der Innerlichkeit 97,116,
angehäuften und festgestellten Besitz nicht länger an sich zu halten, sondern 181
ihn auszugeben, ihn in Umlauf zu bringen, zu veröffentlichen.[3]

[1] Hegel 1807, S. 208.

[2] Hegel 1807, S. 208 f. Die beiden folgenden Zitate S. 335 sowie ders. 1830 c, S. 271 f.

[3] In seiner *Enzyklopädie* wird Hegel dann schreiben: »Die Intelligenz ist so die Gewalt, ihr Eigentum äußern zu können [...].« Oder: »Der Mensch aber bleibt nicht bei der tierischen Weise des Sichäußerns stehen [das ist: die »unartikulierte Stimme«, der »Schrei des Schmerzes oder der Freude«]; er schafft die a r t i k u l i e r t e [also nicht nur deutlich ausgesprochene, sondern auch in sich gegliederte] Sprache, durch welche die innerlichen →

HEIDEGGER Der Geist, der das Wort ergreift, hat sich nach Draußen gewen-
39,129, 201,360 det. Er hat aufgehört, es sich innerhalb seiner eigenen vier Wände (›carrés appropriés‹ schreibt Serres) bequem zu machen. Anstatt also wie Heidegger (nach dem Ende des Zweiten Weltkrieges) die Sprache als Behausung und Obhut des Menschenwesens anzubieten,[4] kommt es Hegel (am Ende des Vierten Koalitionskrieges und nach Napoleons Einmarsch in Berlin) darauf an, dass der Geist, gleichsam als äußerste Bekundung seiner Macht, die Geborgenheit des οἶκος hinter sich lässt und eine Tätigkeit außer Haus beginnt. Als Exodus nur, (gr.) ἔξοδος = ›Auszug‹, ›Weggang‹, ›Herausgehen‹, kommt der Geist zur Sprache. Nicht dass Hegel dabei den haushälterischen Ernst seiner Dialektik oder deren Sorge um eine Rückkehr nach Hause (zu Heim, Herd, Familie usw.) vergessen hätte; nicht dass seine Beschreibungen der Sprache ohne architektonische Metaphern auskämen; an dieser Stelle jedoch, im Moment der Äußerung, hat es der Geist sowohl mit seinem *Äußeren* als auch mit dem *Äußersten* zu tun. Das Extrem der Negativität markiert zugleich die Existenz eines fremden Ortes:

> Diese Entfremdung aber geschieht allein in der S p r a c h e, welche hier in ihrer eigentümlichen Bedeutung auftritt.[5]

Fremd ist der Geist, wo er nicht wohnt und keine Wohnung besitzt: in ungewohnten Gegenden und also auch dort, wohin er sich durch die Herausforderung der eigenen Vorstellungen buchstäblich versetzt und in Sätze gebracht hat. Das Draußen der Sprache ist das Woanders des Geistes. Was die *Phänomenologie* Äußerung nennt, kann deshalb als die Auswirkung einer Ortsveränderung beschrieben werden; das heißt: Die Sprache erhält
142,188, 212 ihre Differenzfunktion zunächst als *räumliche Unterscheidung* des Geistes von sich selbst.

HEGEL Das Ungewohnte aber ist in der Dialektik unumgänglich; die Differenz für sie kein Zufall, kein beliebiger Wandel; vielmehr der notwen-
46,134, 151,176 dige, weil zweckmäßige Übergang des Geistes von der Gewissheit zum Wissen, von seiner anfänglichen Unbegriffenheit zum endgültigen Begriff: In der Entfremdung erst bekunden sich die Zweifel am Eigenen; in seinen Äußerungen erst wird das Innerliche erkennbar und kann Gegenstand

Empfindungen zu W o r t e kommen, in ihrer ganzen Bestimmtheit sich äußern, dem Subjekte gegenständlich und zugleich ihm äußerlich und fremd werden. Die artikulierte Sprache ist daher die höchste Weise, wie der Mensch sich seiner innerlichen Empfindungen entäußert.« Vgl. Hegel 1830 c, S. 261, 116.

[4] Vgl. dazu Heidegger 1946, S. 5, 10, 24 sowie ders. 1950, S. 32.

[5] Hegel 1807, S. 335.

weiterer Erkenntnisse werden. »Das Wort gibt demnach den Gedanken ihr würdigstes und wahrhaftestes Dasein.«[6] So geht das räumliche Sich-von-sich-selbst-Unterscheiden des Geistes gleichermaßen in die *Verräumlichung seiner Vorstellungen* über. Sprache, das ist dann eine differenzielle, insofern Hegel die Differenz als bestimmten Widerspruch und also erste Bestimmung der Wahrheit definiert: eine negative Gestalt im Ganzen der Dialektik; das ist ein wesentlicher Schritt des Geistes in der Entzweiung von sich selbst da zu sein.

> Dieses Dasein [heißt es in der *Enzyklopädie*] ist unseren Gedanken absolut notwendig. Wir wissen von unseren Gedanken nur dann, haben nur dann bestimmte, wirkliche Gedanken, wenn wir ihnen die Form der Gegenständlichkeit, des Unterschiedenseins von unserer Innerlichkeit, also die Gestalt der Äußerlichkeit geben, und zwar einer solchen Äußerlichkeit, die zugleich das Gepräge der höchsten Innerlichkeit trägt.

Solche Formulierungen sind ebenso präzise wie beispielhaft; lässt sich an ihnen doch ablesen, was für die meisten hegelschen Texte zutrifft: Dass die Existenz ihrer Sätze auch durchführt, was sie als Erkenntnis lehren; dass also ihre Textentwicklung analog zu ihrer Thesenbildung verläuft. Dabei ist zumindest die Vorlage bekannt – als *Dialektik der Aufhebung*: Zuerst werden 122, 132, 186, 351
Abenteuerbereitschaft und Mut zur Ausgelassenheit beschworen; dann wird ein ABER (bzw. eine verwandte Konjunktion) gesetzt, um schließlich doch noch den Radius der Erinnerung sowie die Sicherheit aller Beteiligten zu wahren. Nicht anders verhält es sich nun mit Hegels Formulierungen zur Sprache: Ihre Durchführung und ihre Lehre gehorchen ebenfalls den differenzphilosophischen Einstellungen seiner Dialektik. In dem Maße nämlich, in dem er sich dort für das ›Sowohl...als auch‹, für die Komplementarität von bacchantischem Taumel *und* durchsichtiger Ruhe, von Herausforderung *und* Loyalität entschieden hat, in eben diesem Maße gilt auch für die Sprache, dass ihre Äußerungen die Innerlichkeit der Gedanken jeweils *aufheben*: ihnen ein Ende machen, sie aber dennoch aufbewahren; ihnen widersprechen, sie aber dennoch wiederholen.

Dialektik von Innen und Außen

Äußerungen, heißt das, werden vom Geist nicht bloß »ausgesagt«, ihre Sätze basieren nicht auf dem »gewöhnlichen Verhältnis des Subjekts und Prädikats«, das ist: Subjekt + Prädikat = Urteil oder Beweis, sondern für Hegel sind sie »ausgesprochne Innerlichkeit«: der »A u s d r u c k des Innern im Äußern«.[7] Mit anderen Worten: Die Äußerungen werden zum Ausdruck,

[6] HEGEL 1830 c, S. 280. Ebenso das direkt folgende Zitat.

[7] HEGEL 1807, S. 47f., 208. Ausdruck also »ist das Wort, das ausgesprochen den Aussprechenden entäußert [...].« Ders. 1807, S. 501.
Außerdem (auf S. 47): »Das Allgemeine soll nicht nur die Bedeutung des Prädikats haben, →

indem sich der Geist durch seine Sätze selbstbewusst (und also ohne auf die drucktechnischen Aspekte des Wortes zu achten) ins Werk setzt; indem es das besondere Dasein dieser Sätze ist, dass er darin selbst und als Selbst da ist. Ganz im doppelten Sinne der Aufhebung bedeutet die (zunächst) räumliche Differenzierung des Geistes zugleich die *Transposition seiner Innerlichkeit*. Zwar ist die Sprache nach Hegels Lehre dem Gewohnten, sogar dem Bewohnbaren entgegen gesetzt und deshalb Gegensatz, aber doch nur mit dem Ziel, dass sich der Geist dort wirklich und als Wirklichkeit hervorbringt; dass ihm die Sprache sowohl zur Selbstentzweiung als auch zur Selbstverwirklichung dient.

> [D]ie Kraft des Sprechens [heißt es in der *Phänomenologie*] ist das Dasein des reinen Selbsts, als Selbsts.[8]

Und einige Zeilen weiter:

> Ich als dieses r e i n e Ich ist sonst nicht d a . [...] Die Sprache ABER enthält es in seiner Reinheit, sie allein spricht I c h aus, es selbst. Dies sein Dasein ist als D a s e i n eine Gegenständlichkeit, welche seine wahre Natur an ihr [= der Sprache] hat.[9]

Hier soll nicht unerwähnt bleiben, dass Hegel seine Ausdrucksthese auch im Kapitel *V.c.* der *Phänomenologie* unter dem Titel *Physiognomik und Schädellehre* erörtert hat. Durch diese Zuordnung nämlich wird der Sprache nicht nur keine separate Beschreibung zuteil, sondern sie wird obendrein in eine Reihe gestellt mit den leiblichen Erscheinungsformen des Menschen: »Dies S e i n, der L e i b der bestimmten Individualität, ist die Ursprünglichkeit derselben, ihr nicht getan Haben. Aber indem das Individuum zugleich nur ist,

so daß der Satz dies a u s s a g t e, [...] sondern das Allgemeine soll das Wesen des Wirklichen a u s d r ü c k e n.« Hegel ist in diesem Zusammenhang (S. 43 f.) sehr darum bemüht, das »begreifende Denken« seiner Dialektik: deren Negation, die durch Wiederholung »das
100, 124, 144, 163 Positive in sich erblickt«, von der »Eitelkeit« eines bloß »räsonnierenden Denkens« zu unterscheiden. Die Satzform der »Aussage« gehört nach dieser Unterscheidung ausschließlich zum Räsonnement: »Das Subjekt ist als fester Punkt angenommen, an den als ihren Halt die Prädikate geheftet sind, durch eine Bewegung, die dem von ihm Wissenden angehört, und die auch nicht dafür angesehen wird, dem Punkte selbst anzugehören.« So bleibt das Subjekt den Prädikaten stets gegenübergestellt; das heißt: Als Aussage wird die Äußerung zur »leeren Form«. Ihre Sätze entstehen nicht als »Selbstbewegungen« des Geistes, sondern durch das »Verknüpfen der Prädikate«; sie haben nichts mit dem »Selbst des Inhalts« zu tun, sondern die »Natur« des Räsonierens ist es, »an Akzidenzen oder Prädikaten fortzulaufen«. Vgl. ders. 1807, S. 17, 44 f., 48.

[8] Hegel 1807, S. 335. In einem späteren Kapitel (S. 457) wird »Sprache« auch als »das Element« beschrieben, »worin der erfüllte Sinn selbst vorhanden ist.«

[9] Hegel 1807, S. 335. (Großschreibung Ch. W.)

In solchen Formulierungen kann freilich nicht nur eine Bestätigung der hegelschen Ausdrucksthese gelesen werden. Denn würde hier die Grammatik gegen ihren Autor gewendet, dann hätte dieser (noch vor Nietzsche, Freud, Lacan et al.) nicht nur das ›Ich‹ durch ein ›es‹ supplementiert, sondern auch die Sprache als den Ort dieser Neutralisierung gekenn- →

was es getan hat, so ist der Leib auch der von ihm h e r v o r g e b r a c h t e Ausdruck seiner selbst [...].«[10] Dass Der Mensch das Maß aller Dinge sei, betrifft erst recht die Materialität seiner Sprache; ihre »Stimme«, »Töne«, »Symbolisierungen« als ein »System der Verleiblichung des Geistigen«. Für die hegelsche Philosophie gibt es deshalb neben Armen und Beinen, neben dem Körperbau (der aufrechten Haltung) des Menschen, seinen charakteristischen Gesichtszügen usw. auch das »Organ der Sprache« (›Genitivus obiectivus‹); das ist: »die s p r e c h e n d e Gegenwart des Individuums« als »sichtbare Unsichtbarkeit seines Wesens«. Was die *Phänomenologie* Ausdruck (...des Innern im Äußern) nennt, ist dann tatsächlich *anthropomorphe Sprache*: Als »äußere Gestalt« des Menschen dient sie immer auch zur »Gestaltung« seiner selbst durch sich selbst.

So spricht im Fremden stets das Eigene; im Anderen stets ein und dasselbe: das Eine als der Geist selbst. Oder: Für Hegel ist Sprache nicht bloßes Außen, keine reine Äußerlichkeit; vielmehr die *Identität des Inneren mit dem Äußeren in seinen Äußerungen*; das ist: »ein solches Materielles, in welchem die Innerlichkeit des Subjekts durchaus den Charakter der Innerlichkeit behält« und also »eine ihr völlig entsprechende äußerliche Realität bekommt.«[11] Die Existenz des Geistes beruht auf der Expressivität seines ›Ich denke‹. Indem Hegel die Sprache als 19,88,
Ausdruck beschreibt, hat er sie von vornherein 187,311
dem *Äquivalenzprinzip* unterworfen. Ihre Worte gehorchen jener *Struktur des Symbolischen*
(bei Foucault »le champ de la représentation«: 29,49,
die Externalisierung der Sprache zum Modell 258,284
der Repräsentation) die bereits als Erbe auf die Dialektik gekommen ist und zu deren Autorität sie sich fraglos bekennt. Der Ring des σύμβολον ist damit Bannkreis auch der hegelschen Konzeption von Sprache geblieben.

* * *

zeichnet: »Die Sprache aber enthält es [= das Ich] in seiner Reinheit, sie allein spricht Ich aus, [=] es selbst.« Und man müsste noch hinzufügen, dass Neutralisierung und Negation nicht dasselbe sind; dass also die Sprache als der Ort eines ›es‹ etwas anderes ist, als nur
das Andere oder das Woanders *des* ›Ich‹ – ›Genitivus possessivus et auctoris‹. Erstaunlich 34,63,
übrigens, dass Derrida diesen Hegel-Satz keiner gesonderten Lektüre unterzogen hat... 294,325

10 Hegel 1807, S. 207. Die direkt folgenden Zitate ders. 1830 c, S. 102 sowie 1807, S. 216, 209 f.

11 Hegel 1830 c, S. 115. In einem späteren Kapitel (S. 239) ergänzt Hegel, dass die Innerlichkeit des Geistes (im Sprachgebrauch der *Enzyklopädie*: die »Intelligenz«) »in ihrer Äußerung vollkommen bei sich bleibt, sich in sich selber befriedigt [...] und, in Form des b e g r e i f e n d e n E r k e n n e n s, die unbeschränkte Freiheit und Versöhnung des Geistes mit sich selber zustandebringt.« Vgl. auch ders. 1807, S. 473: »Das vollkommene Element, worin die Innerlichkeit ebenso äußerlich, als die Äußerlichkeit innerlich ist, ist wieder die Sprache [...].«

Zweite These: *Sprache ist Handlung.* Das heißt zunächst und wie oben bereits zitiert, sie ist individuelles Tun, eine Gebärde der leiblichen Sprechäußerung, durch die der Geist seine Innerlichkeit ebenso selbstbestimmt wie selbsttätig zum Ausdruck bringt; durch die er als das Ich selbst sein Selbst in Wirklichkeit ausspricht.[12] Nicht anders als für Goethes Faust ist deshalb auch für Hegel das Wort gleich die Tat. Im Philosophendeutsch der *Phänomenologie*: Unterwegs in Sprache (Zeitlichkeit)

> Der Satz soll ausdrücken, was das Wahre ist, aber wesentlich ist es Subjekt; als dieses ist es die dialektische Bewegung, dieser sich selbst erzeugende, fortleitende und in sich zurückgehende Gang.[13]

Wahrer Ausdruck kann die Sprache nur sein, indem das Subjekt seine Sätze nicht bloß setzt, indem es sich seine Worte nicht bloß wie Prädikate anheftet, sondern sie eingliedert in den eigenen Werdegang: als »dialektische Bewegung des Satzes selbst«. Hegel jedenfalls gehört nicht zu denen, die das Sortiment festgestellter Aussagen, die Menge aller Urteile, Beweise usw. schon für das Ganze der Sprache halten. Stattdessen kommt es für ihn auf das Moment der »Darstellung«[14] an; darauf, dass jeder Ausdruck gleichermaßen als »Ausführung« funktioniert (nicht nur als »wirkliches Ganzes, sondern es zusammen mit seinem Werden«); dass sich Bewusstseinsakte selbst und buchstäblich (d.h. lange vor Austin oder Searle) als *Sprechakte* nach Außen wenden. So wird die Sprache in eben dieser Wendung *performativ*: ein Handeln des Subjekts als konkrete Handhabung von Wörtern
51,61, und Sätzen. Oder: Die Mobilität des Geistes führt zur Mobilmachung seiner
112,130 Äußerungen.

Als solches Handeln ist Sprache dann nicht mehr nur ein räumliches Sich-von-sich-selbst-Unterscheiden des Geistes: die Transposition seiner Innerlichkeit, die Entfernung von der eigenen Herkunft (den bewohnten und gewohnten vier Wänden), sondern ebenso sehr dessen wiederhol-

[12] Vgl. Hegel 1807, S. 208 sowie ders. 1830 c, S. 272. In den *Vorlesungen über die Philosophie der Geschichte* heißt es dann: »Die Sprache ist die Tat der theoretischen Intelligenz im eigentlichen Sinne, denn sie ist die äußerliche Äußerung derselben.« Hegel 1822/28, S. 85.

[13] Hegel 1807, S. 48. Ebenso das direkt folgende Zitat.

[14] Hegel 1807, S. 5: »Das leichteste ist, was Gehalt und Gediegenheit hat, zu beurteilen, schwerer, es zu fassen, das schwerste, was beides vereinigt, seine Darstellung hervorzubringen. [...] Wir sehen uns daher oft von philosophischen Expositionen an [ein] innres Anschauen verwiesen, und dadurch die Darstellung der dialektischen Bewegung des Satzes erspart, die
100,124, wir verlangten.« So hat auch das von Hegel weiter oben verschmähte Räsonnement »das
144,161 Wahre nur geradezu als Subjekt gesetzt, nicht aber als die Bewegung des in sich selbst Reflektierens d a r g e s t e l l t.« Ders. 1807, S. 48, 17. Die direkt folgenden Zitate S. 3, 35.

te Negation als »Dasein in der Z e i t«[15]. Bei Hegel gilt: Was mit der 142,190, 300,303 Verräumlichung einsetzt, muss noch als *Verzeitlichung* fortfahren: Das Woanders des Geistes ist stets das Werden seiner Ausdrucksweisen: ist zeitliche Differenz und Zeit, sich selbst zu differenzieren; ist äußerliche Gestalt und Bewegung dieser Äußerlichkeit: Bewegung nach Draußen; ist Ortsveränderung und Veränderung des bisherigen (bisher bekannten) Ortes. Als Differenzfunktion gehört Sprache deshalb in die Reihe der exzentrischen Momente des Geistes. Sie ist sein Handeln, das von der Ungefasstheit der eigenen Vorstellungen ausgeht und durch deren Erfassung wieder heimkehrt: unterwegs zwischen anfänglicher Gewissheit und endgültigem Wissen; zwi- 124,131, 136,298 schen einer Vergangenheit, die er nicht mehr sein will und einer Zukunft, die er noch nicht sein kann.

KOJÈVE Sprache, heißt das, ist für den Geist die *Odyssee seiner Äußerungen* – und also Überganszeit: Zeit des Übergangs sowie 134,143, 151,176 das Hinübergehen selbst als Zeit: Schritt für Schritt, Wort für Wort, Satz für Satz – was bei Hegel wiederum nichts anderes besagt, als dass sprachliche Handlungen in zweifacher Weise als Geschichte funktionieren: einerseits *chronologisch* durch das jeweilige Nacheinander der Worte; andererseits *prosaisch* durch das 25,149, 299 Zusammenschließen dieser Wortketten zum Großen & Ganzen einer Erzählung, zu dem, was Kojève »cette circularité du discours philosophique«[16] genannt hat. In eben dieser Weise 23,31, 55,317 folgt die Zeitlichkeit der Sprache dem Leitfaden jenes altlateinischen ›proverto‹: Dass nämlich die Prozession ihrer Ausdrücke sowohl nach vorwärts gerichtet (= ›pro[r]sus‹) als auch umgekehrt (= ›verso‹) verläuft; dass sich Einleitung und Schluss ihrer Geschichte(n) getreulich ineinander schlingen.

Spätestens an dieser Stelle hat Hegel in seiner Sprachkonzeption eingeholt, was er differenzphilosophisch als doppelte Bewegung der Negation, als jene List des wi(e)der, vorgegeben hat: Denn so wie die Produktion der Sprache den Geist verwandelt, muss auch ihre Rezeption sie selber noch einmal verwandeln. So wie sprachliche Äußerungen die Negation des Geistes erreichen, so muss auch deren Lektüre zur Negation ihrer Sprachlichkeit führen – auf dass der Geist sich darin selber wieder finde.

Ergeben sprachliche Äußerungen tatsächlich ein Gewebe (als wiederholt mit sich selbst verknüpfter Faden), dann ist dies immer auch ein Schleier, durch den sich Gedanken nicht nur einkleiden, sondern zugleich verkleiden; dann stellt jede Interpretation den Versuch dar, einen Blick dahinter zu werfen; eine Geste, die den Stoff beiseite schieben will, um auf das reine Selbst zu stoßen.

Oder, wie es Hegel in seiner *Phänomenologie* unter dem Ti-

[15] Hegel 1830 c, S. 271.

[16] Kojève 1947, S. 523.

Noch anders formuliert: Als Übergang benutzt der Geist seine Worte nur im Vorübergehen; unter dem Vorbehalt ihres Verschwindens: die eigene Unbestimmtheit voraussetzend und als Voraussetzung seiner Bestimmung. Für sich genommen ist Sprache daher *nicht* und deshalb Negation; ein Widerspruch gegen ihr Anderes, das der Geist *ist*, der sie umgreift und übersteigt.

tel *Beobachtende Vernunft* selber beschrieben hat: Mit jedem Ausdruck zeigt unsere Individualität »ebensowohl ihr Gesicht als ihre Maske«[17]. Lesen hieße folglich, diese (Selbst-)Entzweiung des Geistes durchschauen, um schließlich seinen wahren Charakter ans Licht zu bringen.

HEGEL Wo die Zeit in die Zeit ihrer Geschichtlichkeit eingetreten ist, da Praxis, Gegensatz, Tausch
38, 119, sind auch Sprechakte zu einer Arbeit geworden, jenem Modus Operandi
190, 201 der Differenz. Das heißt: durch die Performativität der Sprache zeigen sich deren Subjekte von ihrer *praktischen* Seite; Hegel schreibt, sie zeigen

> die Kraft des Sprechens, als eines solchen, welche ausführt, was auszuführen ist.[18]

Sprache als Arbeit ist gebrochenes Schweigen; nicht irgendein individuelles Tun, keine beliebige Art und Weise, jeweils das Wort zu ergreifen, vielmehr die wiederholte Anstrengung des Geistes, den Schacht seiner Innerlichkeit zu *negieren*, eine Auseinandersetzung mit der eigenen Unmittelbarkeit zu eröffnen, durch jeden Satz einen Gegensatz herzustellen. Indem sich der Geist zur Sprache bringt, bewegt und verändert er, was in seinen Gedanken bisher gegeben und wie selbstverständlich vorhanden war. Auch für die Kraft des Sprechens also gilt, dass sie (in Hannah Arendts Worten) die neuzeitliche Privilegierung der ›vita activa‹ gegenüber der ›vita contemplativa‹ voraussetzt; dass sie den Wechsel von der θεωρία ins Lager der philosophischen Arbeiterschaft vollzogen hat. Als auswärtige Geschäftigkeit des Geistes gehören Sprechakte in den Raum und die Zeit einer *Ökonomie des Wissens*.

In der *Enzyklopädie* von 1830 dann (Hegel war zu dieser Zeit längst Philosophie-Professor in Berlin) wird Sprache als ein »Produkt der Intelligenz« beschrieben, um deren »Vorstellungen in einem äußerlichen Elemente zu m a n i f e s t i e r e n«[19] – eine Wortwahl, die schon aus etymologischen

[17] HEGEL 1807, S. 212. In der *Enzyklopädie* heißt es dann: »Selbst die S p r a c h e ist dem Schicksal ausgesetzt, so gut zur Verhüllung wie zur Offenbarung der menschlichen Gedanken zu dienen.« Ders. 1830 c, S. 197.

[18] HEGEL 1807, S. 335.

[19] HEGEL 1830 c, S. 271: ›manifestus‹ (lat.) = ›offenbar‹, ›deutlich‹, ›handgreiflich‹. So bezeugt Hegels Konzeption von Sprache zugleich ihre *anthropomorph-anthropologische Orientierung*.

Gründen interessant ist; bestätigt sie doch, dass Hegel die ausdrücklichen Handlungen des Geistes analog zum Geben und Nehmen der Hand als 102, 119, 158, 363 dem sinnlichen Akt des Tausches konzipiert hat. So wie die Hände (im Unterschied zu Pfoten, Krallen, Tatzen usw.) als »absolutes Werkzeug« arbeiten, so handelt die Sprache.[20] Und umgekehrt: Indem für Hegel das Äußern und Verketten von Wörtern zur »Handlung dieses bestimmten Individuums« wird, führt er fort, was bereits an zentralen Metaphern seiner Erkenntnisphilosophie abzulesen war: Dass sich die Bewegung des Geistes als Variationsreihe des Verbums *greifen* organisiert; dass die mühevolle aber notwendige Entfaltung des Begriffs mit dem Aufgreifen und Begreifen des Unbegriffenen beginnt. Als Handlung ist Sprache deshalb in die Arbeitswelt und den Tauschhandel der hegelschen Dialektik integriert: zwar äußerste Maßnahme des Geistes, aber dennoch zur Wiedergabe verpflichtet; zwar Ausdruck für die Ungefasstheit seiner Vorstellungen, aber gerade deshalb unverzichtbar für ihre Erfassung. Anders gesagt: In der Differenz zwischen Unbegriffenheit und Begriff vermittelt sich der Geist selbst durch die Handhabung seiner Worte.

> Daß aber die Hand das Ansich der Individualität in Ansehung ihres Schicksals darstellen muß, ist leicht daraus zu sehen, daß sie nächst dem Organ der S p r a c h e am meisten es ist, wodurch der Mensch sich zur Erscheinung und Verwirklichung bringt. Sie ist der beseelte Werkmeister seines Glücks; man kann von ihr sagen, sie ist das, was der Mensch t u t, denn an ihr als dem tätigen O r g a n e seines sich selbst Vollbringens ist er als Beseelter gegenwärtig, und indem er ursprünglich sein eigenes Schicksal ist, wird sie also dieses Ansich ausdrücken.[21]

[20] Hegel 1830 c, S. 192. Das direkt folgende Zitat ders. 1807, S. 208.
In der *Phänomenologie* heißt es dazu: »Die einfachen Züge der Hand also, ebenso Klang und Umfang der Stimme, als die individuelle Bestimmtheit der Sprache, – auch dieselbe wieder, wie sie durch die Hand eine festere Existenz als durch die Stimme bekommt, die S c h r i f t, und zwar in ihrer Besonderheit als H a n d s c h r i f t – all dies ist A u s d r u c k des Innern [...]. Wenn also zuerst die bestimmte Natur und angeborene Eigentümlichkeit des Individuums zusammen mit dem, was sie durch Bildung geworden, als das Innere, als das Wesen des Handelns und des Schicksals genommen wird, so hat es seine Erscheinung und Äußerlichkeit zuerst an seinem Munde, Hand, Stimme, Handschrift [...].« Hegel 1807, S. 211.

[21] Hegel 1807, S. 210. Das direkt folgende Zitat S. 366. Eine These, die sehr viel später noch Heidegger 1942 f., S. 125, 118 f. als »Wesenszusammengehörigkeit der Hand mit dem Wort« bestätigen wird: »Der Mensch selbst ›handelt‹ durch die Hand; denn die Hand ist in einem mit dem Wort die Wesensauszeichnung des Menschen. Nur das Seiende, das wie der Mensch das Wort (μῦθος) (λόγος) ›hat‹, kann auch und muß ›die Hand‹ ›haben‹. [...] Nur aus dem Wort und mit dem Wort ist die Hand entsprungen.«

Insofern sprechen arbeiten heißt, wird alles Gesprochene zum Werk: das
13,34, originäre Produkt Des Menschen (als Urheber, Autor usw.), der auf diese
132,236 Weise die Unmittelbarkeit seiner Gedanken in eigene Worte gefasst hat.
Nicht als »Übertragung von einem Papier auf ein anderes«, als Ansammlung
»toter Worte und Buchstaben«; vielmehr so, dass im Dasein des Werkes
die Gedanken seines Meisters selbst da und lebendig sind; dass sich der
19,88, Mensch ausdrückt, indem er den Körper der Worte mit seinem Geist erfüllt,
259,311 indem er ihnen buchstäblich seine Seele einzuhauchen vermag.

* * *

Vom Ich zum Anderen

Dritte These: *Sprache ist Mitteilung*. Das heißt, indem der Geist sein Inneres ganz außer sich kommen lässt, indem er es wirklich und als seine Wirklichkeit hervorbringt, wird es »vernehmlich für andere«[22]. Oder: Durch die Kraft des Sprechens tritt »die fürsichseiende Einzelnheit des Selbstbewußtseins als solche in die Existenz, so daß sie für andere ist.« Im Ausdruck der eigenen
51 Unmittelbarkeit also entfaltet der Geist die kommunikative Funktion seiner Worte.

> Wir sehen hiermit wieder die Sprache als das Dasein des Geistes. Sie ist das für andere seiende Selbstbewußtsein, welches unmittelbar als solches v o r h a n d e n und als dieses allgemein ist. Sie ist das sich von sich selbst abtrennende Selbst, das als reines Ich = Ich sich gegenständlich wird, in dieser Gegenständlichkeit sich ebenso als dieses Selbst erhält, wie es unmittelbar mit den Anderen zusammenfließt und ihr Selbstbewußtsein ist [...].[23]

Sprache wird daher bei Hegel nicht nur als praktisches Moment seiner Erkenntnisphilosophie thematisiert, nicht nur als Produkt des Geistes auf dem Weg zu sich selbst, sondern gleichermaßen als ein Medium zwischenmenschlicher
50,234 Verständigung. Wer spricht, der will kommunizieren; was spricht, das ist der Mensch. Unter diesen Voraussetzungen kann nunmehr alles Gesprochene zum Gespräch, jeder Ausdruck zum Austausch inmitten einer Gesellschaft selbstbewusster Subjekte werden. Weshalb

Für Hegel scheint Sprache bisher und vor allem dies zu sein: Medium in seiner lateinischen Übersetzung: eine Mitte zwischen anwesenden Subjekten als deren Mittel zur Kommunikation. Kein Dasein schlechthin oder für sich, sondern immer schon integriert in einen umfassenden Zusammenhang; Teil einer Mission, deren Herkunft und Ziel sie selber nicht ist.

Dabei lassen sich in der *Phänomenologie* Formulierungen finden, die zunächst in eine sehr andere als diese klassische Richtung weisen. Etwa in Kapitel *VI.* über *Die Welt des sich entfremdeten Geistes*: »Ich, das sich ausspricht

[22] Hegel 1807, S. 211. Das direkt folgende Zitat S. 335.
[23] Hegel 1807, S. 428.

ist vernommen; es ist eine Ansteckung, worin es unmittelbar in die Einheit mit denen, für welche es da ist, übergegangen und allgemeines Selbstbewußtsein ist.«[24] So entsteht, wenigstens für einen Augenblick, der Eindruck, als würde Hegel das Funktionieren der Sprache erstens mit rein physiologischen Prozessen gleichsetzen und dadurch zweitens aus seiner Abhängigkeit von den Initiativen, Inhalten und Intentionen des Geistes entlassen. Unterm Vorzeichen von Ansteckung nämlich hätten sich die Worte nicht anders als die jeweiligen Zustände des Körpers (bzw. seiner Organe) verselbständigt; sie wären, wie es einige Jahre später in der *Enzyklopädie* heißt, »nicht mehr Moment des Ganzen«, sondern »für sich freigesetzt«, »isoliert«: das »Wuchern eines einzelnen Systems«, das sein »Bestehen

Hegel, den ja mangelnde Begriffsarbeit in 298,358
der Philosophie schon zu einiger Polemik verleitet hatte, auch die geforderte Bewegung der Sprache noch zur *Metapher* gerät: Dass Gedanken, Inhalte, Vorstellungen usw. durch Wortgebrauch ihre Stelle wechseln; dass die Veröffentlichung des Selbst stets zu seiner Vermittlung führt: als Übergang auch vom Einen zum Anderen, von den Intentionen des Produzenten zu den Interpretationen seiner Rezipienten.

> Die Sprache [heißt es in der *Phänomenologie*] tritt
> nur als die Mitte selbstständiger und anerkannter 214,234
> Selbstbewußtsein hervor[25]

– sodass ihr Draußen, ihr Unterschied zur anfänglichen Innerlichkeit des Geistes, als der Zeit/Raum ihrer *Intersubjektivität* beschreibbar wird. Für Hegel jedenfalls bedeutet Differenz nicht das Gegenteil von Kommunikation; vielmehr deren notwendigen Dreh- und Angelpunkt: Dasjenige, was vorhandene Subjekte für ihre Wendung aus der eigenen Gedankenwelt heraus jeweils verwenden. *Verständigung also basiert auf Veränderung*. Der Geist muss das

[24] Hegel 1807, S. 335. Ebenso auf S. 464. Dort wird »Sprache« mit einer »allgemeinen Ansteckung« verglichen, deren »Dasein« zugleich die »Flüssigkeit und die allgemein mitgeteilte Einheit der vielen Selbst« ist.

[25] Hegel 1807, S. 429.

So wird auch deutlich, warum hier Hegels Konzeption der Sprache nicht am Modell von »Herrschaft und Knechtschaft« beschrieben worden ist: Als Ausdruck, Handlung und Mitteilung nämlich setzt alles Sprechen bzw. Schreiben jene »Bewegung des Anerkennens« schon voraus. Bevor der Geist das Wort ergreift, ist er sich bereits »seines Anerkennens gewiss, und als dieses Wissen anerkannter Geist«. Vgl. dazu auch Kojève 1947, S. 568. Statt um Herr und Knecht geht es deshalb im Folgenden – wie schon in der *Dialektik der Aufhebung: Hegel (I)* – um einen Souverän (als »unumschränkten Monarchen«) 19,34,
und seinen »stolzen Vasall«, um einen Dienstherrn (als »vorhandene Macht«) und den 172,359
»Heroismus des Dienstes«. Hegel 1807, S. 127f., 333, 337, 428. »Die Regierung«, heißt es dann in den *Vorlesungen über die Philosophie der Geschichte*, »ruht in der Beamtenwelt, und die persönliche Entscheidung des Monarchen steht an der Spitze, denn eine letzte Entscheidung ist, wie früher bemerkt worden, schlechthin notwendig.« Hegel 1822/28, S. 539.

Andere seiner selbst werden, um sich (auch) Anderen als Selbst mitzuteilen.

So knüpft bei Hegel die kommunikative
45,60, 205 / 173,203, 268,305 Funktion der Sprache noch das *soziale* Band ihrer Sprecher. Als Mitte und Mittler (als ebenso zentrale wie mediale Elemente) stellen ihre Worte zugleich ein verbindliches Mittel dar, das Einzelne des Selbst aufzuheben. Ein Ich, das sein Inneres preisgibt, das sich in Raum und Zeit zu entäußern und zu verlieren getraut, wird als »gewußte Allgemeinheit«[27] aufbewahrt. Oder: Es ist nicht zuletzt der Mitteilungscharakter von Sprache, durch den sich selbstbewusste Subjekte als gesellschaftliche Wesen konstituieren; durch den sie nicht nur »Privatpersonen« (mit Eigentum, Eigeninteresse usw.), sondern auch »Mitbürger«, »Bürger des Volkes« (des »Gemeinwesens« oder des »Staates«) sind: »Ich, das Wir, und Wir, das Ich ist«.

gegen das Selbst gewinnt«.[26] Ein Eindruck freilich, den Hegel im Sinne seiner Dialektik rechtzeitig wieder korrigiert. Nicht nur stellt er physiologische Beschreibungen der Sprache als unvollständig oder einseitig dar: als ein »Fehlen der Idealität«; auch jede Reizung, Entzündung, Erhitzung usw. bleibt für ihn letztlich eine »Art und Weise, wie der Organismus sich selbst kuriert«; deren infektiöses Wirken kein Modus von Sprache, sondern Aufgabe der »Ärzte« und ihrer »ganzen Arzneikunde«.[28] Würde man mit Hegel darauf bestehen, die Sprache eine allgemeine Ansteckung zu nennen, dann wäre Sprechen allemal pathologisch; in der *Enzyklopädie*: eine »Krankheit des Individuums«.

Struktur und Eigenschaften der Sprache

Raum und Zeit der Differenz sind Dasein und Werden des Geistes als Sprache. Genau so folgt Hegel seinen differenzphilosophischen Vorgaben: jener Orientierung an Sinn und Subjekt, an Bewusstsein und Begriff.

Innerhalb dieser Vorgaben jedoch werden der Sprache eine Reihe von Merkmalen zugeschrieben:

Zunächst der *Schematismus von Innen und Außen*. Die Sprache, hatte Hegel in der *Phänomenologie* erklärt, bedeutet für den Geist die sichtbare Unsichtbarkeit seines Wesens; sie ist Ausdruck des Innern im Äußern: Notwendigkeit und Willkür

[26] Hegel 1830 b, S. 522, 520, 526.

[27] Hegel 1830 c, S. 330. In der *Phänomenologie* heißt es: »Ich ist d i e s e s Ich – aber ebenso a l l g e m e i n e s; sein Erscheinen ist ebenso unmittelbar die Entäußerung und das Verschwinden d i e s e s Ichs, und dadurch sein Bleiben in seiner Allgemeinheit.« Ders. 1807, S. 335. Die direkt folgenden Zitate ders. 1830 c, S. 341 ff. sowie ders. 1807, S. 236, 293, 127.

[28] Hegel 1830 b, S. 523, 527. Das direkt folgende Zitat S. 520. Vgl. dazu auch Hegels sonstige Verwendung des Wortes ›Ansteckung‹ in der *Phänomenologie*; also ders. 1807, S. 359 f., 367.

jene äußere Gestalt, durch die sich das reine Selbst als Selbst jeweils zur Erscheinung und Verwirklichung bringt. Im *Psychologie*-Kapitel der *Enzyklopädie* kann deshalb der Geist »auf dem Standpunkt der Vorstellung« eine »Zeichen machende Phantasie« genannt werden: Dass er seinen »vor- 18, 25,
gestellten Inhalt« selbst »seiend« und »zur Sache macht«; dass er sich aus 69, 351
der »inneren Werkstätte« seiner Phantasie heraus ein »sinnliches Dasein« als »Sprachzeichen«[29] erarbeitet. Insofern gilt,

> daß die Intelligenz, welche als anschauend die Form der Zeit und des Raumes erzeugt, aber den sinnlichen Inhalt als aufnehmend und aus diesem Stoffe sich Vorstellungen bildend erscheint, nun ihren selbständigen Vorstellungen ein bestimmtes Dasein aus sich gibt, den erfüllten Raum und Zeit [...].[30]

Jener Schematismus also organisiert das hegelsche Sprachkonzept immer schon als Dualität, auf der Grundlage einer binären, in sich gedoppelten Struktur: Heimat und Exil; der gewohnte Ort der Intelligenz im Subjekt und deren Aufenthalt im fremden Reich der Zeichen. Stets gibt es zwei Seiten oder Stufen (bzw. Momente), die sowohl ontologisch voneinander getrennt 62, 175,
als auch konstitutiv miteinander verbunden sind; stets gibt es einen allge- 334, 345
meinen Bereich der Phantasie, der Vorstellungen, Gedanken, Ideen usw. sowie – daraus hervorgegangen, dadurch hervorgebracht – die besondere (raum/zeitliche) Wirklichkeit der Sprachzeichen: das Draußen und Woanders *des* Geistes; die Öffentlichkeit und Vergesellschaftung *des* Eigenen.

Für Zeichen gilt daher, dass sie sich auf Nicht-Zeichen beziehen. Oder, wie es Hegel bereits in seiner *Phänomenologie* beschrieben hat: Mit ihnen ist »noch irgend etwas anderes gemeint, als das, was sie unmittelbar nur sind. Sie geben sich selbst sogleich für Zeichen aus, indem sie eine Bestimmtheit an ihnen haben, welche auf etwas anderes dadurch hinweist, daß sie ihnen nicht eigentümlich angehört.«[31]

[29] Hegel 1830 c, S. 257, 264, 268 f. »Dies sinnliche Dasein«, schreibt Hegel, »hat die doppelte Form des Symbols und des Zeichens [...].« – Um einige Seiten weiter beide Formen in klassischer Weise voneinander zu unterscheiden: Während die »symbolisierende Phantasie [...] zum Ausdruck ihrer allgemeinen Vorstellungen keinen anderen sinnlichen Stoff als denjenigen, dessen selbständige Bedeutung dem bestimmten Inhalt des zu verbildlichenden Allgemeinen entspricht, auswählt« (»So wird zum Beispiel die Stärke Jupiters durch den Adler dargestellt, weil dieser dafür gilt, stark zu sein«), wird im Zeichen die »Tätigkeit der Phantasie« durch einen »willkürlich von ihr gewählten äußerlichen Stoffe zu etwas Anschaubaren gemacht« (»So bedeutet zum Beispiel eine Kokarde oder eine Flagge oder ein Grabstein etwas ganz anderes als 72, 177,
dasjenige, was sie unmittelbar anzeigen«). Vgl. ders. 1830 c, S. 264, 269. 191

[30] Hegel 1830 c, S. 270.

[31] Hegel 1807, S. 222.

Die Entäußerung des Geistes wird in der hegelschen Dialektik *unumgänglich*, die Differenz eine *notwendige* Anstrengung auf dem Weg zum Absoluten. Sprache, hatte sich daraufhin gezeigt, ist eine solche Differenzfunktion des Geistes, eine Gestalt des Negativen als Widerspruch zur Unmittelbarkeit seiner Vorstellungen. Und dennoch schreibt Hegel auch dies: Dass

> beim Zeichen [...] der eigene Inhalt der Anschauung und der, dessen Zeichen sie ist, einander nichts an[gehen][32];

dass sich also der Geist in jedem seiner Worte durch einen *willkürlich* von ihm gewählten äußerlichen Stoff zu etwas Anschaubaren macht.

Entgegen ihrer sonstigen Bestimmung aber schließen sich Notwendigkeit und Willkür an dieser Stelle nicht wechselseitig aus. Als Thesen über die Sprache verhalten sie sich nicht kontradiktorisch, sondern (wie es sich für eine ordentliche Dialektik gehört) in ihrer Verschiedenheit komplementär. Mit anderen Worten: Für Hegel ist jedes Sprachzeichen das Produkt einer *gedoppelten Verdopplung*: ist einmal Selbstentzweiung des Geistes und noch einmal selber zweigeteilt; sowohl *Double* subjektinterner Prozesse als auch *Dublette* in sich. Während zur Seite des Subjektes hin die Sprache als dessen notwendige Äußerung erscheint: das reine Ich als Ich ist sonst nicht da, wird zur Seite des Geäußerten hin dessen Äußerlichkeit allein durch Willkür zur Bezeichnung: ein sinnlicher Stoff, den eine fremde Seele mit Bedeutung erfüllt. So muss der Schematismus sich *im* Zeichen wiederholen – nur dass dort, wie es in der *Phänomenologie* heißt,

> dem ausgedrückten Inhalte die Beschaffenheit dessen, wodurch es [»ein Zeichen«] ausgedrückt wird, gleichgültig ist [, denn es kann dieser Inhalt] ebensowohl in einer anderen Erscheinung sein.[33]

Nicht *dass* es Zeichen gibt ist für Hegel (um einen Terminus der Linguistik
222,224 zu bemühen) arbiträr, wohl aber *welche* es sind, die da gemeinhin verwendet werden. An die Stelle einer Bezeichnung also, die für etwas steht, das sie nicht selber ist, hätte immer auch eine andere Bezeichnung treten können. Das heißt: Nach Hegel gehört es zur Äußerlichkeit einer Äußerung,

[32] Hegel 1830 c, S. 270.

[33] Hegel 1807, S. 212. Und daher: »Die hier hervortretende Willkürlichkeit der Verbindung des sinnlichen Stoffes mit einer allgemeinen Vorstellung hat zur notwendigen Folge, daß man die Bedeutung der Zeichen erst lernen muß. Dies gilt namentlich von den Sprachzeichen.« Hegel 1830 c, S. 269. Als jene Dublette also bestehen Zeichen sowohl aus einer *originellen* Seite: dem Geist, als auch aus einer *konventionellen* Seite: seiner jeweiligen Erscheinung. Ein Zeichen zu verstehen heißt dann, den Zusammenhang dieser beiden Seiten zu rekonstruieren, dessen Produktionsprozess in umgekehrter Richtung, gleichsam als Negativ, zu wiederholen.

prinzipiell ersetzbar zu sein; eine austauschbare Gestalt beim Austausch der Gedanken.

Dabei bewirken Arbitrarität, Gleichgültigkeit, Ersetzbarkeit usw. keine Fehlfunktion des Zeichens; die Abwesenheit jeder natürlichen Entsprechung von Stoff und Inhalt keine mangelnde Ausdrucksfähigkeit des Geistes. Ganz im Gegenteil, erst die Zweiteilung *im* Zeichen garantiert, dass die (auch onto- 25,53,
logische) Entzweiung des Geistes nicht zu einer Krise der Bezeichnung führt. 154,314
»Als b e z e i c h n e n d« nämlich, so Hegel in der *Enzyklopädie*, »beweist die Intelligenz eine freiere Willkür und Herrschaft im Gebrauch der Anschauung denn als symbolisierend.«[34] Dass beide Seiten sich im Zeichen nicht durch Notwendigkeit verbinden, hat folglich seinen Sinn. Denn nur indem sich der Geist gegen die Äußerlichkeit seiner Äußerungen gleichgültig verhält, kann er sich selbst als Selbst die Treue halten. Und andersherum: Nur indem die Beschaffenheit des Geäußerten seine Initiative nicht beeinflusst (ihre Intentionen nicht ablenkt oder unterbricht, ihre Inhalte nicht zerstreut), ist es 76,89,
möglich, sie als Ausdruck zu gebrauchen. In der Produktion arbiträrer, weil 301
medienneutraler Zeichen jedenfalls realisiert sich für Hegel nicht weniger als die Freiheit des Geistes: je willkürlicher die Wahl der Bezeichnungen, desto selbständiger das Bezeichnete selbst; je austauschbarer der Stoff, desto sou- 34,90,
veräner der Inhalt, das Regime des Geistes auch als Herr seiner Worte. 248,359

Verkörperung in Zeichen

DERRIDA Die Produktion der Zeichen folgt der Differenz als Verdoppelung. Genau diese Struktur ist es, die Derrida in seinem Essay über *La sémiologie de Hegel* als »métaphysique du signe«[35] beschreibt: Dass es im Jenseits der Zeichen aber auch im Diesseits ihrer Bezeichnungen, einerseits im Hinblick auf ihr sinnliches Dasein, andererseits in diesem Dasein selbst, eine Zeichen machende, das Zeichen begründende Instanz (oder Kraft oder Position) geben muss: das Vorstellungsvermögen und die Ausdrucksfähigkeit Des Menschen (»le mythe rassurant d'un signifié transcendental«[36]), und dass

[34] Hegel 1830 c, S. 270.

[35] Derrida 1968 b, S. 102. Vgl. dazu auch ders. 1967 a, S. 21, 31: »La différence entre signifié et signifiant appartient de manière profonde et implicite à la totalité de la grande époque couverte par l'histoire de la métaphysique [...].«

[36] Derrida 1968 b, S. 83. Über das Diesseits und Jenseits eines ›signifié transcendental‹ hat Derrida bereits in einem Vortragstext von 1966 geschrieben. In etwas anderem Vokabular ging es dort um das Verhältnis von Struktur und Zentrum: »On a donc toujours pensé que le centre, qui par définition est unique, constituait, dans une structure, cela même qui, commandant la structure, échappe à la structuralité. C'est pourquoi, pour une pensée classique de la structure [hier: der klassischen Struktur von Sprachzeichen], le centre peut être dit, paradoxalement, *dans* la structure et *hors de* la structure. Il est au centre de la totalité et pourtant, puisque le centre ne lui appartient pas, la totalité *a son centre ailleurs*.« Derrida 1966 b, S. 410.

Hegels Sprachphilosophie folglich eine Variation der klassischen Differenz von *Körper und Seele* darstellt:

> Le contenu de ce vouloir-dire, cette *Bedeutung*, Hegel lui donne le nom et la dignité d'une *âme* (Seele). Ame déposée dans le corps du signifiant, dans la chair sensible de l'intuition. Le signe, unité du corps signifiant et de l'idéalité signifiée, devient une sorte d'incarnation. L'opposition de l'âme et du corps et, analogiquement, celle de l'intelligible et du sensible, conditionnent donc la différence entre le signifié et le signifiant [...].[37]

Das Sprachzeichen als körperlich-seelische Dublette, als die Einheit zweier irreduzibel heterogener Ordnungen: ein Zeichenkörper, der von einer Bedeutung beseelt wird; in dem der Geist, zunächst und bis auf weiteres, eine besondere Gestalt angenommen hat, gleichsam Fleisch geworden ist – Hegel selbst bekennt in diesem Zusammenhang, dass es »nicht geringe Schwierigkeiten macht«, solche »physiologischen Erscheinungen mit den ihnen entsprechenden Bewegungen der Seele zu begreifen.«[38] Schon einige Seiten zuvor hatte er deshalb gefordert:

> Das System des inneren Empfindens in seiner sich verleiblichenden Besonderung wäre würdig, in einer eigentümlichen Wissenschaft, einer psy-
> 169,259, 274,312 chischen Physiologie, ausgeführt und abgehandelt zu werden.

Dass eine solche Forderung bei ihrem Konjunktiv nicht stehen bleibt, wird hier kaum überraschen; ist es doch Hegels eigene Sprachphilosophie, die sich genau in dieser Weise als duplizierte, wenn man so will: hybride Wissenschaft beschreiben lässt. Was die Sprachzeichen als »äußerliche Elemente« angeht, als besondere und deshalb gesonderte Ausdrücke, wird das noch in der *Enzyklopädie* bestätigt. Dort heißt es: »Wenn von der Sprache auf konkrete Weise gehandelt werden sollte, so wäre für das Material (das Lexikalische) der anthropologische, näher der psychisch-physiologische (§ 401 [= vorstehendes Zitat]) Standpunkt zurückzurufen, für die Form (die Grammatik) der des Verstandes zu antizipieren.«

65,197, 275,292 Ist hier Grammatik eine Bauanleitung der Sprache, dann liefert ihr das Lexikalische dazu die jeweiligen Bausteine; das sind für Hegel: »Namen als solche«; ebenso »einzelne« wie »einfache Zeichen«, die »für sich nichts zu denken geben«, sondern erst durch ihre »Verknüpfung« oder ihren »Zusammenhang« (als »Werk des Verstandes«) zur »Bedeutung« werden und »ein Allgemeines ausdrücken«.[39]

[37] Derrida 1968 b, S. 94.

[38] Hegel 1830 c, S. 113. Die direkt folgenden Zitate S. 101, 271.

[39] Hegel 1830 c, S. 272, 274f., 281 sowie ders. 1831, S. 126.
Dabei ist es für Hegel nicht der Verstand der den grammatischen Regeln folgt (indem er →

Darüber hinaus jedoch erklärt sich Hegel zu diesem Thema alles andere als deutlich. Zwar würde es noch zu jener lexikalischen Behandlung von Sprache gehören, Namen als »für sich sinnlose Äußerlichkeiten« (»d.i. sinnlose Worte«) zu beschreiben; als »Einzelnamen«, die »willkürlich angenommen, gegeben oder verändert werden können«, doch heißt es an einer Parallelstelle eben auch, dass sie die »Verknüpfung der von der Intelligenz produzierten Anschauung und ihrer Bedeutung« seien, also selber schon so etwas wie Zeichen und nicht nur deren materielle Seite.[40] Zumindest in der *Enzyklopädie* bleibt es daher ein undialektischer Widerspruch, ob Namen »bloß« das Äußerliche am Geäußerten sind (hintereinander gereiht als »leeres Band« eine Art Lexikon der Sprache) oder bereits ausgefüllt 203,259
durch die Anstrengungen des Geistes – mit der Konsequenz, dass sie dann nicht länger alphabetisch (unter den Bedingungen und in der Ordnung von

z.B. aus Grammatikbüchern den Gebrauch der Worte lernt), sondern umgekehrt, es ist sein »logischer Instinkt« der auch das Grammatische allererst hervorbringt. »Die ausgedehnte konsequente Grammatik«, heißt es in den *Vorlesungen über die Philosophie der Geschichte*, »ist das Werk des Denkens, das seine Kategorien darin bemerklich macht.« Ders. 1822/28, S. 85; ders. 1830 c, S. 272. Hegels *Logik* erklärt dazu, »daß in einer Sprache die Denkbestimmungen zu Substantiven und Verben herausgestellt und so zur gegenständlichen Form gestempelt sind.« Ders. 1831, S. 20. *Das Formelle der Sprache also verweist auf die Form des Verstandes.* Schon deshalb führt Hegels Begriff der Grammatik von der Sprachwissenschaft weg zur Geisteswissenschaft: Anstatt die Regeln der Sprache im Sprechen oder Schreiben zu suchen, anstatt sich dazu mit ihren Praktiken, Strukturen, Entwicklungen, Medien usw. auseinander zu setzen, erkennt der Philosoph »durch die Grammatik hindurch den Ausdruck des Geistes überhaupt, die Logik«. Ders. 1831, S. 53. Anders formuliert: Als *Bauanleitung* ist das Grammatische nicht aus einer spezifischen Beschäftigung mit seinen *Bausteinen* hervorgegangen, sondern abgeleitet aus den Richtlinien des *Bauherrn*.

Zweifellos empfiehlt sich Hegel auf diese Weise als exemplarischer Vertreter des von Derrida so genannten »logocentrisme«: Denn sowohl das Lexikalische als auch das Grammatikalische, sowohl das Baumaterial als auch die Bauanleitung sind immer schon jenem »impérialisme du logos« unterworfen. Hegels Sprachphilosophie also (ihr ontologischer Schematismus) ist Teil einer »histoire de la métaphysique, qui, malgré toutes les différences, [...] a toujours assigné au logos l'origine de la vérité en général.« Oder, wie es ein paar Seiten weiter heißt: »Toutes les déterminations métaphysiques de la vérité et même celle à laquelle nous rappelle Heidegger, par-delà l'onto-théologie métaphysique, sont plus ou moins immédiatement inséparables de l'instance du logos ou d'une raison pensée dans la descendance du logos, en quelque sens qu'on l'entende: au sens présocratique ou au sens philosophique, au sens de l'entendement infini de Dieu ou au sens anthropologique, au sens pré-hegelien ou au sens post-hegelien.« Vgl. Derrida 1967 a, S. 11 f., 21.

[40] Vgl. Hegel 1830 c, S. 274, 277, 281 sowie ders. 1831, S. 126. Die direkt folgenden Zitate S. 281.

Derrida indessen scheint die zweite, an der Einheit des Zeichens orientierte Bestimmung des Namens zu favorisieren. Nachdem er Hegels Sprachphilosophie als »une linguistique du mot et singulièrement du *nom*« charakterisiert hat, schreibt er: »Le mot, et ce mot par excellence qu'est le nom, avec son catégorème, y fonctionne comme cet élément simple et irréductible, complet, qui porte l'unité, dans la voix, du son et du sens.« Derrida 1968 b, S. 112.

26 Buchstaben), sondern semantisch, nach verstehbaren, weil inhaltlichen Kriterien in Beziehung gesetzt wären.

Ähnlich schwierig verhält es sich mit einer Formulierung aus § 462: »Es ist in Namen, daß wir d e n k e n.«[41] Hegels eigener Kommentar folgt dabei dem Sperrdruck; das heißt, auf den betreffenden Seiten zeigt er vor allem, dass der Gedanke nicht wie die Anschauung und dessen Gedächtnis nicht wie die Einbildungskraft funktionieren. Für Hegel ist es deshalb *nicht in Bildern*, dass wir denken. Verschiebt man dagegen den Akzent auf die *Namen* (seien es nun ganze Sprachzeichen oder nicht), dann öffnet sich jene Formulierung einer sehr anderen Lesart: unerwartet und ohne Rücksicht auf alle bisherigen Ausführungen. Denn nun könnte man tatsächlich *mit* Hegel behaupten, dass auch die Gedanken selber immer schon sprachlich verfasst sind; dass also der Geist keineswegs »erst [sic!] zu Worte kommen muss«, sondern von Anfang an *in* Worten denkt – als ob Sprache aufgehört hätte etwas zu verdoppeln, zu wiederholen oder zu repräsentieren, was sie
62,170, 213,284 nicht selber ist (was sich als Logos ontologisch von ihr unterscheidet); als ob sie entpflichtet worden wäre, noch länger eine Wendung des Negativen und also Ausdruck des Geistes im Anderen seiner selbst zu sein. So würde es an dieser Stelle und nach dieser Lesart sogar bei Hegel kein vor- oder außersprachliches Denken mehr geben; nicht den Bauherrn auf der einen und die Verwirklichung seiner Bauanleitung auf der anderen Seite; nicht die Initiative als Innerlichkeit oder gedankliche Idealität und deren Resultate als faktische Äußerung. Viel eher hätte der Geist seine Selbständigkeit (auch seine Freiheit, seine Position als transzendentales Signifikat) gegenüber der Sprache verloren: jene souveräne Haltung, aus der heraus er klassischerweise das Wort ergreift, es mit Leben erfüllt und in seinem Sinne gebraucht.

Allerdings; man sollte in jene Formulierung auch nicht zu viel hineinlesen. Ihr Kontext in der *Enzyklopädie* jedenfalls bietet für eine mit Hegels eigenem Kommentar konkurrierende Lektüre keine weiteren Anhaltspunkte. Wozu man sich gerne verleiten ließe: dass schon der preußische Meisterdenker den Anfang vom Ende einer Metaphysik der Sprachzeichen gemacht hätte, muss hier wohl Science-Fiction bleiben. Stattdessen steht der Satz da, seltsam isoliert, von Hegel in seiner Mehrdeutigkeit unbeachtet; ein spröder Monolith im ansonsten so dynamischen Gefüge der Dialektik.

Innerlichkeit und Äußerungen aber (die Seele und der von ihr erfüllte Zeichenkörper) verhalten sich zu- und gegeneinander ebenso wie *Einleitung und Fortsetzung*. Der Schematismus, heißt das, fungiert als Merkmal auch der Sprache in und als Bewegung
164,208, 289,297 Zeitlichkeit von Sprache. So wird das In-sich-Sein des Geistes (seine inwen-

[41] Hegel 1830 c, S. 278. Das direkt folgende Zitat S. 280.

dige Gewissheit) auf jeden Fall den Anstoß geben, wird den Äußerungen, die ohnehin *seine* Äußerungen sind, nicht nur logisch-ontologisch, sondern auch genealogisch vorausgehen. These ist, dass Sprache in der hegelschen 47, 56, 252, 313
Dialektik immer nur das Zweite sein kann, das Negative des Ersten, ein darauffolgender Schritt (eine Weiterentwicklung oder ein Fortschritt) des Geistes auf seinem Weg von der eigenen Unbegriffenheit zum eigentlichen Begriff.[42] Das Innen und Außen ist deshalb auch ein Vorher und Nachher; ist Heimat und Exil als Herkunft und Exodus. Oder: Was an einer anderen Stelle Sprechakt genannt wurde: die auswärtige Geschäftigkeit des Geistes, ist nicht nur in sich selbst zeitlich organisiert: als die Verkettung seiner Worte, als das Geschichtliche seiner Geschichten, sondern ebenso sehr ein Übergang 46, 134, 143, 164
im Gesamtprozess wissenschaftlicher Produktion; für deren Subjekte eine Art Jakobsleiter zum Absoluten.

ויחלם והנה סלם מאב אראה וראשו מניע
השמימה והנה מלאכי אלהים עלים וירדים בו:
(Gen. 28,12)

Noch einmal Derrida:

> Le moment du signe est de provision, de réserve provisoire. [...] En déterminant l'être comme présence (présence sous la forme de l'objet ou présence à soi sous l'espèce de la conscience), la métaphysique ne pouvait traiter le *signe* que comme un *passage*. [...] La présence à soi du sa- 126, 136, 214
> voir absolu, la conscience de l'être-auprès-de-soi dans le logos, dans le concept absolu, n'auront été distraites d'elles-mêmes que le temps d'un détour et le temps d'un signe.[43]

Die Einleitung der Sprache bedeutet dann die Fortsetzung des Geistes mit anderen Mitteln. Freilich nicht in der Weise, dass dem Ersten das Zweite lediglich hinzugefügt wird, dass

Nebenstehende Beschreibungen bestätigen nicht nur wieder zentrale Motive bei Hegel, sondern eröffnen zugleich eine Möglichkeit, die Sprachkonzepte von *Phänomenologie* und *Enzyklopädie* in einen näheren Zusammenhang zu stellen.

Strukturell gesehen nämlich funktioniert die Ausdruckstheorie von 1807 analog zu dem, was Hegel 1830 eine Zeichen machende Phantasie genannt hat. Beide Male geht es um die Dialektik von Einheit und Entzweiung; darum, dass die Sprache einerseits Gedanke, andererseits Gestalt ist; sowohl Sein als auch Seiendes; sowohl die Idealität des Sinns als auch die Materialität seines Trägers. Hieß es in der *Phänomenologie*, dass sich der Geist zum Ausdruck bringt, indem er das Andere und Äußerliche seiner selbst wird, indem er dem Negativen ins Angesicht schaut, das Furchtbare des Todes auf sich nimmt, erklärt Hegel in der *Enzyklopädie*: »Das Zeichen ist irgendeine unmittelbare Anschauung, die einen ganz anderen Inhalt vorstellt, als den sie für sich hat; – eine P y r a m i d e, in welche eine fremde Seele versetzt und aufbewahrt

[42] Vgl. erneut Hegel 1813/16, S. 561; ders. 1830 c, S. 22.

[43] Derrida 1968 b, S. 92, 82.

es sich dem Geist buchstäblich und in Buch-
staben anheftet (als Prädikat, Akzidenz usw.),
sondern Sprache kann diese Fortsetzung nur
124,132, sein, indem sie jederzeit durch Rückkopplung
134,214 (durch die re-flexive Kraft des kleinen selbst im
72,170, Selbst) mit den Inhalten und Intentionen des
191 Geistes in Übereinstimmung gebracht werden
kann; indem ihre Weiterführung gleicherma-
ßen als deren Wiedergabe funktioniert. Noch
im Extrem der Negativität: als Wendung nach
Draußen, bleibt das Eigene des Geistes unver-
sehrt. Dessen Aufopferung, hieß es ja schon in
der *Phänomenologie*, ist die bestandene Gefahr
48,51, des Todes selbst, der überlebt wird. So definiert
90,128 Hegel den Moment der Sprache als konkreten
Vollzug der Aufhebung. Für ihn gilt, dass der
Geist seiner Innerlichkeit ein Ende macht, sich
aber dennoch im Äußeren aufbewahrt; dass er
als Zeichen zwar nicht länger bei sich selbst ist
(vielmehr unterwegs im Ungewohnten, sogar
Unbewohnbaren), sein Selbst jedoch für sich
und andere zu bezeichnen vermag.

53,62, Zum Schema der Zweiteilung gehört deshalb
154,195 bei Hegel immer auch die Wiedervereinigung,
48,73, die Rückkehr zum οἶκος (zu Heim, Herd und
120,300 Familie) als Synthese oder Versöhnung aller ist.«[44] Entsteht jeder Ausdruck als Entäußerung, dann jedes Zeichen als Entfremdung; ging es zuvor um das Werk des Todes, dann jetzt um den Zeichenkörper als eine Grabstätte der Seele – und umgekehrt: So wie sich im Anderen stets ein und derselbe ausdrückt, so bezeichnet sich im Fremden stets das Eigene, die Eigentümlichkeit des reinen Selbst. Wird in der *Phänomenologie* sogar der Tod noch einmal getötet und dadurch zu einer Dienstleistung fürs Leben, ist in der *Enzyklopädie* zu lesen, dass im Zeichen eine »Intelligenz [...] die Anschauung als die ihrige gebraucht, deren unmittelbaren Inhalt tilgt und ihr einen anderen Inhalt zur Bedeutung und Seele gibt.«[45] Insofern sind Zeichen nicht nur Grabstätten des Geistes, sondern dessen »Zeichen erschaffende Tätigkeit kann das produktive Gedächtnis [...] genannt werden.«

[44] Hegel 1830 c, S. 270. Dazu Derridas Kommentar: »Hegel savait que ce corps propre et animé du signifiant était aussi un *tombeau*. L'association sôma/sêma [vgl. Platon, Γοργίας/*Gorgias*, 493 a sowie ders. Κράτυλος/*Kratylos* 400 b, c] est aussi à l'œuvre dans cette sémiologie et cela n'a rien d'étonnant.« Derrida 1968 b, S. 95.

[45] Hegel 1830 c, S. 270f. Ebenso das direkt folgende Zitat.

Warum gerade die Pyramide das Zeichen bezeichnet, wird deutlich, wenn man Derridas Hinweisen in Richtung der hegelschen *Ästhetik* folgt. Dort nämlich heißt es über »die Hauptgebilde der ägyptischen Baukunst«: »Wir haben hier eine gedoppelte Architektur vor uns, eine überirdische und unterirdische: Labyrinthe unter dem Boden, prächtige, weitläufige Exkavationen, halbe Stunden lange Gänge, Gemächer, mit Hieroglyphen bedeckt, alles aufs sorgfältigste ausgearbeitet; dann darüber hingebaut jene erstaunenswerten Konstruktionen [...].« Und einige Seiten später: »[S]ie [die Pyramiden] sind ungeheure Kristalle, welche ein Inneres in sich bergen und es als eine durch die Kunst produzierte Außengestalt so umschließen, daß sich ergibt, sie seien für dies der bloßen Natürlichkeit abgeschiedene Innere und nur in Beziehung auf dasselbe da. [...] Solch eine äußere Umgebung, in der ein Inneres verborgen ruht, sind die Pyramiden.« Hegel 1820/35, S. 459f. →

Wollte man hier der Etymologie folgen, dann kann dem Zeichen wie dem Ausdruck eine *symbolische Struktur* zugeschrieben werden: Das Eine, das zwei wird und wieder eins; jener zerbrochene Ring des σύμβολον, der zwischen Gastfreunden aufgeteilt wurde, um sie an ihre Rückkehr zu erinnern. Auch Hegels Sprachphilosophie von 1830 gehorcht dem klassischen *Gesetz der Äquivalenz*; seiner Aufforderung zum Tausch als Übergang zum Absoluten.

vorangegangenen Differenzen: Dass der Geist durch seine Äußerungen hindurch schließlich die Identität seiner Innerlichkeit mit dem Äußeren erreicht. Als bloß Getrennte haben die »hier einander gegenüberstehenden Bestimmungen noch [...] etwas Einseitiges«, denn tatsächlich ist 102,238,
»die Wahrheit dieser beiden Seiten die Einheit 250 / 55,65,
derselben.« Oder: Jedes Sprachzeichen funktio- 219,234
niert als die »von der Intelligenz ausgehende Einheit s e l b s t ä n d i g e r V o r s t e l l u n g [als Bezeichnetes] und einer A n s c h a u u n g [als Bezeichnendes; das ist: ›etwas Unmittelbares oder Gegebenes (z.B. die Farbe der Kokarde u. dgl.)‹].«[46]

Vorrang des Geistes

FOUCAULT Sodann gehört es zum Schematismus von Innen und Außen, dass seine logisch-ontologische Struktur sowie sein genealogisches Nacheinander ein *hierarchisches Gefälle* darstellen. Die Sprache also ist das Darauffolgende nicht allein in der Zeit, sondern ebenfalls im Rang: zwar in der Wirklichkeit das Erste (das, was sich zunächst zeigt), in Wahrheit jedoch (für das, was sich zunächst nicht zeigt) das Zweite; zwar epistemisch und kommunikationspraktisch in jeder Hinsicht unumgänglich, sogar Dreh- und Angelpunkt im Ganzen der Dialektik, aber doch nur durch die Initiative und unter der beständigen Kontrolle des Geistes selbst. Mit einer für die Philosophie (als Humanwissenschaft) typischen Geste verfügt die Seele über den Körper, die Idealität des Sinns über die Materialität seiner Träger. Oder, von seiner anderen Seite: Es ist die *Herabsetzung der jeweiligen Signifikanten* 33,188,
gegenüber dem Signifikat auf die auch Hegels Dialektik nicht verzichten 273,339
kann. Als Verdoppelungen jedenfalls bleiben sprachliche Äußerungen von den Denkbestimmungen ihrer Subjekte sowohl abgeleitet als auch abhän-

Der hegelschen Metaphorik folgend hieße das aber auch: Als Pyramide ist die Sprache weder wohnlich noch gewohnt, weder »Behausung des Menschenwesens« noch »Haus des Seins« (HEIDEGGER 1946, S. 5, 10, 24), vielmehr eine *Nekropole des Geistes* – wobei die Seele, die in jener Pyramide verborgen ruht, sowohl zur Mumie als auch, indem sie einbalsamiert und aufbewahrt ihr eigenes Begräbnis überlebt, zu einer Art Untoten geworden ist. Was aus dem Reich der Zeichen zurückkehrt (was durch den Widerspruch hindurch wiederholt wird) hat eine Wirklichkeit nur noch als Zombie.

[46] HEGEL 1830 c, S. 267, 270. Und erst auf diese Weise wird die Sprache tatsächlich zum *Gewebe*: ein *in sich selbst* gebundener und *mit sich selbst* verknüpfter Faden; sowohl der Zusammenhang des Bezeichneten mit dem Bezeichnenden als auch der Zusammenschluss solcher Zeichen zu ganzen Sätzen, Texten und Geschichten.

102,119, 158,363 gig. Denn so wie »die Hand des Menschen, dies Werkzeug der Werkzeuge, zu einer unendlichen Menge von Willensäußerungen zu dienen geeignet ist«, so auch »das Wort [»das würdigste und geeignetste Mittel sich auszudrücken«], wenn es vom wahrhaften Denken gebraucht wird.«[47]

Noch einmal bestätigt sich auf diese Weise jenes klassische Dispositiv, in-
13,34, 349,360 folgedessen der Mensch zum Autor und die Worte zu seinem eigenen (auch juristisch geschützten) Werk geworden sind. Kein Produkt ohne Produktion, keine Produktion ohne ihren Produzenten; nach jener Formulierung Foucaults: »[L]e Sujet majuscule, le Sujet comme origine et fondement du [...] Langage; cet homme qui est censé mettre en œuvre le langage, le parler, le transformer, le faire vivre«.[48] Worauf es dabei ankommt ist: Dass sich alle Kompetenzen zum Einsatz von Sprache im Innern Des Menschen versammeln; dass es eine Instanz gibt (hier ›au[c]toritas‹ und ›auctor‹ zugleich), durch die sprachliche Werke hervor-
28,31, 83,322 gebracht, beherrscht und versichert werden können.[49] Indem es für Hegel die Phantasie bzw. Intelligenz ist, die Zeichen macht, hat er deren Bezeichnungen wie selbstverständlich dem Transzendentalismus eines auktorialen

Im Übrigen bedeutet es keine Veränderung der genannten Verhältnisse, wenn statt von Innen und Außen von einer Oberfläche und ihrer Tiefenstruktur, von Vordergrund und Hintergrund die Rede ist: Weil auch in diesen Fällen gilt, dass die Beschreibung der Spra-

[47] Hegel 1830 c, S. 194f., 280 (einschließlich des Werkzeug-Zitates als unausgewiesener Aristoteles-Übersetzung aus: Περὶ ψυχῆς 432 a). Schon die »freiere Willkür und Herrschaft im Gebrauch« hatten ja das Zeichen von der »bedingten, nur relativ freien Tätigkeit der Intelligenz« beim Symbolisieren unterschieden. Vgl. Hegel 1830 c, S. 269f.

[48] Foucault 1969 a, S. 788.

[49] Dass auch Hegel ein solch schöpferischer Autor sein wollte, ist nachvollziehbar und außerdem schon der Form seiner Texte abzulesen, die ja nahezu ohne Fußnoten, also ohne Verweise auf andere Autoren, Bücher oder sonstige Quellen erschienen sind – was die Herausgeber der hier zitierten Ausgabe der *Phänomenologie* durch Markierungen am Textrand [*] sowie einen dazugehörigen Anmerkungsteil nachzuholen versuchen. Ebenso Kittler 1989, S. 15ff.

Dabei gab es für Hegels schriftstellerisch-philosophische Kompetenz noch sehr andere als innerlich Gründe: eine Art »Zettelkasten« zum Beispiel (Kittler 1989, S. 18; ders. 1997, S. 197), den schon der Stuttgarter Gymnasiast angelegt hatte und den er seither beständig pflegte; in den Worten seines Biographen Rosenkranz 1844, S. 10, 12f.: Der »mannigfaltig Belesene [...] schrieb alles, was ihm bemerkenswerth schien – und was schien es ihm nicht! – auf ein einzelnes Blatt«, dass daraufhin »nach dem Alphabet« sowie mit »Stichworten« versehen in »Mappen« bzw. »Schiebefutterale« eingeordnet wurde. Eigene Exzerpte also fassen zusammen, was in fremden Büchern steht, die deshalb nicht mehr selbst zur Sprache kommen. Oder: Autorschaft heißt schon bei Hegel, Gelesenes »umzuschreiben und umzuordnen«; ohne allerdings »den technischen Trick als solchen zu verraten«. Kittler 1997, S. 197.

che von einer durchgängigen Zweiteilung ausgeht, die das eine zum Maßstab des anderen macht; in der das oder der Eine immer schon als das Normative seines oder des Anderen fungiert.

Erzählers unterworfen; das heißt: Als Double subjektinterner Prozesse und als Dublette auch in sich werden Sprachzeichen entlang einer *vertikalen Achse* konstituiert. Das Innen (als Vorher) verhält sich zum Außen (als Nachher) wie das Oben zum Unten, wie die Bedingung zu ihrer Verwirklichung, die Anleitung zu ihrer Ausführung. Solchermaßen ist die Instanz, die das Zeichen jeweils setzt, zugleich dessen allgemeines Gesetz; ebenso übergreifend wie übergeordnet: Ein Souverän, dem ein stolzer Vasall zu Diensten ist; die Verherrlichung des 34,42,
Geistes durch die Existenz seiner Zeichen.[50] 128,207

* * *

DERRIDA Ein weiteres Merkmal sprachlicher Äußerungen ist es sodann, dass sie von Hegel stets auf die *optisch-akustischen Vermögen des Menschen* bezogen werden: als jeweils spezifische Auszeichnung des Auges und des Mundes (bzw. der Ohren), und also der Wirklichkeit des menschlichen Gesichts. 74,115,
183,245

> Le visage [stellt Derrida fest] est présence, οὐσία. [Und deshalb:] Si je vois la tête d'un homme [zitiert er Feuerbach aus dessen *Kleinen philosophischen Schriften*], c'est lui-même que je vois [...].[51]

Es (das »Gesicht«) ist insofern nicht nur »Organ« oder gar »Schädelknochen« (in der *Phänomenologie* »caput mortuum«): ein »für sich gleichgültiges, unbefangenes Ding«,[52] sondern »lebendiger Kopf« und »bewußte Bewegung«

[50] Die Sprache also ist Dienstleistung am Ich und seinen Anderen. Vgl. dazu Marx 1967, S. 18, 25, 31. Insofern kommt es bei Hegel (seit 1818 selber im preußischen Staatsdienst tätig) zu einer regelrechten Verbeamtung der Sprache – die dann auch als Sprache für Beamte fungiert. Zu diesem Thema vgl. Kittler 1985 b, S. 30, 70 ff., 191, 195 f. sowie ders. 1988, S. 401 ff. 48,90,
154,306

[51] Derrida 1964 a, S. 149.

[52] Hegel 1807, S. 219, 222. Dort ist über den »Schädelknochen« auch zu lesen, dass er weder »die Miene verzieht« und »sprechende Gebärde würde« noch als »S e i e n d e r [und deshalb im Gegensatz zur Kraniologie Franz Joseph Galls] den Wert eines Z e i c h e n s hat« – selbst wenn »manche bei dem angestrengten Denken oder schon beim Denken überhaupt, eine schmerzliche Spannung irgendwo im Kopfe zu fühlen klagen [...].« Ders. 1807, S. 222 f. Zu Hegel vs. Gall vgl. auch Windgätter 2005 b.

Dass bei Hegel der Schmerz das Negative ist und also Moment auf dem Weg zum Absoluten, wurde bereits ausgeführt. Gerade in Bezug auf den Kopfschmerz aber wird sich zeigen, dass man auf ihn nicht nur *geistesgeschichtlich* (oder kraniologisch), sondern auch *medienpraktisch* reagieren kann: Zum Beispiel wie Nietzsche: durch den Kauf einer Schreibmaschine. 12,216,
239,271

(»Physiognomie«, »Mienenspiel«, »Artikulation« usw.): das »Dasein des Geistes« in der »sprechenden Gegenwart des Individuums«.[53] Durch die *Enzyklopädie* wird dieser hauptsächliche Bezug noch einmal bestätigt. Über den »geistigen Ausdruck« (als dessen »ausdruckvollste Gebärde« die »Äußerung des Sprechens« gilt) heißt es dort, dass er vor allem »in das Gesicht fällt, weil der Kopf der eigentliche Sitz des Geistigen ist.«

Mit anderen Worten: Die hegelsche Dialektik orientiert ihre Thesen zur Sprache an einer *Logik des Sichtbaren sowie des Hörbaren*, an einer darausfolgenden *Metaphorik der Bilder sowie der Töne* – eine Metaphorik jedoch, die keiner Wortwahl entspringt, die wenig mit Originalität oder persönlichen Neigungen zu tun hat, sondern die für Hegels Sprachkonzeption (unter den Voraussetzungen, die sie eingeht und mit den Zielen, die sie verfolgt) konstitutiv ist: eine theorieimmanente Notwendigkeit; Wortfelder, die in einer Philosophie zu dieser Zeit und an diesem Ort kaum anders sein können.

Zeichen sehen: das Auge

Durch seine Äußerungen wird der Geist darstellen, was er sich zuerst nur
97, 116, 158 vorgestellt hat; oder: Als Sprache tritt er aus dem nächtlichen Schacht seines Innern hinaus ans Licht der Öffentlichkeit. So folgt Hegel einer *Logik des Sichtbaren*, indem er jeden Ausdruck (das ist die »Vereinigungen des Eigenen oder Inneren des Geistes und des Anschaulichen«) ein »Gebilde der Phantasie« nennt, (gr.) φαντασία = ›Erscheinung‹, ›Aussehen‹, zu (gr.) φαίνω = ›sichtbar machen‹, ›offenbaren‹, ›verkünden‹; indem er das Äußerliche am Geäußerten als etwas »Anschaubares« beschreibt sowie die »Zeichen machende Phantasie« als »sich äußernd, Anschauung produzierend«: ein »vorgestellter Inhalt«, der sich selbst »zu einem Zeichen herabsetzt« und »eben dadurch objektiv, äußerlich gemacht, verbildlicht wird«.[54] Im *Zusatz* des § 455 (unter dem Titel *Die Einbildungskraft*) ist dann zu lesen, dass

> die Intelligenz ihren allgemeinen Vorstellungen [...] ein bildliches Dasein gibt. Dieses sinnliche Dasein hat die doppelte Form des Symbols und

[53] Hegel 1807, S. 219, 221 f., 216. Die direkt folgenden Zitate ders. 1830 c, S. 195, 193 f. Entsprechend verteilt Hegel die »fünf Sinne« des Menschen auf »drei Klassen«; das sind: die üblichen drei »Begriffsmomente« der Dialektik (»Idealität«, »Differenz« und »Totalität«), von denen »die erste Klasse zwei Sinne [»umfaßt«] – das Sehen und das Hören.« (Ders. 1830 c, S. 103) Noch über ein Jahrhundert später wird Heidegger 1959, S. 252 auf die selbstgestellte Frage nach dem »*sagen*« antworten: »›Sagan‹ heißt: erscheinen-, sehen- und hören-lassen.« Vgl. auch ders. 1962, S. 23.

[54] Hegel 1830 c, S. 258, 268 f. Das direkt folgende Zitat S. 264, 270. Außerdem: »Dies Werden [»der an die Zeit entäußerte Geist« oder: seine »Geschichte«; das ist: die Odyssee seiner Äußerungen] stellt eine träge Bewegung und Aufeinanderfolge von Geistern dar, eine Galerie von Bildern [...].« Ders. 1807, S. 530. Vgl. auch ders. 1822/28, S. 97.

> des Z e i c h e n s. [...] Das Zeichen ist irgendeine unmittelbare Anschauung, die einen ganz anderen Inhalt vorstellt, als den sie für sich hat.

Warum diese Orientierung an der Bildlichkeit? Warum diese Komplizenschaft von Sprache und Optik? Nicht weil Hegel glaubt, Zeichen seien im Wesentlichen Zeichnungen und würden von daher ikonologisch, in Analogie zu Bildflächen organisiert oder wahrgenommen (Stichworte wären hier Simultanität statt Sukzession, mehrdimensionale Ausbreitung statt eindimensionaler Abfolge), sondern weil auch seine Sprachphilosophie buchstäblich und in zweifacher Weise als *Idealismus* funktioniert:

SERRES Erstens, da es für Hegel nur so sein kann, dass Worte, Sätze, Texte usw. von der Innerlichkeit einer ἰδέα angeleitet und begleitet werden; dass also sprachliche Äußerungen von Anfang an: vom Widersprechen der Gewissheit bis zum Erreichen des Wissens, vom Verlassen der Heimat bis zur Rückkehr nach Hause, durch das eine und Eine Auge des Geistes überwacht 98, 103, 340, 361
werden. Hegels Forderung aus der *Phänomenologie*, von dem Negativen nicht wegzusehen, sondern ihm ins Angesicht zu schauen, macht deshalb den Geist ebenso sehr zum Aufseher seiner Ausdrücke wie zum Inspekteur und Wächter über das fremde Reich der Zeichen. Als Phantasiegebilde jedenfalls (und interessanterweise kann das griechische φαίνω genauso als ›anzeigen‹, ›melden‹ und ›denunzieren‹ übersetzt werden) trifft sie der »Strahl des selbstbewußten Auges«[55], das – obwohl im Singular beschrieben – allemal über die Totalität der Perspektiven verfügt. In Anlehnung an eine Formulierung bei Serres hieße das: Um sich außerhalb seiner selbst (entäußert in Raum und Zeit) nicht zu verlieren, um eine Ablenkung seiner Intentionen, eine Zerstreuung seiner Inhalte unmöglich zu machen, verhält sich der Geist zur Sprache

Einer Logik des Sichtbaren ist Hegel auch dadurch gefolgt, dass er die gedoppelte Architektur der Pyramiden zu seinem Zeichen für die Zeichen gemacht hat: ein sichtbares Monument als Ausdruck für die Unsichtbarkeit des Geistes; ein Zeichenkörper (σῶμα und σῆμα zugleich), der eine fremde Seele beinhaltet, der sie aufbewahrt, um sie in ihrer Idealität zu bezeichnen.

So könnte man, zumindest bis auf weiteres, annehmen, Hegels Konzeption von Sprache wäre unterschwellig und ohne daraus schon Theorie gemacht zu haben, am Modell (gewissermaßen am Vorbild) der *Schrift* entstanden: Als würde seine Dialektik insgesamt von einer Topologie sprachlicher Äußerungen ausgehen; als hätten sich ihre Analysen immer

[55] Hegel 1807, S. 491. Vgl. dazu aus historischer Perspektive auch Jay 1993, S. 29, mit seiner Kritik des »modern occularcentrism«.

schon auf räumlich verfügbare, im Raum aneinander gereihte Sprachzeichen bezogen, auf jene graphematischen und deshalb sichtbaren Spuren der abendländischen Buchstabenschrift. »Der Raum«, erklärt Hegel in der *Phänomenologie*, »ist das Dasein, worin der Begriff seine Unterschiede einschreibt [...]«[57] – eine schöne Formulierung, die wohl jeden Strukturalisten erfreuen würde, von der jedoch zu zeigen sein wird, warum sie an dieser Stelle nicht bis zu Ende zitiert werden konnte.

> panoptique: incontournable, imprenable comme Argus. [...] comme un œil d'yeux [...] une intégrale de faces, une boule omnidirectionnelle d'yeux.[56]

Aber auch auf Sokrates kann hier noch einmal hingewiesen werden, dem Nietzsche ja
86,219, 243 das eine große Zyklopenauge zugeschrieben
hat und der seinen Athenern das Tageslicht der Vernunft aufgehen ließ wie Hegel den absoluten Geist in Preußen.

DERRIDA Zweitens (der Vergleich mit Sokrates deutet es bereits an); auch Hegels semiologischer Idealismus funktioniert als eine
104,328 *Metaphysik des Lichts*. Das heißt: Für ihn ist es
jenes »ungetrübt Ideelle [...], welches wir Licht nennen«[58] in dem sprachliche Äußerungen jeweils gesetzt und stets kontrolliert werden. Das Licht als »Mittel des Sehens« oder »Sein-für-Anderes« (das »allgemeine Zur-Erscheinung-bringen«); als die ebenso intelligible wie initiierende Evidenz der »Sonne« (das »ursprüngliche,
32,106, 261,328 unerzeugte Licht«), durch die der Geist sein unsichtbares Wesen sichtbar
macht, die Nacht seiner Innerlichkeit und überhaupt alles »Finstere« aufklärt; aber auch als »héliopolitique«[59], wie Derrida sie beschreibt, die das gesamte System der Dialektik (der dialektischen Philosophie, vielleicht der Philosophie selbst) zentriert, und die auf diese Weise nicht nur einen Originalmodus von Sprache unterstellt, sondern zugleich behauptet, dass er jeweils zwischenmenschlich realisiert werde, inmitten anwesender Subjekte: »face-à-face«, als »échange [de] regard« oder (»comme le veut l'origine du mot«) »rencontre du
74,115, 241,352 visage«.

Dann sind Sprachzeichen zwar in ihrer Äußerlichkeit negativ: ein fremder Stoff vor dem reinen Selbst des Geistes, als Verdoppelungen jedoch transparent für das »Licht seiner Seele«: ein luzides Medium; einsehbar durch die

[56] Serres 1985, S. 44f.

[57] Hegel 1807, S. 33.

[58] Hegel 1830 c, S. 104. Ebenso die direkt folgenden Zitate sowie ders. 1830 b, S. 113f. Vgl. hierzu auch Marx 1967, S. 31.

[59] Derrida 1964 a, S. 134. Über »cette métaphore de l'ombre et de la lumière« heißt es an anderer Stelle auch, sie sei »métaphore fondatrice de la philosophie occidentale comme métaphysique«. Und schließlich: »[N]otre philosophie est une photologie, nom donné à l'histoire ou au traité de la lumière.« Derrida 1963, S. 45. Die direkt folgenden Zitate ders. 1964 a, S. 146.

»ideelle Tätigkeit des Auges«.[60] Passend dazu heißt es in der *Enzyklopädie*: »Die Gestalt [auch diejenige der Zeichen] leuchtet als solche nicht, sondern diese Eigenschaft ist ein Verhältnis zum Lichte.«

Zeichen hören: der Atem

Auf noch andere Weise folgt Hegel der *Logik des Hörbaren*. Denn die »Intelligenz«, so schreibt er in der *Enzyklopädie*, »äußert sich unmittelbar und unbedingt durch Sprechen«; sie ist das »aus ihrer (anthropologischen) eigenen Natürlichkeit hervorgehende G e s e t z t s e i n, – der T o n, die erfüllte Äußerung der sich kundgebenden Innerlichkeit [...], die R e d e, und ihr System, die S p r a c h e«. Zu jenem Äußerlichwerden der Seelenbewegungen gehört deshalb für Hegel »vor allem die menschliche S t i m m e«.[61] Als solche ist Sprache auf das »Gehör« bezogen, das sie als ausgesprochenes Ich jeweils »vernimmt«; aber sie steht »auch mit dem Organ des Atmens in nahem Zusammenhange und [erhält] ihre letzte Bildung durch den Mund, der die doppelte Funktion hat, einmal die unmittelbare Verwandlung der Speise [...] zu beginnen und andererseits, im Gegensatze gegen diese Verinnerlichung des Äußerlichen, die in der Stimme geschehene Objektivierung der Subjektivität zu vollenden.«[62]

Die Innerlichkeit, der Atem und die Stimme – davon ausgehend funktioniert die hegelsche Konzeption der Sprache ebenso systematisch wie buchstäblich als *Psychologie*. Das heißt, sie hat nicht nur ihren Platz und infolgedessen ihre Einordnung im entsprechenden Kapitel der *Enzyklopädie* erhalten, also dort, wo es um die »s e e l e n h a f t e n [...] Bestimmungen des freien Geistes«[63] geht, sondern im Anschluss an das griechische ψυχή können sprachliche Äußerungen auch als ein Ausatmen der Seele beschrieben werden. Oder: Für Hegel ist die Stimme ein Seelenlaut aus Menschenmündern. So treten die »konkreten Zeichen der Tonsprache, die Worte«, als ein »vom

[60] Hegel 1830 b, S. 226 sowie ders. 1830 c, S. 115. Vgl. auch Jay 1993, S. 31ff.

[61] Hegel 1830 c, S. 277, 271, 196. In der *Phänomenologie* werden »Klang und Umfang der Stimme« auch als »die individuelle Bestimmtheit der Sprache« definiert. Ders. 1807, S. 211.

[62] Hegel 1830 c, S. 104, 116f. sowie ders. 1807, S. 335: »Die Sprache [...] allein spricht Ich aus, es selbst.« So ist sie »ausgesprochene Innerlichkeit« und wird zugleich »von den anderen vernommen«. »Ich, das sich ausspricht ist vernommen.« Vgl. ders. 1807, S. 48, 428. Auch für Hegels Verbindung von Akustik und Sprache gilt also, dass sie ›face-à-face‹ funktioniert – zwar diesmal vom Mund zum Ohr und umgekehrt: als Gespräch, Dialog, oder Wechselrede, aber immer noch unter der Voraussetzung, dass sich Sprecher und Hörer dabei raum-zeitlich begegnen: als Austausch zwischen ebenso anerkannten wie anwesenden Subjekten.

[63] Hegel 1830 c, S. 270. Die direkt folgenden Zitate S. 273, 280 sowie ders. 1807, S. 337, 528.

Gedanken belebtes Dasein« auf; sie sind, mit einer Formulierung aus der *Phänomenologie*, »begeistet«, vom »Äther seines Lebens« durchdrungen. Und umgekehrt: Es ist die Ambivalenz der ψυχή, die insbesondere die gesprochene Sprache mit der Innerlichkeit und Eindringlichkeit des Geistes verbindet, die den Laut auf den Sinn, die φωνή auf den λόγος bezieht.

> Die Stimme [stellt Hegel fest] ist das Nächste zum Denken [...].[64]

Weshalb er an dieser Stelle, am Schnittpunkt von Semiologie und Psychologie, tatsächlich einlöst, was Derrida (einigermaßen pauschal für »la métaphysique logocentrique depuis près de trois millénaires«) unter dem
88, 273, 339, 352 Begriff des »phonocentrisme« bekannt gemacht hat:

> [L]'essence de la *phonè* [est] immédiatement proche de ce qui dans la »pensée« comme logos a rapport au »sens«, le produit, le reçoit, le dit, le »rassemble«.[65]

Anstatt eine Äußerlichkeit unter anderen Äußerungen zu sein, zeichnet sich die Stimme durch ihr wesentliches Verhältnis zur Seele aus; sie ist »productrice du premier signifiant«, »[de] la *premiere* convention«. Zwischen dem Geist und der gesprochenen Sprache, zwischen seinen Gedanken und ihren Verlautbarungen besteht »un rapport de traduction ou de signification naturelle.«

Eine solche *Auszeichnung der Tonsprache* aber hat Konsequenzen:

Zunächst die, dass ihre Äußerlichkeit, ihre ätherische Form des Daseins,
142, 175, 208, 323 ganz und gar der »v e r n i c h t e n d e n Negativität« der »Zeit« ausgesetzt ist; dass also, wie in der *Enzyklopädie* beschrieben,

> das Sichverbreiten des Tones ebensosehr sein Verschwinden ist. Durch die Stimme erhält die Empfindung eine Verleiblichung, in welcher sie nicht weniger schnell dahinstirbt als sich äußert.[66]

[64] Hegel 1830 b, S. 434.

[65] Derrida 1967 a, S. 18, 23, 21. Die direkt folgenden Zitate S. 22.

[66] Hegel 1830 c, S. 279 f., 115 f. Die direkt folgenden Zitate ders. 1830 b, S. 52, 50 sowie ders. 1830 c, S. 239. »Das Wort als t ö n e n d e s«, heißt es im *Dritten Teil* auf S. 279 auch, »verschwindet in der Zeit« – ein Verschwinden freilich nur des Hörbaren: des signifikanten Materials, denn die »w a h r h a f t e, k o n k r e t e Negativität des Sprachzeichens ist die Intelligenz«, die das Gehörte »aus einem Ä u ß e r l i c h e n in ein I n n e r l i c h e s verändert und in dieser umgestalteten Form a u f b e w a h r t.« Ders. 1830 c, S. 280. An einer anderen Stelle: »Fragen wir noch in bezug auf den Klang überhaupt, warum er sich aufs G e h ö r bezieht, so müssen wir antworten: weil dieser Sinn [...] sich auf das Entfliehen aus der Materialität, auf das Übergehen zum Immateriellen, Seelenhaften, Ideellen bezieht.« Ders. 1830 b, S. 174. Gegen den Triumph des Todes steht nicht nur jene →

Im jeweiligen Gebrauch der Stimme ereignet sich immer schon ihr Tod. Sie 12,72,
ist »endliche Gegenwart«, sodass in ihr zwar das »Jetzt« (als Präsens der 117,244
Präsenz) zu seinem »ungeheuren Recht« kommt, dessen »Einzelheit« jedoch »aufgelöst, zerflossen, zerstäubt [sein wird], indem ich es ausspreche.« Dabei bedeutet auch dieser Tod alles andere als einen Unfall, als ein Defizit der Rede oder einen Mangel an Ausdrucksfähigkeit; ist er doch erstens (wie bereits beschrieben) unvermeidlich und zweitens (wie nun hinzugefügt werden kann) die Bedingung dafür, dass der Staatsphilosoph zu Berlin gerade die Tonsprache als »ideelle Realisation« des Geistes begreifen kann. These: Hegels Auszeichnung der Stimme, ihr Dasein als erstes und endliches Zeichen, ist durch deren *paradoxe Materialität* begründet: Dass sie als Äußerung funktioniert, die in ihrer Äußerlichkeit nicht dauert; als ein Zeichenkörper, der nur *ist*, indem er schon *nicht* mehr ist, der einerseits zur Ordnung der Signifikanten gehört, andererseits jedoch »das Gepräge der höchsten Innerlichkeit trägt«[67]. Nach § 401 der *Enzyklopädie* erzeugt deshalb die Stimme

> eine sozusagen unkörperliche Leiblichkeit, [das ist] ein solches Materielles, in welchem die Innerlichkeit des Subjekts durchaus den Charakter der Innerlichkeit behält. [...] Ein so innerliches Äußerliches ist allein der artikulierte Ton, das Wort.

His masters voice

Was Hegel auf diese Weise gelingt ist: Die Differenz zwischen Signifikat und Signifikant, zwischen der Idealität der Gedanken und dem Dasein ihrer Sprechäußerungen auf ein Minimum zu reduzieren, sie nur durch einen Atemzug voneinander zu unterscheiden, ihren Doppelungen allenfalls einen Abstand auf Hörweite zu gewähren. So kommt es, dass sich der Geist im Aussprechen seiner selbst niemals absolut von seinem Selbst trennt. In nächster Nähe zur Innerlichkeit des Subjekts hört die Stimme nicht auf ihm anzugehören. Stets wird sie als eine Äußerung vollzogen, die ihr wesentliches Verhältnis zum λόγος akzeptiert, die auch als Widerspruch zu keiner »trägen«, »widerstandleistenden Materie« geworden ist, sondern »widerstandsloses Element«[68] – ein gehorsamer Signifikantentyp, durch den der Geist nicht

Verdoppelung im und durch Zeichen, sondern, diese Struktur voraussetzend, auch die
Dialektik ihrer Aufhebung: die Arbeit des Geistes als Widerspruch und Wiederholung, 122,132,
als Entäußerung (ausgesprochen durch den Mund) und Er-innerung (eingedrungen durch 137,351
das Gehör).

[67] Hegel 1830 c, S. 280. Das direkt folgende Zitat S. 115, 280.

[68] Hegel 1830 c, S. 239. Die direkt folgenden Zitate S. 115.

Tatsächlich ignoriert Hegel, dass die Stimme auch als subversive Kraft gegen das Denken wirksam werden kann – etwa so, wie es Zumthor 1987, S. 709 f. für das Verhältnis von Sprache und Sprechen angedeutet hat: »Die Rede«, schreibt dieser, »ist nicht einfach die →

Gefahr läuft, von seinen Intentionen abzuweichen und womöglich seine Inhalte zu verlieren. In ihrer hegelschen Konzeption jedenfalls funktioniert die Stimme als beherrschte Äußerlichkeit; als ein Modus von Sprache, der weder dem Subjekt ihrer »flüchtigen, gleichsam hingehauchten« Existenz (dem sog. mündigen Bürger) noch der Ambivalenz seiner ψυχή jemals die Gefolgschaft versagt. Oder, wie Derrida es formuliert, im »phonologisme traditionnel de la métaphysique« wird die Stimme (»ce par quoi elle se distingue de tout autre moyen de signification«) für eine »substance signifiante absolument disponible« gehalten: für »signes phoniques, [...] qu'ils semblent ne pas me quitter: ne pas tomber hors de moi, hors de mon souffle, dans un éloignement visible«.[69]

Auch das führt ohne Zweifel zu einer paradoxen Situation, denn nunmehr dient die Endlichkeit der φωνή der Unvergänglichkeit des λόγος, das Verschwinden der Signifikanten dem Andauern ihrer Signifikate. Soll »der Geist« tatsächlich, wie von Hegel beschrieben, »ewig« sein, »über der Zeit«, dann muss er, um gleichwohl für sich und andere zu werden, was er an sich immer schon war, ein Medium gebrauchen, das seinerseits »der Zeit untertan« ist.[70] Genau diese Funktion erfüllt die gesprochene Sprache. Und deshalb: Das Paradox ihrer Materialität ist ein anderer Name für die Zauberkraft der Aufhebung. Indem sie als Äußerung jeweils dahinstirbt, wird der Geist überleben, wird sich am Ende immer wieder behauptet haben. Aus dem *Das* seiner Stimme bleibt stets das *Was* des Bestimmten erhalten, das er selber ist. Noch einmal bewahrheitet sich in der gesprochenen Sprache die Selbstmächtigkeit des Geistes als Hegels Wahrheit über die Sprache.

Durch ihre phonische Substanz ist die Stimme das ideale Zeichen des Geistes; für Hegel die »ursprüngliche« und von daher »noch vollkommenere Verleiblichung« der Seele als jene ideelle Tätigkeit des Auges: die Verbindung von Sprache und Optik, die Orientierung seiner Semiologie an den verräumlichten Äußerungen der Buchstabenschrift.[71] Zumindest an Stimme vs. Schrift

Vollstreckerin des Sprachsystems. Sie bestätigt nicht nur nicht vollständig dessen Vorgaben,
88, 162, 259, 293 sondern handelt ihm oft, in ihrer ganzen Körperlichkeit (als ›Klang‹, ›Modulation‹, ›Schwingung‹, ›Rhythmus‹ usw.), zu unserer Überraschung und unserem Vergnügen zuwider.« Und ein paar Zeilen weiter: »Die Rede gibt sich als Erzählung, sie wird aber gleichzeitig im Klang der Stimme [...] zum Kommentar des Erzählten.«

[69] Derrida 1967 c, S. 90, 93, 89, 85.

[70] Hegel 1830 b, S. 50f.

[71] Hegel 1830 c, S. 272, 115. »Le fond de la thèse«, kommentiert Derrida 1968 b, S. 102, »s'énonce très vite: c'est le privilège ou l'excellence du système linguistique – c'est-à-dire phonique – au regard de tout autre système sémiotique. Privilège donc de la parole sur l'écriture et de l'écriture phonétique sur tout autre système d'inscription, en particulier sur l'écriture hiéroglyphique ou idéographique, mais aussi bien sur l'écriture mathématique, sur →

dieser Stelle also, beim Verhältnis der gesprochenen zur geschriebenen Sprache, laufen Text und Thesen nicht analog. Findet nämlich in Hegels Sprach*praxis* die Metaphorik der Bilder und die der Töne gleichermaßen ihre Anwendung, werden dort die Zeichen sowohl auf das Auge als auch auf den Mund (bzw. die Ohren), sowohl auf das optische als auch auf die akustischen Vermögen des Menschen bezogen, ist es im Unterschied dazu 45, 109,
für seine Sprach*theorie* konstitutiv, beide Signifikantentypen *hierarchisch* 130, 273
gegeneinander abzusetzen, den Laut über das Licht, das Phonem über das Graphem zu stellen. Mit anderen Worten: Hegels bisher verfolgte Auszeichnung der Stimme basiert auf einer *Herabsetzung der Schrift*: 33, 178, 199, 339

> [D]as Hörbare oder Zeitliche und das Sichtbare oder Räumliche hat zwar jedes seine eigene Grundlage zunächst von gleichem Gelten mit der anderen; bei der Buchstabenschrift aber ist nur e i n e Grundlage, und zwar in dem richtigen Verhältnisse, daß die sichtbare Sprache zu der tönenden nur als Zeichen sich verhält.[72]

So wird die Schrift zu einer sekundären, das Medium der Stimme verdoppelnden Ordnung. Sekundär, weil sie die *Signifikation einer ersten Signifikation eines Signifikats* darstellt, weil sie per definitionem das Gesprochene der Sprache voraussetzt (als deren Ableitung erscheint) und weil sie diesem Äußerlichsein der Seelenbewegungen selber noch einmal äußerlich ist. Ihre Buchstaben, Sätze und Texte beziehen sich nicht auf den Geist als solchen, auf die Unmittelbarkeit seiner Vorstellungen, auf die Idealität seiner Gedanken, sondern sie verräumlichen »T ö n e , welche selber schon Zeichen [des 142, 159,
Geistes] sind«[73]. Was Hegel im Begriff der Schrift (sei es als Buchstabenschrift, 212, 320
sichtbare Sprache oder räumliches Zeichen) zusammenfasst, kann deshalb eine *phonetische Schrift* genannt werden; ein Schreiben als Aufschreiben von Phonemen unter den Bedingungen des Alphabets: Äußerungen, die »aus Zeichen der Zeichen« bestehen, und zwar so, »daß sie die konkreten

tous les symboles formels, les algèbres, les pasigraphies et autres projets de types leibnizien, sur tout ce qui n'a pas besoin, comme disait Leibniz, ›de se référer à la voix‹ ou au mot (*vox*).« Und ein paar Zeilen weiter: »[L]e langage parlé est ici le ›patron‹ du signe [...].«

[72] Hegel 1830 c, S. 277. Auch dazu Derrida: »L'époque du logos abaisse donc l'écriture pensée comme médiation de médiation et chute dans l'extériorité du sens.« Derrida 1967 a, S. 24.

[73] Hegel 1830 c, S. 273.
Im Falle der *Enzyklopädie* zeitigt die Stimme des Meisters gar posthume Wirkung, denn schon bald nach Hegels Choleratod am 14. November 1831 beschloss eine Herausgebergruppe (mit dem bemerkenswerten Namen »Verein von Freunden des Verewigten«), die in den Vorlesungen mitgeschriebenen Erläuterungen des Professors als »mündliche ›Zusätze‹« [sic!] in den Text von 1830 aufzunehmen. Vgl. *Anmerkungen der Redaktion zu Band 8, 9 und 10* der hier zitierten Ausgabe der *Enzyklopädie*: Hegel 1830 c, S. 423 f.

Zeichen der Tonsprache, die Worte, in ihre einfachen Elemente [eben jene Phoneme] auflösen und diese Elemente bezeichnen.«[74]

Als Herabsetzung der Schrift gilt dann aber auch, dass sie »bloß eine weitere Fortbildung im besonderen Gebiete der Sprache [ist], welche eine äußerlich praktische Tätigkeit zur Hilfe nimmt.«[75] Für die hegelsche Semiologie übt die geschriebene = aufschreibende Sprache eine nicht nur abgeleitete, sondern gleichfalls *instrumentale* Funktion aus: festgelegt auf ein zusätzliches, mnemonisches Hilfsmittel ihrer Subjekte, auf eine nützliche, das Außen der Tonsprache notierende, sie aufbewahrende Ordnung von Signifikanten. Das hat der Philosophieprofessor nicht zuletzt auf dem Titelblatt seiner *Enzyklopädie* bestätigt – bis zur dritten Auflage 1830 hieß es dort bekanntlich: »*Zum Gebrauch seiner Vorlesungen*«[76].

Die Nähe der Stimme zum Denken ist dessen Entfernung zur Schrift. Die geschriebene Sprache geht einen Schritt weiter in dem, was man zwar nicht mit Derrida, dafür jedoch mit einem seiner deutschen Übersetzer als »Inkorporationsfolge« des Geistes bezeichnen könnte.[77] Sich

[74] Hegel 1830 c, S. 273. Hegel also kennt die Schrift nur im Rekurs auf die gesprochene Sprache. Schreiben heißt für ihn, eine Phonem-Graphem-Beziehung herzustellen. Gerade in diesem Punkt soll sich dann die phonetische Schrift der Europäer von der hieroglyphischen Schriftsprache z.B. der Chinesen unterscheiden: »Die Hieroglyphensprache entsteht nicht aus der unmittelbaren Analyse der sinnlichen Zeichen [der »Tonsprache«] wie die Buchstabenschrift, sondern aus der voranzugehenden Analyse der Vorstellungen [...].« Hegel 1830 c, S. 275.

Außerdem: Es ist ein Effekt dieser »Identifizierung von Schrift mit verschrifteter Sprache«, dass »ideographische Zeichensysteme wie Ziffern, mathematische und logische Kalküle, [später auch] die Binärschrift und die Programmiersprachen nicht als Schriften zu qualifizieren sind.« Vgl. Krämer 1996, S. 94f.

[75] Hegel 1830 c, S. 273. Nicht anders schon sein Vorgänger auf dem Berliner Lehrstuhl, nämlich Fichte 1804, S. 90: »So hat die mündliche Mittheilung, – durch fortgehende Rede oder wissenschaftliche Unterredung, – unendliche Vortheile von der, durch den todten Buchstaben; das Schreiben ist bei den Alten erfunden worden, lediglich um die mündliche Mittheilung denen zu ersetzen, die zu ihr keinen Zugang haben konnten; alles Geschriebene war zuerst mündlich vorgetragen, und war Abbildung des mündlichen Vortrags.« Vgl. dazu auch Derrida 1967a, S. 17, 45.

[76] Vgl. Abb. 3 der Farbtafeln.

Zur Ambivalenz der hegelschen Auffassung von »Mnemonik« als einem »Auswendiglernen«, das »eben deswegen schnell wieder vergisst« (einem »mechanischen Zusammenhang«, einer »Reihe von Worten, in deren Zusammenhang kein Verstand ist«) und einem »Auswendigen, welches in das Inwendige der Intelligenz eingeschlossen bleibt und nur innerhalb ihrer selbst deren auswendige, existierende Seite ist« vgl. Hegel 1830 c, S. 279f., 281 sowie Derrida 1968 b, S. 110f.

[77] Vgl. also: Jacques Derrida, 1979: *Die Stimme und das Phänomen*, übersetzt von Jochen Hörisch, Frankfurt/M., S. 138; bzw. Derrida 1967 c, S. 91. Und Hegel selbst: Im Anschluss an »die Tonsprache«, schreibt er in seiner *Enzyklopädie*, »geht die Schriftsprache zum Felde des unmittelbaren räumlichen Anschauens fort.« Hegel 1830 c, S. 273. Zuerst eine bloße →

der Schrift zu bedienen hat zur Folge, aus der wesentlichen und ursprünglichen Beziehung zum λόγος herauszufallen, von seiner Sorge um die Wahrheit abgeschnitten zu werden. Und mehr noch: Es führt dazu, das lebendige Wort in der Verräumlichung still zu stellen, ihm seinen Atem zu nehmen, es durch Verdopplung in ein stummes und gleichgültiges Nebeneinander auszubreiten. Als sichtbares Zeichen erscheint der Geist in seiner eigentlichen Unruhe paralysiert, zu einem Kristall erstarrt.

Spätestens hier wird deutlich, warum jene strukturalistisch anmutende Formulierung aus der *Phänomenologie* bisher nicht zu Ende zitiert werden konnte: »Der Raum«, war dort zu lesen, »ist das Dasein, worin der Begriff seine Unterschiede einschreibt, [und nun weiter...] als in ein leeres, totes Element, worin sie ebenso Allerdings, das Schweigen über die Schrift ist nicht das Schweigen ihrer Signifikanten selbst. Denn während das eine zu letzten Worten führt, muss das andere, um *Zeichen des Geistes* zu sein, gebrochen werden. Dieser Aufbruch der Schrift ist die Stimme; das heißt, nur durch Aussprechen (als Selbstgespräch oder für Andere) wird aus dem Geschriebenen wieder herausgelöst, was zuvor hineingelegt wurde und nun stillgestellt ist: Indem das Subjekt die sichtbaren Zeichen aktual (jetzt) zur Sprache bringt; indem es die Buchstaben, Sätze und Texte in lebendige Rede, ihre fortgesetzte Materialität in »g e i s t i g e S u b s t a n z« zurückverwandelt. Nicht mehr kristallisiert, sondern verflüssigt; nicht mehr gleichgültig, sondern beseelt und in Bewegung gebracht, endlich mobilisiert: für Hegel »das Übergehen der materiellen R ä u m lichkeit in materielle Z e i tlichkeit.«[78] 142,164, 185,289

> [D]er Ton [schreibt er in seiner *Enzyklopädie* von 1830] ist das Zeitlichgesetztwerden der Körperlichkeit.

Die Zeit aber ist das an sich selbst Negative, die Negation der Negation – und so kommt es, dass sich die Tonsprache wie nichts sonst in die

Fortbildung, nun ein Fortgehen – obwohl Hegel ihre Materialität unterscheidet, lässt er die gesprochene und die geschriebene Sprache doch nicht als zwei autarke Medien gelten. In jener Inkorporationsfolge bleiben sie vielmehr logisch, genealogisch und ontologisch auf ihre jeweils vorgeordnete Instanz bezogen: mit dem λόγος als absoluten Anfang.

[78] Hegel 1807, S. 336 sowie ders. 1830 b, S. 171. Das direkt folgende Zitat ders. 1830 c, S. 105.

Die Schrift, hat das zur Folge, kann nur als Sprechen sein – insofern *sein*, (lat.) = ›esse‹, leben heißt; oder, als toter Buchstabe ist sie nicht nur *nicht* (wie das Dahinsterben der Stimme), sondern (heideggerisch:) sie ~~ist~~ nicht: ein Tod, der negativ bleibt und deshalb zu nichts führt; ein sperriges Monument gegen die wiederholte, auch wiederholende Arbeit der 38,119,
Dialektik. Statt einem beliebigen lateinisch-deutschen Wörterbuch vgl. Nietzsche, NF, KSA 165,201
12, 9[63], S. 369: »›Sein‹ als Verallgemeinerung des Begriffs ›L e b e n‹ (athmen) ›beseelt sein‹ ›wollen‹, ›wirken‹ ›werden‹.« Ebenso Derrida 1967 c, S. 82: »Le sens du verbe ›être‹ [...] entretient avec le *mot*, c'est-à-dire avec l'unité de la *phonè* et du sens, un rapport tout à fait singulier.«

Teleologie der hegelschen Dialektik einfügt, ihr entspricht: Das Eine, das ein Anderes wird und durch dessen Veränderung wieder das Eine; das Leben, das den eigenen Tod überlebt. Im Unterschied zur Schrift jedenfalls (und vor Erfindung der Phonographie) gehört es zum Dasein der Stimme, dass sie ohne Rest und garantiert wieder verschwindet; dass sie als Differenzfunktion nicht dauert, in ihrer Medialität (d.h. Äußerlichkeit) nicht bestehen bleibt, sondern Übergang ist, eine provisorische Mitte; einbegriffen zwischen Herkunft und Ziel, zwischen einer vergangenen Innerlichkeit und deren zukünftiger ErInnerung: als der Geist auf seinem Weg zum absoluten Wissen.

unbewegt und leblos sind.«[79] Kein Wunder, dass Hegel daraufhin der Meinung ist, ein Medium wie die »Schriftsprache [...] nur im Vorbeigehen« erwähnen zu müssen.

[79] Vgl. noch einmal Hegel 1807, S. 33. Das direkt folgende Zitat ders. 1830 c, S. 273.
Streng genommen ist deshalb nicht Sprache im Allgemeinen sondern Schrift im Besonderen die Grabstätte des Geistes; jene pyramidale Architektur, in die versetzt eine Seele
72,170, 177 verborgen ruht. Und also gilt auch nach 1800 noch in Preußen: »τὸ [...] γράμμα ἀποκτείνει τό δὲ πνεῦμα ζωοποιεῖ.« (2 Kor. 3,6)

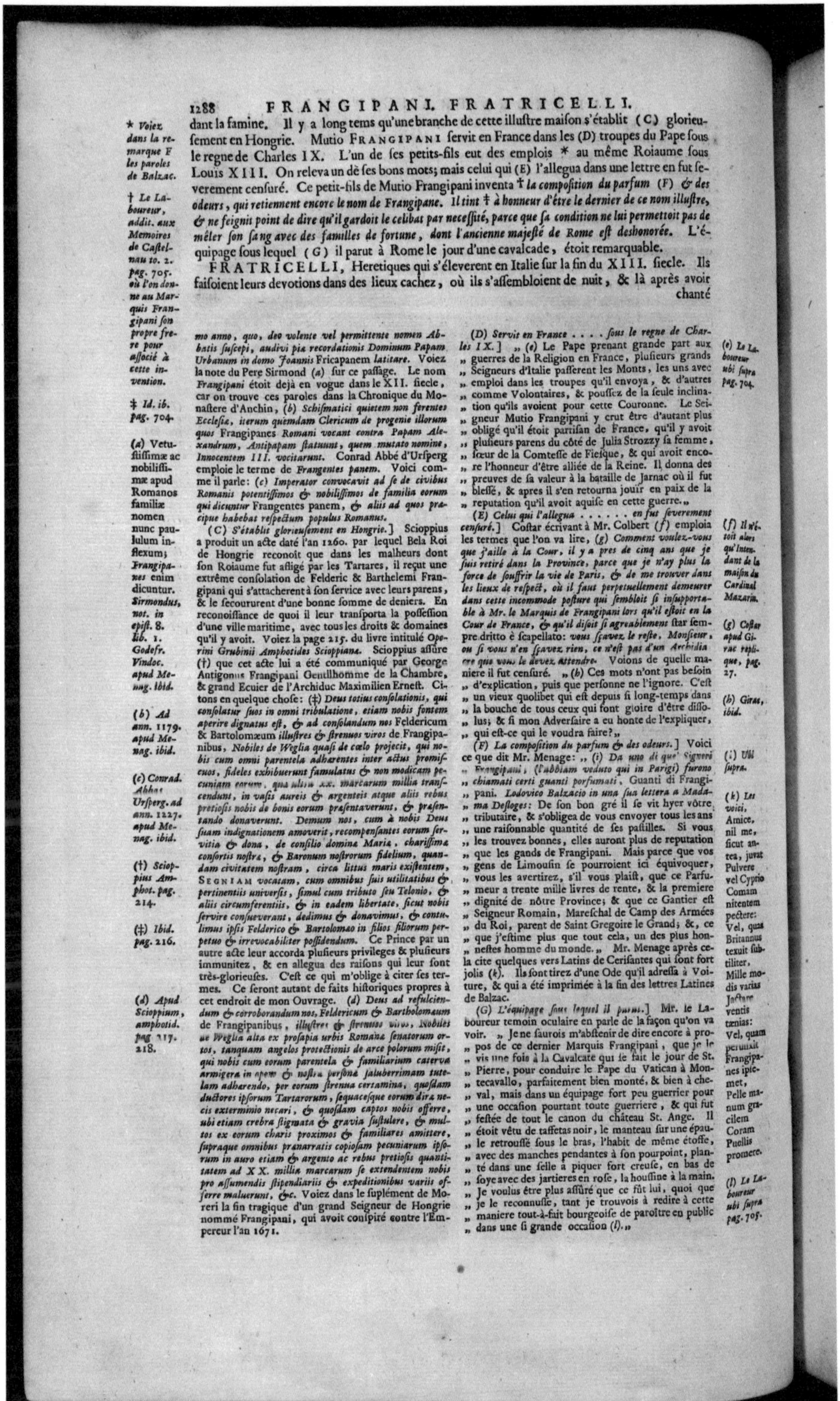

1288 FRANGIPANI. FRATRICELLI.

dant la famine. Il y a long tems qu'une branche de cette illustre maison s'établit (C) glorieusement en Hongrie. Mutio FRANGIPANI servit en France dans les (D) troupes du Pape sous le regne de Charles IX. L'un de ses petits-fils eut des emplois * au même Roiaume sous Louis XIII. On releva un de ses bons mots; mais celui qui (E) l'allegua dans une lettre en fut severement censuré. Ce petit-fils de Mutio Frangipani inventa † *la composition du parfum* (F) *& des odeurs, qui retiennent encore le nom de Frangipane. Il tint ‡ à honneur d'être le dernier de ce nom illustre, & ne feignit point de dire qu'il gardoit le celibat par necessité, parce que sa condition ne lui permettoit pas de mêler son sang avec des familles de fortune, dont l'ancienne majesté de Rome est deshonorée.* L'équipage sous lequel (G) il parut à Rome le jour d'une cavalcade, étoit remarquable.

FRATRICELLI, Heretiques qui s'éleverent en Italie sur la fin du XIII. siecle. Ils faisoient leurs devotions dans des lieux cachez, où ils s'assembloient de nuit, & là après avoir chanté

* *Voiez dans la remarque F les paroles de Balzac.*

† *Le Laboureur, addit. aux Memoires de Castelnau to. 2. pag. 705. où l'on donne au Marquis Frangipani son propre frere pour associé à cette invention.*

‡ *Id. ib. pag. 704.*

mo anno, quo, deo volente vel permittente nomen Abbatis suscepi, audivi piæ recordationis Dominum Papam Urbanum in domo Joannis Fricapanem *latitare.* Voiez la note du Pere Sirmond (a) sur ce passage. Le nom *Frangipani* étoit deja en vogue dans le XII. siecle, car on trouve ces paroles dans la Chronique du Monastere d'Anchin, (b) *Schismatici quietem non ferentes Ecclesiæ, iterum quemdam Clericum de progenie illorum quos* Frangipanes *Romani vocant contra Papam Alexandrum, Antipapam statuunt, quem mutato nomine, Innocentem III. vocitarunt.* Conrad Abbé d'Ursperg emploie le terme de *Frangentes panem.* Voici comme il parle: (c) *Imperator convocavit ad se de civibus Romanis potentissimos & nobilissimos de familia eorum qui dicuntur* Frangentes panem, *& aliis ad quos præcipue habebat respectum populus Romanus.*

(C) *S'établit glorieusement en Hongrie.*] Scioppius a produit un acte daté l'an 1260. par lequel Bela Roi de Hongrie reconoît que dans les malheurs dont son Roiaume fut afligé par les Tartares, il reçut une extrême consolation de Felderic & Barthelemi Frangipani qui s'attacherent à son service avec leurs parens, & le secoururent d'une bonne somme de deniers. En reconoissance de quoi il leur transporta la possession d'une ville maritime, avec tous les droits & domaines qu'il y avoit. Voiez la page 215. du livre intitulé *Oporini Grubinii Amphotides Sciopianæ.* Sciopius assûre (†) que cet acte lui a été communiqué par George Antigonus Frangipani Gentilhomme de la Chambre, & grand Ecuier de l'Archiduc Maximilien Ernest. Citons en quelque chose: (‡) *Deus totius consolationis, qui consolatur suos in omni tribulatione, etiam nobis fontem aperire dignatus est, & ad consolandum nos* Feldericum & Bartolomæum *illustres & strenuos viros* de Frangipanibus, *Nobiles de Weglia quasi de cœlo projecit, qui nobis cum omni parentela adhærentes inter actus promiscuos, fideles exhibuerunt famulatus & non modicam pecuniam eorum, quæ ultra XX. marcarum millia transcendunt, in vasis aureis & argenteis atque aliis rebus pretiosis nobis de bonis eorum præsentaverunt, & præsentando donaverunt. Demum nos, cum à nobis Deus suam indignationem amoverit, recompensantes eorum servitia & dona, de consilio dominæ Mariæ, charissimæ consortis nostræ, & Baronum nostrorum fidelium, quandam civitatem nostram, circa littus maris existentem,* SEGNIAM *vocatam, cum omnibus suis utilitatibus & pertinentiis universis, simul cum tributo seu Telonio, & aliis circumferentiis, & in eadem libertate, sicut nobis servire consueverant, dedimus & donavimus, & contulimus ipsis Felderico & Bartolomæo in filios filiorum perpetuo & irrevocabiliter possidendum.* Ce Prince par un autre acte leur accorda plusieurs privileges & plusieurs immunitez, & en allegua des raisons qui leur sont très-glorieuses. C'est ce qui m'oblige à citer ses termes. Ce seront autant de faits historiques propres à cet endroit de mon Ouvrage. (d) *Deus ad refulciendum & corroborandum nos, Fredericum & Bartholomæum* de Frangipanibus, *illustres & strenuos viros, Nobiles de Weglia alta ex prosapia urbis Romanæ senatorum ortos, tanquam angelos protectionis de arce polorum misit, qui nobis cum eorum parentela & familiarium caterva armigera in opem & nostræ personæ saluberrimam tutelam adhærendo, per eorum strenua certamina, quosdam ductores ipsorum Tartarorum, sequacesque eorum diræ necis exterminio necari, & quosdam captos nobis offerre, ubi etiam crebra stigmata & gravia sustulere, & multos ex eorum charis proximos & familiares amittere, supraque omnibus prænarratis copiosam pecuniarum ipsorum in auro etiam & argento ac rebus pretiosis quantitatem ad XX. millia marcarum se extendentem nobis pro assumendis stipendiariis & expeditionibus variis offerre maluerunt, &c.* Voiez dans le suplément de Moreri la fin tragique d'un grand Seigneur de Hongrie nommé Frangipani, qui avoit conspiré contre l'Empereur l'an 1671.

(a) Vetustissimæ ac nobilissimæ apud Romanos familiæ nomen nunc paululum inflexum; *Frangipanes* enim dicuntur. *Sirmondus, not. in epist. 8. lib. 1. Godefr. Vindoc. apud Menag. ibid.*

(b) *Ad ann. 1179. apud Menag. ibid.*

(c) *Conrad. Abbas Ursperg. ad ann. 1227. apud Menag. ibid.*

(†) *Sciopius Amphot. pag. 214.*

(‡) *Ibid. pag. 216.*

(d) *Apud Sciopium, amphotid. pag. 217. 218.*

(D) *Servit en France . . . . sous le regne de Charles IX.*] „ (e) Le Pape prenant grande part aux „ guerres de la Religion en France, plusieurs grands „ Seigneurs d'Italie passerent les Monts, les uns avec „ emploi dans les troupes qu'il envoya, & d'autres „ comme Volontaires, & poussez de la seule inclina- „ tion qu'ils avoient pour cette Couronne. Le Sei- „ gneur Mutio Frangipani y crut être d'autant plus „ obligé qu'il étoit partisan de France, qu'il y avoit „ plusieurs parens du côté de Julia Strozzy sa femme, „ sœur de la Comtesse de Fiesque, & qui avoit enco- „ re l'honneur d'être alliée de la Reine. Il donna des „ preuves de sa valeur à la bataille de Jarnac où il fut „ blessé, & apres il s'en retourna jouïr en paix de la „ reputation qu'il avoit aquise en cette guerre. „

(E) *Celui qui l'allegua . . . . . . en fut severement censuré.*] Costar écrivant à Mr. Colbert (f) emploia les termes que l'on va lire, (g) *Comment voulez-vous que j'aille à la Cour, il y a pres de cinq ans que je suis retiré dans la Province, parce que je n'ay plus la force de souffrir la vie de Paris, & de me trouver dans les lieux de respect, où il faut perpetuellement demeurer dans cette incommode posture qui sembloit si insupportable à Mr. le Marquis de Frangipani lors qu'il estoit en la Cour de France, & qu'il disoit si agreablement* star sempre dritto è scapellato: *vous sçavez le reste, Monsieur, ou si vous n'en sçavez rien, ce n'est pas d'un Archidiacre que vous le devez attendre.* Voions de quelle maniere il fut censuré. „ (h) Ces mots n'ont pas besoin „ d'explication, puis que personne ne l'ignore. C'est „ un vieux quolibet qui est depuis si long-temps dans „ la bouche de tous ceux qui font gloire d'être disso- „ lus; & si mon Adversaire a eu honte de l'expliquer, „ qui est-ce qui le voudra faire? „

(F) *La composition du parfum & des odeurs.*] Voici ce que dit Mr. Menage: „ (i) *Da uno di que' Signori „ Frangipani, (l'abbiam veduto qui in Parigi) furono „ chiamati certi guanti porfumati,* Guanti di Frangi- „ pani. *Lodovico Balzacio in una sua lettera a Mada- „ ma Desloges:* De son bon gré il se vit hyer vôtre „ tributaire, & s'obligea de vous envoyer tous les ans „ une raisonnable quantité de ses pastilles. Si vous „ les trouvez bonnes, elles auront plus de reputation „ que les gands de Frangipani. Mais parce que vos „ gens de Limousin se pourroient ici équivoquer, „ vous les avertirez, s'il vous plaist, que ce Parfu- „ meur a trente mille livres de rente, & la premiere „ dignité de nôtre Province; & que ce Gantier est „ Seigneur Romain, Mareschal de Camp des Armées „ du Roi, parent de Saint Gregoire le Grand; &, ce „ que j'estime plus que tout cela, un des plus hon- „ nestes homme du monde. „ Mr. Menage après cela cite quelques vers Latins de Cerisantes qui sont fort jolis (k). Ils sont tirez d'une Ode qu'il adressa à Voiture, & qui a été imprimée à la fin des lettres Latines de Balzac.

(G) *L'équipage sous lequel il parut.*] Mr. le Laboureur temoin oculaire en parle de la façon qu'on va voir. „ Je ne saurois m'abstenir de dire encore à pro- „ pos de ce dernier Marquis Frangipani, que je le „ vis une fois à la Cavalcate qui se fait le jour de St. „ Pierre, pour conduire le Pape du Vatican à Mon- „ tecavallo, parfaitement bien monté, & bien à che- „ val, mais dans un équipage fort peu guerrier pour „ une occasion pourtant toute guerriere, & qui fut „ festée de tout le canon du château St. Ange. Il „ étoit vêtu de taffetas noir, le manteau sur une épau- „ le retroussé sous le bras, l'habit de même étoffe, „ avec des manches pendantes à son pourpoint, plan- „ té dans une selle à piquer fort creuse, en bas de „ soye avec des jartieres en rose, la houssine à la main. „ Je voulus être plus assûré que ce fût lui, quoi que „ je le reconnusse, tant je trouvois à redire à cette „ maniere tout-à-fait bourgeoise de paroître en public „ dans une si grande occasion (l). „

(e) *Le Laboureur ubi supra pag. 704.*

(f) *Il n'étoit alors qu'Intendant de la maison du Cardinal Mazarin.*

(g) *Costar apud Girac replique, pag. 27.*

(h) *Girac, ibid.*

(i) *Ubi supra.*

(k) Les voici, Amice, nil me, sicut antea, juvat Pulvere vel Cyprio Comam nitentem pectere: Vel, quas Britannus texuit subtiliter, Mille modis varias Jactare ventis tænias: Vel, quam perunxit Frangipanes ipse met, Pelle manum gracilem Coram Puellis promere.

(l) *Le Laboureur ubi supra pag. 705.*

Abb. 1: Folio-Seite (im Original 34,5 x 25 cm) aus Pierre Bayles *Dictionaire historique et critique*. Tome I, Première Partie, Amsterdam 1697, S. 1288. BPK.

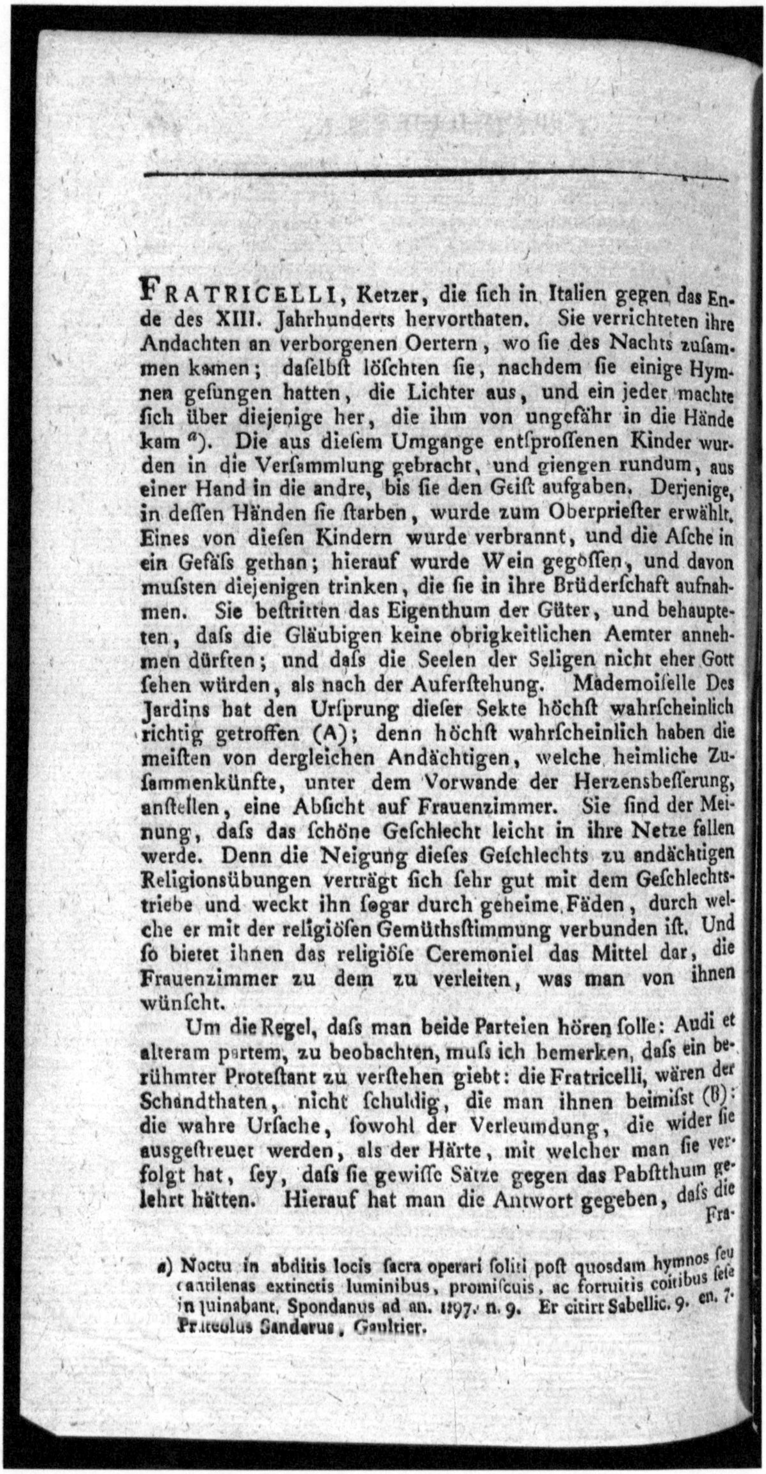

Fratricelli, Ketzer, die ſich in Italien gegen das Ende des XIII. Jahrhunderts hervorthaten. Sie verrichteten ihre Andachten an verborgenen Oertern, wo ſie des Nachts zuſammen kamen; daſelbſt löſchten ſie, nachdem ſie einige Hymnen geſungen hatten, die Lichter aus, und ein jeder machte ſich über diejenige her, die ihm von ungefähr in die Hände kam [a]). Die aus dieſem Umgange entſproſſenen Kinder wurden in die Verſammlung gebracht, und giengen rundum, aus einer Hand in die andre, bis ſie den Geiſt aufgaben. Derjenige, in deſſen Händen ſie ſtarben, wurde zum Oberprieſter erwählt. Eines von dieſen Kindern wurde verbrannt, und die Aſche in ein Gefäſs gethan; hierauf wurde Wein gegoſſen, und davon muſsten diejenigen trinken, die ſie in ihre Brüderſchaft aufnahmen. Sie beſtritten das Eigenthum der Güter, und behaupteten, daſs die Gläubigen keine obrigkeitlichen Aemter annehmen dürften; und daſs die Seelen der Seligen nicht eher Gott ſehen würden, als nach der Auferſtehung. Mademoiſelle Des Jardins hat den Urſprung dieſer Sekte höchſt wahrſcheinlich richtig getroffen (A); denn höchſt wahrſcheinlich haben die meiſten von dergleichen Andächtigen, welche heimliche Zuſammenkünfte, unter dem Vorwande der Herzensbeſſerung, anſtellen, eine Abſicht auf Frauenzimmer. Sie ſind der Meinung, daſs das ſchöne Geſchlecht leicht in ihre Netze fallen werde. Denn die Neigung dieſes Geſchlechts zu andächtigen Religionsübungen verträgt ſich ſehr gut mit dem Geſchlechtstriebe und weckt ihn ſogar durch geheime Fäden, durch welche er mit der religiöſen Gemüthsſtimmung verbunden iſt. Und ſo bietet ihnen das religiöſe Ceremoniel das Mittel dar, die Frauenzimmer zu dem zu verleiten, was man von ihnen wünſcht.

Um die Regel, daſs man beide Parteien hören ſolle: Audi et alteram partem, zu beobachten, muſs ich bemerken, daſs ein berühmter Proteſtant zu verſtehen giebt: die Fratricelli, wären der Schandthaten, nicht ſchuldig, die man ihnen beimiſst (B); die wahre Urſache, ſowohl der Verleumdung, die wider ſie ausgeſtreuet werden, als der Härte, mit welcher man ſie verfolgt hat, ſey, daſs ſie gewiſſe Sätze gegen das Pabſtthum gelehrt hätten. Hierauf hat man die Antwort gegeben, daſs die Fra-

a) Noctu in abditis locis ſacra operari ſoliti poſt quosdam hymnos ſeu cantilenas extinctis luminibus, promiſcuis, ac fortuitis coitibus ſeſe inquinabant. Spondanus ad an. 1297. n. 9. Er citirt Sabellic. 9. en. 7. Prateolus Sanderus, Gaultier.

Abb. 2: Portativ-Seite (im Original 20,5 x 12 cm) aus *Peter Baylens Philosophischem Wörterbuch […] zur Beförderung des Studiums der Geschichte der Philosophie und des menschlichen Geistes.* Erschienen bei Johann Gottfried Ruff, hg. von Ludwig Heinrich Jakob, Halle und Leipzig 1797, Bd. 1, S. 586. BPK.

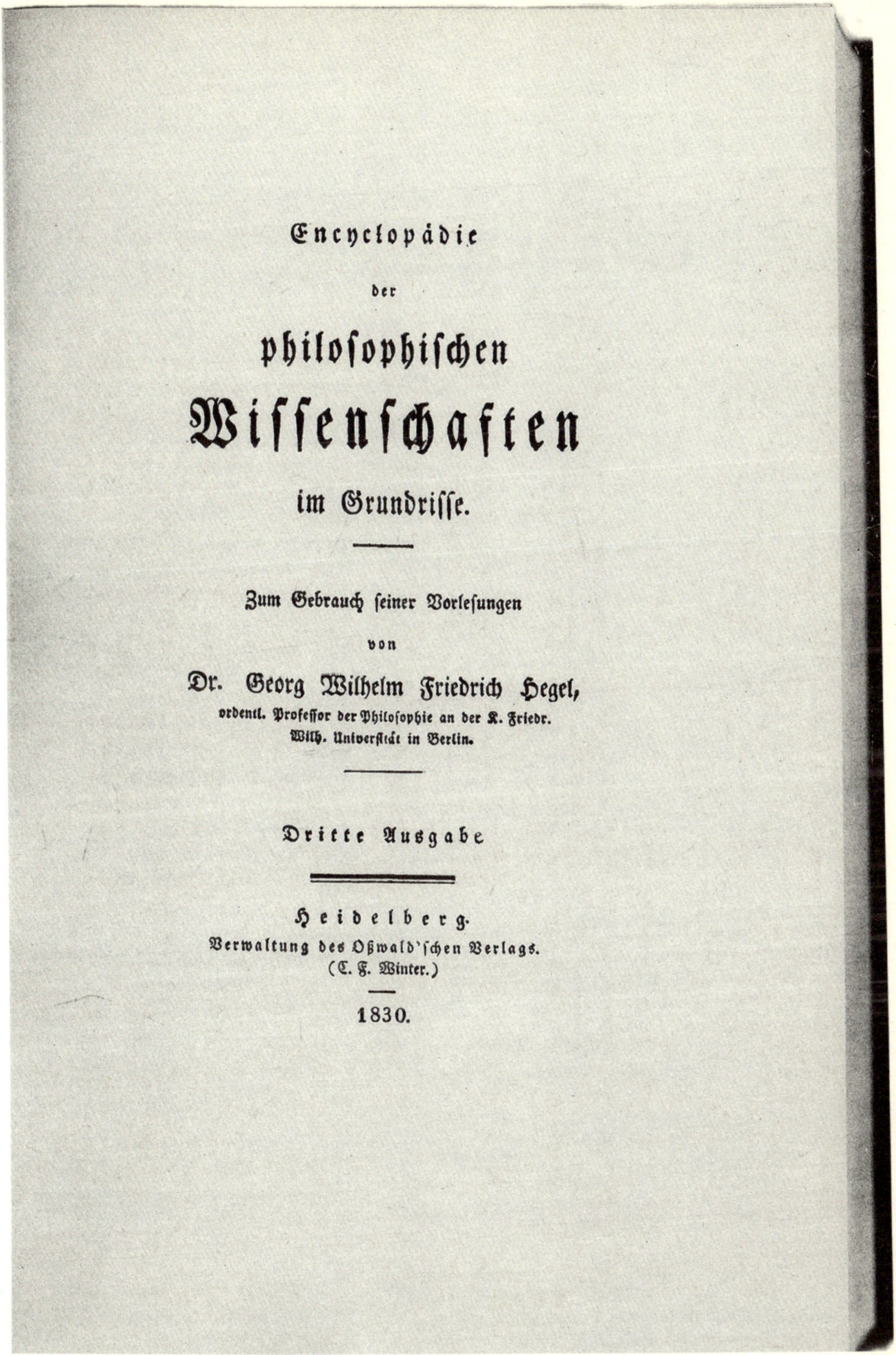

Encyclopädie

der

philosophischen

Wissenschaften

im Grundrisse.

Zum Gebrauch seiner Vorlesungen

von

Dr. Georg Wilhelm Friedrich Hegel,

ordentl. Professor der Philosophie an der K. Friedr.
Wilh. Universität in Berlin.

Dritte Ausgabe

Heidelberg.

Verwaltung des Oßwald'schen Verlags.
(C. F. Winter.)

1830.

Abb. 3: Titelseite der Hegel'schen *Enzyklopädie* von 1830. Im Original 21,5 x 13,5 cm. Der gesamte Text dieser Ausgabe ist in Fraktur gesetzt: 656 Seiten zum Teil in römischer, zum Teil in arabischer Paginierung. Aus: G. W. F. HEGEL, *Gesammelte Werke*, hg. von der Rheinisch-Westfälischen Akademie der Wissenschaften, Bd. 20, Hamburg 1992, S. 3. BPK.

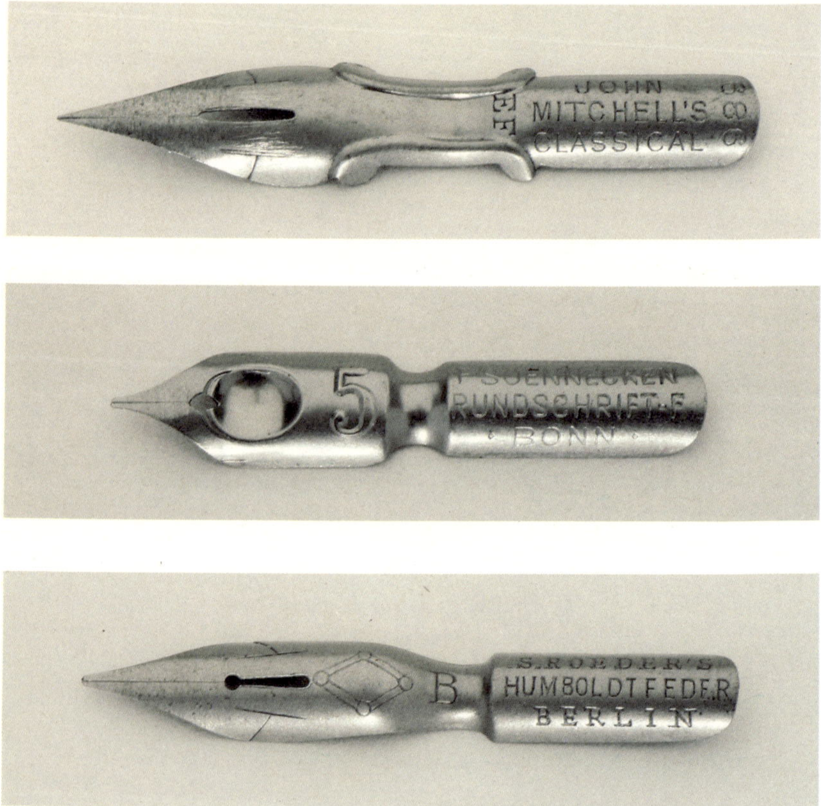

Abb. 4: Schreibfedern, wie sie Nietzsche benutzt hat. Das sind: *John Mitchell's classical* 686 (Nietzsches Bezeichnung ›689‹ scheint, wie in Sammlerkreisen vermutet wird, ein Lesefehler zu sein; verursacht durch seine schlechten Augen und/oder getrocknete Tintenreste auf dem Feder-Schaft), *Soenneckens Kurrentschriftfeder Nr. 5* und *Roeder's Humboldtfeder B, Nr. 15*. Archiv von Ch. W., Fotos: V. Minkus.

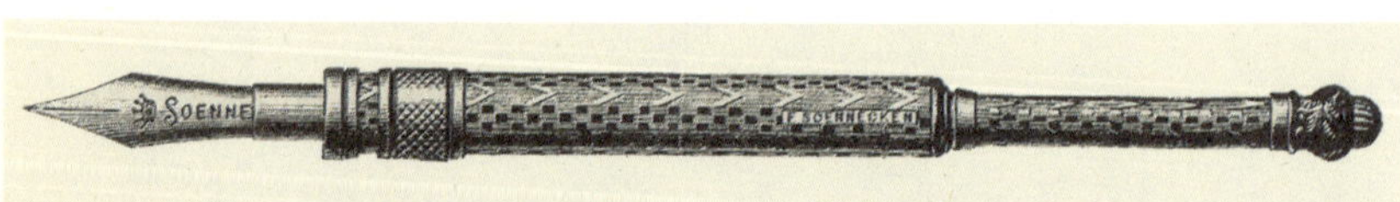

Abb. 4a: Federhalter von F. Soennecken, Bonn. Aus: Benders/Oettermann 2000, S. 723 Zeitgenössisches Prospekt, Privatbesitz.

Abb. 5: Nietzsches mechanischer Minenstift; Silber, 12 cm, Ende 19. Jahrhundert (KSW, Inv.Nr. NVa/00080). Hergestellt sehr wahrscheinlich von *Sampson Mordan & Co.*, London.

Abb. 6: Nietzsches Malling-Hansen-Schreibkugel; in der Seitenansicht (KSW, Inv.Nr. NKg/00329, Foto: D. Eberwein)

Abb. 7: Malling-Hansen-Schreibkugel; im Transport-Kasten aus »Mahagoni« (NTM, Foto: F. Oftebro). Eine »Sache für reiche Leute«, wie Nietzsche meint, denn inklusive Zustellung wird sie »mindestens frs. 500 kosten«. Sein »Ruhegehalt« nach der Entlassung aus dem Baseler Universitätsdienst beträgt »frs. 3000 jährlich«. NIETZSCHE, KSB 6, S. 120; BENDERS/OETTERMANN 2000, S. 454.

Bei ihrer Ankunft in Genua ist die Maschine jedoch »schwer beschädigt«. (NIETZSCHE, KSB 6, S. 170) Auf der Reise haben sich die »Klötze, zwischen die sie eingeklemmt war, gelöst. ›Unbegreiflicherweise‹«, wie der Transportbegleiter und Freund Paul Rée an Nietzsches Schwester Elisabeth in Naumburg schreibt: »›Eigentlich hätten sie eingelassen und angenagelt sein sollen‹.« Vgl. NIETZSCHE, KGB III/7-1, S. 870.

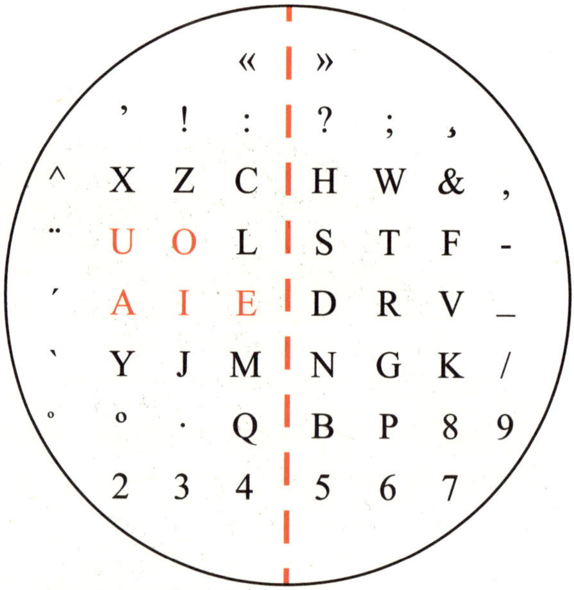

Abb. 8: Tastatur der Malling-Hansen-Schreibkugel in schematischer Darstellung (Graphik von Ch. W.); bestehend aus 54 Großbuchstaben, Zahlen und Zeichen. Die Leertaste befindet sich außerhalb des Kugelkopfes an dessen rechten, unteren Rand (vgl. Abb. S. 239). Der Papiertransport erfolgt automatisch durch das Niederdrücken der Tasten. Dazu gibt es einen Wagenrücklauf-Mechanismus, eine Skala für eingezogene Absätze, Farbband-Umschaltung sowie eine Glocke, die das jeweilige Zeilenende meldet.

Auffällig ist auch, dass die Schreibkugel noch nicht mit einer *Universal-*, sondern einer *Idealtastatur* ausgerüstet wurde.[2] Zwar reagieren beide auf statistische Erhebungen zur Zeichenhäufigkeit;[3] als Typenstangenmodell aber muss die Malling-Hansen keine Rücksicht auf das Verhaken von Typenhebeln nehmen und deshalb auch oft nacheinander getippte Zeichen nicht auf möglichst weit voneinander entfernte Tasten verteilen. Fürs blinde Schreiben konstruiert, war sie vielmehr *physiologisch-taktil* orientiert; soll heißen: Bei ihr hat die Statistik dazu geführt, häufig verwendete Zeichen im mittleren Bereich der Tastatur anzuordnen, wo sie von den Fingern mit der angeblich größten Beweglichkeit (= Zeige- und Mittelfinger) angeschlagen werden können. So hoffte man eine gleichbleibend bequeme und einsatzbereite Grundhaltung der Hände zu erreichen: kurze waagerechte Wege ohne Überlastung des kleinen Fingers. Vgl. Martin 1949, S. 530ff. (einschließlich der *Kaeding'schen* Häufigkeitstabelle), bzw. Dingwerth 1993, S. 141ff. Außerdem: Damit beide Hände abwechselnd und also schneller tippen können, wurden die Vokale (= rot markiert) in einem Bereich links, die meisten Konsonanten dagegen rechts von der Mittelachse (= gestrichelte rote Linie) positioniert. Vgl. auch Eberwein 2005, S. 18f.

[2] 1888, auf dem Stenographenkongress in Toronto (Amerika), wurde die sog. »Ur-Tastatur« der Remington zur Universaltastatur (= QWERTY) erklärt. Eine deutsche Normtastatur folgte erst 1928: DIN 2112, seit 1976 DIN 2137 (= QWERTZ). Vgl. Dingwerth 1993, S. 144.

[3] Vgl. Ernst 2003, S. 256f.

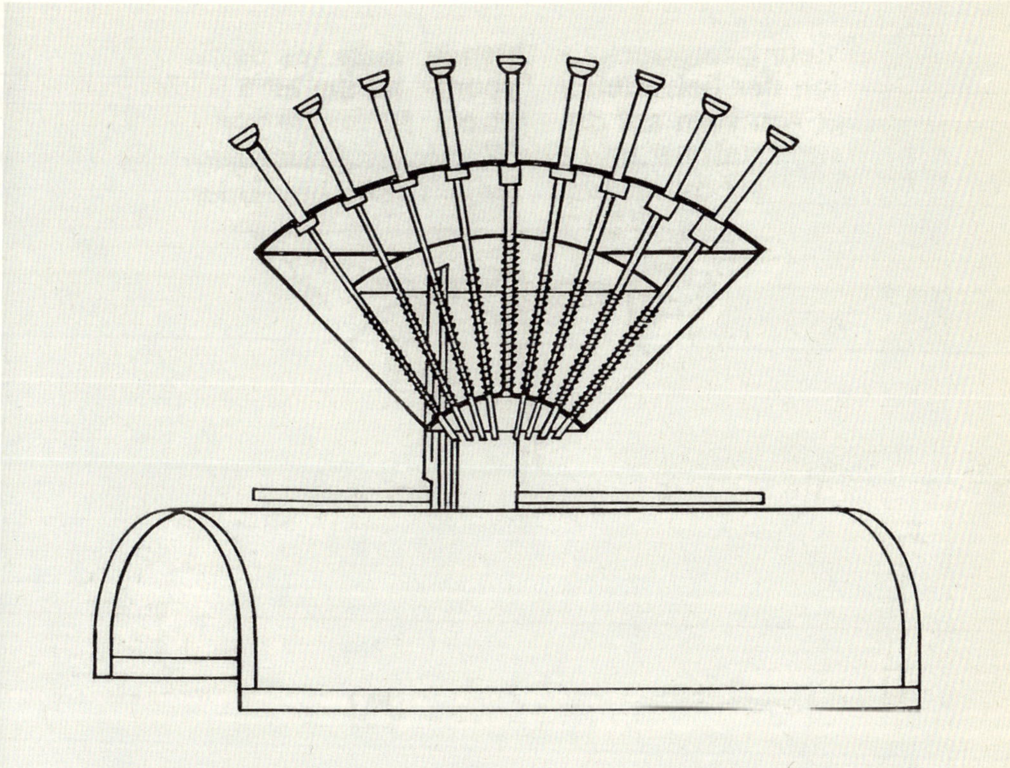

Abb. 9: Typenstangen der Malling-Hansen-Schreibkugel in schematischer Darstellung. Gut sichtbar ist hier deren konzentrische Anordnung, das Fehlen von Hebeln oder Gelenken sowie der Oberaufschlag. Nach dem Tastenniederdruck sorgt eine Spiralfeder für die Rückkehr der Typenstangen in ihre Anfangsposition. Aus: DINGWERTH 1993, S. 136, Zeichnung: L. Dingwerth.

→

Abb. 10: Handschrift Nietzsches (KSW, 71/210 Bl 87). Überwiegend deutsche Schreibschrift, schwarze, violette und blaue Tinte. Oktavheft (im Original 10,5 x 17 cm), insgesamt 194 Seiten, fast durchweg beschrieben, unliniiert, in schwarzes Leder gebunden mit Handvergoldung. Am hinteren Deckel des Heftes befindet sich eine lederne Stifthülse. Die hier abgebildete Seite zeigt links unten einen Briefentwurf Nietzsches an Hermann Credner, vermutlich vom 25. Mai 1886.

Wie schade dass man nicht am selben [illegible] [illegible] [illegible]

Ich warte auf diese [illegible] wie [illegible]

und lese wieder ~~[illegible]~~ [illegible] und [illegible] dabei, dass er [illegible]

[illegible]: [illegible] er [illegible] nicht [illegible] hatte, vor [illegible] in [illegible]

[illegible]

B

[illegible] gehört ein [illegible] kann, [illegible]

[illegible] Ihr [illegible] [illegible]. [illegible]

[illegible] [illegible] [illegible] [illegible] Ihr [illegible]

[illegible] [illegible] nicht [illegible] [illegible] [illegible]

nicht [illegible] [illegible] [illegible] [illegible]: [illegible]

sage ich, nein [illegible]: [illegible]

B

Ich bedauere, Ihr [illegible] zu müssen, dass [illegible]

Ihr [illegible] [illegible] ist ~~[illegible]~~ [illegible]

~~[illegible] [illegible] [illegible] [illegible]~~. [illegible] [illegible]

~~[illegible]~~ auch [illegible] ~~[illegible] [illegible] [illegible]~~ [illegible] [illegible]

~~[illegible]~~ [illegible] [illegible] [illegible] [illegible] / [illegible]

~~[illegible] [illegible] [illegible] [illegible]~~

und [illegible] [illegible], [illegible] [illegible] ich [illegible] / [illegible] [illegible]

in Ihr [illegible] [illegible] [illegible] [illegible]. [illegible] Ihr [illegible]

[illegible] [illegible] [illegible] [illegible]. [illegible]: [illegible] ~~[illegible]~~ [illegible]

[illegible] [illegible] auch ein [illegible] [illegible] ~~[illegible]~~ [illegible]

~~[illegible]~~ [illegible] ~~[illegible]~~ [illegible]

Man darf [illegible] dass die M. [illegible], dass ihm

[illegible] nämlich [illegible] Menschen ver-
wandelt.

13. Die Glaubwürdigkeit der Liebe

ist nicht die Liebe, nach der die

[illegible] Dankbarkeit abgeschätzt werden

kann: Gesetzt, es sollte [illegible]

[illegible]

[illegible] Die Liebe

[illegible]

[illegible]

[illegible] Dramen-

[illegible] (: Freunde [illegible], um [illegible] zu machen

[illegible] Undank [illegible] versucht: [illegible]

dasselbe, nur ist leichter, dass [illegible]

[illegible] nämlich.

N VII 2 177

22 → Wie schade, daß man nicht eine halbe Stunde Gesprächs haben
Ich brachte noch diesen Winter einen gescheuten
Gelehrten
das — und sehr ergebenen ~~Menschen~~ meines Alters dahin, daß er einen
Aufsatz:
was — den er über mich geschrieben hatte, vor Beschämung in Stücke
riß

B Blaustift

Ps. Das übersandte Exemplar gehört wie kann, wenn
ihr
billig Ihnen zu als Eigenthum. sie noth thut!
, mein liebes u verehrtes Fl.
Was Ihren so auf=
gerade und ein
richtigen, wenngleich nicht umsichtigen u. vielleicht auch
besonders
nicht ~~gerade~~ „bescheidenen" Brief ~~an~~betrifft: so
→ 2 sage ich, wie so oft:

B Blaustift

Ich bedaure, Ihnen erklären zu müssen, daß mir fürderhin mit
geschäftlich sowohl
Ihnen zu verkehren unmöglich ist~~: u dies weder in~~
~~geschäftlicher noch persönl. Hinsicht~~. Sie haben mir
meinen aus Nizza u. sich nicht einmal, wie ich es
~~weder~~ auf Brief ~~noch Telegramm geantwortet~~, Sie haben
~~ssen~~ weder
~~nicht einmal~~ den Empfang des M. mir angezeigt, Sie haben
~~genug Zeit verstreichen lassen, um~~
d — noch die Bedingung, unter welcher ich dasselbe durch Hofrath
in Ihre Hände gab (sofortige u schleunigste H. Ihnen zu
s — Erledigung des Drucks) erfüllt. Endlich: Sie verstehen gab
für diese ~~Unver~~ zu
schweigen selbst auf mein Telegramm vom ~~dafür~~ entschul-
t — dringlichstes Sonntag: Versäumniß ~~Nachl~~ digen gewußt

2-22: KGB III 3, 84,24-33, Be Nr. 623 (Druckvorlage?)
24-44: KGB III 3, 191, Be Nr. 703

18: wenngleich] ¿
32: Empfang] ¿
32: M.] > Manuskripts
38: sofortige] ¿
38: schleunigste] ¿
38: H.] > Heinze

40: Endlich] ¿

Abb. 11: Diplomatische Umschrift der als Abb. 10 (linke Seite) gezeigten Handschrift Nietzsches: mit farblich unterlegtem Transkriptionsfeld, der Zeilenmarkierung und lemmatisch mitgeteilten Anmerkungen am Fuß der Seite. Gut sichtbar auch, dass hier zusätzlich zum räumlich übertragenen Textbefund die verschiedenen Schichten der Niederschrift sowie die dazu verwendeten Schreibmittel und -farben voneinander abgehoben werden. Dabei gilt: *Schrift* (Weidemann) transkribiert Nietzsches deutsche Schreibschrift; *Schrift* (News Gothic) seine lateinische Schreibschrift oder Druckschrift; *normal* die ersten Niederschriften; *petit* die Einfügungen und Zusätze; petit spätere Einfügungen und Zusätze; *Schrift* schwarze Tinte; *Schrift* Bleistift; *Schrift* braune Tinte; *Schrift* Rotstift; *Schrift* violette Tinte; *Schrift* Blaustift und *Schrift* die Tinte der letzten Korrektur. Aus: NIETZSCHE, KGW IX/2, S. 177; ders. KGW IX/1, S. XVI, XX.

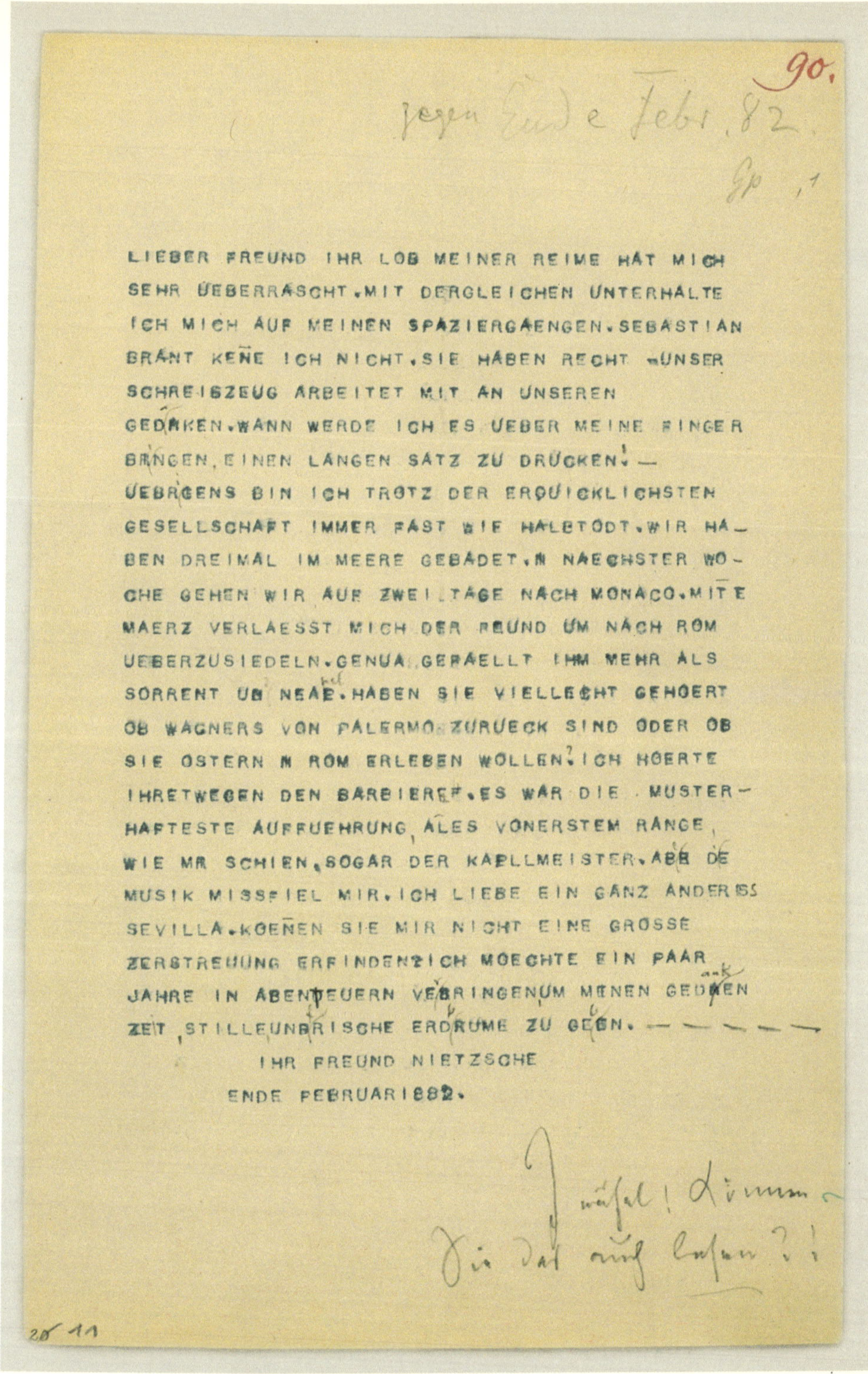

90.

gegen Ende Febr. 82.

Gp. 1

LIEBER FREUND IHR LOB MEINER REIME HAT MICH
SEHR UEBERRASCHT.MIT DERGLEICHEN UNTERHALTE
ICH MICH AUF MEINEN SPAZIERGAENGEN.SEBASTIAN
BRANT KEÑE ICH NICHT.SIE HABEN RECHT -UNSER
SCHREIBZEUG ARBEITET MIT AN UNSEREN
GEDANKEN.WANN WERDE ICH ES UEBER MEINE FINGER
BRINGEN,EINEN LANGEN SATZ ZU DRUCKEN!—
UEBRIGENS BIN ICH TROTZ DER ERQUICKLICHSTEN
GESELLSCHAFT IMMER FAST WIE HALBTODT.WIR HA-
BEN DREIMAL IM MEERE GEBADET.N NAECHSTER WO-
CHE GEHEN WIR AUF ZWEI TAGE NACH MONACO.MITTE
MAERZ VERLAESST MICH DER FREUND UM NACH ROM
UEBERZUSIEDELN.GENUA GEFAELLT IHM MEHR ALS
SORRENT UN NEAPEL.HABEN SIE VIELLECHT GEHOERT
OB WAGNERS VON PALERMO ZURUECK SIND ODER OB
SIE OSTERN N ROM ERLEBEN WOLLEN?ICH HOERTE
IHRETWEGEN DEN BARBIERE.ES WAR DIE MUSTER-
HAFTESTE AUFFUEHRUNG,ALES VONERSTEM RANGE,
WIE MR SCHIEN,SOGAR DER KAPLLMEISTER.ABER DIE
MUSIK MISSFIEL MIR.ICH LIEBE EIN GANZ ANDERES
SEVILLA.KOEÑEN SIE MIR NICHT EINE GROSSE
ZERSTREUUNG ERFINDEN?ICH MOECHTE EIN PAAR
JAHRE IN ABENTEUERN VERBRINGEN,UM MEINEN GEDANKEN
ZEIT,STILLE UNBRISCHE ERDRUME ZU GEBEN.— — — —
IHR FREUND NIETZSCHE
ENDE FEBRUAR 1882.

Teufel! Können Sie das auch lesen?!

20 11

Abb. 12: Typoskript (I) von Nietzsches Schreibkugel (KSW, 71/BW 275,5 Bl 11). Brief an Heinrich Köselitz, Ende Februar 1882. Originalgröße 20,8 x 13,3 cm mit handschriftlichen Korrekturen im Text bzw. einer Ergänzung Nietzsches unten rechts (Bleistift). Außerdem oben rechts die Nummerierung und Datierung seines späteren Herausgebers Hans Joachim Mette (Blei- und Rotstift).

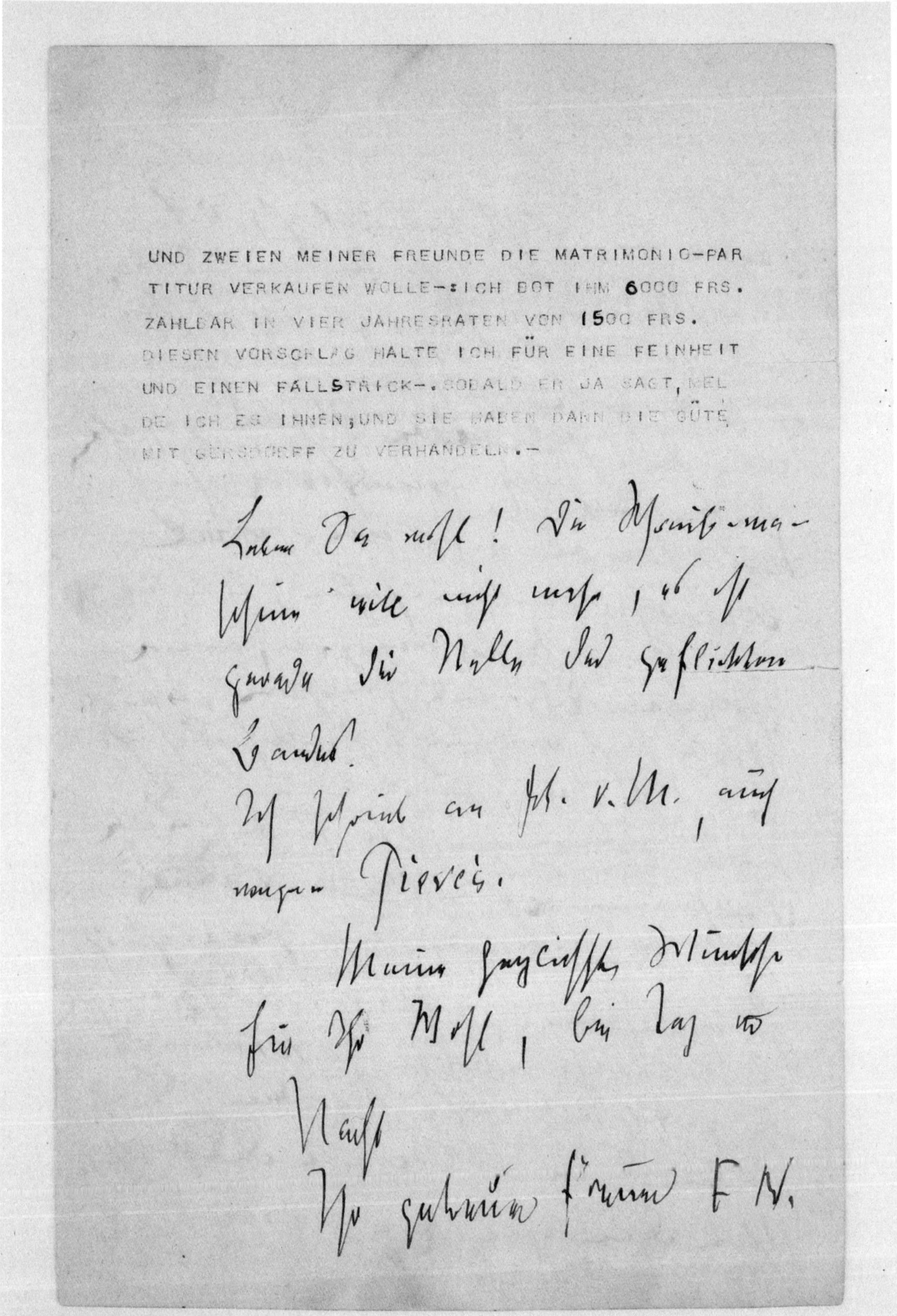

UND ZWEIEN MEINER FREUNDE DIE MATRIMONIO-PAR
TITUR VERKAUFEN WOLLE-: ICH BOT IHM 6000 FRS.
ZAHLBAR IN VIER JAHRESRATEN VON 1500 FRS.
DIESEN VORSCHLAG HALTE ICH FÜR EINE FEINHEIT
UND EINEN FALLSTRICK-. SOBALD ER JA SAGT, MEL
DE ICH ES IHNEN; UND SIE HABEN DANN DIE GÜTE
MIT GERSDORFF ZU VERHANDELN.-

Haben Sie recht! Die Schreibmaschine will nicht mehr; es ist gerade die Stelle des geflickten Bandes.
Ich schreibe an Frl. v. M., auch wegen [illegible].
Meine herzlichsten Wünsche für Ihr Wohl, bei Tag und Nacht
Ihr getreuer Freund F. N.

Abb. 13: Typoskript (II) von Nietzsches Schreibkugel (DLA, Bestand A: Andreas-Salomé). Brief an Paul Rée, 21. März 1882, zweites Blatt. Originalgröße 20,8 x 13,3 cm mit Korrekturen und handschriftlicher Ergänzung Nietzsches in schwarzer Tinte.

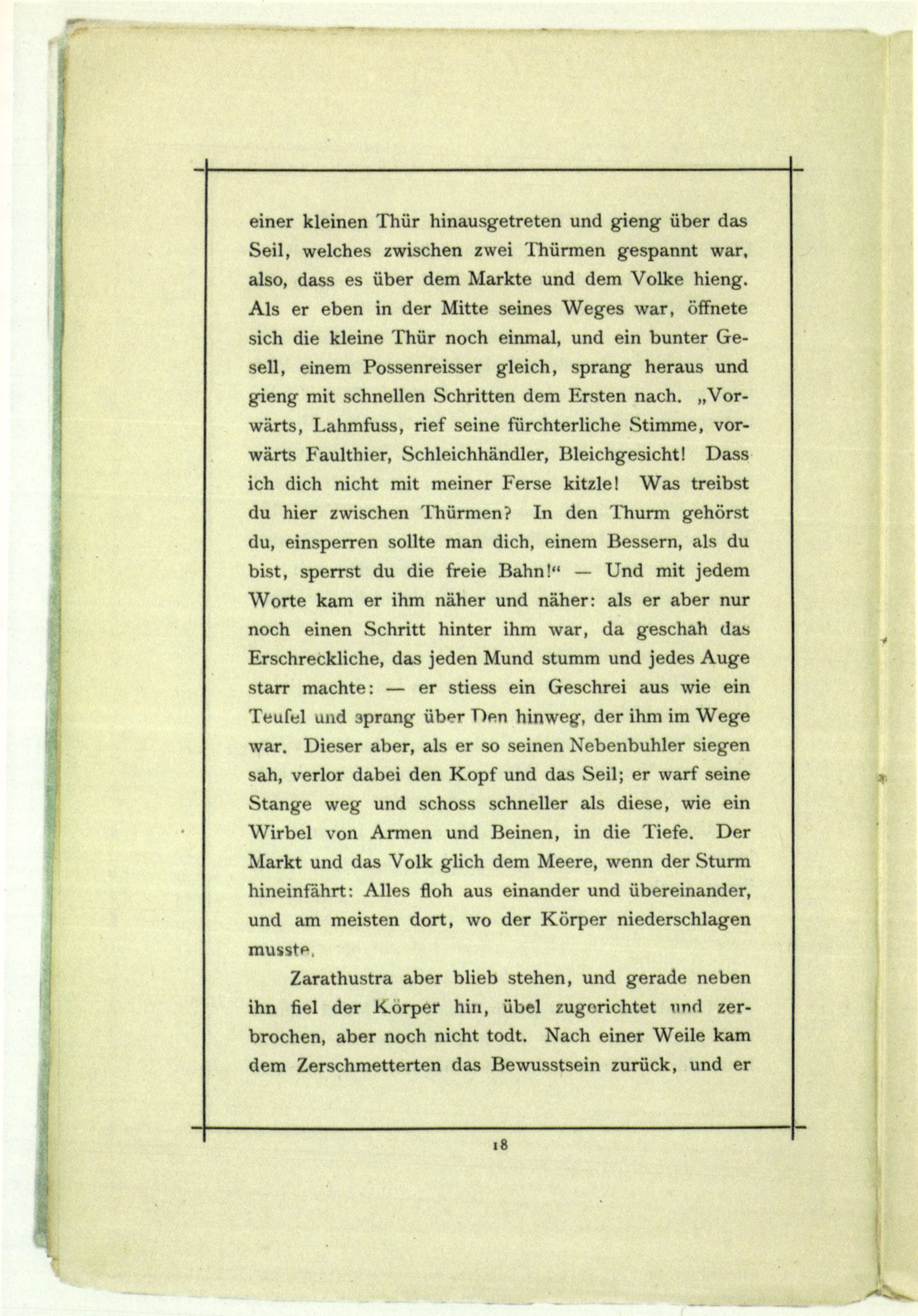

einer kleinen Thür hinausgetreten und gieng über das Seil, welches zwischen zwei Thürmen gespannt war, also, dass es über dem Markte und dem Volke hieng. Als er eben in der Mitte seines Weges war, öffnete sich die kleine Thür noch einmal, und ein bunter Gesell, einem Possenreisser gleich, sprang heraus und gieng mit schnellen Schritten dem Ersten nach. „Vorwärts, Lahmfuss, rief seine fürchterliche Stimme, vorwärts Faulthier, Schleichhändler, Bleichgesicht! Dass ich dich nicht mit meiner Ferse kitzle! Was treibst du hier zwischen Thürmen? In den Thurm gehörst du, einsperren sollte man dich, einem Bessern, als du bist, sperrst du die freie Bahn!“ — Und mit jedem Worte kam er ihm näher und näher: als er aber nur noch einen Schritt hinter ihm war, da geschah das Erschreckliche, das jeden Mund stumm und jedes Auge starr machte: — er stiess ein Geschrei aus wie ein Teufel und sprang über Den hinweg, der ihm im Wege war. Dieser aber, als er so seinen Nebenbuhler siegen sah, verlor dabei den Kopf und das Seil; er warf seine Stange weg und schoss schneller als diese, wie ein Wirbel von Armen und Beinen, in die Tiefe. Der Markt und das Volk glich dem Meere, wenn der Sturm hineinfährt: Alles floh aus einander und übereinander, und am meisten dort, wo der Körper niederschlagen musste.

Zarathustra aber blieb stehen, und gerade neben ihn fiel der Körper hin, übel zugerichtet und zerbrochen, aber noch nicht todt. Nach einer Weile kam dem Zerschmetterten das Bewusstsein zurück, und er

18

Abb. 14: Erstdruck (1883) von Nietzsches *Also sprach Zarathustra*, S. 18 (KSW, C 4406). Erschienen bei E. Schmeitzner (Chemnitz), gedruckt bei B. G. Teubner (Leibzig). Originalgröße 21 x 14 cm. Walbaum Antiqua mit Rahmung auf jeder Seite.

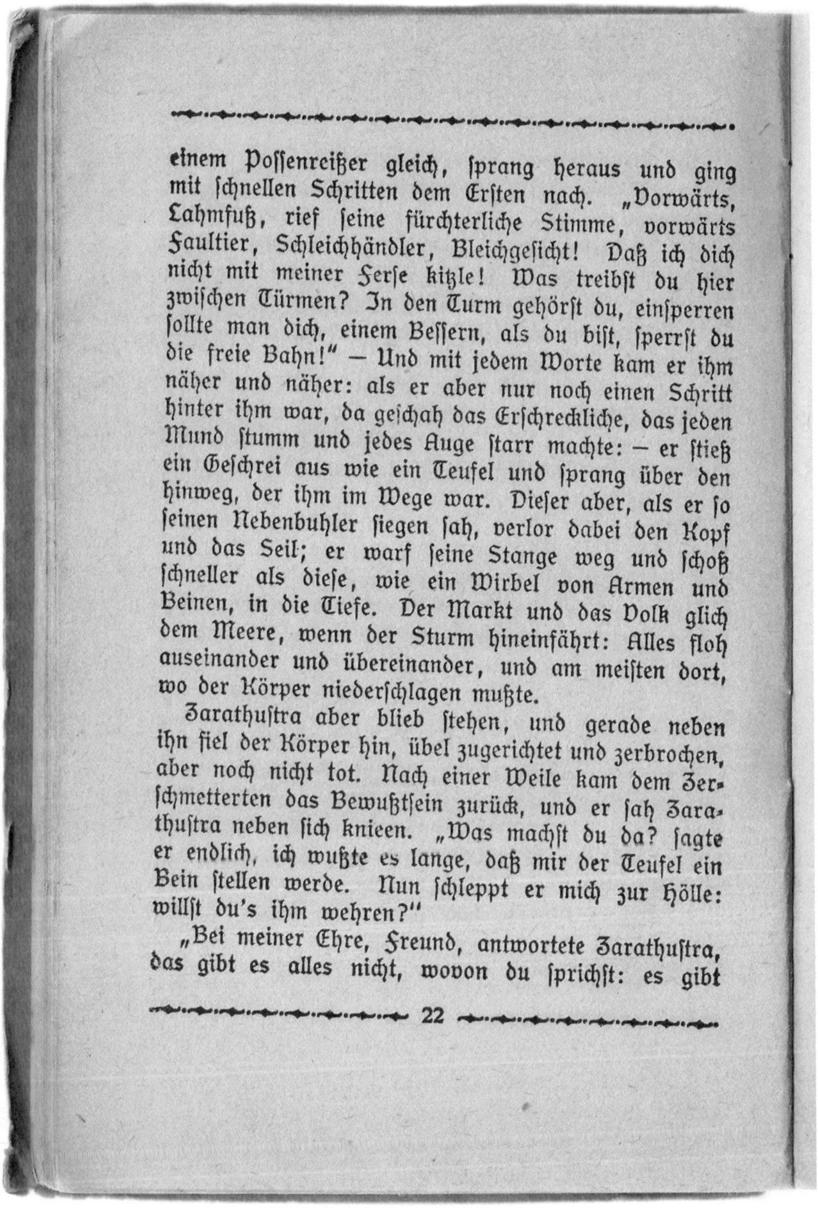

einem Possenreißer gleich, sprang heraus und ging mit schnellen Schritten dem Ersten nach. „Vorwärts, Lahmfuß, rief seine fürchterliche Stimme, vorwärts Faultier, Schleichhändler, Bleichgesicht! Daß ich dich nicht mit meiner Ferse kitzle! Was treibst du hier zwischen Türmen? In den Turm gehörst du, einsperren sollte man dich, einem Bessern, als du bist, sperrst du die freie Bahn!“ – Und mit jedem Worte kam er ihm näher und näher: als er aber nur noch einen Schritt hinter ihm war, da geschah das Erschreckliche, das jeden Mund stumm und jedes Auge starr machte: – er stieß ein Geschrei aus wie ein Teufel und sprang über den hinweg, der ihm im Wege war. Dieser aber, als er so seinen Nebenbuhler siegen sah, verlor dabei den Kopf und das Seil; er warf seine Stange weg und schoß schneller als diese, wie ein Wirbel von Armen und Beinen, in die Tiefe. Der Markt und das Volk glich dem Meere, wenn der Sturm hineinfährt: Alles floh auseinander und übereinander, und am meisten dort, wo der Körper niederschlagen mußte.

Zarathustra aber blieb stehen, und gerade neben ihn fiel der Körper hin, übel zugerichtet und zerbrochen, aber noch nicht tot. Nach einer Weile kam dem Zerschmetterten das Bewußtsein zurück, und er sah Zarathustra neben sich knieen. „Was machst du da? sagte er endlich, ich wußte es lange, daß mir der Teufel ein Bein stellen werde. Nun schleppt er mich zur Hölle: willst du's ihm wehren?“

„Bei meiner Ehre, Freund, antwortete Zarathustra, das gibt es alles nicht, wovon du sprichst: es gibt

22

Abb. 15: Kriegsausgabe (1918) von Nietzsches *Also sprach Zarathustra,* S. 22. Erschienen im A. Kröner Verlag, gedruckt bei C. G. Naumann (beide Leipzig). Originalgröße 15,8 x 10,4 cm. Luthersche Fraktur auf sog. »Kriegspapier«. 180–204 Tausend mit einem »Nachbericht« von Elisabeth Förster-Nietzsche und von ihr ausgewählten Nietzsche-Worten für »unser herrliches tapferes Heer«. Archiv von Ch. W.

AM UFER

DRITTER TEIL

Die Linguistik der Zeichen: Saussure

FOUCAULT Mit der Linguistik, erklärt Foucault in *Les mots et les choses*, kommt es um 1900 zu »ce ›retour‹ du langage dans notre culture«[1]. Freilich nicht als »retour naïf à la théorie classique«, vielmehr so, dass sich mit Saussures *Cours de linguistique générale* eine Wissenschaft formiert, die trotz gewisser Kontinuitäten einschneidende Veränderungen in der Konstituierung, Analyse und Bewertung von Sprache zur Folge hat.

> [N]otre sol silencieux et naïvement immobile [...] s'inquiète à nouveau sous nos pas.

Für Foucault jedenfalls ist es der Genfer Linguist, der durch »le thème d'une théorie pure du langage« die Grenzen klassischer Dispositive aufzeigt und aufzulösen beginnt: Indem er das Eigenleben der Sprachzeichen ins Spiel bringt; indem er hervorhebt, dass sie eine selbständige, keineswegs bloß symbolisierende Ordnung darstellen: »une positivité qui vaut comme le fondamental«[2]. Seither (und sogar in der reformierten Beamtenrepublik Deutschland) haben Philologie und Philosophie ihre einstige Definitionsmacht über den Bereich der sprachlichen Tatsachen verloren. Als Geisteswissenschaften (frz. ›sciences humaines‹) sind sie unzuständig geworden für einen ›mode d'être du langage‹, der sich nicht nur ihren literatur- und erkenntnistheoretischen Gewohnheiten entzogen hat, sondern auch ohne Bezug auf die Funktion Des Menschen (seine Gedanken, seine Arbeit, seine Geschichte usw.) sowie auf das Modell der Repräsentation (die Zweiteilung von Welt und Wort, Original und Wiedergabe) befragt werden kann. Und selbst, wenn man jenen berühmten Schlusssatz des *Cours* dem »fiktiven [d.h. von

Randgänge in Genf

25, 154, 172, 314

[1] Foucault 1966 a, S. 395. Das heißt: »L'interrogation sur ce qu'est le langage en son être reprend une fois encore son ton impératif.« Ders. 1966 a, S. 394. Die direkt folgenden Zitate S. 349, 16, 392.

[2] Foucault 1966 a, S. 392. In jenem Streit also »si effectivement il y a eu coupure entre une linguistique pré- et post-saussurienne« hat Foucault seine Position bezogen. Vgl. Dosse 1991, S. 66.

seinen Herausgebern produzierten] Saussure«[3] zuschreiben muss, für dessen Wirkungsgeschichte ist er stets von zentraler Bedeutung gewesen:

> [L]a linguistique a pour unique et véritable objet la langue envisagée en elle-même et pour elle-même.[4]

Wer im 20. Jahrhundert eine europäische Bildungsanstalt durchlaufen hat, wirft keinen Blick mehr auf die Sprache, der unberührt wäre von solchem »Point de vue saussurien«. Dass dies nicht immer so war, heißt zwar auch, dass es nicht immer so bleiben muss; doch davon später. Zunächst sollen hier drei Thesen des 1916 posthum bei Payot in Lausanne und Paris veröffentlichen *Cours* beschrieben werden:

Objekt, System, Einheit

SAUSSURE Erste These: *Die Unterscheidung von langue und parole.*

Von ihr wird sich zeigen, dass sie nicht nur ein hierarchisches Gefälle impliziert: den logisch-ontologischen *Vorrang der Sprache gegenüber dem Sprechen*, der »linguistique de la langue« gegenüber einer »linguistique de la parole«,[5] sondern gleichermaßen als Chiffre für eine *Reihe von Ausschließungen* fungiert: zunächst der Rede (wie direkt abzulesen), dann aber auch der Schrift, des Bewusstseins, der Materialität und der Geschichte – »En

[3] JÄGER 1980, S. 187.
Das Fiktive freilich greift über den zitierten Schlusssatz hinaus. Drei Jahre nach dem Tod Saussures (am 22. Februar 1913 in Vufflens-sur-Morges) gaben seine Schüler Charles Bally und Albert Sechehaye (unter Mitwirkung von Albert Riedlinger) einen »äußerst geschickt zusammengestellten« Text heraus: Sie nannten ihn *Cours de linguistique générale*. Neben Notizen aus dem von Mme de Saussure verwalteten (insgesammt fast 9000 Blätter umfassenden) Nachlass sind darin vor allem studentische Mitschriften aufgenommen worden, die sich auf drei zwischen 1906 und 1911 an der Universität Genf gehaltenen Vorlesungen des Professors beziehen. Spätestens »[s]eit 1930, kann man sagen, der CLG habe sich einen Platz unter den Standardwerken der allgemeinen Sprachwissenschaft erobert.« Mit dem Namen ›Saussure‹ kann daher Autorschaft einzig im zeitgenössischen Sinne verbunden werden: als Etikett. Vgl. WUNDERLI 1972, S. 5f.; zur Rekonstruktion dieser Problematik auch FEHR 1997, S. 27–39 sowie *Préface de la premiére édition* der genannten Herausgeber des *Cours* in SAUSSURE 1916, S. 7ff.

[4] SAUSSURE 1916, S. 317. Das direkt folgende Zitat JÄGER 1980, S. 188.
Nicht der ›wahre Saussure‹ (wer oder was auch immer damit gemeint sein könnte), sondern derjenige, mit dem die Wirkungsgeschichte des *Cours* verbunden ist, soll hier zum Bezugspunkt gemacht werden. Ganz anders JÄGER 1975 (= *Zu einer historischen Rekonstruktion der authentischen Sprach-Idee F. de Saussures*).

[5] SAUSSURE 1916, S. 36. Das direkt folgende Zitat S. 30. Eine solche Erhebung der Linguistik zur *Sprach*wissenschaft aber (»cette première science«) beruht auf der *Umkehrung von Geschichte*: »historiquement, le fait de parole précède toujours.« Ders. 1916, S. 36f.

séparant la langue de la parole, on sépare du même coup [...] ce qui est essentiel de ce qui et accessoire et plus ou moins accidentel.«

Erfindung der Sprache

So beginnt der *Cours* (als Text und Weg zugleich) mit der Aufgabe »de se délimiter et de se définir elle-même«[6]. Anstatt sich dazu jedoch mit konkurrierenden oder benachbarten Wissenschaften auseinander zu setzen, anstatt methodische, arbeitstechnische und terminologische Kongruenzen bzw. Divergenzen festzustellen, versucht Saussure, diese Aufgabe durch die Bezeichnung eines spezifisch linguistischen Objekts zu lösen:

> Quel est l'objet à la fois intégral et concret de la linguistique?[7]

Und seine Annahme: »La matière de la linguistique est constituée d'abord par toutes les manifestations du langage humain [...].« Für Saussure ist damit wenig mehr als eine Einleitung formuliert, denn so würden nicht nur alle erreichbaren Nationalsprachen, sondern auch deren geschichtliche Entwicklungen (einschließlich ihrer Beziehungen zur Ethnologie, Politik oder Pädagogik), die jeweiligen Dialekte und Soziolekte, die 63, 173, 275, 292 einzelnen Sprachfamilien, Grammatiken, Literaturen usw. in das Gebiet der Sprachwissenschaft fallen. »Ainsi, de quelque côté que l'on aborde la question, nulle part l'objet intégral de la linguistique ne s'offre à nous.«[9] In der Heterogenität menschlicher Sprachäußerungen ist das Objekt der Linguistik nicht anzutreffen. Zu unspezifisch bleibt da die Beobachtung und zu verschiedenartig, zu inkonsistent, der in Betracht gezogene Gegenstandsbereich.

Wie kann man aber mit dieser Situation umgehen? Wie jene Aufgabe, die eigene Wissenschaft abzugrenzen und zu definieren, dennoch erfüllen? »La question est particulièrement difficile [...].« Im weiteren Verlauf des *Cours* wird deshalb ein ebenso origineller wie einflussreicher Perspektivewechsel beschrieben:

Begleitet man Saussure auf diesem Weg, dann wird die Sprache nicht nur vom Sprechen, sondern auch von der Schrift unterschieden. »Langue et écriture sont deux systèmes de signes distincts [...].« Von ihnen gilt: »[L]'unique raison d'être du second est de représenter le premier.«[8] Eine solche Einordnung der Schrift jedoch, die genauso ihre Unterordnung bedeutet, ist alles andere als originell. Zumindest in dieser Beziehung erweist sich der Gründer der Linguistik als treuer Erbe einer Tradition, in der geschriebene Worte stets aufgeschriebene Reden sind; »écritures phonétiques«: die graphematische Darstellung phonischer Substanzen; die Verräumlichung und Fixierung der jeweils gesprochenen Sprachen.

[6] Saussure 1916, S. 20.

[7] Saussure 1916, S. 23. Das direkt folgende Zitat S. 20.

[8] Saussure 1916, S. 45. Das direkt folgende Zitat S. 47.

[9] Saussure 1916, A. 24. Das folgende Zitat S. 21.

Für Saussure jedenfalls hieße es die wirklichen Verhältnisse auf den Kopf stellen (»renverser le rapport légitime et réel existant entre l'écriture et la langue«), wollte der Sprachwissenschaftler die Schrift zu seinem eigentlichen Objekt machen, ihr die Hauptrolle (»le rôle principal«) in seinen Forschungen zugestehen: »C'est là proprement un fait pathologique.«[12] Zwar ist man in unserer Kultur ständig (»à tout instant«) von Schriften umgeben, gerade die Linguistik aber darf sich nicht der Täuschung (»l'illusion de l'écriture«) ergeben, die Sprache wäre untrennbar mit Buchstaben (»son alphabet«) verbunden. »Mais le prestige de la forme écrite nous empêche de le voir.«[13] Anstatt

> [I]l faut se placer de prime abord sur le terrain de la l a n g u e et la prendre pour norme de toutes les autres manifestations du langage.[10]

Das Resultat ist bekannt. Fortan wird sich die Linguistik nicht mehr mit den menschlichen Sprachäußerungen insgesamt beschäftigen, sondern nur noch Wissenschaft von der Sprache sein. »La langue«, schreibt Saussure, »nous lui donnons la première place parmi les faits de langage [...].«[11] *Statt um das Ganze der Sprachen geht es nun um die Sprache als das Ganze*: »un objet qu'on peut étudier séparément«, »être susceptible d'une définition autonome et fournit point d'appui satisfaisant pour l'esprit.« Mit anderen Worten: Was am Anfang des *Cours* als dessen Objekt angenommen wurde: le langage, ist nun aufgeteilt in das Gebiet der Sprache (la langue) und die jeweiligen Ereignisse des Sprechens: »nous l'apellerons la p a r o l e.«

[10] Saussure 1916, S. 25. Wie in der deutschsprachigen Literatur zu Saussure üblich geworden, steht auch hier das Wort ›Sprache‹ für ›la langue‹, ›menschliche Sprachäußerung‹ bzw. ›Gesamtheit der sprachlichen Äußerungen‹ dagegen für ›le langage‹ – was wiederum heißt: *Spätestens seit 1931 (in diesem Jahr erschien die erste Übersetzung des* Cours *ins Deutsche) ist auch ›Sprache‹ kein Wort mehr unter Worten, sondern Terminus technicus.*

[11] Saussure 1916, S. 25. Auf S. 112 heißt es dazu auch: »La langue est pour nous le langage moins la parole.« Die direkt folgenden Zitate S. 30f., 25.

[12] Saussure 1916, S. 52f., 45. Genau diese Pathologie ist es dann, die im *Cours* als »prestige de l'écriture« bezeichnet wird: »[L]es grammairiens s'acharnent à attirer l'attention sur la forme écrite.« (Ders. 1916, S. 45, 52) Und da man die wahre Linguistik um 1900 noch zu überhören gewohnt war (»celui n'a pas voix au chapitre«), konnte sich solcher *Skriptizismus* ungehindert verbreiten: »[O]n en vient à donner autant et plus d'importance à la représentation du signe vocal qu'à ce signe lui-même. C'est comme si l'on croyait que, pour connaître quelqu'un, il vaut mieux regarder sa photographie que son visage.« Mit anderen Worten: Die Grammatiker (aber auch »[l]es premiers linguistes [...] comme avant eux les humanistes«) »prennent l'image pour le modèle«. Ders. 1916, S. 47, 45f., 52. 33,74, 303,307

[13] Saussure 1916, S. 46. Die direkt vorhergehenden Zitate S. 44, 56, 46. Die direkt folgenden Zitate S. 28, 46f., 53, 55.

Dabei hat Saussure 1916, S. 47, 37 eine solche Herabsetzung der Schrift auch entwicklungsgeschichtlich begründet: »On finit par oublier qu'on apprend à parler avant d'apprendre à écrire, et le rapport naturel est renversé. [...] historiquement, le fait de parole précède toujours.«

→

Die Sprache und das Sprechen; »[l]a langue distincte de la parole«[14] – für den Professor in Genf bedeutet das »la première bifurcation qu'on rencontre dès qu'on cherche à faire la théorie du langage.« Und weiter:

> Il faut choisir entre deux routes qu'il et impossible de prendre en même temps; elles doivent être suivies séparément. On peut à la rigueur conserver le nom de linguistique à chacune de ces deux disciplines et parler d'une linguistique de la parole. Mais il ne faudra pas la confondre avec la linguistique proprement dite, celle dont la langue est l'unique objet. Nous nous attacherons uniquement à cette dernière [...].[15]

Die Bezeichnung der Sprache ist ihre Unterscheidung vom Sprechen. Oder: Die Linguistik als Sprachwissenschaft zu etablieren verlangt, den Blick von einer (immerhin möglichen) Wissenschaft des Sprechens abzuwenden. Eine These, die zweifellos auch in umgekehrter Richtung gelesen werden muss. Dann nämlich zeigt sich, dass Saussures Unterscheidung für die Sprache selbst konstitutiv ist; dass sie
33, 178, 188, 273 deren Bezeichnung überhaupt erst hervorgealso geschriebene Wörter (»documents«, »images graphiques des mots«, »langues littéraires« usw.) zu privilegieren; anstatt ihr Prestige zu rechtfertigen oder gar zu vergrößern (»accroît encore l'importance imméritée de l'écriture«) muss es darum gehen, einer solchen »tyrannie de la lettre« entgegenzuarbeiten, sie in ihre Schranken zu weisen. Saussure zufolge kann die Schrift nur illegal in den Objektbereich der Linguistik eingedrungen sein. Woraus er wiederum schließt: »[L]âcher la lettre [...] pour nous, c'est un premier pas vers la vérité.«

Diesem Anspruch folgend (Derrida bezeichnet ihn als »propos déclaré [...], disant ce qui va sans dire«) ist es dann sehr wohl zutreffend, wenn der Pariser Grammatologe seine These von der Herabsetzung der Schrift

Außerdem: An diesen Formulierungen wird deutlich, dass die im *Cours* eingeführte Unterscheidung von ›langue‹ und ›parole‹ nicht immer präzise durchgehalten wurde. »Es kommt vor«, darauf hat Hildenbrandt 1969, S. 24 hingewiesen, »daß Saussure beide Begriffe verwechselt: »Wenn wir eine unbekannte langue hören ...« [»Quand nous entendons une langue inconnue ...«, Saussure 1916, S. 145] – Selbstverständlich meint er die parole einer unbekannten Sprache.« Gleiches gilt für deren Unterscheidung von der Schrift. Hieß es im Titel zum vierten Kapitel des *Cours* noch: »Représentation de la langue par l'écriture«, ist in den darauf folgenden Abschnitten hauptsächlich von »représentation du signe vocal« und also »mot écrit« vs. »mot parlé« zu lesen. Vgl. Saussure 1916, S. 45.

14 Saussure 1916, S. 31. Das direkt folgende Zitat S. 38. Insofern gilt: Durch die Unterscheidung ihres Objekts wird auch die Linguistik zu einer unterscheidbaren Wissenschaft: »science autonome«. Ders. 1916, S. 34.

15 Saussure 1916, S. 38f.
Obwohl Saussures Terminologie eine Dreiteilung nahelegt, findet sich im *Cours* nirgends eine ausdrückliche Abgrenzung zwischen ›langage‹ und ›parole‹. Stattdessen wird immer wieder hervorgehoben, dass es für die Linguistik zwei mögliche Objekte gibt (»deux parties« oder auch »deux domaines«), von denen ihr aber nur eines wirklich angemessen ist: »la langue«. Ders. 1916: 37, 39. Vgl. dazu auch die Zusammenfassung von Hildenbrandt 1969, S. 12f.

(»l'abaissement de l'écriture«) an den Texten des *Cours* präzisiert: »Saussure ne reconnaît à l'écriture qu'une fonction *étroite* et *dérivée*. Etroite parce qu'elle n'est, parmi d'autres, qu'une modalité des événements qui peuvent survenir à un langage dont l'essence, comme semblent l'enseigner les faits, peut toujours rester pure de tout rapport à l'écriture. [...] Dérivée parce que *représentative*: signifiant du signifiant premier [...]. Und einige Seiten weiter: Saussure reprend la définition traditionnelle de l'écriture qui déjà chez Platon et chez Aristote [Hegel nicht zu vergessen] se rétrécissait autour du modèle de l'écriture phonétique et du langage de mots.«[17] bracht hat. Oder: Der Sprachwissenschaft war ihr spezifisches Objekt nicht einfach und immer schon gegeben, weder historisch noch systematisch, sondern es entsteht als der Effekt jener Abwendung vom Sprechen. *So aber wird der Perspektivewechsel zur phänomenologischen Differenz.* An der Heterogenität sprachlicher Äußerungen vorbei macht er das Phänomen *Die Sprache* sichtbar.

Dem *Cours* zufolge ist sich der Meister (»le maître«, wie ihn seine Herausgeber nennen)[16] über diese Leistung wohl im Klaren gewesen. Nachdem er die Schwierigkeit »une véritable science linguistique« zu begründen eingeräumt hat, fügt er hinzu: »D'autres sciences opèrent sur des objets donnés d'avance et qu'on peut considérer ensuite de différents points de vue.« Ganz anders im Fall der Sprachwissenschaft:

> Bien loin que l'objet précède le point de vue, on dirait que c'est le point de vue qui crée l'objet [...].

Tatsächlich ist die Bezeichnung der Sprache zugleich deren Erfindung. Was die Linguistik als ihr Objekt in den Blick bekommt, hat sie zuvor dort hingestellt; was sie am Ende analysiert, hat sie zu Beginn selbst produziert.

Objekt exklusiv

»Mais qu'est-ce la langue?«[18] – Im Zuge der Saussure'schen Intervention ist Die Sprache zum gesonderten und besonderen Objekt der Linguistik geworden. »Notre définition de la langue suppose que nous en écartons tout ce qui est étranger à son organisme, à son système, en un mot tout ce qu'on désigne par le terme de ›linguistique externe‹.« Das heißt: Was als Sprache bezeichnet und analysiert werden kann, hat nicht nur nichts mehr mit der Äußerlichkeit sprachlicher Erscheinungen zu tun, mit Reden oder Schriften: »les éléments externes de la langue«, sondern ist gleichermaßen unabhängig geworden von außersprachlichen Instanzen: »parfaitement dégagée au reste« – seien es nun Gedanken oder Dinge, die ›au[c]toritas‹ des selbstbewussten Menschen oder die Stofflichkeiten der Welt.

[16] Saussure 1916, S. 7 (= *Préface*). Die direkt folgenden Zitate S. 16, 23.

[17] Derrida 1967 a, S. 12, 45 f.

[18] Saussure 1916, S. 25. Die direkt folgenden Zitate S. 40, 30.

> La langue est un système qui ne connaît que son ordre propre.[19]

Durch jenen Perspektivwechsel hat die Linguistik ihr Objekt jenseits klassischer Referenzverhältnisse angesiedelt. Für Saussure kann deshalb die Sprache nicht länger als Funktion von etwas anderem betrachtet werden: »jusqu'ici on l'a presque toujours abordée en fonction d'autre chose, d'autres points de vue«; vielmehr geht es ihm darum, sie an und für sich selbst zu untersuchen: »étudier la langue en elle-même«; durch seine erneuerte Wissenschaft nun endlich ihre wahre Natur zu entdecken: »découvrir la véritable nature de la langue«.[20] Das Wahre aber meint auch hier das Innerliche: »au sein du système«, sodass die Rücksicht auf Denotate: »les facteurs étrangers«, nunmehr einer Aufklärung über die innere Organisation der Sprache: »l'organisme linguistique interne«, gewichen ist. Mit anderen Worten: *Als ein System eigener Art wird Sprache im Hinblick auf ihre eigene Systematik befragbar.*

Im Kontext solcher Formulierungen muss man freilich zugestehen, dass Saussure seine neue Aussicht durch eine alte, nicht nur erkenntnistheoretische (wie bei Hegel), sondern auch diskurspolitische Strategie erreicht hat: Für die Unterscheidung der Sprache vom Sprechen, der Schrift, dem Subjekt usw. nämlich gilt, dass sie gleichermaßen als *Trennung von Innen und Außen* konzipiert ist. So wird von der Linguistik definiert, was dazu gehört und was draußen bleibt, was als ihr Eigenes bezeichnet werden kann und was fremd ist.

> En tout cas, la séparation des deux points de vue s'impose, et plus on l'observera rigoureusement mieux cela vaudra.[21]

SERRES Die Sprache als ein System eigener Art zu betrachten, sie in ihrer Eigenart zu befragen, heißt deshalb auch, ihr den Status einer *reinen Spra-*
39,67 *che* zuzuweisen. Denn das Eigene (›le propre‹), darauf wurde bereits mit Serres *Le parasite* hingewiesen, ist nicht nur das *Eigentum* (›la propriété‹), das Resultat eines Aneignungsprozesses, einer Geste, die ihre Bezirke (›les
39,129, 159,360 carrés appropriés‹) aus unwirtlicher, vorerst unübersichtlicher Landschaft

[19] Saussure 1916, S. 43. Es gehört zur Unterscheidung der Sprache, dass sie weder dem Einfluss unseres Willens unterworfen ist: »échapper à notre volonté«, noch dazu dient, die Dinge mit einem Namen zu belegen: »unifier non une chose et un nom«. (Ders. 1916, S. 104, 98) Schon deshalb, und auch, weil es Saussure um das *Spiel* selbst der Zeichen
38,119, 165,190 geht, kann für seine Linguistik nicht mehr die »menschliche Arbeit« (die »Verausgabung von menschlichem Hirn, Nerv, Muskel, Sinnesorgan usw.«) als »wertbildende Substanz« in Frage kommen. Vgl. Marx 1867, S. 53f., 85.

[20] Saussure 1916, S. 34f. Die direkt folgenden Zitate S. 41f.

[21] Saussure 1916, S. 42.

herausgeschnitten hat, sondern zugleich die *Sauberkeit* (›la propreté‹), das von fremden Einflüssen, von Schmutz und Kot, Vermischung und Konfusion befreite Objekt. Die Rhetorik des *Cours* jedenfalls bestätigt diese Analogie: Wie dort gelesen, wird die Sprache (›le terrain de la langue‹) als ›ordre propre‹, ihre Wissenschaft (›ce domaine délimité et défini‹) als ›linguistique proprement dite‹ bezeichnet. War die Gesamtheit der sprachlichen Äußerungen des Menschen noch »multiforme et hétéroclite«, ist demgegenüber die Sprache »un tout en soi«, eine Einheit (»l'unité«), »qui n'est possible que si ces autres éléments n'y sont pas mêlés.«[22] Saussure kann daher feststellen:

> Tandis que le langage est h é t é r o g è n e, la langue ainsi délimitée est de nature h o m o g è n e.

Oder: Die eine und einheitliche Sprache muss strengstens unterschieden werden von »la masse parlante«.

Weder Physiologie noch Philosophie

DERRIDA Eigenheit, Innerlichkeit und Reinheit der Sprache also. Zweifellos hat es mit diesen Charakteristika zu tun, dass für Derrida auch die Linguistik Saussures einer *logozentrischen Orientierung* verpflichtet bleibt.[23] Das scheint den *Cours* ein weiteres Mal in die Nähe der hegelschen Semiologie zu rücken. Anders als der preußische Staatsdenker jedoch, dem die Zeichen nur solche des Geistes sein konnten: Verdoppelungen des reinen Ich, materieller Ausdruck eigener Gedanken, beschreibt der Genfer Meister die *Sprache selbst als kognitive Realität*; zwar außerhalb des ›Ich denke‹, doch nicht außerhalb der Individuen; zwar wirkliches Objekt, doch nicht in der objektiven Wirklichkeit:

> une somme d'empreintes déposées dans chaque cerveau, à peu près comme un dictionnaire dont tous les exemplaires, identiques, seraient répartis entre les individus.[24]

[22] SAUSSURE 1916, S. 25, 27, 31. Die direkt folgenden Zitate S. 32, 112.
Bei Krämer heißt es dazu: »Unsere Sprachlichkeit tritt auf in ihrer ›paradiesischen‹ Version, als ›reine‹ Sprache vor dem ›Sündenfall‹ ihrer alltäglich uns begegnenden Zerbrechlichkeit [...].« KRÄMER 1999, S. 374 – weshalb hier noch einmal an die Etymologie des Wortes ›Paradies‹ erinnert sei, das, aus dem altpersischen ›pairi-dae-za‹ abgeleitet, Umzäunung oder Umwallung bedeutet: der eingefriedete Garten, der geweihte Bezirk des ›templum‹.

[23] Vgl. DERRIDA 1967a, S. 63f.

[24] SAUSSURE 1916, S. 38. An anderer Stelle heißt es auch, die Elemente der Sprache sind »des réalités qui ont leur siège dans le cerveau [...], ou plus exactement dans les cerveaux d'un ensemble d'individus.« (Ders. 1916, S. 32, 30) Um zu erklären, *wie* die Sprache ins Gehirn kommt, muss Saussure freilich auf das soeben erst ausgeschlossene Sprechen zurückkommen: »[La langue] est un trésor déposé par la pratique de la parole dans le sujet [...] c'est en entendant les autres que nous apprenons notre langue maternelle; elle n'arrive à se déposer dans notre cerveau qu'à la suite d'innombrables expériences.« Ders. 1916, S. 30, 37. →

Angesichts ihrer spezifischen Realität ist die Sprache ein System, dass – »virtuellement« und normalerweise als »langue maternelle« – im Gehirn jedes Menschen existiert. Nicht als eines seiner sinnlichen Anteile, als Organ/-ismus aus Fleisch und Blut in unserem Kopf:
169,259, »la partie physique [»et physiologique«] peut
268,308 être écartée d'emblée«;[25] vielmehr so, dass es im *Cours* zum »phénomène entièrement p s y c h i q u e«[26] erklärt werden kann. Das ist
45,109, ein Vermögen in der doppelten Bedeutung des
130,188 deutschen Wortes: einerseits *ökonomisch*, als Ansammlung sprachlicher Realien, als Begriffsvorrat oder Wortschatz im Allgemeinen (›une somme‹ hieß es bei Saussure, der auch »dépôt« oder »trésor« schreibt; von einem Ort also, an dem Eigentum eingeschlossen, aufbewahrt und vor fremden Zugriffen geschützt wird); andererseits *regulatorisch*, als eine Fähigkeit oder Kompetenz des Menschen, unabhängig von seinem Bewusstsein (»placé en dehors de la volonté des dépositaires«), von ihm selbst und als Selbst weder herzustellen noch zu verändern, die es ihm aber erlaubt, zu verstehen und sich jeweils verständlich zu machen.
70,216, Saussure nennt dies »la faculté linguistique par
336,346 excellence«. Sie ist die Sprache als eine Art Sprachwissen, das Sprecher oder Schreiber für ihre Tätigkeiten in Anspruch nehmen müssen:

Darüber hinaus macht die Bezeichnung der Sprache als psychologisches Phänomen deutlich, dass sich ihre Entdeckung bzw. Erfindung auf einen Bereich unterhalb oder außerhalb des menschlichen Bewusstseins bezieht: »La langue n'est pas une fonction du sujet parlant, elle est le produit que l'individu enregistre passivement; elle ne suppose jamais de préméditation [...].« Und also: »[L]a réflexion n'intervient pas dans la pratique d'un idiome; que les sujets sont, dans une large mesure, inconscients des lois de la langue.«[27] *So wird die Sprache zum Außen des Geistes im Innern des Menschen*: ein wirksames, aber unbewusstes System; eher Freuds erster Topik verwandt als einer Philosophie des absoluten Wissens.

Außerdem; mit dem oben genannten Begriff des ›dictionnaire‹ scheint Saussure explizit zu machen, was von Hegel allenfalls angedeutet wurde: Dass nämlich die Sprache, sei sie nun ein System außerhalb des Bewusstseins oder ein Dasein außerhalb des Menschen, in
174,259 lexikalischer Form, als Vokabularium bzw. Verzeichnis ausgewählter und dann alphabetisch (nicht semantisch) geordneter Elemente vorhanden ist.

[25] Saussure 1916, S. 29f., 37. Die Sprache ist deshalb ein *kognitives System*, das anatomisch nicht nachgewiesen werden kann. Ausdrücklich distanziert sich Saussure von der Feststellung des Chirurgen und Gründers des anthropologischen Laboratoriums in Paris Paul Broca, der das menschliche Sprachvermögen »dans la troisième circonvolution frontale gauche« lokalisiert hat. (Ders. 1916, S. 26; genauer Hagner 1994, S. 26ff.) Eine Bestätigung dieser Distanznahme liefert auch der Hinweis, dass »la linguistique« als Teil, besser noch als Unterabteilung »de la psychologie générale« verstanden werden muss. Saussure 1916, S. 33.

[26] Saussure 1916, S. 28. Die direkt folgenden Zitate S. 32, 30, 38, 27.

[27] Saussure 1916, S. 30, 106.

Man kann daher behaupten, dass Saussure den drei von Freud konstatierten »Kränkungen« des europäischen Menschen (der »kosmologischen« durch Kopernikus, der »biologischen« durch Darwin und der »psychologischen« durch ihn selbst: dass also »Ich nicht Herr sei im eigenen Haus«) eine vierte, nunmehr *linguistische Kränkung* hinzugefügt hat.[29]

»le code de la langue«[28]; ihr ebenso regelhafter wie regelmäßiger Mechanismus, der bei allen Angehörigen einer Sprachgemeinschaft vorhanden ist: »prendre pour norme de toutes les autres manifestations du langage«; frei nach Heidegger ein Phänomen, das zunächst und zumeist verborgen ist, aber zugleich etwas ist, was wesenhaft zu dem, was sich zunächst und zumeist nicht zeigt, gehört, so zwar, daß es seine Bedingung ausmacht und ihm seine Möglichkeiten einräumt.

Regel-apriori und Medialität

Im Rahmen des *Cours* ist dann die Unterscheidung der Sprache auch die von *Regel und Ereignis*; von wesentlicher, vorgängiger Kodierung auf der einen, 66,80, 211,263
und akzessorischen, nachfolgenden Äußerungen auf der anderen Seite. In Saussures berühmten Vergleich mit dem Schachspiel heißt es deshalb: 17,70, 87,237
»Il est vrai [...] la règle du jeu existe avant le début de la partie et persiste après chaque coup. Cette règle admise une fois pour toutes existe aussi en matière de langue; ce sont les principes constants de la sémiologie.«[30]

Aber nicht nur das, denn durch die Beschreibung der Sprache als Regelwerk wird sie außerdem zur universalen oder doch zumindest für »les membres de la communauté« gültigen Bedingung des Sprechens erklärt. Saussure schreibt:

> En séparant la langue de la parole, on sépare du même coup: ce qui est s o c i a l de ce qui est i n d i v i d u e l.[31]

Oder, um ein weiter oben zitiertes Beispiel aufzugreifen: Genauso wie in jedem Exemplar eines Wörterbuches die gleichen Einträge in der gleichen Form und Folge vorhanden sind, genauso ist das Vermögen der Sprache

[28] Saussure 1916, S. 31. Das direkt folgende Zitat S. 25.

[29] Freud 1925, S. 109 sowie ders. 1917, S. 11.
Bekanntlich wird Lacan diese freudianisch-saussuresche These auch in umgekehrter Richtung lesen: Nicht mehr nur die Sprache ist unbewusst, sondern auch das Unbewusste ist sprachlich strukturiert. In seinem Aufsatz *L'instance de la lettre dans l'inconscient ou la raison depuis Freud* heißt es dazu: »Notre titre [das ist: »Le sens de la lettre«] fait entendre qu'au-delà de cette parole, c'est toute la structure du langage que l'expérience psychanalytique découvre dans l'inconscient.« Lacan 1957, S. 495.

[30] Saussure 1916, S. 127.

[31] Saussure 1916, S. 30. Das direkt vorhergehende Zitat S. 31.
Bei Stetter 1979, S. 236 f. heißt es, »daß zum ziel der [linguistischen] sprachanalyse die beschreibung von invarianten regelsystemen erklärt wird.« Was mit Saussure einhergeht ist insofern das »wiederaufleben« einer »theorie sprachlicher ›universalien‹«.

für alle Angehörigen einer Sprachgemeinschaft im Wesentlichen (»essentiellement«) das gleiche. »Ce mode d'existence de la langue peut être représenté par la formule: 1+1+1+1... = I (modèle collectif).«[32] Die Sprache also
48, 73, funktioniert als das Gemeinsame (= I) im Gedächtnis eines jeden Einzelnen
120, 300 (= 1); als das Große und Ganze, von dem jeder Sprecher einen mehr oder weniger vollständigen Anteil in sich trägt. Für Saussure ist sie die Verankerung des Kollektiven (»le lien social«) im Inneren der Menschen.

Und das Sprechen? »Il n'y a donc rien de collectif dans la parole.«[33] In ihrer Äußerlichkeit ist sie vielmehr »un acte individuel de volonté et d'intelligence«; die persönliche und deshalb je verschiedene Art der Menschen (»les sujets appartenant à une même communauté«), sich durch Worte verständlich zu machen. »Ici il n'y a rien de plus que la somme des cas particuliers selon la formule: (1+1'+1''+1'''...).« Im Gegensatz zur Sprache also ist das Sprechen die Vereinzelung des Gemeinsamen; in seiner Gesamtheit nur eine Menge von Ereignissen (»un amas confus des choses hétéroclites«), die durch kein
45, 60, Band zusammengehalten werden: »sans lien entre elles«.
169

KRÄMER Für die Sprachwissenschaft folgt daraus, dass sie sich nach Auswahl und Einschluss ihrer Elemente nunmehr Klarheit über deren Gesetzmäßigkeiten verschaffen muss: »quelles lois les régissent«[34]. Mit anderen Worten: *Die Sprache als Objekt zu setzen und zu beschreiben heißt seit Saussure, von der Benutzerebene auf die Systemebene zu wechseln.* So wird seine Linguistik zur Kryptoanalyse buchstäblich avant la lettre; zu einer Art Schlüsseltechnik für den Tresor Die Sprache. Aus ihrer Perspektive geht es einzig um »le principe de régularité«: das Sprachvermögen vor/über/unter, und also jenseits der Sprechakte; um das *Ansehen der Regel als Ausschluss performativer Aspekte*: »[L]e côté exécutif reste hors de cause«. Oder:

> [L]'exécution [...] n'affecte en rien le système lui-même. Sous ce rapport, on peut comparer la langue à une symphonie, dont la réalité est indépendante de la manière dont on l'exécute; les fautes que peuvent commettre les musiciens qui la jouent ne compromettent nullement cette réalité.[35]

[32] SAUSSURE 1916, S. 38. Das direkt vorhergehende Zitat S. 32. Das direkt folgende Zitat S. 30. »L'objet concret de notre étude est donc le produit social déposé dans le cerveau de chacun, c'est-à-dire la langue.« Ders. 1916, S. 44.

[33] SAUSSURE 1916, S. 38. Die direkt folgenden Zitate S. 30, 38, 24.

[34] SAUSSURE 1916, S. 33. Die direkt folgenden Zitate S. 131, 30. Dabei werden im *Cours* die Begriffe ›système‹, ›organisme‹ und ›ordre‹ ebenso synonym verwendet wie ›code‹, ›norme‹, ›loi‹, ›modèle collectif‹ und ›règle‹.

[35] SAUSSURE 1916, S. 36. Die direkt folgenden Zitate S. 36.
70, 80, KRÄMER 1999, S. 374, 377 beschreibt diese Regel-Ereignis-Differenz als »›Zwei-Welten-Bild‹
211, 287 der Sprache«, in dem sich ein »universales Bedingungsnetz« (die »Domäne der Kompetenz«) und dessen »situationsspezifische Anwendung« (die »Domäne der Performanz«) gegenüber →

Ist aber die Sprache erst einmal auf diese Weise in den Blick genommen, wird sie als kognitive, gewissermaßen apriorische Realität angesehen, dann hat sich die Linguistik nicht nur in den Katalog transzendentaler Wissenschaften eingetragen, sondern sie hat mit jener Differenz von gemeinsamer Regel und vereinzeltem Ereignis zugleich ihre *Indifferenz gegenüber jeder Art von Medium* festgestellt. Ob in Reden oder Texten, mit Federn oder Schreibmaschinen, ob durch »organes vocaux« oder gar »les appareils électriques« gesprochen, geschrieben oder gedruckt, auf die Sprache selbst hat all das nicht den geringsten Einfluss. Es muss deshalb als ein Teil der Saussure'schen Erfindung gelten, dass ihre Systematik (zumindest dem Anspruch nach) *medienneutral* konzipiert ist. Sybille Krämer schreibt dazu: »Medien gehören 54,90,
ausschließlich der Seite der Ausführung und Aktualisierung an.« Woraus 101,216
wiederum abgeleitet werden kann:

> Sprache selbst ist kein Medium [...] in einem für die Sprachtheorie irgendwie belangvollen und aufschlußreichen Sinne.[36]

Im *Cours* wird diese These durch einen weiteren Vergleich mit dem Schachspiel bestätigt: Demnach würde zur Sprache zählen, was mit dem System und seinen eigenen Spielregeln zu tun hat. Aber:

> Si je remplace des pièces de bois par des pièces d'ivoire, le changement est indifférent pour le système. [...] Le moyen de production du signe est totalement indifférent, car il n'intéresse pas le système. Que j'écrive les lettres en blanc ou en noir, en creux ou en relief, avec une plume ou un ciseau, cela est sans importance pour leur signification.[37]

Die jeweiligen Materialien oder Geräte der Sprachäußerungen sind für Saussure ohne Bedeutung. Und deshalb: »Sommes-nous vraiment en droit de prétendre que celle-ci [»la langue«] existe indépendamment de ces phénomènes? Qui, car ils n'atteignent que la substance matérielle des mots.«

stehen. »Die Kompetenz rückt damit ins Zentrum, die Performanz jedoch an die Peripherie der Sprachreflexion.«

36 Krämer 2001, S. 101. Kein Medium zu sein, heißt für die Sprache deshalb auch *keine Extension des Bewusstseins* zu sein (vgl. McLuhan 1964, S. 3f.): weder als »Prothese«, wie Freud 1930, S. 451 meinte, noch als »filiation«, wie Barthes 1971, S. 74 sie beschrieben hat.

37 Saussure 1916, S. 43, 165f., 36f. Der systematisch-methodische Grund für diese Medienindifferenz ist zweifellos, dass Saussure die Sprache erstens *psychologisiert* und zweitens als ein *Wertesystem* behandelt. So kommt es, dass die Materialien und Geräte ihrer Anwendung 69,211,
austauschbar sind: man also nicht nur mit Holz- oder Elfenbeinfiguren Schach spielen kann, 277
sondern genauso gut mit Knöpfen. »Toutes les valeurs conventionnelles présentent ce caractère de ne pas se confondre avec l'élément tangible qui leur sert de support. [...] Il [= »l'élément matériel«] n'est pour elle [= »la langue«] qu'un chose secondaire [...].« Saussure 1916, S. 153f., 164.

Darüber hinaus trifft der Blick auf die Regeln den Grenzverlauf selbst des Objekts. So wird das ›und‹ zwischen langue und parole zum Thema, denn obwohl der *Cours* fordert, sie getrennt zu behandeln, als »deux choses absolument distinctes«[38], gilt doch auch dies: *Dass die Voraussetzung der Sprache fürs Sprechen das Sprechen zur Anwendung der Sprache macht.* Oder: Als
45, 109, 130, 188 kognitive Realität, stellt die Sprache ein Vermögen dar, von dem ihre Sprecher jeweils (»à chaque moment«) Gebrauch gemacht haben werden.

Für Saussure ein Verhältnis, in dem die eine, von seiner Linguistik privilegierte Seite zwar *gesetzmäßig, aber nicht gesetzgebend* funktioniert: Der zwar »les lois linguistique« zugeschrieben werden können, die jedoch weder »dans le sens juridique« noch »dans l'entendent les sciences physiques et naturelles« zu verstehen sind.[39] Hat es die Sprachwissenschaft tatsächlich mit Gesetzen zu tun – und daran wird im *Cours* kein Zweifel gelassen –,
270, 277, 288, 327 dann sind diese nicht befehlend (»impératives«), sondern analytisch: sie beschreiben lediglich eine bestehende Ordnung: »constate un état de choses«.

Für die andere, von der Linguistik ausgegrenzte Seite folgt daraus, dass es nicht nur *eine* Möglichkeit gibt, das Gesetz anzuwenden, sondern dass sich das Sprechen einer Sprache in jedem Fall als *individueller Sprachgebrauch* vollzieht; als »les combinaisons par lesquelles le sujet parlant utilise le code de la langue.«[40] In ihrer Systematik ist die Sprache für alle gleich: diesbezüglich muss man zugeben, dass sie eine gewisse Macht auf die Sprachgemeinschaft ausübt und nicht völlig frei gebraucht werden kann (»elle s'impose aux
42, 90, 128, 248 individus [...]. La masse elle-même ne peut exercer la souveraineté sur un seul mot; elle est liée à la langue telle qu'elle est«); im Sprechen aber wird diese Systematik jeweils verschieden und zu persönlichen Zwecken aktualisiert, sodass deren Macht keineswegs als »obligation relative aux sujets parlant« missverstanden werden darf. Aus dem Vorhandensein einer Sprache ergibt sich nicht notwendig ein bestimmtes Sprechen, und umgekehrt, Sprechen kann niemals nur das subjektive (oder gar private) Kombinieren sprachlicher Elemente sein. Auch dazu Sybille Krämer: »Das Bedingungsverhältnis zwischen Sprache und Sprechen ist kein kausales, sondern ein semiologisches.«[41]

[38] Saussure 1916, S. 38. Die direkt folgenden Zitate S. 107, 134.

[39] Saussure 1916, S. 131. Ebenso die direkt folgenden Zitate.

[40] Saussure 1916, S. 31. Auf S. 38 heißt es auch: »De quelle manière la parole est-elle présente dans ce même collectif? Elle est la somme de ce que les gens disent, et elle comprend: *a*) des combinaisons individuelles, dépendant de la volonté de ceux qui parlent, *b*) des actes de phonation également volontaires, nécessaires pour l'exécution des ces combinaisons.« Zu sprechen heißt also gemeinsame Zeichen individuell zu gebrauchen – woraus sich, um Saussure zu ergänzen, der *Spielraum für Missverständnisse* ergibt.
Die direkt folgenden Zitate S. 131, 104.

[41] Krämer 2001, S. 35.

Paralyse der Zeit

FOUCAULT Die Sprache ist also ein Modell: homogen, vorgängig und allgemein; das Sprechen dagegen eine Praktik: heterogen, situationsspezifisch und individuell. So kommt es, dass zur Bezeichnung des linguistischen Objekts noch zwischen einer bestehenden Ordnung und ihrer Entwicklung, d.h. »entre ce système et son histoire«[42] unterschieden werden muss – »Voilà pourquoi nous distinguons deux linguistiques«: Zum einen die zustandsorientierte Wissenschaft der Sprache: Saussure nennt sie »linguistique synchronique«. Sie befasst sich mit den Beziehungen, die zwischen gleichzeitigen Elementen eines Systems (»des termes coexistants«) bestehen. Zum anderen die geschichtsorientierte Wissenschaft der Sprache. Sie wird »linguistique diachronique« genannt und hat es dementsprechend mit Beziehungen zu tun, die sich zwischen aufeinander folgenden Elementen (»des termes successifs«) ereignen, ohne das sie einem gemeinsamen System angehören würden.

> Ainsi la linguistique se trouve ici devant sa seconde bifurcation. Il a fallu d'abord choisir entre la langue et la parole; nous voici maintenant à la croisée des routes qui conduisent l'une, à la diachronie, l'autre à la synchronie.[43]

Nun ist es nach den bisherigen Ausführungen unschwer zu erraten, dass sich Saussure ausschließlich für einen Weg, nämlich die Untersuchung des jeweils gegebenen Systemzustandes (»l'aspect statique«) interessiert. Nachdem also die Sprache zur ›Sprache‹ geworden ist, gilt: »[L]es états sont seuls importants. [...] [O]n ne peut ni la décrire ni fixer des normes pour l'usage qu'en se plaçant dans un certain état.«[44] Die Sprachwissenschaft kann ihr Objekt nur analysieren, indem sie dessen Geschichte, Zustandekommen, Veränderung usw. ausstreicht, sie beiseite lässt (»supprimer«). Mit anderen Worten: Durch jene Trennung von Synchronie und Diachronie gelangt die Linguistik um 1900 zur *Ausschließung der Zeit* aus dem 142, 164, 190, 303
von ihr abgegrenzten und eingerichteten Terrain: »[T]oute intervention

[42] Saussure 1916, S. 24. Die direkt folgenden Zitate S. 116f., 140.

[43] Saussure 1916, S. 138. An einer anderen Stelle schreibt Saussure auch von »deux axes«, an denen die Linguistik ihre Untersuchungen »plus scrupuleusement« zu unterscheiden hat: »1° l'axe des simultanéités [...] et 2° l'axe des successivités«. Und mehr noch: »L'opposition entre les deux points de vue – synchronique et diachronique – est absolue et ne souffre pas de compromis. [...] [I]l faut à tout prix situer chaque fait dans sa sphère et ne pas confondre les méthodes.« Ders. 1916, S. 115f., 119, 140.

[44] Saussure 1916, S. 126, 117. Das direkt folgende Zitat S. 117.
»Après avoir accordé une trop grande place à l'histoire, la linguistique retournera au point de vue statique de la grammaire traditionnelle, mais dans un esprit nouveau et avec d'autres procédés.« Das heißt: »L'objet de la linguistique synchronique générale est d'établir les principes fondamentaux de tout système idiosynchronique, les facteurs constitutifs de tout état de langue.« Ders. 1916, S. 119, 141.

du temps est exclue«[45]. In einem der folgenden Abschnitte des *Cours* heißt es sogar: »La linguistique [...] doit faire table rase de tout ce qui l'a [»l'état de la langue«] produit et ignorer la diachronie.«[46] Eine These, deren methodischem Rigorismus noch der diskurspolitische Ehrgeiz jener Gründerjahre anzumerken ist. Denn buchstäblich gelesen (und dann mit Hegel formuliert) wird im Begriff syn*chronie* der »facteur temps« nicht schlichtweg geleugnet, vielmehr geht es darum, die Zeit im Innern des
142, 146 Systems zu paralysieren: sie als Gleichzeitigkeit festzustellen; aus ihrem Nacheinander ein Nebeneinander zu machen.[47] Oder: *Um die Sprache als solche erfinden und beschreiben zu können, hat sich Saussure für die Verräumlichung der Zeit entschieden.*

Ist man dann noch bereit, auf die Metaphorik des *Cours* zu achten (also auf Worte wie ›envisager‹, ›placer‹ oder ›découvrir‹, aber auch ›côté‹, ›domaine‹, ›route‹ sowie die Unterscheidung ›interne‹/›externe‹), dann scheint Saussure ein weiteres Mal (neben seiner Erfindung: Die Sprache) an jener Beunruhigung der klassischen Dispositive beteiligt zu sein, die Foucault in *Les mots et les choses* als »point d'inflexion« und in einem Vortrag am Pariser *Cercle d'Études Architecturales* vom 14. März 1967 folgendermaßen charakterisiert hat:

Zu dieser Charakterisierung freilich passt, dass Saussure, indem er die Zeit der Sprache verräumlicht, die Leistung und Intention der hegelschen Dialektik umkehrt – ging es nach deren Konzeption doch um die Verwandlung von Simultanität in Sukzession, von räumlichen Auseinandersetzungen in zeitliche Folgen.

> La grande hantise qui a obsédé le XIXe siècle a été, on le sait, l'histoire: thèmes du développement et de l'arrêt, thèmes de la crise et du cycle [...]. L'époque actuelle [vielleicht müsste man einschränkend hinzufügen: das 20. Jahrhundert] serait peut-être plutôt l'époque de l'espace. Nous sommes à

[45] Saussure 1916, S. 115.
Neuere Ansätze, die darauf hinweisen, Saussure habe in seiner Systemtheorie der Sprache auch deren Zeitlichkeit berücksichtigt, beziehen sich allesamt auf Notizen und Fragmente außerhalb des *Cours* von 1916. Vgl. dazu Stetter 1979, S. 233 ff. sowie Fehr 1997, S. 131 ff.

[46] Saussure 1916, S. 117. Das direkt folgende Zitat S. 114. In der Geschichte der Sprache steht daher der Name ›Saussure‹ für Analysen der Sprache ohne Geschichte. Oder: »Dans une partie d'échecs, n'importe quelle position donnée a pour caractère singulier d'être affranchie de ses antécédents; il est totalement indifférent qu'on y soit arrivé par une voie ou par une autre [...] pour décrire cette position, il est parfaitement inutile de rappeler ce qui vient de se passer dix secondes auparavant.« Ders. 1916, S. 126 f. Die Zeit dagegen ist und bleibt im Spiel, wenn es um das Sprechen, »la pratique de la parole«, geht. Ders. 1916, S. 30.

[47] Bei Barthes 1963, S. 213 heißt es dementsprechend, dass »l'idée synchronique (quoique chez Saussure ce soit un concept opératoire) accrédite une certaine immobilisation du temps [...].«

l'époque du simultané, nous sommes à l'époque de la juxtaposition, à l'époque du proche et du lointain, du côte à côte, du dispersé. [...] En tout cas, je crois que l'inquiétude d'aujourd'hui concerne fondamentalement l'espace, sans doute beaucoup plus que le temps; le temps n'apparaît probablement que comme l'un des jeux de distribution possible entre les éléments qui se répartissent dans l'espace.[48]

* * *

Sprache als Wertesystem: relational

SAUSSURE Zweite These: *Für die moderne Linguistik funktioniert das System der Sprache als ein Spiel von Entgegensetzungen.* 87, 265, 275, 325

Das heißt zunächst und noch einmal: Als gesondert-besonderes Objekt stellt sie kein Ausdrucksmittel oder Erkenntniswerkzeug des Menschen dar. Sie dient nicht dem Zweck, wie noch um 1800, Gedanken zu verstofflichen (»pas de créer un moyen phonique matériel pour l'expression des idées«) oder Dinge beim Namen zu nennen (»unifier non une chose et un nom«); stattdessen ist Saussure ein Jahrhundert später darum bemüht, ihr als System die Würde einer gesellschaftlichen Einrichtung zu verleihen; den Bestand ihrer Zeichen auf eine Ebene zu stellen mit anderen Tatsachen des sozialen Lebens, wie dem Recht, der Moral, der Politik usw.[49]

La langue [heißt es im *Cours*] est une institution pure.[50]

Sie ist nicht notwendig vorhanden oder natürlicherweise gegeben (»une donnée naturelle«, »une convenance nécessaire«), auch keine ursprüngliche Verabredung (die ja von sprechenden Subjekten ausgehen und also Sprache immer schon voraussetzen würde: »c'est pourquoi la question de l'origine du langage n'a pas l'importance qu'on lui attribue généralement«); vielmehr bildet sie ein kollektiv gelerntes und kognitiv gespeichertes Modell: eine Angewohnheit ihrer Sprecher, die als eigene Realität ebenso eigenen Regeln gehorcht – »ou, ce qui revient au même, la convention«.[51] Bei Saussure jedenfalls kann man schon auf den ersten Seiten (noch bevor die Frage *Was ist...?* gestellt wird) lesen, dass seine Wissenschaft die Selbständigkeit

[48] FOUCAULT 1966a, S. 369 sowie ders. 1967 b, S. 752ff. Auch dem Diskurshistoriker geht es dabei um nichts weniger, als die Leugnung der Zeit (»nier le temps«) – schon deshalb nicht, weil es eine »histoire de l'espace« gibt, die der genannte Vortrag ebenfalls skizziert ; stattdessen. »[C]'est une certaine manière de traiter ce qu'on appelle le temps et ce qu'on appelle l'histoire.« Ders. 1967 b, S. 752.

[49] SAUSSURE 1916, S. 156, 98. Zum Leben der Zeichen (»la vie des signes«) im Ganzen des gesellschaftlichen Lebens (»au sein de la vie sociale«) vgl. ders. 1916, S. 32f.

[50] SAUSSURE 1916, S. 110.

[51] SAUSSURE 1916, S. 116, 110, 105, 100f. Das direkt folgende Zitat S. 25.

der Sprache voraussetzt; dass sie stets von einer »définition autonome« ihres Systems ausgegangen ist.

Wie aber funktioniert ein solches System, das von seinen Benutzern weder begründet noch kontrolliert werden kann? Auf welche Weise ist
66,80, seine Systematik eingerichtet und durch welche Regeln wird es konstituiert?
204,270 (Welche νόμοι also können beschrieben werden, die jenes sprachliche αὐτός in seiner Immanenz und Synchronizität definieren?) Anders gefragt: Was geht vor in jenem Tresor der Sprache? Welches Vermögen liegt in ihm beschlossen? Welche Struktur, welche unmenschliche Kodierung hält er zunächst und zumeist verborgen?

Eine erste Antwort wurde bereits dort gegeben, wo es unter Berufung auf Foucaults *Les mots et les choses* um die Ablösung einer vergleichenden Philologie durch die Linguistik als Stellenwerttheorie ging. Die Sprache, war in diesem Kapitel zu lesen, stellt ein Zeichensystem dar, in dem einzig »le jeu des oppositions linguistiques« von Wichtigkeit ist. Denn ebenso, wie bei einem
69,206, Schachspiel der Wert der Figuren durch deren Standort auf dem Schachbrett
277 definiert wird (»la valeur respective des pièces depend de leur position sur l'échiquier«), so hängt auch innerhalb eines Sprachzustandes alles von den Gegenüberstellungen seiner Zeichen ab (»dans la langue chaque terme a sa valeur par son opposition avec tout les autres termes«).[52] Mit anderen Worten: *Das linguistische Objekt ist ein System als das Spiel der Beziehungen und Auseinandersetzungen seiner gleichzeitigen Bestandteile*: »des rapports et des différences [...] entre termes coexistants d'un état de langue«. Welche Werte die einzelnen Zeichen darstellen, in welchem Maße sie jeweils zur Geltung kommen, ergibt sich stets und verbindlich durch ihre Plazierungen (»en vertu de leur place«) im Ganzen, das der Sprachzustand selber ist.[53] Daraus allerdings folgt, dass sie weder von vornherein bestimmt sein können (»prédéterminés«) noch durch Verweise von oder nach außen (»hors de leur case et des autres conditions du jeu«) motiviert; vielmehr ist jedes Zeichen das ausschließliche Produkt seiner Verhältnisse; ein Term, der sich nur in und als Relation

Nur um die These noch einmal auf den Punkt zu bringen: Nach Saussure haben Zeichen keine (sei es auch vorläufige) Wahrheit mehr, sondern *Geltung*; die Sprache ist nicht länger Erkenntnismoment (initiiert und beherrscht durch die Arbeit des Begriffs), sondern bestehendes *Wertesystem* (einge-

[52] Saussure 1916, S. 168, 125f. Außerdem auf S. 149: »Mais de même que le jeu d'échecs est tout entier dans la combinaison des différentes pièces, de même la langue a le caractère d'un système basé complètement sur l'opposition de ses unités concrètes.« An die Stelle des *Ich* ist das *Spiel* getreten: *je* – *jeu*.

[53] Saussure 1916, S. 193, 163, 177.

richtet und in Ordnung gebracht durch das Spiel ihrer Zeichen untereinander).

Nicht zuletzt deshalb konnte Derrida schreiben: »On pourrait appeler *jeu* [»pour penser radicalement le jeu«] l'absence du signifié transcendantal [...].«[55]

zu seiner Umgebung: »les circonstances«, »ce qui l[e signe]'entoure«, definiert.[54] In einer zurückhaltenden Formulierung besagt das: »[D]es valeurs émanant du système«, sehr viel nachdrücklicher und härter aber auch dies: Dass Zeichen nicht ungebunden sind oder frei, sondern eingespannt in den Schraubstock ihres Systems (»serrée dans l'étau d'un système«).

Topologie und positive Differenz

DELEUZE Mit einigem Recht hat daraufhin Deleuze die Saussure'sche Systemlinguistik als »l'origine du structuralisme« bezeichnet.[56] Hier wie dort nämlich konstituieren sich die Objekte als »combinatoire portant sur des éléments formels qui n'ont par eux-même ni forme, ni signification, ni représentation, ni contenu, ni réalité empirique donnée, ni modèle fonctionnel hypothétique, ni intelligibilité derrière les apparences«[57]. Statt um bewusste Inhalte oder konkrete Materialien geht es also in beiden Fällen um »de places et de lieux dans une espace proprement structural, c'est-à-dire topologique.« Nicht der Wert eines Zeichens bestimmt dessen Stellung, sondern umgekehrt, es ist das System als »ordre de places«, das jedem seiner Bestandteile einen Wert verleiht. Konnte mit Foucault (und gegen Hegel) gezeigt werden,
dass Saussure den Raum gegenüber der Zeit, die Simultanität gegenüber 142,159
der Sukzession privilegiert, dann kann nun mit Deleuze (und immer noch 188,320 164,185
gegen Hegel) gezeigt werden, dass aus linguistischer Perspektive *die Orte* 208,297
wichtiger sind als das, was sie jeweils besetzt: »les lieux l'emportent sur ce qui les remplit.«[58]. Die Systematik der Sprache funktioniert als *Topologie*;

[54] SAUSSURE 1916, S. 162, 153, 151, 160. Die direkt folgenden Zitate S. 162, 43.

Der Wert eines Zeichens also hat sozialen und nicht originalen Charakter. Schon aus diesem Grund konnte Saussure seinen semiologischen Analysen gleichermaßen einen soziologischen Aspekt zuschreiben, d.h. die Sprache (im Gegensatz zum Sprechen) als »le lien sociale [...] emmagasiné chez tous les individus« bezeichnen. Vgl. ders. 1916, S. 30.

Dass solch gemeinnützige Eigenschaften der Sprache auch ihre Kehrseite haben, ist bei BARTHES 1977 b, S. 21, zu lesen: »D'autre part, les signes dont la langue est faite, les signes n'existent que pour autant qu'ils sont reçonnus, c'est-à-dire pour autant qu'ils se répètent; le signe est suiviste, grégaire; en chaque signe dort ce monstre: un stéréotype [...].«

[55] DERRIDA 1967 a, S. 73. Und im *Cours* selber: »Il n'y a pas d'idées préétablies, et rien n'est distinct avant l'apparition de la langue.« SAUSSURE 1916, S. 155.

[56] DELEUZE 1973, S. 300. Ein Begründer freilich avant la lettre; findet sich das Wort ›structure‹ im *Cours* doch nur drei Mal. Vgl. DOSSE 1991, S. 12, 65.

[57] DELEUZE 1973, S. 303. Die direkt folgenden Zitate S. 305. Ganz ähnlich BARTHES 1963, S. 216: »[C]e qui caractérise l'objet paradigmatique [z.B. »le signe«], c'est qu'il est vis-à-vis des autres objets de sa classe dans un certain rapport d'affinité et de dissemblance.«

[58] DELEUZE 1973, S. 306. Eine solche These bestätigt noch einmal die *Saussure'sche Verortung der Sprache jenseits des Sprechens* – sodass im Vorgriff auf die Strukturdefinition des →

ihre Bestandteile gliedern und verketten sich zu einer mehrdimensional ausgebreiteten Formation. Aus Ordnung wird Ortung (frei nach Carl Schmitt); oder, um wieder bei Saussure zu lesen: Für ihn steht fest,

> que jamais un fragment de la langue ne pourra être fondé, en dernière analyse, sur autre chose que sur sa non-coïncidence avec le reste.[59]

Zeichen sind, indem sie andere Zeichen ihres Systems *nicht* sind: »Leur plus exacte caractéristique est d'être ce que les autres ne sont pas.« So kommt es, dass sie nicht positiv: sei es
119,125, 152 durch ihre Äußerung oder durch eine Qualität, die sie an sich selber haben, bestimmt werden können, »mais négativement par leurs rapport avec les autres termes du système«.[60]

SAUSSURE *Nach Maßgabe des* Cours *befestigt die wechselseitige Negativität der Zeichen die Topologie ihres Systems.* Oder: Alles an der Sprache ist Position und Opposition. Von ihr gilt, dass sie aus diskret voneinander abgesetzten Termen besteht; als eine distinktive Struktur, für deren Funktionieren die signifikativen, expressiven oder kommunikativen Ansprüche ihrer Benutzer keine Rolle spielen.

> Dans la langue, comme dans tout système sémiologique, ce qui distingue un signe, voilà tout ce qui le constitue.[61]

Und deshalb:

> Tout ce qui précède revient à dire que dans la langue il n'y a que des différences. Bien plus: une différence suppose

Dabei hat die Negation, die hier ins Spiel gekommen ist, nur noch wenig mit jenem Modus Operandi der Dialektik zu tun, denn Saussure nennt sie weder das Falsche, das zwar wesentlich dazugehört, schließlich jedoch verschwinden muss; das durch die Kraft und Arbeit des Verstandes in sein Gegenteil, das absolute Wissen, umgewandelt wird, noch bringt er damit die Produktion inhaltlicher Widersprüche oder gar die Einleitung praktischer Übergänge auf den Begriff. Nicht um die Verneinung des Bekannten, um das Flüssigwerden bestehender Verhältnisse also geht es, wenn der Genfer Professor von Negativität schreibt; vielmehr darum, gerade deren Bekanntheit und Beständigkeit (in diesem Fall »nos habitudes linguistiques«: »la langue étant ce qu'elle est«) zu erklären – d.h. ihr System ebenso formal wie funktional zu bestätigen.[62]

Strukturalismus auch das Objekt der Linguistik als »topologie transcendantale« beschrieben werden kann. »Le structuralisme«, resümiert Deleuze, »n'est pas séparable d'une philosophie transcendantale nouvelle [...].« Ders. 1973, S. 306.

[59] Saussure 1916, S. 163. Das direkt folgende Zitat S. 162.
Zur Trias Saussure – Strukturalismus – Topologie vgl. auch Dosse 1992, S. 551f.

[60] Saussure 1916, S. 162. Dass Zeichen, indem sie sich auf andere Zeichen beziehen, nicht auf Nicht-Zeichen verweisen, gehört in diesen Zusammenhang und wurde an früherer
64,75, 115,329 Stelle bereits als eine *Entmachtung des ontologischen Schemas* beschrieben.

[61] Saussure 1916, S. 168. Das direkt folgende Zitat S. 166.

[62] Saussure 1916, S. 37, 168.

Solche Negation aber wäre dann für Hegel nicht allein falsch im Hinblick auf das Absolute, sondern auch durch den »Mangel des Raumes«, der ohne die Zeit (als wiederholter Widerspruch, als Rückkopplung der Negation mit sich selbst) in »vermittlungslose Gleichgültigkeit« zerfällt: in eine »Form des Außereinander«, die »nur oberflächlich und ein leerer Unterschied« ist. In der *Phänomenologie* war daher zu lesen: »Der Raum ist das Dasein, worin der Begriff seine Unterschiede einschreibt, als in ein leeres, totes Element, worin sie ebenso unbewegt und leblos sind.«[64]

en général des termes positifs entre lesquels elle s'établit; mais dans la langue il n'y a que des différences s a n s t e r m e s p o s i t i f s.

Anstatt das Objekt von seinen Bestandteilen
her zu definieren, anstatt die Kette nach ihren
Gliedern, das Gewebe nach seinen Knoten
zu befragen, geht es Saussure (wenigstens an 124,132,
dieser Stelle) um »la différence qui fait le ca- 134,177
ractère, comme elle fait la valeur et l'unité«[63].
Nicht *was* sich voneinander unterscheidet ist sy-
stembildend; vielmehr der *Unterschied als sol-* 28,63,
cher; nicht das Entgegengesetzte, sondern die 179,229
Entgegensetzung; das Zwischen-den-Zeichen,
deren beständige (als Bestand dauernde) Mit- 168,234
te: abgesehen von einem Davor und Danach,
von Anfang und Ende, sodass die Systematik
der Sprache nun als ein *Spiel bloßer Differen-*
zen beschrieben werden kann. Kurz: Was die
Linguistik um 1900 zu ihrem Objekt gemacht
hat funktioniert »sur un mode purement differentiel«[65].

Und solche Differenz? Ohne positive Terme an ihrer Seite wird sie selber
positiviert: ist fortan keine Dienstleistung mehr und keine Passage; weder 126,136,
reserviert für die Arbeit des wi(e)der noch einbegriffen in das Verhältnis des 176
Menschen zu sich selbst, zu anderen Menschen oder zur Welt; dafür als selbständige Größe anerkannt und zur Regel linguistischer Systeme erklärt.

These: *Es ist diese Positivität* – im Horizont der sprachlichen Tatsachen selbst, als deren jeweilige Auseinandersetzung, als Spiel mit ihresgleichen, ebenso mehrdimensional wie zeitlos, ebenso formal wie kombinatorisch, herausgetreten aus dem Schatten von Identität und Synthese –, *die Status und Eigenart des Saussure'schen Szenarios der Differenz charakterisiert.*
Voraussetzung dazu freilich war der Sprung von der Geisteswissenschaft 17,57,
zur Linguistik. Nicht um eine bekannte Differenz zu verändern, sondern um 235,249
eine andere Differenz bekannt zu machen.

[63] Saussure 1916, S. 168. Im Französischen übrigens steht ›caractère‹ nicht nur für Merkmal oder Eigenschaft, sondern auch für Schriftzeichen und Buchstabe. Eine Mehrdeutigkeit, die im weiteren Verlauf noch eine Rolle spielen wird.

[64] Vgl. dazu noch einmal Hegel 1830 b, S. 48, 41, 44 sowie ders. 1807, S. 33.

[65] Saussure 1916, S. 162. Über die Sprache heißt es an einer späteren Stelle auch, sie sei »de nature purement différentielle«. Für das Funktionieren ihres Systems (»la vie normale et régulière d'un idiome déjà constitué«) sind folglich die einzelnen Zeichen viel weniger wichtig als ihre Beziehungen: »le principe de différenciation«. Ders. 1916, S. 105, 167.

Unbewusst spielen, Maschinenschrift

Folgt man dem *Cours* bei diesem Sprung, dann wird aus der Sprache zugleich ein System, in dem es Erstes und Einfaches nicht geben kann: »rien d'initial«, »rien de simple«[66]. Erstaunlich genug kombinieren sich Zeichen ohne das Gehabe von Einzigkeit. Die Frage nach einem ursprünglichen Element, nach einem Ausgangspunkt oder etwas An-sich-Seiendem in diesen Kombinationen ist daher ebenso unangebracht, wie der Versuch, nicht nur privilegierte Zeichen aufzuweisen (gewisse Worte für grundlegend oder hervorragend zu halten), sondern ihr System als Ganzes auf ein Zentrum beziehen zu wollen; sei es intern oder extern, sei es eine souveräne Instanz oder eine unabhängige Position. Stattdessen:

> La langue est pour ainsi dire une algèbre qui n'aurait que des termes complexes.[67]

Wäre das Vermögen der Sprache zu zählen, müsste man mit der 2 beginnen. Differenzialität also setzt Pluralität voraus (»la multitude des signes«): dass *mindestens* noch ein anderes der gleichen Art vorhanden ist. »Autrement dit, on peut exprimer le rapport N a c h t: N ä c h t e par une formule algébrique *a/b*, où *a* et *b* ne sont pas des termes simples, mais résultent chacun d'un ensemble de rapport.«[68] Für Saussure aber auch ein Ensemble, ein

[66] SAUSSURE 1916, S. 162, 168 – von so etwas wie Vollstängigkeit oder Vollendung ganz zu schweigen, denn »les signes linguistiques sont innombrables«. Ders. 1916, S. 107. Die Sprache, heißt das, ist in sich ebenso unvollständig wie unendlich. Es gibt kein totales Wörterbuch. (Das linguistische Objekt muss nicht nur von seinem Äußeren, sondern auch von seiner Totalität losgelöst werden.) Über die Summe der Zeichen schreibt Saussure deshalb nur im *Irrealis*: »Si nous pouvions embrasser la somme des images verbales emmagasinées chez tous les individus [...].« Ders. 1916, S. 30.

[67] SAUSSURE 1916, S. 168. Das direkt folgende Zitat S. 107.
Gleichermaßen erstaunlich ist es auch, dass die Kombinatorik der Zeichen so ausgeglichen und friedlich funktionieren soll – jedenfalls hat Saussure seinen Differenz-Begriff nicht dahingehend genutzt, sich die *Frage nach der Störung des Systems*, nach Unterbrechungen, Verschiebungen, Abweichungen usw. zu stellen. Ganz im Gegenteil, jene wechselseitige Negativität der Zeichen (das Spiel ihrer Entgegensetzungen) bleibt stets der Werteproduktion verpflichtet und deshalb konstruktiv, sinnvoll. Tatsächlich hat der Genfer Linguist noch nicht einmal berücksichtigt, was von Seiten der Dialektik als »ungeheure Macht des Negativen« (HEGEL 1807, S. 26) im Feld der Wissenschaft etabliert worden ist. Denn für die Sprache gilt »partout et toujours ce même équilibre complexe de termes qui se conditionnent réciproquement.« SAUSSURE 1916, S. 169. Vgl. auch S. 154: »[D]ans les systèmes sémiologiques, comme la langue, les éléments se tiennent réciproquement en équilibre selon les règles déterminées [...].« Trotz Positivierung der Differenz also ist Saussure blind für »la guerre dans le discours« (DERRIDA 1964 a, S. 173): *dass es keine Komplexität gibt ohne Komplikationen.*

[68] SAUSSURE 1916, S. 168. Die direkt folgenden Zitate S. 176f., 127.
Wichtig an dieser Stelle ist der *Plural*, denn für Saussure gilt: *je mehr Differenzen, desto genauer der Wert eines Zeichens.* So wird die Zweier-Beziehung (der Dualismus, die Bi- →

Beziehungsgeflecht, dass in seiner syntagmatischen Dimension, unter dem Titel »Mécanisme de la langue«, mit dem Funktionieren einer Maschine (»le fonctionement d'une machine«) verglichen werden kann. Was die Sprache mit dieser gemeinsam hat ist, was sie vom Schachspiel (damals noch) unterscheidet: »Pour que la partie d'échecs ressemblât en tout point au jeu de la langue, il faudrait supposer un joueur <u>inconscient</u> ou inintelligent.« 70,203, 336,340

Dennoch bleibt der Weg, auf dem Saussure die Systematik der Sprache definiert hat, ambivalent. Zwar wollte er, seiner erklärten Absicht nach, die Schrift als einen Fremdkörper (als unrechtmäßigen Eindringling) aus ihrem Bereich ausschließen (Sprache sollte vielmehr ganz für sich selbst, als reines, d.h. medien<u>neutrales</u> Phänomen exponiert werden); tatsächlich 54,90, 101,206
aber ist auffällig, dass all jene Eigenschaften, mit denen sie dann belegt wird, einzig am Medium der Schrift, unter den Bedingungen des Alphabets, zu gewinnen sind. Das heißt: *Bei Saussure ist die Systemtheorie der Sprache uneingestandenerweise an geschriebenen, genauer noch gedruckten, Worten, Sätzen und Texten orientiert.* Oder: Womit der Genfer Linguist explizit nichts zu tun haben will, wogegen er sogar mit einiger Polemik zu Felde zieht, gerät implizit zur Struktur seines Objekts. Differenzialität jedenfalls: dass es zwischen bestehenden Zeichen Leerstellen gibt (›les blancs‹, wie Mallarmé sie genannt hat), dass sie durch ihre diskrete Anordnung eine Topologie der Entgegensetzungen konstituieren, dass überhaupt von Verräumlichung und Sichtbarkeit ausgegangen wird, kennzeichnet nicht die Sprache im Allgemeinen, vielmehr Druckschrift im Besonderen: schwarz auf weiß: als Spiel der Buchstaben auf einem wohlabgegrenzten leeren Viereck Papier – um 1900 jedoch nicht länger durch »die einfachen Züge der <u>Hand</u>« 102,158, 179,241
(bei Hegel Bedingung dafür, dass Inneres zum »Ausdruck« und Sprache zu ihrer »individu ellen Bestimmtheit« kommt), sondern durch <u>Schreibmaschinen</u> (wenige Jahrzehnte zuvor 180,239, 271,324

Kein Zufall also, dass erst wieder ein Grammatologe »cette tension du geste et du propos«[69] auf den Wegen des *Cours* bemerkt hat: Einerseits jener Eifer, der die Schrift zu einem bloßen Reprä-

narität) zu einer Möglichkeit unter anderen; oder: Komplexität, nicht Einfachkeit führt zur Präzision.

[69] Derrida 1967 a, S. 45. Die direkt folgenden Zitate S. 63 f. Für die Grammatologie als »science de l'écriture« folgt daraus: »[Qu'elle] soit opérée à la fois grâce à Saussure et contre lui«; oder: »C'est donc encore à lui-même qu'il faut décidément opposer Saussure.« Ders. 1967 a, S. 13, 86, 77.

Kittler 1985 b, S. 321 schreibt daran anschließend, dass »auch Saussure, um seinem Text selber ein Beispiel für Phonem-Differentialität einzuverleiben, zum Unterschied notwendiger und beliebiger, graphematischer und graphischer Buchstabenunterschiede überwechselt.« Ebenso Krämer 1996, S. 107, die (obwohl sie mit Derrida das Vergessen von Druckerpresse und Schreibmaschine teilt) als »impliziten Skriptizismus« bezeichnet (was →

erfunden und auf den Markt gebracht), die
34,241, 290,294 die Anonymität Gutenberg'scher Lettern auch in Sekretärinnenzimmern und Gelehrtenstuben herstellbar machen.[70]

Dabei ist Saussures uneingestandene Orientierung bereits an seiner Wortwahl abzulesen. Nicht nur, dass er die Sprache als »dictionnaire« bzw. »grammaire« beschreibt, ihre Zeichen als »les caractères« sowie »une somme d'empreintes«; nicht nur, dass er gleich zu Anfang des *Cours* erklärt: »l'essentiel de la langue [...] est étranger au caractère phonique du signe linguistique«;[71] auch durch ihren direkten Vergleich mit der Schrift (»La langue est [...] comparable à l'écriture«) weist er, quasi à contre cœur, in diese Richtung: So wie für jene nämlich, gilt für sie, erstens »la valeur des lettres est purement négative et différentielle« und zweitens »les valeurs de l'écriture n'agissent que par leur opposition réciproque au sein d'un système défini, composé d'un nombre déterminé de lettres.«[72]

> sentationssystem herabsetzt, der sie auf die graphematische Darstellung phonischer Substanzen reduzieren will; andererseits Formulierungen (Derrida nennt sie »l'envers du propos saussurien«), die im Namen der Sprache gerade das Funktionieren der Schrift exponieren. »Alors quelque chose s'écrit dans le discours saussurien, qui n'a jamais été dit [...]. Alors on s'aperçoit que ce qui était chassé hors frontières, l'errant proscrit de la linguistique, n'a jamais cessé de hanter le langage comme sa première et plus intime possibilité.«

* * *

Dritte These: *Im System Sprache ist ein Zeichen die Verbindung von Signifikat und Signifikant.*

18,25, 69,264 Das heißt vorab: Sprachliche Tatsachen sind Zeichen; oder: Bei Saussure gibt es neben der systemtheoretischen auch eine zeichentheoretische Perspek- Zeichen: ein Ganzes

besser *Typozentrismus* heißen sollte), dass Saussure sein »Untersuchungsobjekt Sprache wie einen schriftförmigen Gegenstand behandelt«. An anderer Stelle auch: »Die Schrift steht – auf eine allerdings verschwiegene Weise – dem Bild von der Sprache hinter dem Sprechen Modell. Die Idee der ›reinen Sprache‹ erweist sich so als ein Emergenzphänomen der Schrift.« Dies. 1999, S. 380. Zur fälligen *Unterscheidung von Hand- und Druckschrift* (also skripotographischen und typographischen Medien) vgl. McLuhan 1962, S. 90f. (»The difference between the man of print and the man of scribal culture is nearly as great as that between the non-literate and the literate.«), bzw. Giesecke 1991, S. 29ff.

[70] Noch einmal Hegel 1807, S. 211. Zur Geschichte der Schreibmaschine vgl. u.a. Brauner 1925; Martin 1949, S. 60ff. sowie Kittler 1985, S. 242ff., 320ff.

[71] Saussure 1916, S. 32, 38, 168, 21.

[72] Saussure 1916, S. 33, 165. Pointiert hieße das dann aber: *Die Systemlinguistik liefert als Theorie, wie Maschinen um 1900 schreiben.*

tive auf Sprache: »La langue est un système de signes«[73]. So konnte sie in eine Reihe gestellt werden mit anderen gesellschaftlichen Einrichtungen wie »les rites symboliques«, »l'alphabet des sourds-muets«, »les signaux militaires, etc., etc.« Des Weiteren jedoch steht für den Genfer Linguisten außer Frage, dass gerade die Sprache »le plus important [bzw. »le plus caractéristique«] de ces systèmes« sei. Nicht nur, weil jedermann jederzeit mit ihr zu tun hat (»la langue est à chaque moment l'affaire de tout le monde« – im Gegensatz etwa zur Taubstummensprache oder zu militärischen Signalen), sondern auch, weil durch das Aufzeigen ihrer Besonderheit (»sa nature spéciale«) ein besonderes Kapitel (»un nouvel ordre de faits«) im Katalog der Zeichentheorien aufgeschlagen wird.

> On peut donc concevoir une science qui étudie la vie des signes au sein de la vie sociale; elle formerait une partie de la psychologie sociale, et par conséquent de la psychologie générale; nous la nommerons sémiologie (du grec sēmeîon, »signe«).[74]

Zur Sprache als Zeichensystem gehört die Linguistik als Semiologie: »Elle nous apprendrait en quoi consistent les signes [...].« Aus welchen Elementen aber ein Zeichen besteht und was demzufolge seinen besonderen Zeichencharakter ausmacht, das wird im *Cours* als »chose double, faite du rapprochement de deux termes« definiert:

> Nous appelons signe la combinaison du concept et de l'image acoustique.[75]

Die Vorstellung auf der einen, das Bild seiner akustischen Realität auf der anderen Seite; »c'est-à-dire un système de signes distincts correspondant à un système d'idées distinctes.«

So scheint die Logik der Zeichen die klassische, noch bei Hegel wirksame *Struktur des Symbolischen* zu wiederholen: ausgehend von jenem ehemals

[73] Saussure 1916, S. 33. Die direkt folgenden Zitate S. 33, 101, 107.

[74] Saussure 1916, S. 33. Die direkt folgenden Zitate S. 33, 98. Und kurz darauf: »Pour nous [...] le problème linguistique est avant tout sémiologique et tous nos développements empruntent leur signification à ce fait important.« Ders. 1916, S. 34f.

Innerhalb einer solchen Semiologie aber (von der Saussure schreibt, »elle a droit à l'existence«) würde der Sprachwissenschaft eine fundamentale Rolle zukommen, denn: »Par là, non seulement on éclairera le problème linguistique, mais nous pensons qu'en considérant les rites, les coutumes, etc... comme des signes, ces faits apparaîtront sous un autre jour. [...] [E]n ce sens la linguistique peut devenir le patron général de toute sémiologie, bien que la langue ne soit qu'un système particulier [...] un système special dans l'ensemble des faits sémiologiques.« Ders. 1916, S. 33, 35, 101.

[75] Saussure 1916, S. 99. Das direkt folgende Zitat S. 26. Oder: »Le signe linguistique unit [...] un concept et une image acoustique.« Ders. 1916, S. 98.

26,55, unter Gastfreunden verteilten Ring des σύμβολον; als das Eine, das zugleich
150,234 Zwei ist; als der Geist, der sich im Anderen seiner selbst ins Angesicht schaut. Und tatsächlich, gleich zu Anfang seiner Ausführungen über »la nature du signe linguistique« liefert Saussure eine Zeichnung des Zeichens, die allemal an die klassisch gewordene Freundschaftslehre der Griechen erinnert. Zu
86,183, sehen ist (ähnlich auch dem einen und Einen Auge des Zyklopen) eine in
243 sich halbierte Kreisform:[76]

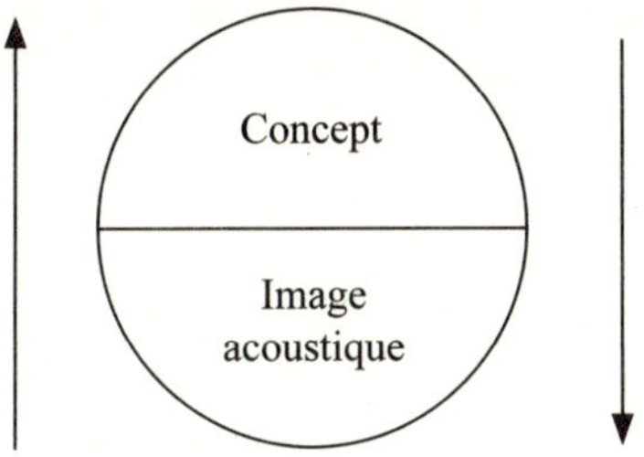

Hinzu kommt, dass diese Doppelseitigkeit durch Begriffe wie »unité à deux faces«, »leur union« oder »accouplement« beschrieben wird:

> Une suite des sons n'est linguistique que si elle est le support d'une idée. [...] Ces deux éléments sont intimement unis et s'appellent l'un l'autre.[77]

Über diese Art ihrer Beziehung ist dann in einem späteren Absatz zu lesen, sie sei »la pensée-son«; ein Begriff, der bereits durch seine Schreibweise anzeigt, was Saussure nicht nur als These vertreten bzw. gezeichnet hat, sondern auch an Beispielen aus der Chemie und dem Medienalltag u.a. von Professoren erläutert. Im ersteren Fall vergleicht er das Zeichen mit einem Wassermolekül: »C'est une combinaison d'hydrogène et d'oxygène; pris à part, chacun des ces éléments n'a aucune des propriétés de l'eau.«[78] Im letzteren Fall (der noch mit dem Skriptizismus der Differenztheorie sympathisiert) geht es um ein Blatt Papier: »[L]a pensée est le recto et le son le verso; on ne peut découper le recto sans découper en même temps le verso.« Gleiches gilt nun für die Struktur sprachlicher Zeichen: Sie sind verbindlich nur als Verbindung. »[O]n ne saurait isoler ni le son de la pen-

[76] Saussure 1916, S. 97, 99. Die direkt folgenden Zitate S. 145, 156.

[77] Saussure 1916, S. 144, 99. Das direkt folgende Zitat S. 156.
Außerdem: »La langue est un système de signes où il n'y a d'essentiel que l'union du sens et de l'image acoustique.« Ders. 1916, S. 32. Dazu der Kommentar aus *Les mots et les choses*: »Saussure [...] redécouvrait la condition classique pour penser la nature binaire du signe.« Foucault 1966 a, S. 81.

[78] Saussure 1916, S. 145. Die direkt folgenden Zitate S. 157.

sée, ni la pensée du son.« Obwohl verschiedenen Ordnungen angehörig, werden beide Seiten als komplementär gesetzt (daher die Pfeile ↑↓ in der Zeichnung); trotz ihrer Heterogenität beschreibt sie Saussure als »susceptible d'être échangé«[79]. Auch die im *Cours* angestrebte Semiologie wäre daher dem *Gesetz der Äquivalenz* unterworfen; verhält sie sich bisher doch strukturkonform zu jenem klassischen Imperativ, der Äußerungen stets in den Dienst (»de servir«) einer Innerlichkeit stellt; der die Entzweiung des 48,62, 293,368
Einen nur unter dem Vorbehalt ihrer Umkehrung, der Vereinigung des Entzweiten, akzeptieren kann. In Konsequenz, und um die Einseitigkeit des Zeichenbegriffs zu verhindern (»ce terme désigne généralement l'image acoustique seule«), hält es Saussure deshalb für angebracht, seine Terminologie zu modifizieren:

> Nous proposons de conserver le mot signe pour désigner le total, et remplacer concept et image acoustique respectivement par signifié et signifiant [...].[80]

Mit anderen Worten: Dass sich Zeichen durch eine ebenso sichere wie stabile Zuordnung ihrer Terme konstituieren und dass sie immer schon bedeutsam sind, mit Sinn erfüllt, ist hier die *Regel* – Abwege oder Verfeh-

[79] Saussure 1916, S. 159. Die direkt folgenden Zitate S. 156, 99. Eine *ökonomische Lesart* dieser Formulierung ist nicht nur nahe liegend, sondern explizit. Im *Cours* nämlich heißt es: »[D]ans les deux sciences [»la linguistique et l'économie politique«], il s'agit d'un système d'équivalence entre des choses d'ordre différent: dans l'une un travail et un salaire, dans l'autre un signifié et un signifiant.« Ders. 1916, S. 115.

[80] Saussure 1916, S. 99. Insofern gilt, dass die Unterscheidung des Zeichens *in sich* von anderer Art ist, als die der Zeichen *untereinander*; das Spiel der Entgegensetzungen nicht identisch mit der Struktur des Symbolischen. Im *Cours* wird diese Differenzierung der Differenzen durch *horizontale* und *vertikale* Verknüpfungsachsen dargestellt: »Il semble impossible d'assimiler les rapports figurés ici par des flèches horizontales [das sich Zeichen auf andere Zeichen beziehen:

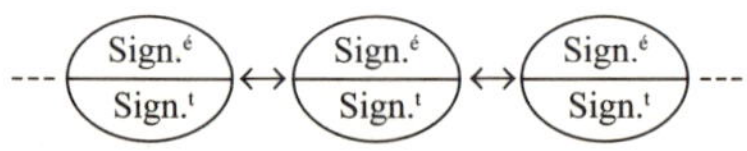

] à ceux qui sont représentés plus haut par des flèches verticales [das sich ein Signifikat auf einen Signifikanten bezieht: ↑↓]. Autrement dit – pour reprendre la comparaison de la feuille de papier qu'on découpe, – on ne voit pas pourquoi le rapport constaté entre divers morceaux A, B, C, D, etc., n'est pas distinct de celui qui existe entre le recto et le verso d'un même morceau, soit A/A', B/B', etc.« Ders. 1916, S. 159.

Als vertikal organisiert kann auch die eingangs zitierte Unterscheidung von ›langue‹ und ›parole‹ beschrieben werden. Um das Phänomen Die Sprache sichtbar zu machen, war es für Saussure jedenfalls nötig, zwei grundsätzlich verschiedene Ordnungen zu konstituieren und in ein hierarchisches Verhältnis zu setzen. So kann am Ende nur vom systemtheoretischen Teil seiner Linguistik behauptet werden, dass er sich dem Schema der klassischen Ontologie (ihrem Funktionieren als Zweiteilung, Repräsentation usw.) entzogen hat. 62,170, 213,334

lungen nicht inbegriffen, sondern zur *Ausnahme* erklärt (denn schon aus zeitlichen Gründen meint die Zeichnung des Zeichens nicht den Kreislauf des Odysseus): »Infailliblement la différence qui vient de naître tendra à devenir significative, sans y réussir toujours, ni du premier coup.«[81]

Über solche Strukturvergleiche hinaus hat sich die Saussure'sche Semiologie von ihren klassischen Vorläufern distanziert.

Ent-sinnlichung und Arbitrarität

Zunächst dadurch, dass sie (wie bereits gezeigt) in den Horizont einer allgemeinen Psychologie gestellt wird; dass folglich jedes Zeichen als eine *psychische Einheit* verstanden werden muss: »[L]es termes impliqués dans le signe linguistique sont tous deux psychiques et sont unis dans notre cerveau par le lien de l'association.«[82] In Bezug auf das Signifikat versteht sich diese These von selbst. Als Vorstellung (bzw. ›concept‹) meint es die intelligible, eher begriffliche Seite am Zeichen: »généralement plus abstrait«. Ungewöhnlich dagegen ist, dass hier der Signifikant kein materieller Träger sein soll (sei es als Stimme oder als Schrift, als körperliches Ereignis oder technisches Element), sondern ebenso wie das Signifikat seinen Sitz im Gehirn des jeweiligen Sprechers hat. Die Formulierungen des *Cours* lassen daran keinen Zweifel: Statt um den tatsächlichen Laut: »le son matériel, chose purement physique«, geht es ausschließlich um dessen Lautbild: »l'empreinte psychique de ce son, la représentation que nous en donne le témoignage de nos sens«. Oder:

> Il est en effet capital de remarquer que l'image verbale ne se confond pas avec le son lui-même et qu'elle est psychique au même titre que le concept qui lui est associé.[83]

Nicht Wort und Welt, Inhalt und Äußerung also werden im Zeichen verbunden; vielmehr ein Gedanke (»un fait de conscience«) und diejenige Lautfolge, die einem Sprecher dazu vor seinem geistigen Auge (»mentalement«) erscheint.

So kommt es zwar, dass auch Saussure die Zeichen als *optisch-akustische Dubletten* beschreibt, dass er sich auf seinem Weg zur Semiologie von einer Metaphorik des Sichtbaren und des Hörbaren (dem Regime des Lichts und

[81] Saussure 1916, S. 167.

[82] Saussure 1916, S. 98. Ebenso das direkt folgende Zitat. An anderer Stelle: »Supposons qu'un concept donné déclenche dans le cerveau une image acoustique correspondante: c'est un phénomène entièrement p s y c h i q u e [...].« Ebenso: »[L]es deux parties du signe sont également psychiques.« Ders. 1916, S. 28, 32.

[83] Saussure 1916, S. 98, 29. Die direkt folgenden Zitate S. 28, 98.
Über die Beaufsichtigung der Semiologie durch die Psychologie heißt es dann auch: »Cela est plus vrai encore du signifiant linguistique; dans son essence, il n'est aucunement phonique, il est incorporel [...].« Ders. 1916, S. 164.

der Töne) anleiten lässt; im Unterschied zu Hegel aber, der hier den Part des Klassikers übernimmt, hat er solche Verhältnisse *in* das Zeichen selbst und also auf die kognitive Seite der Individuen verlegt. Anders formuliert: Was einmal an Leib und Seele orientiert war, ist nunmehr eingezogen in das hybride Ganze der ψυχή.

Schließlich unterscheidet sich Saussure von klassischen Sprachtheorien auch insofern, als ihn am Zeichen interessiert, was sich der Vernunft und der Kontrolle des Menschen entzieht: »ce qui fait fléchir a raison [...], échappe au contrôle«[84]. Ansatzpunkt dafür ist eine nur allzu bekannte These:

> Le lien unissant le signifiant au signifié est <u>arbitraire</u>, ou encore, puisque nous 171,274
> entendons par signe le total résultant de l'association d'un signifiant à un signifié, nous pouvons dire plus simplement: l e s i g n e l i n g u i s t i q u e e s t a r b i t r a i r e.[85]

Dabei erklärt sich das Gemeinte vor allem durch das, was es *nicht* meint: jene Funktion des σύμβολον nämlich, nach der die Teile des Ganzen, die jeweiligen Ringhälften von Hausherr und Gast, in quasi-natürlicher Weise aufeinander bezogen sind: »Le symbole«, schreibt Saussure, »a pour caractère [...] un rudiment de lien naturel entre le signifiant et le signifié«. Das aber heißt: So wie man die Zusammengehörigkeit zweier Bruchstücke an ihren Bruchstellen erkennt, so gilt für Symbole überhaupt, dass ihre Terme Merkmale an sich haben, die wechselseitig zueinander passen; durch die der eine dem anderen von vornherein entspricht. Zum Beispiel die Waage: Sie kann Gerechtigkeit symbolisieren, da bereits die Balance ihrer Schalen etwas zu tun hat mit der Ausgewogenheit richterlicher Urteile. Nicht dem Zufall also verdankt Justizia ihr Attribut (»vient d'un pur accident«), sondern vernünftigen und infolgedessen diskutierbaren Absichten: »parce que le symbole a un rapport rationnel avec la chose signifiée«[86].

[84] Saussure 1916, S. 111 f.

[85] Saussure 1916, S. 100. Die direkt folgenden Zitate S. 101, 124.
Bekannt ist diese These nicht nur von Hegel (der seinerseits konform geht mit den meisten Sprachwissenschaften des 19. Jahrhunderts), sondern bereits von Platon, der im Κράτυλος/*Kratylos*, 383 a ff. diskutiert, was sich seither als Symbol bzw. Zeichentheorie, als *naturalistische* (»ὀνόματος ὀρθότητα εἶναι ἑκάστῳ τῶν ὄντων φύσει«) bzw. *konventionalistische* (»οὐ δύναμαι πεισθῆναι ὡς ἄλλη τις ὀρθότης ὀνόματος ἢ ξυνθήκη καὶ ὁμολογία.«) Auffassung der Sprache gegenübersteht. Vgl. dazu auch Dosse 1991, S. 65, 68.

[86] Saussure 1916, S. 106. Darüber hinaus zeigt sich am Beispiel der Waage, dass Symbole (im Unterschied zu den Zeichen) als wirkliche Dinge bzw. ausgesprochene oder aufgeschriebene Worte existieren.

Ganz anders die Verbindung von Signifikat und Signifikant als Zeichen. Für deren Funktionieren sind weder Natürlichkeit noch Rationalität von Belang: »Ainsi l'idée de »sœur« n'est liée par aucun rapport intérieur [»aucune attache naturelle«] avec la suite de sons s - ö - r qui lui sert de signifiant; il pourrait être aussi bien représenté par n'importe quelle autre [...].«[87] Mit anderen Worten: Indem die Zusammensetzung eines jeden Zeichens auf Beliebigkeit gründet und also keinen Grund hat, wird Unvernunft ihr erstes Prinzip:

> En effet tout le système de la langue repose sur le principe irrationnel de l'arbitraire du signe [...].[88]

Kein Motiv nirgends für die Einheit des Zeichens; und vor allem: Kein Rückgriff auf Intentionalität und Bewusstsein. Beliebigkeit als Prinzip heißt eben nicht: nach Belieben des Subjekts. Stattdessen zeigt Saussure, wie sprachliche Bedeutung in Abwesenheit vernünftiger Kriterien entsteht (»cette base fait défaut«), wie der Zufall zur Voraussetzung für die jeweiligen Sprechakte wird. Nicht um Zeichen zu denunzieren, um sie gegenüber den Symbolen in Misskredit zu bringen; vielmehr als Ausweis ihrer Eigenständigkeit (»son ordre propre«); als Feststellung (etwa im Gegensatz zu Hegel), dass erst Arbitrarität (»lui assigner la place qui lui revient«) die Sprache zu jener besonderen und gesonderten Institution werden lässt, als die sie um 1900 der *Cours de linguistique générale* beschrieben hat.

[87] Saussure 1916, S. 100f. Und also: »Il n'y a aucun motif de préférer s œ u r à s i s t e r, O c h s à b œ u f, etc.« Ders. 1916, S. 107.
Auf diese Weise aber steht ein Signifikant nicht nur im Tauschverhältnis zu einem Signifikat (»par une chose dissemblable«): als dessen jeweiliges *Äquivalent*, sondern es ist immer auch möglich, ihn gegen seinesgleichen auszutauschen (»par des choses similaires«): als *Substitution* eines Lautbildes durch ein anderes. Ders. 1916, S. 159. Ebenso: »Ainsi pour déterminer ce que vaut une pièce de cinq francs, il faut savoir: 1° qu'on peut l'échanger contre une quantité déterminée d'une chose différente, par exemple du pain; 2° qu'on peut la comparer avec une valeur similaire du même système, par exemple une pièce d'un franc, ou avec une monnaie d'un autre système (un dollar, etc.).«

[88] Saussure 1916, S. 182. Die direkt folgenden Zitate S. 106, 43, 100.
»Une remarque en passant: quand la sémiologie sera organisée, elle devra se demander si les modes d'expression qui reposent sur des signes entièrement naturels – comme la pantomime – lui reviennent de droit. En supposant qu'elle les accueille, son principal objet n'en sera pas moins l'ensemble des systèmes fondés sur l'arbitraire du signe.« Ders. 1916, S. 100.

AUF DEM MEER

VIERTER TEIL

Nietzsches Zarathustra und die Frage nach der ›Sprache‹

229, 240, 312 NIETZSCHE »...Hier einmal mit dem Hammer Fragen stellen [...] – welches Entzücken für Einen, der Ohren noch hinter den Ohren hat – für mich alten Psychologen und Rattenfänger, vor dem gerade Das, was still bleiben möchte, laut werden muss ...«[1] Das schreibt der ehemalige Baseler Professor 1888 in seinem Turiner *Vorwort* zur *Götzen-Dämmerung*; einer Schrift, die nicht nur mit dem »Übermuth« und der »Heiterkeit« kokettiert, sondern die (ihr martialisches Vokabular verrät es bereits) auch eine »grosse Kriegserklärung« sein will:

> Der Krieg [heißt es dort] war immer die grosse Klugheit aller zu innerlich, zu tief gewordnen Geister [...].[2]

Als Philosoph ein Philologe

Tief und innerlich aber ist man im Deutschland des 19. Jahrhunderts sehr wohl gewesen: Von Hegels Absolutem Geist, der nur als Er-Innerung zu sich selber kommt, bis zu den Werken der Romantik, die Empfindsamkeit und mystische Selbstanschauung literarisch-philosophisch zu nobilitieren versuchen. So war der Krieg, der für den Philologen Nietzsche vor allem (und trotz seiner Erfahrungen als »Felddiakon«) ein *Krieg der Worte*, ein Wortgefecht, gewesen ist, unvermeidlich, denn auf dem Spiel stand für ihn nicht weniger als die »Umwerthung aller Werthe«[3] – ein gewaltiges Vorhaben (ganz sicher nicht frei von Größenwahn), das ebenso gewaltige, wenn nicht gar gewalttätige Aktivitäten erforderlich macht. Nietzsches Rhetorik, die Strategien seiner Texte, die Angriffslust seiner Metaphern und nicht zuletzt sein Pathos zeigen, wie er diesen Krieg zu führen wusste.

[1] NIETZSCHE, GD, KSA 6, S. 57f. Zum folgenden Kapitel vgl. auch WINDGÄTTER 2000, S. 89ff.

[2] NIETZSCHE, GD, KSA 6, S. 57f.

[3] NIETZSCHE, GD, KSA 6, S. 58. Zur Kriegsmetaphorik vgl. u.a. ders. GT, KSA 1, S. 11, 25f.; EH, KSA 6, S. 274; zu Nietzsches Kriegsdienst im August/September 1870 JANZ 1978-1, S. 364ff., 375f.

Man könnte in diesem Zusammenhang von einem spektakulären Nietzsche sprechen. Man könnte behaupten, dass er in seinen Büchern, Aphorismen und Fragmenten eine *Philosophie des Spektakels* angeregt und selber geschrieben hat. Jener Hammer aus der *Götzen-Dämmerung* wäre dann eine Art *textuelle Waffe*, die gegen Systeme und Grundsätze, Begriffe und (Vor-) Urteile eingesetzt wird.

Zweifellos ist in den meisten Nietzsche-Texten etwas von dieser spektakulären Seite zu finden; zweifellos gilt aber auch, dass man sich mit dieser Einschätzung nicht zufrieden geben darf, sondern weiterlesen muss. In demselben *Vorwort* derselben *Götzen-Dämmerung* wird nämlich der Hammer zugleich als »Stimmgabel« beschrieben, um eben diese »G ö t z e n a u s [z u] h o r c h e n«;[4] um also an das vermeintlich Selbstverständliche, an unsere alltäglichen Gewohnheiten oder festen Überzeugungen zu klopfen und »als Antwort [...] vielleicht jenen berühmten hohlen Ton [zu] hören, der von geblähten Eingeweiden redet.« Nietzsches Feldzug zur Umwertung aller Werte kennt also nicht nur das Spektakel, nicht nur den aufsehenerregenden Kampf der Systeme und ihrer Begriffe, sondern immer auch die *subtile Geste*, die *nuancierten Töne*. Damit freilich ist nicht das Gegenteil des Krieges gemeint; viel eher dessen Verschiebung, vielleicht sogar dessen Verschärfung, denn als Stimmgabel trifft der Hammer gerade dort, wo normalerweise alles ruhig und verträglich ist; wo der Angriff seiner Fragen am wenigsten erwartet wird.

›[...] mit dem Hammer Fragen stellen‹: In seinen unspektakulären Momenten ist Nietzsches Krieg der Worte ein *Diskurs der Frage*. Fragen heißt: etwas (auch sich selbst, sein Selbst) fragwürdig werden lassen oder in Frage stellen; frei nach Heidegger: Im Fragen ein Problem zur Rede stellen; heißt, seine Ohren für den Umgang mit Worten zu rüsten und auf die undeutlichen, ansonsten kaum wahrgenommenen Geräusche vorzubereiten. Diesmal nicht in der *Götzen-Dämmerung*, sondern in der *Vorrede* des *Zarathustra* findet sich die Formulierung, dass wir »Ohren« haben sollten »für Unerhörtes«[5] – eine Aufforderung, die im Folgenden auf den Text selber bezogen werden soll. Nicht um Nietzsches eigene Sprache (seinen Sprachgebrauch) zu exponieren (das folgt später), sondern um hier die Frage nach der Sprache als einer kulturellen Praktik, als einer ebenso spezifischen wie historisch variablen Institution unserer Kultur zu stellen.

[4] Nietzsche, GD, KSA 6, S. 57 f. Ebenso die direkt folgenden Zitate.
Ausführlich heißt es an dieser Stelle: »[...] und was das Aushorchen von Götzen anbetrifft, so sind es dieses Mal keine Zeitgötzen, sondern e w i g e Götzen, an die hier mit dem Hammer wie mit einer Stimmgabel gerührt wird [...]; auch sagt man, zumal im vornehmsten Falle, durchaus nicht Götze...«

[5] Nietzsche, ZA-1, KSA 4, S, 27.

Dabei wird dieser Diskurs nicht ganz und gar harmlos sein, denn die Zwischentöne oder Untertöne, für die Nietzsche unsere Aufmerksamkeit, wenn man so will: unsere 227, 240, 312 Ohren gewinnen möchte, lassen sich kaum in den Kanon der traditionellen *Zarathustra*-Motive integrieren.[6] Vielmehr verhält sich die Frage nach der Sprache insgesamt quer zu dieser Tradition. Sie gleichwohl zu stellen, wird deshalb heißen, eine *Differenz zu erproben*. Mit anderen Worten: Anstatt den Kanon zu begleiten, geht es um das, was er zumeist übertönt; anstatt seinen wohlartikulierten Motiven zu gehorchen, soll nunmehr ins Spiel gebracht werden, was er fast immer unbestimmt gelassen hat – und das, obwohl bereits Titel und Überschriften des *Zarathustra* auf Sprache verweisen.

Schon das Fragen nämlich ist selber der Krieg; nicht zuletzt auch derjenige gegen Nietzsches eigene Texte. So wendet sich der Hammer noch gegen seinen Erfinder; d.h.: Indem man ihn als Stimmgabel verwendet und an die *Vorrede* des *Zarathustra* anklopft, indem man wissen will, welche Töne sie ihrerseits erzeugt, hat man Nietzsche den Krieg erklärt. Man ist selber zu einem Krieger auf jenem allgemeinen Kampfplatz der Worte geworden. Also beginnt Nietzsches Untergang.

Wanderer zwischen Welten

Die Frage nach der Sprache versteht sich keineswegs von selbst. Ganz im Gegenteil: Wenn wir sprechen, wissen wir zumeist nicht, was wir tun. Wir sprechen, ohne auf die Sprache als solche zu achten. Ihre Befragung muss sich deshalb ein Weg bahnen, sodass Zarathustra zwar die Ohren spitzt, aber auch seine Beine in Bewegung setzt. Oder: Was sich in jener *Vorrede* ereignet, sind der Beginn und die ersten Etappen einer *Wanderschaft*. Dass diese zugleich als »Untergang«[7] beschrieben wird, bietet, wie so viele Formulierungen bei Nietzsche, den Vorteil der Mehrdeutigkeit: Untergang nämlich meint nicht nur Unglück und Verderbnis, sondern ebenso sehr 28, 66, 214, 314 und buchstäblich eine Bewegung, die *unterhalb* der Oberfläche verläuft. Zarathustras Wanderung, das ist dann sein Gang in die »Unterwelt«; das ist (in der 1886er *Vorrede* zur *Morgenröthe* hat Nietzsche dies ergänzt) sein »unterirdischer« Gang: die Abenteuer und Erkundungen eines »Bohrenden, Grabenden, Untergrabenden«.[8] Die Umwertung aller Werte, heißt das, wird

[6] Als da in aller Regel sind: der »Übermensch«, die »Ewige Wiederkunft« sowie der »Nihilismus« (u.a. in: GERHARDT 2000; PIEPER 2001); Motive also, die sich durchaus im Einklang mit Nietzsches eigenem *Zarathustra*-Kommentar aus *Ecce homo* befinden. Vgl. ders. EH, KSA 6, S. 345 ff.

[7] NIETZSCHE, ZA-1, KSA 4, S. 12.

[8] NIETZSCHE, ZA-1, KSA 4, S. 11; ders. M, KSA 3, S. 11. Bekanntlich hat dann Foucault auf die Frage, was ihn an Nietzsches Texten interessiere, geantwortet: »Per Nietzsche, filosofare era una serie di atti e di operazioni appartenenti a campi diversi: era filosofare descrivere una tragedia dell'epoca greca, era filosofare occuparsi di filologia, o di storia. Inoltre Nietzsche ha →

nicht nur in universitären Amtsstuben nicht eingeleitet, sie führt vielmehr über alpine Pfade in den Untergrund; genau dorthin, wo der vermeintlich feste Boden unter unseren Füßen durchwühlt und ausgehölt werden kann.

> »Ich beschwöre euch, meine Brüder«, sind Zarathustras erste Worte an die Menschen, »b l e i b t d e r E r d e t r e u und glaubt Denen nicht, welche euch von ü b e r i r d i s c h e n H o f f n u n g e n reden! Giftmischer sind es, ob sie es wissen oder nicht.«[9]

Diese Worte jedoch fallen nicht ihrerseits vom Himmel, sondern resultieren aus Erfahrungen, die Zarathustra gleich zu Anfang seines Weges mit einem »Heiligen« gemacht hat: einem »Greis« oder »Einsiedler«, wie Nietzsche schreibt, der zurückgezogen in den Wäldern des Gebirges lebt, um nicht »die Menschen«, sondern »Gott« zu lieben. »Gehe nicht zu den Menschen und bleibe im Walde!«, das ist seine Ermahnung an Zarathustra, denn die Weisheit des Heiligen braucht die erhobene und dadurch versicherte Position: die Höhenluft des Gebirges als Standort *über* den Menschen und *jenseits* ihrer Städte.

Die Beschreibung des Heiligen kann entsprechend als Gegenentwurf zu den Wanderungen des Zarathustra gelesen werden. Während sich der eine auf übergeordnete (= transzendentale) Instanzen beruft, während er bei sich selbst und in der Nähe seines Gottes bleibt, steigt der andere hinab ins Tal und betreibt seinen Untergang. Nietzsche jedenfalls, und das sollte man noch jenen (Selbst-)Stilisierungen aus *Ecce homo* entgegenhalten,[10] war an dieser Stelle bereits ›Antichrist‹ genug, um nicht von wundersamen Einfällen oder gar Überfällen auf dem Weg nach oben zu reden, sondern den Helden seines Buches in den *Feldzug eines Unterirdischen* zu schicken.

scoperto che l'attività peculiare della filosofia è l'attività diagnostica, come dicevamo poco fa: che cosa siamo oggi? Che cos'è questo ›oggi‹ in cui viviamo? Tale attività diagnostica comportava un lavoro di scavo sotto i propri piedi [...].« FOUCAULT 1969 e, S. 116f.

[9] NIETZSCHE, ZA-1, KSA 4, S. 15. Die direkt folgenden Zitate S. 12f.

[10] Über die Entstehung des *Zarathustra* ist dort mit Rückgriff auch auf kaiserliche Vorlieben zu lesen: »Die Grundkonzeption des Werkes gehört in den August des Jahres 1881: [...] ›6000 Fuss jenseits von Mensch und Zeit‹. [...] Den Vormittag stieg ich in südlicher Richtung auf der herrlichen Strasse nach Zoagli hin in die Höhe, an Pinien vorbei und weitaus das Meer überschauend; des Nachmittags, so oft es nur die Gesundheit erlaubte, umging ich die ganze Bucht von Santa Margherita bis hinter nach Porto fino. Dieser Ort und diese Landschaft ist durch die grosse Liebe, welche Kaiser Friedrich der Dritte für sie fühlte, meinem Herzen noch näher gerückt. [...] – Auf diesen beiden Wegen fiel mir der ganze erste Zarathustra ein, vor Allem Zarathustra selber, als Typus: richtiger, e r ü b e r f i e l m i c h ...« NIETZSCHE, EH, KSA 6, S. 337.

> Als Zarathustra wieder allein war, sprach er also zu seinem Herzen: »Sollte es denn möglich sein! Dieser alte Heilige hat in seinem Walde noch Nichts davon gehört, dass Gott toth ist!« –[11]

Worauf es ankommt ist folglich, die *Vorrede* Zarathustras nicht einfach und eindeutig als ein Stück philosophische Theologie zu interpretieren; sie nicht ohne weiteres und immer wieder in das klassische Schema der Metaphysik einzusetzen – trotz biblischer Diktion, trotz Sendungsbewusstsein, Jüngerschaft und anderen Ähnlichkeiten. Stattdessen ist Gott (auch als Chiffre für all die großen und kleinen Autoritäten, für die Herrschaft der Väter und Vorgesetzen, für die Anführer, Oberhäupter usw.), stattdessen also ist Gott der *erste Tote* auf dem Weg zur Sprache.[12]

* * *

Zarathustra lässt den greisen Heiligen hinter sich zurück und setzt seine Wanderung fort in die Stadt. Dort

> fand er [wie es weiter heißt] viel Volk versammelt auf dem Markte: denn es
> 87, 249, 312, 355 war verheissen worden, dass man einen Seiltänzer sehen solle.[13]

Meine sehr verehrten Damen und Herren! Der Vorhang hebt sich, die Bühne wird hell. Und noch ehe Zarathustra weiß, wie ihm geschieht, ist er sowohl zum Beobachter als auch zum Teilnehmer eines tödlichen Schauspiels geworden: »INCIPIT ZARATHUSTRA«, »Incipit tragoedia –«.[14]

Mit anderen Worten: Die folgenden Ereignisse aus der *Vorrede* werden hier als die *Inszenierung eines medienheoretischen Experimentes* gelesen. »Experimentiren« meint, seine Fragen »auf den Versuch hin« stellen, sich auf »Rechnungen mit einigen unbekannten Größen« einlassen,[15] oder:

[11] Nietzsche, ZA 1, KSA 4, S. 14.

[12] Für Nietzsche übrigens steht außer Zweifel, das es sich dabei um Mord gehandelt hat; konnte er doch schon 1882, in seiner *Fröhlichen Wissenschaft* [sic!], die Täter vorführen: »Der tolle Mensch sprang mitten unter sie [die auf dem Marktplatz versammelte Menschenmenge] und durchbohrte sie mit seinen Blicken. ›Wohin ist Gott?‹ rief er, ›ich will es euch sagen! Wir haben ihn getödtet – ihr und ich! Wir alle sind seine Mörder! [...] Hören wir noch Nichts von dem Lärm der Todtengräber, welche Gott begraben? Riechen wir noch Nichts von der göttlichen Verwesung? – auch Götter verwesen! Gott ist todt! Gott bleibt todt! Und wir haben ihn getödtet!‹« Ders. FW, KSA 3, S. 480 f.

[13] Nietzsche, ZA-1, KSA 4, S. 14.

[14] Nietzsche, GD, KSA 6, S. 81; FW, KSA 3, S. 571. Zumindest die *Vorrede* des *Zarathustra* ist deshalb ein Beispiel für das, was Deleuze 1962, S. 89, als »méthode de *dramatisation*« bezeichnet hat.

[15] Nietzsche, NF, KSA 11, 25[308], S. 91; MA-1, KSA 2, S. 18; NF, KSA 9, 6[442], S. 313. Das direkt folgende Zitat ders. NF, KSA 11, 37[5], S. 580. →

auf unerhörte Geräusche achten; hinsichtlich des Zarathustra-Feldzuges aber: den Weg von der Sprache zur ›Sprache‹ gehen – dass Nietzsche auch für eine »Philosophie der ›Gänsefüßchen‹« in Anspruch genommen werden kann, darauf wurde ja bereits hingewiesen. 18, 67, 280, 349

These: In jener Marktplatz- bzw. Seiltänzerszene unternimmt es Nietzsche, das Funktionieren der Sprache zu testen sowie deren gewohnte Formation auf die Probe zu stellen, sie herauszufordern. Und das läuft so:

Erster Akt: In der Stadt

Am Fuße des Berges, im Durcheinander des städtischen Lebens, hat Zarathustra den Marktplatz betreten und steht als Redner vor dem Volk. Ein unerwartetes Hin und Her an Worten beginnt: Der Wanderer spricht, das Volk »lacht«, »jubelt und schnalzt mit der Zunge...«.

> Da aber geschah Etwas, dass jeden Mund stumm und jedes Auge starr machte. Inzwischen nämlich hatte der Seiltänzer sein Werk begonnen: er war aus einer kleinen Thür hinausgetreten und gieng über das Seil, welches zwischen zwei Thürmen gespannt war, also, dass es über dem Markte und dem Volk hieng.[16]

Sprache als Kommunikation

So weit und so gut Aufbau und Ablauf des ersten Aktes. Vor den Augen seiner Leser hat Nietzsche die Kulisse errichtet, die Personen auf die Bühne gestellt sowie die Handlung in Gang gesetzt. Dabei sind es vor allem *drei Elemente* beziehungsweise drei Requisiten, die diese Szene der *Zarathustra-Vorrede* als einen Versuch mit der Sprache kennzeichnen.

Erstens, der *bevölkerte Marktplatz*. Das ist für den gelernten Altphilologen zweifellos die ἀγορά, der historische Ort von Meinungsbildung und Mehrheitsentscheidung; jenes Forum der antiken Stadtstaaten, in denen das Volk

Demzufolge hat der Ex-Professor nicht nur in nachträglichen Vorreden oder nachgelassenen Fragmenten *über* die Notwendigkeit des Experimentierens geschrieben, sondern es in seinen Texten selber praktiziert. Dazu FW, KSA 3, S. 415 f.: »Ich lobe mir eine jede Skepsis, auf welche mir erlaubt ist zu antworten: ›Versuchen wir's!‹ Aber ich mag von allen Dingen und allen Fragen, welche das Experiment nicht zulassen, nichts mehr hören.«

[16] Nietzsche, ZA-1, KSA 4, S. 21. Dabei muss die Metaphorik dieser Szene keineswegs *nur* metaphorisch gelesen werden. Wenigstens dann nicht, wenn man berücksichtigt, dass bereits 1855 ein Thüringer Ingenieur namens Johann August Roebling in Nordamerika die erste erfolgreich fertiggestellte Autobahn-Hängebrücke der Welt gebaut hat. Anders aber als ihre Vorläufer (etwa bei Hannibal, Ottokar II. oder Bénézet) war diese »Niagara-bridge« weder aus Menschenleibern noch aus Steinen gebaut, sondern an eigens dazu konstruierten Drahtseilen zwischen Pylonen aufgehängt. Vgl. Pircher 1984, S. 51 ff. Die vorerst letzte Brücke dieser Art (mit einer Spannweite von 1642 Metern zwischen den Pylonen) wurde am 14. Juni 1998 eingeweiht. Sie verbindet die dänischen Inseln Seeland und Fünen. Vgl. dazu Borchert 1998, S. 118 ff.

= alle freien und erwachsenen Männer, über ökonomische, juristische oder militärische Probleme diskutiert und abgestimmt haben. Schon deshalb konnte der Marktplatz zur Wirkungsstätte auch berühmter Rhetoriker werden, die ihre Zuhörer mit geschickt kalkulierten Reden beeinflussten und für die eigene Position gewinnen wollten.

Zweitens, die beiden Türme, die diesen Marktplatz einrahmen. Das wären im griechischen Stadtstaat vermutlich Wehrtürme gewesen; später Kirchtürme oder Rathausgiebel; heute vielleicht die Funk- und Fernsehantennen der großen Sendeanstalten – in jedem Fall aber markante, weithin sichtbare Einrichtungen, die einen Raum zentrieren und ihren Bewohnern eine gewisse Orientierung verschaffen. Insofern gilt, dass solche Türme auch als Repräsentanten der Obrigkeit fungieren: Sei es, dass sie die militärische Wachsamkeit eines Imperiums demonstrieren, dass sie Gläubige zusammenrufen, um ihnen die Stimme ihres Herrn zu verkünden oder dass sie, elektrisch generiert, die Signale der Informations- und Unterhaltungsindustrie in unsere modernen Wohnzimmer übertragen.

Drittens, das *Seil* und der *Seiltänzer*. Das ist die Verbindung zwischen den beiden Türmen; das ist eine schwankende, schmale Mitte, die zwei getrennte Punkte (Sender und Empfänger: die beiden Türme an den gegenüberliegenden Seiten des Marktplatzes) aufeinander bezieht und über die Entfernung hinweg miteinander in Kontakt bringt. In dieser Mitte, in diesem schwierigen Bereich zwischen den Türmen, bewegt sich der Seiltänzer: »›du hast aus der Gefahr deinen Beruf gemacht‹«, wird Zarathustra später zu ihm sagen, »›daran ist Nichts zu verachten‹.«[17]

Gesetzt also (um hier eine Nietzsche-Formel fürs Experimentieren zu übernehmen), dass diese drei Elemente einen medientheoretischen Versuch einleiten; gesetzt auch, dass in diesem Versuch nach der Sprache gefragt wird, dann hätte die *Zarathustra-Vorrede* bisher eine sehr klassische und vielen nach wie vor sehr vertraute Sprach-Vorstellung auf ihre Bühne gebracht. Da gibt es einen *Ort*, an dem in besonderer Weise das Wort ergriffen wird: das ist die Öffentlichkeit und Gesellschaft mündiger Bürger; da gibt es (mindestens) zwei *Subjekte*, die in dieser Öffentlichkeit und als diese Gesellschaft sprachlich agieren: das ist die Anwesenheit von Sprecher und Hörer, von Sender und Empfänger; und da gibt es, last but not least, die *Kommunikation* dieser Subjekte: das ist der Inbegriff einer Sprache, die sowohl den Ausgleich gegensätzlicher Interessen als auch den Austausch von Ideen, Inhalten, Argumenten usw. zu bewerkstelligen vermag.[18]

[17] Nietzsche, ZA-1, KSA 4, S. 22.

[18] Die Vertrautheit dieser kommunikativ-intersubjektiven Vorstellung von Sprache hat u.a. Habermas 1990, S. 33 ff. aufrechterhalten.

Immerhin, auch über ein Jahrhundert nach ihrer Drucklegung macht diese Inszenierung nur allzu deutlich, was bis heute noch allzu buchstäblich, d.h. lateinisch, für ein Medium gehalten wird: Dass nämlich die Sprache ebenso als *Mitte* zwischen vorhandenen Subjekten wie als *Mittel* ihrer Verständigung 168,214, funktioniert; dass also Gedanken durch Wortgebrauch ihre Stelle wechseln 50,167 können: von Kopf zu Kopf, von den Intentionen eines Senders zu den Interpretationen eines Empfängers.

Vermittlung hieße demnach das Programm des *Ersten Aktes* – sodass man mit Hegel wohl eine »Zauberkraft«[19] nennen kann, worauf Nietzsches Seiltänzer da vertraut, um sein gleichermaßen redliches wie tapferes Werk zu beginnen. Nur dass der Spaziergänger von Santa Margherita als ein Sprachgeschehen in Szene setzt, was der Jenaer Philosophieprofessor 1807 als die »Arbeit des Verstandes [...], des reinen Ichs« auf den Begriff gebracht hat. Für den Seiltänzer jedenfalls gilt, dass er sich in Ausübung seines Berufes weder »vor dem Tode scheuen« noch »vor der Verwüstung rein bewahren« will; vielmehr versucht, ihnen »ins Angesicht zu schauen«, sie zu »ertragen«: um das »Furchtbarste« am Ende doch noch »in das Sein umzukehren«; um »das Negative« (als »das Falsche«) durch wiederholte Negation (die »Beziehung des Negativen auf sich selbst«) in »durchsichtige und einfache Ruhe« zu überführen.

Differenz überwinden

Sprache aber, auf solch zauberhafte Weise Medium, geht dann mit einem *Differenzmodus* einher, der einzig als Vorgeschichte von Identität, als Etappe auf dem Weg zum Großen & Ganzen seine Berechtigung hat: Indem seine Abgrenzung immer schon verbindet, indem seine Auseinandersetzung immer schon vereint, und von dem zumindest diesbezüglich behauptet werden kann, dass er für klassische (oder frankfurter) Vergesellschaftungstheorien ebenso wesentlich ist, wie einst für fromme Gemeindebildungen, die neuerdings (von deutscher Volksgemeinschaft sei hier geschwiegen) in den Werbekampagnen zur globalen Vernetzung ihre Auferstehung feiern. 38,258, Oder, um beim Text der *Vorrede* zu bleiben: Es ist Wille und Vorstellung 266,296 des Seiltänzers auf seinem Seil die Entfernung zwischen den beiden Türmen zu überbrücken, ihre Distanz durch sein Werk erfolgreich zu überwinden. Was gesagt und geschrieben werden kann, soll von A bis Z, vom ersten bis zum letzten Wort, vom Anfang auf der einen bis zum Abschluss auf der anderen Seite σύμβολον sein: Erkennungszeichen zwischen Gast- 55,150, freunden, Sinnliches als Stellvertreter für Sinn – nicht »der sich selbst 178,219 überlaßne Unterschied«[20]: eine Äußerung ohne Wiederkehr, ein Fortgang

[19] Noch einmal Hegel 1807, S. 25f. Die direkt folgenden Zitate S. 26, 35 sowie ders. 1813/16, S. 563.

[20] Hegel 1807, S. 527.

ohne Erinnerung, sondern *integriert* als Ausdruck souveräner Subjekte und *instrumentalisiert* durch deren Anspruch auf wechselseitige Verständigung.

Im Laufe des *Ersten Akt* also lässt uns Nietzsche von der Sprache nicht weniger erwarten, als dass sie die Konvergenz einer Gesellschaft durch die Kommunikation ihrer Mitglieder erreichen könnte.

Was aber, wenn es sich bei all dem um ein Darüberhinweg-Hören, um ein Zuviel an Hören handelte? Wenn also zuträfe, was in der *Vorrede* eben auch zu lesen ist: Dass der »Seiltänzer«, der in seinem Turm das »Schreien«, »Jubeln« und »Lachen« des Volkes gehört hat, nur »glaubte, dass das Wort ihm gälte« und »sich an sein Werk machte«?[21]

Zweiter Akt: Auf dem Seil

Nietzsche schreibt in seinem *Zarathustra*:

> Als er [= Seiltänzer] eben in der Mitte seines Weges war, öffnete sich die kleine Thür noch einmal, und ein bunter Gesell, einem Possenreisser gleich, sprang heraus und gieng mit schnellen Schritten dem Ersten nach. »Vorwärts, Lahmfuss«, rief seine fürchterliche Stimme, »vorwärts Faulthier, Schleichhändler, Bleichgesicht! Dass ich dich nicht mit meiner Ferse kitzle! Was treibst du hier zwischen Thürmen [...]«.[22]

Man ahnt bereits, was folgen muss, denn

> mit jedem Wort [kam der Possenreißer] näher und näher: als er aber nur noch einem Schritt hinter ihm [= Seiltänzer] war, da geschah das Erschreckliche, das jeden Mund stumm und jedes Auge starr machte – er stiess ein Geschrei
> 14,57, 214,301 aus wie ein Teufel und sprang über den hinweg, der ihm im Wege war. Dieser aber, als er so seinen Nebenbuhler siegen sah, verlor dabei den Kopf und das Seil; er warf seine Stange weg und schoss schneller als diese, wie ein Wirbel von Armen und Beinen, in die Tiefe. Der Markt und das Volk glich dem Meere, wenn der Sturm hineinfährt: alles floh auseinander und übereinander, und am meisten dort, wo der Körper niederschlagen musste.

Es ist im Strudel dieser Ereignisse, dass der Leser/Zuschauer nicht nur mit dem *zweiten Toten* auf Zarathustras Feldzug zu jener Umwertung aller Werte konfrontiert wird, sondern dass Nietzsche darüber hinaus auch das *vierte Element* (die vierte Requisite) in seinem Versuch mit der Sprache vorgestellt hat: Der Seiltänzer stürzt; d.h., die Entfernung zwischen den beiden Türmen wird nicht überwunden, der Austausch zwischen Sender und Empfänger

Abgrund, keine Vermittlung

[21] Nietzsche, ZA-1, KSA 4, S. 16.

[22] Nietzsche, ZA-1, KSA 4, S. 21. Ebenso das direkt folgende Zitat.

findet nicht statt, da ein Possenreißer, ein bunter Gesell, als Störelement die 13,18,
Wege und Möglichkeiten ihrer Kommunikation unterbricht. 79,360

Hoch über Markt und Menschenmenge hat der Seiltänzer die von ihm erwartete Dienstleistungsfunktion nicht erfüllt. Durch seinen Fall, hier Absturz und Beispiel zugleich, ist er jener beherrschenden Präsenz der Subjekte entgangen. Aber nicht nur das: Denn wie um Hegel zu versuchen (ihn vielleicht sogar zu parodieren...), verliert er ausgerechnet in Anhörung der fürchterlichen Schreie seines Nebenbuhlers nicht nur den Kopf und damit die Beherrschung, sondern auch das Seil, das bisher die Bedingung der Möglichkeit seines Überganges gewesen ist. Anstatt das Programm aus dem *Ersten Akt* ordnungsgemäß zu beenden, anstatt Differenz in Identität, Auseinandersetzung in Einverständnis zu überführen, reißt plötzlich ein
»Abgrund«[23] auf, der erstens so nicht vorgesehen war, da ihn zweitens 238,276,
jede Vorstellung von Sprache als Vermittlung immer schon für überbrück- 328,350
bar hält.

> Die kleinste Kluft steht zwischen mir und dir: aber wer schlug je Brücken über die kleinsten Klüfte![24]

Für den Seiltänzer gilt: Was als Übergang begonnen wurde, scheitert an der Differenz, die er übergeht; für den Possenreißer dagegen: Sein Sprung ist ein Sprung in der doppelten Bedeutung des Wortes. Denn das Fürchterliche bleibt fürchterlich; der Austausch unendlich aufgeschoben: eine »Kluft der Vergessenheit«[25] – weshalb Sprache als dieser Gewaltstreich selbst zu einem Medium wird, das sich sowohl von seiner Übersetzung aus dem Lateinischen als auch von den Ansprüchen Des Menschen (Genitivus
possessivus, genauer: Genitivus auctoris) unterscheidet. 37,132,
167,294

Zarathustra also muss noch zum Leichenträger und Totengräber werden:

> Dunkel ist die Nacht, dunkel sind die Wege Zarathustra's. »Komm du kalter, steifer Gefährte! Ich trage dich dorthin, wo ich dich mit meinen Händen begrabe.«[26]

Auf der Bühne erlischt das Licht und der Vorhang fällt. Oder, wie es im Text selber heißt: »Inzwischen kam der Abend, und der Markt barg sich in Dunkelheit.«

[23] Nietzsche, ZA-1, KSA 4, S. 16.

[24] Nietzsche NF, KSA 10, 10[4], S. 366.

[25] Nietzsche, DW, KGW III/2, S. 58. Vgl. auch ders. GT, KSA 1, S. 56.

[26] Nietzsche, ZA-1, KSA 4, S. 23. Das direkt folgende Zitat S. 22.

Im Schlussbild des *Zweiten Aktes* aber hat sich gezeigt, inwieweit Nietzsche die Frage nach der Sprache zugleich als Infragestellung ihrer kommunikativ-subjektzentrierten Funktion inszeniert. Mit dem Ergebnis, dass sie für ihn weder als Mitte zwischen Subjekten noch als Mittel ihrer Verständigung funktioniert; dass sie weder integrierbar ist als Ausdruck mündiger Bürger noch instrumentalisierbar für den Prozess ihrer Vergesellschaftung. *Abgrund* (nicht Übergang oder Verschiedenheit) *ist deshalb der Name für Nietzsches Szenario der Differenz.*

Nun soll damit keineswegs behauptet werden, dass es Kommunikation niemals geben kann (dass sie auf alle Fälle und in jeder Weise, in jedem Modus unmöglich ist); vielmehr, dass ihre Kategorien für eine Medientheorie der Sprache entbehrlich sind, sie noch nicht einmal eine Nebenrolle spielen. Wer spricht, der kommuniziert; was spricht, das ist der Mensch – auch diese Grundsätze haben sich nach den Erfahrungen Zarathustras als zwei der »g e g l a u b t e s t e n« Götzen unserer Gegenwart erwiesen, »vor denen man sich nicht genug hüten kann«.[27]

Allerdings; was Nietzsche hier als Experiment auf die Bühne gebracht hat, ist kein bloßes Kritisieren der Sprache; sein Diskurs der Frage begnügt sich nicht damit, auf ungewöhnliche Weise gewöhnliche Überzeugungen anzufechten, sie in den Krieg der Worte hineinzuziehen. Vielmehr indizieren die Ereignisse um den Seiltänzer, dass man die *Zarathustra-Vorrede* nicht nur medientheoretisch lesen kann, sondern dass sie bereits selber *Ansatz und Aufforderung zu einer Medientheorie der Sprache* darstellt. Statt um Trauerarbeit oder Krisensitzung handelt es sich dabei allemal um fröhliche Wissenschaft: um die *Positivierung jenes Abgrundes,* der erst durch den tödlichen Sprung des Possenreißers bemerkbar wurde.

Sprache als Medium kann deshalb heißen, was diese Differenz ist. Oder: Diskurse ereignen sich als der Raum und die Zeit eines Vergessens; sie
52, 102, übertragen nicht, sondern unterbrechen; sie versammeln nicht, sondern
255, 260 versagen. Ein grundloses, unbegründetes
70, 87, Spiel: ohne Anfang und Ende: »ohne weitere
144, 280 Mission und ohne Zweck«[28]; dafür kopflose Bewegungen: »ἀλογία«, denen das Unerwartete ebenso real wie regulär zustößt. Wo Sprache stattfindet, da gibt es die Störung: das Mis-

Dabei kann die Marktplatzszene zugleich als Miniatur dessen gelesen werden, was Zarathustra insgesamt auf seinem Weg in die Stadt und darüber hinaus

[27] Nietzsche, GD, KSA 6, S. 57 f.; NF, KSA 11, 40[27], S. 643.

[28] Nietzsche, NF, KSA 7, 19[179], S. 475. Das direkt folgende Zitat 7[2], S. 137.

geschieht. Denn so, wie die »erste Rede« des Wanderers durch das »Geschrei und die Lust der Menge«[29] unterbrochen wird, so wird es auch der Auftritt des Seiltänzers hoch oben zwischen den Türmen. Und genauso, wie es nach der *Vorrede* noch »Die Reden Zarathustra's« gibt, zeigen auch Absturz und Abgrund keineswegs Nietzsches Verachtung der Sprache, vielmehr seinen Versuch, ihre Veränderungen in den Blick zu bekommen.

Ein Zitat Rudolf Borchardts mag dem Vorschub leisten: »[...] und ich muß es eben noch einmal sagen, der Abgrund hat gerade so seine Gesetze wie irgendwas, sagen wir, der Staat oder die Familie oder die Gesellschaft.«[31] slingen der Vermittlung, den Missbrauch der
Gastfreundschaft. Die Störung gehört immer 18,79, 360, 372
schon zur Sprache; ja mehr noch: Sie ist Sprache: »Le rapport en flèche simple, irréversible, 102,178, 250
sans retour [...].«[30] Denn was der Sturz des Seiltänzers zeigt, ist nicht, dass Diskurse verhindert werden oder gar zu laufen aufhören, sondern *wie* (auf welche Art und Weise) sie als Medium funktionieren. Im Schlussbild des *Zweiten Aktes* jedenfalls hat Nietzsche *drei Kategorien* ins Spiel gebracht, die diese veränderte Situation der Sprache beschreibbar machen: Es sind die *Macht* des Possenreißers, der wirbelnde und dann zerbrechende *Körper* des Seiltänzers sowie jenes *Rauschen*, das entsteht, wenn das Volk wie ein stürmisch bewegtes Meer auseinander läuft.

Macht, Körper und Rauschen: Zwar sind 245,279, 328,347
diese Begriffe auch der philosophischen Nietzsche-Forschung bekannt; im Anschluss an die *Zarathustra-Vorrede* jedoch eröffnet sich die Möglichkeit, sie in eine medientheoretische Lektüre einzusetzen.

* * *

Maschinen-Experimente

KITTLER Genua, im Februar 1882. Von 14 Dioptrien Kurzsichtigkeit und starken Kopfschmerzen geplagt, beschließt Nietzsche sein »Schreibzeug« zu wechseln;[32] das heißt, er beauftragt seine Schwester Elisabeth und den Freund Paul Rée mit dem Kauf der *Malling-Hansen-Skrivekugle*: einer 1867 vom Kopenhagener Pastor und Taubstummenlehrer Hans Rasmus Johan Malling

[29] Nietzsche, ZA-1, KSA 4, S. 20. Das direkt folgende Zitat S. 29.

[30] Serres 1980, S. 19.

[31] Borchardt 1929, S. 140.

[32] Nietzsche, KSB 6, S. 172. Über seine extreme Kurzsichtigkeit hat sich Nietzsche an vielen Stellen selbst geäußert (etwa KSB 6, S. 153, 207, 273); jene Bezifferung der Dioptrien aber findet sich bei Benn 1944, S. 168. Vgl. auch Volz 1990, S. 92, 95 f., 100, die auf Grundlage der überlieferten Pathographien Nietzsches und nach Umrechnung der damals üblichen Zoll auf das heutige Metermaß eine »Myopie [...] zwischen –13 und –20 Dioptrieen« (in den 80er Jahren) sowie eine »›ophthalmische‹ Migräne mit Aura-Phänomen« (in Nietzsches Fall »sog. Flimmerskotome«) bestätigt. Als mögliche, jedoch bis heute umstrittene Ursachen werden in den Krankenberichten »Vererbung«, eine »Chorio-retinitis centralis« (Ader- und →

12, 180, 216, 309 Hansen gebauten halbkugel-förmigen Reiseschreibmaschine. »Also d i e s e will ich (nicht die amerikanische [= Remington], die zu schwer ist.)«[33] Gesagt, getan. Am 4. Februar treffen Freund (Jahrgang 49) und Maschine (Serien-Nr. 125 B) in der italienischen Hafenstadt ein. Vom Transport beschädigt, muss die Schreibkugel jedoch zunächst von einem »äußerst geschickten Mechaniker« repariert werden. Erst eine Woche später kann daher Nietzsche seiner Schwester berichten:

> Hurrah! Die M a s c h i n e ist eben in meine Wohnung eingezogen; sie arbeitet wieder vollkommen.[34]

Nietzsches **Malling-Hansen-Skrivekugle** (KSW, Inv.Nr. NKg/00329, Foto: D. Eberwein). Blick von oben auf den Kugelkopf mit Tastatur, Zeilenschaltung (links) und Leertaste (rechts).

Netzhaut-Entzündung), ausgelöst entweder durch »chronische Nierenentzündungen« oder durch »Syphilis«, aber auch eine »glaukomatöse Erkrankung« (Grüner Star) genannt. Dies. 1990, S. 92 f., 102 f., 106. Entsprechend reichten die Therapieversuche der konsultierten und teilweise konkurrierenden Ärzte vom »Atropinisieren der Augen« (deren »Ruhigstellung« durch Einträufeln von »Solanee Atropa Belladonna« = Tollkirsche) über das »Ansetzen von Blutegeln«, die Verordnung einer »Kaliumjodid Salbe« bis zur »Galvanisierung« (Elektrotherapie). Nur in einer Empfehlung waren sich alle einig: Der Patient solle »auf Jahre hin weder lesen noch schreiben« – woran sich Nietzsche bekanntlich nicht gehalten hat. Dies. 1990, S. 94, 105, 109, 104 f.

[33] Nietzsche, KSB 6, S. 146. Außerdem: »Die Schreibmaschine ist eine Nothwendigkeit geworden, ich habe den Auftrag dafür gegeben, meine Schwester war deshalb in Leipzig und hat dort eine solche arbeiten sehen. [...] Also: ich will die Maschine kaufen – v o r a u s g e s e t z t, daß Freund Rée sie mir mitbringt (daß sie nicht geschickt werden muß!)«. Ders. KSB 6, S. 147, 145.

Zu diesen und weiteren (technischen) Einzelheiten vgl. neben den bekannten Schreibmaschinengeschichten Kittler 1985 a, S. 25 ff.; ders. 1985 b, S. 241 ff.; ders. 1986, S. 293 ff.; Stingelin 1988, S. 326 ff.; insbesondere aber Eberwein 2005, S. 77 ff.

[34] Nietzsche, KSB 6, S. 169 f. Vgl. dazu auch Abb. 12 der Farbtafeln.

Zwei Effekte dieses *Wechsels von der Skriptographie zur Typographie* seien schon hier genannt:

Erstens, wie eine Formulierung Derridas aus der *Grammatologie* bestätigt: Es ist nicht nur die traditionelle Erotik der Handschrift, die durch solche Mechanisierung verschwindet, sondern auch die Verbindung von Schrift (nunmehr »écriture technique«) und Landwirtschaft (»l'agriculture«). Denn was Maschinenschreiben genauso wenig sein kann ist dies: »*l'écriture par sillons* [...] qui ne va pas sans la sédentarisation«; mit anderen Worten, »l'écriture *à retour de bœuf – boustrophédon* –«.[37]

Zweitens: »Nietzsches Griff, so halbblind wie sicher, wählt eine Ein weiteres Experiment beginnt. Vorerst weniger medien*theoretisch* als vielmehr schreib*praktisch*, denn ab sofort tippt der mechanisierte »Worte-macher« fast zwei Monate lang mit 54 konzentrisch angeordneten Typenstangen auf ein darunter befindliches, zylindrisch eingespanntes Blatt Papier.[35]

»Der Hammer redet« – im Frühjahr 1882 227,229, 312
scheint diese Formulierung aus der *Götzen-Dämmerung* für einige Mittelmeerwochen Wirklichkeit gewesen zu sein, sodass es vor jenem »Versuch mit dem Hammer zu philosophiren« bereits das Hämmern auf der Schreibmaschine gegeben hat.[36] Einen »Satz drücken« bzw. »Verse schmieden« nennt Nietzsche diese buchstäbliche Technik, bei der durch Tasten Lettern aufs Papier geschlagen werden und solchermaßen als Stahlgewitter nicht nur Nietzsches eigenes »Krikelkrakel« (»zum Teil in deutscher, zum Teil in lateinischer Kurrentschrift«), sondern eine »ganze metaphysik der handschrift« historisch

[35] Nietzsche, KSA 11, 29[55], S. 349. Die Malling-Hansen besteht aus Messing und Stahl. Sie ist weltweit die erste serienmäßig hergestellte Schreibmaschine: anfänglich in *Jüngers Mekaniske Etablissement* (Kopenhagen), später in der *I Österreichischen Schnell-schreibmaschinenfabrik Albert v. Szabel* (Wien). Dabei gilt: Ihre Typenstangen sind noch keine Typenhebel (mit Übersetzung zum sichtbaren Schreiben), das Papier hatte Oktavformat (13,3 x 20,8 cm) und als Lettern gab es serifenlose Antiqua-Großbuchstaben (einschließlich einiger Zusatzzeichen wie Trema oder Ringel), die durch ein anilingetränktes Baumwollfarbband (blau) aufgedruckt wurden. Als Widerstand für die Typenstempel fungierte ein kleiner Amboss (5 x 5 mm) unterhalb des Papierzylinders. Vgl. Martin 1949, S. 60ff.; Dingwerth 1993, S. 195; Eberwein 2005, S. 22f., bzw. Abb. 6, 7, 8, 9 und 12 der Farbtafeln.

[36] Nietzsche, GD, KSA 6, S. 161; KSA 13, 23[14], S. 613. Die direkt folgenden Zitate ders. KSB 6, S. 172, 188.

Anders als bei Derrida 1972, S. III, XXI f., ist also dieses Hämmern weder Metapher (»je pose en termes de *presse manuelle* la question d'une machine d'écriture«) noch ein Schlagen auf Trommelfelle (»peut-on crever le tympan d'un philosophe et continuer à se faire entendre de lui?«) oder gar das Pressen von Seidentüchern bzw. Papier (»on abaisse un appareil sur le marbre où se trouve la forme encrée«). *Machine d'écriture*, nicht *machine à écrire* – noch über ein Jahrzehnt sollte es dauern, bis Derrida (wenn auch unsystematisch) das eine aufs andere bezieht. Vgl. ders. 1985, S. 423, 434ff.

[37] Derrida 1967a, S. 441, 407.

werden lassen: Kein »männlicher griffel« mehr,
40,132, 162,294 mit dem Autoren das »weiße blatt einer natur
oder jungfräulichkeit« beschriften; und auch
kein »kontinuierlich-kohärenter tintenfluß«
als das »materielle substrat bürgerlicher
in-dividualität«.[39] Stattdessen Sprache als
Maschinenschrift: als Ordnung von Orten, die
ihre Buchstaben, Zahlen oder Zeichen ebenso
diskret anschlägt und setzt, wie sie durch
34,217, 290,326 Anonymität die Gedanken und das Geschlecht
ihrer Benutzer vergessen macht.[40] Wer
Maschine schreibt, drückt nichts aus, sondern
Tasten. Tippen, mit anderen Worten, ersetzt
102,158, 166,363 die »e i n f a c h e n Z ü g e der Hand [...] als
die individuelle Bestimmtheit der Sprache«[41]
74,115, 180,352 und versetzt jeden Text in ein *Typogramm der
Differenzen. Bei Kittler heißt das:

> Die Logik von Chaos [auf der Tastatur] und Intervallen [auf dem Papier] ist eine Technologie, die das Aufschreibesystem von 1900 implementiert: durch Erfindung der Schreibmaschine.[42]

Maschine, deren [halb-]kugelförmige Tastatur ›ausschliesslich durch das Tastgefühl‹ bedient werden kann, weil ›auf der Oberfläche einer Kugel jede Stelle schon durch ihre örtliche Lage vollkommen sicher bezeichnet ist‹.«[38] So kommt es, dass minus 14 Dioptrien vorwegnehmen, was seither für alle Zeichenproduktion gilt: Die Anonymität der Texte verbündet sich mit der Blindheit ihrer Produzenten. Anders als im handschriftlichen Zeitalter Hegels nämlich ist Maschinenschreiben keineswegs an den zentralen Gesichtssinn des Menschen: sein optisches Vermögen, gebunden. Vielmehr kann die neue Geschicklichkeit der Finger sowohl auf eine *Logik des Sichtbaren* als

[38] Kittler 1985 b, S. 243. Bei der Malling-Hansen behindert die Tastatur den Blick aufs Papier. Um Getipptes wieder lesen zu können, musste der Kugelkopf erst angehoben werden.

[39] Kittler 1985 a, S. 25, sowie Nietzsche, KSB 6, S. 122, und Groddeck/Kohlenbach 1995, S. 30. Zu Nietzsches ›Krikelkrakel‹ vgl. Abb. 10 der Farbtafeln.

[40] Konsequenterweise kommt die erste vollständige Edition von Nietzsches Schreibmaschinentexten (samt Faksimiles und kritischem Kommentar) ohne Autornamen auf ihrer Titelseite aus: Vgl. Nietzsche, SchrT.

[41] Hegel 1807, S. 211. Dass solche medientechnischen Veränderungen der Textproduktion auch *editionsphilologische Probleme* verursachen, zeigen in Bezug auf Nietzsche Groddeck/Kohlenbach 1995, S. 30 f.: »[I]ch möchte sie daran erinnern, daß die Handschrift eines Menschen generelle, aber auch ereignishafte Merkmale [so genannte »grapho-morphologische Singularitäten«] besitzt, die von der drucktechnischen Reproduktion vollständig gelöscht werden [Verunreinigungen oder Zerstörungen des Papiers gar nicht zu erwähnen]. [...] Was an einem Manuskript individuell ist, wird im Druck ›typisiert‹.« Zum Beispiel: »Die Verteilung des Textquantums in der Zeile und auf der Seite, die Blattgestaltung, der mal penible, mal fahrige Schriftduktus, die Größe der Buchstaben, die Abhängigkeit der Schriftfigur vom jeweiligen Schreibgerät, von der jeweiligen Aufschreibefläche, die wechselnde Tendenz zwischen eugraphischer und kalligraphischer Realisation.« (Ebenso Haase/Kohlenbach 2001, S. XV) Dazu vergleichend Abb. 10, 12 und 13 der Farbtafeln.

[42] Kittler 1985 b, S. 242. Zur Tastatur vgl. Abb. 8 der Farbtafeln.

Was dagegen der Nietzsche-Leser Heidegger über die Schreibmaschine schreibt, ist treffend und verfehlt zugleich: Treffend, indem er ihre Verbreitung als »Einbruch des Mechanismus in den Bereich des Wortes« darstellt, der erstens den »Charakter [des →

auch auf deren *Metaphysik des Lichts* verzichten. Nietzsche, im August 1881: »Ich habe mit dem Erfinder der Schreibmaschine Hr. Malling-Hansen in Kopenhagen, Briefe gewechselt – ein solches Instrument, bei dem die Augen nach einer Woche Übung gar nicht mehr thätig zu sein brauchen, wäre unschätzbar für mich, aber es ist nichts für mich ›Armen Mann‹ – mit Kasten und zur ›Versendung bereit gepackt‹, also noch ohne Transport kostet es 375 R.Mark.«[44]

Was das Finanzierungsproblem betrifft, so weiß man, dass es von der Schwester gelöst wurde: durch ihre »Schreibmaschinen-

Wie sehr sich die Malling-Hansen jeder Verbindung mit dem Federschreiben widersetzt, zeigt aber nicht nur die Diskretheit ihrer Lettern, sondern auch schon deren Form:

statt beispielsweise

Schreibzeug.

So setzt Nietzsche seine Sätze aufs Papier.[43] Und nichts davon erinnert noch an Art und Lauf der Feder oder gar die Geste ihrer Handhabung: Keine Serifen, keine Fahnen, keine Schwellungen bzw. Verjüngungen der Strichbreiten; dafür eine Type, die frei ist von Anthropomorphismen, weil sie alles Subjektiv-individuelle aus ihrer Form verbannt hat.[45]

Schreibers] verbirgt«, weil durch ihn zweitens »der Zug der Schrift verschwindet«: »In der Maschinenschrift sehen alle Menschen gleich aus.« Verfehlt aber ist seine Analyse insofern, als er (vielleicht befangen durch das eigene, lebenslange Handschreiben) nicht nur zu glauben scheint, mit der Maschine werde »die Schrift ihrem Wesensursprung, d.h. der Hand, entzogen«, sondern auch, dass dies »ein Hauptgrund für die zunehmende Zerstörung des Wortes« sei. Heidegger 1942f., S. 125ff., 119. Dabei ist es weder zwingend, den Wechsel von der Feder- zur Maschinenschrift als Verfallsgeschichte zu begreifen, noch plausibel, warum Tippen (in Nietzsches Fall: das Spiel der Finger auf der Schreibkugel) keine manuelle Tätigkeit mehr sein soll. Vgl. dazu auch Derrida 1967a, S. 408: »La machine à imprimerie n'a pas encore libéré l'organisation de la surface de son asservissement immédiat au geste manuel, à l'outil d'écriture.«

Derrida 1985, S. 435 übrigens vermutet, dass Heideggers (zumindest partielle) »dénonciation de la machine à écrire« mit dem von ihm aus der Tradition übernommenen »Wesenszusammenhang« zwischen »Sein, Wort, Lese [»d.h. Sammeln – (›Ähren lesen‹), griechisch λέγειν – λόγος«], Schrift« (Heidegger 1942f., S. 125) zu tun hat; seine Herkunft also einem Glauben an »le *système d'écriture phonétique*« verdankt. Schließlich kann auch die *Differenz Hand-Hände*, die Heidegger hervorhebt, auf diese Tradition bezogen werden: »Ce qui arrive à l'homme par le *logos* ou par la parole (*das Wort*), cela ne peut être qu'une seule main. Les mains, c'est déjà ou encore la dispersion organique ou technique.« Derrida 1985, S. 438.

[43] Die Typoskript-Abbildung ist entnommen und vergrößert aus: Nietzsche, SchrT, S. 18.

[44] Nietzsche, KSB 6, S. 117 sowie Abb. 7 der Farbtafeln.

Zur ›Anonymität‹ vgl. auch die Herkunfts-Spekulationen über den in SchrT, S. 59, 61, abgedruckten Schreibmaschinen-Vers bei Stingelin 1888, S. 332 und Günzel 2002, S. 11 sowie deren Entscheidung bei Eberwein 2005, S. 46, 102ff.

[45] Vgl. dazu auch Reuß 2004, S. 246ff., der diese Beobachtung an den Formen der Monotype *Bembo* und Paul Renners Entwürfen der *Futura* durchgespielt hat.

Bevor jedoch das neue Medium seinen Stammplatz auf den Schreibtischen der Welt erobert, ist Nietzsches Experiment längst am regnerischen Klima gescheitert:

86,183, 219 > [...] da ist jedesmal der Farbstreifen auch feucht und klebrig, so daß jeder Buchstabe hängen bleibt, und die Schrift gar nicht zu sehn ist. Überhaupt!! – – –[47]

Schenkung«[46]. Was das Verhältnis von Sehen und Schreiben anbelangt, so lässt sich folgende These aufstellen: *Es ist eine Schreibkugel, die kurz vor 1900 sowohl das Zyklopenauge des Sokrates als auch den monokularen Blick des Geistes ersetzt.*

Vom Schreibzeug zur Medientheorie

Allein um diesen verärgerten Satz an die Schwester zu schreiben, musste
11,117, 302,366 Nietzsche erneut zu seinen Kurrentschrift-Federn greifen.[48] Zweifellos eine herbe Enttäuschung, die vielleicht gerade deshalb nicht ohne medientheoretische Konsequenzen bleiben konnte – ist doch die Druckvorlage des *Zarathustra 1* (und mit ihm jenes tödliche Schauspiel aus der *Vorrede*) nur ein knapes Jahr nach dem Genueser Maschinenexperiment fertig gestellt worden.[49] Warum also Nietzsches Frage nach der Sprache nicht als Reaktion auf das neue Schreibzeug lesen? Warum nicht behaupten, dass der Sturz des Seiltänzers: der Verlust von Kopf und Seil in der Mitte seines Weges, eine Diskontinuität in Szene setzt, die sich durch Mechanisierung in der Geschichte des (alphabetischen) Schreibens ereignet hat? Die folgenden Abschnitte jedenfalls werden gerade davon aus- und weitergehen: Im Wechsel von der Feder zur Maschine zur Feder scheiden sich Nietzsches Vorstellungen von Sprache.[50] These ist, dass er nicht nur nach, sondern wegen seiner schreibpraktischen Erfahrungen eine *medientheoretische Umstellung* vorgenommen hat; dass also mit der Macht, dem Körper und dem Rauschen

[46] Nietzsche, KSB 6, S. 163.

[47] Nietzsche, KSB 6, S. 188. Zu den tatsächlichen Gründen für das Versagen der Maschine vgl. Eberwein 2005, S. 210f.

[48] Folgt man einem Brief Nietzsches vom 5. Juli 1882, dann kommen zwei Modelle in Frage: »Bitte, um des Himmels Willen: Stahlfedern! Die Naumburger also: **B**. John Mitchells classical 689! Später mag mir Dr. Romundt die mir allein nützliche Humboldfeder B (Roeders) schaffen.« Nietzsche, KSB 6, S. 220. Um 1888 jedoch scheint Nietzsche die Feder erneut gewechselt zu haben: »Dann bitte ich nochmals um ein Gros Sönnekens Rundschriftfeder Nr. 5.« Ders. KSB 8, S. 406. Vgl. dazu Abb. 4 und 4a der Farbtafeln sowie Windgätter 2004, S. 27ff.

[49] Nietzsche hat die selbst- und handgeschriebene Druckvorlage des *Zarathustra 1* von Genua aus am 14. Februar 1883 an seinen Verleger Ernst Schmeitzner in Chemnitz geschickt. Nach einiger Verzögerung erscheint das Buch in der letzten Augustwoche desselben Jahres: 1000 Exemplare zu je 3,30 Mark. Nietzsches Honorar beträgt insgesamt 300 Mark. Vgl. ders. KSA 14, S. 279f.; KSA 15, S. 133 sowie Janz 1978-2, S. 177ff.

[50] Methodisch ließe sich daraus ableiten: Erst *Medienwechsel* machen es möglich, auch Medien als solche zu thematisieren. Und Nietzsche, 1889 in EH, KSA 6, S. 266: »Ich habe es jetzt in der Hand, ich habe die Hand dafür, Perspektiven umzustellen.«

drei Kategorien auf die *Zarathustra*-Bühne gehoben wurden, die Funktion und Formation der Sprache in ihrem (jetzt auch für Nicht-Drucker) anbrechenden Maschinenzeitalter charakterisieren.

Dabei stellt schon die Schreibkugel selber: »8 Zoll lang, 6 Pfund schwer«[51], jene Differenz vor, die sie als das Strukturprinzip ihrer Tasten, Typen und
Texte etabliert. Jeder ihrer Sätze ist ein Satz auch als Sprung, d.h. als Kluft. 17,214,
Oder: *Ein Abgrund tut sich auf, dessen Raum und Zeit die Sprache als Sprache* 249,301
definieren.

Unterdessen war Zarathustra

> noch nicht hundert Schritte gegangen, da schlich ein Mensch an ihn heran und flüsterte ihm in's Ohr – und siehe! Der, welcher redete war der Possenreisser vom Thurme. »Geh weg von dieser Stadt, oh Zarathustra«, sprach er; »es hassen dich hier zu Viele. [...] Geh fort aus dieser Stadt – oder morgen springe ich über dich hinweg, ein Lebendiger über einen Todten.«[52]

So muss, was auf dem Marktplatz und zwischen den Türmen begann, noch zu einer Bewegung werden, in deren Folge nicht nur Zarathustra das Forum
seiner Reden, sondern auch der Leser dieses eine Buch verlässt. 35,56, 310,361

* * *

FOUCAULT Wohin jedoch die Schritte lenken? Wohin sich wenden? Die Spur des Verbrechens, hatte es dazu bei Foucault geheißen, der Nexus von
Sprache und Tod, führt auf die Spur eines Versprechens: »[une] périlleuse 12,72,
imminence«, eines gefährlichen Bevorstehens, das mit dem Ende der klassi- 93,131
schen Ordnung (»pour l'homme un stable séjour sur cette terre«) zugleich die veränderte Wiederkehr der Sprache ankündigt (»le glissement du langage du coté de l'objectivité«).[53] Ein Versprechen aber auch, das Foucault nur eröffnet hat; das er seinerseits und zumindest damals noch in der Schwebe lassen wollte (»laisser en suspens«). Entsprechend war das letzte Kapitel von *Les mots et les choses* ohne Überschrift geblieben: Ein unbeschrifteter Ort, eine blanke Stelle, die ebenso, wie sie das Verschwinden Des Menschen markiert: jene klaffende Diskontinuität in der Geschichte des Wissens, die Sprache selber zu einem Problem der Differenz macht: sie in ihrem Funktionieren und ihrer Struktur dem Prinzip der Differenzialität aussetzt.

[51] Nietzsche, KSB 6, S. 120.

[52] Nietzsche, ZA-1, KSA 4, S. 23.

[53] Foucault 1966a, S. 396f. Ebenso die direkt folgenden Zitate.

Mit Foucault, konnte daher gezeigt werden, ist die Frage nach der Sprache
112,335 an einer Grenze entstanden, die uns von jeglichem Anthropozentrismus
entfernt: Genau dort, wo die Verbindlichkeiten der klassischen Ordnung zu
verwischen begannen – wie am Meeresufer ein Gesicht im Sand: »comme à
74,115, 180,352 la limite de la mer un visage de sable«[54].

Nicht anders bei Nietzsche, denn auch in der *Vorrede* des *Zarathustra* Genueser Aufbruch: das Meer
werden Held, Buch und Leser mit ihrer Unterbrechung konfrontiert. Nur dass
nach den tödlichen Ereignissen auf dem Marktplatz noch ein weiterer Schritt
folgt, der dann kein solcher mehr ist: Im Unterschied zur Foucault'schen
Archäologie nämlich, die ihr Versprechen am Ufer stehend formuliert,
die also nach wie vor vom Festland aus spricht, gibt der damalige Wahl-Genueser Nietzsche den Weg frei auf jenes Meer, das für den Seiltänzer
der Abgrund ist, in den er hinabstürzt und verschwindet. Oder, wie bereits
in der *Morgenröthe* zu lesen:

> Hier ist das Meer, hier können wir die Stadt vergessen.[55]

Worauf es mit Nietzsche ankommt, ist also, Ort und Objekt zu wechseln;
d.h.: Die nun folgende Lektüre muss es sich zur Aufgabe machen, erstens
von dem einen Buch weg in die Flut seiner Texte, Aphorismen und Fragmente einzutauchen, um zweitens die Wirklichkeit der anderen Sprache, die
236,276, 328,350 nach dem Sprung des Possenreißers bemerkbar wurde und die als Abgrund
weder Hintergrund ist noch Untergrund, weder Gleichgültigkeit des Nichts
noch Arbeit des Negativen, auch wirklich zu erkunden. »Auf die Schiffe, ihr
Philosophen!« – eine Forderung, die so gestellt vielleicht in kontinentalen
oder landwirtschaftlich geprägten Kulturen zur Verwunderung Anlass gibt,
nicht aber in den Schriften eines »[h] e i m a t l o s e n« Ex-Professors, der
sich im Sommer 1882, also direkt nach seinem Schreibkugel-Experiment
und einer 4-tägigen Seereise nach Messina (Sizilien), als »Nachahmer des
Columbus« sowie »Columbus novus« stilisiert:[56]

[54] Foucault 1966 a, S. 398.

[55] Nietzsche, M, KSA 3, S. 259. Das direkt folgende Zitat ders. FW, KSA 3, S. 530.
In Anbetracht des Fußgängers Zarathustra kann man sogar feststellen, dass sich Nietzsche nach der *Vertikalität* des Gebirges nunmehr der *Horizontalität* des Meeres zuwendet.

[56] Nietzsche, FW, KSA 3, S. 628; KSB 6, S. 248; NF, KSA 10, 1[101], S. 34. »W i r H e i m a t l o s e n – ja! Aber wir wollen die V o r t h e i l e unserer Lage ausnützen [...].« Ders. NF, KSA 12, 2[196], S. 163. Außerdem His 1941 bzw. Benders/Oettermann 2000, S. 193, 455: Schon bei Antritt seiner Professur für griechische Sprache und Literatur 1869 in Basel wurde Nietzsche »die Entlassung aus dem Preußischen Unterthanen-Verbande bewilligt«, sodass er nach seiner gesundheitsbedingten Entlassung aus dem dortigen Universitätsdienst 1879 und dem Verlassen der Schweiz (»die Schwester meldete sich und N bei der Baseler Niederlassungskontrolle ab«) »für den Rest seines ihm bewußten Lebens ohne festen Wohnsitz war«. →

> Wir haben das Land verlassen und sind zu Schiff gegangen! Wir haben die Brücke hinter uns – mehr noch, wir haben das Land hinter uns abgebrochen! [...] Wehe, wenn das Land-Heimweh dich befällt, als ob dort mehr F r e i h e i t gewesen wäre – und es giebt kein »Land« mehr![57]

Ganz ähnlich ein paar Seiten weiter. Unter dem Titel »W a s e s m i t u n s e r e r H e i t e r k e i t a u f s i c h h a t« heißt es dort:

> [...] [E]ndlich erscheint uns der Horizont wieder frei, gesetzt selbst, dass er nicht hell ist, endlich dürfen unsre Schiffe wieder auslaufen, auf jede Gefahr hin auslaufen, jedes Wagnis des Erkennenden ist wieder erlaubt, das Meer, u n s e r Meer liegt wieder offen da, vielleicht gab es niemals ein so »offnes Meer«. –[58]

BLUMENBERG Zweifellos ist in solchen Sätzen manches an Pathos und sogar Prahlerei enthalten; war doch jene Reise nach Messina in keiner Weise kühn oder gefährlich. Für Aufregung dürfte allenfalls gesorgt haben, dass Nietzsche trotz günstigem Wetter unter schwerer Seekrankheit zu leiden hatte.[59] Und dennoch: Man sollte die nautische Metaphorik seiner Texte nicht vorschnell als uneigentliche Rede oder bloße Romantik abtun. Hilfreicher ist es da schon, mit Hans Blumenberg fortzufahren. Zwar nicht in der Weise, dass versucht wird, Nietzsches Formulierungen ins Repertoire einer »Daseinsmetaphorik« zu integrieren (und also im Anthropozentrismus festzuhalten); wohl aber insofern, als dort zu lesen ist, dass »Meer«, »Einschiffung« und »Seereise« dem »Festlandlebewesen« Mensch seit jeher das »Unheimliche«, das »am wenigsten Geheure« gewesen sind.[60] Für Seefahrer jedenfalls galt auch im 19. Jahrhundert noch, dass sie bereit sein mussten, sich über »den Rand der bewohnbaren Welt« hinaus einem »fremden Element« auszusetzen.

Oder, um solche Metaphorik nunmehr medientheoretisch interessant zu machen: *Jener Wendung vom Land aufs Meer zu folgen heißt, mit und*

Zur Messina-Reise vgl. NIETZSCHE, KSB 6, S. 188 ff. sowie: »Inzwischen gehe ich meinen Gang weiter, eigentlich ist's eine Fahrt, eine Meerfahrt – und ich habe nicht umsonst Jahrelang in der Stadt des Columbus gelebt. – –« Ders. KSB 6, S. 479.

57 NIETZSCHE, FW, KSA 3, S. 480. Ebenso in NF, KSA 10, 1[21], S. 14: »Dies ist ein letztes Brücken-Zerbrechen, / Dies ist ein Meerwind, ein Ankerlichten, / [...] Es brüllt die Kanone, weiß dampft ihr Feuer, / Es lacht das Meer, das Ungeheuer –«.

58 NIETZSCHE, FW, KSA 3, S. 573 f. Dabei ist letzteres Zitat erst ab 1887 in der um das *Fünfte Buch* (»Wir Furchtlosen«) erweiterten zweiten Auflage der *Fröhlichen Wissenschaft* zu lesen.

59 Vgl. NIETZSCHE, KSB 6, S. 190 sowie GASSER 1995, S. 141, bzw. BENDERS/OETTERMANN 2000, S. 508 f.

60 BLUMENBERG 1979, S. 9 f., 21. Die direkt folgenden Zitate S. 9, 11. Vgl. auch GASSER 1995, S. 141 f., der eng an Nietzsches Selbststilisierung orientiert (z.B. KSB 6, S. 75) von einer »Lebensseefahrt« bzw. einer »navigatio vitae« schreibt.

in Nietzsches Texten nach einer Sprache zu fragen, für die nicht nur die Konzentration aufs Subjekt und seine Kommunikation, auf die Einordnung in den Horizont von Arbeit, Negation und Geschichte, sondern auch die zeichentheoretische Perspektive der Linguistik belanglos geworden ist. Was also kann man zur Sprache schreiben, wenn diese Kategorien beiseite gelassen werden? Was taucht in Nietzsches Texten auf, nachdem ihre klassischen Dispositive nicht mehr gelten?

Ein Fragen gleichwohl, das nicht ohne Gepäck »zu Schiff steig[t]«[61], denn zum einen hat es seine Vergangenheit, es kommt nicht irgendwie aus dem Nirgendwo, es setzt keine Tabula rasa voraus oder veranstaltet eine solche, zum anderen ist es für seine Lektüre bereits mit Suchbegriffen ausgerüstet: Macht, Körper und Rauschen – zusammengenommen eine Art »heuristischer« Filter: »um zu sehen, w i e   w e i t man damit kommt. Gleich dem Schiffer auf unbekanntem Meere.«

NIETZSCHE Dabei ist die Erkundung dieses fremden Elementes kein Abenteuer aus dem sicheren Hafen Heimat heraus. Was im Anschluss an Foucault und nun mit Nietzsche zur Aufgabe geworden ist, bedeutet nicht den Aufbruch zu einer Odyssee des Geistes, nicht die Erneuerung jener Kreisbewegung von Abschied, Krieg und Wiederkehr. »Vor mir Meer – und Land? – und Land?«[62] Der König von Ithaka indessen war Schiffsführer einzig aus Not; sein Motiv: die Rettung; sein Ziel: zu Haus und Hof, zu Frau und Kind zurückzukehren. So kommt es, dass für Nietzsches Befragung der Sprache Kolumbus und nicht Odysseus seinen Namen leihen muss. Eine Verschiebung nicht nur gegenüber Hegel, der nach eigener Auskunft noch »zur Genüge« mit dem »alten Europa«[63] beschäftigt war, sondern auch in Bezug auf die Verdienste des italienischen Seefahrers selber – hat er für Nietzsche doch weniger nach der Neuen Welt als vielmehr »[n] a c h n e u e n   M e e r e n« gesucht; wird er von ihm doch statt nach Indien »a u f   h o h e   S e e«[64] geschickt – »in's Uferlose« also, »nachdem wir kein

[61] NIETZSCHE, ZA-3, KSA 4, S. 193. Das direkt folgende Zitat ders. NF, KSA 11, 25[307], S. 89.

[62] NIETZSCHE, NF, KSA 11, 28[63], S. 328. Im Juni 1885 heißt es dann, es »ist ›Alles im Meere‹, das Meer ist überall [...]. Ich wollte sagen: ich bin gleich Jedermann als Landthier geboren – und nun m u ß ich trotzdem Meer-Thier sein!« Ders. NF, KSA 11, 36[2], S. 550.

[63] HEGEL 1822/28, S. 114. Zu Nietzsches Unterscheidung von ›Odysseus‹ und ›Kolumbus‹ vgl. auch LARGE 1995, S. 178f. Darüber hinaus wäre es sicher interessant (ohne das hier weiter verfolgen zu können), Nietzsches nautische Wendungen von Heideggers Häuslichkeit der Sprache zu unterscheiden.

[64] NIETZSCHE, FW, KSA 3, S. 649; NF, KSA 10, 3[1], S. 53. Die direkt folgenden Zitate ders. NF, KSA 12, 2[207], S. 168 sowie ders. ZA-4, KSA 4, S. 296f. →

Land mehr haben«; in ein »abgründliches reiches Meer« als das *Zwischen* den Kontinenten.

> Und wohin wollen wir denn? Wollen wir denn ü b e r das Meer?[65]

Metaphern und Methode

Für all jene freilich, die an historischen Wahrheiten über Cristoforo Colombo (* 1451 im damaligen Stadtstaat Genua, † 1506 als Großadmiral Cristóbal Colón im spanischen Valladolid) interessiert sind, geben solche Formulierungen wenig her. Dabei ist es in keiner Weise zwingend, Nietzsche an dieser Stelle auf die Rolle eines Geschichtsschreibers festzulegen. Eher schon (und darauf weist ja bereits das Adjektiv ›novus‹ hin, das er seinem Helden zugeschrieben hat) wird dessen Name in strategischer Weise verwendet.

These: *Aus der nautischen Metaphorik bei Nietzsche lassen sich methodische Hinweise zur Befragung der Sprache herauslesen.*

Denn so, wie man das Meer erkundet, indem man es tatsächlich befährt, so kann auch die Sprache nur befragt werden, indem die Frage zur Sprache kommt. Das Wonach und Womit ihres Diskurses also stehen sich nicht einfach gegenüber, sind zumindest in diesem Fall nicht voneinander getrennt. Mit anderen Worten: Das Handeln der Frage ist gleichermaßen das im Fragen Behandelte; oder: Von der Sprache zu schreiben heißt immer schon, am Ereignis der Sprache teilzunehmen; heißt, sie nicht von einem externen (ebenso transzendenten wie archimedischen) Standpunkt aus zu beobachten, sondern ihr Komplize, ihr jeweiliger Mittäter geworden zu sein. Statt von den Gipfeln der Souveränität herab zu urteilen, soll deshalb im 42, 90, 128, 168
Folgenden versucht werden, was Heidegger (wenngleich bis in die hintersten Winkel seines Werkes Landbewohner und Fußgänger) eine »Erfahrung mit

Im Übrigen handelt es sich bei den zwei zuletzt zitierten Formulierungen um Titelvarianten des Gedichtes »Columbus novus«: »Dorthin will ich; und ich traue / Mir fortan und meinem Griff! / Offen ist das Meer: in's Blaue / Treibt mein Genueser Schiff.« Ders. NF, KSA 10, 1[101], S. 34.

Entsprechend heißt es bei Gasser 1995, S. 141 f., dass Nietzsche sowohl mit dem »klassischen Schiffskurs der Zirkularität« als auch der (aus Blumenberg 1979, S. 12 zitierten) »Kontraposition von festem Land und unstetem Meer« gebrochen hat.

[65] Nietzsche, M, KSA 3, S. 331. In ders. FW, KSA 3, S. 513 heißt es außerdem: »Ich würde mir kein Haus bauen (und es gehört selbst zu meinem Glücke, kein Hausbesitzer zu sein!). Müsste ich aber, so würde ich, gleich manchem Römer, es bis in's [sic!] Meer hineinbauen [...].« Schon deshalb kann hier *die nautische von der hydrologischen Metaphorik unterschieden werden* – bezieht sich letztere doch nicht nur auf das (salzfreie...) Bewässern von Feldern, die Versorgung des οἶκος also, die Erhaltung des Eigenen, sondern auch, wie bei Giesecke 1991, S. 157 ff. zu lesen, auf eine Sprache als Kanalsystem, als ebenso expressives wie signifikatives Verkehrsmittel zwischen Menschen; das sind: Sender und Empfänger, Quelle und Mündung. Anders formuliert: Nietzsches Aufforderung zur Erkundung des Meers gilt weder dem Tintenfluss von Autor-Griffeln (die ja Kittler zufolge das Aufschreibesystem um 1800 mit charakterisieren) noch der fließenden Lektüre ihrer Leser.

der Sprache« genannt hat – wobei Erfahrung etwas meint, das »uns widerfährt«, das »uns trifft, über uns kommt, uns umwirft und verwandelt«.[66]

In Nietzsches Worten (der sich hier einmal weniger von seiner spektakulären Seite zeigt: als Agitator für Heldentum und Herrschaftswahn, für »Naturen aus Erz« und »fortwährende [...] Selbstüberwindung«): »man verliert das Ufer, überlässt sich den Wogen.«

BARTHES Ist aber die Frage zugleich das Befragte, handelt diese *in* Worten zugleich *von* Worten, von dem also, was sie selber tut, dann kann (und will) sie sich auf ihr Objekt = die Sprache nicht länger in repräsentationaler Weise beziehen. Insofern gilt: Als Diskurs wird sie kein Stellvertreter sein für etwas, das sie nicht selber ist: keine Wiederholung, Verdoppelung, Vermittlung usw., sondern anders: Indem sie fragt, zeigt sie ihr Was immer schon im Wie, ihr Beschriebenes immer schon in der Beschreibung. Für Roland Barthes hieß das 1953:

> Il n'y a pas de langage écrit sans affiche [...].[67]

Anschließend daran jedenfalls und in Bezug auf die hier gestellte Frage ist es weniger die Aufgabe, etwas auszudrücken, als vielmehr sprachliche Manöver auszuführen; oder: Anstatt Inhalte zu symbolisieren, kommt es darauf an, Schreibweisen zu inszenieren; anstatt deren Erfahrung im Bannkreis des
26,35, 150,219 σύμβολον festzuhalten, wird wichtig, was in einem früheren Kapitel als *choreographischer Fragetyp* vorgestellt wurde. So ist es mit und bei Nietzsche nicht nur möglich, die »Tänze der Wellen« zu beschreiben, sondern auch als diese Schrift auf den »Spitzen der Wellen zu spielen«.[68]

87,231, 269,355 > Tanze nun auf tausend Rücken, / Wellen-Rücken, Wellen-Tücken –

[66] HEIDEGGER 1957f., S. 159. Die direkt folgenden Zitate NIETZSCHE, SE, KSA 1, S. 352; MA-2, KSA 2, S. 574; NF, KSA 8, 22[3], S. 379.

Es ist somit ganz und gar nicht sicher, dass die Frage nach dem, was Nietzsche zur Sprache geschrieben hat, ihren Anfängen bei Foucault, Saussure u.a. die Treue wahren wird.

[67] BARTHES 1953, S. 7.

[68] NIETZSCHE, FW, KSA 3, S. 517; NF, KSA 10, 4[168], S. 161. Das direkt folgende Zitat ders. FW, KSA 3, S. 650.

Mithin verschwindet zwar, vom Geschrei des Nebenbuhlers zu Tode erschreckt, der Seiltänzer mit seinem Seil, nicht aber die Notwendigkeit, dass man »mit den Begriffen, mit den Worten [...] Tanzen-können« muss und also, dass »man es auch [wie zumindest Nietzsche, nachdem seine Schreibkugel – »ganz rätselhaft!« – nicht mehr »gespielt« wer-
11,243, 363,374 den will] mit der F e d e r können muss«. Ders. GD, KSA 6, S. 110; KSB 6, S. 145, 147. Dazu im Februar 1884 dann Nietzsches unbescheidene Selbstbeschreibung: »Mein Stil ist
57,214, 244,301 der Tanz; ein Spiel der Symmetrien aller Art und ein Überspringen und Verspotten dieser Symmetrien. Das geht bis in die Wahl der Vokale. –« Ders. KSB 6, S. 479.

Doch damit nicht genug: Denn dass sich nautische Metaphorik und Theatersprache in dieser Weise kreuzen, ist Aufforderung auch dazu, die Unterbrechung des *Zarathustra*-Schauspiels, die Erkenntnis, dass wir mit unseren vertrauten Sprachvorstellungen den Boden unter den Füßen verloren haben, als Beginn eines *Dritten Aktes* in jenem medientheoretischen Experiment zu lesen. Erneut also hebt sich der Vorhang; nur spielen diesmal weder der Marktplatz noch die Türme, weder die Wanderungen Zarathustras noch der Glaube des Seiltänzers eine Rolle. Wohl aber das Meer; ein uferloses Dazwischen, in dessen Zeit/Raum nunmehr die Sprache als Sprache erkundet wird.

* * *

Nietzsche benutzen

Ein dritter Akt also; und das heißt nicht nur, wie Nietzsche als selbsternannter »Lehrer des langsamen Lesens«[69] geschrieben hat, »sich Zeit lassen«, sich von »Hast« und »schwitzender Eilfertigkeit« frei machen, sondern es kommt vor allem darauf an, *wo* man liest, *welche* Textstellen man jeweils heranzieht und *wie* man ihnen begegnet. Der Fall Nietzsche nämlich ist keineswegs eindeutig, sodass im Folgenden weder versucht wird, die Vielzahl seiner Textgattungen, Schreibstile und Hypothesen in ein kohärentes System zu bringen, sie als Elemente einer Ganzheit zu rechtfertigen, noch aufzudecken, zu erklären, was uns der Autor eines derart zerstückelten (im Übrigen bis heute unvollständig edierten) Werkes eigentlich mitteilen wollte, was sich in Wahrheit darin verbirgt. Nicht Gesamtschau oder Exegese, Überblick oder interne Problemlösung sind deshalb das Programm, als vielmehr die Inszenierung einer ebenso *selektiven* wie *parasitären* Lektüre.[70] Selektiv, weil sie ihrer Frage folgend geeignete Textstellen auswählt und verstärkt (denn zweifellos sind mit Nietzsche immer auch andere, manchmal sogar gegensätzliche Thesen möglich). Parasitär, weil solches Nehmen einseitig bleibt, undankbar: ohne Ausgleich und Gerechtigkeit. 102, 178, 238

Wie wenig man bei Nietzsche überhaupt von einem ›Werk‹ ausgehen darf, zeigt neuerdings die *Abteilung IX* der *Kritischen Gesamtausgabe* (= Nachlass der Jahre 1885–1889). Sehr im Unterschied zur bekannten Colli-Montinari-Edition gibt es dort keine linearen Textverläufe mehr, sondern es

[69] Nietzsche, M, KSA 3, S. 17. Ebenso die direkt folgenden Zitate.

[70] Man könnte dies auch als *Treue durch Untreue* bezeichnen – und entsprechend auf Nietzsche selber (NF, KSA 12, 6[15], S. 238) hinweisen: »Den Sinn nicht in den Dingen suchen: sondern ihn h i n e i n s t e c k e n!« bzw. auf seinen Leser Foucault 1975 b, S. 753: »La seule marque de reconnaissance qu'on puisse témoigner à une pensée comme celle de Nietzsche, c'est précisément de l'utiliser, de la déformer, de la faire grincer, crier. Alors, que les commentateurs disent si l'ont est ou non fidèle, cela n'a aucun intérêt.«

LACOUE-LABARTHE Wohin das führt? – Zunächst dorthin, wo Nietzsche *explizit* über Sprache geschrieben hat. Das sind vor allem seine frühen, aus den Jahren 1869 bis 1874 stammenden Texte bzw. Vorlesungsaufzeichnungen zur Rhetorik; genauer: seine Darstellungen der (griechischen) Beredsamkeit und der Metaphernbildung.[71] Von ihnen wird sich zeigen, dass sie als *Umkehrung* der klassischen, an Ausdruck und Begriff, an Welt und Wahrheit orientierten Sprachvorstellungen gelesen werden können. Allerdings, darauf hat bereits Philippe Lacoue-Labarthe hingewiesen:

> Dès les années [18]75, la rhétorique a cessé d'être un instrument privilégié. On dirait même que Nietzsche lui retire tous ses droits et qu'elle cesse pratiquement de faire problème.[72]

Das ist allemal zutreffend. Gleichwohl scheint Lacoue-Labarthe Nietzsches Abkehr vom Thema der Rhetorik für eine Abkehr vom Thema der Sprache überhaupt zu halten. Im selben Absatz jedenfalls schreibt er:

> On voit bien aussi que, malgré quelques changements de terminologie, l'analyse que fait Nietzsche du langage variera assez peu et qu'il s'en tiendra pratiquement toujours à l'acquis de ces premières années.[74]

werden, farblich und typographisch differenziert, sowohl die räumlichen Verhältnisse der Handschrift als auch die verschiedenen Schichten ihrer Niederschrift (mitsamt der dazu verwendeten Tinten und Stifte) Seite für Seite in ein Druckbild übertragen (vgl. Abb. 10 und 11 der Farbtafeln). Mit der Konsequenz, dass auch bisher ausgeschlossene »Notizen und Bemerkungen von äußerlichem und zufälligem Inhalt, z.B. Andeutungen finanzieller Fragen, Berechnungen, Notizen über Preise, Reisen, Spaziergänge, Besuche und dergleichen« erhalten bleiben.[73]

»Ultradiplomatische Umschrift« nennt sich dieses imponierende Verfahren, von dessen Anwendung dann selbst langjährige Nietzsche-Rezipienten erklären: »Ich kann mir nicht vorstellen, dass man daraus wieder ›lesbare Texte‹ macht – wie es das Ziel von Montinari war. Montinari hat-

[71] Im Einzelnen: *Vorlesungen über lateinische Grammatik* (WS 1869–70); *Geschichte der griechischen Beredsamkeit* (WS 1872–73); ⟨*Darstellung der antiken Rhetorik*⟩ (SS 1874) sowie der Essay *Ueber Wahrheit und Lüge im aussermoralischen Sinne*, geschrieben 1873, Erstveröffentlichung in der 10-bändigen *Werkausgabe* 1896, hg. von Fritz Koegel. Zu den nach wie vor bestehenden Datierungsproblemen vgl. MOST/FRIES 1994, S. 17f.; STINGELIN 1996, S. 93 sowie HÖDL 1997, S. 40f.

Zu Nietzsches Lehrtätigkeit in Basel (1869–1879) vgl. auch JANZ 1974; zur Quellen- bzw. Editionslage der Vorlesungen außerdem MOST/FRIES 1994.

[72] LACOUE-LABARTHE 1979, S. 35. Vgl. im Anschluss daran auch DE MAN 1979 a, S. 106.

[73] Vgl. COLLI/MONTINARI in: *Editorische Grundsätze der Kritischen Studienausgabe*; KSA 14, S. 14f. Ebenso GRODDECK/KOHLENBACH 1995, S. 35f.

[74] LACOUE-LABARTHE 1979, S. 34f. Der gleichen Überzeugung ist noch BEHLER 1994, S. 100: »Das Thema der Sprache ist mit dem frühen Nietzsche noch dadurch auf besondere Weise verbunden, daß er sich später nie wieder auf derart intensive Weise mit sprachtheoretischen Problemen beschäftigt hat [...].«

te versucht oder vielmehr gewagt, aus den zahllosen Ansätzen und Neuansätzen, Umformulierungen und Durchstreichungen wieder einen lesbaren Essay zu machen. Dem kann man zwar vertrauen, doch mit dem, was sie auf den jeweiligen [Manuskript-]Seiten vorfinden, hat es wenig zu tun.«[75] Für die Nietzsche-Philologie jedenfalls ist seither die paradoxe Situation entstanden, dass sie aufzulösen beginnt, woran sie selbst jahrzehntelang gearbeitet hat: (lose) Schriften in (kanonisierbare) Werke von Autoren festzustellen.

So genau der historische Hinweis, so ungenau die systematische Reaktion. Konnte doch schon an den Ereignissen der *Zarathustra-Vorrede* gezeigt werden, dass Nietzsche nicht nur dort über Sprache geschrieben hat, wo von Beredsamkeit oder Metaphern zu lesen ist. *Seit 1875 über Rhetorik zu schweigen heißt vielmehr für ihn, ab 1883 mit sehr anderen Kategorien zu einer sehr wohl veränderten Vorstellung der Sprache anzusetzen.* Medienwechsel machen es möglich. Anstatt sich ein weiteres Mal auf »schönes Reden« oder »künstlerische Übertragungen«[76] zu beziehen, geht es diesmal um die Macht, den Körper und das Rauschen – Modalitäten einer Sprache, die zur ›Sprache‹ geworden ist und sich als Abgrund definiert.

NIETZSCHE Zwei lektionale Manöver aber sind nötig, dieses nunmehr in Szene zu setzen: Erstens, die *Hinwendung zu Nietzsches genealogischem* 47, 56, 176, 313 *Fragen* und zweitens, die *Besonderung des Dionysischen*. Keine einfache Lektüre; nicht einmal nahe liegend, denn ihre These ist, dass es nach der Umkehrung klassischer Sprachvorstellungen auch noch zu deren *Verschiebung* kommt.

Oder, worauf sich solche Manöver immer schon eingelassen haben: Es gibt, vor allem in Nietzsches späten Texten, Aphorismen und Fragmenten, eine *unausgewiesene Theorie der Sprache*: *Sie handelt vom Schreiben, der Schrift und ihren Schreibgeräten.*

[75] RAULFF 2001, S. 16; SCHMIDT 2001 a, S. 16.

[76] NIETZSCHE, GB, KGW II/4, S. 371; WL, KSA 1, S. 882.

Von der Rhetorik zur Genealogie: Dritter Akt (I)

Mit Nietzsche von der Sprache zu schreiben, kann auf den ersten Blick kaum noch für Überraschung sorgen. Zu oft schon wurden der Name des Baseler Altphilologen in diesem Zusammenhang genannt. Selbst an deutschen Universitäten, die sich, anders als ihre französischen Nachbarinstitutionen, lange Zeit dagegen gewehrt haben, werden seine Texte inzwischen unter sprachtheoretischen Aspekten rezipiert.[1] Und das mit Recht, sind Nietzsches diesbezügliche Thesen doch keineswegs belanglos. Vielmehr leiten sie, wie im Folgenden gezeigt werden soll, eine mindestens *dreifach kritische Bewegung* gegenüber klassischen Sprach-Vorstellungen ein:

›Détour par la rhétorique‹

> 255, 265, 278, 336 [D]ie Sprache selbst ist das Resultat von lauter rhetorischen Künsten die Kraft, welche Arist[oteles] Rhetorik nennt, an jedem Ding das heraus zu finden u. geltend zu machen, was wirkt u. Eindruck macht, ist zugl. das Wesen der Sprache: diese bezieht sich, ebensowenig wie die Rhetorik, auf das Wahre, auf das Wesen der Dinge, sie will nicht belehren, sondern eine subjektive Erregung u. Annahme auf andere übertragen.[2]

Umwertung der Beredsamkeit

Erstens; Nietzsches These von der Sprache als Rhetorik impliziert eine *erkenntniskritische* Bewegung. Das heißt: Was gesagt (und dann auch geschrieben) wird, was vor allem in Griechenland an epideiktischer, juristischer und politischer Beredsamkeit praktiziert wurde, spricht weniger Sachverhalte aus, als vielmehr seine Hörer an; ist weniger die Bezeichnung objektiver

[1] Vgl. u.a. Simon 1985; Behler 1994; Kalb 2000. Oder, um die Regel sogleich durch Ausnahmen zu bestätigen: In Frankreich schreibt Deleuze 1962 ein Nietzsche-Buch, ohne die Sprachproblematik auch nur zu streifen. In Deutschland dagegen hat schon Mauthner 1890 in seiner Rezension von Ola Hanssons *Friedrich Nietzsche – Seine Persönlichkeit und sein System* letzteren als »Sprachphilosophen« bezeichnet. Zu Mauthner als Nietzsche-Leser vgl. auch Liede 1963-1, S. 254 ff., 328 ff., bzw. Bredeck 1984, S. 587 ff.

[2] Nietzsche, DR, KGW II/4, S 425 f. Auch wenn das hier nicht weiter verfolgt werden kann: Die Auseinandersetzung mit Aristoteles ist für Nietzsches 1874er Vorlesungen charakteristisch. Von dessen *Rhetorik* hat er sogar eine eigene Übersetzung angefertigt; in Nietzsche, KGW II/4, S. 533–611. Vgl. außerdem Otto 1998, S. 223 ff.

Wahrheiten, als vielmehr der Versuch, alle Anwesenden (= Bürger) für sich einzunehmen; ihnen durch geschickten Gebrauch der Worte, durch »Anwenden von Kunstmitteln der Rede«, die eigene Meinung anzuraten, ihre »Ohren [...] zu bestechen«, sie »g l a u b e n« zu machen.[3]

> Die Sprache [notiert Nietzsche zur Vorlesung von 1874] ist Rhetorik, denn sie will nur eine δόξα, keine ἐπιστήμη übertragen. [...] Das volle Wesen der Dinge wird nie erfasst.[4]

Daher die philosophische, zumal bei Aristoteles und Locke geschulte »Abneigung« gegen die »Lust an der schönen Rede«; ihre Präferenz für so genannte »klare Begriffe«.[5] Liebt der Philosoph, wie schon der Name es besagt, die Wahrheit, dann der Rhetoriker die Figurationen seiner Sprache; hat es die Wissenschaft mit den Gegenständen selbst zu tun, dann die Beredsamkeit

[3] NIETZSCHE, DR, KGW II/4, S. 425, 434. Zum Beispiel die Synekdoche (wenn »der Rhetor ›Segel‹ statt ›Schiff‹ ›Welle‹ statt Meer sagt«): Nicht der »wahre Vorgang« (das wirkliche Etwas) wird dadurch ausgedrückt, sondern ein dem Sprecher »hervorstechend scheinendes Merkmal hervorgehoben«, mit dem er seine Hörer »niederzudisputiren« versucht. Ders. DR, KGW II/4, S. 426, 445, 370. Vgl. auch ders. NF, KSA 7, 30[10], S. 735. Zur Rhetorik also gehört die Einsicht, »daß unsäglich mehr daran liegt, w i e d i e D i n g e h e i s s e n, als was sie sind. [...] Aber vergessen wir auch dies nicht: es genügt, neue Namen und Schätzungen und Wahrscheinlichkeiten zu schaffen, um auf die Länge hin neue ›Dinge‹ zu schaffen.« Ders. FW, KSA 3, S. 422.

[4] NIETZSCHE, DR, KGW II/4, S. 426 – weshalb sich an dieser Stelle die Kritik dessen fortsetzt, was bereits aus der *Geburt der Tragödie* als Erkenntnisoptimismus des Sokrates bzw. als 132, 144,
»optimistisches Element im Wesen der Dialektik« zitiert wurde: jener »Glaube an die Ergründlichkeit der Natur der Dinge«; daran, »dass das Denken [...] bis in die tiefsten Abgründe des Seins reiche«. Ders. GT, KSA 1, S. 94 f., 100, 98. 336, 345

1873 ergänzt dazu dann die Fragment gebliebene Schrift über *Philosophie im tragischen Zeitalter der Griechen*: »[S]o ist es heute, nach Kant, eine kecke Ignoranz, wenn es hier und da, besonders auch unter schlecht unterrichteten Theologen, die den Philosophen spielen wollen, als Aufgabe der Philosophie hingestellt wird, das ›Absolute mit dem Bewußtsein zu erfassen‹, etwa gar in der Form: ›Das Absolute ist schon vorhanden, wie könnte es sonst gesucht werden?‹, wie Hegel sich ausgedrückt hat [...].« Ders. PHG, KSA 1, S. 847.

[5] NIETZSCHE, DR, KGW II/4, S. 415, 417; GB, KGW II/2, S. 371. Außerdem ders. DR, KGW II/4, S. 419 f.: »Rein philosophisch u. höchst einflußreich auf alle späteren Begriffsbestimmung⟨en⟩ die Rhetorik des Aristoteles. ῥητορικὴ δύναμις περὶ ἕκαστον τοῦ θεωρῆσαι τὸ ἐνδεχόμενον πιθανόν. [...] Aristot. Topik I, 12 sagt, man behandle eine Sache philosophisch nach der Wahrheit, dialektisch nach dem Schein oder Beifall, nach der Meinung der δόξα Anderer. Dasselbe ließe sich von der Rhetorik aussagen. Beide [Dialektik und Rhetorik] unter den Begriff zu fassen: d i e K u n s t R e c h t z u b e h a l t e n i n R e d e u n d U n t e r r e d u n g: εὖ λεγειν!«.

Außerdem Locke: »(Untersuch. über den menschlichen Verstand III 10 34) ›– wir müssen zugeben, daß die ganze Redekunst, alle die künstliche u. figürliche Anordnung der Wörter, welche die Beredsamkeit erfunden hat, zu nichts weiter dient, als unrichtige Vorstellungen zu erwecken, die Leidenschaften zu erregen, dadurch das Urtheil mißzuleiten u. so in der That eine vollkommene Betrügerei ist.‹« Ders. DR, KGW II/4, S. 415.

mit Verhältnissen und ihren Wirkungen; das sind Metaphern, (gr.) μεταφοραί
52, 82, 102, 260 = ›Übertragungen‹: Ausdrücke, deren »gewöhnliche Bedeutung eine andre ist«; »Wörter[, die] statt anderer Wörter gesetzt [werden]«; Substitutionen: »an Stelle des Eigentliche[n] das Uneigentliche«.[6]

DE MAN Soviel vorerst zur Tradition und ihren Hierarchien. Nietzsche freilich wird das nicht länger für verbindlich halten. Zwar hat er seine Vorlesungen um 1870 in weiten Teilen als historische Darstellungen konzipiert; an einzelnen Kommentaren jedoch lässt sich ablesen, dass es ihm neben der griechischen Beredsamkeit (der Definition ihrer Gattungen, Stile, Techniken usw.) auch darum ging, *Sprache insgesamt als rhetorisch* auszuzeichnen. Er schreibt:

> Tropen treten nicht dann u. wann an die Wörter heran, sondern sind deren eigenste Natur. Von einer »eigentlichen Bedeutung«, die nur in speziellen Fällen übertragen würde, kann keine Rede sein.[7]

Und ein paar Zeilen weiter:

> Alle Wörter sind an sich u. von Anfang ⟨an⟩, in Bezug auf ihre Bedeutung Tropen. [...] Eigentlich ist alles Figuration, was man gewöhnliche Rede nennt. [...] Es giebt gar keine unrhetorische »Natürlichkeit« der Sprache, an die man appelliren könnte.

Anstatt also einen spezifischen, in wohldefinierten Grenzen gehaltenen Sprachgebrauch figurativ zu nennen, anstatt außerdem seine Techniken als ›Accidenz‹ (wie bei Aristoteles) oder gar ›Betrügereien‹ (wie bei Locke) zu bewerten und mithin abzuwerten, kommt es Nietzsche auf das an, was de Man als »a previous theory of figures of speech or tropes« bezeichnet hat.[8] Nicht die Rhetorik ist Teil der Sprache, sondern *umgekehrt* – »[i]t marks a full reversal of the established priorities« – es ist die Sprache selbst, die
257, 265, 278, 344 stets und vor allem rhetorisch funktioniert.

[6] NIETZSCHE, DR, KGW II/4, S. 444, 449. Außerdem auf S. 443: »Als Bezeichnung für Übertragungen hatten die Griechen zuerst (z.B. Isocrates) μεταφορά, auch Aristoteles. Hermagoras sagt, daß bei den Grammatikern noch μεταφορά heiße, was die Rhetoriker τρόπος nannten.«

[7] NIETZSCHE, DR, KGW II/4, S. 427. Das direkt folgende Zitat S. 425 ff.

[8] NIETZSCHE, DR, KGW II/4, S. 419, 414 sowie DE MAN 1979 a, S. 105. Das direkt folgende Zitat S. 106. Im Anschluss daran auch FIETZ 1992, S. 135, 166 f. mit seiner Formel von der »ursprünglichen Metaphorizität« der Sprache. Als solche ist sie keine »beliebige Form«, sondern »zielt auf die Möglichkeits- und Funktionsbedingungen sprachlicher Form überhaupt. [...] Der Substitutionscharakter der Metapher wird damit hinfällig.«

> The trope is not a derived, marginal, or aberrant form of language but the linguistic paradigm par excellence. The figurative structure is not one linguistic mode among others but it characterizes language as such.[9]

Gerber radikalisiert

LACOUE-LABARTHE/NANCY Ist man bereit dieser Einschätzung zu folgen, dann gilt aber auch: Nietzsches Darstellung und Geschichte der griechischen Beredsamkeit impliziert als These die *Generalisierung des Rhetorischen*; ihre Entgrenzung von einer literaturwissenschaftlichen Kategorie zur konstitutiven Form von Sprache überhaupt; dass sie als Ausnahme zeigt, wie das Allgemeine funktioniert.[11] So ergeben die Eigenschaften der δόξα zugleich die Eigenschaften der ἐπιστήμη. Ja mehr noch: Als Rede sitzen beide im selben Boot; sind keine »wählbaren Alternativen« mehr, kein ›Entweder...oder‹, sondern werden getragen von der »durchgängigen Tropik und Figuralität der Sprache«.[12] *Befreit vom Makel ihrer Zweitrangigkeit wird Rhetorik zum Modell.*

Mit der Konsequenz, dass Philosophen und Sophisten, begriffliche und metaphorische Redner, seit je her eine ganz »überflüssig heftige Feindseligkeit« gegeneinander aufbringt.

Nun stellt sich die Frage, wie Nietzsche zu dieser Umkehrung traditioneller Hierarchien kommt; was er tut, um daraus mehr als eine Behauptung zu machen, eine neuerliche Pro-

»Le seul moyen qu'il y ait en effet de penser l'origine rhétorique du langage est de mobiliser le concept d'*inconscient*.«[10]

Tatsächlich verändert die Generalisierung des Rhetorischen den Begriff der Rhetorik selber; genauer gesagt: Für Nietzsche hat er aufgehört einzig und allein das »bewußte Anwenden von Kunstmitteln der Rede« zu bezeichnen. Stattdessen, so der Altphilologe weiter, ist es »nicht schwer zu beweisen, daß was man, als Mittel bewußter Kunst ›rhetorisch‹ nennt, als Mittel unbewußter Kunst in der Sprache u. deren Werden thätig waren, ja daß die Rhetorik eine Fortbildung der in der Sprache gelegenen Kunstmittel ist, am hellen Lichte des Verstandes.«[13] Hat

[9] DE MAN 1979 a, S. 105 – nicht anders als LACOUE-LABARTHE 1979, S. 46: »La langue grecque révèle, parce qu'elle a engendré la rhétorique, l'essence du langage lui-même.«
Außerdem: Was bei de Man Umkehrung (›reversal‹) heißt, wird von LACOUE-LABARTHE 1979, S. 35 als »ce passage (ou ce détour) par la rhétorique«, von KREMER-MARIETTI 1992, S. 9, 42 als »tour rhétorique« bestätigt.

[10] LACOUE-LABARTHE 1979, S. 47.

[11] Im Anlehnung an LACOUE-LABARTHE 1979, S. 46: »Le »concept de la rhétorique« [...] se ›généralise‹«. Vgl. aber auch. KITTLER 1979 b, S. 192 sowie BOLZ 2000 b, S. 52.

[12] KOPPERSCHMIDT 1994, S. 44 (ebenso auf S. 48: »Alle Definitionsmerkmale der Rhetorik sind auch Definitionsmerkmale der Sprache überhaupt«); MOST/FRIES 1994, S. 25. Das direkt folgende Zitat NIETZSCHE, GB, KGW II/2, S. 371.

[13] NIETZSCHE, DR, KGW II/4, S. 425f. Ebenso das direkt folgende Zitat.
Außerdem in der 1869–70er *Vorlesung über lateinische Grammatik*: »D i e S p r a c h e i s t w e d e r d a s b e w u ß t e W e r k e i n z e l n e r n o c h e i n e r →

vokation gegen die Gewohnheiten der Philosophie und Altphilologie?

Darauf lässt sich eine *quellenkritische* und eine *medientheoretische* Antwort geben, deren erste insbesondere mit dem Namen Gustav Gerber verbunden ist. Denn bekanntlich hat Nietzsche den ersten Band von dessen Buch *Die Sprache als Kunst* nicht nur im September 1872 aus der Baseler Universitätsbibliothek ausgeliehen, sondern auch für seine Rhetorik-Vorlesungen daraus exzerpiert, um nicht zu sagen, da Anführungszeichen durchweg fehlen: abgeschrieben.[14] Die Konkordanz der Textstellen liegt inzwischen vor und braucht hier nicht weiter kommentiert zu werden.[15] Es genügt die Bemerkung, dass Nietzsche den Gerber'schen Versuch zur Rehabilitierung persuasiver Eigenschaften der Rede zumindest
253,278, 321,336 radikalisiert hat: »Die Sprache ist Rhetorik«, notiert er 1874 in seiner Vorlesung – ein Satz, für den es beim Bromberger Gymnasialdirektor tatsächlich keine Vorlage gibt.[16]

alles Reden figurativen Charakter, steht es dem Redner nicht frei, keinen Gebrauch davon zu machen. Funktioniert Sprache generell als Rhetorik, ist dem Bewusstsein die Entscheidung darüber entzogen – systematisch, wie beschrieben, aber auch praktisch, denn schon die Geschwindigkeit, in der aus Anlässen Wörter resultieren, *unterläuft die Kontrolle ihrer Subjekte*: »Unsere Lautäußerungen warten keineswegs ab, bis unsere Wahrnehmung u. Erfahrung uns zu einer vielseitigen irgendwie respektablen Erkenntniß der Dinge verholfen hat: sie erfolgen sofort, wenn der Reiz empfunden ist.«

M e h r h e i t.« Denn: »Jedes bewußte Denken erst mit Hülfe der Sprache möglich.« Ders. LG, KGW II/2, S. 185.

[14] Vgl. u.a. Crescenzi 1994, S. 418; Most/Fries 1994, S. 24 sowie Kopperschmidt 1994, S. 39. Werkgeschichtlich also setzt Nietzsches Beschäftigung mit der Rhetorik kurz nach der *Geburt der Tragödie* (erschienen am 2. Januar 1872) ein. Dazu Lacoue-Labarthe 1979, S. 37.

Bezüglich jenes *Abschreibens* aber gilt für Nietzsche im Allgemeinen, was er bereits seiner Tragödienschrift im Besonderen attestiert hatte: »Denen, welche nur eine g e l e h r t e Befriedigung dabei empfinden wollen, habe ich es nicht leicht gemacht, weil ich auf sie zuletzt gar nicht rechne. Die Citate fehlen.« Nietzsche, NF, KSA 7, 19[55], S. 437.

[15] Auch wenn Janz 1978 dreibändig darüber schweigt: Zuerst verfolgt haben Nietzsches eigenen Hinweis auf »Gustav Gerber ›die Sprache als Kunst‹ Bromberg 1871« (Nietzsche, DR, KGW II/4, S. 428) Lacoue-Labarthe/Nancy 1971, die Teile der Rhetorik-Vorlesungen ins Französische übersetzt und mit einem ausführlichen Apparat versehen haben.

Zur Konkordanz Gerber-Nietzsche vgl. Meijers/Stingelin 1988. Zur Problematik insgesamt de Man 1979 a, S. 104f.; Fietz 1992, S. 132ff. sowie Most/Fries 1994, S. 20f., 23 (dort auch eine Liste der weiteren von Nietzsche für seine Rhetorik-Vorlesungen und *Ueber Wahrheit und Lüge im aussermoralischen Sinne* herangezogenen Quellen).

[16] Nietzsche, DR, KGW II/4, S. 426. Das Beispiel liefert Kopperschmidt 1994, S. 47f. Allerdings ist auch de Man 1979 a, S. 106 schon der Auffassung, diese Formulierung sei »more categorical, in this relatively early Nietzsche text, than in the predecessors from which it stems.«

Medien der Sprachbildung: physiologisch

Als zweite, nunmehr medientheoretische Antwort kann darüber hinaus Nietzsches *differenzierte Lesart des Metaphernbegriffs* gelten. Sie macht deutlich, was bisher nur angedeutet wurde: Dass nämlich deren traditionelle, an der Substitution des Eigentlichen durch das Uneigentliche orientierte Bestimmung von ihrer Funktion als *Übertragung* zu unterscheiden ist.[17] 1873, in jenem »pro memoria« verfassten und deshalb »geheim gehaltenen Schriftstück ›über Wahrheit und Lüge im aussermoralischen Sinne‹«, heißt es dazu:

> Was ist ein Wort? Die Abbildung eines Nervenreizes in Lauten. [...] Das »Ding an sich« ist auch dem Sprachbildner ganz unfasslich und ganz und gar nicht erstrebenswert. Er bezeichnet nur die Relation der Dinge zu den Menschen und nimmt zu deren Ausdruck die kühnsten Metaphern zur Hilfe. Ein Nervenreiz, zuerst übertragen in ein Bild! Erste Metapher. Das Bild wird nachgeformt in einem Laut! Zweite Metapher.[18] 102, 237, 255, 358

So tritt das Wie der *Sprachbildung* auf den Plan, um das Was der Wörter zu erkunden. Oder: Nietzsches Interesse an der epistemischen Leistung von Metaphern ist zugleich sein Interesse an der »Genesis der Sprache«[19]; daran, die Zeichen der Zeit im Raum der Zeichen zu verfolgen. Nicht fertige Formulierungen soll sie klassifizieren, vielmehr deren Konstituierungspro-

[17] Genauer: Als Übertragung ersetzt die Metapher ein Wort durch ein anderes Wort, statt Eines durch ein Anderes. Ihre Ausrichtung ist deshalb horizontal und nicht vertikal; sie funktioniert als Differenzialität (zwischen Worten) und nicht als Repräsentation (von Wort und Welt). 29, 49, 162, 264

[18] Nietzsche, MA-2, KSA 2, S. 370; NF, KSA 11, 26[372], S. 249 sowie ders. WL, KSA 1, S. 878f. Sehr ähnlich auch ein Jahr später in der Rhetorik-Vorlesung: »Der sprachbildende Mensch faßt nicht Dinge oder Vorgänge auf, sondern Reize: er giebt nicht Empfindungen wieder, sondern sogar nur Abbildungen von Empfindungen. Die Empfindung durch einen Nervenreiz hervorgerufen, nimmt das Ding nicht selbst auf: diese Empfindung wird nach außen hin durch ein Bild dargestellt [...].« Ders. DR, KGW II/4, S. 426.

[19] Nietzsche, WL, KSA 1, S. 878. Die direkt folgenden Zitate S. 877 sowie ders. DR, KGW II/4, S. 426.

Durch solche Übertragung auf die Sprachgenese aber wird der Metaphernbegriff selber metaphorisch gebraucht (vgl. Lacoue-Labarthe 1979, S. 51: »un usage lui-même métaphorique du concept de métaphore«). Das heißt: Auch Nietzsches Metapherntheorie unterliegt der Erkenntnis- bzw. Sprachkritik, die sie entwickelt. (Ricœur 1975, S. 364 hat dies »l'auto-implication de la métaphore« genannt: »Il n'y a pas de discours sur la métaphore qui ne se dise dans un réseau conceptuel lui-même engendré métaphoriquement. Il n'y a pas de lieu non métaphorique d'où l'on aperçoive l'ordre et la clôture du champ métaphorique.« 52, 262, 284, 291

Genauso wie die »Fabel«, mit der *Ueber Wahrheit und Lüge* beginnt, kein Schopenhauer-Plagiat ist, vielmehr der Hinweis, dass hier Sprache über Sprache stattfindet – und also die Regeln des Dargestellten gleichermaßen für die Darstellung der Regeln gelten. Nietzsche, WL, KSA 1, S. 875, bzw. Schopenhauer 1844, S. 11. Vgl. dazu auch Hoff 2002, S. 76: »*Ueber Wahrheit und Lüge* macht aus ihm [= Nietzsche] in der Selbstanwendung seiner metaphorologischen Theorie der Sprache einen Metaphoriker«.

zesse beschreiben; nicht den Wortschatz von Subjekten erschließen (jene
174,203 Tresore, Depots oder Lexika), als vielmehr nach deren Entstehung fragen. Ist sie zum »wichtigsten Kunstmittel der Rhetorik« geworden, dann weil sich mit ihr zeigen lässt, auf welche Art und Weise »die Gesetzgebung der Sprache auch die ersten Gesetze der Wahrheit giebt«.

FIETZ In der neueren (deutschen) Nietzsche-Forschung, nicht zuletzt gedrängt durch ›linguistic turn‹ und französische Theoriebildungen, hat diese These einigermaßen Karriere gemacht.[20] Allerdings, schon für *Ueber Wahrheit und Lüge* gilt: *Unter dem Vorzeichen der Metapher wird Erkenntniskritik nicht nur sprachkritisch zugespitzt, sondern die Sprache zugleich als Medienverbund beschrieben* – Nervenreize, Bilder und Laute; in den Worten der Rhetorik-Vorlesung: »Empfindungen«, »Abbildungen« und »Lautäußerungen«. Insofern
169,173, 274,348 sie physiologisch induzierte und keine technischen Medien sind, wird an ihnen die *Körperlichkeit jeder Sprachbildung* offenbar. Bei Rudolf Fietz steht dazu kurz und bündig:

> Metaphorik ist sichtbar gemachte Medialität.[21]

Was nichts anderes heißt, als dass es für Nietzsche weder Wahrnehmungen noch Wahrheiten jenseits unserer immer schon medial verfassten Sprache gibt. Der Mensch weiß nichts von den »Dingen unmittelbar, als reine Objek-
88,162, 187,311 te«[22], sondern empfindet Zustände seines Körpers: »subjektive Reizungen«

[20] Etwa bei Kopperschmidt 1994, S. 41; Behler 1994, S. 100 oder Stingelin 1996, S. 9; ders. 2000 b, S. 313 ff. Vgl. aber auch Kalb 2000, S. 40 f., 144. Auf diese Weise wird zumindest überholt, dass Habermas 1968 Nietzsches *Ueber Wahrheit und Lüge* unter dem Titel »Erkenntnistheoretische Schriften« herausgegeben hat.

Die direkt folgenden Zitate Nietzsche, DR, KGW II/4, S. 426.

[21] Fietz 1992, S. 174. Und einige Zeilen weiter: Metaphern stellen den »Prozeß medialer Bedeutungskonstitution«, den »konstitutiven Status des Mediums«, den »nicht hintergehbaren Primat des Signifikanten« dar.

Davor hat m.W. nur Kittler 1979, S. 192 in einer kurzen Bemerkung auf die auch medientheoretische Relevanz von *Ueber Wahrheit und Lüge* hingewiesen. Was hingegen Hödl 1997, S. 85 deren »›objektive‹ Wendung« nennt, dass sie im Unterschied zur *Geburt der Tragödie* »nicht mehr von als ›Willensregungen‹ bestimmten Gefühlen ausgeht, sondern von Nervenreizen«, ist an dieser Stelle nicht ausreichend.

[22] Dabei gilt streng genommen, dass unser Wissen weder »dem Wesen der Dinge entstammt« noch wir »zu sagen wagten, dass es ihm nicht entspricht: das wäre nämlich eine dogmatische Behauptung und als solche ebenso unerweislich als ihr Gegenteil.« (Nietzsche, WL, KSA 1, S. 880) Eine These, durch die Erkenntniskritik nicht relativiert, sondern radikalisiert wird, denn erst ihre Ambivalenz: auch das Nicht-Wissen nicht wissen zu können, erschüttert, wie de Man, 1979 b, S. 123 es nennt, »our ontological confidence. [...] We cannot say that we know ›das Seiende‹ nor can it be said that we do not know it. What can be said is that we do not know whether or not we know it because the knowledge we once thought we possessed has been shown to be open to suspicion.« Im Anschluss daran auch Hödl 1997, S. 91 f.

(den »Fluss der Blutströme«, »verwickelte Fasererzitterungen« etc.), die daraufhin in optische und akustische »Sphären« übertragen werden; von denen aber rückzuschließen »auf eine Ursache ausser uns bereits das Resultat einer falschen und unberechtigten Anwendung des Satzes vom Grunde« darstellt.[23] Statt sich auf einen absoluten Anfang zu berufen, statt von der Gewissheit erster und einfacher Dinge auszugehen, ist es ein zweifach metaphorischer Prozess, durch den Wahrheit jeweils hervorgebracht wird. Mit anderen Worten: Indem für Nietzsche alles Erkennen die Sprachbildung und also ein »bewegliches Heer von Metaphern« voraussetzt; indem er zeigt, dass »das ganze Material worin und womit [...] der Forscher, der Philosoph arbeitet und baut«, aus lauter »willkürlichen [, weil ebenso »kühnen« wie »künstlerischen«] Uebertragungen« besteht, hat er ihrem Objektivismus den Boden entzogen, hat ihn gegenstandslos gemacht.[24] Der einstige Anfang fehlt, deshalb steht nun das Fehlen selbst am Anfang. Oder: Erkennen heißt immer schon Verkennen; heißt, dass es

> zwischen zwei absolut verschiedenen Sphären, wie zwischen Subjekt und Objekt, keine Causalität, keine Richtigkeit, keinen Ausdruck giebt, sondern höchstens ein <u>ästhetisches</u> Verhalten, ich meine eine angedeutete Uebertragung, eine nachstammelnde Uebersetzung[25]; 272, 308, 342

[23] Nietzsche, WL, KSA 1, S. 876, 883, 879; NF, KSA 7, 19[217], S. 487, 19[101], S. 452: »Von vorn herein sehen wir ja die Bilder im Auge nur in uns, wir hören den Ton nur in uns – von da zur Annahme einer Außenwelt ist ein weiter Schritt. [...] Die Sinne machen uns etwas vor.« Außerdem ders. DR, KGW II/4, S. 426: »Nicht die Dinge treten ins Bewußtsein, sondern die Art, wie wir zu ihnen stehen das πιθανόν.« Bei Blumenberg 1979, S. 88 ist dann ganz ähnlich zu lesen, Metaphern seien »beherrscht vom Prinzip des unzureichenden Grundes.«

[24] Vgl. Nietzsche, WL, KSA 1, S. 878f., 880, 885. Mit Rücksicht auf den Titel des Aufsatzes gilt deshalb auch, dass sich »Wahrheit« und »Lüge« nicht wechselseitig ausschließen, sondern die Lüge zur immanenten Bedingung der Wahrheit geworden ist – und zwar im »aussermoralischen Sinne«, denn »wahrhaft zu sein, das heisst die usuellen Metaphern zu gebrauchen«, heißt, »nach einer festen Konvention zu lügen«. Und deshalb: »Wahrheiten sind Illusionen, von denen man vergessen hat, dass sie welche sind [...], eine Summe von menschlichen Relationen, die, poetisch und rhetorisch gesteigert, übertragen, geschmückt wurden und die nach langem Gebrauch einem Volke fest, canonisch und verbindlich dünken.« Ders. WL, KSA 1, S. 873, 880f. Vgl. dazu auch ders. NF, KSA 7, 19[229], S. 492.

[25] Nietzsche, WL, KSA 1, S. 884. Die direkt folgenden Zitate S. 877, 886. Dazu aus den *Nachgelassenen Fragmenten* von 1872/73: »Der Begriff ›Bleistift‹ wird verwechselt mit dem ›Ding‹ Bleistift [mit dem Nietzsche diese Notiz tatsächlich geschrieben hat]. Das ›ist‹ im synthetischen Urtheil ist falsch, es enthält eine <u>Übertragung</u>, zwei verschiedene Sphären werden neben einander gestellt, zwischen denen nie eine Gleichung stattfinden kann.« (Ders. NF, KSA 7, 19[242], S. 495f.) Wo also einst die Dinge selbst erkannt werden sollten, steht nunmehr ein Medienverbund: irreduzibel und ohne Tranzparenz, der »das Wissen in eine künstlerische Weltconception hineinzieht«. (Ders. NF, KSA 7, 19[52], S. 436) Oder: *An die Stelle der Objekte ist die Objektivität metaphorischer Prozesse getreten.* 82, 102, 237, 273

und dass sich infolgedessen der Mensch eine »gleichmässig gültige und verbindliche Bezeichnung der Dinge erfindet«. Wahrheit ist, was schließlich so genannt wird, denn die Entwirklichung ihres Grundes führt zu deren Verwirklichung durch das Subjekt; zur Geburt einer »anthropomorphischen Welt« aus den Vollzügen der Metapher. Nur was »wir selbst an die Dinge heranbringen«, was »wir in uns und aus uns produciren«, ist »uns wirklich daran bekannt«. Alles andere bleibt ein »unzugängliches und undefinierbares X«.[26]

Dabei beginnt *Ueber Wahrheit und Lüge* mit der Feststellung, dass der Mensch, indem er sich »als Maass an alle Dinge hält«, keineswegs zu deren »Centrum« geworden ist: »als ob die Angeln der Welt sich in ihm drehten«.[27]
267 *Anthropomorphismus ist an dieser Stelle kein Anthropozentrismus*, denn es gibt für den Menschen »keine weitere Mission, die über das Menschenleben hinausführte. [...] Es gab Ewigkeiten, in denen er nicht war; wenn es wieder mit ihm vorbei ist, wird sich nichts begeben haben.« Was der Mensch weiß, weiß er nur von *seinem* Standpunkt aus; der aber ist in jedem Fall *relativ*: ein »tastendes Spiel auf dem Rücken der Dinge«; und man muss für Nietzsche schon zu den »stolzesten Menschen, den Philosophen« gehören, um das »Schattenhafte« und »Flüchtige«, die »Täuschungen« und »Illusionen« daran zu verleugnen.

[26] Nietzsche, WL, KSA 1, S. 885, 880. *Dass* Nietzsche, wie zuvor schon das ›Ding an sich‹, auch dieses ›X‹ aus Kants *Kritik der reinen Vernuft* entliehen hat, ist offenkundig und deshalb nicht weiter zu verfolgen – ganz im Gegensatz zu deren *Anwendung*, die nämlich offen lässt, ob ihnen nun ein ontologischer oder ein methodischer Status zugeschrieben wird; ob es also zwei Wirklichkeiten neben- bzw. nacheinander gibt (eine der Dinge und eine der Wörter; eine an sich seiende und eine für uns erscheinende) oder ob die kantischen Termini nur aufgerufen werden: als historische Zitate, um sich dann sowohl von ihnen als auch ihrer dualistischen Konzeption abzusetzen. Anders gefragt: Ist für Nietzsche jenes ›X‹ wirk-sam aber unerkennbar oder unerkennbar und infolgedessen auch nicht wirk-lich? Zweifelt er gar an ihm selbst oder nur an der Möglichkeit dieses ›selbst‹ zu repräsentieren? Geht er davon aus, dass Wahrheit wenigstens mittelbar noch von Gegenständen evoziert wird (als »Relation« zu den Menschen) oder »frei erdichtet und frei erfunden« durch die Leistungen der Metapher? Ders, WL, KSA 1, S. 878f., 884. Vgl. aber auch ders. MA-1, KSA 2, S. 30.

Wie auch immer, *Ueber Wahrheit und Lüge* ist nicht Nietzsches letztes Wort zur Sprache, sondern nach seiner 1889 selbst skizzierten »Geschichte eines Irrtums« erst die dritte von sechs Phasen: »Die wahre Welt, unerreichbar, unbeweisbar, unversprechbar, aber schon
32,106, als gedacht ein Trost, eine Verpflichtung, ein Imperativ. / (Die alte Sonne im Grunde, aber
183,351 durch Nebel und Skepsis hindurch; die Idee sublim geworden, bleich, nordisch, königsbergisch.)« Ders. GD, KSA 6, S. 80.

[27] Nietzsche, WL, KSA 1, S. 883, 875. Ebenso die direkt folgenden Zitate. Später auch: »Die Centralisation ist gar keine so vollkommene – und die Einbildung der Vernunft, dies Centrum zu sein ist gewiß der größte Mangel dieser Vollkommenheit.« Ders. NF, KSA 9, 11[132], S. 490.

So gleicht das Erkennen der Welt einem »Traum«; freilich mit geöffneten 34,73,
Augen und bei wachem Verstand: Der Blick »gleitet nur auf der Oberfläche 113,331/ 28,66,
der Dinge herum und sieht ›Formen‹«; er »führt nirgends in die Wahrheit, 179,214
sondern begnügt sich, Reize zu empfangen«.[28] Das aber heißt: Der von Nietzsche beschriebene Anthropomorphismus stellt nicht nur die *Bedingung der Möglichkeit*, sondern auch der *Unmöglichkeit von Wahrheit* dar; er funktioniert zugleich als Grenzbestimmung der Erkenntnis: »Verschweigt die Natur ihm [= dem Menschen] nicht das allermeiste, selbst über seinen Körper, um ihn [...] in ein stolzes, gauklerisches Bewusstsein zu bannen und einzuschliessen?« Die Bejahung dieser Frage (als Zustimmung und Positivierung) folgt noch im gleichen Absatz: »Sie [= die Natur] warf den Schlüssel weg: und wehe der verhängnissvollen Neubegier, die durch eine Spalte einmal aus dem Bewusstseinszimmer heraus und hinab zu sehen vermöchte und die jetzt ahnte, dass auf dem Erbarmungslosen, dem Gierigen, dem Unersättlichen, dem Mörderischen der Mensch ruht in der Gleichgültigkeit seines Nichtwissens [...]« – eine bemerkenswerte, obwohl in diesem Kontext fragwürdige Formulierung; weshalb sie weniger als Widerspruch denn als Versprechen gelesen werden sollte.

Metaphern und Leistung der Begriffe

NIETZSCHE Alles Reden ist für Nietzsche der Vollzug von Metaphern. Mit dieser These freilich hat er den Wahrheitsanspruch des Menschen nicht verabschiedet, wie einige meinen,[29] vielmehr an die mediale Verfasstheit der Sprache geknüpft. Auch und gerade dort, wo man traditionell das
Phantasma reiner Sachverhalte pflegt: »Der Philosoph in den Netzen der 38,52,
Sprache eingefangen.« Hinter den Metaphern nach deren eigentlich 234,296
begrifflichen Bedeutungen suchen zu wollen, hält Nietzsche deshalb für verkehrt. Jedenfalls schreibt er in *Ueber Wahrheit und Lüge*, dass die

[28] Nietzsche, WL, KSA 1, S. 886f., 875. Ebenso die direkt folgenden Zitate. Außerdem ders. NF, KSA 12, 2[33], S. 80: »Bleib uns tapfer zur Seite, spöttischer Leichtsinn: kühle uns, Wind, der über Gletscher gelaufen ist: wir wollen nichts mehr ans Herz nehmen, wir wollen zur Maske beten.«

[29] Zum Beispiel Habermas 1968, S. 255; ders. 1988 b, S. 106f., 148–151; Behler 1994, S. 101; Kopperschmidt 1994, S. 53. Aber auch Bolz 1991, S. 59f., der behauptet, Nietzsche hätte »immer wieder betont, der Wahrheitsbegriff sei unsinnig«.

Was sich dagegen feststellen lässt, ist Nietzsches Interesse, Wahrheiten zu *historisieren*; d.h. ihnen als Resultate metaphorischer Prozesse eine ebenso überzeitliche wie universale Gültigkeit abzusprechen: »[W]elches ›das ist‹ bisher auch aufgestellt wurde, eine spätere und feinere Zeit hat immer wieder daran aufgedeckt, daß es nicht mehr ist als ›das bedeutet‹«. (Ders. NF, KSA 11, 40[27], S. 643) Noch einmal die These: Jede Erkenntnis ist unvermeidlich subjektiv und deshalb nicht unbedingt wahr; sie wird vielmehr zu bestimmten Zeiten an bestimmten Orten in durchaus verbindlicher Weise für wahr gehalten: als Konvention.

Das direkt folgende Zitat Nietzsche, NF, KSA 7, 19[135], S. 463.

> künstlerische Übertragung eines Nervenreizes in Bilder, wenn nicht die Mutter, so doch die Grossmutter eines jeden Begriffs ist.[30]

Das Verkehrte also wird umgekehrt; wie die Rhetorik-Vorlesung im darauf folgenden Jahr bestätigt: Nicht Metaphern substituieren Begriffe: als nachträgliches Ornament, gar als Ausflucht ins Ungefähre, sondern die Begriffe entstehen durch das »Hart- und Starr-Werden von Metaphern«.[31] Ist Reden im Allgemeinen das Resultat einer zweifachen Übertragung, dann ist jeder Begriff im Speziellen die Fortsetzung dieser Genese (gleichsam eine dritte Übertragung); stehen körperliche Empfindungen an ihrem Anfang, dann ist die »Herrschaft der Abstraktionen« an ihrem Ende. So funktionieren für Nietzsche metaphorische Prozesse als Bedingung auch der philosophischen Fachsprache; oder, um Missverständnisse zu vermeiden: Es ist nicht so, dass zunächst Metaphern (als Noch-nicht-Begriffe) und dann Begriffe (als Nicht-mehr-Metaphern) gebildet werden, sondern erstere sind zum internen Mechanismus der letzteren geworden.

Das aber heißt keineswegs, Begriffe würden nun ihrerseits denunziert oder abgewertet. Ganz und gar nicht, denn mit ihnen

> ist etwas möglich, was niemals unter den anschaulichen ersten Eindrücken gelingen möchte: eine pyramidale Ordnung nach Kasten und Graden aufzubauen, eine neue Welt von Gesetzen, Privilegien, Unterordnungen, Gränzbestimmungen zu schaffen, die nun der anderen anschaulichen Welt der ersten Eindrücke gegenübertritt als das Festere, Allgemeinere, Bekanntere, Menschlichere und daher als das Regulirende und Imperativische.[32]

Zweifellos entkommt Nietzsche hier nur knapp den romantischen Klischees von Wissenschaft. Wohl hält er deren Begriffe für »kühl« und »entfärbt«, schreibt ihnen
66, 70, die »starre Regelmässigkeit eines römischen Columbariums« zu, unterstellt ihrem
204, 270 Anspruch auf Allgemeingültigkeit das »Weglassen des Ungleichen«, das »Vergessen

[30] Nietzsche, WL, KSA 1, S. 882.

[31] Nietzsche, WL, KSA 1, S. 884. Das direkt folgende Zitat S. 881.
Dabei gilt das Umgekehrte für den Baseler Professor nicht nur systematisch, sondern auch historisch: »›Wie im Schreiben Bilderschrift früher war, als Buchstabenschrift‹«, zitiert er aus Jean Pauls *Vorschule der Ästhetik*, »›so war im Sprechen die Metapher, insofern sie Verhältnisse u. nicht Gegenstände bezeichnet, das f r ü h e r e Wort, welches sich erst allmählich zum e i g e n t l. A u s d r u c k e entfärben mußte‹.« Ders. DR, KGW II/4, S. 442 f.

[32] Nietzsche, WL, KSA 1, S. 881 f. Vgl. auch Fietz, 1992, S. 168 ff., der die genetische nicht genau genug von der lexikalischen Funktion der Metapher unterscheidet und deshalb dazu neigt, sie insgesamt gegen Begriffe auszuspielen.

des Individuellen«;[33] gleichzeitig jedoch ist er bestrebt, den wissenschaftlichen Sprachgebrauch als *konstruktiv* und *nützlich* hervorzuheben. Konstruktiv, weil ihm »auf beweglichen Fundamenten und gleichsam auf fliessendem Wasser das Aufthürmen eines unendlich complizirten Begriffsdomes gelingt«; nützlich, weil durch das »Fixiren« von Wahrheit wenigstens das allergröbste bellum omnium contra omnes aus der Welt verschwindet«.[34] Mit anderen Worten: Der Mensch baut einerseits »jenes ungeheure Gebälk und Bretterwerk der Begriffe«, um dadurch andererseits seinen »hauptsächlichen Nöthen« zu trotzen; um weder von »plötzlichen Eindrücken [...] fortgerissen zu werden« und sich »selbst zu verlieren«, noch vor der »Verpflichtung« zurückzuweichen, »die die Gesellschaft, um zu existiren, stellt«.[35]

Begriffsbildung also ist lebensnotwendig, in Nietzsches Metapherntheorie keine beliebige Praktik, die auch abgeschafft werden könnte, vielmehr das »Fabrizieren« und deshalb »Verstehen der Welt als eines menschenartigen Dinges«.

Sprache in der Sprache

DE MAN Zweitens: Dass für den Baseler Philologen nicht die Objekte an sich wahrgenommen, sondern durch die Objektivität eines Medienverbundes konstituiert werden, impliziert zugleich eine *repräsentationskritische* Bewegung. 29, 49, 162, 258
Wie nämlich verhält es sich »mit jenen Conventionen der Sprache? [...] Decken

[33] NIETZSCHE, WL, KSA 1, S. 881f. »Der Begriff entsteht aus einem Gleichsetzen des Nichtgleichen: d.h. durch die Täuschung, es gäbe ein Gleiches, durch die Voraussetzung von I d e n t i t ä t e n: also durch falsche Anschauungen. / Man sieht einen Menschen gehen: nennt es ›gehen‹. Jetzt einen Affen, Hund: sagt auch ›gehen‹. [...] / Die[se] Abstraktion ist ein höchst wichtiges Erzeugniß.« Ders. NF, KSA 7, 23[11], S. 542, 19[217], S. 487.

Von diesem Motiv (wenn auch nicht von dieser Textstelle) gehen dann all jene aus, die bei Nietzsche eine Theorie des Zeichengebrauchs als »Abkürzung« rekonstruieren wollen: 289, 359
etwa STINGELIN 1994, S. 88, 91f. (»Ihre Begründung ist ursprünglich anthropologisch: Sie steht unter den Bedingungen des Zeitmangels und ist ein Tribut an die Sterblichkeit der menschlichen Natur«); SIMON 1995, S. 84f. (»*Jedes* Zeichen kann als Abkürzung für eine ganze Reihe von ›gewesenen‹ Zeichen aufgefaßt werden«); STEGMAIER 2001, S. 82ff. (»Die alltägliche Orientierung steht dauernd unter Handlungsdruck. Es geht in ihr nicht primär darum, was ›die Dinge‹ sind, sondern wie man mit ihnen zurechtkommt und daß man schnell mit ihnen zurechtkommt. Dazu hält man sich zumeist an grobe, hochgradig vereinfachte Schemata. [...] Abstrahieren und Simplifizieren des Geschehens [durch »Begriffsbildung« bzw. »Zeichen«] faßt Nietzsche mit dem Wort ›Abbreviatur-Fähigkeit‹, später als ›Abkürzung‹ 18, 27,
zusammen.«). Also auch hier: Es geht Nietzsche nicht um die pauschale Abwertung von 170, 266
›Begriffen‹, sondern darum, ihre ebenso spezifische wie positive Leistung hervorzuheben.

[34] NIETZSCHE, WL, KSA 1, S. 882, 877. Ein »Bau«, heißt es auch, »wie aus Spinnefäden«; ein »zarter Stoff«, den der Mensch mit der »Nothwendigkeit, mit der die Spinne spinnt«, aus »sich heraus producirt«. Ders. WL, KSA 1, S. 882, 885.

[35] NIETZSCHE, WL, KSA 1, S. 888, 881, 886f. »Der G l a u b e a n d i e W a h r h e i t ist dem Menschen nöthig. / Die Wahrheit erscheint als sociales Bedürfniß.« Ders. NF, KSA 7, 19[175], S. 473.

Die direkt folgenden Zitate ders. WL, KSA 1, S. 882f.

sich die Bezeichnungen und die Dinge? Ist die Sprache der adäquate Ausdruck aller Realitäten?«[36] Solche Fragen sind ebenso rhetorisch, wie deren Antwort 255, 275, 321, 370 Rhetorik heißt; kann es doch dort, wo das Fehlen selbst am Anfang steht, wo Sprachbildung mit subjektiven Reizen und nicht mit Sachverhalten beginnt, auch keine Stellvertretung geben, kein klassisches ›aliquid stat pro aliquo‹. So fallen Wort und Welt: die symbolische Struktur ihrer Unterscheidung, dass Eines die Bezeichnung des Anderen sein soll, an der Rhetorik auseinander. Oder, was auf das Gleiche hinausläuft: Das Wissen des Menschen von so etwas wie Welt ist das Wissen von seinen Wörtern; nach einer Formulierung Paul de Mans: Nietzsches 1874er Vorlesung thematisiert

> a language [which] is rather rhetorical than representational or expressive of a referential, proper meaning[37].

Als Medienverbund sind alle Reden, ob sophistisch, philosophisch oder sonstwie, auch in und für sich selbst zum Produktionsprozess geworden; genauer gesagt: Es ist das mehrfach Metaphorische an ihnen, durch das Erkenntnisse generiert statt Eigenschaften wiederholt werden.

Desgleichen der Sprachgebrauch, denn wie Subjekte jeweils sprechen, in welcher Weise sie sich ihres Wortschatzes bedienen, hat weniger mit Ausdruck oder Authentizität zu tun (de Mans ›rather than expressive‹ weist darauf bereits hin), als vielmehr mit Übung und Geschicklichkeit. Erst einmal durch die »künstlerische Metaphernbildung« produziert, sind 17, 70, 109, 204 also Worte immer auch »ein Spielzeug für [die] verwegensten Kunststücke«[38]. So wird es möglich, sich als Sprecher rhetorisch noch zur Rhetorizität der Sprache zu verhalten; d.h. ihr ›Hart- und- Starr- Gewordensein‹ erneut

Um den Spiel-Begriff bei Nietzsche und Saussure nicht zu verwechseln: Während ihn der Baseler Philologe auf den »schöpferischen« Umgang des Menschen mit der Sprache be-

[36] Nietzsche, WL, KSA 1, S. 878.

[37] De Man 1979 a, S. 106. Ebenso Fietz 1992, S. 165 und Behler 1994, S. 102, 106: »nicht-repräsentative, nicht auf die ›Wirklichkeit‹ als Referenz bezogene Sprachtheorie«. Diese Position ernst genommen, würde den Unterschied zwischen einem Wissen von Welt und der Welt als Wissen überflüssig machen.

Ganz anders Ricœur 1975, S. 10, 273 f., 384, der Metaphern ausdrücklich Referenzialität zugeschrieben hat: die Beziehung auf eine ebenso vorgängige wie unabhängige, in jedem Fall von der Sprache wiederzugebende Realität: »Quand je parle, je sais que quelque chose est porté au langage.« Ders. 1975, S. 368.

[38] Nietzsche, WL, KSA 1, S. 886, 888. Die direkt folgenden Zitate S. 888 f.

Außerdem Simonis 2002, S. 57 ff., die Nietzsche (in Ergänzung sprach- und wahrheitskritischer Lesarten) als einen »Verfechter und Theoretiker des Performativen« beschreibt. »Es geht dabei, mit anderen Worten, um ein spezifisches Wirkungspotential der Sprache, das sich erst in der Ausführung, im konkreten, handlungsförmigen Vollzug der Rede entfaltet und zur Geltung kommt.«

zieht: als dessen »Begierde, die vorhandene Welt [...] ewig neu zu gestalten«, um »die Rubriken und Zellen der Begriffe [zu] verwirren«, ebenso subversiv wie konstruktiv, charakterisiert er für den Genfer Linguisten (das wurde ja bereits beschrieben) die Funktionsweise der Sprache selbst: als Kombinatorik ihrer Zeichen untereinander, als deren systembildende Differenzialität.[39] Der Mensch jedoch, ›le Sujet majuscule‹, bleibt in diesem Fall außen vor; und auch zum Modell, das sich bei Nietzsche auf Würfelspiele aus Kindertagen zurückführen lässt,[40] ist nach ihm das Schachspiel geworden.

in Flüssigkeit zu bringen, zu verzeitlichen; ihren Konventionen eine weitere Genese zu eröffnen. Zwar ist es für den Menschen unerlässlich, dass er am Leitfaden der Sprache mit seinesgleichen Frieden schließt, genauso aber muss er hin und wieder solche »Bedürftigkeit aus seinen Mienen wegwischen«, um das Erreichte zu »zerschlagen, durcheinanderzuwerfen, ironisch wieder zusammenzusetzen, das Fremdeste zu paaren und das Nächste zu trennen«. In dem 27,69, 217,281 Maße jedenfalls, in dem für Nietzsche die (zuerst unbewusste) Sprachbildung durch den (nunmehr bewussten) Sprachgebrauch fortgesetzt werden kann, in dem Maße gehört zu solchem *Gebrauchen* auch das *Missbrauchen*, gehört es, sich auf seine »künstlerisch schaffende Subjekt[ivität]« und das »Spielen mit dem Ernste«[41] einzulassen.

NIETZSCHE Nicht »Belehrung« ist also das »τέλος officium« des Sprachgebrauchs, sondern »Reden-können«; nicht ein Geist, der sein Innerstes nach Außen wendet, sondern die Anwendung von Stil- und Kunstmitteln. Denn auch wenn es manchmal gelingt, sich aus den Verbindlichkeiten der Sprache zu lösen oder gar ihre »Begriffsgespinste [...] zu zerreissen«, so ist dadurch doch keineswegs der Schleier gelüftet und ein Blick auf die reine Wahrheit getan.[42] »Aber er [= der Mensch] wird aus einem Netz in's andere gejagt« 52,234, 262,284

[39] NIETZSCHE, WL, KSA 1, S. 887 f. Zu Saussure vgl. noch einmal ders. 1916, S. 125 f., 168.

[40] Vgl. dazu die Formulierung vom »Würfelspiel der Begriffe« in NIETZSCHE, WL, KSA 1, S. 882 sowie die Aufzeichnungen des zehn/zwölfjährigen Knaben in ders. KGW I/1, S. 67–94. Zu sehen sind dort Anleitungen, Systeme und Resultate von verschiedenen Würfelspielen, die Nietzsche mit seinen Naumburger Freunden Gustav Krug und Wilhelm Pinder nicht nur gespielt, sondern »zum Teil wohl auch entworfen« hat, wie HÖDL 1997, S. 97 f. (gleichzeitig Mitherausgeber des betreffenden KGW-Bandes) vermutet.

[41] NIETZSCHE, WL, KSA 1, S. 883, 888. »Am deutlichsten spricht Kant Kritik der Urtheilskraft p. 203. [...] ›Beredsamkeit ist die Kunst ein Geschäft des Verstandes als freyes Spiel der Einbildungskraft zu betreiben‹«. Ders. DR, KGW II/4, S. 416.

[42] NIETZSCHE, DR, KGW II/4, S. 415, 417, 367 sowie ders. WL, KSA 1, S. 887. Die direkt folgenden Zitate ders. NF, KSA 7, 19[177], S. 474; WL, KSA 1, S. 889.

Auch an dieser Stelle also stehen sich Belehrung und Beredsamkeit nicht derart feindselig gegenüber, wie es die Meister der Belehrung, die Philosophen, gerne behaupten. Indem sie das tun, geben sie vielmehr selber ein Beispiel ihres Reden-könnens: ein rhetorisches Bravourstück, durch das sie (oftmals bis auf den heutigen Tag) glauben machen, sie verfügten nicht nur über privilegierte Beziehungen zur Wahrheit, sondern diese müsse überhaupt das →

– und was ihm bleibt ist, »es für eine gute Sache« zu halten; das »zum Schein und zur Schönheit verstellte Leben als real [zu] nehmen«. Daraus aber folgt: Es kommt für Nietzsche auf die Gespinste an, nicht das Dahinter; auf die Stofflichkeit am Ereignis einer jeden Rede:

> Wer die Sprache an sich interessant findet, ist ein anderer als wer in ihr nur das Medium interessanter Gedanken erkennt.[43]

Für aufmerksame Leser freilich wird durch solche Formulierungen das bisher Beschriebene nicht nur bestätigt, sondern zugleich auf subtile Weise verschoben. Insofern nämlich, als Nietzsche am Menschen und seinen Gebräuchen vorbei nunmehr die Sprache selbst in den Vordergrund zu rücken beginnt. Soll heißen, *Ueber Wahrheit und Lüge* hat neben dem Wort
261 ›Anthropomorphismus‹ auch den folgenden Satz hervorgebracht: »An dem Bau der Begriffe arbeitet ursprünglich, wie wir sahen, die S p r a c h e.« Gerade das sahen wir zwar nicht; dafür aber weist uns die Grammatik auf den baldigen Kurswechsel hin.

Drittens: Dass Sprache auch in ihrer Stofflichkeit zum Thema wird; dass ihre Gespinste nicht mehr nur für nebensächlich gehalten werden, führt zu Nietzsches *kommunikationskritischer* Bewegung. Mit anderen Worten: Ist Rhetorik das Modell und die Metapher ihre wichtigste Figur, dann leistet sie die *Übertragung von Kräften* statt die Mitteilung von Inhalten; dann ereignet sie sich in erster Linie, und wie »die Alten« zeigen, »a g o n a l« statt in den Diensten einer Semantik.[44] Für den Baseler Philologen also ist
54, 115, 278, 305 Reden immer schon die Ausübung von Macht (ob bewusst oder unbewusst, ob mit oder ohne Absicht, spielt in diesem Fall keine Rolle); und deshalb gekennzeichnet durch das »πάθος des Kämpfens«, durch eine Art verbale Kriegsführung, um die Kommunikation, Körper, Krieg

Ziel des Redens sein. Die Philosophen, heißt das dann aber, sind die raffinierteren, weil uneingestandenen Rhetoriker. Ihre Devise: »Die scheinbare Kunstlosigkeit in der Composition ist das Resultat der höchsten Kunst.« Nietzsche, GB, KGW II/4, S. 379.

[43] So Nietzsche, BAW 5, S. 268 noch während seiner Studienzeit in Leipzig: 1868. Das direkt folgende Zitat ders. WL, KSA 1, S. 886.

Außerdem ders. M, KSA 3, S. 110: »Wir sind in unserem Netz wie Spinnen, und was wir auch darin fangen, wir können gar Nichts fangen, als was sich eben in u n s e r e m Netze fangen lässt.«

[44] Ganz anders Röttgers 1990, S. 297, für den Sprache nicht in erster Linie als Macht funktioniert, sondern nur anlässlich so genannter »Kommunikationspathologien« (»Prüfungen, Verhöre und andere exzentrische Kommunikationsformen« – Fälle also, in denen die Sprecher-Hörer-Positionen nicht wechseln können bzw. keine Antworten möglich sind). Sein Fazit: »Macht ist gewissermaßen *trotz* Kommunikation im Herzen kommunikativer Prozesse angesiedelt.«

> Leidenschaften seiner Hörer [zu] erregen und auf diese Weise über sie zu herrschen.[45]

So wird aus der zunächst trivialen Feststellung, als Rhetorik sei Sprache an ihrer Wirksamkeit orientiert (sei nicht nur Spielzeug, sondern Kriegsspiel), die ganz und gar nicht triviale These, dass sie über ihren Entstehungsprozess hinaus auch deshalb ein physiologisches Medium heißen kann, weil *ihr Gebrauch auf Körper zielt.* Nicht ein ›Ich denke‹ steht folglich an Anfang und Ende jener Übertragungen, sondern Nervenfasern, Blutströme usw.; nicht der Geist kommt zu Wort, um wieder Geist zu werden (für sich oder in anderen), sondern körperliche Zustände sind es, die alles Sprechen bedingen und aus jedem Zuhören resultieren. Anders formuliert: Für Nietzsche funktioniert sogar Intersubjektivität als mehrfach metaphorischer Prozess; die verbale Beziehung zwischen Menschen als Austausch von Affekten; oder: Sprache ist, was die Reize des einen zu Erregungen des anderen werden lässt.

173, 203, 274, 305

Eine weitere *Umkehrung* also, denn »der Geist«, könnte man den späteren Nietzsche schon an dieser Stelle zitieren, gilt nurmehr als »ein Wort für ein Etwas am Leibe«. Und weiter:

> »Was sind mir diese Sprünge und Flüge des Gedankens?« sagt es sich [das »leibliche Selbst«]. »Ein Umweg zu meinem Zwecke. Ich bin das Gängelband des Ich's und der Einbläser seiner Begriffe.«[46]

Erst im Kapitel über das Dionysische aber kann durchgespielt werden, worauf dieses Zitat bereits anspielt: Dass sich Nietzsche die *Mehrdeutigkeit des Übertragungsbegriffes* zunutze machen wird und ihn auch medizinisch liest. Sprechen und Hören ist dann vor

DELEUZE/GUATTARI Mit ihrer Darstellung als Rhetorik ist Sprache von einem Werkzeug der Wahrhaftigkeit zum »größten Machtmittel inter

[45] Nietzsche, NF, KSA 7, 19[43], S. 433; DR, KGW II/4, S. 434, 417. Dazu der Kommentar von Lacoue-Labarthe 1979, S. 48: »Donc le langage n'instruit pas, ne transmet aucune science«.

Inwieweit solche *Übertragung als Überwältigung* nicht nur für Reden, sondern auch für Schriften gilt, zeigt Nietzsche dann in *Menschliches, Allzumenschliches* (1878). Dort nämlich wird das Buch als ein »Feuer« beschrieben, das sich »weiterträgt«, um »irgendeine Art Anlass zu anderen Handlungen, Entschlüssen, Gedanken« zu sein, während der jeweilige Autor »nur noch die graue Asche bedeutet«: »Jeden Schriftsteller überrascht es von Neuem, wie das Buch, sobald es sich von ihm gelöst hat, ein eigenes Leben für sich weiterlebt; es ist ihm zu Muthe, als wäre der eine Theil eines Insectes losgetrennt und gienge nun seinen eigenen Weg weiter. Vielleicht vergisst er es fast ganz, vielleicht erhebt er sich über die darin niedergelegten Ansichten, vielleicht selbst versteht er es nicht mehr [...]: währenddem sucht es sich seine Leser, entzündet Leben, beglückt, erschreckt, erzeugt neue Werke, wird die Seele von Vorsätzen und Handlungen –«. Nietzsche, MA-1, KSA 2, S. 171. Schon deshalb kann Cahn 1997, S. 92 von der »rhetorischen Effektivität« einer Drucksache schreiben.

[46] Nietzsche, ZA-1, KSA 4, S. 40.

168,358 pares geworden«[47]. Statt um reine Erkenntnis geht es um relativen Erfolg; statt um die »Sache an sich u. ganz allgemein« darum, die »Bewunderung der Menschen zu gewinnen«; das heißt, aus jedem Sprechakt spricht die Lust, Publikumsohren zu adressieren und dadurch Meinungen zu beeinflussen. Nietzsche in seiner *Geschichte der Beredsamkeit*:

> Die maaßloseste Überhebung, als Rhetoren und Stilisten alles zu können, geht durch das ganze Alterthum. [...] [D]er Ausdruck, der Stil wird zu
> 52,82, 237,260 einer Macht für sich.[48]

Auch wenn es solche Formulierungen kaum vermuten lassen: Die »Macht des Redners« ist eine »wesentlich republikanische Kunst: man muß gewohnt sein die fremdesten Meinungen u. Ansichten zu ertragen und sogar
87,231, 312,355 ein gewisses Vergnügen an ihrem Widerspiel allem ein Ansteckungsprozess; ihr wechselseitiges aneinander Anschließen weniger vernunftgeleitet (logisch, kausal, argumentativ etc.), als vielmehr infektiös. Oder: *Was mit Nietzsche noch Kommunikation heißen kann, findet an epidemischen Phänomenen sein Modell.*

Wie ernst es der Philologe und Nicht-Mediziner mit dieser Übertragung der Übertragung meint, bezeugen nicht zuletzt zahlreiche Lesespuren: von der *Geburt der Tragödie* (1872), die Justus Friedrich Carl Heckers medizinhistorische Pathologisierung der »Sanct-Johann- und Sanct-Veittänze« umwertet,[49]

[47] Nietzsche, GB, KGW II/4, S. 369. Die direkt folgenden Zitate S. 423, 368.
»Das Wahre und das Wirkende gilt für identisch, man beugt sich der Gewalt auch hier. [...] Es braucht den Glauben an die Wahrheit, aber es genügt dann die Illusion, d.h. die ›Wahrheiten‹ beweisen sich durch ihre Wirkungen, nicht durch logische Beweise.« Ders. NF, KSA 7, 19[43], S. 433.

[48] Nietzsche, GB, KGW II/2, S. 368, 371. So kann Nietzsche zum Beispiel über den Sophisten und (Sprach-)»Techniker T h r a s y m a c h o s« schreiben, dass er durch seine »hohe rhytm. Erfindungsgabe« (den »gereihten« Stil als »künstliche Vertheilung von Hoch- Tief- und Mittelton über ein längeres Stück Rede hin, das von einem Athem zusammenzufassen ist«) sowie die »Architektonik des Satzes« (seine »Bauart«, die »Symmetrie oder den Contrast der einzelnen Satzglieder«) eine »neue Art von Zauber entdeckt hat«. Ders. GB, KGW II/4, S. 374f.

[49] Nietzsche, GT, KSA 1, S. 29 (bzw. Hecker 1832, S. 143). Vgl dazu auch den 1870er Vortrag *Das griechische Musikdrama* in ders. GMD, KGW III/2, S. 11. Einmal übrigens wird der Name des Berliner Medizinalrates Hecker doch erwähnt. Zwar nicht in den Tragödientexten, wo er hingehörte, sondern in den *Nachgelassenen Fragmenten* vom Herbst 1869 = ders. NF, KSA 7, 1[34], S. 19 (dort zit. nach Uhland 1866, S. 484).
Ironie der Geschichte: Der Anlass für Heckers Arbeiten über *Die grossen Volkskrankheiten des Mittelalters*, aus deren 1865er Sammlung Nietzsche sein Wissen über die Sankt-Johann- und Sankt-Veittänze bezieht, ist die Choleraepidemie von 1831f., die u.a. für Hegel tödlich endete (vgl. Kittler 2000 a, S. 378). So bringt den Staatsphilosophen zum Schweigen, was 40 Jahre später ein Noch-Professor als die Funktionsweise allen Redens darstellen wird.

[50] Nietzsche, NF, KSA 13, 14[119], S. 297, 17[9], S. 530; zit. nach Férés *Dégénérescence et criminalité. Essais physiologique* (Paris 1888) – ein nicht nur in Nietzsches Privatbibliothek →

bis zu den *Nachgelassenen Fragmenten* von 1888 mit ihren Hinweisen auf die »induction psycho-motrice« des Physiologen und Charcot-Schülers Charles-Samson Féré.[50]

Allerdings, im Kontext seiner Rhetorik-Vorlesung gibt sich Nietzsche noch mit Schopenhauer zufrieden. Er zitiert: »Beredsamkeit ist die Fähigkeit, unsere Ansicht einer Sache oder unsere Gesinnung hinsichtlich derselben, auch in Anderen zu erregen, unser Gefühl darüber in ihnen zu entzünden und sie so in Sympathie mit uns zu versetzen.«[52]

empfinden.«[51] Was aber in dieser Weise als demokratische Tugend auftritt (wie zuvor schon die friedensstiftende Wirkung der Begriffe), zählt weniger zu den Bedingungen von Rhetorik, als vielmehr zu ihren Effekten: aus systematischer nicht weniger als aus historischer Perspektive, denn zum einen, hatte Nietzsche ja geschrieben, konstituiert sie Wahrheit als ein Heer von Metaphern, und zum anderen, heißt es in seiner 1872/73er Vorlesung, so wie der »Begründer der Demokratie in Agrigent ihr ›Erfinder‹« sein soll – »E m p e d o c l e s: sagt Aristot. im Dialog Σοφιστής La VIII 57« –, so hatte sie dort (»ebenso wie in Syracus«) erst einmal an der »B e s e i t i g u n g v o n T y r a n n e n« mitzuwirken. Am und als Anfang von Rhetorik also fließt sizilianisches Blut aus dem fünften vorchristlichen Jahrhundert. Oder: Ihrer Struktur nach ist Beredsamkeit militärisch; in der Anwendung primär eine Waffe: nicht weniger schneidend und gefährlicher als das Schwert.[53]

Dazu passt es dann, dass Deleuze und Guattari in ihren *Mille plateaux* »le mot d'ordre« bzw. »le commandement« als »l'unité élémentaire du langage« bezeichnet haben. An jedem Befehl aber befiehlt die Möglichkeit, töten zu 207, 277,
können; dass er zur Durchsetzung seiner Ordnung immer auch als »petite 288, 327
sentence de mort« funktioniert:

> C'est en ce sens que le langage est transmission du mot fonctionnant comme mot d'ordre, et non communication d'un signe comme information.[54]

* * *

vorhandener, sondern von ihm auch »eifrig durchgearbeiteter und ausgeschriebener Band«. Vgl. Lampl 1986, S. 227, bzw. Windgätter 2005b.

51 Nietzsche, GB, KGW II/2, S. 367; DR, KGW II/4, S. 415.

52 Schopenhauer 1844, S. 154; zit. in Nietzsche, DR, KGW II/4, S. 416.

53 Nietzsche, GB, KGW II/2, S. 369. Was der Professor verschweigt, ist freilich, dass auch seinem Interesse an der Rhetorik Mord- und Totschlag vorangingen: gemeint ist der Deutsch-Französische Krieg (1870/71), in dem dann keine Schwerter mehr zum Einsatz kamen, sondern Gewehre und Kanonen.

54 Deleuze/Guattari 1980, S. 95, 98. Das gilt gleichermaßen für Sprechakte wie für den Aufbau ihrer Grammatik (»masculin-féminin, singulier-pluriel, substantif-verbe, sujet d'énoncé-sujet d'énonciation, etc.«): »Une règle de grammaire est un marqueur de pouvoir, avant d'être 66, 80,
un marqueur syntaxique.« Dies. 1980, S. 95f. 204, 287

NIETZSCHE Rhetorik ist der Name für Nietzsches explizite Darstellung der Sprache; Umkehrung derjenigenRolle, die sie bisher gespielt hat. Folgt man diesem Szenario (als Eröffnung des *Dritten Aktes*), dann ergibt sich Festzuhaltendes ebenso wie Vorläufiges:

Zunächst festgehalten werden soll, dass schon an dieser Stelle und noch bevor *Zarathustras Vorrede* 1883 dazu auffordert, Sprache insgesamt als *Macht* beschrieben und auf *Körper* bezogen wird. Eine Macht freilich, die erst durch den Gebrauch der Worte entsteht, sowie Körper, die stets das Fleisch und Blut der Sprechenden bzw. Hörenden sind. Anthropomorphismus hat Nietzsche diese Einstellung selbst genannt und damit deutlich gemacht, dass ihn zu dieser Zeit (um 1870) vor allem die *Benutzerseite der Sprache* interessiert: Grenzen der Kritik

> Man darf hier den Menschen wohl bewundern als ein gewaltiges Baugenie [...][55];

so heißt es in *Ueber Wahrheit und Lüge*.

Was aber im Rampenlicht steht, das wirft Schatten; oder: Durch Orientierung am Subjekt verstellt sich Nietzsche den Blick auf die Sprache als solche (im Fall der ›Beredsamkeit‹ auf ihre Eigenart als Rede). Es wird nicht nur nicht gefragt, ob schon das mehrfach Metaphorische an ihr: dass sie den Brauch in jedem Gebrauch selbst hervorbringt, als Machtgeschehen funktioniert, auch ihrem Verhältnis zur Physiologie: dass Worte durch Übertragung von Nervenreizen in Bilder und dann in Laute entstehen, kann der Vorwurf, technische Medien, sowie deren jeweilige Materialität zu ignorieren, nicht erspart werden. Setzt also der rhetorische Machtbegriff eine Sprache (in lexikalischer Form) immer schon voraus, wird es für solchen Körperbezug unerreichbar, auf die Verbreitung etwa von Druckerpressen und (spätestens
12,180, 216,302 seit 1880 auch) Schreibmaschinen zu reagieren. Kurz: Durch Beschränkung aufs Anthropomorphe bleibt Nietzsche einem klassischen Dispositiv treu und deshalb hinter den Möglichkeiten zurück, die er gleichwohl eröffnet.

WELSCH Daran ändert auch die Tatsache nichts, dass seine Metapherntheorie eine *Ästhetik des Wissens* impliziert; dass für sie der Umgang des Menschen mit Sprache keine Arbeit ist, kein ökonomisches Handeln nach den Gesetzen von Äquivalenz und Mehrwert, sondern künstlerisches Schaffen: das freie Dichten und Erfinden der Welt als eines menschenartigen

[55] Nietzsche, WL, KSA 1, S. 882. Die direkt folgenden Zitate ders. DR, KGW II/4, S. 426f. Auch wurden aus beiden Texten bereits die Formulierungen vom ›künstlerisch schaffenden Subjekt‹, vom ›Menschen als Maass der Dinge‹ sowie dem ›sprachbildenden Menschen‹ zitiert.

Dinges. Neu freilich ist das um 1870 einzig durch Vorzeichen und Radikalität; hatte doch schon Kants *Kritik der reinen Vernunft* die »Ästhetik«, wie Wolfgang Welsch es nennt, »als epistemologische Basisdisziplin«[56] etabliert. Wohlgemerkt als Basisdisziplin – und ohne das Problem der Sprache auch nur anzudeuten –, denn nach Überzeugung des Königsberger Philosophen befasst sie sich ausschließlich mit unseren »A n s c h a u u n g e n« der Gegenstände (wie sie »das Gemüt auf gewisse Weise affizieren«), die erst dann und dadurch, dass sie der »Verstand« auf Begriffe bringt (im »Mannigfaltigen der Anschauungen synthetische Einheit bewirkt«) zur Wahrheit werden.[57]

Für Nietzsche dagegen (das wiederum ist festzuhalten) stellt Ästhetik nicht länger die erste Hälfte jeder wissenschaftlichen Erkenntnis dar, deren logisch-chronologische Vorbedingung, sondern Wissenschaft insgesamt funktioniert nach ästhetischen Regeln: Illusion, Übertragung, Spiel usw.; so wie auch Metaphern nicht ein Teil der Begriffsbildung sind, als vielmehr ihr durchgängiger Bildungsprozess. Noch einmal Welsch:

> Bei Nietzsche sind Wirklichkeit und Wahrheit im ganzen <u>ästhetisch</u> geworden. 260, 308, 342
> Was Baumgarten anbahnt [die Einsetzung einer »Disziplin namens ›Ästhetik‹«] und Kant als erster ein Stück weit ausgearbeitet hatte, Nietzsche hat es ins Extrem entwickelt.[58]

Dem Baseler Philologen also ist Ästhetik ein anderes Wort für den Konstruktionscharakter von Wirklichkeit geworden. Gegenstände sind keine Gegebenheiten mehr, als ob sie an sich selbst schon da und etwas wären, sondern (im Unterschied zu Kant bzw. Hegel) Kunststücke aus Sprache: *Artefakte*.

Allerdings, weder solche Radikalisierung des Ästhetischen, noch deren Fortsetzung als Sprach- bzw. Medienkritik kann das klassische Moment

[56] Welsch 1991, S. 73. Auf S. 74ff. heißt das auch »transzendentale Fundamentalisierung des Ästhetischen«; oder: »Unser Wirklichkeitsbezug und unser Erkennen schließen ästhetische Grundanteile ein. [...] Kant hat uns in höchst luzider und eindringlicher Weise die ästhetischen Komponenten von Wahrheit, Wirklichkeit und Wissen zu bemerken gelehrt. [...]: keine Kognition ohne Ästhetik.«

[57] Kant 1781/87, A 19, 21 f., 69, 105. Und was das Vorzeichen solcher Ästhetik betrifft: In seiner Herder-Rezension hat Kant selber zugegeben, dass er »in gelehrter Sprachforschung [...] gar nicht bewandert ist«, mithin deren »Facta philosophisch zu nutzen gar nicht versteht«. (Kant 1785, S. 802 f.) So bleibt der Revolutionär des Denkens bei diesem Thema vorsichtshalber konventionell: »Alle Sprache ist Bezeichnung der Gedanken und umgekehrt die vorzüglichste Art der Gedankenbezeichnung ist die durch Sprache, diesem größten Mittel, sich selbst und andere zu verstehen.« Kant 1798, S. 500.

[58] Welsch 1991, S. 79, 84, der im Anschluss an Nietzsche sogar einen »*aesthetic turn*« in den Wissenschaften diagnostiziert. (Ders. 1991, S. 94, 96) Wie auch immer; interessanter für den hiesigen Kontext ist, dass Nietzsche am Begriff der Ästhetik wiederholt, was schon für die Rhetorik gilt: *Generalisierung*.

daran verbergen: Dass nämlich ihre Künstlichkeit Menschenwerk ist, dass beim frühen Nietzsche die Ästhetik des Wissens nach wie vor von den
45,109, 130,207 Vermögen der Subjekte ausgeht.

NIETZSCHE Doch damit nicht genug, denn klassisch kann die Metapherntheorie auch wegen ihrer Orientierung an den Medien *Bild* und *Laut*, in der Rhetorik-Vorlesung: Anschauung und Rede, Vorstellung und Ton, genannt werden. So gilt für Nietzsche, obwohl er die Körperlichkeit der Sprachgenese in den Vordergrund rückt, sie mit Nervenreizen beginnen lässt, dass es keine Worte ohne die zugleich idealistischen und psychologischen Vermögen ihrer Subjekte gibt. Jedenfalls solange nicht, wie ihr »Trieb zur Metaphernbildung« über ἰδέαι = εἶδα = (innere) Bilder läuft; als es noch immer »Seelenakte« sein sollen, die dann in »Lautäußerungen« übertragen werden.[59]

Mit der Konsequenz, dass Sprache beim Nietzsche von 1870 vor allem *Sprechen* meint: die Artikulation der Stimme, den Redefluss aus Menschenmündern. Eine ebenso traditionelle wie von Derrida auf den Begriff
88,185, 339,352 des Phonozentrismus gebrachte Privilegierung. Zwar trifft sie an dieser Stelle nicht in vollem Umfang zu (auch Nervenreize und Bilder sind ja Teil der Sprachgenese; außerdem spielt der λόγος nicht die gewohnt zentrale Rolle); durch jene Hinwendung zur Rhetorik aber, durch deren Generalisierung zum Modell von Sprache überhaupt, kann Nietzsche dennoch als einer ihrer Erben bezeichnet werden. Hinzu kommt, dass sogar die Kehrseite dieser Erbschaft:
33,178, 199,339 die *Herabsetzung der geschriebenen Sprache*, in seinen Vorlesungsnotizen zu finden ist:

> Das Schreibenkönnen [heißt es dort] tritt als »das abgeblaßte Bild [...] der mündlichen Rede« [hervor].[60]

Was bereits Hegels Philosophie für selbstverständlich hielt und die Linguistik Saussures nicht geändert hat: den sekundären Status der Schrift; ihre Darstellung als Signifikation der Signifikation, ist auch dem Philologen Nietzsche *noch* keine Frage wert. Als Kritiker bleibt er vielmehr viel zu sehr im Horizont des Kritisierten.

Und ein letzter Punkt, der festgehalten werden soll: das *Problem der Differenz*. Schon Nietzsches Metapherntheorie hat damit zu tun. Nicht sehr offensichtlich, das mag sein, aufmerksame Leser jedoch werden es im Begriff
52,82, 102,260 der Übertragung längst erwartet haben:

[59] Nietzsche, WL, KSA 1, S. 887; DR, KGW II/4, S. 426.

[60] Nietzsche, GB, KGW II/4, S. 368.

Drei Materialien: Differenz

Von den Nerven zum Bild zum Laut, so wurde der metaphorische Prozess bisher beschrieben – und also stellt sich die Frage nicht nur nach der Angemessenheit solcher Medienwechsel, sondern nach deren Möglichkeit überhaupt; danach (um aus der Rhetorik-Vorlesung zu zitieren), »wie ein Seelenakt durch ein Tonbild darstellbar ist?«[61] Bereits das ›Wie‹ am Anfang des Fragesatzes aber zeigt: Für ihn spielt der Übertragungsinhalt keine wesentliche Rolle. Die Differenz als Problem der Metapherntheorie ist nicht zunächst semantisch. Stattdessen geht es Nietzsche um die *Heterogenität der Medien* selbst; darum, dass an der Sprachgenese verschiedene physiologische Sphären beteiligt sind; drei Ordnungen der Sinnlichkeit, die Sinn allererst entstehen lassen. Und so fragt er weiter: 173, 203, 259, 308

> Müßte nicht, wenn vollkommen genaue Wiedergabe stattfinden sollte, vor allem das Material, in welchem wiedergegeben werden soll, dasselbe sein, wie dasjenige ist, in dem die Seele arbeitet?[62]

Nietzsches erste Antwort darauf nimmt eine vertraute Wendung. Sie beschreibt den Medienwechsel als »willkürliche Uebertragung« und präzisiert:

> Selbst das Verhältniss eines Nervenreizes zu dem hervorgebrachten Bilde ist an sich kein nothwendiges: wenn aber eben dasselbe Bild Millionen Mal hervorgebracht und durch viele Menschengeschlechter hindurch vererbt ist, [...] so bekommt es endlich für den Menschen dieselbe Bedeutung, als ob es das einzig nothwendige Bild sei und als ob jenes Verhältniss des ursprünglichen Nervenreizes zu dem hervorgebrachten Bilde ein strenges Causalitätsverhältnis sei.[63] 83, 293, 334

Was daher Subjekte an Empfindungen, Bildern sowie Lauten produzieren, ist sich wechselseitig *äußerlich* und als diese Äußerlichkeit prinzipiell *ersetzbar*. Kein innerer Zusammenhang begründet den jeweiligen Anschluss, keine Vernunft (kein sachliches Motiv oder allgemeines Äquivalent) die Gewohnheit ihrer Koppelung: Vielmehr könnte sie immer auch, wenngleich nicht alle Augenblicke, anders sein. »Logisch geht es also jedenfalls nicht bei der Entstehung der Sprache zu [...].«

[61] Nietzsche, DR, KGW II/4, S. 426.

[62] Nietzsche, DR, KGW II/4, S. 426.

[63] Nietzsche, WL, KSA 1, S. 878, 884. Die direkt folgenden Zitate S. 879.
Außerdem ders. NF, KSA 7, 19[215], S. 486: »Alle r h e t o r i s c h e n F i g u r e n (d.h. das Wesen der Sprache) sind l o g i s c h e F e h l s c h l ü s s e. Damit fängt die Vernunft an!« Keine 50 Jahre später wird das dann Arbitrarität des Zeichens heißen und für die Linguistik beschreiben, wie sprachliche Bedeutung in Abwesenheit rationaler Kriterien entsteht. Vgl. Saussure 1916, S. 100, 182. 171, 222

Mit seiner zweiten Antwort indessen geht Nietzsche noch einen Schritt weiter: Als Grenzverlauf der verschiedenen Medien macht er die *Differenz selbst* zum Thema – dass Übertragungen nicht das eine im anderen wiederholen, nichts ineinander übersetzen, sondern Transpositionen sind;[64] ebenso distant wie diskontinuierlich; ebenso räumlich wie zeitlich geschieden. Denn

> 14,57, 235,301 jedesmal vollständiges Ueberspringen der Sphäre, mitten hinein in eine ganz andre und neue.

Wie allerdings dieses Überspringen funktioniert und vor allem, was dabei *übersprungen* wird: das Zwischen der Positionen, ihre materiale Nichtidentität, bleibt in diesem Kontext ohne Antwort. Um 1870 hat Nietzsche das Differenzproblem zwar angesprochen, aber nicht weiter verfolgt. Und so muss man wohl zugeben, dass auch er sich, wenngleich nur vorläufig, jenem klassischen Imperativ unterwirft, der es entweder unterdeterminiert sein lässt oder durch Bewusstmachung für das Große & Ganze des Wissens reserviert.

* * *

255,265, 321,370 FOUCAULT Nietzsches Ausführungen zur Rhetorik aber sind nicht sein letztes Wort zur Sprache.[65] Ganz im Gegenteil; obwohl er ihr ab 1875 alle Privilegien entzieht, ihre Begriffe und Kategorien nicht mehr in Anspruch nimmt, sie sogar preisgegeben hat (wie Lacoue-Labarthe behauptet), ist sein Fragen nach der Sprache keineswegs abgeschlossen. Zum einen formuliert er noch in den späten 80er Jahren sprachkritische Positionen,[66] zum anderen – und das soll nun gezeigt werden – hat er sich *auch dort mit ihr auseinander gesetzt, wo sie namentlich gar nicht erwähnt wird.* Rolle der Genealogie

[64] Zum Begriff vgl. KITTLER 1985b, S. 335, 338: »Ein Medium ist ein Medium ist ein Medium. Es kann also nicht übersetzt werden. Botschaften von Medium zu Medium zu tragen heißt immer schon: sie anderen Standards und Materialitäten unterstellen. [...] [A]n den Platz von Übersetzung [tritt] mit Notwendigkeit Transposition. [...] Sie kann nichts Universales anrufen und muß, heißt das, Löcher lassen.«
Das direkt folgende Zitat NIETZSCHE, WL, KSA 1, S. 879.

[65] Im Rückgriff auf Nietzsches »Selbstinterpretation« von *Ueber Wahrheit und Lüge* etwa zeigt HÖDL 1997, S. 36, 38, 53, dass die Schrift gerade deshalb ›geheim gehalten‹ wurde, weil sie »nicht, wie die veröffentlichten Werke, von dem, was bereits überwunden wurde, sondern von dem, was ihn zu dieser Zeit wirklich bewegt hat, spricht«. So ist sie das »Dokument einer gedanklichen Entwicklung« und schon deshalb viel eher Ein- als Ausstieg.

[66] Indem er z.B. den neuzeitlichen »Subjekt- und Ich-Aberglauben« als »Sprach-Metaphysik«
65,173, bzw. »grammatische Gewohnheit« analysiert: »›Ich‹ ist Bedingung, ›denke‹ ist Prädikat und
197,292 bedingt [...]. In jedem Urtheile steckt der ganze volle tiefe Glaube an Subjekt und Prädikat oder an Ursache und Wirkung.« NIETZSCHE, JGB, KSA 5, S. 11, 31, 73; GM, KSA 6, S. 77; NF, KSA 12, 2[83], S. 102.

Nietzsches unausgewiesene Theorie der Sprache: Für ihre Beschreibung allerdings ist es nötig, sich seinem *genealogischen Projekt* zuzuwenden. Nicht als Lektüre eines einzelnen Buches (etwa jener *Streitschrift* von 1887), sondern um eine veränderte Lektüre-Einstellung zu gewinnen und für die Frage nach der Sprache zu nutzen. ›Genealogie‹ also wird im Folgenden 47, 176,
ein Strategie-Begriff sein, der das Wo und Wie des Lesens organisiert: eine 252, 313
Art Raster, das, über Nietzsches Texte, Aphorismen oder Fragmente gelegt, zur Aus- und Auflese relevanter Beschreibungen führt.

Was aber ist sprachtheoretisch relevant? Im Anschluss an die Marktplatzszene des *Zarathustra*, an den Sprung des Possenreißers und den Abgrund, in den der Seiltänzer daraufhin stürzt: vor allem die *Macht*, der 236, 245,
Körper und das *Rauschen*. Für zumindest zwei dieser Modalitäten wird das 328, 350
Raster der Genealogie die Textstellen liefern. Denn fragt sie im Allgemeinen nach der »Entstehungsgeschichte« gewisser Werte, nach den »Bedingungen und Umständen, aus denen sie gewachsen, unter denen sie sich entwickelt und verschoben haben«, dann im Speziellen nach den »Kräften« und »physiologischen Forderungen«, die den »Werth dieser Werthe« jeweils hervorbringen.[67] Ihr Versuch ist es, noch in den reinsten Phänomenen das unreine Gewimmel der Affekte, noch in den elementarsten Sachverhalten den Widerstreit der Elemente aufzuzeigen: »furchtbar und fruchtbar zugleich«.

Was nach den erkenntniskritischen Thesen aus *Ueber Wahrheit und Lüge* wenig überraschend sein dürfte: Nicht anders als später Saussure

[67] Nietzsche, FW, KSA 3, S. 578; GM, KSA 5, S. 253; JGB, KSA 5, S. 27f., 17. Das direkt folgende Zitat ders. MA-1, KSA 2, S. 61. Dabei hat Nietzsche eine Genealogie einzelner Werte nicht nur selbst vorgeführt, sondern zugleich gefordert, was bis heute Programm von Kulturwissenschaft sein könnte: Neben der Philosophie die Beteiligung auch anderer Fakultäten (»Die Frage: was ist diese oder jene Gütertafel und ›Moral‹ werth? will unter die verschiedenen Perspektiven gestellt sein«) sowie die Ausweitung ihrer Studien auf sämtliche Werte der fraglichen Kultur (»Bisher hat alles Das, was dem Dasein Farbe gegeben hat noch keine Geschichte: oder wo gäbe es eine Geschichte der Liebe, der Habsucht, des Neides, des Gewissens, der Pietät, der Grausamkeit? [...] Hat man schon die verschiedene Eintheilung des Tages, die Folgen einer regelmässigen Fortsetzung von Arbeit, Fest und Ruhe zum Gegenstand der Forschung gemacht? [...] Giebt es eine Philosophie der Ernährung? Sind die Erfahrungen über das Zusammenleben, zum Beispiel die Erfahrungen der Klöster, schon gesammelt? [...] Alles, was bis jetzt die Menschen als ihre ›Existenz-Bedingungen‹ betrachtet haben, und alle Vernunft, Leidenschaft und Aberglaube an dieser Betrachtung – ist diess schon zu Ende erforscht?«) Ders. GM, KSA 5, S. 289; FW, KSA 3, S. 379. Genauso wie er schon 1878 die Voraussetzung für solches Fragen genannt hat: »Alles aber ist geworden; es giebt keine ewigen Thatsachen: so wie es keine absoluten Wahrheiten giebt. – Demnach ist das historische Philosophiren von jetzt ab nöthig und mit ihm die Tugend der Bescheidung.« Ders. MA-1, KSA 2, S. 25.

Bei Foucault heißt das: Nietzsches Genealogie
69,206, 211 sucht keine »origine miraculeuse (*Wunder-Ursprung*)« der Dinge; ihr geht es nicht darum, »leur secret essentiel et sans date« aufzudecken: »que derrière les choeses il y a ›tout autre chose‹«: »une identité première« oder »géometrie universelle«, »absolument reculé, et antérieur à toute connaissance positive«; vielmehr analysiert sie (im Unterschied dazu), auf welche Art und Weise sich durch Machtverhältnisse und in der Heterogenität von Körpern ebenso historische wie praktische Anfänge ereignet haben.[68]

> Le corps – et tout ce qui tient au corps [...] –, c'est le lieu de la *Herkunft*: sur le corps, on trouve le stigmate des événements passés, tout comme de lui naissent les désirs, les défaillances, et les erreurs [...]. La généalogie, comme analyse de la provenance, est donc à l'articulation du corps et de l'histoire.

Und ein paar Zeilen weiter:

ist nämlich schon Nietzsche an der Entstehung von Werten statt der Rechtfertigung von Wahrheiten interessiert. Oder, wie es in einer *Anmerkung* zur *Genealogie der Moral* heißt: Die »Zukunfts-Aufgabe des Philosophen« besteht darin, »das Problem vom Werthe zu lösen«. Letztere aber sind im Gegensatz zu ersteren weder überzeitlich noch universal, sondern »Annahmen bis auf Weiteres [...] sehr gut eingeübte Gewöhnungen des Glaubens«.[69] Pointiert könnte man als Wert bezeichnen, was nach einer Genealogisierung auch der Wahrheit übrig bleibt: gesetzte, für eine bestimmte Zeit an einem bestimmten Ort gültige Konventionen.

> L'émergence, c'est donc l'entrée en scène des forces; c'est leur irruption, le bond par lequel elles sautent de la coulisse sur le théâtre, chacune avec la vigueur, la juvénilité qui est la sienne. [...] L'analyse de l'*Entstehung* doit en montrer le jeu, la manière dont elles luttent les unes contre les autres.

So ist es möglich, mit der Genealogie auch die Frage nach dem Funktionieren der Sprache zu stellen. Eine Möglichkeit jedoch, von der schon vorab gilt, dass sie sich weniger für die Benutzerseite als vielmehr für die
207,270, 288,327 *Befehlsstrukturen* interessiert, und auch dort weniger für das ordnende Wort (wie bei Deleuze/Guattari gelesen) als vielmehr für die Ordnung der Worte selbst: jenes Heer von Metaphern als das Zwangssystem ihrer

[68] Foucault 1971, S. 137f., 151, 138. Die direkt folgenden Zitate S. 143f. Dass Foucault in diesem Aufsatz auch zwischen Herkunft (als Abstammung = »provenance«) und Entstehung (als Auftauchen = »émergence«) unterscheidet, trifft zu, kann aber im aktuellen Kontext (als Frage nach der Sprache statt der Geschichte) vernachlässigt werden. Ders. 1971, S. 140, 143.

[69] Nietzsche, GM, KSA 5, S. 289 sowie NF, KSA 11, 26[12], S. 152f. Für Deleuze 1962, S. 5 ist es sogar »le projet le plus général de Nietzsche«, dass er »une théorie des valeurs« in die Philosophie eingebracht hat. Vgl. daran anschließend auch Klossowski 1969, S. 363.

Signifikanten: »Gesetzt nämlich, dass nicht gerade der Mensch das ›Maass der Dinge‹ ist.....«[70]

»Qui parle?«, so hatte schon Foucault bei Nietzsche gelesen und mit Mallarmé erwidert, es sei die Sprache selbst, die spricht: »non pas le sens du mot, mais son être énigmatique et précaire«.[71] *Wie schreiben?* Auch diese Frage (von der Diskurs- zur Medientheorie konkretisiert) ist bei Nietzsche zu finden – nur dass er diesmal (als Fortsetzung des *Dritten Aktes*) selbst die Antwort gibt.

Praktiken der Macht

Sprache ist nicht das andere der <u>Macht</u>; ihr Zeit/Raum nicht der einer 54, 97, 138, 267 allgemeinen Befriedung. Sich an Diskursen (seien sie schriftlich, mündlich oder sonstwie) zu beteiligen, bedeutet kein Engagement gegen den Krieg, führt zu keinem Ende der Gewalt, ist kein Schritt auf dem Weg zu Einigkeit und Freiheit. Noch nicht einmal Schweigen ist harmlos; oder, nach einer Formulierung des Nietzsche-Lesers Foucault:

> Il n'y a pas d'un côté le discours du pouvoir et en face, un autre qui s'oppose à lui.[72]

Macht im Verhältnis: Komplexität

Insofern wird Macht nicht nur durch den (epideiktischen, juristischen, politischen usw.) Gebrauch der Worte ausgeübt, wie es Nietzsche unter dem Vorzeichen der <u>Rhetorik</u> beschrieben hat: um die Leidenschaften seiner 255, 265, 321, 359 Hörer zu erregen, um ihre Ohren zu bestechen, sondern, aus nunmehr veränderter Perspektive, es sind die Worte selber, der Verlauf und die Verhältnisse ihrer eigenen Ordnung, die immer schon als Machtgeschehen funktionieren. Was Foucault im Methodenteil seiner *Histoire de la sexualité* »pouvoir-savoir« nennt, kann deshalb bei Nietzsche *Macht=Sprache* heißen: Ein Nexus, dessen zwei Seiten sich weder äußerlich sind noch aufeinander

[70] Nietzsche, JGB, KSA 5, S. 18. »Erbfehler der Philosophen. – [...] Unwillkürlich schwebt ihnen ›der Mensch‹ als eine aeterna veritas, als ein Gleichbleibendes in allem Strudel, als ein sicheres Maass der Dinge vor. [...] [M]anche sogar nehmen unversehens die allerjüngste Gestaltung des Menschen, wie eine solche unter dem Eindruck bestimmter Religionen, ja bestimmter politischer Ereignisse entstanden ist, als die feste Form, von der man ausgehen müsse. Sie wollen nicht lernen, dass der Mensch geworden ist, dass auch das Erkenntnissvermögen geworden ist; während Einige von ihnen sogar die ganze Welt aus diesem Erkenntnissvermögen sich herausspinnen lassen.« Ders. MA-1, KSA 2, S. 24.

[71] Foucault 1966a, S. 316f.

[72] Foucault 1976, S. 134. Das direkt folgende Zitat S. 130.

folgen, denn statt nur hin und wieder (in außergewöhnlichen Situationen) zu konvergieren, statt das eine für die Wirkung des anderen zu halten (und umgekehrt, das andere für die Ursache des einen), ist die *Macht der Sprache immanent;* ist eine von drei Modalitäten, die ihren jeweiligen Zeit/Raum
236, 245, 276, 354 als Abgrund definieren.

Anders formuliert: Indem gesprochen, geschwiegen oder geschrieben wird, herrscht Krieg, sodass Nietzsches Konzeption der Macht mit Derrida als »aveu de la guerre *dans* le discours«[73] bezeichnet werden kann. »Ein Grundirrthum ist der Glaube an die Eintracht und das Fehlen des Kampfes – [...] die Gleichheit ist ein großer Wahn.«[74]

Vielleicht ist dieser Krieg oder Kampf nicht das Ziel des Diskurses (immerhin gibt es die Möglichkeit, den Frieden zu erklären), ohne Zweifel aber ist er es *in* und *mit* sich: im Diesseits der Worte und daher auch im Zuge ihrer Erklärungen. Noch einmal Derrida: »Ce devenir est la guerre. Cette polémique [nicht zuletzt griechisch gelesen: als πολεμικός] est le langage lui-même.«

NIETZSCHE Über ihre pragmatische und gesellschaftliche Relevanz hinaus ist deshalb Macht auch ein Name für die »tausendfache Complexität« der Sprache selbst. Sie wird von Nietzsche nicht monistisch gefasst (»nicht in Gestalt einer übergreifenden, beherrschenden Gesamtgewalt«), ist nicht *eine* Macht, die unterdrückt oder hervorbringt, regiert oder erzeugt (die eines Gottes, eines Herrn, eines Vaters usw.), sondern es gibt

[73] DERRIDA 1964 a, S. 173. »Le discours«, heißt es dort auch, »est originairement violent. [...] Il n'y a de guerre qu'après l'ouverture du discours et la guerre ne s'éteint qu'avec la fin du discours. [...] [L]e langage ne peut jamais que tendre indéfiniment vers la justice en reconnaissant et en pratiquant la guerre en soi.« Ders. 1964 a, S. 190, 172. Ganz im Gegensatz
75, 115, 138, 267 zu RÖTTGERS 1990, S. 329f., 339, der Macht und Sprache »in eine Exteriorität zueinander« setzen möchte: »Macht ist kein Element, das in Texten vorkommt, noch weniger ist es eines, das im Sprachsystem eingebaut ist.«

[74] NIETZSCHE, NF, KSA 9, 11[132], S. 490. »Die Nebeneinanderexistenz von 2 Gleichen ist unmöglich: es würde die absolut gleiche Existenzgeschichte voraussetzten, in alle Ewigkeit zurück. [...] Aber ebenso kann man mit Einer Verschiedenheit schon die absolute Verschiedenheit und Ungleichheit im Nebeneinander beweisen. [...] Wenn Eins sich ändert, so geht die Nachwirkung in Alles hindurch.« Ders. NF, KSA 9, 11[231], S. 530.

Das direkt folgende Zitat DERRIDA 1964 a, S. 173.

[75] NIETZSCHE, NF, KSA 13, 14[145], S. 329, 11[72], S. 34; NF, KSA 12, 2[139], S. 135f.

Allerdings: Erfahrene Nietzsche-Leser werden einwenden, dass die meisten dieser (und der folgenden) Macht-Zitate im Zusammenhang mit der Suche des Philosophen nach einer (nicht-mechanistischen) »Weltconception« (ders. NF, KSA 13, 11[72], S. 34) stehen. Das ist richtig – insofern aber immer noch gilt (wie *Ueber Wahrheit und Lüge* behauptet), dass die Gesetze der Sprache die ersten Gesetze unseres Wissens geben und dass deshalb der Unterschied zwischen einem Wissen von der Welt und der Welt als Wissen keine →

sie immer nur im *Plural*: als Mächte: als »Machtverhältniß zwischen 2 oder mehreren Kräften«[75].

Und also: Auch die Frage nach einer ersten Macht (»eines ersten Motors«) ist auf diese Weise überflüssig geworden, denn an die Stelle ihres Ursprungs (als Transzendental-Bedingung) ist bei Nietzsche die »Macht-Combination«[76] getreten: Dass sie als »<u>Spiel</u> von Kräften und Kraftwellen« funktioniert; dass 70,109,
sie sich immer schon mit mindestens einer weiteren Macht auseinander 144,204
setzen muss, sei es um zu befehlen, sei es um zu gehorchen. So hat sie nichts an sich, keine Originalität und keine Selbständigkeit, sondern *ist alles im Verhältnis zu anderen*; »nur durch und für ein Anderes, ihm Gleichartiges«[77]. Eine These, die noch in *Jenseits von Gut und Böse* bestätigt wird. Dort nämlich steht zu lesen (wenn auch mit Einschränkung auf eine Fachsprache), dass

> die einzelnen philosophischen Begriffe nichts Beliebiges, nichts Für-sich-Wachsendes sind, sondern in Beziehung und Verwandtschaft zu einander emporwachsen, dass sie, so plötzlich und willkürlich sie auch in der Geschichte des Denkens anscheinend heraustreten, doch eben so gut einem Systeme angehören als die sämmtlichen Glieder der Fauna eines Erdtheils.[78]

Machtgrade, Machtgefälle

Kurzum; Macht stellt sich für Nietzsche als eine »Menge von Relationen von Kräften« dar und infolgedessen die Sprache als »Relations-Welt«.

Was dann aber nichts anderes besagt, als dass nunmehr Macht zum *differenziellen Moment* der Sprache geworden ist. Eine Behauptung, die mit Saussure nur auf den ersten Blick zu tun hat; bleibt doch beim Genfer Linguisten der Differenz-Begriff (trotz Positivierung) seltsam friedfertig. Zwar schreibt er immer wieder von ›les oppositiones linguistiques‹ und zieht sogar ›la partie d'échecs‹ (dieses militärische Spiel par excellence) zum Vergleich heran; gerade deren Agonistik aber (im *Cours* heißt es ›obligation‹ oder

Bedeutung mehr hat, können Nietzsches Beschreibungen »›der Welt‹« (ders. NF, KSA 13,
14[184], S. 371 – auch dieser Begriff hat ein Anrecht auf <u>Gänsefüßchen</u>) – gleichermaßen 18,67,
als Beschreibungen der Sprache genommen werden. Um deren *unausgewiesene Theorie* 232,369
lesen zu können, ist es jedenfalls nötig, sich auf solche Verschiebungen einzulassen.

[76] Nietzsche, NF, KSA 13, 11[72], S. 34; NF, KSA 11, 26[335], S. 238. Das direkt folgende Zitat ders. NF, KSA 11, 38[12], S. 610. An anderen Stellen heißt es auch »Kraftconstellationen« bzw. ein »Kampf von Macht-Complexen«. Vgl. dazu ders. NF, KSA 12, 2[182], S. 157; NF, KSA 13, 14[98], S. 276; GM, KSA 5, S. 313.

[77] Nietzsche, PHG, KSA 1, S. 824. Entsteht aber Macht nur im Gegeneinander von Mächten, dann kann man genauso gut schreiben: *Es gibt überhaupt nur Gegen-Mächte*. Vgl. dazu auch Deleuze 1962, S. 57.

[78] Nietzsche, JGB, KSA 5, S. 34. Die direkt folgenden Zitate ders. NF, KSA 11, 26[38], S. 158; NF, KSA 13, 14[93], S. 271.

Außerdem Röttgers 1990, S. 319f.: »Macht ist eine Relation [...], deren Bestehen an das Bestehen von anderen Elementen gebunden ist. ›Absolute Macht‹ [wie etwa bei Hegel 1807, S. 25] wäre dann ein Nonsens-Begriff; denn als Relation wäre *jede* Macht relative Macht.«

›force‹) scheint ihn am wenigsten zu interessieren. Ganz anders Nietzsche, der schon zwischen 1871 und 1872 (das ist im zweiten und dritten Jahr seiner Baseler Professur) vier von acht Vorträgen über den ἀγών der Griechen geplant hat.[79] Für ihn konstituiert sich Sprache nicht allein durch die Verschiedenheit ihrer Elemente: 27, 59, 170, 289 dass ein Zeichen ist, was ein anderes nicht ist bzw. ihr Wert von der jeweiligen Stellung innerhalb des Systems (des Spielfeldes) abhängt; vielmehr kommt es ihm darauf an, auch diese Verschiedenheiten noch und vor allem als *Machtgefälle* zu beschreiben; als ein »Kampf zweier [oder mehrerer] an Macht ungleicher Elemente«[80]: Ein

> Mosaik von Worten [wie Nietzsche an den Horaz'schen Oden rühmt], wo jedes Wort als Klang, als Ort, als Begriff, nach rechts und links über das Ganze hin seine Kraft ausströmt [...].

Anders ausgedrückt: *Es ist die Macht, die den Unterschied macht.* Nicht einfach Beziehungen oder Relationen, die ein ebenso synchrones wie solidarisches System bilden, sondern der jeweilige »Grad von Widerstand und der Grad von Übermacht«[82].

LYOTARD *In der Sprache also ist Macht das Ereignis selbst der Differenzen.* Hervorgebracht nicht durch die Meinungen oder Inhalte einzel-

Soll Macht auch intern als Modus von Sprache funktionieren, dann wird jene Frage relevant, die Derrida mit aller Nachdrücklichkeit gestellt hat: Ob es nämlich ausreichend ist, das Vorkommen von Worten, Sätzen und Buchstaben durch ein räumliches Modell zu beschreiben (»détermine le langage [...] spatialisant«)?[82] Für den Strukturalismus Saussures gilt, dass er Auskunft über den topologischen Charakter der Sprache gegeben hat und man ihm deshalb zu Recht vorwerfen kann, nicht nur die Zeit ausgeschlossen (sie als Gleichzeitigkeit paralysiert), sondern auch das Problem der Macht gänzlich übersehen zu haben. »[...] d'avoir ignoré la force«, schreibt Derrida, »au détriment du jeu«. Oder: »Comment la simultanéité peut-elle réserver des surprises?«; um gleich selber zu antworten: »Il s'agit plutôt ici d'annuler les surprises du non-simultané.«

[79] Nietzsche, NF, KSA 7, 16[40], S. 407: »[D]er Wettkampf bei den Griechen. / Kampf des mythischen Individuums mit dem Agonalen. / Die Sage vom Wettkampf Homer's. / [...] Heraklit's Verklärung des Wettkampfs«. Allerdings wurde keiner dieser Vorträge je gehalten; dafür aber »Der Florentinische Tractat über Homer und Hesiod, ihr Geschlecht und ihren Wettkampf« (1871/73), »Homers Wettkampf« (1872) sowie »Wissenschaft und Weisheit im Kampfe« (1875) geschrieben.

[80] Nietzsche, NF, KSA 13, 14[95], S. 273. Das direkt folgende Zitat ders. NF, KSA 13, 24[1], S. 624 (bzw. ders. GD, KSA 6, S. 154f.: »Was ich den Alten verdanke«) Zur Erinnerung auch Saussure 1916, S. 162f.

[81] Derrida 1963, S. 28: »C'est une question qui se pose en général pour tout langage et pour toute métaphore. Mais elle revêt ici [Derrida fragt nach dem Begriff der Struktur] une urgence particulière.« Die direkt folgenden Zitate ders. 1963, S. 29, 41.

[82] Nietzsche, NF, KSA 13, 14[79], S. 257. Abel 1984, S. 70, nennt diesen Vorgang dann »wirkrelationale Übermächtigung«.

ner Aussagen oder Texte, sondern durch »Gradverschiedenheiten«; jenes »Maß von Macht«, das Worte von anderen Worten, Sätze von anderen Sätzen unterscheidet:[83] Als das sich gegeneinander Verschieben und Verdrängen, das in Mode kommen oder sich lächerlich machen; indem sie zu Leitbegriffen werden und oft schon nach kurzer Zeit wieder veraltern; dass sie dadurch genauso ins Vergessen gestürzt werden, wie in ihren Gebrauch allererst ermöglicht.

> Unsre Werthschätzung [heißt es daher bei Nietzsche] bezieht sich auf Quantitäten, nicht auf Qualitäten. Wir verehren das Große.[84]

Und ein paar Zeilen weiter:

> [E]s kommt nur auf die Grade und Quantitäten an

– weshalb die Frage nach der Sprache zu einer Frage nach »dynamischen Quanta, in einem Spannungsverhältniß zu allen anderen dynamischen Quanten«[85] geworden ist. Für Nietzsche jedenfalls resultieren sprachliche Werte aus dem *Wieviel ihrer Differenzen*; aus ihrem Mehr oder Weniger an Macht. Im Frühjahr 1888, neun Jahre nach Beendigung seiner »Basileophobie« durch Entlassung aus dem dortigen Universitätsdienst, hat er daraus die Konsequenz gezogen:

> Der Versuch wäre zu machen, ob nicht eine wissenschaftliche Ordnung der Werthe einfach auf eine Zahl- und Maßscala der Kraft aufzubauen wäre...[86]

[83] Nietzsche, NF, KSA 12, 9[91], S. 385; NF, KSA 13, 14[93], S. 271.

[84] Nietzsche, NF, KSA 7, 19[80], S. 446. Ebenso das direkt folgende Zitat – oder, für alle, die auf einen Qualitäts-Begriff nicht verzichten möchten, Deleuze 1962, S. 62: »La qualité n'est pas autre chose que la différence de quantité.«

[85] Nietzsche, NF, KSA 13, 14[79], S. 259 (als Variation auch ders. NF, KSA 13, 14[81], S. 261: »Kraft-Quanta, deren Wesen darin besteht, auf alle anderen Kraft-Quanta Macht auszuüben«). Das direkt folgende Zitat ders. KSB 5, S. 402. Außerdem: »Das Maß von Macht bestimmt, welches Wesen das andre Maß von Macht hat: unter welcher Form, Gewalt, Nöthigung es wirkt oder widersteht.« Ders. NF, KSA 13, 14[93], S. 271.

[86] Nietzsche, NF, KSA 13, 14[105], S. 282 – und ergänzend dazu: »es giebt Instrumente das zu messen«. Zwar verrät Nietzsche an dieser Stelle (= NF, KSA 13, 17[5], S. 526) nicht welche; es dürfte jedoch das von ihm in den späten 1880er Jahren immer mal wieder (aus Publikationen von Charles Féré) zitierte »Dynamometer« gemeint sein: ein durch Physiologie und Physik bekannt gewordenes Gerät zur Kraftmessung an Körpern, Tieren, Fahrzeugen 88, 162, 259, 293 oder Maschinenen: »das Aufwärts in dieser Scala bedeutet jedes Wachsen an Werth: / das Abwärts in dieser Scala bedeutet Verminderung des Werths«. Ders. NF, KSA 13, 14[105], S. 283. Zum Dynamometer vgl. auch NF, KSA 13, 15[10], S. 410, 16[40], S. 499; GD, KSA 124; KSB 8, S. 278 sowie Lampl 1986, S. 242 ff., bzw. Windgätter 2005 b.

Indes, den historisch naheliegenden Bezug zur Elektrizität hat Nietzsche m.W. nicht verfolgt – auch dort nicht, wo er (über Begriffe wie ›Ströme‹, ›Wellen‹ oder ›Spannungen‹ →

Eine Empfehlung so unphilosophisch wie ex-philologisch, führt doch Nietzsches Lob der Macht auf diese Weise von der genannten Komplexität und Kombinatorik zu einer *Mathematik der Differenz*: Dass sie (trotz späterer Versprechen aus Kanada) eben nicht verstanden und begriffen, sondern gemessen und gezählt, manchmal auch geschätzt werden muss; dass nicht einzelne Standpunkte, sondern deren »Steigerung und Nachlassen« ihren Ausschlag geben (F unterscheidet sich $\pm x$ von F_1). Mit anderen Worten: Nietzsches Analyse der agonalen Verhältnisse in Griechenland und im Allgemeinen findet nunmehr als *Energetik der Sprache* ihre Fortsetzung. Für sie sind vorhandene (im Gebrauch befindliche) Laute, Buchstaben, Sätze usw. durch ihr »plus von Macht« charakterisiert: als »kräftigste S p a n n u n g« bzw »siegreiche Energie«;[87] oder, wie es Lyotard 1972 auf jenem berühmten Nietzsche-Kolloquium in Cerisy-la-Salle formuliert hat:

> Les mots valent comme intensités, non comme significations.[88]

Kein Zufall also, dass solches Funktionieren (die Komplizenschaft von Sprache, Zahl und Energie) zwar beschrieben werden kann, sich jedoch hermetisch gegen alles Hermeneutische verhält. Auch guter Wille und vermittelnder Dienst, wie sie Gadamer immer wieder heraufbeschworen hat, vermögen dagegen nichts auszurichten:[89] *Als Macht-Komplex hat sich Sprache dem Dispositiv des Sinns entzogen.*

hinaus) durch seine Auseinandersetzung mit Julius Robert Mayers *Bemerkungen über die Kräfte in der unbelebten Natur* (1842) bzw. *Ueber Auslösung* (1876) sowie Johann Gustav Vogts *Die Kraft. Eine real-monistische Weltanschauung* (1878) konkrete Anlässe dazu gehabt hätte; beispielsweise in: Ders. NF, KSA 9, 11[25], S. 452; NF, KSA 10, 24[36], S. 664. Zum Einfluss der beiden Naturforscher auf Nietzsche vgl. u.a. Mittasch 1952, S. 103, 110f., 119ff., 138ff.; Abel 1984, S. 32ff., 44–49, 391; Bauer 1984, S. 212, 219; Schäfer/Vogl 2004, S. 198ff. sowie Nietzsche selber im Konjunktiv an seinen Freund Overbeck (14. November 1881): »– ich hätte in Paris bei der Elektrizitäts-Ausstellung sein sollen [...].« Ders. KSB 6, S. 140.

87 Nietzsche, NF, KSA 11, 26[275], S. 222; NF, KSA 13, 14[174], S. 360; NF, KSA 8, S. 93; NF, KSA 12, 9[106], S. 394. Von Vogl 2001, S. 101 wird er deshalb als ein »erster Energetiker von [...] Werten« bezeichnet. Dass sich aber Nietzsche auch in diesem Fall mit zeitgenössischer Naturwissenschaft auseinander gesetzt hat, zeigen u.a. seine Exzerpte aus Balfour Stewarts *Die Erhaltung der Energie. Das Grundgesetz der heutigen Naturlehre* (1875). Ders. NF, KSA 8, 9[2], S. 181ff. Vgl. Mittasch 1952, S. 321.

88 Lyotard 1972, S. 142. Auf dem gleichen Kolloquium auch Deleuze 1972, S. 168f., 171 (»quantités intensives« bzw. »jeu des intensités«). Einen ersten Anstoß zu solcher Nietzsche-Lesart aber hatte bereits Klossowski 1969, S. 97ff. gegeben: »Tout se ramène à un seul discours, soit à des fluctuations d'intensité [...].«

89 Vgl. Gadamer 1981, S. 38, 33, 45. »Aber verständlich machen? [...] Es giebt doch keine Rhetorik in der Mathematik.« Nietzsche, NF, KSA 7, 30[10], S. 735.

Immanenz der Relationen

KLOSSOWSKI Ja mehr noch, denn dadurch, dass sie für Nietzsche aus Intensitäten besteht, ist sie zugleich unabhängig geworden vom Modell der Repräsentation: ihrer klassischen Verpflichtung Gedanken, Dinge oder 29,49, 162,258 Vorgänge zu verdoppeln, zu wiederholen oder auszudrücken. *Sprache meint nicht, sondern findet statt*; sie liefert keine Objekterkenntnisse (Bezeichnungen, Urteile, Denotate usw.), sondern stellt Energiezustände her: als schieres »›Wirken‹«: als ein »Meer in sich selber stürmender und fluthender Kräfte«.[90] Nietzsches Hinwendung zu jenen »Unterschieden [...] des Grades« muss deshalb auf solche »der Gattung« keine Rücksicht mehr nehmen. Gegen Topos und Topologie der Transzendenz erlaubt sie sich vielmehr die »Heiterkeit« eines »aktiven Vergessens«, das weder Verdrängung ist noch mangelndes Gedächtnis. Wohl aber die Voraussetzung, sprachliche Ereignisse in ihrer Spezifität: als »So-und-So-sein«, überhaupt zu bemerken. Oder, was auf das Nämliche hinausläuft: Anstatt stellvertretend für etwas zu stehen, das nicht selber Sprache ist, verweisen deren »Relationen immer nur wieder aufeinander«.[91] *Schon deshalb kann das Andere ihrer jeweiligen Macht nur eine andere Macht sein.* Um zu funktionieren, braucht sie kein wesentlich von sich Verschiedenes; keine ontologische Zweiteilung (oder extrasymbolische 62,170, 175,213 Referenz), die ihre Worte, Sätze und Texte entlang einer vertikalen Achse orientiert. Von allen Nietzsche-Lesern hat das Klossowski zuerst erkannt:

> L'intensité n'a jamais d'autre sens que d'être l'intensité.[92]

So kommt es, dass sprachliches Verhalten die je eigenen Verhältnisse affirmiert bzw. »se prendre elle-même pour objet«. Welches aber die Objektivität dieser Objektivierung ist: ob gesprochen, geschrieben oder gedruckt, hat sich an dieser Stelle noch immer nicht entschieden. Nur soviel, dass sie in der Darstellung des Machttheoretikers zu einem *operational selbstbezüglichen Komplex* geworden ist – gleichsam autopoietisch avant wie à la lettre. Denn, Nietzsche im Frühjahr 1888:

> Sie lebt von sich selber: ihre Excremente sind ihre Nahrung...[93]

[90] NIETZSCHE, NF, KSA 13, 14[79], S. 259; NF, KSA 11, 38[12], S. 610. Die direkt folgenden Zitate ders. MA-1, KSA 104; GM, KSA 5, S. 291; NF, KSA 13, 15[30], S. 425.

[91] NIETZSCHE, WL, KSA 1, S. 885. Das Modell dazu ist Nietzsches Kritik der Willens-Metaphysik entnommen. In deren Kontext heißt es u.a.: »›Wille‹ kann natürlich nur auf ›Wille‹ wirken« oder: »Die Frage ist zuletzt: ob wir den Willen wirklich als w i r k e n d anerkennen? Thun wir das, so kann er natürlich nur auf etwas wirken, was s e i n e r Art ist.« Ders. JGB, KSA 5, S. 55; NF, KSA 11, 40[37], S. 647. Vgl. dazu auch DELEUZE 1962, S. 12f.

[92] KLOSSOWSKI 1969, S. 98. Ebenso das direkt folgende Zitat. Und gleich darauf: »Il semble que l'intensité n'ait en soi aucun sens.«

[93] NIETZSCHE, NF, KSA 13, 14[188], S. 374. Zur ›Autopoiesis‹ als Begriff vgl. u.a. LUHMANN 1984, S. 57f., 60ff., 296ff. Außerdem ders. 1994, S. 408: »Autopoiesis bedeutet Selbstreproduktion – die Produktion eines Systems durch das Netzwerk seiner eigenen Operationen.« → 38,52, 234,266

Jedoch (und im Kontrast zu Hegel) keineswegs als gigantisches Recycling-system: als der Versuch, vergangene Ausgaben wieder einzunehmen, ihr *wider* obendrein in ein *wieder* zu verwandeln, entsprechend jener dialektischen Bedeutung von Aufhebung (»um gut deutsch zu reden, Denkwirthschaft«[94]); vielmehr als eine Kombinatorik, die sowohl für sich selber steht, als sich auch aus und mit sich selbst entwickelt und verändert.

NIETZSCHE Solches Kombinieren aber hat Folgen fürs Theoriedesign: direkte nicht weniger als indirekte. Deshalb zunächst *drei Thesen*, die sich im Anschluss an die Entfernung der Sprache aus den Routinen der Verdoppelung ergeben:

Erstens: Was Nietzsche als Macht beschreibt, darf nicht für den Gegensatz von Materie gehalten werden; d.h., man muss sie noch von jenem naturphilosohisch-physikalischen Kraftbegriff unterscheiden, der aus ihr das »Accidens« einer »Substanz« und also die »Eigenschaft eines Dinges« oder »Theilchens« machen will.[95] »Sieg über die Kraft« nennt Nietzsche diese Unterscheidung, die zugleich ein Sieg ist über die Substanz, Gefühl, Regel

> Trennung des »Thuns« vom »Thuenden«, des Geschehens von einem ⟨Etwas⟩, das geschehen macht, des Prozesses von einem Etwas, das nicht Prozeß, sondern dauernd, Substanz, Ding, Körper, Seele usw. ist.[96]

Mit anderen Worten: Die Einordnung der Macht in die Dublette »von ›Wirken‹ und ›Wirkendem‹ [ist] grundfalsch.« *Für Nietzsche jedenfalls stellt sie nicht die eine Hälfte dieser ebenso historisch gewordenen wie hier buchstäblich zu lesenden Meta-Physik dar* – sodass nunmehr auch für die

Mit dieser These übrigens sind all jene Theorien kompatibel, die Macht nicht primär von ihrer »Schädigungsfähigkeit« her definieren, sondern ihre »eigentümliche Ordnungsleistung erfassen« wollen. LUHMANN 1975, S. 31. Seine vielleicht berühmteste Formulierung hat das dann bei FOUCAULT 1976, S. 113, 109, 124 gefunden, der gegen die Reduktion von Macht auf »la seule procédure de la loi d'interdiction« und also »la thématique de la répression« erklärt: »[L]es relations de pouvoir ne sont pas en position de superstructure, avec un simple rôle de prohibition ou de reconduction; elles ont, là où elles jouent, un rôle directement producteur.«

[94] NIETZSCHE, NF, KSA 7, 30[20], S. 740: »Ich bin so unbescheiden, zu dem ›Volk der Denker‹ von der deutschen Denkwirthschaft (um nicht zu sagen Philosophie) zu reden.«

[95] NIETZSCHE, NF, KSA 12, 7[63], S. 317; NF, KSA 9, 10[F100], S. 437; PHG, KSA 1, S. 860.
88,167, 282,311 Von der Umkehr-These: dass deshalb auch Körperlichkeit nicht der Gegensatz von Macht ist, wird noch zu lesen sein.

[96] NIETZSCHE, M, KSA 3, S. 318; NF, KSA 12, 2[139], S. 136. Das direkt folgende Zitat ders. NF, KSA 12, 2[78], S. 99. »Ungefähr nach dem gleichen Schema suchte die ältere Atomistik zu der ›Kraft‹, die wirkt, noch jenes Klümpchen Materie, worin sie sitzt, aus der heraus sie wirkt, das Atom.« (Ders. JGB, KSA 31) Und in den *Nachgelassenen Fragmenten* (ders. NF, KSA 10, 24[13], S. 650): »Die Unterscheidung zwischen Dinge an sich und des Dings für uns basirte auf der älteren naiven Wahrnehmung, die dem Dinge Energie beilegte.«

Differenzialität der Sprache gilt: »[E]s giebt nichts anderes als Kraft«; oder: Jeder ihrer Buchstaben, Sätze, Texte usw. ist exklusiv die »Summe seiner Wirkungen«.[97]

CARRIÈRE Zweitens: Als Intensitäten-Komplex darf Macht erst recht nicht mit »K r a f t g e f ü h l e n«[98] verwechselt werden: Jener schon zu Nietzsches Lebzeiten »alt gewordenen Romantiker-Hoffnung«, der Welt der Dinge eine entsprechende, ihr korrespondierende »Welt von Empfindungen«, von »seelischen Vorgängen« oder »Bewegungen« gegenüberzustellen. Für jedes Etwas das richtige Gefühl, und umgekehrt, für jedes Gefühl die richtige Adresse. Solche »›Gegenseitigkeit‹ aber ist eine große Gemeinheit« heißt es in den *Nachgelassenen Fragmenten* von 1887; setzt sie doch nicht nur »die Ä q u i v a l e n z d e r W e r t h e v o n H a n d l u n g e n« voraus: »bei mir und dir«, sondern hält zugleich das Verlangen nach »**Absonderung**« und daher Verschiedenheit für genauso »u n v e r a n t w o r t l i c h« (durch ausbleibende Antworten) wie ungültig (durch fehlende »Vergeltung«).[99] So lässt sich denn auch von Nietzsche behaupten, was Mathieu Carrière über den »verarmten Aristokraten« und Schrifftsteller Heinrich von Kleist geschrieben hat: Dass er Macht thematisiert, ohne sie als »Währung« in einer »Ökonomie der Sentimentalität«[100] zu begreifen:

[97] NIETZSCHE, KSB 6, S. 183; NF, KSA 13, 14[98], S. 275. »Ein Quantum Kraft ist ein ebensolches Quantum Trieb, Wille, Wirken – vielmehr, es ist gar nichts anderes als ebendieses Treiben, Wollen, Wirken selbst.« Ders. GM, KSA 5, S. 279.

[98] NIETZSCHE, NF, KSA 10, 24[9], S. 647: »Wenn wir etwas thun, so entsteht ein K r a f t g e f ü h l, oft schon vor dem Thun, bei der Vorstellung des zu Thuenden [...]. Wir meinen instinktiv, dies Kraftgefühl sei die Ursache der Handlung, es sei ›die Kraft‹. Unser Glaube an Kausalität ist der Glaube an Kraft und deren Wirkung; eine Übertragung unseres Erlebnisses; wobei wir Kraft und Kraftgefühl identificiren.«
Die direkt folgenden Zitate ders. NF, KSA 12, 2[101], S. 112; GT, KSA 1, S. 80; NF, KSA 8. 11[7], S. 193. Vgl. außerdem RÖTTGERS 1990, S. 317.

[99] NIETZSCHE, NF, KSA 13, 11[127], S. 61, 14[125], S. 307, 22[1], S. 584. Auch hierzu das Modell (diesmal aus der Kritik am Gleichheits-Ethos der »H e e r d e«): »Haben sich die bisherigen Genealogen der Moral auch nur von ferne träumen lassen, dass zum Beispiel jener moralische Hauptbegriff ›Schuld‹ seine Herkunft aus dem sehr materiellen Begriff ›Schulden‹ genommen hat?« – sodass »jede Handlung als eine Art Abzahlung erscheint für etwas, das uns erwiesen ist«; dass also, solcher Moral zufolge, »Alles b e z a h l t wird und für jedes Ding ein Äquivalent existirt«. (ders. GM, KSA 5, S. 297f.; NF, KSA 13, 11[127], S. 60f.; NF, KSA 10, 16[29], S. 509) Allerdings: »Hier wird wirklich an eine Ä q u i v a l e n z d e r H a n d l u n g e n geglaubt, die, in allen realen Handlungen, einfach nicht vorkommt. Es k a n n nicht jede Handlung zurückgegeben werden. [...] Man kann mir Nichts zurückzahlen, man würde immer eine ›a n d e r e‹ Handlung gegen mich begehen –« Ders. NF, KSA 13, 22[1], S. 584.

[100] CARRIÈRE 1981, S. 35, 31 f. Ebenso die direkt folgenden Zitate. Vgl. außerdem DELEUZE 1972, S. 161 ff., der solche Verhältnisse »relation contractuelle« bzw. »rapport de vente« genannt →

Gefühl ist die Tauschformel für alles was uns zustößt.

Unendlich variabel fungiert es als universaler Gegenwert: »Der gute Bürger muß lächeln, wenn er sich wohlfühlt und weinen, wenn er traurig ist. Bloß nicht anders herum, bloß [...] keine Risse im Kontinuum gegenseitiger Bestätigungen.«

Mit der Konsequenz, dass sogar Sprache (am liebsten gesprochen, wenn es sein muss geschrieben, nur im Notfall getippt) in diesen »blumichten Herzens-Austausch«[101] einbezogen wurde: hier das Gefühl und dort die dazu passenden Worte – in jedem Fall ein »Gleichungs-Verhältniß«, das sich schon deshalb in Ungleichheit zur Macht befindet. These: *Nach ihrer Entfernung aus der Dublette Meta-Physik ist Sprache auch derjenigen von Extension und Impression entzogen.* Oder, wie es Nietzsche im Frühjahr 1888 formuliert:

> Nichts ist fehlerhafter als aus psychischen und physischen Phänomenen die zwei Gesichter die zwei Offenbarungen einer und derselben Substanz zu machen.

NIETZSCHE Drittens: Ist Macht das Stattfinden selbst von Intensitäten, dann funktioniert sie
70, 80, 205, 270 genauso wenig in der Zweiteilung von Regel
und Realisierung; von universalem Code auf der einen und seinem spezifischen Gebrauch auf der anderen Seite. Wie beschrieben, hat sich noch Saussure dieses klassischen Erbes bedient und es dadurch erneut bestätigt: Sprache und Sprechen als »modèle collectif« und »acte individuel« waren seine diesbezüglichen Begriffe. »[I]l faut se placer de prime abord sur le terrain de la l a n g u e et la prendre pour norme de toutes les autres manifestations du

Solange Macht und Gefühl noch verwechselt werden, solange gilt, dass sie zu einer Sprache gehören, die *primär Stimme* ist: das Ausatmen der Seele; Worte und Sätze in ihrer gleichsam hingehauchten Gegenwart. Im Verlauf seiner Rousseau-Lektüre hat das Derrida »complicité de la voix et du cœur«[102] genannt: Allein das gesprochene Wort vermag Gefühle wirklich auszudrücken bzw. zu erregen. Denn einerseits gilt auch an dieser Stelle, dass die Stimme dem Herzen (das dabei kein Organ ist, sondern Innerlichkeit und Bei-sich-sein des Menschen: »jouissance de la présence à soi«) als erster und eigentlicher Signifikant dient: »Entre l'être et l'âme, les choses et les affections, il y aurait un rapport de traduction ou de signification naturelle.«

Und andererseits: Im Unterschied zu (Hand- und Druck-) Schriften, vor denen wir jederzeit

hat. Als Beispiele führt er vor allem die *Psychoanalyse* (»donne-moi tes états vécus, je te rendrai des fantasmes«) und das *Buch* (»je t'achète, tu me donnes à lire«) an: »tout le monde est pris, auteur, éditeur, lecteur.«

[101] NIETZSCHE, FW, KSA 3, S. 609. Die direkt folgenden Zitate ders. NF, KSA 13, 14[121], S. 300, 14[144], S. 329.

[102] DERRIDA 1967a, S. 342. Die direkt folgenden Zitate S. 354, 22.

die Augen verschließen können, gibt es vor der Stimme keinen vergleichbaren Schutz. Wir sind ihrer Lautlichkeit, »malgré nous«, ausgeliefert, die uns deshalb wirksamer trifft und tiefer berührt: »[L]e son nous touche, nous intéresse, nous passionne davantage parce qu'il *nous pénètre*. [...] La voix est le voie privilégiée pour l'effraction et l'intériorisation.«[103]

langage.«[104] Auf solche Weise werden Gebiete abgesteckt und Hierarchien gebildet. Denn fortan ist Sprache (langue) für die Linguistik nicht nur ein gesondertes, sondern auch ein besonderes Objekt.

Anders bei Nietzsche (gut dreißig Jahre zuvor): Für ihn konstituiert sich Sprache, obwohl eigens mit Macht verbunden, nicht *normativ*: durch juridische, politische oder sonstige Prinzipien im Hintergrund, die Sprechakte je nach- 27,69,
dem ermöglichen, legitimieren oder unterdrü- 217,281
cken, sondern *performativ*: als ihre raum/zeitlich situierbaren Vollzüge; als die Ereignisse ihres eigenen Sich-ereignens.

> Es gibt kein Gesetz: jede Macht zieht in jedem Augenblick ihre letzte Consequenz.[105]

So Nietzsche in seinen nachgelassenen Fragmenten, um gleich darauf fortzufahren, dass »ein Machtquantum« allein durch »die Wirkung, die es übt und der es widersteht, bezeichnet« ist: ein »Ungeheuer von Kraft«. Funktioniert es als Zwang, dann nicht, weil entsprechende Kategorien- oder Gesetzestafeln dazu auffordern, sondern im Bezwingen und Bezwungen-werden selbst; kann es eine »befehlende Kraft« heißen, dann nicht als »Befehl aus dem Jen- 207,270,
seits«, sondern im Zuge des jeweiligen Befehlens.[106] Medienheoretisch aber 277,327

[103] Vgl. Saussure 1916, S. 38, 30, 25. Für den Genfer Linguisten war dies die Erfindung des Objekts Die Sprache: ein homogenes gleichermaßen psychisches wie regulatorisches System im Unterschied zu den vielen heterogenen Spechakten – »le code de la langue«: »un objet qu'on peut étudier séparément.« Ders. 1916, S. 30f.

[104] Derrida 1967a, S. 341f. Im Original heißt das bei Rousseau (*Essai sur l'origine des langues*, 1781): »[C]es accents auxquels on ne peut dérober son organe, pénètrent par lui jusqu'au fond du cœur [..] et nous font sentir ce que nous entendons.« Zit. nach Derrida 1967a, S. 341.

[105] Nietzsche, NF, KSA 13, 14[79], S. 258. Die direkt folgenden Zitate ders. NF, KSA 11, 38[12], S. 610; NF, KSA 13, 14[79], S. 258.

Anders freilich als Simonis 2002, S. 58f. es will, funktionieren solche Vollzüge *nicht handlungsförmig* – und deshalb anthropozentrisch: als »sinnliche und persuasive Mittel der sprachlichen Darstellung«. In Nietzsches Worten: »[...] es giebt keinen Schöpfer, keinen Gesetzgeber, keine Schuld, keine Strafe.« (Nietzsche, NF, KSA 9, 4[55], S. 112) »Der »Philosoph« dagegen ist die R e a k t i o n: [»als Weiter-Entwicklung des p r i e s t e r l i c h e n Typus«] [...] / - er sieht den Verfall im Verfall der Autorität: er sucht nach neuen Autoritäten.« Ders. NF, KSA 13, 11[375], S. 168, 14[189], S. 376. Zum Verhältnis von Kraft und Auslösung vgl. außerdem Nietzsches Mayer-Lektüre (z.B. ders. NF, KSA 9, 11[81], S. 472, 11[135], S. 492), bzw. Schäfer/Vogl 2004, S. 198ff.

[106] Nietzsche, NF, KSA 11, 34[192], S. 485; NF, 12, 10[158], S. 551. Dazu ders. NF, KSA 11, 25[436], S. 127, 34[85], S. 447: »Wollen d⟨as ist⟩ b e f e h l e n«: zwar nicht aus der Warte →

folgt daraus, was Nietzsche schon von seiner zeitgenössischen Philosophie verlangt hat: in die »Phase der Bescheidenheit« einzutreten. Nur dass an dieser Stelle gilt: *Es kommt keine Sprache (mehr) außerhalb ihrer Reden, Schriften, Texte usw. vor.* Oder: Als Kombination aus Mächten existiert sie nicht an sich, sondern als Medien, sodass auch ihre Darstellung immer nur die Darstellung ihrer medialen Verhaltensweisen und deren Verhältnisse sein kann.

Jenseits der Zeichen

DERRIDA Dazu zwei kurze Anmerkungen:

Zum einen wird hier abermals deutlich, dass Nietzsches Macht-Begriff
142,164, ohne eine *Positivierung der Zeit* nicht hinreichend beschrieben werden kann.
190,212 Man wird also noch darauf achten müssen, was seine Texte, Aphorismen und Fragmente in dieser Hinsicht hergeben.

Zum anderen führt Nietzsches Entfernung der Sprache aus dem Regel-
25,69, Realisierungs-Schema auch dahin, der zeichentheoretischen Orientierung
217,319 Saussures (und anderer) nicht weiter zu folgen. Statt aus sprachlichen Ereignissen eine für Signifikate transparente Ordnung von Signifikanten zu machen (»un système de signes distincts correspondant à un système d'idées distinctes«), kommt es vielmehr darauf an, ihre Komplexität, wie bei Derrida geschehen, als »jeu des renvois signifiants« zu beschreiben.[107]

»eines absolut Befehlenden, eines Leithammels« heraus, wohl aber als »ein bestimmter Affekt (dieser Affekt ist eine plötzliche Kraftexplosion)« – Formulierungen, die die o.g. Performativität der Sprache auch exemplarisch vorführen: Jedenfalls ist Befehl nicht gleich Befehl, sondern zwei Worte, die ihren Wert durch Geschichten und Kontexte definieren. Ähnlich polyvalent übrigens verhält es sich mit ›Krieg‹, ›Kampf‹, ›Kraft‹ und ›Sieg‹, aber auch ›Maass‹ oder ›Zahl‹ (um hier von der ›Macht‹ ganz zu schweigen).

Das direkt folgende Zitat ders. NF, KSA 10, 24[16], S. 654 (vgl. außerdem ders. NF, 12, 6[23], S. 240 f).

[107] SAUSSURE 1916, S. 26 (vgl. auch S. 98, 144), bzw. DERRIDA 1967a, S. 16.

Erwähnt werden muss aber auch, dass Nietzsche selber den Zeichen-Begriff in zweifacher
264,359 Weise verwendet. Einmal *positiv*: als »Abkürzungsmittel«, um die ansonsten »unsäglich complicirte« Vielfalt der Dinge zu »simplificiren« bzw. ihnen ein »Schema anzulegen« und damit »über ungeheure Mengen von Thatsachen in Zeichen Herr zu werden«, sie »seinem Gedächtnisse einzuschreiben« (ders. NF, KSA 11, 34[131], S. 464, 34[249], S. 505; NF, KSA 12, 6[11], S. 237); und einmal *negativ*: als »bloße Symptomatologie« oder »bloße Semiotik der Folgen«, die deshalb das »Übergreifen von Macht über andere Macht« nicht berücksichtigt (ders. GD, KSA 6, S. 98; NF, KSA 13, 14[82], S. 262, 14[81], S. 260). In beiden Fällen jedoch bleibt die Orientierung, das Zeichen *Zeichen von* oder *für Etwas* sind verbindlich; soll heißen: Es trifft sie auch in beiden Fällen Nietzsches eigene Kritik an der »Unterscheidung zwischen einem ›Sitz der treibenden Kraft und ihr selber‹« (ders. NF, KSA 13, 14[122], S. 302). *Nietzsche gegen Nietzsche* ist also an dieser Stelle das Programm, mit dem Ziel, seine unausgewiesene Theorie der Sprache von seinen Vorstellungen der »Symptome und Zeichensprachen« (ders. NF, KSA 12, 2[165], S. 149) fernzuhalten – und für einmal auch von der Lektüre DELEUZES 1962, S. 8, der »la philosophie tout entière«, ebenso wie »les sciences«, als »symptomatologie et une séméiologie« beschreibt.

Das Double tritt an die Stelle des Originals; besser noch: Es zeigt sich, dass durch eine Bewegung, die Sprache selber ist, nicht einfach deren Plätze getauscht werden (die Hierarchie also umgekehrt), sondern das (ehemalige) Erste im (nunmehr unabhängigen) Zweiten verschwindet; von ihm gleichsam aufgelöst wird:

> Le signifié [»sens ou chose, noème ou réalité«] y fonctionne toujours déjà comme un signifiant.[108]

Kein Signifikat, das es dann auch nicht mehr ist, wird etwas wesentlich anderes als eine Kombination von Signifikanten gewesen sein. Und deshalb:

> Cela revient, en toute rigueur, à détruire le concept de »signe« [»de ›signe-de‹«] et toute sa logique.

* * *

Soweit jene sprachtheoretischen Konsequenzen, die direkt an den relationalen Modus von Macht anschließen. Eher indirekt dagegen folgt, was nun als *Anonymität, Geschehen* und *Werden* beschrieben wird.

›Grammatische Gewohnheiten‹

FOUCAULT Zunächst Anonymität. Obwohl als Begriff von Nietzsche nicht selber verwendet, lässt sich darunter doch zusammenfassen, dass für ihn die Macht ohne individuelle oder kollektive Machthaber funktioniert, sie an dieser Stelle also weder mit der Autorität einzelner Persönlichkeiten, noch der Herrschaft des Volkes, der Allgemeinheit, der Öffentlichkeit oder auch nur der jeweils Betroffenen gleichgesetzt werden kann. Kurzum: *Anonymität soll heißen, dass man es bei Nietzsche nicht länger mit einer Anthropologisierung der Macht zu tun bekommt, die sich deshalb ἄναρχος, ohne Führer bzw. Feldherrn, in und als Sprache ereignet.* 34, 217, 241, 326

> Penser à la fois [...] le pouvoir sans le roi,

nennt das Foucault, der ja eingestandenermaßen unter »effetiva influenza che Nietzsche« geschrieben hat.[109]

[108] Derrida 1967 a, S. 16, 31. Die direkt folgenden Zitate S. 16, 32. Anders formuliert: Sofern es sprachlichen Sinn gibt, falls es solchen Sinn gibt, nicht als Signifikat, sondern als Auszeichnung eines bestimmten Signifikanten-Spiels – und also *nachträglich*: als Effekt bzw. Folge eben dieses Spiels. »[L]e jeu aujourd'hui se rend à lui même, effaçant la limite depuis laquelle on a cru pouvoir régler la circulation des signes, entraînant avec soi tous les signifiés rassurants, réduisant toutes les places-fortes, tous les abris du hors-jeu qui surveillaient le champ du langage.« Ders. 1967 a, S. 16.

[109] Foucault 1976, S. 120; ders. 1969 e, S. 117. Außerdem ders. 1976, S. 125: »[N]e cherchons pas l'état-major [...]; ni la caste qui gouverne, ni les groupes qui contrôlent les appareils →

> Von Personen soviel wie möglich vorläufig absehen! [...] Es ist etwas Neues zu schaffen: nicht ego und nicht tu und nicht omnes![110] –

um jenen Einfluss auch im Original zu zitieren, für den dann die Vorstellung, hinter Macht-Komplexen gäbe es ein »Ich (das ›Subjekt‹) als Ursache [...]
48,84, oder Thäter«, zu den »grossen Irrtümern« der abendländischen Kultur zählt.[111]
112,295 Überall dort jedenfalls, wo »persönlich wollende Wesen im Hintergrunde wirkend geglaubt« werden, sieht Nietzsche eine »uralte Mythologie [bzw. »grobes Fetischwesen«] auf den Thron gehoben«. »›Keine Wirkung ohne Ursache‹« und »›wo gewirkt wird, da ist gewollt worden‹«, so zwei der wichtigsten »Glaubensartikel« dieser »Volks-Metaphysik«, von der selbst Wissenschaft nicht frei ist, »wenn sie sagt ›die Kraft bewegt, die Kraft verursacht‹ und dergleichen –«.[112]

de l'État, ni ceux qui prennent les décisions économiques les plus importantes ne gèrent
38,52, l'ensemble du réseau de pouvoir«.
266,296 Sind folglich Foucaults Versuche »pour définir une méthode d'analyse qui soit pure de tout anthropologisme« an Nietzsche geschult, kann dafür seine Beschreibung »des grandes stratégies anonymes [...] des rapports de pouvoir« in umgekehrter Richtung gelesen werden. Nicht als Gegen-Gabe, das hat die Zeit verhindert, sondern nachträglich: um eine wichtige Strömung in Nietzsche-Texten hervorzuheben und zu bezeichnen. FOUCAULT 1969 b, S. 26; ders. 1976, S. 125f.

110 NIETZSCHE, NF, KSA 9, 11[21], S. 450 »Versuch, vom Menschen abzusehn [...] – nicht alles auf ihn hin zu construiren. [...] Vielleicht endet es damit, daß statt des Ich wir die Verwandtschaften und Feindschaften der Dinge erkennen, Vielheiten also und deren Gesetze: daß wir vom Irrthum des Ich uns zu befreien suchen.« Ders. NF, KSA 10, 6[1], S. 231; NF, KSA 9, 11[21], S. 450. »›Was liegt an mir!‹ – [nicht als Frage, sondern mit Ausrufungszeichen] steht über der Thür des künftigen Denkers.« Ders. M, KSA 318.

Bei FOUCAULT 1969 b, S. 21f. heißt es sogar (in historischer Perspektive), Nietzsche habe »par la généalogie« zu dem im 19. Jahrhundert begonnenen »décentrement [...] de la fonction fondatrice du sujet« maßgeblich beigetragen.

Und vergisst man im obigen Zitat auch das ›omnes‹ nicht, dann versperrt sich an dieser Stelle zugleich der Ausweg der Ich- und/oder Bewusstseins-Philosophie in Konstrukte wie Gemeinde, Gesellschaft, Kommune oder gar Volk.

111 NIETZSCHE, GD, KSA 6, S. 91. Die direkt folgenden Zitate ders. FW, KSA 3, S. 482f.; GD, KSA 6, S. 77.

»Irrthum, daß das Subjekt causa sei – Mythologie des Subjekt-Begriffs.« (Ders. NF, KSA 12, 2[78], S. 98) Nicht anders auf S. 103, bzw. ders. GM, KSA 5, S. 279: »Wie das Volk den Blitz von seinem Leuchten trennt und letzteres als Tun, als Wirkung eines Subjekts nimmt, das Blitz heißt, so trennt die Volks-Moral auch die Stärke von den Äußerungen der Stärke ab, wie als ob es hinter dem Starken ein indifferentes Substrat gäbe, dem es freistünde, Stärke zu äussern oder auch nicht. [...] Das Volk verdoppelt im Grunde das Thun, wenn es den Blitz leuchten lässt, das ist ein Thun-Thun: es setzt dasselbe Geschehen einmal als Ursache und dann noch einmal als deren Wirkung.«

112 NIETZSCHE, FW, KSA 3, S. 483; NF, KSA 13, 14[79], S. 258; FW, KSA 3, S. 594; GM, KSA 5, S. 279: »nach dem Schluss: ›zu jeder Veränderung gehört ein Urheber‹. – Aber dieser Schluss ist schon Mythologie: er trennt das Wirkende und das Wirken.« (Ders. NF, →

Wie solcher Irrtum möglich war? Wie es zu dieser Inthronisation Des Menschen (seines Willens, seines Bewusstseins usw.) kommen konnte? – Durch *Ontologisierung* <u>*grammatischer*</u> *Kategorien*: Dass also Satz-Strukturen 65,173,
real werden als Macht-Strukturen; in Nietzsches Worten, durch »unsere 197,274
U n f ä h i g k e i t, ein Geschehen anders i n t e r p r e t i r e n zu können denn als [...] prädikativ zu irgend welchem Subjekte«.[113] Eine These, die zwar im ersten Moment an *Ueber Wahrheit und Lüge* erinnert (die Gesetze der Sprache sind zugleich die Gesetze der Wahrheit), der es diesmal jedoch nicht um rhetorische Figurationen geht, sondern darum, eine *Sprachkritik der Macht als Voraussetzung für eine Machtkritik der Sprache* anzuschreiben (woraus wiederum folgt, dass hier weder mit Erkenntnistheorie konspiriert noch bei Grammatikanalysen halt gemacht wird).[114] Nietzsche im Juni/Juli 1885:

> »Subjekt« »Objekt« »Prädikat« – diese Trennungen sind g e m a c h t und werden jetzt wie Schemata übergestülpt über alle anscheinenden Thatsachen.

Oder, im Herbst desselben Jahres:

> In jedem Urtheile steckt der ganze volle tiefe Glauben an Subjekt und Prädikat oder an Ursache und Wirkung; und dieser letzte Glaube (nämlich als die Behauptung, daß jede Wirkung Thätigkeit sei und daß jede Thätigkeit einen Thäter voraussetze) ist sogar ein Einzelfall des ersteren, so daß der Glaube als Grundglaube übrig bleibt: es giebt Subjekte.[115]

KSA 12, 2[84], S. 103) Dazu passend Nietzsches berühmte Befürchtung, dass »wir Gott nicht los werden, weil wir noch an die Grammatik glauben...« Ders. GD, KSA 6, S. 78.

[113] Nietzsche, NF, KSA 12, 2[83], S. 101 f. »[D]er ›Blitz‹ leuchtet – Verdoppelung – die Wirkung v e r d i n g l i c h t.« Ders. NF, KSA 12, 2[78], S. 98. Auch Macht ist demnach an den Menschen wie ein ›Attribut‹ ans »Wörtchen ›ich‹« gekoppelt. Vgl. ders. NF, KSA 12, 7[34], S. 306, 9[98], S. 391; NF, KSA 13, 14[98], S. 274; JGB, KSA 5, S. 31.

[114] Vgl. Nietzsche, WL, KSA 1, S. 877. Im Übrigen, für Röttgers 1990, S. 344f. gelten all jene, die »den Satz« und seine »grammatischen Regeln« zum privilegierten Objekt von Sprachtheorie machen als »Ordnungsfanatiker«: »Chomsky und [»cum grano salis«] Habermas z.B.«. Dagegen (wie ja bereits beschrieben) Nietzsche, dessen unausgewiesene Theorie der Sprache von Schreibgeräten und Texten, d.h. von Medien, Differenzen, Praktiken usw. ausgegangen ist.

[115] Nietzsche, NF, KSA 11, 36[26], S. 562; NF, KSA 12, 2[83], S. 102. Ähnliche Formulierungen sind bei Nietzsche an vielen Stellen zu finden. Deshalb hier nur zwei besonders gelungene Beispiele: »Daß wir ein Recht haben, zwischen Subjekt und Prädikat, zwischen Ursache und Wirkung zu u n t e r s c h e i d e n – das ist unser stärkster Glaube; ja im Grunde ist selbst schon der Glaube an Ursache und Wirkung, an conditio und conditionatum nur ein Einzelfall des ersten und allgemeinen Glaubens, unsres Urglaubens an Subjekt und Prädikat (nämlich als die Behauptung, daß jede Wirkung eine Thätigkeit sei und daß jedes Bedingte einen Bedingenden, jede Thätigkeit einen Thäter, kurz ein Subjekt voraussetze).« Ders. NF, KSA 12, 4[8], S. 182, und: »der Phänomenalismus auch hier: Charakter als Maske, es giebt keine Thatsachen«. Ders. NF, KSA 12, 2[131], S. 130.

So kommen wir durch die »Schlingen der Grammatik« immer wieder dahin, »ein Etwas [zu] denken, das verursacht und ein Etwas, auf das gewirkt wird«:[116] Subjekte, von denen die Macht ausgeht und Objekte, gegen die sie sich wendet; *abgeleitet* auf der einen Seite, *instrumentalisiert*
48,90, 128,154 auf der anderen; in jedem Fall dienstbar gemacht für die Ambitionen *des* Menschen in *seiner* Welt.

Entsubjektivierung der Macht

Allerdings, und damit beginnt ein weiterer Kurswechsel Nietzsches: »Sollte dieser Glaube an den Subjekts- und Prädikats-Begriff nicht eine große D⟨ummheit⟩ sein?«[117] Ja mehr noch: »Wäre es nicht an der Zeit, sich [...] über die Gläubigkeit an die Grammatik zu erheben?« Zwei Fragen, die ihre eine Antwort bereits implizieren:

> Wir glauben heute kein Wort mehr von dem Allen.[118]

Das Subjekt nämlich ist nur »die Supposition eines Thuenden«; ist »nichts Gegebenes, sondern etwas [...] Dahinter-Gestecktes«; eine Art »untergeschobener Wechselbalg« (als Ort und Funktion mit austauschbarer Besetzung) dessen grammatikalische Herkunft ebenso vergessen wurde, wie »als Seiendes« etabliert und verherrlicht:

> Aber es giebt kein solches Substrat; es giebt kein »Sein« hinter dem Thun, Wirken, Werden; »der Thäter« ist zum Thun bloss hinzugedichtet – das Thun ist Alles.[119]

Worauf es Nietzsche ankommt, ist also erstens unseren *Glauben an die Grammatik zu unterbrechen*, um dadurch zweitens die *Macht vom Ich-Dogma zu*

[116] Nietzsche, NF, KSA 12, 9[98], S. 391, 2[193], S. 162; FW, KSA 3, S. 593; NF, KSA 12,
83,274, 334 9[91], S. 383: Macht wäre demnach eingebaut ins klassische Kausalschema: »Ursache und Wirkung – ein gefährlicher Begriff [...].« In der Tragödienschrift übrigens war gerade dies: »am Leitfaden der Causalität« nach Motiven, Absichten und Auslösern zu suchen, das Kennzeichen des so genannten »Sokratismus«. Vgl. ders. GT, KSA 1, S. 99, 118.

[117] Nietzsche, NF, KSA 12, 2[83], S. 102. Das direkt folgende Zitat ders. JGB, KSA 5, S. 54. Wohlgemerkt, um Missverständnissen sogleich vorzubeugen: Als ›Dummheit‹ wird hier der Glaube an die Subjekt-Stellung des Menschen bezeichnet, nicht der an einzelne Individuen. Dass Nietzsche von ersterem Abstand nimmt, ist deshalb *kein* soziologisches, sondern ein *methodisches Ereignis.*

[118] Nietzsche, GD, KSA 6, S. 90. Was aber nach solchem Unglauben ans Subjekt noch von dessen Komplement: den Objekten, zu halten ist, wird sich im Kapitel über Nietzsches
19,88, 167,259 Konzeptionen des Körpers zeigen.
Die direkt folgenden Zitate ders. NF, KSA 12, 7[1], S. 249f., 7[60], S. 315; GM, KSA 5, S. 280; NF, KSA 12, 2[84], S. 103.

[119] Nietzsche, GM, KSA 6, S. 279. »Und gar das Ich! Das ist zur Fabel geworden, zur Fiktion, zum Wortspiel«. *Als Macht-Komplex ist Sprache weder Erzeugnis noch Bezeugung Des Menschen,* denn: »Der Fehler steckt in der Hineindichtung eines Subjekts«. Ders. GD, KSA 6, S. 91; NF, KSA 12, 2[142], S. 137. →

entkoppeln. Mit dem Effekt, dass dann auch Sprache als deren Kombinatorik kein Zentrum mehr hat am Subjekt Mensch. Anders formuliert: Nietzsches Sprachkritik der Macht zeigt zugleich, dass seine Machttheorie der Sprache weder befestigt ist an subjektiven Vermögen (Kant) noch orientiert an der 41, 109, 130, 207
Kraft und Arbeit des Verstandes (Hegel).

> Wir sind d e s M e n s c h e n müde ...[120] –

so lapidar kann der fürs Emphatische bekannte Ex-Professor sein, um nicht nur vom groß geschrieben »›Ich‹« zum klein geschrieben »›es‹« zu wechseln (inzwischen haben wohl beide ein Anrecht auf doppelte Gänsefüßchen), 67, 232, 280, 362
sondern daran anschließend (und gegen Freud)[121] auch ›es‹ noch zur »A u s l e g u n g« zu erklären, die »nicht zum Vorgange selbst gehört«.[122] *Machtquanta gehen vor Menschenwerk*; oder, mit einer Formulierung Nietzsches an Heinrich Köselitz:

> – ich selber als Ganzes komme mir so oft wie der Krikelkrakel vor, den eine unbekannte Macht über's Papier zieht [...].[123]

Kein Mittel zum Zweck

DERRIDA In solcher Anonymität jedoch ist Sprache nicht nur durch keine Subjekt-Instanz mehr angeleitet, sondern genauso wenig (und im Unterschied zur Rhetorik) auf bewusst geplante, womöglich schon im Anfang präsente Ziele oder Zwecke hin ausgerichtet. Anstatt also ein Mittel zu sein, um Intentionen zu verwirklichen, ist sie selber immer schon eine Wirklich-

Nietzsches Strategie ist es daher nicht, Subjektivität einfach zu ignorieren oder abzulehnen, sondern ihr *Gemacht-sein*: vom Satz-Subjekt zum Subjekt der Sätze (= Genitivus auctoris), darzustellen und auf diese Weise zu relativieren – wohlweislich, dass alles, was 34, 63, 167, 325
gemacht wurde, auch anders werden kann oder verschwinden.

[120] NIETZSCHE, GM, KSA 5, S. 278. Ganz und gar daneben liegt deshalb FRANK 1983, S. 16f., 27, 260, 266, der (trotz gegenteiliger Behauptung) mehr als einmal die Individualität des Menschen mit seiner Subjektfunktion gleichsetzt, um dann tadeln zu können, der von Nietzsche »angestoßene« und bei Foucault »mit Applaus versehene [...] Tod des Subjekts« hieße, »das menschliche Subjekt in den Maschen des strukturalen [hier macht-sprachlichen] Netzes zu strangulieren«. Franks eigenes Bedürfnis schien es dagegen gewesen zu sein, jenem »toten Subjekt«, das »keine Schmerzensschreie mehr ausstößt«, seine Stimme in Form einer »Neostrukturalismus«-Vorlesung zu leihen.

[121] »In Anlehnung an den Sprachgebrauch bei N i e t z s c h e [...] heißt es [= das Unbewusste] fortan das Es [= groß geschrieben!].« FREUD 1932, S. 79.

[122] NIETZSCHE, JGB, KSA 5, S. 31. »Was mich am gründlichsten von den Metaphysikern abtrennt, das ist: ich gebe ihnen nicht zu, daß das ›Ich‹ es ist, was denkt [...]. Der Glaube an die Grammatik, an das sprachliche Subjekt, Objekt, an die Thätigkeits-Worte hat bisher die Metaphysiker unterjocht: diesen Glauben lerne ich abschwören.« Ders. NF, KSA 11, 35[35], S. 526.

[123] NIETZSCHE, KSB 6, S. 122 – nur ungefähr sechs Monate vor Anschaffung jener Malling-Hansen-Skrivekugl, die dann (und zu Nietzsches Erleichterung) das Persönliche seiner Handschrift durch eine ebenso anonyme Typographie wie aus Druckerpressen ersetzt. 34, 217, 241, 326

keit; für Nietzsche »Complexe des Geschehens«, die wir schlichtweg »ver-
84,291, gessen«, sobald und solange mit dem Glauben an Täter, Urheber, Autoren
313,335 auch der »Glaube an τέλη« ins Spiel gekommen ist (»vielleicht die letzte Form einer Gottes-Vorstellung«).[124] Für eine Medientheorie der Sprache wird es deshalb wichtig, sich von der »Unvorstellbarkeit eines Geschehens ohne Absichten« nicht länger hypnotisieren zu lassen; vielmehr anzuerkennen, dass es sich dabei um mehr oder weniger große »Machtausströmungen« handelt; »Bewegungen«, über die Nietzsche
70,87, auch schreibt: »sie spielen sich ab« bzw. »eine gewisse Kraftmenge
109,204 giebt sich aus, ergreift etwas, woran sie sich auslassen kann« – ohne Absender, der sie hervorbringt und ohne Adresse, die sie schließlich erreicht.

> In summa: ein Geschehen ist weder bewirkt noch bewirkend.[125]

Vielmehr geschieht, was eben geschieht; unmotiviert und ungerichtet zugleich; nicht verschuldet und selber ohne Schuld, als schieres Ereignis: Worte, Sätze, Texte usw., die von keinem »Mittel-Zweck-denken« mehr zu erfassen sind:

> Man sieht das gemeinhin anders: man ist gewohnt gerade in dem Ziele [...] die treibende Kraft zu sehen, gemäss einem uralten Irrthume – aber er ist nur die dirigirende Kraft, man hat dabei den Steuermann und den Dampf verwechselt. Und noch nicht einmal den Steuermann, die dirigirende Kraft... Ist das »Ziel«, der »Zweck« nicht oft genug nur ein beschönigender Vorwand, eine nachträgliche Selbstverblendung der Eitelkeit, die es nicht Wort haben will, dass das Schiff der Strömung folgt, in die es zufällig gerathen ist? Dass es dorthin »will«, weil es dorthin – muss? Dass es wohl eine Richtung hat, aber ganz und gar – keinen Steuermann?[126]

[124] Nietzsche, NF, KSA 12, 9[91], S. 384, 2[83], S. 103; NF, KSA 13, 14[81], S. 261; NF, KSA 9, 11[16], S. 447. Die direkt folgenden Zitate ders. NF, KSA 12, 2[83], S. 103; NF, KSA 10, 7[154], S. 293; NF, KSA 9, 11[12], S. 445; 10: 269. Wie bei der Subjekt-Funktion des Menschen gilt deshalb auch hier: »Wir haben den Begriff ›Zweck‹ erfunden.« Ders. GD, KSA 6, S. 96.

[125] Nietzsche, NF, KSA 13, 14[98], S. 275. Das direkt folgende Zitat ders. NF, KSA 10, 7[225], S. 312.

»Allgemein hält man keine Handlung für verständlich, außer der nach Zwecken: und überhaupt keine Bewegung in der Welt. Deshalb gieng das frühere Denken darauf aus, alle Bewegung in der Welt als zweckmäßig und zweckbewußt zu erklären (Gott) Es ist der größte Wendepunkt der Philosophie, daß man die Handlung nach Zwecken nicht mehr begreiflich fand; damit sind alle früheren Tendenzen entwerthet.« Ders. NF, KSA 9, 6[250], S. 263. Und im Frühjahr 1888: »Zwei aufeinander folgende Zustände: der eine Ursache, der andere Wirkung / : ist falsch. / der erste Zustand hat nichts zu bewirken / den zweiten hat nichts bewirkt. Ders. NF, KSA 13, 14[95], S. 273.

[126] Nietzsche, FW, KSA 3, S. 607f.; was dann aber auch heißt: Aus jenem Begriffsdom *über* fließendem Wasser (vgl. ders. WL, KSA 1, S. 882) ist nunmehr ein Schiff geworden, das sich *im* und *vom* Wasser treiben lässt.

Wo jedoch für Den Menschen nichts mehr zu steuern ist, da haben auch seine Fragen nach dem Warum und Wozu ihre einstige Dringlichkeit verloren. Als Machtgeschehen, als Dampf in den Maschinen und Strömung unter dem Kiel, ist Sprache der Logik von Begründung und Begehren untreu geworden. Kein Verstehen nirgends durch das »Feststellen von Grad- und Kraftverhältnissen« (von der Moral ganz zu schweigen), denn mit den Zwecken fällt gleichermaßen, was ihnen »von Alters her« immer wieder zugeschrieben wurde: Dass sie für den »Sinn« nicht zuletzt sprachlicher Ereignisse bürgen, um uns auf diese Weise »das Gefühl des Fremden, Neuen, Unerlebten wegzuschaffen«.[127] Durch seine Subjekt-Funktion ist
deshalb der Mensch nicht nur als Souverän der 34,42,
Sprache eingesetzt, sondern ebenso sehr zum 128,172
Sicherheits-Agenten geworden; unterwegs in 52,234,
eigener Sache. Sein Gegner: »die F u r c h t«; 258,291
sein Auftrag: »R e g e l n s u c h e n«, um zu »erleichtern beruhigen, befriedigen«.

Mit anderen Worten: Dadurch, dass Nietzsche alles Reden und Schreiben nicht in den Dienst übergeordneter Kategorien oder

Macht in und als Sprache ist die Ohnmacht des Menschen als Subjekt. Wollte man also (was hier nicht weiter interessiert) bei einer anthropologischen Perspektive bleiben, wäre Sprache in ihrer Verwendung ein *Modus von Passivität;* genauer: Von seinen Sprechern und Schreibern verlangte alles Sprechen und Schreiben sich ihm zu überlassen: vom Thron herabzusteigen; das Ruder aus der Hand zu legen – »meine Formel dafür ist amor fati...«: Dass wir »in den Netzen der Sprache [nicht stranguliert werden, sondern] zappeln«.[128]

Man kann daher sehr wohl behaupten, dass Nietzsche in seinen späten Fragmenten *positiviert,* was er in den 1870er

[127] Nietzsche, GD, KSA 6, S. 93; NF, KSA 12, 7[1], S. 247, 9[91], S. 385. Die direkt folgenden Zitate ders. NF, KSA 12, 5[10], S. 187f.; GD, KSA 6, S. 93. »Unser ›Verständniß eines Geschehens‹ bestand darin, daß wir ein Subjekt erfanden welches verantwortlich wurde dafür, daß etwas geschah und wie es geschah«. Ders. NF, KSA 13, 14[98], S. 274. Zur These von der Beruhigung durch Ursachenforschung und Zwecksetzung vgl. außerdem ders. NF, KSA 13, 14[98], S. 276: »Der angebliche Causalitäts-Instinkt ist nur die F u r c h t v o r d e m U n g e w o h n t e n und der Versuch, in ihm etwas B e k a n n t e s zu entdecken« sowie ders. GD, KSA 6, S. 93: »Mit dem Unbekannten ist die Gefahr, die Unruhe, die Sorge gegeben, – der erste Instinkt geht dahin, diese peinlichen Zustände w e g z u s c h a f f e n. Erster Grundsatz: irgendeine Erklärung ist besser als keine.«

[128] Nietzsche, NF, KSA 13, 16[32], S. 492; NF, KSA 8, 6[39], S. 113. Die direkt folgenden Zitate ders. NF, KSA 8, 12[24], S. 260.

Vgl. dazu auch Heidegger 1950, S. 12, 19f.: »Die Sprache erörtern heißt, nicht so sehr sie, sondern uns an den Ort ihres Wesens zu bringen. [...] Darum bedenken wir: Wie steht es mit der Sprache selbst? Darum fragen wir: Wie west die Sprache als Sprache? Wir antworten: *Die Sprache spricht.* [...] Dies heißt zugleich und zuvor: Die *Sprache* spricht. [...] Die Sprache ist in ihrem Wesen weder Ausdruck, noch eine Betätigung des Menschen«; sowie Barthes 1968, S. 64, 66f. (im Anschluss an Mallarmé): »C'est le langage qui parle,
ce n'est pas l'auteur.« Vom Subjekt der Sprache (»Auteur-Dieu«) wird deshalb der Mensch 37,132,
zu ihrem Teilnehmer: »vide en dehors de l'énonciation même«. 162,179

untergeschobener Projekte stellt, versucht er, was dann Derrida von ihm behauptet hat: »penser la puissance et non seulement la direction, la *tension* et non seulement le *in* de l'intentionalité.«[129]

Jahren noch für eine »allgemeine Erkrankung« gehalten hat: »wenn schon die Poesie für jeden jetzt dichtet, so denkt jetzt die Sprache für jeden [...].«

DELEUZE Die Macht also ist fatal und als Macht-Komplex wird Sprache ein anonymes Geschehen; sowohl aus dem Glauben an Kausalität als auch aus transzendentalen Zusammenhängen entfernt. Macht temporär

Aber nicht nur dies, denn neben solcher Aufmerksamkeit für Strukturen (oder Topologien) geht es Nietzsche nicht weniger und nicht zuletzt um
142,164, die *Beschreibung ihrer Zeitlichkeit*. »Werden« ist dafür sein Terminus: Dass
185,297 wir »alle Begriffe als g e w o r d e n , viele als noch werdend« zu nehmen haben.[130] Statt gegen das »Sein«: die Aussicht auf »festes Land« in einem »Meer der Thorheit«, geht es deshalb an dieser Stelle (für diesmal) gegen die »Hegelisch verstandene Geschichte«.[131] Indem Reden und Schreiben nicht angeleitet werden oder ausgerichtet, funktionieren sie auch ohne erste und letzte Worte; sind weder unterwegs zwischen anfänglicher Gewissheit und entgültigem Wissen, noch überhaupt einbegriffen in einen Prozess der Selbstverwirklichung des Geistes: jenem »Stufengang seiner Erhebung« als

[129] DERRIDA 1963, S. 46.

[130] NIETZSCHE, NF, KSA 11, 38[14], S. 613. »Gesetzt alles ist Werden«, dann nicht nur das Funktionieren der Begriffe selbst, sondern genauso deren jeweilige Rezeption: »Gegen den Positivismus, welcher bei dem Phänomen stehen bleibt ›es giebt nur Thatsachen‹,
23,31, würde ich sagen: nein, gerade Thatsachen giebt es nicht, nur Interpretationen. [...] ›Es ist
55,317 alles subjektiv‹ sagt ihr: aber schon das ist A u s l e g u n g [...] – Ist es zuletzt nöthig, den Interpreten noch hinter die Interpretation zu setzen? Schon das ist Dichtung, Hypothese.« Und deshalb: »Man darf nicht fragen: ›w e r interpretiert denn?‹ sondern das Interpretieren selbst, als eine Form des Willens zur Macht, hat Dasein (aber nicht als ein ›Sein‹, sondern als ein P r o z e ß , ein W e r d e n)«. Ders. NF, KSA 12, 2[91], S. 106, 7[60], S. 315, 2[151], S. 140. Schroffer könnte man sich auch heute noch nicht von der ebenso dienstleistungsbeflissenen wie geisteswissenschaftlich orientierten Hermeneutik z.B. Gadamers unterscheiden. Vgl. dazu auch FOUCAULT 1967 a, S. 573 f.

[131] NIETZSCHE, PHG, KSA 1, S. 822 f.; NF, KSA 10, 17[40], S. 551; HL, KSA 1, S. 308. Zu Nietzsches Auseinandersetzung von ›Sein‹ und ›Werden‹ vgl. (neben den frühen Heraklit-Parmenides-»Anekdoten« in PHG, KSA 1, S. 801, 822 ff., 835 ff.) u.a. ders. NF, KSA 11, 34[202], S. 490: »Schließlich ergab sich für mich, daß die weltverneinendste aller möglichen Denkensarten die ist, welche das Werden, Entstehen und Vergehen an sich schon schlecht heißt und welche nur das Unbedingte, Eine, Gewisse, Seiende bejaht«, sowie ders. NF, KSA 12, 9[63], S. 369, 9[89], S. 382; NF, KSA 13, 14[6], S. 220: »[D]ie ›J e n s e i t s‹-Corruption: wie als ob es außer der wirklichen Welt, der des Werdens, eine Welt des Seienden gäbe«. Bei DELEUZE 1962, S. 36, ist deshalb zu lesen: »Il n'y a pas d'être au-delà du devenir, pas d'un au-delà du multiple.«

»notwendiger Entwicklung der ewigen Idee«.[132] Nietzsche jedenfalls nennt solche Geschichtskonzeption der Zeit »verkappte Theologie«; dargeboten mit einem »theoretischen Heiligenschein« – auch und vor allem in den Texten des preußischen Staatsdenkers (seinen Nachahmer »Hartmann gar nicht zu erwähnen«):[133]

> Wir vermögen aber Anfang und Ende nicht zu denken: so lassen wir doch diese »Entwicklung« [»die Hegelsche Entwicklungs-Philosophie«, ihre Vorstellung einer »a l l g e m e i n e n W e l t g e s c h i c h t e«] auf sich beruhen! Es ist sofort lächerlich![134]

Droht also das Einschläfern der Geschichte, ihre Entlassung in die Parodie (sodass Nietzsche nun auch für diesbezügliche Thesen zum Vorläufer wird...)? Wohl kaum, denn wer Anfang und Ende von Diskursen bestreitet, wird ihnen keines von beiden selber verkünden können. Was dagegen gilt ist, dass Nietzsche Geschichtlichkeit nicht länger für den Modus Procedendi von Worten, Sätzen, Texten usw. hält, sie vielmehr abgelöst hat durch eine *Verzeitlichung von Sprache als dem Werden ihrer Mächte*; in aller Offenheit und zur Eröffnung. Dazu Deleuze in einem Kommentar:

> Il n'y a que de devenir. [...] Bien plus, *il a fait du devenir une affirmation.*[135]

[132] Hegel 1830 c, S. 14f. »Das Prinzip der E n t w i c k l u n g enthält das Weitere, daß eine innere Bestimmung, eine an sich vorhandene Voraussetzung zugrunde liege, die sich zur Existenz bringe. Diese formelle Bestimmung ist wesentlich der Geist, welcher die Weltgeschichte zu seinem Schauplatze, Eigentum und Felde seiner Verwirklichung hat.« Ders. 1822/28, S. 75.

[133] Nietzsche, NF, KSA 7, 29[53], S. 650, 29[64], S. 657, 30[14], S. 736. Jener Un/erwähnte ist der Berliner Philosoph Karl Robert Eduard von Hartmann, mit dessen *Philosophie des Unbewußten* (1868) sich Nietzsche u.a. in seinen *Unzeitgemäßen Betrachtungen* kritisch auseinander gesetzt hat: »Anfang und Ziel des Weltprozesses, vom ersten Stutzen des Bewusstseins bis zum Zurückgeschleudert-Werden in's Nichts, samt der genau bestimmten Aufgabe unserer Generation für den Weltprozess, alles dargestellt aus dem so witzig erfundenen Inspirations-Borne des Unbewussten.« Vgl. dazu auch die Ausführungen von Gödde 1999, S. 104ff.

[134] Nietzsche, NF, KSA 7, 29[53], S. 650, 29[72], S. 660; NF, KSA 12, 7[4], S. 259. »Die deutschen Gelehrten und sogenannten Denker, der wirklichen Geschichte fernstehend, haben die Geschichte zu ihrem Thema gemacht und, als geborene Theologen, den Nachweis ihrer Vernünftigkeit versucht. Ich fürchte, eine spätere Zeit wird als die heilloseste Mitgift diesen deutschen Beitrag zur europäischen Cultur erkennen: ihre Geschichte ist falsch!« Ders. NF, KSA 8, 5[143], S. 76.

[135] Deleuze 1962, S. 36, der damit nicht nur eine Aussage *für* Nietzsche, sondern auch *gegen* Hegel lanciert; hatte doch der Berliner Philosophie-Professor Sprache in die Reihe der negativen Momente des Geistes gestellt, die, auf ihrem Weg zum Absoluten, noch einmal negiert werden müssen. Geschichte, hieß es deshalb, entwickelt sich als die Anstrengung des wi(e)der: nacheinander Widerspruch und Wiederholung sowohl des Widerspruchs als 124, 136,
auch des Widersprochenen. 164, 338

Mit der Konsequenz, dass Geschichte nicht nur als objektive Entwicklung, sondern genauso in ihrem subjektiven Ausdruck: als Erzählung, jede sprachtheoretische Relevanz verliert. Für Nietzsche nämlich fällt die Behauptung, das Stattfinden von Diskursen gehorche dem »Vorbild des Roman's«,
25,149, 164 wäre also prosaisch organisiert oder folge gar dem Modell von Einleitung, Fortsetzung und Schluss (als Vergangenheit, Gegenwart und Zukunft), in eben jenen »Zufall« zurück, den Hegel ausschließen will, wenn er vom Lauf der Dinge fordert, was angeblich schon »Kinder« von ihren »Kindermährchen« verlangen: Dass ihnen ein »Endzweck«, wenigstens jedoch ein »Interesse« zu Grunde liege.[136] »Aber«, so der heimatlose Ex-Philologe, »wir fordern gar keine Erzählung«, da sie erstens, statt Sprache in ihrer allgemeinen Zeitlichkeit zu charakterisieren, als literarische Gattung selber historisch ist und zweitens »mit dem Werden nichts erzielt, nichts erreicht wird«. Weder gibt es eine auktoriale Instanz, festgestellt und vernünftig, die narrative Ordnung in Diskurse bringt: »dazu ist nöthig, ein Gesammtbewußtsein des Werdens, einen »Gott« zu leugnen«, noch lassen sich dann die jeweiligen Episoden oder Kapitel zu einem Großen & Ganzen verketten, Wort für Wort, Satz für Satz, vom A bis zum Ω, wie Hegel meinte: denn »es fehlt die übergreifende Einheit in der Vielheit des Geschehens«.[137]

Kurz gefasst: *Im Unterschied zu Hegels staatstragender Prosa-These*, im *Unterschied auch zu seinem Enzyklopädismus* (als Theorie und Praxis) *geht es für Nietzsche* (schon Telegramm- und Aphorismen-Stil zeigen das) *um*
110 *einen »nomadisme des intensités«*[138].

DERRIDA Hat demnach Sprache ihre spezifische Zeit, dann nicht die von Geschichte(n), sondern als »absolutes Nichtbeharren einer Kraft«: Dass sie »nie ruhen [...], nicht still stehn kann« und folglich das »in

Zeit als Zerstreuung

[136] Nietzsche, GT, KSA 1, S. 94; NF, KSA 7, 9[72], S. 660f. Die direkt folgenden Zitate ders. NF, KSA 7, 29[73], S. 661; NF, KSA 13, 11[99], S. 46f. Dabei bezieht sich Nietzsche, diesmal zwar mit Anführungszeichen, dafür jedoch ohne Quellenangabe, auf Hegel 1830 c, S. 349f.

[137] Nietzsche, NF, KSA 13, 11[72], S. 35,11[99], S. 48. Ein gewisser Bekanntheitsgrad ist dieser These durch ihre Erweiterung und Aktualisierung bei Lyotard 1979, S. 7f. zuteil geworden, der, um »la condition du savoir dans les sociétés les plus développées« zu beschreiben, von einer »crise des récits« bzw. »la désuétude du dispositif métanarratif de légitimation« ausgeht: »En simplifiant à l'extrême, on tient pour ›postmoderne‹ l'incrédulité à l'égard des métarécits. [...] La fonction narrative perd ses foncteurs, le grand héros, les grands périls, les grands périples et le grand but.«

[138] Lyotard 1972, S. 156 – unter der Bedingung freilich, diese Formel auch auf maritime Abenteuer zu beziehen: »[L]e bateau«, schreibt Foucault 1967 b, S. 762, »c'est un morceau flottant d'espace, un lieu sans lieu, qui vit par lui-même, qui est fermé sur soi et qui est livré en même temps à l'infini de la mer [...] Dans les civilisations sans bateaux les rêves se tarissent, l'espionnage y remplace l'aventure, et la police, les corsaires.«

jedem kleinsten Zeitmomente Wirkende ein Verschiedenes ist«.[139] Anders formuliert: Keine Kraft, die auf eine andere Kraft trifft, bleibt dabei sie selbst oder identisch: als eine ebenso konstante wie stetige Bewegung; durch einen ebenso geregelten wie regelmäßigen Zusammenhang. Nietzsche im Frühjahr 1888: »Es wird Kraft nicht kapitalisirt«; vielmehr geht all ihr Wirken in seiner Wirkung restlos auf: verschwindet als das, was es einmal gewesen ist; kann nicht dauern oder als Gegenwart in sich ruhen, sondern wird »irgendwie aufgebraucht« beim jeweiligen »Neuarrangement der Kräfte«.[140] *Zeit (diese Zeit) findet statt, indem sie sich entzieht.* Ihr Verschwinden 164,185,
ist deshalb ein anderer Name für Relationalität; will sagen: Gäbe es nur eine 190,212
Kraft, bliebe sie erstens, was sie immer schon war und das zweitens bis in alle Ewigkeit. Sobald jedoch eine Vielzahl von Kräften ins Spiel kommt, fordert eben dieses Spiel ihren Einsatz und deshalb Verbrauch; dass sie die Spielzüge, die sie ausführen, nicht überleben werden. Was also sein wird, ist in jedem Fall ungewiss, ein Manöver auf offenem Meer, ausgeliefert an eine Zeit, die Fragilität wirklich und Überraschungen möglich macht.

Doch damit nicht genug, denn solche Zeitlichkeit zu affirmieren heißt auch, sie der Wiederholbarkeit, jener doppelten Arbeit der Negation als Aufhebung, Er-Innerung, Gedächtnis usw. zu entziehen, heißt, worauf Derrida in seiner 48,73,
Artaud-Lektüre hingewiesen hat, »qu'une expression ne vaut pas deux fois, 120,205
ne vit pas deux fois, [...] qu'une forme employée ne sert plus et n'invite qu'à en rechercher une autre«.[141] So wird, unter dem Vorzeichen einer Energetik der Sprache (»elle est [...] une énergie«), deren Zeit von der *Einmaligkeit* her definiert: »l'unicité«; was nicht eingebunden werden kann, was nicht Teil eines (dauernden) Werkes ist und erst recht keine Schule macht; oder: In den hier begünstigten Nietzsche-Texten stellt Werden einen *fraktalen Prozess* dar: sowohl unvollständig, weil ohne Herkunft und Ziel, als auch zersplittert, weil ein Geschehen aus lauter Unterbrechungen.

[139] Nietzsche, NF, KSA 11, 35[55], S. 537; NF, KSA 7, 26[12], S. 575f.; NF, KSA 9, 11[281], S. 549.

[140] Nietzsche, NF, KSA 13, 14[182], S. 369; FW, KSA 3, S. 607f.; NF, KSA 13, 14[95], S. 273. »Raumpunkt A wirkt auf Raumpunkt B und umgekehrt. / Dazu bedarf es einer Zeit, denn jede Wirkung hat einen Weg zurückgelegt.« Insofern gilt (denn es gibt kein Etwas in, an oder über Kräften, das durch die Zeit hindurch gleich bliebe): »A trifft mit seiner Wirkung nicht mehr auf das B des ersten Momentes.« Ders. NF, KSA 7, 26[12], S. 575.

[141] Derrida 1966a, S. 362f. Ebenso die direkt folgenden Zitate. Lyotard 1972, S. 155, hat dementsprechend von »singularités« geschrieben: »[Elles] renvoient les unes aux autres, sans référence au centre, au Sujet, au Signifiant, etc.« *Singular kann deshalb eine Kraft nur unter anderen sein* – wodurch zugleich explizit wird, dass das Einmalige in keinem Fall das Einzelne ist: für sich seiend oder unabhängig.

Außerdem: So wie für Nietzsche zur Einmaligkeit das Verschwinden gehört, so die Vereinzelung zum Repertoire der »Mnemotechnik«: »Ideen [werden] aus der Konkurrenz mit allen übrigen Ideen gelöst, um sie ›unvergesslich‹ zu machen.« Ders. GM, KSA 5, S. 295.

> Die Zeit ist gar kein continuum, sondern es gibt nur total verschiedene [wenngleich »dynamische«] Zeitpunkte, keine Linie. [...]
> 14,57, 214,244 Also ist jede Wirkung actio in distans, d.h. durch Springen.[142]

These: Im Gegensatz zur Integrationslogik von Geschichte: ihrem Bedürfnis nach Versammlung und Verbindung, Reihenfolge und Reflexivität, funk-
76,89, 172 tioniert *Werden als das Entfalten einer Zerstreuung*; genauer noch: Es lässt »Zeitpunkte distinkt« verlaufen, sie zu einem differentiellen = diskontinuierlichen Geschehen auseinander treiben; »sans retour et sans réserve«, wie Derrida kommentiert,[143] ebenso undankbar wie irreversibel, sodass keiner davon je auf sich zurückkommen kann; je seine Vergangenheit in einer Zukunft wiederfindet. Mit anderen Worten: Für Nietzsche ereignen sich Diskurse weder linear im Allgemeinen noch zirkulär im Besonderen:

> Vorsicht vor Ringen! [einschließlich der Wagner'schen] (Ringe sind gewundene Schlangen, welche sich harmlos stellen.).[144]

Eine Warnung, die zweifellos auf den Botenstab des Hermes als quasi
55,150, 178,234 Wahrzeichen der Hermeneutik bezogen werden kann (jenes σύμβολον, um das sich zwei Schlangen winden und zu einer Schlinge vereinigen), die an dieser Stelle aber auch zum Anlass für einen *Modellwechsel* wird: Statt nämlich auf die Gerade oder den Kreis (das Band oder die Beugung) zu verweisen, evoziert Nietzsche mit seiner Beschreibung des Werdens viel eher den Begriff der *Szene*: nicht Raum und Zeit gegeneinander ausgespielt, nicht die Synchronie auf der einen und die Diachronie auf der anderen Sei-

Zwei Bemerkungen, die keineswegs nur spekulativ sind:

Erstens: Nietzsches Ausbildung und Karriere als Altphilologe so-

[142] Nietzsche, NF, KSA 7, 26[12], S. 578f. Und 1881; das ist ders. NF, KSA 9, 12[128], S. 598: »Du widersprichst heute dem, was du gestern gelehrt hast – Aber dafür ist gestern nicht heute, sagte Zarathustra.«

[143] Nietzsche, NF, KSA 7, 26[12], S. 576 sowie Derrida 1967 b, S. 377, 395. Das aber ist, allemal »nietzschéenne«: »La dépense pure, la générosité absolue offrant l'unicité du présent à la mort«. Ders. 1966 a, S. 362.

Vgl. dazu auch Baudrillard 1976, S. 271, 69, 268, 276, der gegen die hegelsche Dialektik der Aufhebung als »capital social indexé sur la mort« eine »*mort non différée*« ins Spiel bringt: »L'ordre détient la mort, mais il ne peut pas la *jouer* – seul gagne celui qui *joue* la mort contre lui«; als »le théâtre de la mort«.

[144] Nietzsche, NF, KSA 8, 23[30], S. 414. Damit freilich wird auch eine Bresche geschlagen für den Versuch dieser Arbeit, Nietzsches Zeit-Begriff ohne Rekurs auf seinen angeblich »schwersten Gedanken«: die »ewige Wiederkunft«, zu beschreiben. Vgl. u.a. ders. NF, KSA 11, 27[23], S. 281; ZA-3, KSA 4, S. 275f. »Und, wahrlich, was ich sah, desgleichen sah ich nie. Einen jungen Hirten sah ich, sich windend, würgend, zuckend, verzerrten Antlitzes, dem eine schwarze schwere Schlange aus dem Munde hing. / Sah ich je so viel Ekel und bleiches Grauen auf einem Antlitz? Er hatte wohl geschlafen? Da kroch ihm die Schlange in den Schlund – da biss sie sich fest.« Ders. ZA-3, KSA 4, S. 201f.

wie seine Freundschaft mit Wagner legen es nahe, jenen szenischen Begriff der Zeit auch auf die *theatralischen Aspekte des Theaters* zu beziehen. Jedenfalls gibt es dort nicht nur veränderliche Bühnenräume (Komplexe aus Orten und Relationen, aus medialen Differenzen und sinnlichen Effekten), in denen ebenso veränderliche Stücke (Themen, Motive und Konflikte) aufgeführt werden, nicht nur Orchester, die im Graben des Bayreuther Festspielhauses verschwinden bzw. Finsternis in Parterre und Loge, die (seit *Rheingolds* Premiere 1876) eine Rückkopplung von Schauspielern und Zuschauern verhindert, sondern vor allem (in punkto Zeit) die verschiedenen Akte oder eben Szenen, die durch Vorhänge, Verdunkelung und Umbauten, durch Rollen-, Requisiten-, Kostümwechsel usw. getrennt voneinander stattfinden.

Zweitens (diesmal auf Nietzsches Genueser Experiment mit der Schreibmaschine bezogen): Es ist nicht weniger nahe liegend, besonders im dischronen Aspekt der Zeit den *Herstellungsprozess von Typoskripten* zu erkennen: Dass dazu nämlich, bei aller räumlich-diskreten Anordnung der Buchstaben als Tastatur und

te, auch kein Alternieren mehr zwischen der Simultanität des Systems und der Sukzession von Geschichte, zwischen einer Topologie, die begründet und einer Teleologie, die verheißt, sondern Macht-Komplexe temporalisiert. So ist die *sprachliche Zeit eine szenische Zeit*; ist strukturiertes Werden als gewordene Strukturen, oder: discursus (lat.) = ›Auseinanderlaufen‹, ›Streifzug‹, ›Hin- und Herlaufen‹.

An ihrem Präfix sollt ihr sie erkennen: distant, distinkt, Diskurs und Differenz, denn was hier aus Nietzsche herausgelesen wird, ist ein Zeit-Begriff, der *dis-chron* funktioniert; ohne Steuerung (bzw. Steuermann) und deshalb vom rechten Kurs immer schon abgedriftet. Für Momente freilich schreibt jedes Schiff seine schäumende Spur ins Meer: »Wellenspiele des Werdens«[145], die aber mit den Chroniken und Gesetzen der Filiation genauso wenig zu tun haben wie mit der Agrikultur und ihren furchenziehenden Geräten: mit dem Phallus also oder dem Pflug, dem Messer oder der Feder.

52, 64, 135

11, 117, 249, 366

Konzeptionen des Körpers

LYOTARD 1987, auf einem jener längst in Buchform gehandelten Dubrovnik-Kolloquien, hat Jean-François Lyotard die Frage gestellt, »[s]i l'on peut penser sans corps« – um gleich darauf zu antworten: »Non évidemment«, denn »pour penser il faut au moins respirer, manger, etc. Il faut continuer à ›gagner sa vie‹.« Und ein paar Seiten weiter: »On peut considérer le corps comme le *hardware* du dispositif technique complexe qu'est la pensée.«[146] Auch

180, 216, 309, 324

[145] NIETZSCHE, MA-2, KSA 2, S. 396.

[146] LYOTARD 1987, S. 17, 21 f. »La pensée n'est pas séparable du corps phénoménologique [...] sa condition matérielle d'existence.« Ders. 1987, S. 31, 24.

wenn solche Formulierungen Material- und Strukturdifferenzen unterschlagen (der menschliche Organismus ist keine digitale Maschine, deren Betriebssysteme nicht aus Fleisch und Blut), so wird damit doch eine Position skizziert, die bis heute ihre medientheoretische Relevanz behauptet: »Im Mittelpunkt der Sprache steht der Mensch in seiner Leiblichkeit.«[148] Was sich zunächst noch wie ein Bekenntnis zum
33,74, Humanismus liest, ist freilich dessen genaue
198,328 *Umkehrung*: Dass Sprache, statt auf kognitive Vermögen auf sinnliche Fähigkeiten, statt auf die »Selbstbespiegelung des Geistes« auf die »›feins-
173,259, ten Töne‹ der Physis« bezogen werden muss.
274,312 Druckschrift, auch das Stakkato namens Tippen sowie der ruckweise Transport des Papierbogens gehört.[147] Modellwechsel durch Medienwechsel. Mit der Auswirkung, dass dann die szenische Zeit nicht die sprachliche Zeit überhaupt ist (unabhängig von ihrer Materialität; gültig fürs Sprechen und Schreiben gleichermaßen), vielmehr *das Werden einer kurz vor 1900 mechanisierten Textverarbeitung.*[149]

Incipit Nietzsche also (und einmal mehr), der »posthum geboren« zu werden ja schon selber vermutet hatte. 1884 dann, mit Kutsche und Eisenbahn in der Schweiz unterwegs, ergänzt er für heutige Nachlass-Leser, man solle seine Forschungen »am Leitfaden des Leibes«[150] unterrichten:

Im Zeichen der Sinne (Leib)

[147] Vgl. dazu auch Tholen 2002, S. 11, 124ff., der – medientechnisch informiert – von einer »sprunghaften Zeit« schreibt: weder subjektiv noch objektiv, weder absolut noch relativ, sondern rissig und sich selbst entzogen.

[148] Weinrich 1988, S. 80. Die direkt folgenden Zitate Nietzsche, NF, KSA 11, 8[72], S. 249; ders. FW, KSA 3, S. 407.

[149] Obwohl die Malling-Hansen in mancher Hinsicht wie ein Uhrwerk gebaut ist (vgl. Abb. 6
164,185, der Farbtafeln bzw. Eberwein 2005, S. 40), kann die von ihr induzierte Zeitlichkeit doch
208,300 nicht mit der Uhrzeit identifiziert werden: Zu unstet und eher polyrhythmisch, weil in den verschiedensten Geschwindigkeiten, verläuft ihr »TAKT«, den sie Nietzsche zufolge (SchrT, S. 59) verlangt. Vgl. auch Burckhardt 1994, S. 43, 53ff., 58ff.: Durch die »Erfindung der Mechanischen Uhr« wird die Zeit »in gleichgroße und gleichmäßige Impulse zerlegt«. Ihr Paradigma ist das »Zahnrad«, die »von Zeitpunkt zu Zeitpunkt vorruckende Bewegung«, »unabhängig von aller Periodizität, von Tag und Nacht, Ebbe und Flut, von Sternenhimmel und Sonnenstand«.

[150] Nietzsche, EH, KSA 6, S. 298; NF, KSA 11, 26[374], S. 249. »Wesentlich, vom Leibe ausgehen und ihn als Leitfaden zu benutzen. Er ist das viel reichere Phänomen, welches deutlichere Beobachtungen zuläßt.« Ders. NF, KSA 11, 40[15], S. 635.

Apropos Reisen in der Schweiz: Am 1. November 1881 durchfährt (Dynamit und Drehbohrmaschine sei Dank) »der erste Zug mit offiziellen Gästen und Ingenieuren« den St. Gotthard-Tunnel. Nietzsches diesbezügliche Frage an Overbeck kommt also zwei Wochen zu spät. (Vgl. ders. KSB 6, S. 140) Ansonsten gilt für die »Fahrpost« etwa von Chur nach St. Moritz eine Reisezeit von »12 Stunden 30 Minuten. 1869 beträgt der Fahrpreis 17,25 Fr.« Benders/Oettermann 2000, S. 497, 588. »Notwendig ist, sich einen Coupéplatz bei der Post in Chur vorauszubestellen, mindestens 8 Tage voraus: der Andrang ist groß.« Nietzsche, KSB 6, S. 516.

> Gesetzt, daß »die S e e l e« ein anziehender und geheimnißvoller Gedanke war, von dem sich die Philosophen mit Recht nur widerstrebend getrennt haben – vielleicht ist das, was sie nunmehr dagegen einzutauschen lernen, noch anziehender, noch geheimnißvoller. Der menschliche Leib, an dem die ganze fernste und nächste Vergangenheit alles organischen Werdens wieder lebendig und leibhaft wird, durch den hindurch, über den hinweg und hinaus ein ungeheurer unhörbarer Strom zu fließen scheint: der Leib ist ein erstaunlicherer Gedanke als die alte »Seele«.[151]

NIETZSCHE Ein Affront gegen das sokratische Selbstbewusstsein nicht weniger als gegen Kants Gerichtshof der Vernunft oder Hegels idealistische Dialektik: In jedem Fall der Versuch, dem Logozentrismus der Tradition sein vergessenes, vernachlässigtes, übergangenes Anderes nicht nur entgegenzuhalten, sondern als Dispositiv der eigenen Theorie zu etablieren. Schon Zarathustras Rede an die »V e r ä c h t e r d e s L e i b e s« lässt daran bekanntlich keinen Zweifel:

> »Leib bin ich und Seele« – so redet das Kind. Und warum sollte man nicht wie die Kinder reden? / Aber der Erwachte, der Wissende sagt: Leib bin ich ganz und gar, und Nichts ausserdem; und Seele ist nur ein Wort für ein Etwas am Leibe.[152]

Inwiefern ein Etwas? Auch dazu wird Nietzsche konkret (in Notizen von 1883): »Das Geistige ist als Zeichensprache des Leibes festzuhalten!« Es denkt bzw. äußert, was die verschiedenen Organe ihm jeweils aufgeben haben. Und also:

> [Wir] müssen die Rangordnung umdrehen: alles Bewußte ist nur das Z w e i t - W i c h t i g e.[153]

Mit dem Effekt, dass dann der Geist zur »kleinen«, der Leib aber zur »grossen Vernunft« werden wird: ein »mächtiger Gebieter«, an dem sich unser »›Ich‹«

[151] NIETZSCHE, NF, KSA 11, 36[35], S. 565. »Wir halten es für eine Voreiligkeit, daß gerade das menschliche Bewußtsein so lange als die höchste Stufe der organischen Entwicklung und als das erstaunlichste aller irdischen Dinge, ja gleichsam als deren Blüte und Ziel angesehen wurde. Das Erstaunlichere ist vielmehr der L e i b: man kann es nicht zu Ende bewundern, wie der menschliche L e i b möglich geworden ist [...]. Zu diesem ›Wunder der Wunder‹ ist das Bewußtsein eben nur ein ›Werkzeug‹ und nicht mehr –« Ders. NF, KSA 11, 37[4], S. 576f.

[152] NIETZSCHE, ZA-1, KSA 4, S. 39. Das direkt folgende Zitate ders. NF, KSA 10, 7[126], S. 285. Außerdem: »Wagt es doch erst, euch selber zu glauben – euch und euren Eingeweiden!« Ders. ZA-2, KSA 4, S. 158.

[153] NIETZSCHE, NF, KSA 10, 7[126], S. 285. Die direkt folgenden Zitate ders. ZA-1, KSA 4, S. 39f.

Dass es ›Zeichen‹ nicht nur im semiotischen, sondern auch im medizinischen Sinne gibt: als Symptome einer Krankheit nämlich, beschreibt BARTHES 1985, S. 273ff.

(dieses ebenso »stolze« wie »eitle« Wort) zu einem »Werk- und Spielzeug« relativiert. »Es ist mehr Vernunft in deinem Leibe, als in deiner besten Weisheit«, spricht Zarathustra, der deshalb als Gewährsmann dafür gelten kann, dass *Nietzsche seine unausgewiesene Theorie der Sprache mit der Physiologie statt mit den Geisteswissenschaften koppelt.*

54,97, 115,329 Oder: Nach seiner Wendung zur Macht geht es dem Baseler Ex-Professor auch durch die Aufwertung des Leibes, die Anwendung der
173,203, 274,348 Physiologie auf die Sprache, um einen Paradigmenwechsel.[154]

Und zwar in doppelter Weise, *systematisch* und *genealogisch* zugleich: Indem er nicht nur diesbezügliche Forschungen seiner Zeit zur Kenntnis nimmt (also Texte von Lange, Roux, Fosters, Helmholtz oder Féré konsultiert)[155], sondern daran anschließend auch feststellt, der Geist sei im Verhältnis

Nur um den »Diktionsumschlag« anzudeuten, den das neue Paradigma bei Nietzsche zur Folge hat: »[...] altération de la personalité, influx cérébral, suggestion mentale, induction psycho-motrice, pudeurs, Contagion, systéme fortifiant, Degenereszenz, Monomanie, Coma, Disgregation (des Willens, der Persönlichkeit), corroborierende Kräfte und Systeme, Depression, tonicité, Hemiplegie,

[154] Bereits 1868 plante Nietzsche eine »Doktordissertation« über den »›Begriff des Organischen seit Kant‹ halb philosophisch, halb naturwissenschaftlich«. Ders. KSB 2, S. 269. Die Arbeit wurde allerdings nie ausgeführt. Ebenso wenig wie die Absicht, nach der Niederlegung seiner Baseler Professur in Wien oder Paris Naturwissenschaften zu studieren (vgl. u.a. ders. KSB 6, S. 29, 140, 208, 223, 250). So blieb Nietzsche auf diesem Gebiet sein Leben lang ein durch Krankheit geforderter und an privater Lektüre gebildeter Dilettant: »Im Vertrauen gesagt: das Wenige, was ich mit den Augen arbeiten kann, gehört jetzt [= August 1881] fast ausschließlich physiologischen und medizinischen Studien (ich bin so schlecht unterrichtet! – und muß so Vieles wirklich w i s s e n!)«. Nicht anders in seiner 1889 veröffentlichten Selbstbeschreibung *Ecce homo. Wie man wird, was man ist*: »Antike Metriker mit Akribie und schlechten Augen durchkriechen – dahin war es mit mir gekommen! – Ich sah mit Erbarmen mich ganz mager, ganz abgehungert: die Realitäten fehlten geradezu innerhalb meines Wissens und die »Idealitäten« taugten den Teufel was! – Ein geradezu brennender Durst ergriff mich: von da an habe ich in der That nichts mehr getrieben als Physiologie, Medizin und Naturwissenschaften [...].« Ders. EH, KSA 6, S. 325. Vgl. auch Gödde 1999, S. 552 ff.

Als Quellenkritik vgl. Stingelin 1999, S. 33 ff. mit dem Hinweis, Nietzsche habe »zwischen Dezember 1883 und März 1884« einige Male das »physiologische Laboratorium der zoologischen Station in Villefranche bei Nizza besucht«.

[155] Zu Nietzsches Bibliothek im Allgemeinen vgl. Campioni (et al.) 2003; zur Auflistung seiner Physiologie-Bände im Speziellen Mittasch 1952, S. 365 ff. Außerdem Windgätter 2005 b.

Noch heute ist es keine geringe Aufgabe der Nietzsche-Philologie, in den Texten ihres Autors verdeckte, weil nicht gekennzeichnete »Anleihen, Anregungen und direkte Ausschreibungen« zu entdecken und zu kennzeichnen – und also von sogenannten »genuinen Nietzscheana« zu trennen. Lampl 1986, S. 227 f. In Bezug auf Féré z.B. gehen »ab der 2. Hälfte von KSA 12« die einmontierten »Voll-, Teil- und Paraexzerpte [...] ins Hundertfache. [...] Es sei uns gestattet, diese eigentümliche Artung seiner [= Férés] Anwesenheit in Nietzsches Schriften als »mikropartizipativ« zu bezeichnen.« Ders. 1986, S. 234, 228, 235.

Excremente und excretieren, accumulierende Kräfte, Anästhesie und Hyperreizbarkeit, Stimulus und Stimulans, Stigmata, Eierstöcke und Sekretionen, Dyspersie, Schutzdiät, Blutumlauf und Hirnernährung, gastrisches System und Indigestion, intestinales Fieber, Epilepsie; Hysterie, erotische Präcocität, Muskelreize und Vaskulatorisches, erbliche Melanchilie, Heredität und Criminalität, Hypochondrie, purgieren, habituelle Schwäche, Impotenz, Somnolenz, Ideosynkrasie, Syphilis und Tuberkolose, Rachitik, Anämie, Paralyse, Automatismus, systéme fortifiant, abortieren, degenerative Selektion usw. usf.«[158]

zum Leibe erstens das »ärmere«, weil zweitens »das letzt-entstandene Organ«.[156] So hatte er »ungeheure Zeiten hindurch glücklicherweise w e n i g Kraft, den Menschen zu bestimmen«, denn seine Entstehungsgeschichte zeigt ihn als ein »Hülfsorgan [...] im D i e n s t e der 51,90,
organischen Triebe«, das sich nur »langsam 128,293
z u r G l e i c h b e r e c h t i g u n g mit ihnen emancipiren« konnte und erst »spät, ganz spät z u m Ü b e r g e w i c h t« gelangt. Nicht genug also, dass es für Nietzsche eine Geschichte der Vernunft gibt (die keine Geschichte ihrer eigenen Bewusstwerdung ist, im Sinne Hegels); als selbst ernannter »A r z t d e r K u l t u r« sieht er darüber hinaus noch in den »kühnen Tollheiten der Metaphysik« die »Symptome bestimmter Leiber«.[157] Allgemeiner formuliert:

> [E]s handelt sich vielleicht bei der ganzen Entwicklung des Geistes um den L e i b.

Eine »Diagnose«, die noch im *Ecce homo* bestätigt wird:

[156] NIETZSCHE, NF, KSA 10, 7[126], S. 284f. Die direkt folgenden Zitate ders. NF, KSA 9, 11[243], S. 533. »Das Phänomen des L e i b e s ist das reichere, deutlichere, faßbarere Phänomen: [...] wie viele Systeme da zugleich arbeiten, wie viel für einander und gegen einander gethan wird, wie viel Feinheit in der Ausgleichung usw. da ist«. Ders. NF, KSA 12, S 5[56], S. 205f.; NF, KSA 10, 7[126], S. 284.

[157] NIETZSCHE, NF, KSA 7, 30[8], S. 734; FW, KSA 3, S. 348 (= *Vorrede* vom Herbst 1886). »Alle unsere Religionen und Philosophien sind S y m p t o m e unseres leiblichen Befindens [...].« Ders. NF, KSA 11, 2[407], S. 118. Das direkt folgende Zitat ders. NF, KSA 10, 24[16], S. 655.

Dabei macht, was für den Geist selber gilt, auch vor seinen vermeintlichen Produkten nicht Halt: »In der That bedürfen alle Gütertafeln, alle ›du sollst‹, von denen die Geschichte oder die ethnologische Forschung weiss, zunächst der p h y s i o l o g i s c h e n Beleuchtung und Ausdeutung, eher jedenfalls noch als der psychologischen; alle insgleichen warten auf eine Kritik von seiten der medicinischen Wissenschaft.« Ders. GM, KSA 5, S. 289.

Zu Nietzsches Genealogie als »attività diagnostica« vgl. außerdem FOUCAULT 1969, S. 103, 116 sowie ders. 1971, S. 140, 149.

[158] LAMPL 1986, S. 235f. Trotz gegenteiliger Aussagen des Physiologen und Freud-Freundes Josef Paneth (vgl. STINGELIN 1992, S. 47f.) stellt Lampel die »souveräne Performanz« solcher »Medicalia« in Nietzsche-Texten fest: »Wir stehen wahren Kabinettstücken gegenüber, deren diagnostische Treffsicherheit und Reichtum an psychopathologischen Einsichten den Äußerungen der fähigsten ›Kollegen vom Fach‹ ebenbürtig sind.« Ders. 1986, S. 235f.

> Das tempo des Stoffwechsels steht in einem genauen Verhältniss zur Beweglichkeit oder Lahmheit der Füsse des Geistes; der »Geist« selbst ist ja nur eine Art dieses Stoffwechsels.[159]

BARTHES Findet man sich bereit, diesen Wechsel sowohl der Referenzwissenschaft als auch der Begrifflichkeiten ernst zu nehmen, wären freilich für jedwede Geistesbildung nicht so sehr Auswahl und Ausmaß ihrer Lektüre verantwortlich, als vielmehr die »Coordination physiologischer Kräfte«; dann würden Curricula nicht länger die »sogenannte classische Erziehung« mitsamt »dieser Komödie der deutschen Arbeit« in ihren Mittelpunkt stellen (was ja nichts anderes heißt, als antike Autoren in Humanismus übersetzen und den Sinn hinter Goetheversen suchen), sondern, ganz im Gegenteil, sie würden das Lernen mit der »Lehre vom Leibe« beginnen lassen:[160] welche Krankheiten er kennt und welche Gesundheiten, wie er sich bewegt und wann er sich erholt, woraus seine Mahlzeiten bestehen und mit wem er verkehrt. Denn hier »liegt das grosse Missverständniss der deutschen Bildung, die ganz illusorisch ist […]: man muss den Leib zuerst überreden«[161] – auch und gerade reformierten Lehranstalten zum Trotz; geht doch die »Verkleidung physiologischer Bedürfnisse unter die Mäntel

Sprache und Diätetik

33, 74, 198, 328

[159] Nietzsche, JGB, KSA 5, S. 139; EH, KSA 6, S. 282.
Nachdem auch »Lehrstühle zur Interpretation des Zarathustra« (ders. EH, KSA 298) nicht wirklich in Sicht sind, empfiehlt der seit Juni 1879 Heimatlose gar: »So wenig als möglich sitzen; keinem Gedanken Glauben schenken, der nicht im Freien geboren ist und bei freier Bewegung, – in dem nicht auch die Muskeln ein Fest feiern. Alle Vorurteile kommen aus den Eingeweiden.« Ders. EH, KSA 6, S. 281.

[160] Nietzsche, KSA 13, 14[179], S. 364; M, KSA 3, S. 168, 178; BA, KSA 1, S. 680. Bei aller Polemik und ohne den Einfluss zeitgenössischer Physiologen zu vergessen: Der Hinweis, auch Nietzsche habe seine ›Lehre des Leibes‹ an den Griechen geschult ist allemal zutreffend; nur dass er eben ein sehr verschiedenes Bild von ihnen zeichnet. Wie verschieden? Das zeigen 1872 der Skandal um die Tragödienschrift (vgl. Janz 1978-1, S. 460–477) und aus heutiger Perspektive wohl am ehesten Band zwei und drei jener *Histoire de la sexualité*; mithin Foucault 1984 a, S. 127 ff. (»Diététique«), bzw. ders. 1984 b, S. 133 ff. (»Le corps«).

[161] Nietzsche, GD, KSA 6, S. 149. »Man frage sich nur einmal, wie Wenige gründlich prüfen: warum lebst du hier? warum gehst du mit dem um? Wie kamst du zu dieser Religion? Welchen Einfluß übt diese und jene Diät auf dich? Ist dies Haus für dich gebaut? […] In diesen aber muß Jeder zusehen, Fachkenner zu werden.« Ders. NF, KSA 9, 11[226], S. 528; NF, KSA 8, 40[4], S. 578. Vgl. dazu auch ders. EH, KSA 6, S. 278 f.

[162] Nietzsche, FW, KSA 3, S. 347 f. Insofern »versteht man auch die Herkunft des deutschen Geistes – aus betrübten Eingeweiden…« Ders. EH, KSA 6, S. 280. Dabei steht außer Zweifel, dass die Diagnose solcher Bedürfnisse *ohne normative Gesundheitskonzepte* auskommen muss: »Denn eine Gesundheit an sich giebt es nicht, und alle Versuche, ein Ding derart zu definieren, sind kläglich missraten. […] So giebt es unzählige Gesundheiten des Leibes; und je mehr man dem Einzelnen und Unvergleichlichen wieder erlaubt, sein Haupt zu heben, je mehr man das Dogma von der ›Gleichheit der Menschen‹ verlernt, umso mehr muss auch der Begriff einer Normal-Gesundheit, nebst Normal-Diät, Normal-Verlauf der Erkrankung unsern Medizinern abhanden kommen.« Ders. FW, KSA 3, S. 477.

des Objektiven, Ideellen, Rein-Geistigen bis zum Erschrecken weit«.[162] Mit anderen Worten: Statt weiterhin an preußische Philosophie-Beamte und ihre ›deducirten‹ Bildungspläne zu glauben, stellt Nietzsche die Frage nach den Vorstellungsvermögen des Menschen als Frage nach seinen leiblichen Gewohnheiten;[163] oder: Wie wir was denken, hält er für abhängig davon, wo wir wie leben.

> Es ist entscheidend über das Loos von Volk und Menschheit, dass man die Cultur an der r e c h t e n S t e l l e beginnt – n i c h t an der ›Seele‹ (wie es der verhängnissvolle Aberglaube der Priester und Halb-Priester war): die rechte Stelle ist der Leib, die Gebärde, die Diät, die Physiologie [...].[164]

In anderen Texten werden auch die »Geschlechtsbefriedigung«, das »Wohnen«, die »Kleidung« und das »Klima« genannt, also »Witterung«, »Sonne«, »Luftfeuchtigkeit« etc. – »der Rest folgt daraus...«

Wie zum Beispiel die Sprache: Als »ästhetisches Thun«, greift Nietzsche seine Behauptung aus *Ueber Wahrheit und Lüge* noch einmal auf, hat sie »physiologische Vorbedingungen«.[165] Nervenreize, die zuerst in Bilder und dann in Laute übertragen werden. So jedenfalls der Baseler Professor um 1873. Eineinhalb Jahrzehnte später jedoch, von »Examen- und Censurstrapazen« längst befreit, notiert er in seinen Nachlasspapieren:

260, 272, 342
173, 259, 305, 341

> [A]uch heute hört man noch mit den Muskeln, man liest selbst noch mit den Muskeln.[166]

[163] Medienpraktisch: »Ein redender Mund und sehr viele Ohren, mit halbsoviel schreibenden Händen – das ist der äußerliche akademische Apparat, das ist die in Tätigkeit gesetzte Bildungsmaschine der Universität. Im Übrigen ist der Inhaber dieses Mundes von den Besitzern der vielen Ohren getrennt und unabhängig: und diese doppelte Selbständigkeit preist man mit Hochgefühl als ›akademische Freiheit‹. [...] Nur daß hinter beiden Gruppen in bescheidener Entfernung der Staat mit einer gewissen gespannten Aufsehermiene steht, um von Zeit zu Zeit daran zu erinnern, daß er Zweck, Ziel und Inbegriff der sonderbaren Sprech- und Hörprozedur sei.« NIETZSCHE, BA, KSA 1, S. 740.

[164] NIETZSCHE, GD, KSA 6, S. 149. Die direkt folgenden Zitate ders. GD, KSA 6, S. 148 f.; NF, KSA 7, 31[2], S. 748; EH, KSA 6, S. 281 f.; M, KSA 3, S. 323 f. Außerdem in der *Morgenröthe* (1881): »G e g e n d i e s c h l e c h t e D i ä t. – Pfui über die Mahlzeiten, welche jetzt die Menschen machen, in den Gasthäusern sowohl als überall, wo die wohlbestellte Classe der Gesellschaft lebt! [...] Pfui, welche Wüstheit und Überempfindsamkeit muss die allgemeine Folge sein! Pfui, welche Träume müssen ihnen kommen! Pfui, welche Künste und Bücher werden der Nachtisch solcher Mahlzeiten sein!« Ders. M, KSA 3, S. 179.

[165] NIETZSCHE, GD, KSA 6, S. 116.

[166] NIETZSCHE, KSB 3, S. 71, bzw. ders. NF, KSA 13, 14[119], S. 297. Das direkt folgende Zitat ders. KSB 6, S. 538. Wie überdies Nietzsches ›heute...noch‹ gelesen werden kann, zeigt CAMPE 1991, S. 765, mit seinem Hinweis auf Erasmus' Dialog *Ciceronianus*: »Unter dem Titel *de scribendo* findet [man dort] in der Art diätetischer Vorschriften Themen, die vom Repertoire der ›modernen Schreiberfahrungen‹ nicht sehr verschieden sind: Regeln der besten Tageszeit (der Nacht), der günstigsten Witterung und Ernährung, der sexuellen Enthaltsamkeit, schließlich der (geschützten) Lage, der Einrichtung, der Temperierung des Raumes.«

Wohl wahr; zumal auf Reisen und mit »Klumpfuß, den ich mit mir schleppe, ich meine 104 Kilo Bücher«. Wie aber von Nietzsche gewohnt, wird auch dieses Schwergewicht (noch bevor er es aufgeteilt und an verschiedenen Orten untergebracht hat) positiviert in Theorie verwandelt. Seine These: Nicht nur, dass *Hören* und *Lesen* keine im Wortsinn psychologischen bzw.
45, 109, 130, 207 idealistischen Vermögen mehr sind, sondern Motorik: tatsächliche Kraftaufwendungen, die über Ohren spitzen und Augen bewegen hinaus den »gesamten Organismus« (er)fordern, auch ihre Komplementärtechniken, das *Reden* und *Schreiben*, fügt er hinzu, sind entweder »Mund-Geberde« oder Sache »FEINE[R] FINGERCHEN«[167]: sei es, um auf dem Papier »die Züge unsrer
12, 180, 239, 368 Feder« auszuführen oder eben jene Schreibmaschine zu »BENUETZEN«[168], auf der letzteres Zitat im Frühjahr 1882 getippt wurde.

Kein Wunder also, sondern »angewandte Physiologie« ist es, dass Nietzsche dann auf die an sich selbst gestellte Frage »Warum ich so gute Bücher schreibe?« so entschlossen antworten kann: Schreiben motorisch: Körperteile

> Ich habe meine Schriften jederzeit mit meinem ganzen Leib und Leben geschrieben: ich weiß nicht, was »rein geistige« Probleme sind.[169]

[167] NIETZSCHE, SchrT, S. 59; NF, KSA 11, 27[7], S. 276; ST, KGW III/2, S. 68.
Jene ›Mund-Geberde‹ aber kann sich sowohl aufs Reden als auch auf die von Nietzsche geforderte »K u n s t, z u l e s e n« beziehen: Dazu nämlich »thut vor Allem eines noth [...] – zu dem man beinahe Kuh und jedenfalls n i c h t ›moderner Mensch‹ sein muss: d a s W i e d e r k ä u e n ...« Ders. MA-1, KSA 2, S. 223; GM, KSA 5, S. 256. Für BARTHES 1973 d, 23 f. heißt das: »ne pas dévorer, ne pas avaler, mais brouter, tondre avec minutie, retrouver [...] le loisir des anciennes lectures« – Formulierungen, die keineswegs metaphorisch gemeint sind, vielmehr an historische (genauer: *lautierende*) Lesegewohnheiten anknüpfen. Vgl. dazu ILLICH 1993, S. 55 ff.: »Hellenistic physicians prescribed reading as an alternative to ball playing or a walk. Reading presupposed that you be in good physical form; the frail or infirm were not supposed to read with their own tongue.« Oder, um einiges animalischer in den Klöstern des Mittelalters (»[where] the reading-meditating monk is often compared with a cow chewing its cud«): »Peter the Venerable (1092/94–1156), the learned abbot who rules Cluny, usually sits at night on his bed indefatigably chewing the Scriptures by turning them over in his mouth. / [...] For Gregory the Great, »Sacred Scripture is sometimes food, sometimes drink for us. / [...] In the more obscure places, it is food, broken up through study, made nourishing through chewing. It is drink in the clearer places, and is absorbed as soon as it is read«. / [...] Speaking about the Canticle of Canticles, Bernard [of Clairvaux] also says, ›Enjoying their sweetness, I chew them over an over, my internal organs are replenished, my insides are fattened up, an all my bones break out in praise‹.« Einige dieser Beispiele sind freilich schon bei MCLUHAN 1962, S. 90 zu finden.

[168] NIETZSCHE, SE, KSA 1, S. 340; SchrT, S. 59. Der (materialen) Genauigkeit wegen und auch, weil Nietzsches Typoskripte in der *Kritischen Studien*- sowie *Werkausgabe* bisher nicht vollständig publiziert sind, werden sie hier entsprechend der Faksimile-Edition von Günzel/Schmidt-Grépály zitiert. Zu den Transkriptionsregeln vgl. das *Siglenverzeichnis* im *Anhang*.

[169] NIETZSCHE, NW, KSA 6, S. 418; EH, KSA 6, S. 298; NF, KSA 9, 4[285], S. 170. Zu Geschicklichkeit und Physiologie vgl. außerdem Abb. 6 und 9 der Farbtafeln.

Man mag diesen Satz für übertrieben oder überheblich halten, man mag ihn als Polemik belächeln oder als Chimäre verurteilen; seine *medienpraktische Pointe* jedoch wird dadurch schwerlich aus der Welt geschafft: Dass nämlich Schreiben, mit Roland Barthes »écriture«, noch vor aller *B*eschreibung eine Geschicklichkeit verlangt, »au sens manuel du mot«: die Handhabung eines Schreibgerätes: die Bezugnahme von Motorik auf Mechanik; eine instrumentierte Geste mithin, die als »acte musculaire d'écrire«[170] nicht wesentlich verschieden ist von dem, was einst Gymnastik hieß: (gr.) γυμναστική = ›Leibes-Übung‹, ›Training‹ (auch leicht bewaffnet).

Die verschiedenen Textstellen vor Augen, scheint Nietzsche freilich solche Schreibfertigkeit einmal enger und einmal weiter gefasst zu haben: einmal auf die Tätigkeit der Hände begrenzt, einmal auf den ganzen Leib ausgeweitet.

Und dennoch: Man muss es nicht in jedem Fall für *Metaphorik* bzw. *Selbststilisierung* halten, wenn er in verstreuten Sentenzen, auch die Füße als Schreiborgane exponiert: »[O]h wie rasch errathen wir's, wie Einer auf seine Gedanken gekommen ist, ob sitzend, vor dem Tintenfass, mit zusammengedrücktem Bauche, den Kopf über das Papier gebeugt: oh wie rasch sind wir auch mit seinem Buche fertig! Das geklemmte Eingeweide verräth sich, darauf darf man wetten, ebenso wie sich Stubenluft, Stubendecke, Stubenenge verräth.«

* * *

Am Leitfaden des Leibes gelangt Nietzsches Frage nach der Sprache als Sprache zu einer Physiologie des Schreibens. Nicht jenes ›Ich denke‹ ist es mehr, das sie begleitet, sondern organische Funktionen; nicht der ›Geist‹ vor seiner Inthronisation als Absolutes, sondern verschiedene, zumeist auf der Schulbank er- 35, 56, 314, 349
lernte Handgreiflichkeiten.

Allerdings, wie jede Umkehrung bestätigt auch diese noch einmal ihr Umgekehrtes; wird also vom Subjekt der Bewegung zum

[170] Barthes 1973 b, S. 1535 (= texte non publié; nach einem Hinweis bei Stingelin 2000 a, S. 82f). Im gleichen Jahr, diesmal veröffentlicht, dafür jedoch sehr »personnellement«, antwortet Barthes auf die Frage von *Le Monde*: »Est-ce à dire que votre propre travail s'inscrit dans un cérémonial?«: (und man beachte die Wortwahl) »D'une certaine manière, oui. Prenons le geste de l'écriture. Je dirai, par exemple, que j'ai un rapport presque maniaque avec les instruments graphiques.« Genannt werden dann »stylo«, »pointes feutres«, »plume« und »machine à écrire électrique«. »Bref, j'ai tout essayé... sauf la pointe bic, avec laquelle je ne me sens décidément aucune affinité.« Barthes 1973 c, S. 194f.

Vgl. aber auch Flusser 1991, S. 40, der nicht vergessen hat, seiner (eher für die Goethezeit gültigen) Liste von Schreib-Faktoren – »eine Oberfläche (Blatt Papier), ein Werkzeug (Füllfeder), Zeichen (Buchstaben), eine Konvention (Bedeutung der Buchstaben), Regeln (Orthographie), ein System (Grammatik), ein durch das System der Sprache bezeichnetes System (semantische Kenntnis der Sprache), eine zu schreibende Botschaft (Ideen)« – »das Schreiben« (als solches) hinzuzufügen.

Bei Nietzsche selber ist dann die Formel von der »Filigran-Kunst des Greifens und Begreifens« zu finden. Ders. EH, KSA 6, S. 265.

Objekt des Bewegten. Und das in mehrfacher Hinsicht:

Erstens: Obwohl Nietzsche zur Physiologie desertiert, bleibt er *anthropologisch orientiert*. Heißt doch Leib unmissverständlich menschlicher Leib; heißt, die Frage nach der Sprache an die leibhaftige = lebendige Präsenz des Menschen zu knüpfen. Zwar können auf diese Weise Sprechen und Schreiben (mündliche und manuelle Sprachgebräuche) voneinander abgegrenzt werden; dass diese aber auch sel-
88,162, 259,293 ber eine je spezifische Körperlichkeit auszeichnet, kommt dadurch nicht in den Blick.

Zweitens: Indem Nietzsche motorische Gewohnheiten und Geschicklichkeiten als Bedin-
38,52, 151 gung der Sprache exponiert, setzt er sich nicht nur dem *Verdacht einer Leib-Ontologie* aus, sondern trägt gleichermaßen zur *Wiederbelebung transzendentaler Fragestellungen* bei. Mit anderen Worten: Noch dem Arzt der Kultur passt Philosophisches von 1800. Oder: Solange Sprache als Symptom gilt, bleibt Diagnose deren Hinterfragen; eine Praxis, die sich primär für Grundlagen und Voraussetzungen interessiert.

Drittens: Das Verhältnis von Leib und Sprache ist an dieser Stelle auch eines von *Natur und Kultur*: von etwas Gegebenem auf der einen und etwas Erlerntem auf der anderen Seite. Für Nietzsche jedenfalls impliziert alles Sprechen- und Schreibenkönnen die Veränderung der na- Oder, »in deutschen Reimen«: »ICH SCHREIB NICHT MIT DER HAND ALLEIN⟨,⟩/DER FUSS WILL STETS MIT SCHREIBER SEIN – / FEST FREI UND TAPFER LÄUFT ER MIR / B⟨A⟩>\L\D DURCH DAS FELD BALD DURCHS PAPIER.«[171] Irritierend daran ist vor allem die geforderte, unterstellte Gleichzeitigkeit von aufrechter Haltung und Schreibakt: War doch am Ende des 19. Jahrhunderts das Stehpult längst ein historisches Möbel, sodass man zum Schreiben (besonders mit Maschinen) zwar nicht sesshaft werden musste, sich aber hinzusetzen hatte. Nietzsche wird sich dessen sehr wohl bewusst gewesen sein; zwang ihn seine 14 Dioptrien Kurzsichtigkeit doch selber zum täglichen Bückling vor Papier und Schreibtisch.[172] Bleibt aber die Möglichkeit, dass letzteres Zitat (schon weil es als Gedicht und tatsächlich mit der Schreibmaschine geschrieben wurde) entweder auf *Versfüße* anspielt (dann allerdings würden nicht nur metrische Sprachformen verallgemeinert, sondern auch Schriften zur Notation von Rede und Gesang,

[171] Nietzsche, SchrT, S. 71. Außerdem ders. M, KSA 3, S. 274: »Ein Buch wie dieses ist nicht zum Durchlesen und Vorlesen, sondern zum Aufschlagen, namentlich im Spazierengehen und auf Reisen [...].«

[172] Vgl. Fuchs 1978, S. 633, bzw. Stingelin 2000 a, S. 88. Dabei hat Nietzsche, nach eigener Darstellung (z.B. in ders. EH, KSA 6, S. 335 f.), auch *während* des Spazierengehens geschrieben, was ungefähr so ausgesehen haben dürfte: »den Kopf gebeugt zum Knie, / Einsiedlerisch auf einem Baumstumpf sitze[nd].« Ders. NF, KSA 7, 15[1], S. 389 – Wenn man nicht gar vermuten möchte, für die Notiz der Zarathustra-Konzeption wäre jener »mächtige pyramidal aufgethürmte Block unweit Surlei« die Unterlage gewesen. (Ders. EH, KSA 6, S. 335).

von Marschtritt und Tanzschritten degradiert) oder die *Typenstangen* (= Hämmer) jener Malling-Hansen meint, die Buchstaben aufs Papier drücken wie Füße ihre Spuren in den Sand (dann jedoch würden Maschinenteile und keine menschlichen Extremitäten mehr beschrieben).

Ohne weiteres nachvollziehbar ist Nietzsches Auffassung, dass es »Bücher« gibt, »welche Tanzen lehren«; dass also der Leib durch Schrift zur Bewegung gereizt werden kann; er zwar ihre Voraussetzung ist, sich darüber hinaus aber auch von ihr beeindrucken lässt. »Ziel: einen Leser so elastisch zu stimmen, dass er sich auf die Fussspitzen stellt.«[173]

türlichen Anlagen des Menschen zu kulturschaffenden, weil selber schon kulturellen Fertigkeiten. Kein Sinn ohne die Sinne; kein Begriff ohne 227, 229,
Begreifen. 240

Viertens: Der von Nietzsche ebenso erfahrene wie beschriebene Vorrang der Physiologie kann als neuerliche Drehung des Leib-Seele-Karussells gelesen werden. Wohl postidealistisch, vielleicht sogar postmodern, jedoch mit dem Ergebnis, dass der Pfarrerssohn und spätere Autor des Antichrist einem theologischen Motiv die Treue hält; als da wäre: die 87, 231,
Auferstehung des Fleisches. 269, 372

* * *

CAMPE Was bis zur Umkehrung führt, muss deshalb noch durch eine *Verschiebung* fortgesetzt werden. So nimmt Nietzsche Kurs *vom Leib zum Körper* – soll heißen, er steuert von jener Physiologie des Schreibens zur *Faktizität* 173, 203,
der Schrift, einschließlich ihrer Schreibgeräte. Nicht um das eine durch das andere auszubooten (entweder Praktik oder Struktur, Sinnlichkeit oder Technik, Topologie oder Genese), sondern als der Versuch ihrer choreographischen: an Auftritt und Ausstattung der Texte selbst interessierten Befragung. 274, 348

Kein Objektstatus der Schrift (Corpus)

Zweifellos kein einfaches Manöver, denn schon verschoben wird ja doppelt: der Gegenstand samt seiner Gegenständlichkeit – Anlass genug also, Nietzsches Kurswechsel noch einmal anders vorzustellen: Durch das Konzept der »Schreibszene« zum Beispiel, in dem Rüdiger Campe gerade solche historisch variablen Praktiken, Elemente und Ordnungen zusammengefasst hat, die ansonsten mit den »Worten ›écrire‹ und ›écriture‹« assoziiert werden.[174] Je nachdem nun, welcher der Requisiten dieser Szene man den Vorrang einräumt, resultieren daraus die verschiedenen

[173] NIETZSCHE, MA-1, KSA 2, S. 170; NF, KSA 8, 16[33], S. 293. »Kommata, Frage- und Ausrufezeichen, und der Leser sollte seinen Körper dazu geben und zeigen, daß das Bewegende auch bewegt.« Ders. NF, KSA 8, 47[7], S. 619.

[174] CAMPE 1991, S. 759 f., der sich explizit auf Barthes bzw. Derrida bezieht – und: Man schaue sich (zumal als Berufsleser- und -schreiber) beim Lesen und Schreiben nur einmal um: das ganze Neben-, Über- und Durcheinander von Büchern, Zetteln, Fotokopien und Exzerpten; dazu Büroklammern, vielleicht eine Schere, verschiedene Stifte, Tastatur, Rechner, Beleuchtung usw., den Schreibtisch selbst und seinen Stuhl nicht zu vergessen: Jeder Text hat immer auch daran sein Produktions- bzw. Rezeptionsmilieu.

Perspektiven auf Schreiben und/oder Schrift. Für Hermeneutiker etwa dominiert das Bedeuten, für Philologen eher Stilmittel und Orthographie, als Grammatologe ist einem die Schrift überhaupt zur Devise geworden, während Archäologen ihre Formationsregeln herausstellen und Medienhistoriker das Erforschen der Drucktechniken, Schreibgeräte oder Papierentwicklungen favorisieren. Diese Liste ließe sich noch erweitern; insbesondere um die fast immer unakademischen Betrachtungsweisen all jener, die Schrift gestalten, verkaufen, archivieren, lesen etc. Worauf es hier ankommt, ist aber nicht so sehr eine Vollständigkeit, als vielmehr die These, dass Nietzsches Verschiebungen (vom Leib zum Körper, vom Schreiben zur Schrift) eine Bewegung sowohl *innerhalb seiner zeitgenössischen Schreibszene*, als auch (da er ja ihre Mechanisierung erprobt) *des Szenarios insgesamt* vollziehen.

Kurzum: Mit Blick auf die Faktizität der (eigenen) Hand- bzw. Maschinenschrift wird Nietzsche noch sehr andere Spielarten und Schauplätze bemerken, als sie an Sprech- oder Schreibakten zu analysieren sind.

NIETZSCHE Was damit gemeint ist? Zunächst und im Allgemeinen, dass
64,75, solche *Körperlichkeit* (wie vorab schon die Macht) *nicht länger eingeordnet*
115,267 *werden kann in die Dublette von Meta-Physik*: Weder als äußere Gestalt
oder Außenseite des Geistes, ebenso abgeleitet wie abhängig, als Ort des
Negativen, des Vergänglichen und allzu oft auch der moralischen Verfeh-
47,56, lungen, noch umgekehrt, genealogisch rehabilitiert und systematisch ausge-
176,323 zeichnet, als Bedingung der Möglichkeit von Denken, Sprechen, Schreiben
usw. Mit anderen Worten: Bei Nietzsche ist Körper kein Name mehr für
das Sichtbare zum Unsichtbaren, für das Reale zum Imaginären, und also:
für das Objekt zum Subjekt. Hat man nämlich (noch immer im Anschluss
84,291, an seine Machttheorie) »begriffen, daß das Subjekt fingirt ist« (als »Thäter«
295,335 bloß hinzugedichtet), wird auch sein »Gegensatz [der »Begriff ›Ding‹«, der
»Begriff ›Substanz‹ – und folglich dessen verschiedene Modificationen«] unhaltbar«.[175] So folgt der Entsubjektivierung von Macht die *Entobjektivierung des Körpers*; oder, Nietzsche im Herbst 1887:

> Geben wir das wirkende Subjekt auf, so auch das Objekt, auf das gewirkt wird. Die Dauer, die Gleichheit mit sich selbst, das Sein inhärirt weder dem, was Subjekt, noch dem, was Objekt genannt wird.[176]

[175] NIETZSCHE, NF, KSA 12, 9[91], S. 383f.; GD, KSA 6, S. 77. Außerdem, in der Rolle des Genealogen: »Wir haben nur nach dem Vorbilde des Subjekts die D i n g l i c h k e i t erfunden [...].« Und: »Das [Bewußtsein] sieht überall Thäter und Thun: das glaubt an Willen als Ursache überhaupt; das glaubt an's ›Ich‹, ans Ich als Sein, an's Ich als Substanz und p r o j i c i r t den Glauben an die Ich-Substanz auf alle Dinge – es s c h a f f t erst damit den Begriff ›Ding‹.« Ders. NF, KSA 12, 9[91], S. 383; GD, KSA 6, S. 77.

[176] NIETZSCHE, NF, KSA 12, 9[91], S. 384.

Eine Komplementierung, die Logikern trivial erscheinen mag, die hier aber choreographisch: als das Fragen nach der Faktizität von Schrift, zu merklichen Konsequenzen führt. Denn anstatt (wie in seiner Metapherntheorie) nur den Beziehungstyp zwischen Subjekt und Objekt zu verändern (also Kausalität durch Konvention bzw. adäquaten Ausdruck durch ästhetisches Verhalten zu ersetzen), geht es Nietzsche diesmal um die *Entfernung aus jener Zweiteilung überhaupt*: Dass sie nicht erneuert oder variiert, sondern »gut vergessen« wird; abgesetzt durch einen »ganzen Olymp des Scheins«, eine Art »Cultus der Oberfläche«, dem jener »unglückselige Griff u n t e r 31,83,
sie« als ebenso »ungeschickt« wie »unschicklich« gilt.[177] »Man sollte die 214,262
S c h a m besser in Ehren halten [...]« – was Nietzsche an Frauenzimmern und Griechen bewundert, hat er für seine Medientheorie zur Regel gemacht: ohne Hinterwelten auskommen; im Falle der Schrift: nicht zwischen den Zeilen lesen, als vielmehr ihr Schwarz auf Weiß bemerken; haben wir doch »zuletzt [sic!] bedrucktes Papier vor Augen [...]«.[178]

Keine Zweiteilung nirgends; dafür ein Körperbegriff, der weder Leib 53,154,
meint noch vom Subjekt her dargestellt werden kann: *no body – nobody*. 195,333
So sprengt Nietzsche die Schreibszene von 1800. Und so bringt er im Folgenden drei Requisiten ins Spiel, die seine Medientheorie am historischen Stand der Dinge orientiert: *Materialität, Diskretion, Künstlichkeit*.

Formatierung und Temporalität

> Jetzt weiß kein Mensch, wie ein gutes Buch aussieht, man muß es vormachen 56,310,
> [...].[179] 349,361

Wie sehr sich Nietzsche um die Ausstattung der von ihm publizierten Bücher gekümmert hat, zeigt vor allem die Korrespondenz mit seinen

[177] Nietzsche, FW, KSA 3, S. 352 (= *Vorrede* von 1886); JGB, KSA 5, S. 78, 11. Ebenso die direkt folgenden Zitate und: »Heute gilt es uns als eine Sache der Schicklichkeit, dass man nicht Alles nackt sehn, nicht bei Allem dabei sein, nicht Alles verstehn und ›wissen‹ wolle. ›Ist es wahr, dass der liebe Gott überall zugegen ist?‹ fragte ein kleines Mädchen seine Mutter: ›aber ich finde das unanständig‹ – ein Wink für Philosophen!«

Desgleichen Barthes 1973 d, 22 f., der »deux régimes de lecture« unterscheidet: eine, die glaubt, »il suffit d'*aller* vite pour ne pas s'ennuyer« und eine andere: »lecture *appliquée* (au sens propre)«, für die gilt: »ce n'est pas l'effeuillement [qui la captive] mais le feuilleté de la signifiance«.

[178] Nietzsche, NF, KSA 7, 25[1], S. 566. Dass deshalb Nietzsches Frauenzimmer Sekretärinnen an Schreibmaschinen sind, zeigt Kittler 1985 b, S. 251 f.; ders. 1986, S. 273 ff., 309 ff.

[179] Nietzsche, NF, KSA 7, 19[22], S. 423 – Bücher für seine Leser, aber auch »Schreibbücher« für ihn selbst: »Versorge mich, mein liebes Lama [= Schwester Elisabeth], doch mit schönen Notizbüchern und lege eine Werkstatt dazu an – ich brauche jährlich mindestens 4; feinstes, sehr starkes Papier (weiß), ungefähr 100 Blätter in jedem Buche. Wenn Du von Menschen hörst, die etwas mir zu Gefallen thun wollen – heiße sie Notizbücher machen. Der Zustand, in dem ich in Bezug h i e r a u f lebe, ist s c h m a c h v o l l. Anbei das Format. Ja nicht größer!« Ders. KSB 7, S. 5; KSB 6, S. 108. Vgl. dazu Abb. 10 der Farbtafeln.

jeweiligen Verlegern[180] bzw. seinem Sekretär Heinrich Köselitz alias Peter Gast[181]. Weder Format, Umschlag, Titelblatt und Papierwahl noch Anzahl der Zeilen, Letterntyp, Breite des Randes und Schwärze des Drucks bleiben darin unerwähnt. Zum »Worte-macher«, der Nietzsche ja sein will, gehört für ihn also auch der *Einfluss aufs Büchermachen*:

> Nun aber die Form-Fragen: denken Sie, bitte, mit mir darüber nach, wie wir diesem Buche ein möglichst vornehmes und »unpopuläres« Gewand geben: so allein wäre es seinem Inhalt angemessen. Die neulich gesandte Probe [...] erlaubt keine Anwendung auf den Fall meines Buches: dies soll s e h r langsam gelesen werden, es muß viel weniger auf einer Seite stehen, es muß auf den Gelehrsamkeits-Anspruch, wie er sich in einem so großen Formate ausdrückt, Verzicht leisten – und ich will's endlich mit deutschen Lettern versuchen. Man bringt den Deutschen nicht anders dazu, die Form, die Sprache, den Geschmack eines Buches ernst zu nehmen. – Ich wollte vorschlagen: Wenig Zeilen c. 26, bequeme Intervalle (worin wesentlich der vornehme Eindruck des Buches liegt) / Mittelgroßes Format / Feines Velin.[182]

FIETZ Ansatzpunkt solcher Überlegungen sind freilich nicht nur (wie zu vermuten steht) die Erfahrungen eines kurzsichtigen Profi-Lesers mit schlecht gemachten Büchern, sondern, daran anschließend und dadurch angetrieben, auch die Analyse zeitgenössischer Lesegewohnheiten.

[180] Das sind: von 1871–74 bzw. 1886–88/93 Ernst Wilhelm Fritzsch (Leipzig), der allerdings aus finanziellen Gründen sein Verlagsgeschäft einstellen musste (Nietzsche KSB 4, S. 246 f.); von 1874–86 Ernst Schmeitzner (Chemnitz), den Nietzsche wegen »Antisemiterei« verlässt (ders. KSB 6, S. 388, 393; KSB 7, S. 117, 120) und schließlich von 1888/92–1910 (d.h. bis in die Zeiten des Nietzsche-Archivs und dessen abgebrochene ›Gesamtausgaben‹ hinein) Constantin Georg Naumann (wiederum in Leipzig). Vgl. Janz 1978-2, S. 403 f., 422, 642 f.; ders. 1978-3, S. 68 f. sowie Meyer 2000, S. 441 ff.

[181] Nietzsche lernt Köselitz am 1. November 1875 in Basel als einen seiner Studenten kennen. Bereits Ende April 1876 fertigt dieser ihm eine Abschrift der vierten *Unzeitgemäßen Betrachtungen* (= *Richard Wagner in Bayreuth*) an, die Nietzsche, wie Köselitz später erklärt, »zu gefallen schien«. Seither jedenfalls und bis Ende 1888 ist der Schüler seinem Professor nicht nur »als Diktatschreiber behülflich«, sondern besorgt darüber hinaus auch die Herstellung der meisten seiner Druckmanuskripte bzw. das daran anschließende Lesen der Korrekturbögen (stilistische Kritik und praktische Verbesserungen eingeschlossen). Zit. nach Janz 1978-1, S. 697. Vgl. auch Benders/Oettermann 2000, S. 352 f.

[182] Nietzsche, NF, KSA 11, 29[55], S. 349; KSB 7, S. 164. Das genannte Buch ist *Jenseits von Gut und Böse.*; der Verleger, an den dieser (allerdings Entwurf gebliebene) Brief gerichtet werden sollte, Hermann Credner (Leipzig: Veit & Co.). Wegen Bummelei und Unhöflichkeit von dessen Seite aber kommt die Geschäftsverbindung dann doch nicht zustande (vgl. Abb. 10 und 11 der Farbtafeln). Nietzsche bleibt bei C. G. Naumann – sowie lateinischen Lettern: »Alles wohl erwogen, ist es doch nichts mit den d e u t s c h e n Lettern. Ich kann meine bisherige Litteratur nicht desavouiren.« Ders. KSB 7, S. 190 f., 193; KSB 8, S. 344.

Zu den einzelnen Ausstattungsmerkmalen vgl. außerdem ders. KSB 5, S. 328; KSB 6, S. 69, 83, 115, 233, 328, 473; KSB 7, S. 175, 228; KSB 8, S. 114, bzw. das Kapitel *Text-Körper: Nietzsches Erstausgaben* im *Anhang*.

Nietzsches These: »[M]itten in einem Zeitalter der ›Arbeit‹, will sagen: der Hast, der unanständigen und schwitzenden Eilfertigkeit, das mit allem gleich ›fertig werden‹ will«, ist auch die Rezeption von Schrift, als »bedrucktes Papier hunderttausendfach umgesetzt«, zu einem Parcours für »lesende Schnellläufer«[183] geworden: sei es der »Gelehrte, der im Grunde nur noch Bücher ›wälzt‹ – der Philologe mit mässigem Ansatz des Tages ungefähr 200« 35,244,
– oder einer jener vielen »Eintags-leser« in diesem »zerschriebenem Zeitalter«, 310,349
der »nur den Stoff der Erzählung will und interessirt fortgerissen überwältigt sein möchte«.[184] Was deshalb beide Lesergruppen nötig haben, ist eine übersichtlich gestaltete Typographie mit hohem Wiedererkennungswert und eine sakkadisch, gleichsam diagonal vorwärtsspringende Rezeptionstechnik. Allgemeiner formuliert (denn Massen-Alphabetisierung schafft Massenauflagen für ein Massen-Publikum): Statt

> die einzelnen Worte (oder gar Silben) einer Seite sämmtlich abzulesen [nimmt man] heute [...] aus zwanzig Worten ungefähr fünf nach Zufall heraus und »erräth« den zu diesen fünf Worten muthmaasslich zugehörigen Sinn.[185]

Lesen, heißt das dann aber, ist die *Missachtung des Ge-schriebenen zugunsten des Be-schriebenen*. Für Nietzsche eine philologische Praxis, die mit den Buchstaben auf dem Papier auch die Buchstäblichkeit des eigenen Namens übersieht. So muss sie sich von ihrem Dissidenten erneut darauf hinweisen lassen: »Philologie nämlich ist jene ehrwürdige Kunst, welche [...] vor Allem Eins heischt, bei Seite gehn, sich Zeit lassen, still werden, langsam werden –, als eine Goldschmiedekunst und -kennerschaft des W o r t e s, die lau-

[183] Nietzsche, M, KSA 3, S. 17; HL, KSA 1, S. 279; PHG, KSA 1, S. 832. »Hier ist ein Leser [...] / Beachten Sie wie schnell er liest, wie er die Seiten umschlägt – genau nach der gleichen Sekundenzahl Seite für Seite. Nehmen Sie die Uhr zur Hand.« Ders. NF, KSA 8, 47[7], S. 619.

[184] Nietzsche, EH, KSA 6, S. 292; NF, KSA 13, 20[101], S. 567; NF, KSA 10, 8[20], S. 341; NF, KSA 8, 19[88], S. 352. Nietzsches Polemiken nicht nur gegen seinen ehemaligen Berufsstand, sondern auch (und darin wieder ganz Philologe) gegen »das heutige [am »Deutsch der Zeitungen« geschulte] Publikum« (ders. NF, KSA 7, 37[4], S. 830; NF, KSA 8, 19[88], S. 352), sind bei Fietz 1992, S. 329ff., ausführlich beschrieben. Deshalb hier nur je ein Beispiel: »Der Philologe war bisher der Erzieher a n s i c h: weil seine Thätigkeit selber das Muster einer bis zum Großartigen gehenden Monotonie der Thätigkeit abgiebt: unter seiner Fahne lernt der Jüngling ›ochsen‹« (...wohl möglich, von hier aus eine Verbindung zu der von Derrida 1967a, S. 407 beschriebenen *»écriture par sillons«* herzustellen: »l'écriture *à retour de bœuf – boustrophédon* –«) Und: »So schreiben, wie alle Welt schreibt, d.h. die Zeitungsschreiber, und diese nehmen das erste bequemste Wort.« Nietzsche, NF, KSA 12, 10[11], S. 460; NF, KSA 7, 27[68], S. 608.

[185] Nietzsche, JGB, KSA 5, S. 113. Ebenso in einem nachgelassenen Fragment: »[A]us zwei Worten errathen wir den Satz (beim Lesen) [...].« Ders. NF, KSA 9, 11[13], S. 446.

Zur Alphabetisierung (auch in Zahlen) und zur Lesesucht (einschließlich Therapie) vgl. Kittler 1985b, S. 40f., 180ff., 224, bzw. Hörisch 2001, S. 149f.

ter feine vorsichtige Arbeit abzuthun hat und Nichts erreicht, wenn sie es nicht lento erreicht.«[186] Wohin jedoch der »Mangel an [solcher!] Philologie« führt, benennt Nietzsche sehr genau: »man verwechselt beständig die Erklärung mit dem Text [...].«

Von daher sein Ziel: Nicht Gedanken erraten, sondern auf Worte achten; nicht extensive »Bücherwürmerei«, sondern intensives »Wiederkäuen«; oder: Schriftlichkeit vs. Leser: Typographie

> 23,31, 164,353 Einen Text als Text ablesen können, ohne eine Interpretation dazwischen zu mengen [...].[187]

An anderer Stelle heißt es auch, man habe das »Lesen [»gegen das Gewissen eines arbeitsamen Zeitalters«] als Kunst zu üben«: mit »zarten Fingern und Augen«, über den Buchstaben schwebend und sie buchstäblich verfolgend, sodass schon deshalb keine Technik, weder für das gelehrte noch für das gemeine Publikum, daraus werden kann.[188]

In Bezug auf die eigenen Schriften behauptet Nietzsche gar, die »Öffentlichkeit« überhaupt »abschrecken und davonscheuchen« zu wollen, um dafür »die Wenigen [aber »Würdigen«] anzuziehen. Also hört es, ihr Vielen! Odi profanum vulgus et arceo.«[189]

Mit diesem Versuch, seine Leser zur *Buchstäblichkeit der Texte* zurückzuführen, zieht Nietzsche auch die Konsequenz aus zeitgenössischen Forschungen der Psychophysiologie; beispielsweise

186 Nietzsche, M, KSA 3, S. 17. Die direkt folgenden Zitate ders. NF, KSA 13, 15[82], S. 456. Außerdem: »Philologie ist die Kunst, in einer Zeit, welche zu viel liest, lesen zu lernen und zu lehren. Allein der Philologe liest langsam und denkt über sechs Zeilen eine halbe Stunde nach. Nicht sein Resultat, sondern diese seine Gewöhnung ist sein Verdienst.« Ders. NF, KSA 8, 19[1], S. 332.

187 Nietzsche, EH, KSA 6, S. 326; GM, KSA 5, S. 255f.; NF, KSA 13, 15[90], S. 460. »Der Leser, von dem ich etwas erwarte, muß drei Eigenschaften haben. Er muß ruhig sein und ohne Hast lesen. Er muß nicht immer sich selbst und seine ›Bildung‹ dazwischen bringen. Er darf endlich nicht am Schlusse, etwa als Resultat, neue Tabellen erwarten.« Mit anderen Worten: Er soll »das Buch als Buch (und nicht als Wahrheit) lesen [...].« Ders. CV, KSA 1, S. 761; NF, KSA 13, 11[302], S. 128.

188 Nietzsche, GM, KSA 5, S. 256; MA-2, KSA 2, S. 623; M, KSA 3, S. 17. Im Übrigen: Wie man außer mit den Augen auch *mit den Fingern liest*, zeigt Nietzsches Privatbibliothek, deren Bücher (so wie sie heute noch existieren und als Bestände der *Klassik Stiftung Weimar* einzusehen sind) zahlreiche Lesespuren (Anmerkungen, längere Kommentare, Unterstreichungen, Eselsohren usw.) aufweisen: zumeist mit Bleistift oder roten bzw. braunen Stiften ausgeführt. Die »häufigsten, immer wieder vorkommenden Anmerkungen« sind: »›NB [nota bene]‹, ›!‹, ›gut‹, ›sehr gut‹, ›?‹, ›nein‹, ›bravo‹, ›falsch‹ und ›warum?‹. [...] Gelegentlich, aber selten kommen Schimpfwörter wie ›Esel‹ oder ›Vieh‹ vor.« Vgl. Brobjer 2000, S. 59f.; Campioni (et al.) 2003, S. 208, 274, 279, 360, 569. Ebenso Slenczka 2001, S. 17, 23ff.

189 Nietzsche, NF, KSA 7, 8[83], S. 253f. (lat. aus Horaz Od. III 1,1). Vgl. auch ders. KSB 6, S. 69. Nicht Elitarismus oder Eitelkeit aber haben Nietzsche zu dieser These veranlasst, sondern die Verkaufszahlen seiner Bücher: »Die Leipziger Buchhändlermesse [Ostern 1887] hat mir →

des Ribot-Mitarbeiters August Binet oder des Féré-Freundes Emile Javal. Deren diesbezügliche Aufsätze könnte Nietzsche aus der von ihm als »a u s g e z e i c h n e t« gerühmten *Revue philosophique de la France et de l'étranger* zur Kenntnis genommen haben.[190] Jedenfalls wendet sich seine Kritik des modernen Lesepublikums gegen die 1879 bei Experimenten entdeckte »Sakkadenbewegung« des Lesens.[191] Ihr »liegt die Beobachtung zugrunde, daß sich das Auge unabhängig von seiner Entfernung zur Lesevorlage, unabhängig auch von der Zeilenlänge des Textes, nicht gleitend, sondern ruckweise fortbewegt.« In den Worten Javals (die Nietzsches Formulierung aus *Jenseits von Gut und Böse* sehr ähnlich sind): »Der Leser teilt die Zeile in eine gewisse Anzahl von *Abschnitten* von ungefähr 10 Buchstaben ein, die *Wie Nietzsche dagegen vorgehen will?* Indem er seine (verbleibenden) Leser zu der von ihm gewünschten Rezeptionstechnik zwingt; soll heißen, indem er sie durch Störung ihres 13,38, 236,360
ebenso erwarteten wie gewohnten Leseflusses mit der *Materialität des Gelesenen* konfrontiert. »Meine Schriften machen Mühe«, bringt diese Strategie eine Ergänzung zu *Ecce homo* auf den Punkt – nicht nur, weil sie sich mit intellektuell anspruchsvollen Themen beschäftigen, sondern auch und vor allem, weil ihre *druckgraphischen Inszenierungen* einer flüchtigen Lektüre im Wege stehen:

> Ich kenne den Zustand der gegenwärtigen Menschen, wenn sie l e s e n: Pfui! Für diesen Zustand sorgen und schaffen zu wollen![192]

Nietzsches Einflussnahme auf die Ausstattung seiner Bücher wurde bereits erwähnt: so sollte ihre Form und Sprache vor Missachtung bewahrt werden; darüber hinaus jedoch, und das hat insbesondere Rudolf Fietz gezeigt, lässt sich in Nietzsches Texten die Verwendung einer ungewöhnlich hohen Zahl von »Performationszeichen« beobachten: von »Graphemen« also,

ein lehrreiches Resultat abgeworfen«, denn obwohl »buchhändlerischer Seits Alles, was noth tut (und etwas mehr sogar!) gethan wurde, [...] sind überhaupt nur 114 Exemplare [*Jenseits von Gut und Böse*] v e r k a u f t worden (während allein 66 Exemplare an Zeitungen und Zeitschriften verschenkt worden sind). [...] Somit ist, von der Geb⟨urt⟩ der T⟨ragödie⟩ an bis jetzt, eine stetig wachsende Gleichgültigkeit gegen meine Schr⟨iften⟩ ziffernmäßig constatirt.« Ders. KSB 8, S. 87, 89. Vgl. auch Schaberg 1995, S. 130, 198ff., der u.a. mit Schmeitzner belegt, das »[a]fter fourteen years of writing and publishing [= 1886], almost two-third of Nietzsche's books were still unsold«. Eine Situation, die sich erst 1889, nach Nietzsches so genanntem geistigen Zusammenbruch in Turin sowie der kurz darauf von Köselitz und Overbeck herausgegebenen *Götzen-Dämmerung*, verändert hat. Vgl. dazu Fietz 1992, S. 330, 386, bzw. Meyer 2000, S. 437f.

190 Nietzsche, KSB 5, S. 266. Vgl. dazu Lampl 1986, S. 230, 242, bzw. Stingelin 1999, S. 42.

191 Rommel 1988, S. 316. Die direkt folgenden Zitate S. 316, 312f. (einschließlich Javal 1907, S. 130).

192 Nietzsche, KSA 14, S. 484; NF, KFA 9, 11[297], S. 556. »Wer den Leser kennt, der thut Nichts mehr für den Leser.« Ders. ZA-1, KSA 4, S. 48.
Dass schon Nietzsche (wie nach ihm George, Holz u.a.) für seine Leser »die Schwierigkeiten beim Entziffern erhöhen« wollte, davon geht auch Stingelin 2000 a, S. 90 aus.

> die im strengen metaphysischen Sinne gar keine 25,69, 217,289 Zeichen sind, da sie nicht »etwas« bezeichnen, kein Signifikat (und folglich kein Denotat) haben, jene neben-sächlichen Zeichen, die nicht Zeichen für eine Sache sind, vor der sie verblassen: die Interpunktionszeichen vor allem, aber auch [...] Absätze, Zeilenabstände, Typographie (Schriftgrade, Schriftarten), Fett- und Sperrdruck, Unterstreichungen, Klammern, Minuskel-Majuskel-Differenzierungen, Trennungen, Spatien und anderes mehr.[193]

Worauf es Nietzsche folglich ankommt ist, durch »graphische Komplexitätssteigerung« seiner Texte erstens deren »bloße Konsumtion« zu verhindern, um damit zweitens seinen Lesern eine »veränderte Einstellung zur Schrift« abzunötigen.

Dass er die eigenen Bücher letztlich immer wieder in lateinischen statt in deutschen Lettern drucken ließ, ist dafür ein prominentes Beispiel: »weil sie [erst recht in Verbindung mit Sperrdruck, Parenthesen oder Wort-Trennungen] dem allzuschnellen Lesen entgegen sind«[194]. Vor 1900 in rhythmischen Pausen gesehen werden. Der Übergang von einem Abschnitt zum anderen geschieht unter einem sehr lebhaften Ruck, während dessen Dauer kein Lesen stattfindet.« Die Institutionen (zumindest in Frankreich) reagieren sofort: Schon 1882 kommt es unter Erziehungsminister Jules Ferry zu einer »Reform der Lehr- und Lernmethoden vor allem des Erstleseunterrichts«. Nicht mehr »vom Buchstaben zu Silben zu Wörtern« verläuft der Weg (»vom einfachen zum Komplexen«), sondern dahin, dass sich Schüler nunmehr »graphische Erkennungsmuster einprägen« sollen. »Ein Leser liest nie einzelne Buchstaben« – mit diesem Leitsatz entfernen sich Schule, Universität und Wissenschaft gleichermaßen vom Alphabet.

[193] Fietz 1992, S. 378 – mit besonderer Häufung in jenen nachträglichen *Vorreden* von 1886/87, die deshalb nicht nur inhaltlich, sondern auch typographisch als Leseanleitungen auftreten: z.B. Nietzsche, MA-1, KSA 2, S. 14 ff.; FW, KSA 3, S. 345 ff.; GM, KSA 5, S. 247 ff. Bei Adorno 1956, S. 106, heißen Performationszeichen deshalb »Verkehrssignale«.

Die direkt folgenden Zitate Fietz 1992, S. 379, 329, 374.

[194] Nietzsche, KSB 5, S. 350. »Alles wohl erwogen, ist es doch nichts mit den d e u t s c h e n Lettern. [...] Auf die Dauer zwingt man die Menschen zu seinem e i g e n e n Geschmack. Und mir wenigstens sind die lateinischen Lettern unvergleichlich sympathischer!« Ders. KSB 12,239, 302,324 8, S. 344. Eine Einstellung, die auch für Nietzsches 1882er Schreibkugel-Schreiben von Vorteil gewesen sein dürfte. Vgl. Abb. 12, 13 und 14 der Farbtafeln. Dass sich Nietzsches Schwester nach seinem Tod wiederum für Fraktur entschieden hat, zeigt Abb. 15: sei es, um veränderte Lesegewohnheiten ab 1900 zu berücksichtigen (also Nietzsches Widerstand gegen flüchtige Lektüre fortzusetzen) oder aber um den deutschen Kriegsherren zu gefallen (wie es der so genannte »Nachbericht« zumindest nahe legt).

Zur »historischen Herleitung« der »Antiqua-Fraktur Debatte« um und ab 1800 (einschließlich der Geschichte einzelner Schriftfamilien, ihrer Polarisierung zwischen gelehrter und alltagssprachlicher Konvention, ihrer Rolle beim Entstehen einer deutschen Nationalliteratur, aber auch den politischen Semantisierungen, denen beide Schrifttypen bei der Reformierung des Schulwesens, dem Aufbau der preußischen Beamtenbürokratie sowie in kaufmännisch-verlegerischen Bereichen ausgesetzt waren) vgl. Killius 1999, S. 13 ff., 43 f., 68 f., 113 ff., 202 f., 248 ff.

jedenfalls hatten Geschmack und Literalität eines durchschnittlich gebildeten Deutschen noch an den Quadrangeln, Elefantenrüsseln und Entenfüßchen der **Fraktur**-Schriftarten ihr Maß; »[v]ielleicht, weil er gewohnt ist, seine Classiker in diesen Lettern zu lesen? – –«. Wer sich für Antiqua in seinen Büchern entschied (gerade Schäfte, runde Verbindungsstriche, flache Serifen), konnte daher mit irritierten Reaktionen rechnen. Und genau das war ja Nietzsches Absicht: »Man muß sie [die Lettern] accentuieren«[195]; entweder um abzuschrecken oder aber, in günstigeren Fällen, um anzuhalten, das Geschriebene beim Wort zu nehmen, sich mit »langsamen Augen« Buchstabe für Buchstabe daran entlangzutasten: »tiefschwarzer Druck« auf »starkem Papier [...] womöglich gelb«. Noch einmal Fietz:

> Der Buchstabe ist der Körper der Schrift. Die buchstäbliche Lektüre mithin die, die das Medium Schrift als materiales Medium wahrnimmt und realisiert.[196]

So aber »wird Schriftmetaphysik zur Schriftphysik«. Statt auf das Was des Beschriebenen kommt es auf das Woraus des Geschriebenen an; oder: Durch die ebenso »exzessive [...] wie virtuose« Verwendung jener Performationszeichen *kehrt Nietzsche die Schriftlichkeit selbst seiner Schriften hervor*: Dass sie nicht abgeleitet werden können aus den Gedanken und Reden ihres so genannten Autors, nicht dessen bloße Notationen sind: verräum- 142,159,
lichter λόγος oder aufgeschriebene φωνή, sondern genuin graphematisch 188,212
funktionieren.

> Das Eine bin ich, das Andre sind meine Schriften[197] –

[195] Nietzsche, KSB 8, S. 343; KSB 7, S. 229. Und also ders. NF, KSA 7, 37[7], S. 833: »Man muss künstlerisch mit der Sprache verfahren« – stilistisch ebenso wie typographisch. Eine Ambition, die Nietzsche freilich bei den meisten seiner ehemaligen Landsleute vermisst: »Wie viele Deutsche wissen es und fordern es von sich zu wissen, dass Kunst in jedem guten Satze steckt – [...]. [W]er unter den bücherlesenden Deutschen ist gutwillig genug, solchergestalt Pflichten und Forderungen anzuerkennen und auf so viel Kunst und Absicht in der Sprache hinzuhorchen?« Ders. JGB, KSA 5, S. 189.
Die direkt folgenden Zitate ders. KSB 7, S. 68; KSB 8, S. 343; KSB 6, S. 473.

[196] Fietz 1992, S. 393, der (seltsam genug und wohl nur durch seinen philosophischen Blickwinkel zu erklären) bei aller Aufmerksamkeit für Schrift, Materialität und Medium Nietzsches Schreibkugel ganz außer Acht gelassen hat.
Die direkt folgenden Zitate ders. S. 379.

[197] Nietzsche, EH, KSA 6, S. 298. Die direkt folgenden Zitate ders. NW, KSA 6, S. 426.
Außerdem: »[S]chreibt man nicht gerade Bücher, um zu verbergen, was man bei sich birgt?« Etwa so, wie auch manche »Menschen der Vergangenheit [...] Tiefe genug besessen haben, um – nicht zu schreiben, was sie wussten«; d.h., zwar zu schreiben, aber dabei nicht ihr Bewusstsein aufzuschreiben. Ders. JGB, KSA 5, S. 234; NF, KSA 11, 34[147], S. 469.

ist Nietzsches Formel für diese »Hauptunterscheidung«, die ihn zugleich von »allen Psychologen« trennt. Mit anderen Worten (und in den Kontext des laufenden *Dritten Aktes* gestellt): Nach seiner Wendung von der Rhetorik zur Genealogie hat Schrift für den Ex-Professor ihren klassischerweise sekundären Status verloren (als Signifikation einer ersten Signifikation eines Signifikats) und tritt nun als selbständiges Medium auf; ausgezeichnet durch seine Materialität und deren jeweiligen (technisch-historischen) Standards.[198]

BLANCHOT Doch damit nicht genug, denn Schrift ist nicht gleich Schrift: ist vielmehr Handgeschriebenes *oder* in Druckbuchstaben Gesetztes, sodass an jenem Begriff der Materialität noch die *Unterscheidung einer skriptographischen von einer typographischen Ordnung* angebracht werden muss.

Von der Federschrift zur Maschine (Materialität)

Bekanntlich hat Nietzsche (wie alle Gelehrten spätestens seit Gutenberg) in beiden Ordnungen gelesen, als einer der ersten aber auch selber in beiden geschrieben. Sieben Wochen genau genommen, um sich dann
255, 265, 336, 344 medientheoretisch nicht nur von Rhetorik, Beredsamkeit und Metapher, sondern auch von Feder, Fass und Tintenfluss zu verabschieden. These: *Nietzsches unausgewiesene Theorie der Sprache ist typozentristisch ausgerichtet.* Beim Maschinen-Schreiben jedenfalls müssen Zeichen so einzeln getippt werden, wie sie dann vereinzelt: ohne Übergang vom einen zum anderen, auf dem Papier erscheinen. *Diskretion* ist dafür der Name, den serifenlose Antiqua-Druckschriften nur noch deutlicher werden lassen: Dass es sowohl zwischen den Worten (im Unterschied zur sriptio continua) als auch zwischen den Buchstaben (im Unterschied zu Manuskripten) jeweils Abstände gibt: Spatien, die an Schreibmaschinen durch eine eigene Taste gesetzt werden. In Konsequenz gebührt deshalb solchem »›ZWISCHEN‹ der gleiche Rang wie den Positivitäten, die es trennt«[199]. Anders formuliert: Jede Typographie ist real nur als Topographie; als Auseinandersetzen von Zeichen und Leerstellen; oder: *Druckschriften sind zerstückelte Körper* – ihre Buchstaben nach Funktion und Status nichts anderes, als die von Blanchot

[198] Sehr anders ADORNO 1956, S. 112: »Denn die Satzzeichen, welche die Sprache artikulieren und damit die Schrift der Stimme anähneln, haben durch ihre logisch-semantische Verselbständigung von dieser doch gleich aller Schrift sich geschieden [...]«; oder gar SIMSON 1995, S. 204, 206f., 216, der Nietzsches »typographische Mittel« für »*Intonationshilfen*« hält. Mit der Konsequenz, dass erstens die »Trennung von gesprochener und geschriebener Sprache« beklagt wird, um sich dann zweitens durch die Behauptung, Schrift sei nicht nur »ein Abbild gesprochener Laute«, sondern könne auch ihre »Wirkung erst entfalten, wenn man [sie] sprechend vertont«, an der Abschaffung dieser Trennung zu versuchen. Radikaler noch GADAMER 1961, S. 144ff.

[199] KITTLER 1985b, S. 324. Im Unterschied zu FLUSSER 1987, S. 21, der seltsamerweise die Hand- *und* Maschinenschrift als »körnerförmig (›distinkt‹)« beschreibt.

in einem Nietzsche-Aufsatz hervorgehobenen »signes de ponctuation«[200]. Was sie zeigen, kann unmöglich gesagt werden: »[c]omprenons qu'ils ne sont pas là pour remplacer des phrases«, sondern sie strukturieren, »silencieusement«, »le jeu de la différence et sont engagés dans son jeu«.

Zum Beispiel *Gedankenstriche*; einfach, manchmal auch doppelt hintereinander gesetzt; nicht selten von ungewöhnlicher Länge. So reißen sie Lücken in Texte, unterbrechen den Lesefluss (verlangsamen ihn zumindest), bilden Widerstände oder lassen Sätze ins Leere laufen – Sie sind Zeichen nicht *der*, sondern *als* Differenz: drücken nichts aus, zeigen jedoch an, wie Typoskripte überhaupt funktionieren. Nietzsche im Fühjahr 1885:

> Ob ich gleich recht gut weiß, daß mir meine Gedankenstriche lieber sind als meine mitgetheilten Gedanken.[201]

BLONDEL Außerdem jene bereits erwähnten *Gänsefüßchen*: »selbst mit einer Löwenklaue geschrieben«, deren Anwendung Nietzsche sogar zu einer »›Philosophie‹« erheben wollte und von denen Eric Blondel (einer der ersten, der sie bemerkt hat) erklärt: »Ces [»pattes d'oie ou«] guillemets interviennent 18,67,
essentiellement dans un *texte*.«[202] Zunächst, weil sie Worte oder Sätze mar- 232,349
kieren, die zitiert worden sind: »qui appartiennent à une autre langue [...], un autre système dialectal: argot, termes techniques, langue archaïque, littéraire, etc« [203], sie folglich die Heterogenität des jeweiligen Textes anzeigen: dass er keine Einheit ist, vielmehr ein Spiel mit und aus Versatzstücken; dann aber auch, weil alles, was sie einrahmen, dadurch ein Anderes wird – und zwar auf doppelte Weise: Erstens, als Bruch mit seinem vormaligen Kontext, »ces sigles [...] déporter« (das wäre noch einmal deren Zitierfunktion: die Möglichkeit, aus jedem Text jedes Zeichen herausnehmen und woanders

[200] Blanchot 1969, S. 253f. Ebenso die direkt folgenden Zitate. Außerdem Fietz 1992, S. 380ff.

Nicht uninteressant auch, dass mit Diskretion zweierlei bezeichnet werden kann: Differenzialität und (taktvolle) Zurückhaltung, Trennung und Verschwiegenheit. *So kreuzen sich in diesem Begriff De-ontologisierung und Typozentrismus*: Nietzsches ›Cultus der Oberfläche‹ (dass wir die ›Scham besser in Ehren halten‹ sollen) und seine Hinwendung 31,63,
zur Körperlichkeit von Druckschrift. Mit anderen Worten: Diskret heißt nicht nur ein Wie 178,229
(= Maschinenschreiben), sondern auch dessen Wo (= Papier).

[201] Nietzsche, NF, KSA 11, 34[147], S. 469; sowie sein Bekenntnis, dass er »mehr als alles Ausgesprochene die Gedankenstriche in seinen Büchern liebt. –« Ders. NF, KSA 11,34[65], S. 440, bzw. KSB 7, S. 53: »[...] für mich selbst geht es immer erst mit den Gedankenstrichen los.« Vgl. dazu auch Abb. 12, 13 und 14 der Farbtafeln.

[202] Nietzsche, NF, KSA 11, 37[5], S. 580; Blondel 1972, S. 154, 163. Außerdem Derrida 1973, S. 270, der mit Nietzsche »le régime époqual des guillemets« beginnen lässt.

[203] Blondel 1972, S. 163. Ebenso (wenngleich ohne expliziten Nietzsche-Bezug) Authier 1993, S. 59ff.

einsetzen zu können)[204]; sowie zweitens, als ein graphischer Hinweis auf
47,56, die Interventionen der Genealogie:[205] das In-Frage-stellen gewisser (oft allzu
176,276 gewisser) Begriffe; sei es etymologisch, mit Interesse an Wortgeschichten, oder kulturhistorisch, im Hinblick auf das Woher und Wozu unserer Werte: »Les guillemets ainsi, instaurent la différence et la hiérarchie des valeurs«.[206] So drücken auch sie nichts aus, sondern *stellen Geschriebenes als solches vor*: Dass es in jedem Fall aus Verschiebungen, Zerschneidungen und Entfremdungen besteht.

BLANCHOT Schließlich die *aphoristische Form*, für die Nietzsches Schriften ebenso berühmt, wie in universitären Kreisen (noch immer) berüchtigt sind. Nach eigener Aussage an Lichtenberg geschult,[207] sollen sie hier nicht als literarische Gattung oder erkenntnistheoretischer Modus, sondern als medienpraktische Strategie in den Blick genommen werden.[208] These: Was sich durch Interpunktionen im Kleinen zeigt, inszenieren Aphorismen im Großen, Seite für Seite, als *Dis-Struktur*, wie es auch heißen könnte,
164,175, als räumliches Pendant jener dis-chronen Zeit: Dass nämlich die Bücher
190,289 des einstigen Philologie-Professors ein *Komplex voneinander abgesetzter Texte* sind; zwar »kurz« geschrieben, aber »lang« zu lesen; zwar »in Stücken

[204] BLONDEL 1972, S. 163 f. Und im gleichen Abschnitt: »Les guillemets [...] signifient typographiquement qu'un mot ou une phrase ne sont pas considérés par l'auteur comme *isomorphe* à son propre discours [...].«

Von »la possibilité de prélèvement«: dass also Zeichen nur »sans aucun centre d'ancrage absolu« funktionieren, schreibt bekanntlich auch DERRIDA 1971, S. 381: »Tout signe, linguistique ou non-linguistique [...], en petite ou en grande unité, peut être *cité*, mis entre guillemets; par là il peut rompre avec tout contexte donné, engendrer à l'infini de nouveaux contextes, de façon absolument non saturable«, bzw. AUTHIER 1993, S. 61 f.: »Die Wörter in Gänsefüßchen sind solche, die man damit als ›deplaziert‹, ›nicht an ihrem Platz‹, auszeichnet [...].«

[205] Vgl. STEGMAIER 1996, S. 23: »Anführungszeichen sind [...] eine der am häufigsten gebrauchten Taktiken seiner [= Nietzsches] Genealogie.«

[206] BLONDEL 1972, S. 163. Vgl. dazu auch FIETZ 1992, S. 383: »Nietzsche treibt sein graphisches Spiel mit den Worten, besonders gerne mit jenen, die metaphysisch okkupiert sind [»wie z.B. ›Wahrheit‹«]. Eine ›Wahrheit‹ in Gänsefüßchen ist keine mehr, sie taugt nicht länger als Fundamentalsignifikat, das sie sein soll.«

[207] Vgl. NIETZSCHE, WS, KSA 2, S. 599, bzw. STINGELIN 1996, S. 9, 96 f.; zum Vorwurf »Es sind Aphorismen!« NIETZSCHE, NF, KSA 9, 7[192], S. 356; NF, KSA 13, 22[28], S. 597: »Warum ich nie gelitten habe: ›unerkannt‹ zu sein, nicht gelesen zu werden / Noch in meinem 45ten Jahre geben mir Gelehrte der Baseler Universität in aller Gutmüthigkeit zu verstehen, die litterarische Form meiner Schriften sei der Grund, weshalb man mich nicht lese, ich solle das anders machen.«

[208] Im Unterschied etwa zur philosophischen Perspektive, die den Aphorismus für eine »neue Gestalt der Wahrheit« hält. Vgl. dazu BORSCHE 1992, S. 56, der entsprechend den Materialitäts-Aspekt vergisst.

gegeben«, aber deshalb kein »Stückwerk«.[209] Blanchot nennt das Nietzsches »écriture fragmentaire« und ergänzt, damit sei weder eine (romantische) System-Verweigerung gemeint, »la passion de l'inachèvement«, noch die (klassische) Arbeit der Negation, vom *wider* zum *wieder*, »Nietzsche ignore les contradictions, [...] il écarte la philosophie dialectique«.[210] Stattdessen gilt:

> L'aphorisme est [...], à titre de fragment, déjà complet, entier en ce morcellement et d'un éclat qui ne renvoie à nulle chose éclatée.[211]

Kein Typoskript also, das nicht in dieser Weise fragmentarisch wäre, »ponctue«, jenseits des Einen wie des Einzelnen und doch isoliert: »insociable«, als »affirmation de la différence«. Oder: *Erst Tastatur und Druckschrift zeigen jene Ordnung, die dann von Saussure bis Derrida und zurück auf die Frage nach der Sprache als Sprache deren Differenzialität zur Antwort gibt.*

Schreibzeug als Prämisse

KITTLER 1879, der soeben aus dem Universitätsdienst entlassene Nietzsche hegt erste Pläne zur Anschaffung einer Schreibmaschine, als er in *Der Wanderer und sein Schatten* die Forderung nach zeitgemäßer Medientheorie formuliert: 12, 180, 239, 309

> Die Presse, die Maschine, die Eisenbahn, der Telegraph sind Prämissen, deren tausendjährige Conklusion noch Niemand zu ziehen gewagt hat.[212]

Das sollte zumindest im Hinblick auf die Mechanisierung des Schreibens bald anders werden. Keine drei Jahre später nämlich, 1882 in Genua, diesmal mit jener Malling-Hansen-Skrivekugle ausgerüstet, antwortet Nietzsche auf eben diesen einem Brief von Heinrich Köselitz:

209 Nietzsche, KSA 14, S. 484 (als Satz heißt es dort: »Ich bin k u r z: meine Leser selber müssen lang werden, umfänglich werden [...].«); ders. MA-2, KSA 2, S. 432. Folglich gehört auch Nietzsches »Telegrammstil«, zu dem ihn »Kopf und Augen [wie schon zur Anschaffung der Schreibmaschine] nöthigen«, an diese Stelle: »Abhandlungen schreibe ich nicht: die sind für Esel und Zeitschriften-Leser. Ebensowenig Reden.« Ders. KSB 5, S. 461; NF, KSA 11, 37[5], S. 579.

210 Blanchot 1969, S. 227f., 230, 238. »Il ne suffit pas non plus d'arrêter les contraires avant la synthèse qui les réconcilierait [...].« Aber auch: »[D]iscontinuité n'est pas le simple envers du continu ou, comme il arrive dans la dialectique, un moment du développement cohérent.« Ders. 1969, S. 231f., 235.

211 Blanchot 1969, S. 229: »En *dehors* du tout et [...] ne contredit pas le tout« – so wird das Fragment zur Struktur. Freilich mit dem Effekt: »[E]lle n'a pas pour sens son contenu.« Die direkt folgenden Zitate S. 252, 229, 234.

212 Nietzsche, WS, KSA 2, S. 674. Zum Plan der Schreibmaschinen-Anschaffung vgl. ders. KSB 5, S. 435f.

SIE HABEN RECHT – UNSER SCHREIBZEUG ARBEITET MIT AN UNSEREN GED\⟨A⟩\MKEN.[213]

Ein Satz, noch auf den Trümmern Deutscher Dichtung und Philosophie so ungeheuer wie die Neuerung, der er sich verdankt. An die Stelle sou-
34,63, veräner Autoren tritt ein Medium, das nicht nur Federschreiben historisch
162,349 werden lässt, sondern auch Gedachtes zum Effekt einer Maschine samt der dazu notwendigen Geschicklichkeit macht: Tasten und Tippen. »WANN WERDE ICH ES UEBER MEINE FINGER BR>I\I\NGEN⟨,⟩ EINEN LANGEN SATZ ZU DRÜ[~U]CKEN⟨! –⟩« klagt Nietzsche, obwohl er doch Piano, das
17,70, Vorbild aller Tastaturen, spielen konnte.[214] Mit solcher Abhängigkeit der
144,210 Motorik von Mechanik aber hört Schreiben auf, nach Hegels Worten, ein »A u s d r u c k des Innern« zu sein: der »bestimmten Natur und angeborenen Eigentümlichkeit des Individuums zusammen mit dem, was sie durch die Bildung geworden«.[215] Seine Hierarchie der »E r s c h e i n u n g e n«
102,119, jedenfalls, von der Innerlichkeit zu »Mund, Hand, Stimme, Handschrift«,
166,363 thematisiert das Medium nicht, in dem sie selber erscheint. So fern steht die Lehre vom Ausdruck dem Ausgedruckten; oder, wie Kittler es nennt: An »Philosophengriffeln und Naturtafel« verwirft Maschienenschreiben auch deren »Phallogozentrismus«: dass keilförmige Werkzeuge in weiche Oberflächen eindringen. Denn

> Schreiben bei Nietzsche ist keine natürliche Ausweitung des Menschen mehr, der durch Handschrift seine Stimme, Seele, Individualität zur Welt bringen würde.[216]

Das neue Medium bleibt irreduzibel. Es verwehrt den Rückschluss auf Signifikate und wer sie gedacht haben soll; hat man bei jenem Drücken von Sätzen doch nicht nur keine direkte optische Erfolgskontrolle (gerade die

[213] NIETZSCHE, SchrT, S. 18 (zur Schreibweise vgl. Abb. 12, Zeile sechs der Farbtafeln; zum Brief von Köselitz KGB III/2, S. 229). Außerdem KITTLER 1985 a, S. 25; ders. 1985 b, S. 247; ders. 1986, S. 293, der obiges Zitat für die Medientheorie entdeckt und entwickelt hat; bzw. im Anschluss daran STINGELIN 1988, S. 336 f.; ders. 2000 a, S. 90 f.

[214] NIETZSCHE, SchrT, S. 18. Drücken oder Drucken; das ist die Geste und die Schrift. Einen Schreibmaschinenbrief an Franz Overbeck bezeichnet Nietzsche (SchrT, S. 20) dann als »FINGERUEBUNG«.

[215] HEGEL 1807, S. 211.

[216] KITTLER 1885 b, S. 247; ders. 1986, S. 299 (nach DERRIDA 1973, S. 139), 305. Vgl. auch HEIDEGGER 1942 f., S. 125, der ja Maschinenschreiben als das Zerreißen des »ursprünglichen Wesenszusammenhanges« von »Sein, Wort, Lese [»d.h. Sammeln – ›Ähren lesen‹), griechisch λέγειν – λόγος«], Schrift« bezeichnet hat. Ebenso SCHÄRF 2003, S. 13 f., der sich unter dem vielversprechenden Titel »Nietzsches Schreiben« doch nur (wieder) für die »Schreibbarkeit der Stimme« interessiert. Sein Untertitel freilich zeigt, warum: »Eine medienphilosophische Skizze«.

Stelle nämlich, an der das Schriftzeichen entsteht, kann nicht gesehen werden), sondern auch die Verbindung von Stimme und Zeichen = Seele und Körper = Natur und Kultur ist seither zerbrochen. Unter dem Vorzeichen ihrer Mechanisierung schlägt sich das *Schreiben* auf die Seite der *Künstlichkeit*: Weil es an Maschinen selber zu einer »machinalen Thätigkeit« wird und weil es wie Kunstwerke dabei »ohne Künstler erscheint«, ohne die »große Grundverrücktheit [...], alles nach uns zu messen«.[217] So wird für Nietzsche, mit der »Maschine als Lehrerin«, das Schreiben zu einem »Programm der Gedankenlosigkeit«.[218] Statt an Innerlichkeit und Individualität zu arbeiten, gilt es »Maschinen-Tugenden« zu lernen; statt Beherrschung und Besitz ins Werk zu setzen, kommt es darauf an, mit »Narrenhänden« wie von selbst zu schreiben. 122, 370, 372

Unmenschlichkeit der Schrift

»Automatismus« aber ist dafür der passende Begriff: Dass wir durch »Übung« das »Bewußtsein Schritt für Schritt [...] zurückdrängen«[219] – bis unsere Schreibbewegungen nicht länger durch einen »Willen« (seine Absichten, Motive, Intentionen usw.) gesteuert werden, sondern: »sich abspielen«; »wie die Themen einer aufgezogenen Spieluhr«: als »Handlungen der Gewohnheit«, als **Thätigkeiten**, in denen sich eine Kraft entladet«. Mit dem Anwenden von Maschinen mutiert der Mensch zur »Maschine ›Mensch‹«[220]; im Fall des mechanisierten Schreibens zu einem Körper, der sich durch das Spiel auf Tastaturen ausgebildet hat. »Weder ›frei‹ noch mit

Um noch ein anderes Modell solcher Automatisierung vorzustellen, auf das sich Nietzsche im Herbst 1873, also zwei Jahre

[217] Nietzsche, NF, KSA 13, 14[102], S. 279; NF, KSA 12, 2[113], S. 118; NF, KSA 9, 11[10], S. 444. »Die Maschine ist unpersönlich, sie entzieht dem Stück Arbeit seinen Stolz [...] – also sein Bisschen Humanität.« Ders. WS, KSA 2, S. 682f. Schon deshalb ist die Aggression gegens Individuelle eine Konklusion der Maschine selbst. In Nietzsches mechanisierten Worten (SchrT, S. 19): »DIE SCHREIBMASCHINE IST ZUNAECHS-T⟨T⟩ ANGREIFENDER ALS IRGEND WELCHES SCHREIBEN.«

[218] Nietzsche, WS, KSA 2, S. 653; KSB 5, S. 450. Die direkt folgenden Zitate ders. NF, KSA 12, 10[11], S. 459; SchrT, S. 41.

Die Anonymität von Typoskripten ist deshalb auch ein Thema für Kriminologen in Literatur und Wissenschaft geworden. Vgl. etwa Doyle 1889, S. 199, dessen Held Sherlock Holmes *On the Typewriter and its Relation to Crime* geschrieben hat, bzw. Streicher 1919 und Kring 1936. 34, 217, 241, 294

[219] Nietzsche, NF, KSA 13, 14[216], S. 392; NF, KSA 9, 1[101], S. 28. Die direkt folgenden Zitate KSA 9: 445, 31, 33; 13: 356. »Das Bewußtsein, in zweiter Rolle, fast indifferent, überflüssig, bestimmt vielleicht zu verschwinden, und einem vollkommenen Automatismus Platz zu machen –«. Ders. NF, KSA 13, 14[144], S. 329.

[220] Nietzsche, NF, KSA 11, 25[136], S. 49. Die direkt folgenden Zitate ders. NF, KSA 9, 1[117], S. 31; NF, KSA 11, 25[462], S. 136. Außerdem Kittler 1986, S. 273, 293: »Typewriter ist zweideutig. Das Wort heißt Schreibmaschine und [in jener »Mediengründerzeit«] Schreibmaschinistin.«

›bewußter Aufopferung‹, noch ›für Andere‹«,
denn »überall [und also auch beim Schrei-
ben/r] beginnt es mit dem Z w a n g«. Die
Blindheit, das Sitzen, die Haltung des Kopfes,
die Geschicklichkeit der Finger; all das sind
»zunächst t y r a n n i s i r e n d e Elemente«:
207,270, Befehle und Machtgeschehen. Erst »allmählich«,
277,288 nach unzähligen Routinen, nach der Gewöh-
nung an die Eigenarten der Maschine, »weicht
das Gefühl des Gezwungenseins«. Jetzt ist dem
Schreiber das Mechanische »in Fleisch Blut und
Muskel übergegangen«[221]. Sein Leib ist Körper
geworden. Er findet die Tasten ohne zu überle-
gen und ohne noch vorher hinsehen zu müssen,
gleichsam instinktiv, mit nachtwandlerischer
87,231, Sicherheit. »I n K e t t e n t a n z e n« (nach
269,341 »e i n e r f e s t e i n g e p r ä g t e n **Rolle**«),
so Nietzsches Formel für Worte-macher im Ma-
schinenzeitalter;[223] oder: Auf die selbstgestellte
Frage, ob »das überhaupt noch Menschen
sind«, antwortet er während seines Genueser
Experimentes, indem auch er sich als *Schreiber
mit seinem Schreibzeug identifiziert*:

> SCHREIBKUGEL IST EIN DING GLEICH MIR – VON EI⟨SEN⟩ / UND DOCH LEICHT ZU VERDREHN ZUMAL AUF REISEN⟨:⟩.[225]

nach dem deutsch-französischen Krieg und fast zehn Jahre vor Anschaffung seiner Schreibkugel, bezieht: »Mein Ausgangspunct ist der preussische Soldat: hier ist eine wirkliche Convention, hier ist Zwang, Ernst und Disciplin, auch in Betreff der Form. [...] Freilich weit entfernt vom »Einfachen und Natürlichen«! Seine Stellung zur Geschichte ist empirisch und darum zuversichtlich lebendig, nicht gelehrt. Sie ist, für einige Personen, fast mythisch. Sie geht aus von der Zucht des Körpers und von der peinlichst geforderten Pflichttreue.«[222]

Ein Motiv (zumindest), das in unserer Zeit bei Peter Sloterdijk unter dem Titel »Anthropotechnik« erneut Karriere gemacht hat.[224] Zwar nicht beeindruckt vom preußischen Soldatentum (auch nicht orientiert am medialen Wandel), sondern beunruhigt durch die Erfolge der Genforschung (die

[221] Nietzsche, NF, KSA 9, 3[23], S. 53. Und nochmal der Weg zu solchem Automatismus (der dann »erreicht ist, wenn man sich in der Ausführung weder vergreift, n o c h z ö g e r t«): »Zuerst Zwang, dann Gewöhnung, dann Bedürfniß, dann natürlicher Hang (Trieb)«. Ders. M, KSA 3, S. 306; NF, KSA 11, 25[160], S. 135.

[222] Nietzsche, NF, KSA 7, 29[119], S. 685f.

[223] Nietzsche, MA-2, KSA 2, S. 612; NF, KSA 11, 25[462], S. 136 (zitiert nach einem Brief Voltaires an Deodati de Tovazzi vom 24. Januar 1761: »[...] vous dansez en liberté et nous dansons avec nos chaînes [...].« Ders. KSA 14, S. 192f.: »wurde von N [in seinem Handexemplar; vgl. Campioni (et al.) 2003, S. 633f.] zweimal angestrichen und das Wort ›chaînes‹ unterstrichen«).

[224] Sloterdijk 1999, S. 20. Ebenso die direkt folgenden Zitate.

[225] Nietzsche, HL, KSA 1, S. 282; SchrT, S. 59. Vgl. auch ders. M, KSA 3, S. 80f. sowie KSB 6, S. 112f. (ein Brief, in dem Nietzsche zugleich die »Anschaffung einer Schreibmaschine« erwägt): »Ach, Freund [= Heinrich Köselitz], mitunter läuft mir die Ahnung durch den Kopf, daß ich eigentlich ein höchst gefährliches Leben lebe, denn ich gehöre zu den Maschinen, welche z e r s p r i n g e n können.«

Das direkt folgende Zitat ders. NF, KSA 12, 10[11], S. 460.

allerdings ohne das Medium Computer nicht möglich wären), stellt sich dieser die Frage nach »Differenz und Verschränkung von Zähmung und Züchtung« des Menschen selbst: »Der Humanist läßt sich den Menschen vorgeben und wendet dann auf ihn seine zähmenden, dressierenden, bildenden Mittel an – [...] Nietzsche hingegen meint hinter dem heiteren Horizont der schulischen Menschenzähmung einen zweiten, dunkleren Horizont wahrzunehmen.« Das trifft zweifelsohne zu, wenn auch anders als Sloterdijk meint, denn anstatt nur die »bisherigen Inhaber der Züchtungsmonopole – die Priester und Lehrer« (man müsste Dichterfürsten und Philosophiebeamte hinzufügen) ans »Licht« zu zerren, positiviert der ehemalige Alt-Philologe seine 14 Dioptrien Kurzsichtigkeit und beginnt zuerst an, dann über blinde Schreibmaschinen zu schreiben. Die Dunkelheit selbst nämlich: ihre Abkehr vom Regime der Ideen, des Imaginären, der Sonne, des Blicks etc., ist der Ort technischer Medien; und das nicht erst seit den Black Boxes von Microsoft.

Das Medium als Prämisse. Nicht tausendjährig, wie Nietzsche vermutet hat, aber doch mit Konklusionen, durch die sich gegen Ende des 19. Jahrhunderts Motorik und Mechanik, Körper und Künstlichkeit in einer Weise überkreuzen, dass die »machinale Existenzform als höchste ehrwürdigste Existenzform« gelten konnte. 33,74, 198,307

NIETZSCHE Bleibt noch der Hinweis, dass sich die Künstlichkeit des Schreibens und des Schreibers auch auf die *Schrift als solche* bezieht. Wohl waren graphematische Ordnungen noch nie natürlich oder ursprünglich, sondern immer schon an Techniken gebunden (mit Keilen, Griffeln, Federn usw.); seit Eintritt in die Gutenberg-Galaxis aber und seit diese – mechanisiert – sogar die Produkte aus Sekretärinnenzimmer und Gelehrtenstuben umfasst, sind sie »immer mehr« zu einem »Reich ganz unmenschlicher Necessität« geworden.[226] Als typographischer Körper jedenfalls ist Schrift reines Artefakt; nach ihrer Loslösung vom Individuellen ein »ungeheures System«. Kurzum, 104,183
die Schrift von Maschinen konstituiert zugleich ihren »Raum als Maschine«: differentiell, agressiv und ohne Gesicht; für Schreiber ebenso wie für Seiltänzer ein Abgrund, in dem sie selbst: 236,245, 279,347
als Selbst, Hals über Kopf verschwunden sein werden.

32,106, 261,351

[226] Nietzsche, NF, KSA 9, 6[189], S. 245. Die direkt folgenden Zitate ders. NF, KSA 9, 6[189], S. 246; NF, KSA 11, 26[410], S. 261. Und also sind Schreiben, Schreiber und Schrift keine Praktiken, Akteure und Orte der Freiheit, denn »[f]rei: h e i ß t ›nicht gestoßen und geschoben, ohne Zwangsgefühl‹.« Ders. NF, KSA 11, 34[249], S. 505.

Vom Apollinischen zum Dionysischen: Dritter Akt (II)

64,75, 138,313 Es gibt wohl neben der Macht keine andere Begrifflichkeit, für die Nietzsche ähnlich berühmt geworden ist, wie für diese: *das Apollinische und das Dionysische*. Zwar schon bei seinem Baseler Kollegen Bachofen zu finden,[1] hat er sie erstmals 1872 in der *Geburt der Tragödie aus dem Geiste der Musik* öffentlich und als substantivierte Adjektive auftreten lassen. Mit einer Textgenese, die »irgendwo in einem Winkel der Alpen« zu »Zeiten des deutsch-französischen Krieges« begann (»während die Donner der Schlacht von Wörth über Europa weggingen«)[2], und mit Konsequenzen auch für Nietzsches Zukunft, die ebenso zwiespältig wie nachhaltig gewesen sind. Nicht nur, dass der Altphilologe ihnen den Einstieg in den Ausstieg aus seiner Universitätskarriere verdankt, vielmehr kommen sie seither auch in fast allen von ihm publizierten Schriften vor.[3]

[1] – in dessen rechtshistorischer Schrift *Das Mutterrecht* von 1861. Zu dieser und weiterer Quellenkritik vgl. Gründer 1971, S. 441 ff.; Janz 1978-1, S. 316, 431; Kittler 2000 b, S. 141, 165, 169. Zur ideen- und kulturtheoretischen Tradition, in die man Nietzsche (auch gegen seine eigenen Behauptungen z.B. in GD, KSA 6, S. 158; EH, KSA 309 f.) stellen muss, vgl. Behler 1983, S. 335 ff., 348 f. sowie Baeumer 1977, S. 123 ff., der sich dieser Aufgabe nicht nur früher und detaillierter gewidmet hat, sondern zusätzlich zur Dionysos-Tradition *vor* Nietzsche auch deren »Klischee«-Werdung *danach* beschreibt.

[2] Nietzsche, GT, KSA 1, S. 11 (= *Versuch einer Selbstkritik* zur 2. Auflage: ausgedruckt 1874, im Buchhandel aber erst 1878); wiederholt in ders. EH, KSA 6, S. 309 f. Dabei umfassen die Vorarbeiten der Tragödienschrift zwei Vorträge, die Nietzsche im Baseler Museum gehalten hat: *Das griechische Musikdrama* am 18. Januar 1870 (= KGW III/2, S. 5 ff.), bzw. *Socrates und die Tragoedie* am 1. Februar 1870 (= KGW III/2, S. 25 ff.); außerdem *Die dionysische Weltanschauung*: im Sommer 1870 geschrieben (= KGW III/2, S. 45 ff.), am 25. Dezember als Geburtstagsgeschenk unter dem Titel *Die Geburt des tragischen Gedankens* an Cosima Wagner geschickt (= KGW III/2, S. 73 ff.); die Abhandlung *Sokrates und die griechische Tragoedie*: entstanden Anfang 1871 (= KGW III/2, S. 93 ff.) sowie die nachgelassenen Fragmente aus ders. NF, KSA 7, 1[1], S. 9–16[42], S. 408.

[3] Den Skandal, den die *Geburt der Tragödie* ausgelöst hat, beschreibt Janz 1978-1, S. 460–477: »Hier erhebt sich einmal die Berliner Historiker-Schule der Treitschke, Mommsen, Wilamowitz gegen die Baseler Trias Bachofen – Burckhardt – Nietzsche.« Außerdem jener Ulrich von Wilamowitz-Moellendorff 1872, S. 55 selbst: »eins aber fordere ich: halte hr. N. wort, ergreife er den thyrsos, ziehe er von Indien nach Griechenland, aber steige er herab vom katheder, auf welchem er wissenschaft lehren soll; sammle er tiger und panther zu seinen knieen, aber nicht Deutschlands philologische jugend [obwohl Nietzsche doch Professor in Basel ist], die in der askese selbstverläugnender arbeit lernen soll [...].«

Zwei Götternamen, strategisch

Bis zu jenen Januartagen 1889 freilich, dem Zusammenbruch Nietzsches in Turin und seiner vorübergehenden Einweisung ins Baseler Irrenspital,[4] ist die »Duplicität« Apollinisch/Dionysisch nicht geblieben, was sie im Tragödienbuch einmal war: die Vorstellung zweier der griechischen Götterwelt »entlehnter Namen« für die »getrennten Kunstwelten des T r a u m e s und des R a u s c h e s«.[5] So findet beispielsweise schon in der »Selbstkritik« von 1874/78 nur noch das Dionysische Erwähnung und im neunten Abschnitt der *Götzen-Dämmerung* heißt es dann, man müsse »beide [das Apollinische *und* das Dionysische] als Arten des Rausches begreifen«. Die Gegensätzlichkeit der Begriffe also kippt. Eine Bewegung (vom Früh- zum Spätwerk in weniger als 20 Jahren), die schließlich noch dadurch verstärkt wird, dass Nietzsche seine so genannte »Wahnsinnszettel« mit »Dionysos« unterschreibt.[6] Am Ende und als dieses Ende selbst ist vom Apollinischen keine Rede mehr.

Was daraus folgt? Vor allem die These, dass sich solche Bewegung in Nietzsches Texten weder zufällig noch mangels begrifflicher Strenge ereignet, sondern als der Effekt einer komplexen Strategie gelesen werden kann: *Setzung – Umkehrung – Verschiebung*. Indem das Tragödienbuch, »nicht ohne einige Freiheit«, zwei griechische Götter exponiert, startet es zugleich den Versuch, sich von klassischen Dispositiven abzuwenden.[7] Ja mehr noch, denn im Laufe

[4] Einzelheiten (soweit rekonstruierbar) bei Janz 1978-3, S. 26 ff. und (genauer noch) Volz 1990, S. 201 ff.: Am 7. Januar macht sich der von Nietzsches Briefen beunruhigte Franz Overbeck auf den Weg nach Turin und findet dort den »in völliger Nacht befangenen« Freund vor. Für seine Vermieter, die Familie Fino, war dieser schon längere Zeit auffällig geworden: vor allem durch »überlautes« Klavierspiel und ebensolchen Gesang. Auch wurde er einmal »von zwei Polizisten nach Hause gebracht, die aussagten, der Fremde habe auf der Piazza Carlo Alberto ein Pferd umarmt«. Dazu allerdings liegen »keine authentischen Berichte« vor. Tatsache dagegen ist, dass Nietzsche am 9. Januar von Overbeck und dem Turiner Zahnarzt Leopold Bettmann per Zug nach Basel gebracht wurde, wo man ihn in die Kantonale Irrenanstalt Basel Stadt (später ›Friedmatt‹) aufgenommen hat. Die Diagnose des dortigen Direktors Ludwig Wille: *Paralysis progressiva*. Bereits eine Woche später folgt die Überweisung zu Ludwig Binswanger nach Jena (Großherzogliche Sächsische Landes-Irren-Heilanstalt) und schließlich ab Mai 1890 die häusliche Pflege durch Mutter und Schwester zuerst in Naumburg (Weingarten Nr. 18), dann in Weimar (›Villa Silberblick‹).

[5] Nietzsche, GT, KSA 1, S. 25. Die direkt folgenden Zitate ders. GT, KSA 1, S. 25; GD, KSA 1, S. 117.

[6] Benders/Oettermann 2000, S. 730; Nietzsche, KSB 8, S. 574 ff. Ebenso Janz 1978-3, S. 26. Mit ›Wahnsinnszettel‹ sind jene Nietzsche-Briefe gemeint, die er vom 3. bis 6. Januar 1889 an verschiedene Freunde und Freundinnen, aber auch an Umberto I, König von Italien oder Kardinal Mariani in Rom geschrieben hat. Vgl. Volz 1990, S. 255 ff.

[7] Nietzsche, GT, KSA 1, S. 19. Anstatt Nietzsche gegen Wilamowitz Moellendorff zu verteidigen, muss man also den »Bosheiten« des »Berliner Jungen« (ders. KSB 4, S. 8, 11) Recht geben. Das Tragödienbuch stellt tatsächlich eine »Vergewaltigung der historischen Tatsachen und aller philologischen Methode« dar (zit. nach Janz 1978-1, S. 466). Man muss dieser Einschätzung sogar bis zu dem Punkt Recht geben, der Nietzsches äußerste Fremdheit →

dieser Wende wird Nietzsche das Begriffspaar Apollinisch/Dionysisch auch der bis dahin respektierten »Weisheit K a n t s und S c h o p e n h a u e r s« entziehen. Deren ästhetische und epistemologische Vorgaben jedenfalls: die Vergleichbarkeit jener Götternamen mit dem »Unterschied des Erhabenen vom Schönen«, der »Erscheinung« vom »Ding an sich«, kann er auf seinem Weg ins Spätwerk immer weniger akzeptieren.[8] Und so soll es auch im Folgenden nicht darum gehen, Nietzsche an kanonischer Philosophie zu messen, vielmehr um den Versuch, aus seinen Texten herauszulesen, was weder im Königsberg des 18. noch im Berlin des 19. Jahrhunderts hätte beginnen können: *Medientheorie*; vom Apollinischen zum Dionysischen als von der ausgewiesenen zur unausgewiesenen Theorie der Sprache.

Die Setzung: Sokrates als Fall

Griechischer Dämon/klassischer Held

Dass der Athener Philosoph für Nietzsche nicht nur Person war, sondern
82,362 auch Symptom, mitunter sogar Karikatur, wurde bereits vorgestellt. Der *Fall* Sokrates heißt es deshalb in der *Götzen-Dämmerung* – eine Bezeichnung, die einerseits an den »Sokratismus« aus der Tragödienschrift erinnert, die andererseits und darüber hinaus aber auch mit dessen Absturz in Verbindung gebracht werden will. Dabei treffen sich beide Seiten in der Einschätzung, den Helden der platonischen Dialoge als »Wendepunkt und Wirbel der sogenannten Weltgeschichte zu sehen«.[9] Nachdem er auftaucht, »verfällt« die

gegenüber der »Z u n f t« und seinen »Zunftbrüdern« (ders. KSB 4, S. 19, 11) bezeichnet – wodurch man ihn aber nicht ins Un-Recht setzt, sondern sich die Möglichkeit eröffnet, jene *Götternamen als eine »Maskerade in Worten«* zu lesen (ders. NF, KSA 11, 25,[492], S. 143; vgl. auch ders. GT, KSA 1, S. 65, 70): konstruiert und eingesetzt *in strategischer Absicht*. Ob sie ethnologisch, gräzistisch, religionsgeschichtlich oder sonstwie zu rechtfertigen sind, spielt deshalb eine untergeordnete Rolle. Mit anderen Worten: In seinem Tragödienbuch liefert Nietzsche *keine Exegese des Altertums* (es kommt ihm vielmehr auf sein eigenes Zeitalter an), und auch eine »Interpretation« darf es nur unter dem Vorbehalt heißen, das »man in den Dingen nichts wiederfindet als was man nicht selbst hineingesteckt hat«. Ders. NF, KSA 12, 2[174], S. 153.

8 Nietzsche, GT, KSA 1, S. 117f. Vgl. aber auch ders. NF, KSA 7, 7[46], S. 149 (»Wenn das
34,73, Schöne auf einem Traum des Wesens beruht, so das Erhabene auf einem R a u s c h e
262,340 des Wesens.«) bzw., ohne das hier näher ausführen zu können, Kant 1781/87, B XX, XXVII; ders. 1790, A 75 sowie im Anschluss daran Schopenhauer 1819, S. 564, 570; ders. 1844, S. 247ff., 255.

9 Nietzsche, GT, KSA 1, S. 85, 100. »Wer nur einen Hauch von jener göttlichen Naivität und Sicherheit der sokratischen Lebensrichtung aus den platonischen Schriften gespürt hat, der fühlt auch, wie das ungeheure Triebrad des logischen Sokratismus gleichsam h i n t e r Sokrates in Bewegung ist, und wie dies durch Sokrates wie durch einen Schatten hindurch angeschaut werden muss.« Ders. GT, KSA 1, S. 91. Die direkt folgenden Zitate ders. GD, KSA 6, S. 68, 71; GT, KSA 1, S. 71f., 82, 128; NF, KSA 7, 19[272], S. 504.

griechische Kultur (Sokrates ist »antigriechisch«, weil vor allem »untragisch«, »undionysisch«: ein »ganz neu geborner Dämon«, durch den »eine neue Art A g o n « entsteht); indem er wieder verschwindet, und darauf kommt es Nietzsche an: indem man ihn als die »Sokratik« auch des 19. Jahrhunderts (der »Goethe-Schiller-Kultur«) außer Kraft setzt, wird der Weg frei für eine erneute Wendung: die *Umwertung aller Werte*.

> Wie unverständlich müsste einem echten Griechen der an sich verständliche moderne Culturmensch F a u s t erscheinen, der durch alle Facultäten unbefriedigt stürmende Faust, den wir nur zur Vergleichung neben Sokrates zu stellen haben, um zu erkennen, dass der moderne Mensch die Grenzen jener sokratischen Erkenntnisslust zu ahnen beginnt [...].[10]

Nicht bloße Gegnerschaft aber ist es, die zwischen Nietzsche und Sokrates herrscht, sondern zugleich die Faszination des Ex-Philologen für diesen »mächtigen Querkopf«.[11] Ein solcher nämlich wollte er selber sein: »Ich bin kein Mensch, ich bin Dynamit«, so die in dieser Hinsicht vielleicht bekannteste Formulierung; oder: »Ich kenne mein Loos. Es wird sich einmal an meinen Namen die Erinnerung an etwas Ungeheures anknüpfen – an eine Krisis, wie es keine auf Erden gab [...] heraufbeschworen g e g e n Alles, was bis dahin geglaubt, gefordert, geheiligt worden war.«[12]

Muss man daraus nun Größenwahn schließen (immerhin wurde *Ecce homo* nur wenige Wochen vor jenem Turiner Zusammenbruch fertiggestellt)? Hat Nietzsche etwa auf diese Weise versucht, das Scheitern seiner Universitätskarriere zu kompensieren, sich seine fehlende Hörer- und Leserschaft zu erklären? Wie auch immer: darüber mögen andere urteilen und haben ja bereits geurteilt, biographisch, psychologisch, medizinisch etc. Zum Beispiel, dass »betreffend dem Antrag der Frau verwittwete Pastor Nietzsche zu Naumburg a/Saale

[10] Nietzsche, GT, KSA 1, S. 116. Zur faustischen Unzufriedenheit vgl. selbstverständlich Goethe 1806, S. 149.

[11] Nietzsche, NF, KSA 8, 6[23], S. 107. Wenn also Nietzsche kurz zuvor über Plato schreibt, dieser habe gegen die Rhetorik nur gekämpft, weil er sie um »ihren Einfluß b e n e i d e t« (ders. NF, KSA 8, 6[17], S. 104), dann darf man darin sehr wohl einen Hinweis auch auf das eigene Sokrates-Verhältnis lesen: »Er fascinierte als dieser extreme Fall«. Ders. GD, KSA 6, S. 71.

[12] Nietzsche, EH, KSA 6, S. 364. Die Sache mit dem Dynamit übrigens ist so ähnlich schon in ders. JGB, KSA 6, S. 137, zu lesen und geht zweifellos auf Nietzsches Kenntnisse über den Bau des St. Gotthard-Tunnels zurück. Dass er sie in *Ecce homo* erneut aufgenommen und sogar verstärkt hat, dürfte aber mit einer Rezension Josef Victor Widmanns in *Der Bund* vom 16./17. September 1886, Bern, Jahrg. 37, Nr. 256/257 zu tun haben. Dort nämlich schreibt er über *Jenseits von Gut und Böse*: »Jene Dynamitvorräthe, die beim Bau der Gotthardbahn verwendet wurden, führten die schwarze, auf Todesgefahr deutende Warnungsflagge. Ganz in diesem Sinne sprechen wir von dem neuen Buche des Philosophen Nietzsche, als von einem g e f ä h r l i c h e n Buche.«

auf Entmündigung ihres Sohnes, des Professors a.D. Dr. Friedrich Nietzsche, zur Zeit in der hiesigen Irrenanstalt« der folgende Beschluss ergeht: nach »Gutachten eines Sachverständigen, nämlich des Directors der Irrenheilanstalt zu Jena, des Professors Dr. med. Binswanger« und »in Gemäßheit der §§. 594. 596–599. und 601. Civil-Prozeß-Ordnung 1. der Professor a.D. Dr. Friedrich Nietzsche aus Naumburg a/S., zur Zeit in der hiesigen Irrenheilanstalt wird hierdurch wegen Geisteskrankheit entmündigt. 2. Die Kosten dieses Verfahrens hat der Entmündigte zu tragen. Jena, den 26. November 1889. Großherzogliche S. Amtsgericht Abtl. I, gez. Schwarz«[13]

Im Folgenden jedoch werden die oben zitierten Selbstbeschreibungen zumindest soweit ernst genommen, das sie *Nietzsche als Differenz* lesbar machen: von welcher Situation er ausgeht und wie er sich von ihr unterscheidet. Mit sokratischer »r i g u e u r« nämlich gegen den »Ahnherrn Sokrates« und vor allem den »Sokratismus unserer [d.h. seiner] Zeit«.[14]

Dabei lässt sich die von Nietzsche inszenierte Ausgangssituation (als ein Szenario eben auch der klassischen Ausbildung von und mit Wissen) in fünf Punkten zusammenfassen:

Sokratismus, und was ihn auszeichnet

Erstens: Zum Fall Sokrates gehört die Einführung der *Dublette Meta-physik*; das ist, entlang einer vertikalen Achse: die Zweiteilung von Wesen
25,53, 172,314 und Erscheinung, von Sein und Seiendem, Bedingung und Ereignis – in Nietzsches Worten: Dass wir »die Welt scheiden in eine ›wahre‹ und eine ›scheinbare‹«[15]. Man könnte diese Reihe beinahe beliebig fortsetzen; die Struktur nämlich, von der sie handelt, ist ebenso historisch wie aktuell. Noch bei Saussure findet sich ihre Wiederholung als *Vorrang* der Sprache (»le systéme lui-même«) gegenüber dem Sprechen (»l'exécution«) und wenn Gadamer meint, er müsse das »Gesagte« (als das, »worauf es ankommt«) vom »Sagen« (als »bloßer Vorbedingung«) abheben, dann hat Metaphysik längst nicht ausgedient.[16] Stets geht es darum, vor/hinter/über/unter und

[13] Zit. nach Volz 1990, S. 409.

[14] Nietzsche, GD, KSA 6, S. 72; GT, KSA 1, S. 103; NF, KSA 7, 1[8], S. 13. Passend dazu Nietzsches selbstgestellte Frage, ob »die Macht, an deren Entgegenwirken die Tragödie sich brach, für alle Zeit genug Stärke hat, um das künstlerische Wiedererwachen der Tragödie und der tragischen Weltbetrachtung zu verhindern.« Ders. GT, KSA 1, S. 111.

[15] Nietzsche, GD, KSA 6, S. 79. »Und da wollte er mit dem Kopfe durch die letzten Wände, und nicht nur mit dem Kopfe – hinüber zu ›jener Welt‹.« Ders. ZA-1, KSA 4, S. 36.

[16] Vgl. Saussure 1916, S. 36, bzw. Gadamer 1984, S. 35. Die direkt folgenden Zitate Nietzsche GD, KSA 6, S. 69; ZA-1, KSA 4, S. 35. »Vergessen wir auch jene Gehörs-Halluzinationen nicht, die als ›Dämonion des Sokrates‹, ins Religiöse interpretiert worden sind. [...] In beson- →

also jenseits der Dinge nach etwas wesentlich anderem zu suchen: »hintergedanklich, unterirdisch«, »gleich allen Hinterweltlern«. Was wirklich ist, wird unterschieden von dem, was es in Wirklichkeit ist.

Zweitens (und daran anschließend): Mit Sokrates setzt in der abendländischen Kultur ein ontologisch orientiertes Fragen ein.[17] Seither arbeitet 62,170, 213,284
Wissenschaft unter der Voraussetzung, dass es für alles, was geschieht, *Gründe* gibt, die man aufzudecken und auszuleuchten habe:

> In jene Gründe einzudringen und die wahre Erkenntniss vom Schein und vom Irrthum zu sondern, dünkte dem sokratischen Menschen der edelste, selbst der einzig wahrhafte Beruf zu sein [...].[18]

Abgesehen davon, dass auf diese Weise Arbeitsbereich und Ausnahmestellung des Philosophen entstanden sind, zeigt sich hier aber auch, wie sehr ihr erster Vertreter das Fragen überhaupt auf die »die Frage ›w a r u m ?‹« zugespitzt bzw. eingeengt hat. Für ihn nämlich, das ist Nietzsches These, stellen jene Hintergründe zugleich *Begründungen* dar; soll heißen: Durch und mit Sokrates werden die zwei Seiten von Metaphysik als ebenso kausal 83,274, 293
wie hierarchisch miteinander verbunden gedacht.[19] Das eine ist die Ursache des anderen; es bedeutet seine Rechtfertigung; es beinhaltet die Motive seines Existierens: ganz im kantischen Sinne von »Kritik«: nicht als einer »der Bücher und Systeme«, vielmehr »der Quellen und Bedingungen ihrer Möglichkeit«.[20]

deren Lagen, in denen sein ungeheurer Verstand ins Schwanken geriet, gewann er einen festen Anhalt durch eine in solchen Momenten sich äussernde göttliche Stimme.« Ders. GD, KSA 6, S. 69; GT, KSA 1, S. 90.

[17] In Bezug auf die »l'Érotique socratio-platonicienne« hat das Foucault 1984, S. 300f. bestätigt: »non seulement par la solution qu'elle propose; mais aussi et surtout parce qu'elle tend à poser la question en de tout autres termes. Il ne s'agira plus pour savoir ce qu'est le véritable amour, de répondre à la question: qui faut-il aimer et à quelles conditions l'amour peut-il être honorable pour l'aimé comme pour l'aimant? Ou, du moins, toutes ces questions se trouveront subordonnées à une autre, première et fondamentale: qu'est-ce que l'amour dans son être même?« Vgl. außerdem ders. 1984, S. 304f., 315.

[18] Nietzsche, GT, KSA 1, S. 100. In der *Götzen-Dämmerung* ist auch zu lesen, dass man »[v]or Sokrates« das »Präsentieren von Gründen« als »unanständig« ablehnte: Denn »[w]as sich erst beweisen lassen muss, ist wenig werth.« Ders. GD, KSA 6, S. 69f.
Das direkt folgende Zitat ders., NF, KSA 12, 2[83], S. 102.

[19] »Es genügt uns niemals, einfach bloss die Thatsache, d a s s wir uns so und so befinden, festzustellen: wir lassen diese Thatsache erst zu – werden ihrer b e w u s s t –, wenn wir ihr eine Art Motivierung gegeben haben.« Nietzsche, GD, KSA 6, S. 92.

[20] Kant 1781/87, A XII, XXI. Dazu der Kommentar von Deleuze 1962, S. 125 (= sein Nietzsche-Buch): »[N]ous y apprenons que [...] la critique de Kant n'a pas d'autre objet que de justifier, elle commence par croire à ce qu'elle critique.«

48,84, 291,313 Drittens: Die Durchsetzung des *Menschen als Subjekt* und deshalb Täter seines Wissens nennt Nietzsche Sokratismus. Genauer gesagt, während sich die Großmacht Athen im Peloponnesischen Krieg verausgabt (»überall waren die Instinkte in Anarchie; überall war man fünf Schritt weit vom Excess«) beginnt ihr berühmtester Bürger damit, »aus der Vernunft einen Tyrannen zu machen«.[21] Mit unvergleichlichem Erfolg, wie man heute weiß; selbst dort, wo deren einstiger Name: »Dialektik«, überhaupt nicht auftaucht oder gar zurückgewiesen wird.

> Der Fanatismus, mit dem sich das ganze griechische Nachdenken auf die Vernüftigkeit wirft, verräth eine Nothlage: man war in Gefahr, man hatte nur Eine Wahl: entweder zu Grunde zu gehn oder – absurd-vernünftig zu sein...[22]

So tritt Sokrates als »ein Arzt« mit der »Vernuft als Retterin« vor die Athener, und wenn Nietzsche über Anaxagoras schreibt, er sei Zeitgenossen wie ein »Nüchterner unter lauter Trunkenen« erschienen, dann dürfte ihn sein späterer Berufskollege in dieser Hinsicht noch übertroffen haben.[23] Statt nämlich seinen Trieben zu folgen, statt sich der Dynamik seiner Instinkte zu überlassen, geht Sokrates den entgegengesetzten Weg. Er wird »über sich Herr«; er entdeckt inmitten der »griechischen Auflösung« den »Willen [...] zur Selbstherrschaft«, den »Glauben an's ›Ich‹«: Dass nur überlebt, wer »klug, klar, hell« sein kann. »Steuermann Sokrates«, schreibt deshalb Nietzsche, für den der Untergang Athens zum Auftauchen auch noch der
112,245 herkömmlichen Anthropozentrik führt. Mensch, Wahrheit, Begriff

Viertens: Als Sokratismus gilt Nietzsche, dass Wissenschaft ihre Ergebnisse für *absolute Wahrheiten* hält – »aeternae veritates« – sie sich also »anmaasst [»an der Hand der Causalität«, durch »ihre »Schätzung der Dialektik«] das innerste Wesen der Dinge ergründen zu können«.[24] Vielleicht

[21] Nietzsche, GD, KSA 6, S. 71 f. – eine Anspielung auf die 404 v. Chr. durch die Siegermacht Sparta auch in Athen eingeführte Herrschaft der ›30 Tyrannen‹.
Das direkt folgende Zitat ders. GD, KSA 6, S. 69.

[22] Nietzsche, GD, KSA 6, S. 72. »Sokrates, der dialektische Held im platonischen Drama, erinnert uns an die verwandte Natur des euripideischen Helden, der durch Grund und Gegengrund seine Handlungen vertheidigen muss [...].« Ders. GT, KSA 1, S. 94. »Socrates Fanatiker der Dialektik«. Ders. NF, KSA 7, 1[44], S. 22.

[23] Nietzsche, GD, KSA 6, S. 72; GT, KSA 1, S. 87. Die direkt folgenden Zitate ders. GD, KSA 6, S. 71 67, 77; NF, KSA 13, 14[92], S. 270; GT, KSA 1, S. 93.

[24] Nietzsche, GT, KSA 1, S. 118, 100; GD, KSA 6, S. 72. An anderer Stelle wird solche »sokratische Tendenz« auch die »neue und unerhörte Hochschätzung des Wissens und der Einsicht« genannt: »Alles muss verständig sein [...]« – »alles muss bewusst sein [...]« Ders. GT, KSA 1, S. 89, 85, 87.

nicht sofort und auf direktem Wege, zu guter Letzt aber ganz gewiss und
einwandfrei. Mit anderen Worten: Von jenem Athener Philosophen haben
wir nicht nur eine Metaphysik der Gründe geerbt, sondern zugleich auch
den »Glauben an ihre Ergründlichkeit«; daran, dass ein Wissen von all den
Hinter-, Über-, Unterwelten »unumschränkt« möglich ist.[25] »Wille zur Wahr-
heit« kann das seit Nietzsche heißen (»zur »Wahrheit« um jeden Preis«)
bzw. Erkenntnisoptimismus; mit der Devise: »[M]an muss es dem Sokrates 132, 144,
nachmachen und gegen die dunklen Begehren ein Tageslicht in 254, 345
Permanenz herstellen – das Tageslicht der Vernunft.«[26]

Fünftens: Durch solche Wendungen des Sokrates etabliert sich in und
als Wissenschaft die *Verherrlichung des Begriffs*. Nicht Rhetorik, Literatur 255, 275,
oder Kunst sind es deshalb, die zur Ergründung der Wahrheit führen, auch 321, 344
nicht das Nacherzählen (das Erinnern und Wiederholen) der alten Mythen,
vielmehr die »rationalistischen Methoden« der »Dialektik«, ihr »logischer
Schematismus«, die »Geißel ihrer Syllogismen«: Dass also »von Sokrates
ab jener Mechanismus der Begriffe, Urteile und Schlüsse als höchste Be-
tätigung [...] über alle anderen Fähigkeiten geschätzt wurde.«[27] So »über-
wächst der philosophische Gedanke die Kunst« und macht
Sokrates »auf seinen kritischen Wanderungen durch Athen« zum »Gegner
des Dionysus« (der sich daraufhin »in die Tiefen des [Mittel-]Meeres ret-

[25] Nietzsche, GT, KSA 1, S. 111, 117. »In Socrates dringt das Princip der Wissenschaft ein:
damit Kampf und Vernichtung des Unbewußten« als dessen Reduktion auf das Eingeständ- 70, 203,
nis »nichts zu Wissen«. (Ders. NF, KSA 7, 1[27], S. 17; GT, KSA 1, S. 89) Im 340, 346
Unterschied zum Unbewussten nämlich kann Nichtwissen in Wissen verwandelt werden
und folglich verschwinden, bzw.: Unbewusst ist etwas, von dem man noch nicht einmal
weiß, das man es nicht weiß.

[26] Nietzsche, FW, KSA 3, S. 352; GD, KSA 6, S. 72. Außerdem: »Wille zur Denkbarkeit alles
Seienden: also heisse ich euren Willen! / Alles Seiende wollt ihr erst denkbar machen:
denn ihr zweifelt mit gutem Misstrauen, ob es schon denkbar ist. / Aber es soll sich euch
fügen und biegen! So will's euer Wille. Glatt soll es werden und dem Geiste unterthan,
als sein Spiegel und Widerbild.« Ders. ZA-2, KSA 4, S. 146.

[27] Nietzsche, GT, KSA 1, S. I 85f., 93f., 102, denn »abgesehen davon«, dass sich die Kunst
»an den wendet, der »nicht viel Verstand besitzt«, also nicht an den Philosophen«, sagt
sie für Sokrates »nicht einmal ›die Wahrheit‹« (zit. nach C. F. Gellert, *Werke* 1, S. 93). »Ein
zweifacher Grund von ihr fernzubleiben«, wie es »der jugendliche Tragödiendichter Plato«
auch getan hat, der »zuallererst seine Dichtungen verbrannte, um Schüler des Sokrates
werden zu können«. Ders. GT, KSA 1, S. 92 (nach Diogenes Laertius, *Leben und Meinungen
berühmter Philosophen*, Buch 3, § 5f. Ironie der Geschichte: Es soll das Philosophieren des
Sokrates vor dem Dionysos-Theater [sic!] in Athen gewesen sein, das den damals erst 20-
Jährigen zu seinem Berufswechsel animierte). Anders formuliert: Seit Platon philosophische
Dialoge schreibt, sind wir gewöhnt, unser Wissen vor allem durch die Entgegensetzung
von ›Begriff‹ und ›Metapher‹, ›Mythos‹ und ›Vernunft‹, d.h. von ›ἐπιστήμη‹ und ›ποίησις‹
zu rechtfertigen.

tet«).[28] Oder, wie es Nietzsche in *Ueber Wahrheit und Lüge* formuliert hat: Um »sich nicht selbst zu verlieren«, um »nicht fortgeschwemmt zu werden« von den »Reizen« seiner Anschauungen, von der ungeheuren »Bildermasse« seiner Phantasie, errichtet der Mensch – »gleichsam auf fliessendem Wasser« – das »Gebälk und Bretterwerk der Begriffe«: Eine ebenso »abstrakte« wie »pyramidale Ordnung«, die dann als »neue Welt« der »anderen anschaulichen [...] gegenübertritt«.

Die Umkehrung: Nietzsches Romantizismus

Der Sokratismus ist die Geburt unserer »theoretischen Cultur« aus dem »Tode der griechischen Tragödie«.[29] So die für Nietzsche gegebene Ausgangssituation, und was sie an dieser Stelle interessant macht, ist die darin enthaltene Behauptung, durch den Einfluss des Athener Philosophen sei insbesondere das »dionysische Element aus der [...] Kunst, Sitte und Weltbetrachtung ausgeschieden« worden. Der einst aus »Asien heranstürmende« Gott (»für die homerisch-griechische Welt etwas ganz Neues«) wurde »gemäßigt« und in die »Fesseln der Schönheit geschlagen«: in »die Olympierwelt hinübergezogen«.[30]

DE MAN Dabei findet sich in der Tragödienschrift auch der folgende Satz: »Die Zeit des sokratischen Menschen ist vorüber.«[31] Nicht dass er gestorben wäre, wie es vom Menschen Sokrates berichtet wird (um ihn dadurch erst

Von der Sprache zur Tonkunst

[28] Nietzsche, GT, KSA 1, S. 94, 88 (zur Rettung des Dionysos vgl. Euripides' *Bacchae* II-6, S. 130). Die direkt folgenden Zitate Nietzsche WL, KSA 1, S. 882, 886, 888f.

[29] Nietzsche, GT, KSA 1, S. 117, 75: Und also Sokrates der »Typus des t h e o r e t i s c h e n M e n s c h e n«: »ἄνθρωπος θεωρητικός«. Ders. GT, KSA 1, S. 98; NF, KSA 7, 3[50], S. 74.

Das direkt folgende Zitat ders. GT, KSA 1, S. 82.

[30] Nietzsche, ST, KGW III/2, S. 48, 50, 55. Dies als *kulturgeschichtliche Perspektive* auf »Sokrates und seine gleichgesinnten Nachfolger« (ders. GT, KSA 1, S. 101). Mit der Einschränkung jedoch, dass sie in den Vorarbeiten zur Tragödienschrift auffälliger ist als in deren veröffentlichter Fassung. Vgl. daher ST, KGW III/2, S. 55: »Man hat nie mit einem Fremdling mehr Umstände gemacht: dafür war er auch ein furchtbarer Fremdling (›hostis‹ in jedem Sinne [lat. = ›Gast‹ *und* ›Feind‹]), mächtig genug das gastliche Haus zu zertrümmern«, bzw. ders. NF, KSA 7, 5[94], S. 118: »Die höchste That des Hellenenthums: die Bändigung der orientalischen Dionysus-Musik und Zubereitung derselben zum bildlichen Ausdruck«.

[31] Nietzsche, GT, KSA 1, S. 132. Die direkt folgenden Zitate ders. GT, KSA 1, S. 94, 127; ST, KGW III/2, S. 23.

Mit dem Tod des Sokrates übrigens, der ja ein Selbstmord war (»Sokrates w o l l t e sterben: – nicht Athen, e r gab sich den Giftbecher, er zwang Athen zum Giftbecher...« Ders. GD, KSA 6, S. 73, bzw. Platon, Φαίδων/*Phaidon*, 117 bff.), vollzieht sich, was schon →

recht als einen »dialektischen Helden« zu etablieren), vielmehr kommt es Nietzsche darauf an, für dessen bereits »verkehrte und auf den Kopf gestellte Welt« noch einmal den »umgekehrten Prozess, das allmähliche Erwachen des dionysischen Geistes«, einzuleiten. Was also mit Sokrates begann, soll mit Nietzsche und durch ihn selbst wieder enden (soweit beider Gemeinsamkeit als jeweiliger »Wendepunkt« der Geschichte). In der dafür bekannten Kurzformel von 1870/71:

> Meine Philosophie [ist] umgedrehter Platonismus.[32]

Ein »ächtes rechtes Romantiker-Bekenntnis«, wie Nietzsche schon 1874 selber zugibt, denn statt auf »den rastlos vorwärtsdringenden Geist der Wissenschaft« setzt es auf die »Optik des Künstlers«, statt auf die »vorherrschend gewordene Vernünftigkeit« als »Sieg des Optimismus« auf den »Willen zum Tragischen«[33] – *erprobt und durchgespielt an der Differenzierung des Apollinischen vom Dionysischen*: dem »Gott der Traumvorstellungen«, der »bildnerischen Kräfte« und des »schönen Scheins« auf der einen Seite, aber auch der »maassvollen Begrenzung« und des »principium individuationis« samt seiner »Rhapsoden« in »Ton, Wort, Handlung«, gegen die »Gottheit [...] des Rausches«, des »Grauens und der wonnevollen Verzückung«, zwar »bild- und begrifflos«, dafür jedoch eingetaucht in den »Strom des Melos«, erschüttert von der »Gewalt des Tones«, durch deren »Steigerung das Subjektive zu völliger

aus Hegel 1831, S. 114 zitiert und als *Dialektik der Aufhebung* beschrieben wurde: Dass sie »soviel als aufbewahren, erhalten bedeutet und zugleich soviel als aufhören lassen, ein Ende machen«; jene List also des wi(e)der, die auf jede Äußerung 124, 131,
deren Er-Innerung, auf jeden bacchantischen Taumel dessen durchsichtige und einfache 164, 298
Beruhigung folgen lässt. In Nietzsches Worten: »Der sterbende Sokrates wurde das neue, noch nie sonst geschaute Ideal der edlen, griechischen Jugend.« Ders. GT, KSA 1, S. 91.

32 Nietzsche, NF, KSA 7, 7[156], S. 199. Eine bekannte Über- und zugleich Annahme dieser Selbstbeschreibung liefert Heidegger 1961, S. 202, 417, 431, der »Nietzsches Umdrehung des Platonismus« zwar als »Ende der Metaphysik« bezeichnet, aber nur im Sinne ihrer »Vollendung«, die deshalb eine »*letzte Metaphysik*« bleibt. Mehr nicht, denn »in der Zeit, als für Nietzsche die Umdrehung des Platonismus zu einer Herausdrehung aus diesem wurde, überfiel ihn der Wahnsinn.« Ders. 1961, S. 204.

33 Nietzsche, GT, KSA 1, S. 21, 111, 14, 16. »Wie? wenn die Griechen, gerade im Reichthum ihrer Jugend, den Willen zum Tragischen hatten und Pessimisten waren? wenn es gerade der Wahnsinn war, um ein Wort Plato's zu gebrauchen, der die grössten Segnungen über Hellas gebracht hat? Und wenn, andererseits und umgekehrt, die Griechen gerade in den Zeiten ihrer Auflösung und Schwäche, immer optimistischer, oberflächlicher, schau- 132, 144,
spielerischer, auch nach Logik und Logisirung der Welt brünstiger, also zugleich ›heiterer‹ 254, 336
und ›wissenschaftlicher‹ wurden?« Ders. GT, KSA 1, S. 16. Zum impliziten Romantizismus dieser expliziten Umkehrung vgl. auch Behler 1978, S. 59ff.

Selbstvergessenheit hinschwindet«, auf der anderen Seite.[34] Dass aber mit dieser Differenzierung zugleich eine *Hierarchisierung* verbunden ist, daran gibt es bei Nietzsche keinen Zweifel. Ziel seiner Tragödienschrift ist es ja, die »Wiedergeburt« eben jener Kunstgattung zu befördern, die sie bereits im Titel trägt und die im »Vorwort an Richard Wagner«[35] sogar eine Adresse erhält.

Darum die These: *Jene Aufwertung des Dionysischen gegenüber dem Apollinischen impliziert die Abwertung der Sprache gegenüber der Musik.* Denn für Nietzsche beziehen sich (zunächst noch in Abhängigkeit von Schopenhauer) alle Worte, Reden und Schriften nur auf »Erscheinungen«, auf das »physische« Dasein der Dinge (wie sie von unseren »Vorstellungen« begleitet werden), während es den Klang- und Tonwelten zukommt, das »Wesen der Natur«, ihr »Dasein an sich« (»wofür wir den Namen »Wille« festhalten wollen«) verständlich zu machen.[36] De Man, als dekonstruktiver Nietzsche-Leser, nennt das

> the dispossesion of the word in favor of music [, denn:] what is being said here about tragedy in general would seem to apply to Nietzsche's text as well: Truth, Presence, Being are all on Dionysos's side [...].[37]

Mit der Konsequenz, dass nunmehr Musik statt Philosophie (bzw. Dialektik) zur »eigentlich metaphysischen Thätigkeit des Menschen« wird. Nur

[34] Nietzsche, GT, KSA 1, S. 55, 43 f., 25 f., 48, 33 f., 26 f.; ST, KGW III/2, S. 55. Somit ist »[d]er Dialog die Hauptstätte [sic!] des Apollinischen«, die »Musik« aber »der einbrechende Strom des Dionysischen«. Ders. NF, KSA 7, 7[94], S. 159; GT, KSA 1, S. 41.

[35] Nietzsche, GT, KSA 1, S. 129, 23. Im Anschluss an Deleuze 1962, S. 19 f. nennt das de Man 1979 c, S. 84 »the priority of Dionysos«; und also: »Sophocles is glorified, Plato and Euripides cast as near-villains because of their greater or lesser proximity to Dionysos. The same criteria apply in the modern period, in the criticism of Florentine opera, of imitative music, and of the modern drama, or reversely, in the extravagant claims made for Wagnerian opera.«

[36] Nietzsche, GT, KSA 1, S. 104, 75; NF, KSA 7, 12[1], S. 361, bzw. mit Schopenhauer 1819, S. 367; zit. in Nietzsche, GT, KSA 1, S. 106: »[D]ie Begriffe sind die universalia post rem, die Musik aber giebt die universalia ante rem, und die Wirklichkeit die universalia in re.«

[37] De Man 1979 c, S. 86, 83; gleichsam als *Enttäuschung auch literaturwissenschaftlicher Vereinnahmungsversuche*. Dass Nietzsche dann noch sprachintern die Schrift gegenüber der
33, 178, Rede herabsetzt (z.B. ders. NF, KSA 7, 2[10], S. 47 f.; NF, KSA 8, 15[27], S. 286; NF, KSA
188, 273 10, 3[1], S. 89; MA-2, KSA 2, S. 600), ist an dieser Stelle nur folgerichtig: Als stimmhaftes Medium jedenfalls, mit Ton, Rhythmus, Tempo usw., kommt sie der Musik sehr viel näher als die Lautlosigkeit von Buchstaben.

88, 185, Phonozentrismus heißt das bekanntlich bei Derrida – eine These, die Foucault 1966 a,
273, 352 S. 298 f. nicht zuletzt historisch bestätigt hat: »Au XIXe siècle [»avec Rask, Grimm et Bopp«] commence donc une analyse du langage traité comme un ensemble de sons affranchis des lettres qui peuvent les transcrire. [...] Tout l'être du langage est maintenent sonore. [...] On cherche le langage au plus près de ce qu'il est: dans la parole – cette parole que l'écriture dessèche et fige sur place.«

durch ihr »dionysisches Element« ist es uns möglich »über alle Erscheinungen« und also den »Standpunkt des Auges (= Apollos)« hinaus auch den »Weg zu 98,103,
den Müttern des Sein's, zu dem innersten Kern der Dinge« offenzulegen.[38] 182,361
Nietzsches Formulierungen in dieser Richtung sind zahlreich. Etwa:

> [D]er Wille, mit seiner Scala der Lust- und Unlustempfindungen, kommt in der Entwicklung der Musik zu einem immer adäquateren symbolischen Ausdruck.[39]

Von daher gilt:

> Die Musik *kann nie* Mittel werden, man mag sie stoßen, schrauben, foltern: als Ton, als Trommelwirbel, auf ihren rohesten und einfachsten Stufen überwindet sie noch die Dichtung und erniedrigt sie zu ihrem Wiederscheine [...]: so gewiß nämlich der einzelne Ton, dem Bild gegenüber, bereits dionysisch und das einzelne Bild, samt dem Begriff und Wort, der Musik gegenüber, bereits apollinisch ist.

Oder, aus der Perspektive jener Begriffe und Worte:

> In der Vielheit der Sprachen giebt sich sofort die Thatsache kund, daß Wort und Ding sich nicht vollständig und nothwendig decken, sondern daß das Wort ein Symbol ist. Was symbolisirt aber das Wort? Doch gewiß nur Vorstellungen, seien dies nun bewußte oder, der Mehrzahl nach unbewußte.[40] 70,203, 216,346

Was wiederum zur Folge hat, dass der

[38] Nietzsche, GT, KSA 1, S. 17, 82, 58, 103; NF, KSA 7, 3[36], S. 70. Anders als bei Freud 1899, S. 11, 138, stellt deshalb der Traum für Nietzsche, GT, KSA 1, S. 26f., 38f.; WL, KSA 1, S. 34,73,
886, keine tiefere, der »Tageswirklichkeit« ansonsten verborgene Wahrheit dar, sondern 113,262
ist – in »entgegengesetzter Wertschätzung« – gerade jener »Schein«, den wir, »völlig in ihm befangen«, als unsere »empirische Realität zu empfinden genötigt sind«. Mit anderen Worten: Als apollinisch meint Traum »die vorhandene Welt des wachen Menschen«; das, was jeweils an Oberflächen, Formen, Gestalten usw. zu sehen ist: »an imagery of light and 28,66,
color rather than the darknes of the ›nether Sphere‹.« De Man 1979 c, S. 89 (vermutlich in 83,229
Anlehnung an GT, KSA 1, S. 31). Zum Traum bei Nietzsche und Freud vgl. darüber hinaus Lissmann 1996, S. 103ff.

Genauso wie für Nietzsche das Dionysische der Musik »überhaupt nicht nach der Kategorie der Schönheit zu bemessen« ist, da sie ihren Zuhörern »eine schreckliche Tiefe der Weltbetrachtung« zumutet: in eins die »Grausamkeit der Natur« und die »Weisheit des Leidens«. Ders. GT, KSA 1, S. 104, 37f., 56.

[39] Nietzsche, NF, KSA 7, 12[1], S. 362. Das direkt folgende Zitat ders. NF, KSA 7, 7[127], S. 186.

[40] Nietzsche, NF, KSA 7, 12[1], S. 360. Sehr ähnlich auch 1873 in ders. WL, KSA 1, S. 879f.: »Die verschiedenen Sprachen, neben einander gestellt, zeigen, dass es bei den Worten nie auf die Wahrheit, nie auf einen adäquaten Ausdruck ankommt: denn sonst gäbe es nicht so viele Sprachen.«

> Weltsymbolik der Musik mit der Sprache [»der ›Kunst der Begriffe‹ als der ›Bilder der Dinge‹«] auf keine Weise erschöpfend beizukommen ist. [...] Worte sind ja die mangelhaftesten Zeichen.[41]

Von welcher Seite auch immer: *Die Vorzeichen sind verteilt.* Nietzsche hat Dionysos zuerst
nicht nur das Apollinische und Dionysische, sondern genauso deren Folge- und Nebendifferenzen in ein grundlegendes Wertungsschema eingetragen: + Musik / - Sprache, + Ton / - Bild, + Kunst / - Wissenschaft, + Rede / - Schrift, + Innen / - Außen, + Dunkel / - Hell. Mit gewissen Einschränkungen kann man deshalb Nietzsches selbstgewählten Vergleich noch einmal aufnehmen und behaupten, dass hier ein klassischer Idealismus vom Kopf (als Gesicht, Augen, Vorstellung etc.) auf die Füße (als Metrum, Rhythmus
87,231, 269,355 und nicht zuletzt Bewegung) gestellt wird; »trägt doch der Tänzer sein Ohr – in seinen Zehen!«[42] Anders ausgedrückt: »[W]as mit der Gewalt des apollinischen Genius auf der Stufe einer einfachen Architektonik verharren mußte, das musikalische Element, das warf hier [»in der Selbstvergessenheit der dionysischen Zustände«] alle Schranken von sich: die früher nur im einfachsten Zickzack sich bewegende R h y t h m i k löste ihre Glieder zum bacchantischen Tanz: der T o n erklang, nicht mehr wie früher in gespensterhafter Verdünnung, sondern in der tausendfachen Steigerung der Masse und in der Begleitung tieftönender Blasinstrumente.«

Dagegen war Sokrates ein Dialektiker auch im buchstäblichen Sinne: er diskutierte statt zu schreiben und er wanderte statt zu tanzen;[43] stets auf der Suche nach möglichen Gesprächspartnern: Athener Jünglinge, Sophisten

[41] Nietzsche, NF, KSA 7, 3[36], S. 70, 2[11], S. 48; GT, KSA 1, S. 50f. So wird die »Kunst ein nothwendiges Correlativum und Supplement der Wissenschaft«, bzw. die »M u s i k [e i n] S u p p l e m e n t d e r S p r a c h e: viele R e i z e, und ganze Reizzustände, die die Sprache nicht darstellen kann, giebt die Musik wieder.« Ders. GT, KSA 1, S. 96, NF, KSA 7, 19[143], S. 465.

[42] Nietzsche, ZA-3, KSA 4, S. 282. Das direkt folgende Zitat ders. ST, KGW III/2, S. 57. Ein
169,173, 268,305 *Zusammenhang von Musik und Physiologie*: von Ton und Tanz, den Nietzsche Jahre später noch gegen seinen jetzigen »Lehrmeister« Wagner wenden wird: »Meine ›Thatsache‹ ist, dass ich nicht mehr leicht athme, wenn diese Musik erst auf mich wirkt; dass alsbald mein F u s s gegen sie böse wird und revoltirt – er hat das Bedürfniss nach Takt, Tanz, Marsch, er verlangt von der Musik vorerst die Entzückungen, welche in g u t e m Gehen, Schreiten, Springen, Tanzen liegen.« Ders. GT, KSA 1, S. 129; FW, KSA 1, S. 616f.

[43] »Socrates als der ›Nichtschreiber‹« und: »Sokrates sagte, als er starb: ›leben – das heisst lange krank zu sein [...]‹. Was b e w e i s t das? Worauf w e i s t das? [...] – geben w i r zur Antwort: diese Weisesten aller Zeiten, man sollte sie sich erst aus der Nähe ansehn! Waren sie vielleicht allesammt auf den Beinen nicht mehr fest? spät? wackelig? d é c a - d e n t s?« Nietzsche, GD, KSA 6, S. 67.

oder Bürger, die er dann mit seinem »schonungslosen Werkzeug« der Rede und Gegenrede in die Enge ihrer Unwissenheit treiben konnte.[44]

Nur auf eine Ausnahme kann Nietzsche sich berufen (aus den Tagen, als der Philosoph schon von seinen Athenern verurteilt im Gefängnis saß): Denn da kam Sokrates öfters »ein und dieselbe Traumerscheinung, die immer dasselbe sagte: ›Sokrates, treibe Musik!‹«[45] Und um also kurz vor seiner Hinrichtung »sein Gewissen gänzlich zu entlasten«, bringt er tatsächlich »einige äsopische Fabeln in Verse« – ein nahezu unglaubliches Ereignis für jemanden, der doch das »Philosophieren« als »höchste Musenkunst« propagiert und praktiziert; dessen Glaubwürdigkeit sich aber am besten dadurch stützt, dass jene Aufforderung erstens im Traum erschien und zweitens durch ein »Proömium auf Apollo« befolgt wurde. So ist, was Nietzsche die »dionysische Tiefe der Musik« nennt (die ja deren »Charakter« »überhaupt ausmacht«) gleich doppelt ferngehalten.

Der klassische Wahrheits- und Repräsentationsanspruch also hat seine Fronten gewechselt: Von der Wissenschaft zur Kunst, von der Sprache zur Musik. Romantizismus kann daher bei Nietzsche heißen, dass er um 1870 einem ästhetischen Paradigma folgt;[46] genauer noch: dass er sich mit und 260, 272, 308
durch den Fall des Sokrates *vom Logozentrismus ab- einem Melozentrismus zuwendet.*[47]

Medien-differenz: Musik vs. Dichtung

Sehr anders als beispielsweise die Oper: (Noch) nicht des Meisters »Bayreuther Kunstwerke« (jene »Gesamtentfesselung aller symbolischen Kräfte«), wohl aber ihre florentinische Spielart. Dabei richtet sich Nietzsches Protest gegen deren »Verbindung von Musik und Dichtung«, so wie sie, »nach

[44] Nietzsche, GD, KSA 1, S. 70. Die Bewegung des Sokrates also strebt von den Füßen weg zum Kopf: zur »logischen Einsicht«. Ders. GT, KSA 1, S. 25 – wohl auch, weil er nach einem »berühmten Physiognomen-Urtheil [...] hässlich« war (»Krebsaugen, Wulstlippen und Hängebauch«); ein »monstrum in fronte«: »Wie? ist Dialektik nur eine Form der Rache bei Sokrates?« Ders. GD, KSA 1, S. 69, 70; ST, KGW III/2, S. 36. Jener Physiognom übrigens ist der persische Edelmann Zopyrus, dessen Sokrates-Urteil in Ciceros *Tusculanarum Disputationum* IV, S. 80 überliefert ist und das Nietzsche vermutlich aus Lichtenbergs *Über Physiognomie* von 1778 abgeschrieben hat. Die Sache mit dem ›monstrum‹ dagegen übernimmt er aus Férés 1888er-Schrift *Dégénérescence et criminalité*, die an dieser Stelle den Turiner Kriminologen Cesare Lombroso zitiert. Vgl. dazu Windgätter 2005 b (mit Abbildung der Féré-Seite aus Nietzsches Privatbibliothek).

[45] Nietzsche, GT, KSA 1, S. 96 (entnommen aus Platon, Φαίδων/*Phaidon*, 60 cff.). Die direkt folgenden Zitate ders. GT, KSA 1, S. 96, 33 f.

[46] Die Tragödienschrift hatte Apollo und Dionysos ja explizit als »Kunstgottheiten« eingeführt; mit der These: »nur als aesthetisches Phänomen ist das Dasein der Welt ewig gerechtfertigt«. Nietzsche GT, KSA 1, S. 25, 47.

[47] Vgl. de Man 1979 c, S. 128, 130, bzw. Otto 1998, S. 238.

den deutlichsten Dokumenten«, im »letzten Drittel des 16ten Jahrhunderts [...] in Italien« zuerst verlangt und versucht wurde:

> Ich erinnere an die Entstehung des stilo rappresentativo und das Recitativ.[48]

Was aber als Beginn der Oper »in der guten Gesellschaft in Florenz, besonders im Hause des Grafen Bardi da Vernio«, berühmt geworden ist, stellt für Nietzsche bereits ein »Zerrbild« dar: eine »ausserkünstlerische Tendenz«, »die »Befriedigung eines gänzlich unaesthetischen Bedürfnisses«.[49] Denn nicht nur hat man seinerzeit die Musik der Dichtung (bzw. den Kontrapunkt den Versen) unterworfen, auch die »Gesangsweisen« wurden den »Forderungen recht eigentlich unmusikalischer Zuhörer« angepasst: Dass nämlich »der Sänger genau verstehbar sein müsse« und von daher ein »Übergewicht« an »musikalischer Entladung« samt »virtuosenhafter Präsentation seiner Stimme« zu verhindern sei.[50] Die Folge war eine »Art von Kantilene«: eine »halb musika-

Daher auch Nietzsches (spätere) Notiz über Wagners »absurde Tieferlegung des Orchesters«: So sollen die »Textworte« und das »›Drama‹ der Handlung« »nicht unverständlich« bleiben, nicht länger von den Musikern verdeckt und

[48] Nietzsche, MD, KSA 1, S. 894; GT, KSA 1, S. 33 f., 120; NF, KSA 7, 9[5], S. 271. Zur »Genesis der Oper« (ders. GT, KSA 1, S. 120) vgl. jedes musikhistorische Lexikon oder Nietzsches Exzerpte (ders. NF, KSA 7, 9[5], S. 271 f.) aus Ernst Otto Lindner 1864, S. 1–42; teilweise und ohne Kennzeichnung in Nietzsche, GT, KSA 1, S. 120 ff. übernommen.

Außerdem, wozu Oehler 1942 schweigt, darüber ist Auskunft bei den zuständigen Sachbearbeitern der *Herzogin Anna Amalia Bibliothek* in Weimar bzw. bei Campioni (et al.) 2003, S. 358 zu erhalten: Dass nämlich der Baseler Professor ein eigenes Exemplar des Lindner-Buches besessen hat. Wohl schon Ende 1869 gekauft bzw. gelesen (wie ein Vergleich mit KGW III/2, S. 6 nahe legt), ganz sicher aber am 10. Juni 1875 an *C. Detloff's Buchhandlung* in Basel wieder verkauft (wie eine im Nachlass vorhandene Rechnung beweist).

[49] Nietzsche, NF, KSA 7, 9[5], S. 271; GMD, KGW III/2, S. 6; GT, KSA 1, S. 120, 122. Jener Giovanni Maria Bardi, Conte di Vernio war zusammen mit dem Mäzen und Signor Jacopo Corsi Gastgeber einer »Gesellschaft hochgebildeter Kunstfreunde und ausübender Tonkünstler«, deren Experimente in den Konzertsälen von Florenz »ab ungefähr 1580« zur »Entstehung der Oper« führten. Lindner 1864, S. 3. »Man höre nur das Lob einer dieser ersten Experimentatoren, des Sängers Jacopo Peri [...]: ›Ich werde nicht müde werden, jene kunstvolle Art singend zu recitiren, zu preisen‹.« Nietzsche, NF, KSA 7, 9[5], S. 272; zusammengesetztes Zitat nach Lindner 1864, S. 24.

[50] Nietzsche, NF, KSA 7, 9[5], S. 271 f.; GT, KSA1, S. 123, 120 f. »Das Publikum zwang jetzt den Künstler: es war die Sehnsucht der Gebildeten [= Camerata Fiorentina], nach einem künstlerischen Leben. [...] Die Gefahr ist da, daß alles auf den Begriffsinhalt ankommt und die Musikform selbst zu Grunde geht.« Ders. NF, KSA 7, 9[90], S. 306.

dem Klang ihrer Instrumente verschluckt werden;[52] während eine andere Bayreuther Innovation, die Verdunkelung des Zuschauer/Zuhörer-Raumes, seinen Beifall gefunden haben dürfte: macht sie es doch unmöglich, das Libretto mitzulesen.[53]

lische Sprechart« oder »gesungene Rede«[51] – jedenfalls eine »Operngenesis«, über die Nietzsche schreibt, sie könne schon deshalb keine »Wiedergeburt der [altgriechischen = tragischen] Tonkunst« sein, weil sie erstens, statt von »künstlerischen Mächten« auszugehen, den »Maßstab eines aesthetisirend-kritischen Publikums« an ihre Musik anlegt und zweitens (herausgehoben aus dem Chor, alternierend mit dem Orchester) auf die »Wort- und Tonrhetorik« des »apollinischen Einzelsängers« setzt.[54] 253, 257, 359, 370

So sind auch im Anschluss an diese »[k]urze Kritik der Oper« die Vorzeichen verteilt: + Chor (die »dionysisch erregte Masse«) / – Sänger (»das unerschütterliche Vertrauen auf jenes principium individuationis«). Mit anderen Worten: Florentinische Opern funktionieren als Heldenopern. Wie schön und herrlich sie auch sein mögen, es wird doch kein »Spiel mit dem Rausche«, kein »Wiederklang [...] aus dem ›weiten Raum der Weltennacht‹« daraus.[55]

[51] Nietzsche, NF, KSA 7, 9[5], S. 271 f.; GT, KSA 1, S. 121. »Es war dies eine Litteraturmusik, Lesemusik. Was uns hier als helle Absurdität amuthet [...].« Ders. GMD, KGW III/2, S. 7 – quasi eine Entmusikalisierung der Musik; als *Konfusion mit einem anderen, ihr fremden Medium*: »[S]o als ob jemand vom Tannhäuser spricht und dabei das Textbuch und nichts mehr meint und versteht.« Ders. NF, KSA 7, 1[1], S. 9. Schließlich kommt man noch »dahin, Musik gar nicht mehr für das Ohr, sondern für das Auge zu componieren.« Ders. GMD, KGW III/2, S. 7.

[52] Nietzsche, KSA 14, ‚S. 490 (unveröffentlichte Variante zu ders. MA-1); NF, KSA 7, 9[5], S. 271 (Bardi zit. nach Lindner 1864, S. 3), 7[127], S. 191. »Das Orchester in Bayreuth zu tief, schon von der Mitte aus musste man die musikalische Richtigkeit auf Treu und Glauben hinnehmen.« Nietzsche, NF, KSA 8, 28[51], S. 510.

[53] Hinzu kommt, wie Volz 1990, S. 98 f. schreibt, dass während der Festspiele, »bei deren langen Aufführungen der Zuschauerraum völlig verdunkelt war, viele Besucher das Licht der grell erleuchteten Bühne als schmerzhaft empfanden«. Nietzsches Augenbeschwerden jedenfalls waren bei seiner Teilnahme im Sommer 1876 »besonders gravierend«.

[54] Nietzsche, NF, KSA 7, 9[5], S. 274; GT, KSA 1, S. 123. 30, 61. An anderen Stellen (ders. GMD, KGW III/2, S. 15; GT, KSA 1, S. 52; NF, KSA 7, 1[56], S. 27) heißt es auch, die »Dialektik der Bühnenpersonen und ihre Einzelgesänge« hätten den »bisher gültigen chorisch-musikalischen Gesamteindruck überwältigt« – beruhte doch »die Haupt- und Gesamtwirkung der antiken Tragödie in der besten Zeit immer auf dem Chore«. Ja mehr noch: »Die Überlieferung sagt uns mit voller Entschiedenheit, dass die Tragödie aus dem tragischen Chore entstanden ist und ursprünglich nur Chor und nichts als Chor war. [...] Dies zeigt, wie es in dieser Kunstart von vornherein gar nicht abgesehn war auf das δρᾶν: sondern auf das πάθος.«

[55] Nietzsche, NF, KSA 7, 9[41], S. 288; GT, KSA 1, S. 62, 27, 135; ST, KGW III/2, S. 46. (Schlechta 1966 ff.-1, S. 116 druckt fälschlicherweise »Widerklang«) Zur ›Weltennacht‹ vgl. Wagners *Tristan und Isolde*, 3. Aufzug, Szene I (Tristan). Außerdem: »[A]lles Wachsen und →

Zu sehr zeigt allein ihre Struktur (ganz gleich, *was* gespielt, gehandelt oder
132,144, 254,336 gesungen wird) die »optimistische Verherrlichung des Menschen« und zu wenig erkennt sie infolgedessen ihre Herkunft aus einem »falschen Glauben über den künstlerischen Prozess«, aus einer »irrthümlichen Vorstellung von Aesthetik« – als deren Ablehnung dann bei Nietzsche zu lesen ist:

> [D]as Subject, das wollende und seine egoistischen Zwecke fördernde Individuum kann nur als Gegner, nicht als Ursprung der Kunst gedacht werden.[56]

* * *

DELEUZE Allerdings, es gehört zum Schicksal einer jeden Kehre, dass sie Hintersinn und Untergrund
sich nach wie vor aufs Verkehrte bezieht. So auch bei Nietzsche; so auch im Fall seines Romantizismus: Indem er die klassischen Setzungen der Sokratik auf ihre nicht mehr wissenschaftlichen, weil künstlerischen Füße (zurück)stellt, wiederholt und verlängert er (zwar nicht deren Werte bzw. Wertungen, sehr wohl aber) deren konstitutive Differenzen. *Strukturell gesehen bleibt deshalb der Baseler Altphilologe ein Komplize des mächtigen Athener Querkopfs*; sein brüderliches Gegenüber, dem er verfallen ist, da er es zu Fall bringen will.

Das Dionysische nämlich ist für den Nietzsche der 1870er Jahre immer
62,170, 213,284 schon / immer noch ontologisch ausgezeichnet: *als fundamentales Sein des apollinischen Scheins*; in den Worten Deleuzes:

> Dionysos est comme le fond sur lequel Apollon brode la belle apparence; mais sous Apollon, c'est Dionysos qui gronde.[57]

Zwei Einwände in einem Zitat. Denn erstens folgt es Nietzsches späterer »Selbstkritik«, von der die Duplizität jener Kunstgottheiten als »Artisten-Metaphysik« denunziert wird; soll heißen: Obwohl sich die Tragödienschrift, dieses »Jugendwerk voller Jugendmuth«, gegen eine Reihe offizieller (= christlich-philosophischer) Götter zur Wehr gesetzt hat, ist sie doch nicht weniger von einem »Künstler-Sinn und -Hintersinn« überzeugt – auch »einem ›Gott‹, wenn man will, aber gewiss nur einem gänzlich unbedenklichen und

Werden im Reiche der Kunst muß in tiefer Nacht vor sich gehen.« NIETZSCHE, GMD, KGW III/2, S. 6.

Die direkt folgenden Zitate ders. GT, KSA 1, S. 122f.; NF, KSA 7, 7[127], S. 186.

56 NIETZSCHE, GT, KSA 1, S. 47. Oder, einige Zeilen weiter für anthropologisch Interessierte: »Insofern aber das Subject Künstler ist, ist es bereits von seinem individuellen Willen erlöst und gleichsam Medium geworden [...].«

57 DELEUZE 1962, S. 19. Anschließend daran DE MAN 1979 c, S. 84, 91, der von Nietzsches »system of valorization« schreibt, »that privileges Dionysos as the truth of the Apollonian appearance«.

unmoralischen Künstler-Gott«.[58] Mit der Konsequenz, dass dann ein »Buch für Eingeweihte«, für »Blutsverwandte in artibus« daraus geworden ist: voller »Artisten-Heimlichkeiten«, »gefühlsam, hier und da verzuckert«, zumeist »phantastisch«, um »Mitschwärmer zu suchen«, die auf »neue Schleichwege und Tanzplätze«[59] gelockt werden wollen.

Was sich aber in dieser Weise artistisch gibt, zeigt das Zitat als Zweites, hat gleichermaßen Teil am Schematismus von »schöner Fläche« und »schrecklicher Tiefe«; jener Tradition also des griechischen σύμβολον, nur diesmal 26,55,
melodramatisch gewendet.[60] Hier der »dionysische Untergrund der Welt«, 150,219
dort die »apollinische Verklärungskraft«, die wir brauchen, »um leben zu können«, um schließlich auch über »das Entsetzliche oder Absurde des Daseins [...] ›getröstet‹« zu sein:

> Die Welt, in jedem Augenblick die erreichte Erlösung Gottes, als die ewig wechselnde, ewig neue Vision des Leidensten, Gegensätzlichsten, Widerspruchreichsten, der nur im Scheine sich zu erlösen weiss.[61]

BARDI Dabei kann es als Bestätigung dieses Schemas gelten, dass Nietzsche vom Apollinischen und Dionysischen in *Begriffen der Elternschaft und der Filiation* geschrieben hat. Schon mit dem Titel seiner Tragödienschrift weist er ja in diese Richtung, und selbst dort, wo dann der »Bruderbund beider Gottheiten« beschworen oder deren »geheimnisvolles Ehebündniss« festgestellt wird, bleibt er noch einer Metaphysik des Familiären treu.[62] Die meisten der diesbezüglich relevanten Textstellen sind ohnehin an Abstammungs-Verhältnissen orientiert:

[58] NIETZSCHE, GT, KSA 1, S. 11, 17, 14. Vgl. auch 1889 in ders. EH, KSA 6, S. 310 (einem weiteren Rückblick auf die Tragödienschrift): »der Gegensatz apollinisch und dionysisch – ins Metaphysische übersetzt [...].« *So ist Nietzsches ästhetische Metaphysik zugleich eine metaphysische Ästhetik.*

[59] NIETZSCHE, GT, KSA 1, S. 14f. Die Tragödienschrift stellt ja ausdrücklich fest, sie würde »sich nur an diejenigen wenden, die unmittelbar verwandt mit der Musik, in ihr gleichsam ihren Mutterschooss haben und mit den Dingen fast nur durch unbewusste Musikrelationen in 70,203,
Verbindung stehen.« Gemeint sind damit vornehmlich »Freunde« (des Autors, des Textes, 336,340
des Bayreuther Meisters); jedenfalls »ächte Musiker«, die beim »dritten Akt von ›Tristan und Isolde‹« ihr »Ohr gleichsam an der Herzkammer des Weltwillens« fühlen. Ders. GT, KSA 1, S. 135. Vgl. aber auch ders. NF, KSA 7, 7[123], S. 176.

[60] NIETZSCHE, NF, KSA 7, 7[91], S. 159: Zudem eine *Zweiteilung in zweifacher Weise*: auf der Ebene des Symbols und auf der Ebene der Symbolsysteme; gilt doch »die Sprache als Organ und Symbol der Erscheinungen«, während die »Musik [...] eine Sphäre symbolisirt, die über alle Erscheinung und vor aller Erscheinung ist«. Ders. GT, KSA 1, S. 51.

[61] NIETZSCHE, GT, KSA 1, S. 17.

[62] NIETZSCHE, GT, KSA 1, S. 140, 42. Vgl. auch DE MAN 1979 c, S. 82f., 85, 87, der dort die »genetic patterns [...] in *The Birth of the Tragedy*« analysiert hat.

> [I]n ähnlicher Weise, wie die Generation von der Zweiheit der Geschlechter, bei fortwährendem Kampfe und nur periodisch eintretender Versöhnung, abhängt.[63]

So wird Dionysos (als »ewiger Widerspruch«) zum »Vater der Dinge«, während sich an Apollo die »Schönheit [...] ewiger Jugend« zeigt. Oder: Von jenem »Bildnergott« ist zu lesen, er habe »die ganze olympische Welt geboren« (»eine so leuchtende Gesellschaft olympischer Wesen«), während es über seinen orgiastisch-tönenden Gegenspieler heißt, er würde uns (wie bereits zitiert) den »Weg zu den Müttern des Sein's offenlegen«. Mit anderen Worten: Für Nietzsche sind die Werke seiner beiden Kunstgottheiten buchstäblich deren Erzeugnisse; jedenfalls »reizen« sie sich nicht nur durch ihren »offnen Zwiespalt«, sondern auch »miteinander gepaart« zu »immer neuen kräftigeren Geburten«.[64]

Eine vielfach ambivalente Metaphorik, wohl wahr, die zum einen aber von Nietzsche nicht selber erfunden wurde und zum anderen so metaphorisch gar nicht ist. Auch könnte man hinzufügen, dass gewisse (homosexuelle, pädophile) Aspekte dieser Ambivalenz, schon weil sie sich aufs antike Griechenland beziehen, in der Schrift eines Altphilologen kaum verwunderlich sind. Genealogische Reihe verkehrt

Doch zurück zur Metaphorik selbst, von der hier behauptet werden soll, dass sich Nietzsche für ihre Anwendung auf Artisten-Heimlichkeiten weniger beim Juristen und Universitätskollegen Bachofen bedient hat, als vielmehr bei jenem Florentiner Kunstmäzen und Grafen Bardi. Um nämlich zu zeigen, auf welche Weise die Musik den Worten nachgeordnet ist, wählte dieser in seinem *Discorso a Giulio Caccini* ein ebenso unmütterliches wie alle Rechtstitel und Thronfolgen missachtendes Beispiel:

> Würde es nicht lächerlich erscheinen, wenn ihr auf öffentlichem Platze den Diener in Begleitung seines Herrn und diesem Befehle geben sähet, oder ein Kind, welches seinen Vater oder Lehrer ermahnen wollte?[65]

[63] Nietzsche, GT, KSA 1, S. 25 – als Formulierung bei Kant gelesen und dann gegen ihn gewendet: Denn, so exzerpiert Nietzsche den großen deutschen »Stubenhocker« aus einem Brief vom 30. März 1795 an Schiller, »ihm sei jene Natureinrichtung, alle Fortpflanzung an die
236, 245, 279, 354 Duplicität des Geschlechts [sic!] zu knüpfen, jederzeit als erstaunlich und wie ein Abgrund des Denkens für die menschliche Vernunft aufgefallen.« Ders. NF, KSA 13, 14[83], S. 262; NF, KSA 7, 7[47], S. 149. Zu Kant vgl. dessen *Briefwechsel*, hg. von Otto Schöndörffer, Hamburg 1972, S. 695; nach einem Hinweis bei Fietz 1992, S. 42.

[64] Nietzsche, GT, KSA 1, S. 39, 34f., 103, 25; ST, KGW III/2, S. 46. »Höhepunkt: die Vereinigung von Dionysos und Apollo.« Ders. NF, KSA 7, 7[70], S. 154.

[65] Giovanni Maria Bardi: *Discorso mandato a Giulio Caccini detto Romana sopra la Musica, e il cantar bene*, geschrieben Ende des 16. Jahrhunderts, posthum veröffentlicht nicht, wie in KGW III/5, S. 1534 (= Herausgeber-Kommentar) behauptet, von Antonio Francesco Doni (1513–1574), sondern von dessen Namensvetter Giovanni Battista Doni (1594–1647) in: *De' Trattati di Musica di Gio. Bat. Doni Patricio Fiorentino Tomo secondo* (= Lyra Barberina II), →

Die Metapher ist gefunden; mit dem Zusatz freilich, dass sich für Nietzsche deren Rollenverteilung umgekehrt hat – und mit der doppelten Pointe, dass dann nicht nur der Sohn dem Vater vorhergeht, der in Hellas bereits verehrte Apollo dem aus Asien heranstürmenden Dionysos, sondern auch das Dionysische selbst auf den »Incest« als »geschlechtliche Zuchtlosigkeit« bezogen wird: dem Mythos zumindest der ägäischen Welt entsprechend, denn dort wird der Gott des Rausches von Vater und Tochter, Zeus und Persephone, gezeugt.[66] Anders formuliert: *Die Inversionen des Baseler Professors führen immer auch zu Perversionen.* Was noch in den Entstehungszeiten der Oper als lächerlich erscheint, wird von ihm positiviert, weil an seine »trieb«-haften Voraussetzungen geknüpft. »Ästhetik«, für Nietzsche, »ist ja nichts als eine angewandte Physiologie.«[67] Daran lässt nach dem Titel der Tragödienschrift 173, 259,
auch deren Titelblatt-Vignette keinen Zweifel: ein Prometheus, der eben 268, 308
nicht nur »entfesselt« ist (worauf schon das *Vorwort an Richard Wagner* hinweist), sondern außerdem entkleidet.[68]

Vignette der Tragödienschrift (KSW, C 4576). Geschnitten von Leopold Rau, 1872.

nach dessen Tod herausgegeben von Antonio Francesco Gori und Giovanni Battista Passeri, Florenz 1763, S. 233 f. Nietzsche exzerpiert diese Stelle in NF, KSA 7, 9[5], S. 271 aus Lindner 1864, S. 4, wobei es ähnliche Formulierungen in ders. NF, KSA 7, 7[127], S. 185, 12[1], S. 362 gibt. Zu Doni vs. Doni vgl. entweder deren Sterbedaten mit der Entstehungszeit des *Discorso* oder aber *Die Musik in Geschichte und Gegenwart.* Allgemeine Enzyklopädie der Musik, hg. von Friedrich Blume, Kassel 1949–56, Bd. 1, S. 1256 ff., bzw. Bd. 3, S. 674 ff.

66 Nietzsche, GT, KSA 1, S. 67; ST, KGW III/2, S. 50. Zur Geburt des Dionysos aus den Folgen des Inzest vgl. Ziegler (et. al.) 1975-2, S. 78, 83.

67 Nietzsche, GT, KSA 1, S. 25; NW, KSA 6, S. 418. Die direkt folgenden Zitate ders. GT, KSA 1, S. 23, 17.

Im November 1870 hat sich Nietzsche *Die Lehre von den Tonempfindungen als physiologische Grundlage für die Theorie der Musik* (2. Auflage, Braunschweig 1865) von Hermann von Helmholtz aus der Baseler Universitätsbibliothek ausgeliehen; im April 1873 außerdem dessen *Handbuch der physiologischen Optik* (1. Auflage, Leipzig 1867). Vgl. dazu Treiber 1994, S. 3 f., bzw. Crescenzi 1994, S. 403.

68 Zur Entstehungs- und Druckgeschichte dieser Vignette vgl. auch Brandt 1991.

69 Nietzsche, GT, KSA 1, S. 17, NF, KSA 7, 11[1], S. 351.

Nietzsches diesbezügliche Formulierungen jedenfalls hören damit auf, bloße Metaphorik zu sein: eine Wortwahl im buchstäblichen Sinne, die
34,40, vom Einfallsreichtum ihres Autors abhängt oder gar auf dessen persönliche
132,167 Neigungen zurückgeführt werden kann.

Ist sie dann aber noch »anzüglich«? Vielleicht; und »anstößig«?[69] Schon eher – vor allem als Hinweis, das letzte Wort zum Wort, d.h. zur Sprache nicht jenen Formulierungen der Tragödien-Schrift zu überlassen, die allein optisch-akustische Verhältnisse: die Physiologien der Bilder und der Töne, der Augen und der Stimme (bzw. des Gehörs), privilegieren wollen.

Die Verschiebung: Vom Rauschen der ›Sprache‹

LACOUE-LABARTHE hat Recht: Die *Geburt der Tragödie* ist alles andere als
35,56, ein homogenes Werk. Zwar noch ein Buch: »à la limite, le seul ›Livre‹ de
310,316 Nietzsche«, aber doch schon gekennzeichnet, gezeichnet (»toucher«) von einer Bewegung (»un mouvement souterrain«), durch die es sich aufspaltet und zu zerbrechen beginnt: »commence à se briser ou, plus exactement, à glisser lentement hors de l'espace propre de l'œuvre«[70]. Bei Nietzsche selber heißt das auch »fatum libellorum«: Das Schicksal eines = seines Buches, das uns als Schicksal *des* Buches gerade heute sehr vertraut ist.

Mais ce n'est pas un simple procès de décomposition.

Statt nämlich auf Unfähigkeit oder Willkür zu verweisen, auf den Beginn einer Krankheit oder das Ende einer Philologenkarriere, zeigt sich auf diese Weise »difficilement et non sans résistance une autre forme de l'écriture qui est celle-là même qu'il n'avait pas cessé et qu'il ne cessera pas de pratiquer«[71] (in seinen Notizheften beispielsweise) – um hier aber zu ergänzen, dass Nietzsche diese andere Schrift nicht nur geschrieben hat (als Aphorismen
18,67, und im Telegrammstil, mit Gänsefüßchen, Gedankenstrichen, Sperrdruck
232,294

Dionysos andernorts und anders

[70] LACOUE-LABARTHE 1979, S. 71, 39 – der ein paar Zeilen weiter, in Anspielung auf BLANCHOT 1969, S. 228f., 234 auch von Nietzsches »*désœuvrement*« schreibt.
Die direkt folgenden Zitate LACOUE-LABARTHE 1979, S. 39 sowie NIETZSCHE, PHG, KSA 1, S. 811.

[71] LACOUE-LABARTHE 1979, S. 39. Schon DERRIDA 1967a, S. 15, 32f. war über diese Lesart nicht hinausgekommen. Im *Grammatologie*-Kapitel »La fin du livre et le commencement de l'écriture« jedenfalls behauptet er (ohne es weiter auszuführen), »la virulence de la pensée nietzschéenne« sei dessen »type d'écriture: Nietzsche a *écrit* ce qu'il a ecrit. Il a écrit que l'écriture – et d'abord la sienne – n'est pas originairement assujettie au logos et à la vérite.«

[72] NIETZSCHE, NF, KSA 11, 34[180], S. 481, 34[221], S. 496.

usw.), sondern an vielen Stellen auch ihre Beschreibung unternimmt: sie sich zur Aufgabe eben jener Schriften macht.

These: *Es ist Dionysos, der bereits im Tragödienbuch und erst recht danach zur Maske wird für diese Andersheit der Schrift* – eine Maske freilich, die dann weder mit bestimmten »Grund-Absichten des M⟨enschen⟩« auftritt, worüber wir »billigerweise in bester Laune« sind, noch länger für jene »romantische Gegenbewegung« steht, da sie sich selber noch einmal verschiebt: *vom Rausch zum Rauschen*: vom Glauben an in/adäquate Symbole zur Frage nach deren Medialität.[72] So hat Nietzsche zwar die Aufwertung des Dionysischen gegenüber dem Apollinischen als Abwertung der Sprache gegenüber der Musik dargestellt, im Folgenden jedoch wird sich zeigen, dass er es dabei nicht belassen hat, sondern das Eindringen des asiatischen Fremdlings (in Hellas) zugleich als *Eintrag in seine unausgewiesene Theorie der Sprache* gelesen werden kann.

Setzung – Umkehrung – Verschiebung: Das meint dann aber im Anschluss ans Tragödienbuch erneut der theatralischen Seite der θεωρία zu folgen. Nicht um weiter Artisten-Heimlichkeiten vorzuführen (das hatte schon Nietzsche als »metaphysische Trösterei zum Teufel geschickt«[73]), vielmehr um zwischen Sprache und ›Sprache‹ den Abgrund aufzureißen, der eine 236, 245,
Reise ist auch zu den Dionysien. 276, 354

DE MAN *Dritter Akt* also, letzte Szene: Dionysos betritt ohne sein Gegenüber Apollo die Bühne. Hatte Nietzsche anfänglich noch die »attische Tragödie« als deren »Versöhnung« gefeiert, als einen »Friedensschluss«, der mit zumindest »periodischer Übersendung von Ehrengeschenken« bekundet wurde, so sind sie bereits im siebten Kapitel seines Jugendwerkes durch eine »Kluft der Vergessenheit« wieder geschieden.[74] Diesmal endgültig, denn zum einen gibt es keine attische Tragödie mehr (sie verstarb an »aesthetischem Sokratismus«), zum anderen haben sich alle Hoffnungen auf deren »Wiedergeburt« zerschlagen, nachdem »Richard Wagner, scheinbar der Siegreichste, in Wahrheit ein morsch gewordener, verzweifelnder Romantiker, plötzlich [...] vor dem christlichen Kreuze niedersank...«.[75]

[73] Nietzsche, GT, KSA 1, S. 22. Solcher Trost nämlich (»es sollte nicht nöthig sein!«) bedeutet »Bruch, Zusammenbruch, Rückkehr und Niedersturz vor einem alten Glauben, vor dem alten Gotte...« Ders. GT, KSA 1, S. 21 f. Und noch über ein Jahrzehnt später, auch gegen die eigene »Wagnerei«: »Die ganze Romantik des Ideals ist darin falsch, daß sie rückbilden für möglich hält. [...] Das Verlangen nach ehedem ist selbst ein Zeugniß für eine tiefe Unlust und Zukunftslosigkeit«. Ders. NF, KSA 13, 23[2], S. 601, 15[97], S. 463.

[74] Nietzsche, GT, KSA 1, S. 25, 32, 56.

[75] Nietzsche, GT, KSA 1, S. 85, 129; MA-2, KSA 2, S. 372. Solche »Antiwagner«-Formulierungen (ders. KSB 8, S. 522) häufen sich bei Nietzsche seit Ende der 1870er Jahre: bis hin zu *Der Fall Wagener* (1888) und *Nietzsche contra Wagner* (1889). Außerdem im →

Mit der Konsequenz, dass Nietzsche in späteren Texten, Aphorismen und Fragmenten vor allem solche Zuschreibungen ans Dionysische exponiert, die sich entweder dem Wertungsschema seines Tragödienbuches entziehen oder aber dort gar nicht zu finden sind: »residual areas«, wie Paul de Man sie nennt, »that can be translated into statement«.[76] Keineswegs um ihre Diffe-
122, 132, 160, 186 renz aufzuheben; sie erst zu bemerken, dann zu verarbeiten und schließlich zu er-innern, »not in order to resolve the enigma, but to locate it«.

Zum Beispiel: Dass Nietzsches Attributierung des Apollinischen zugleich *eine (Re)konstruktion des klassischen, noch bei Saussure wirksamen*
18, 25, 170, 264 *Zeichenbegriffs* impliziert, während zum Dionysischen gehört, was davon nicht nur ausgeschlossen ist, sondern überhaupt die *Entwertung des semiotischen Paradigmas* betreibt.

Im Zeichen Apollos

Apollo jedenfalls wird, solange er vorkommt, als »Gott der Traumvorstellungen« und der »Tonmalerei«, der »inneren Phantasie-Welt« und der »verstandesmässigen Wortrhetorik« beschrieben. Er gilt als »der ›Scheinende‹
32, 106, 261, 328 durch und durch: in tiefster Wurzel Sonnen- und Lichtgott«, der einzig »in kühler Helle und Bewusstheit athmen kann«.[77] Zudem ist die »κιθάρα« sein Instrument, aus deren »angedeuteten [weil gezupften] Klängen«[78] er ein »kunstvolles Gebäude«, eine »dorische Architektonik in Tönen« zusammensetzt: nicht nur »ruhig«, sondern auch »maassvoll«; nicht nur »schön«, sondern auch »ethisch«;[79] in derselben Weise zur »Einhaltung der Grenzen des Individuums« verpflichtet (als »Drang zum vollkommenen Für-sich-sein«), wie durch die

Rückblick des *Ecce homo* (1889): »Als das Buch [= MA-1] endlich fertig mir zu Händen kam [...], sandte ich, unter Anderem, auch nach Bayreuth zwei Exemplare. Durch ein Wunder von Sinn im Zufall kam gleichzeitig bei mir ein schönes Exemplar des Parsifal-Textes an, mit Wagners Widmung an mich »seinem theuren Freunde Friedrich Nietzsche, Richard Wagner, Kirchenrath«. – Diese Kreuzung der zwei Bücher – mir war's, als ob ich einen ominösen Ton dabei hörte. Klang es nicht, als ob sich D e g e n kreuzten?... Jedenfalls empfanden wir es beide so: [...] – Unglaublich! Wagner war fromm geworden...« Ders. EH, KSA 6, S. 327.

[76] De Man 1979 c, S. 97. Ebenso das direkt folgende Zitat.

[77] Nietzsche, ST, KGW III/2, S. 46; GT, KSA 1, S. 112, 27, 64 f., 123, 94. »Sein Auge muss ›sonnenhaft‹, gemäss seinem Ursprunge, sein; auch wenn es zürnt und unmuthig blickt, liegt die Weihe des schönen Scheins auf ihm.« Ders. GT, KSA 1, S. 28.

[78] Nietzsche, ST, KGW III/2, S. 57. Ebenso ders. GT, KSA 1, S. 33 f. »Es scheint fast unmöglich, dass ein starker und voller Ton selbst durch das mächtigste Hineingreifen in die Saiten erzeugt werde: sofort verhallt er wieder, im nächsten Augenblicke bereits klingt er historisch zart verflüchtigt und kraftlos ab.« Ders. HL, KSA 1, S. 279 f.

[79] Nietzsche, ST, KGW III/2, S. 46; GT, KSA 1, S. 33 f., 27. »Der Bilderdienst der apollinischen K u l t u r, ob diese sich nun im Tempel, in der Statue oder im homerischen Epos äußerte, hatte ihr erhabenes Ziel in der ethischen Forderung des M a a ß e s, welche der aesthetischen Forderung der Schönheit parallel läuft.« Ders. ST, KGW III/2, S. 56.

Die direkt folgenden Zitate ders. GT, KSA 1, S. 39, 33 f.; NF, KSA 7, 12[1], S. 360; NF, KSA 13, 14[14], S. 224.

»Verbindung von Ton mit Bild und Begriff« (»der Symbolik des Mundes, des Gesichts, des Wortes«) um dessen Ausdruck bemüht. Das 74,115, 180,241

> Gedankenbild besteht aus W o r t e n [heißt es deshalb an einer anderen Stelle] und die Wortsprache ist tönend: die Intervalle, die Rhythmen, die Tempi's, die Stärke und Betonung sind alle symbolisch für den darzustellenden Gefühlsinhalt.[80]

Ohne Schwierigkeiten ließen sich bei Nietzsche noch weitere solcher Formulierungen finden. Ihre Tendenz aber ist jetzt schon überdeutlich: Am Apollinischen sind wichtige Kategorien und Konzepte einer Zeichentheorie der Sprache abzulesen: Nicht allein, dass es *Subjekte* stabilisiert und ihre *Stimmlichkeit* privilegiert, sich also wie Hegel und andere am Schnittpunkt von Semiologie, Psychologie und Phonozentrismus befindet (in einer Tradition, auf Bildungsanstalten gestützt, die Worte vor allem für Seelenlaute 88,185, 273,339 aus Menschenmündern hält: von Angesicht zu Angesicht); auch durch seine *Struktur* bzw. *Medialität* führt das Apollinische im Besonderen zum Zeichen im Allgemeinen.

Und zwar zunächst, indem sich seine Attributierungen zweiteilen lassen: 53,154, 195,314 Innerlichkeit hier, Äußerung dort; das Imaginäre und das Reale, die Gedanken und ihre Erscheinung; einerseits die Welt der Phantasie, andererseits die Symbolik der Bilder oder Töne. So wird Apollo der Name einer *binären Struktur*, die sogar Saussure noch bestätigt, wenn er »l'unité linguistique« als »chose double« beschreibt, »faite du rapprochement de deux termes« (»où les éléments des deux ordres se combinent«): »s i g n i f i é et s i g n i f i a n t«.[81]

Eine Zweiteilung dann aber auch, die als *optisch-akustische Dublette* funktioniert und also Sprache, seit sie dem Zeichenbegriff untersteht, an einer Logik des Sicht- und Hörbaren orientiert. Gedankenbilder und Tonmalerei hieß das bei

Offen muss an dieser Stelle leider bleiben, ob Nietzsche im April 1876 in einem Brief an Carl von Gersdorff mit »Mad. de Saussure« die Mutter des schweizer Zeichentheoretikers gemeint hat.[82] Möglich wäre es jedenfalls: Der damals 19-jährige Ferdinand

[80] NIETZSCHE, NF, KSA 9, 6[361], S. 289; NF, KSA 7, 2[10], S. 48. »Meine Seele, ein Saitenspiel, / sang sich, unsichtbar berührt, / heimlich ein Gondellied dazu, / zitternd vor bunter Seligkeit. / – Hörte Jemand ihr zu?...« Ders. EH, KSA 6, S. 291.

[81] SAUSSURE 1916, S. 98f., 157. Dabei ist es für die Struktur ohne Belang, ob sie, wie bei HEGEL 1830 b, S. 264, 268f., an Seele und Leib orientiert ist (als »vorgestellter Inhalt«, der sich ein »sinnliches Dasein« in »Sprachzeichen« erarbeitet) oder aber, wie bei SAUSSURE 1916, S. 98, 38, auf die kognitive Seite der Individuen verlegt wird (»les termes impliqués dans le signe linguistique sont tous deux psychiques«: »déposées dans chaque cerveau«).

[82] NIETZSCHE, KSB 5, S. 152.

Nietzsche; »la combinaison du concept et de l'image acoustique« beim Genfer Linguisten.[83] Anders formuliert: Apollos medienpraktische Selektion ist Teil seiner zeichentheoretischen Relevanz; oder: In seinem Namen kann Sprache nicht nur als Bedeutungs-Träger (re)konstruiert werden, als die Außenseite einer (beim Wort genommenen) Metaphysik, vielmehr wird sie durch Koppelung an ebenso gebildete wie
45, 109, 188, 273 bestimmte Vermögen des Menschen zugleich freigehalten vom »Einbruch des Mechanismus in den Bereich des Wortes«[84]. Fürs Schreiben, die Schrift und ihre Schreibgeräte jedenfalls (um von Phonographen hier zu schweigen) hält das Apollinische keine Kategorien bereit.

studierte zu dieser Zeit Linguistik an der Leipziger Universität, während sich Nietzsche, 1869 selber in Leipzig zum Doktor der Philologie promoviert und auf seinen Baseler Lehrstuhl berufen, in Genf aufhielt. So mag also noch vor jener angeblichen ›Kreuzung zweier Bücher‹ (Nietzsches *Menschliches, Allzumenschliches* mit Wagners *Parsifal*) die Kreuzung zweier künftiger ›Gegenwissenschaftler‹[85] stattgefunden haben – unbewusst zwar, jedoch im Rückblick wie und als ein Zeichen.

* * *

NIETZSCHE 1874/78:

Von der Kunst zur Physiologie

> Abseits freilich von allen übereilten Hoffnungen [...], mit denen ich mir damals mein erstes Buch verdarb, bleibt das grosse dionysische Fragezeichen, wie es darin gesetzt ist.[86]

Dionysos als Befragter, aber genauso als die Frage selbst: als jenes Frage-Zeichen, das zur In-Frage-Stellung des Zeichens und also des Gegenspie-

[83] SAUSSURE 1916, S. 99 (ins Deutsche zumeist als *Vorstellung* und *Lautbild* übersetzt). Auf S. 156 wird daraus auch »la pensée-son«: der *Laut-Gedanke*.
Ganz ähnlich Nietzsches Metapherntheorie, die ja erstens im Zusammenhang seiner Rhetorik-Vorlesungen entstanden ist, sich also um Beredsamkeit dreht, und zweitens die menschliche Sprachbildung als Übertragung auch von »Anschauungen« in »Tonbilder«, von »Seelenakten« in »Lautäußerungen« analysiert. Vgl. NIETZSCHE WL, KSA 1, S. 878; DR, KGW II/4, S. 426.

[84] HEIDEGGER 1942f., S. 126, der daraus allerdings und wie bereits beschrieben auf die »zunehmende Zerstörung des Wortes« schließt (ders. 1942f., S. 119) – weshalb er nicht nur aus Nietzsche nie mehr als einen umgedrehten Platoniker herauslesen konnte (z.B. ders. 1961, S. 202, 417f.), sondern auch auf die selbstgestellte Frage »Wie west die Sprache als Sprache?« einzig zu erwidern weiß: »*Die Sprache spricht.* [...] Der Sprache nachdenken verlangt somit, daß wir auf das Sprechen der Sprache eingehen«. Ders. 1950, S. 12.

[85] Bekanntlich hat FOUCAULT 1966a, S. 391, 394 die Saussure'sche Linguistik als »contre-science« bezeichnet und auch Nietzsche zu denjenigen Theoretikern gezählt, durch die »[l]'interrogation sur ce qu'est le langage en son être [= die Sprache als ›Sprache‹] reprend une fois encore son ton impératif.«

[86] NIETZSCHE, GT, KSA 1, S. 20. Die direkt folgenden Zitate ders. NF, KSA 13, 14[14], S. 224.

lers Apollo führt. Doch damit nicht genug, denn »das Wort ›dionysisch‹« ist für Nietzsche auch ein »Abgrund des Vergessens«, in den noch seine *Selbstkritik* verschwindet, weil sie ihn praktiziert. Kein Apollinisches mehr, nirgends – und kein *Versuch*, es zu retten; es vor dem »tobenden Meere«, wie Nietzsche mit Schopenhauer formuliert, das »heulend Wellenberge erhebt und senkt«, in Sicherheit zu bringen: auf einen festen Boden unter den Füßen.[87] 236,245, 279,350

Was aber dann? Was wird an Dionysos interessant, wenn er am Bündnis mit Apollo nicht länger festhalten muss, wenn er kein Untergrund mehr ist oder Hintergrund, sondern »schaudernde Meeres-Haut«[88]: eine von drei Modalitäten (neben der Macht und dem Körper), die Nietzsches unausgewiesene Theorie der Sprache in Szene setzt? Antwort: Dass es nun möglich wird, vom *Toben, Heulen und Schaudern als solchen* zu schreiben: »ἀλογία«; von dem, was weder vernunftgemäß oder wohlproportioniert ist, noch überhaupt als Rede, Erzählung, Gespräch etc. funktioniert.[89] Nicht um kulturelle Zwänge abzuschütteln oder gar natürlichere Verhältnisse wiederzuentdecken (das wäre bloß »romantischer Idealismus«); vielmehr, um bei Dionysos und seinen »Arten des Rausches« nach verschiedenen *Szenarien des Rauschens* zu suchen: So wie das eine explizit geschrieben steht und das andere implizit gelesen werden kann; damit es zunächst um »p h y s i o l o g i s c h e Prozesse« geht, die dann auf »machinale Geschehen« hinauslaufen.[90] Vom Land aufs offene Meer als von den Körpern zur Schrift und ihren Schreibgeräten. 88,162, 259,285

Schon deshalb spielt im Folgenden die κιθάρα keine Rolle mehr. Und mit ihr auch jene dorische Architektur in Tönen nicht, für die Apollo ja bekannt geworden ist:

[87] Nietzsche, GT, KSA 1, S. 28, bzw. Schopenhauer 1819, S. 482 (der allerdings »Wasser«-, statt »Wellenberge« geschrieben hat).

[88] Nietzsche, FW, KSA 3, S. 411. »Alle Menschen der Tiefe haben ihre Glückseligkeit darin, einmal den fliegenden Fischen zu gleichen und auf den äussersten Spitzen der Wellen zu spielen; sie schätzen als das Beste an den Dingen – daß sie eine Oberfläche haben: ihre Hautlichkeit – s i t v e n i a v e r b o.« Ders. FW, KSA 3, S. 517. 31,66, 179,229

[89] Nietzsche, NF, KSA 7, 7[2], S. 137. »In Deutschland reden nur drei Sorten von Berufswegen viel: der Magister, der Pastor, die Amme.« (ders. NF, KSA 7, 19[265], S. 502) Seine Professur in Basel legte Nietzsche 1879 nieder; als Pfarrerssohn setzte er sich schon 1865 zum Philologie-Studium nach Leipzig ab und der Amme, die nicht nur bei Kindergeburten hilft, sondern auch ›Sokrates‹ heißt und sich um gebärende Seelen (»αἱ ψυχὰι αὑτῶν τικτούσαι«) kümmert, kehrte er 1872 in seinem Tragödienbuch den Rücken. Zu Letzterem vgl. Platon *Θεαίτητος/Theaitetos*, 150 bff.

[90] Nietzsche, NF, KSA 12, 2[131], S. 131, 2[27], S. 305; NF, KSA 7, 7[117], S. 166; NF, KSA 13, 14[102], S. 279.

> Gespenster-Hauch und -Huschen ist mir all euer Harfen-Klingklang: mit dürren Händen rührt ihr in dürre Saiten, aber wann hättet ihr je ein Herz mitgerissen?[91]

Genau darauf nämlich kommt es Nietzsche mit seinem Dionysischen an: Dass er sich nun »einer neuen Welt der Symbole« zuwenden kann. Nicht allein der »Bilder-« und »Musikwelt« (ihren »Laut-« und ihren »Sehbildern«), sondern »der ganzen leiblichen Symbolik«, den »Gesamtentfesselungen aller symbolischen Kräfte«, wie sie von keinem einzelnen Instrument und erst recht nicht von vereinzelt gezupften Tönen erreicht werden können. Selbst Wagners Opern-Spektakel müssen vor dieser Ambition kapitulieren; bleiben dabei doch »unsere Muskeln« auf Konzerthausstühlen (und später Wohnzimmersesseln) »stillgestellt«.[92] Mit anderen Worten: Dionysisch heißt bei Nietzsche ein *ebenso komplexes wie komplettes Körper-Ereignis* (mit
54, 97, »Füssen«, »Händen«, »Eingeweiden«, »Blutlauf« usw.); als Macht-Spiel-Raum
138, 313 für die »Erreglichkeit des Leibes«, für die »Realität seiner Triebe«, weil

> Spannung darin wesentlich ist und [...] die Unfähigkeit, n i c h t zu reagieren (– ähnlich wie bei gewissen Hysterischen, die auf jeden Wink hin in j e d e Rolle eintreten).[93]

These: Indem er »K u n s t als organische Funktionen« beschreibbar macht, ist *Dionysos kein reiner Kunstgott mehr*; beziehungsweise: Statt einer Ästhetik des Genießens zu folgen (einer »Weibs-Aesthetik« also, die »von Empfangenden ausgeht«, »vom ›Zuschauer‹« oder »Zuhörer«), interessiert sich Nietzsche
87, 231, nunmehr für die »volle, alle Glieder rhythmisch bewegende Tanzgebärde«[94];
269, 341 ausgelöst nicht durch »Verfeinerungen [unseres] Ohr- und Gesichtssinnes«,

[91] Nietzsche, NF, KSA 10, 13[1], S. 440.

[92] Nietzsche, GT, KSA 1, S. 33f., 49; NF, KSA 9, 6[339], S. 283; GD, KSA 6, S. 117f. »Im dionysischen Zustande ist dagegen das gesammte Affekt-System erregt und gesteigert.« Ders. GD, KSA 6, S. 117. »Und so frage ich mich [im Unterschied zum »faulen fatiguirten allabendlichen Abonnementspublikum«]: was w i l l eigentlich mein ganzer Leib von der Musik überhaupt? D e n n es giebt keine Seele...« Ders. NW, KSA 6, S. 419; GMD, KGW III/2, S. 12.

[93] Nietzsche, NW, KSA 1, S. 418f.; NF, KSA 11, 26[275], S. 222; JGB, KSA 5, S. 54; GD, KSA 6, S. 117f. »Extreme Beweglichkeit [...] – dieselbe, die mit manchen Nervenkrankheiten verbunden scheint – [...] der Hemmungsapparat gleichsam a u s g e h ä n g t«. Ders. NF, KSA 13, 14[170], S. 356.

Kein Zufall also, dass Dionysos dann zum Thema auch »für Irrenärzte« erklärt wird, die am »Wahnsinn [...] nicht notwendig das Symptom der Entartung, des Niedergangs, der überspäten Kultur« festmachen wollen. Ders. GT, KSA 1, S. 16. Zu Nietzsches Anleihen bei der Hysterie-Forschung in Paris vgl. Lampl 1986, bzw. Windgätter 2005b.

[94] Nietzsche, NF, KSA 13, 14[120], S. 299, 14[170], S. 357; NF, KSA 12, 2[110], S. 115; GM, KSA 5, S. 346; GT, KSA 1, S. 33f.

als vielmehr durch »Narcotica«, »meteorologische Einflüsse, zum Beispiel den Frühlingsrausch«, oder »Geschlechtserregungen« (deren »Wellen über jedes Familientum und dessen ehrwürdige Setzungen hinwegfluten«).[95]

Heckers Tanz und Nietzsches Übertragung

Im ausgehenden 19. Jahrhundert freilich ist das alles andere als Common Sense.[96] Denn erstens positiviert hier ein Ex-Professor, worin auch die unlängst begründete Pathologie-Geschichte nur »Besessenheit«, »Aberglauben« oder »krampfhafte Uebel« (in »Uebereinstimmung mit dem Zustande wüthender Thiere«) zu erkennen vermag, um zweitens dann den Gründer solcher Erkenntnisse als die eigene Quelle zu verschweigen: Justus Friedrich Carl Hecker (1795–1850), seines Zeichens Medizinalrat an der königlichen Friedrich-Willhelms-Universität zu Berlin und Verfasser einiger Aufsätze über *Die grossen Volkskrankheiten des Mittelalters*.[97] Was sich dort als die »Nachwehen des schwarzen Todes« von 1348 beschrieben findet: dass damals in »ganz Deutschland« (aber auch den »nordwestlich angrenzenden Ländern«) »Schaaren von Männern und Frauen« gesehen wurden, die »im wilden Reigen schreiend und wuthschäumend [...] bacchantische Sprünge« ausführten (weshalb man ihren »krankhaften Rausch« den »T a n z d e s h e i l i g e n J o h a n n e s oder des h e i l i g e n V e i t nannte«)[98], bei Nietzsche wird daraus »ein Blick in das Wesen des D i o n y s i s c h e n«.[99]

[95] Nietzsche, GT, KSA 1, S. 32; NF, KSA 9, 6[339], S. 283; GD, KSA 6, S. 116. An anderen Stellen werden als »Rausch-Mittel« auch »Feste« und »Wettkämpfe« genannt sowie die »bescheideneren Arten des Rausches, die besinnungslose Arbeit, das Sich-Opfern als Werkzeug einer Wissenschaft oder politischen oder geldmachenden Partei [...]«. Ders. GD, KSA 6, S. 116; NF, KSA 11, 25[13], S. 14.

[96] – abgesehen von medizinisch-militärischen Drogeneinsätzen. Vgl. Kittler 2000 a, S. 378f., 381 sowie Nietzsches Briefe und Notizen aus seiner Zeit als Felddiakon: August/September 1870 (»Wir chlorophormieren gerade einen Franzosen zu einem Gipsverband [...].«), bzw. seinen Genesungsbericht über die bei Krankentransporten selbst erlittene Ruhr und Rachendiphtherie: »Nachdem ich mehere Tage mit Opium- und Tanninklystieren, und Höllensteinmixturen meinem Leib zugesetzt hatte, war die erste Gefahr beseitigt.« Ders. NF, KSA 7, 4[1], S. 87f.; KSB 3, S. 149.

[97] Hecker 1832, S. 143, 145f. (Nietzsche zitiert aus diesem Text nach Uhland 1866, S. 399f., 401f., 484). Dazu auf S. IV der *Vorrede* des Herausgebers Dr. August Hirsch: »H e c k e r ist der Begründer der historischen Pathologie; er war der erste, [...] der mit klassischer Gelehrsamkeit, der höchsten ästhetischen Bildung, mit einem bewundernswerthen Fleisse und einer scharfen Kritik ausgestattet, zu dieser grossartigen Anschauung der Volkskrankheiten vorgedrungen ist.« Vgl. auch Kittler 2000 a, S. 378ff.

[98] Hecker 1832, S. 143, 162. »Die Person des heiligen Veit ist hier keineswegs ohne Bedeutung. Er war ein Knabe in Sicilien, der zur Zeit der Diocletianischen Christenverfolgungen im Jahre 303 zugleich mit M o d e s t u s und C r e s c e n t i a das Märtyrerthum erlangte.« Die »Legende« besagt, »S t. V e i t habe [...] zu Gott gebetet, er möge Alle, die seinen Abend fasten und seinen Tag feiern würden, vor dem Tanz bewahren, worauf eine Stimme vom Himmel vernommen worden sei: ›Vite, du bist erhöret‹. [...] Die Beziehung J o h a n n e s des Täufers zur Tanzwuth des vierzehnten Jahrhunderts ist eine ganz verschiedene. [...] Seit →

Ja mehr noch: Für ihn ist solcher »Bewegungstrieb« ein Moment der Stärke, ein »ungeheures H e r a u s t r e i b e n« und »Verwandeln« (»Ihr hättet ihn [= Dionysos] dabei sehen sollen! – Es war Frühling, und alles Holz stand in jungem Safte«); als ein »Überschäumen über alle Ränder«, das deshalb zu den »g r ö s s t e n Segnungen«[100] nicht nur des Mittelalters zählt:

> Es giebt Menschen [lies Pathologie-Historiker], die, aus Mangel an Erfahrung oder aus Stumpfsinn, sich von solchen Erscheinungen wie von »Volkskrankheiten«, spöttisch oder bedauernd im Gefühl der eigenen Gesundheit abwenden: die Armen ahnen ja nicht, wie leichenfarbig und gespenstisch eben diese ihre »Gesundheit« sich ausnimmt, wenn an ihnen das glühende Leben dionysischer Schwärmer vorüberbraust.[101]

Nicht zu vergessen, dass solche Schwärmer weder allein bleiben noch sesshaft sind, sich weder auf einsamer Wanderschaft befinden noch Sorge haben um Heimat, Herd oder Hof, sondern in »geschlechtlicher Zuchtlosigkeit« als »immer wachsende Scharen von Ort zu Ort«, »von Stadt zu Stadt« ziehen.[102] *So spielt Dionysos die Rolle eines Erregers*: Quantität ist sein

den ältesten Zeiten, vielleicht schon seit dem vierten Jahrhundert, feierte man diesen Tag mit allerlei sonderbaren und wilden Gebräuchen [...]. Bei dieser heidnisch-christlichen Feier ging es nicht ab ohne bacchantische Tänze [...] und es ist mehr als wahrscheinlich, dass die Griechen einen Theil ihrer Bacchusmysterien auf den Tag des auch von den Muhamedanern hochgefeierten Tugendpredigers übertragen haben, – eine Verkehrtheit, die sich in menschlichen Angelegenheiten nur allzu oft wiederholt.« HECKER 1832, S. 149ff.

99 NIETZSCHE, GT, KSA 1, S. 29. Vgl. auch ders. NF, KSA 7, 1[1], S. 10: »[W]enigstens erkenne ich in jenen S. Johann- und Veitstänzern [...] nichts anderes als eine solche Dionysische Schwärmbewegung.«

Ebenso ders. GT, KSA 1, S. 28f.; ST, KGW III/2, S. 50: »In diesen Sankt-Johann- und Sankt-Veittänzern erkennen wir die bacchischen Chöre der Griechen wieder, mit ihrer Vorgeschichte in Kleinasien, bis hin zu Babylon und den orgiastischen Sakäen« (das waren »fünftägige Feste«, bei denen »jedes staatliche und sociale Band zerrissen« wurde). Oder ders. GMD, KGW III/2, S. 11: »[I]n den ersten Anfängen des Dramas schweiften wildbewegte Schwärme, als Satyrn und Silene kostümirt, die Gesichter mit Ruß Mennig und andern Pflanzensäften beschmiert, mit Blumenkränzen auf dem Kopf, durch Feld und Wald [...].«

100 NIETZSCHE, GT, KSA 1, S. 33f.; GD, KSA 6, S. 116; NF, KSA 12, 4[4], S. 178, 9[102], S. 394; GT, KSA 1, S. 16. »So haben sich einige Völker [..] aus Krankheiten grosse Hülfsmächte der Cultur geschaffen: zum Beispiel die Griechen, welche in früheren Jahrhunderten an grossen Nerven-Epidemien (in der Art der Epilepsie und des Veitstanzes) litten und daraus den herrlichen Typus der Bacchantin herausgebildet haben.« Ders. MA-1, KSA 2, S. 174.

101 NIETZSCHE, GT, KSA 1, S. 29 (einschließlich HECKER 1832, S. 143). Mit der Konsequenz, dass nur wenige Jahre später Nietzsches Fragen nach der Physiologie unter dem Titel »Die Fröhliche Wissenschaft« auftreten – und dann ebenso sehr den »Schmerz [...] als Lehrmeister« kennen, wie eine »T r u n k e n h e i t der Genesung«. Ders. FW, KSA 3, S. 345, 350.

Prinzip, Ansteckung seine Macht: dass er den Rausch entzündet, stimuliert 168,269
und verbreitet; ebenso »epidemisch« wie »e x p l o s i v«, als Infektion zwischen zwei, drei, vielen Körpern, die damit aufgehört haben, geschlossene (individuelle) Systeme zu sein, als invasives Geschehen, dem es (an Logik und Hermeneutik vorbei) um die Kopplung von Begehren und Bewegen, von Affekten und Aktionen geht.[103]

Wie das funktioniert? Wie das, abgesehen von Nietzsches antiken und Heckers mittelalterlichen Beispielen, heute möglich ist? Die *Geburt der Tragödie* selbst ist darauf eine Antwort, denn nicht nur behauptet sie, Entzündung, Ansteckung, Verwandlung usw. wären konstitutiv für europäische Kulturen, sie praktiziert diese auch; als »Schriftstellerei [...] in lauter
verbotenen Metaphern« (was erstens ›Übertragung‹ heißt, hier aber zweitens 52,102,
sehr unphilologisch, weil medizinisch gemeint ist und deshalb drittens bei 237,260
Nietzsches Fachkollegen zu den berühmten Rücktrittsforderungen vom Baseler Lehrstuhl geführt hat – wie um das Ansteckungsmoment ex negativo zu verstärken): »Ja, meine Freunde, glaubt mit mir an das dionysische Leben und an die Wiedergeburt der Tragödie. Die Zeit des sokratischen Menschen ist vorüber: kränzt euch mit Epheu, nehmt den Thyrsusstab zur Hand und wundert euch nicht, wenn Tiger und Panther sich schmeichelnd zu euren Knien niederlegen. Jetzt wagt es nur, tragische Menschen zu sein: denn ihr sollt erlöst werden. Ihr sollt den dionysischen Festzug von Indien nach Griechenland geleiten!«[104]

Bleibt noch der Hinweis, dass Nietzsche bei allem Pathos für seine *Physiologie der Übertragungen* auch deren technischen Begriff zumindest angedeutet hat, und also Wellen, Spannungen oder Säfte um elektrische Ströme erweitert: »Die Hand des Klavierspielers, die Leitung dorthin und ein Bezirk im Gehirn bilden zusammen ein Organ [...]. G e t r e n n t e T h e i l e d e s

[102] Nietzsche, GT, KSA 1, S. 32, 29; GMD, KGW III/2, S. 11. »[D]ie Stärke als Herrschaftsgefühl in den Muskeln, als Geschmeidigkeit und Lust an der Bewegung, als Tanz, als Leichtigkeit und Presto«. Ders. NF, KSA 13, 14[117], S. 294.

Zu dieser erotisch-sozialen Anarchie vgl. auch Hecker 1832, S. 147 (diesmal über »Tanzsucht« in Köln und Metz im Sommer 1374): »Landsleute verliessen den Pflug, Handwerker die Werkstätte, Hausfrauen den Heerd, um sich dem wilden Reigen anzuschliessen. [...] Heimliche Begierden wurden aufgeregt, und fanden nur zu bald Gelegenheit zu wilder Befriedigung [...]. Mädchen und Knaben entliefen ihren Aeltern, und Dienstboten ihren Brotherren, um sich an den Tänzen der Besessenen zu ergötzen.«

[103] Nietzsche, GT, KSA 1, S. 61; NF, KSA 13, 14[170], S. 356. Auch Hecker 1832, S. 143, 147 hatte schon von »Ansteckung«, »Verbreitung« und »Plage« geschrieben: »Einmal ins Leben gerufen, schlich die Seuche immer weiter [...].«

[104] Nietzsche, KSB 5, S. 452; WL, KSA 1, S. 888; GT, KSA 1, S. 132. »[D]ie Epidemien / [...] die Tänze und Gebärden-Zeichen«. Ders. KSA 13, 14[118], S. 295.

K ö r p e r s   t e l e g r a p h i s c h   v e r b u n d e n« oder: »Die ›Außenwelt‹ wirkt auf uns: die Wirkung wird ins Gehirn telegraphirt [...].«[105]

BARTHES Das Lektüreverfahren ist bekannt: Umkehrung der Vorzeichen und anschließende Verallgemeinerung. Auch Gustav Gerbers *Sprache als* Kein Rauschen niemals
253,265, *Kunst* wird es (wie beschrieben) in Nietzsches Rhetorik-Vorlesungen so erge-
278,336 hen: An Tropen im Speziellen zeigen sie das Werden der Wörter insgesamt,
19,42, ohne es dabei noch von der Kontrolle eines ›Ich denke‹, einer souveränen
128,248 Autorinstanz, abhängig zu machen.

Mit dem Unterschied aber, dass hier als Dionysisches eine Kategorie in Szene gesetzt wird, die nicht nur kein »bewußtes [weil intentionales] Anwenden von Kunstmitteln« mehr ist, sondern dazu auffordert, an der Sprache deren »rauschvolle Wirklichkeit« zu bemerken: Dass sie immer auch ein »Brausen«, »Toben«, »Wirbeln«, »Heulen« usw. ist, ein »M e h r v o n K r a f t« als ein »Meer in sich selber stürmender und fluthender Kräfte«[106]; unvermeidlich von Anfang an, unaufhaltsam bis zum Schluss; »[l]e bruissement de la langue«, wie Roland Barthes das in einem Aufsatz genannt hat, um gleich darauf zu ergänzen:

> Le bruissement, c'est le bruit de ce qui marche bien.[107]

Nicht ausnahmsweise, als Zufall oder durch glückliche Umstände, sondern weil es = das Rauschen der *Alltag unserer Sprachen* ist; deren Funktionieren selbst. Es gibt keine Genese und keinen Gebrauch der Worte ohne Rauschen; oder, was auf dasselbe hinausläuft (bei Michel Serres): »Il n'y a pas de système sans parasite«, »pas

Dabei hatte schon in Nietzsches *Zarathustra* ein Parasit der erwähnten Art seinen Auftritt: jener »Pos-

[105] NIETZSCHE, NF, KSA 10, 7[211], S. 308; NF, KSA 11, 34[54], S. 437. Vgl. dazu auch KITTLER 2000 a, S. 379 f., bzw. SARASIN 2001, S. 344 ff.

[106] NIETZSCHE, DR, KGW II/4, S. 425; GT, KSA 1, S. 27 ff.; NF, KSA 7, 7[127], S. 186; NF, KSA 13, 14[117], S. 293; NF, KSA 11, 38[12], S. 610. Statt auf einen »Mangel an Einsicht« zu
23,31, verweisen (ein Zuwenig an Interpretation, Arbeit, Urteilskraft usw.), hat deshalb Rauschen
164,317 mit einem »Übermaaß« von Differenzierungen zu tun, als eine Form zugleich des »Übermuths und der Übermacht«. Mit anderen Worten: Zu Sprechen und zu Schreiben heißt
264,279 nicht mehr zusammenzufassen oder abzukürzen, sondern *weiterzusprechen* und *weiterzuschreiben. Komplexitätssteigerung ist hier die Regel, nicht deren Reduktionen.* Ders. GT, KSA 1, S. 89; GMD, KGW III/2, S. 11.

Im Fall von Texten übrigens gilt dann (gegen ihre Rückführung auf die spätantike = justinianische Juridik bei GADAMER 1981, S. 34 f., 40), dass sie auch *keine Festschreibung* mehr sind von ›etwas‹: zum Zwecke seiner »Kodifizierung«, als »Gesetzestext« oder »Satzung«, um durch »Berufung auf das, was dasteht [...], Streit zu vermeiden, Mißverständnisse und Mißbrauch auszuschließen, eindeutiges Verständnis zu ermöglichen«.

[107] BARTHES 1975, S. 99 f. »De telle sorte – conséquence paradoxale mais inéluctable – qu'un performatif réussi est forcément un performatif ›impur‹«. DERRIDA 1971, S. 388.

senreisser« nämlich, ein »bunter Gesell«, der hoch über dem Marktplatz und vor versammelter Menge den Absturz des Seiltänzers provoziert: durch fürchterliches Geschrei und einen ebensolchen Sprung.[109] So wird er zum *Störelement*, zur Differenz als Macht und Medium der Unterbrechung, die Nietzsche nicht einfach verurteilt oder zweifach negiert, sondern zum Anlass nimmt, kommunikationstheoretische Thesen über Sprache: dass sie eine Mitte sei zwischen Subjekten und deshalb Mittel ihrer Verständigung, außer Kraft zu setzen: Der Seiltänzer, als er »seinen Nebenbuhler siegen sah, verlor den Kopf und das Seil; er warf seine Stange weg und schoss schneller als diese, wie ein Wirbel von Armen und Beinen, in die Tiefe. Der Markt und das Volk glich dem Meere, wenn der Sturm hineinfährt: alles floh auseinander und übereinander, und am meisten dort, wo der Körper niederschlagen musste«.

de maison, de bateau, de palais, qui n'en ait son lot ou son pourcentage«[108], denn, »comme on dit«,

> les rats [»leurs bruits de course, de galop, de ronge et de grignote«] sont toujours déjà là. Ils sont du bâtiment [...] et je crains fort qu'ils constituent la chose du monde la plus commune.[110]

13,38, 238,362
Der Kampf gegen die Parasiten also, »sans aucun doute le travail«, ist verloren. Doch stellt das keinen Anlass zur Trauer dar – und einen Verlust auch nur, solange man (wie etwa Saussure) an die eine und reine Sprache glaubt:
›carré approprié‹, der zuerst eingefasste, dann 39,129, 159,201
gesäuberte Bezirk, als Feld, ›templum‹ oder Staatsgebiet (besorgt durch Bauern, Priester oder Polizisten), aber auch als weißes Viereck Papier, auf dem spätestens seit Ende des 18. Jahrhunderts Autor=Autoritäten die Furchen ihrer Eigenheit ziehen.

KITTLER Allerdings: Eine Sprache von ihrem Rauschen her zu beschreiben heißt nicht notwendig, sie als akustisches Ereignis zu privilegieren. Ganz im Gegenteil; muss man doch nur eine beliebige Seite in einem beliebigen Nietzsche-Text aufschlagen, um zu bemerken, wie sehr das *Rauschen auch für sein Schreiben und deren Schriften* gilt.

[108] Serres 1980, S. 32. Was wiederum heißt (S. 34): »Le Livre des écarts, du bruit et du désordre
ne serait le livre du mal que pour celui qui défendrait un Dieu auteur, par le calcul, d'un 34,63, 132,325
monde immarcesciblement fiable. Il n'en est pas ainsi. L'écart est de la chose même et peut-être la produit-il.«

[109] Nietzsche, ZA-1, KSA 4, S. 21 f. Ebenso die direkt folgenden Zitate.

[110] Serres 1980, S. 32, 30 (nach einer Fabel La Fontaines: *Le Rat de ville et le rat des champs*). Außerdem auf den S. 453, 448: »Le parasite ne s'arrête pas. Il ne s'arrête pas de manger ni de boire, de crier, d'éructer, de faire mille bruits, de remplir l'espace de son pullulement et de son brouhaha. [...] Victoire aux puissances du bruit, victoire aux parasites, à tous les parasites.«

Das direkt folgende Zitat ders. S. 159.

Störquellen der Schrift, dionysisch

Beispielsweise jener »Telegrammstil«, zu dem der Philologe nach eigener Auskunft durch »große Schwachsichtigkeit« und »schreckliche Kopfschmerzen« gezwungen war. »Seit wie lange habe ich nicht lesen können!!«[111] – so 98,103, 182,340 beenden Nietzsches Augen »alle Bücherwürmerei«, um in der Folge auch ihr Schreiben unmöglich zu machen:

> Die Krankheit gab mir [1878/79] ein Recht zu einer vollkommenen Umkehr aller meiner Gewohnheiten; sie erlaubte, sie gebot mir Vergessen [...]: ich 35,56, 310,349 war vom »Buch« erlöst.[112]

Stattdessen nun die »Kürze« eines Schreibstils, der keine Schmerzen mehr bereiten soll, weil er versucht, einer »Horazischen Ode« gleich, durch ein »minimum von Umfang der Zeichen« ein »Maximum von Energie des Zeichens« zu erreichen. »Wortverknappung« heißt das bei Kittler, dem zufolge Nietzsche nicht länger »das Rebus vorgegebener Texte löst«, sondern »selber Rätsel um Rätsel erfindet«.[113] These: *Schon für den Baseler Professor entwickelt sich Dionysos zu einer medienpraktischen Kategorie*. Mit dem Ergebnis, dass dann aus Büchern (samt Einleitung, Hauptteil, Schluss) »Aphorismen-Sammlung[en]«[114] werden (von 1 bis n durchnummeriert), und mit dem Risiko, dass sie ihre »abgekürzteste Sprache« (als »Stücke gegeben«) »so oft in die Nähe des Missverständnisses« bringt:

[111] Nietzsche, KSB 5, S. 461, 288; KSB 6, S. 140f. Nietzsches Klagen in diesem Zusammenhang sind zahlreich und vor allem in seinen Briefen nachzulesen; etwa KSB 4, S. 157; KSB 5, S. 222, 395; KSB 6, S. 395; KSB 7, S. 33, 42f. Die Diagnosen und Therapieversuche der behandelnden Ärzte rekonstruiert Volz 1990, S. 90ff.

[112] Nietzsche, EH, KSA 6, S. 326, und kurz darauf, mit Wirkung zum 30. Juni 1879, auch von der Professur in Basel. Vgl. dazu das »diktirte« Entlassungsgesuch in KSB 5, S. 412. Außerdem im Dezember 1881 über seine nach der Haushaltsauflösung bei Bekannten deponierte Bibliothek: »Also die Bücher fort nach Naumburg! (fast hätte ich gesagt: fort zum Teufel! Wozu habe ich halbblindes Thier noch Bücher! Es ist nur eine Last [...].)« Ders. KSB 6, S. 153.

Die direkt folgenden Zitate ders. KSB 5, S. 461; NF, KSA 13, 24[1], S. 623f.

[113] Kittler 1985b, S. 238f. »Halbblinde Augen erlösen das Schreiben davon, wie um 1800 produktives Fortschreiben von Gelesenem oder wie in der Gelehrtenrepublik Kommentar eines Bücherkrams zu sein.« Ders. 1985b, S. 241. In Nietzsches Worten (KSB 7, S. 253): »[W]elchen Lesern kann ein solches Buch [= *Jenseits von Gut und Böse*] billigerweise zugemuthet werden? Den Allerwenigsten jedenfalls, den wirklichen Rätselrathern, den historischen ›Zeichendeutern‹.«

[114] Nietzsche, GM, KSA 5, S. 248, dessen erste, 1878 veröffentlichte Aphorismensammlung »den Titel trägt ›Menschliches, Allzumenschliches‹« und »in [dem »als Augen-kurort mit Recht gerühmten«] Sorrent begonnen wurde«. Ders. GM, KSA 5, S. 248f.; KSB 5, S. 222. Vgl. auch Volz 1990, S. 100.

Die direkt folgenden Zitate Nietzsche, KSA 14, S. 484; MA-2, KSA 2, S. 432; KSB 5, S. 461.

> Alle feineren Gesetze des Stils haben da ihren Ursprung: sie halten zugleich ferne, sie schaffen Distanz, sie verbieten »den Eingang«, das Verständniss, wie gesagt.[115]

Hinzu kommt, dass Nietzsche durch solchen Stilwechsel zwar die eigenen Augen schont, dafür jedoch von den Lesern seiner Schriften deren mühevolles Entziffern verlangt: Fehlende Literaturverzeichnisse bzw. Quellennachweise, kaum vorhandene Überschriften, Begriffsdefinitionen oder andere Orientierungshilfen, darüber hinaus eine ungewöhnlich hohe Zahl von Interpunktionszeichen (Parenthesen, <u>Gänsefüßchen</u>, Wort-Trennungen, 18,67,
Sperrdruck usw.), aber auch Besonderheiten des Layouts (Formate, Zeilen- 232,322
abstände oder Randbreiten) sowie (schon in den Erstausgaben) lateinische statt deutsche Lettern – keine Möglichkeit *textueller Inszenierung* ist Nietzsche zu gering, um nicht lesenden Schnellläufern oder bücherwälzenden Gelehrten als Hindernis entgegengesetzt zu werden:

> Ich bin k u r z: meine Leser selber müssen lang werden, umfänglich werden [...].[116]

Die Behinderung des Schreibers schlägt um in das Behindern seiner Leser; nach Kittler der »alteuropäische Normalfall«, den Nietzsche in Zeiten »allgemeiner Alphabetisierung« erneut erzwingt: indem er »Schriftstrukturen ins Extrem treibt«.[117] So ist seine *Unlesbarkeit* zwar zunächst eine Strategie, zeigt aber zugleich, wie Texte schlechterdings funktionieren: als Zeit/Raum kleinerer und größerer <u>Störungen</u>, als ein Szenario aus lauter Komplikationen. Das 38,79,
Rauschen jedenfalls ist da. Und es hat aufgehört eine Wortspiel zu sein, 238,360
denn es sind die Worte selbst.

Feder-striche: Schreiben und Edieren

STINGELIN Durch Kurzsichtigkeit bedingt musste »Nietzsche seinen Kopf beim Lesen und Schreiben ganz nahe über das Papier halten, was früh einen fatalen Effekt auf seine Handschrift hatte.«[118] Bereits den 20-Jährigen nötigt das zu vehementer Klage:

[115] NIETZSCHE, FW, KSA 3, S. 634. Sich an dieser Stelle auch auf Nietzsches »écriture fragmentaire« zu beziehen (BLANCHOT 1969, S. 227), wäre freilich unpassend, da sie erstens nur im so genannten Nachlass zu finden ist (also weder zur Publikation bestimmt war noch der dazu nötigen Formatierung unterzogen wurde) und zweitens ihre Edition in der seit 1967 maßgeblichen Fassung von Colli/Montinari ebenso selektiv wie kompilatorisch erfolgt ist. Vgl. die *Editorischen Grundsätze der Kritischen Studienausgabe* (= KSA 14, S. 18ff.), bzw. SCHMIDT 2001a, S. 16.

[116] NIETZSCHE, KSA 14, S. 484.

[117] KITTLER 1985b, S. 238, 224. Zur allteuropäischen Lektürepraxis vgl. MCLUHAN 1962, S. 90, bzw. ILLICH 1993, S. 55ff.

[118] STINGELIN 2000a, S. 88 (nach einem Hinweis bei FUCHS 1978, S. 633), sodass Nietzsche seiner Gelehrten-<u>Karikatur</u> aus der *Fröhlichen Wissenschaft* (KSA 3, S. 614) zum Verwech- →

> Verzeihe mir meine unausstehliche Schrift und meinen Mißmuth darüber, Du [= Carl von Gersdorff in Göttingen] weißt, wie sehr ich mich darüber ärgere [...].[119]

Und ein knappes Vierteljahrhundert später:

> Eben merke ich, daß die Finger blau sind: meine Schrift wird nur dem erräthlich sein, der die Gedanken erräth...

Folglich sind in der Zwischenzeit: das ist sein ganzes »Schreibthier-leben« lang, Nietzsches eigenhändige Sätze so »krumm«, wie er sie selber sieht.[120] Verträgt der zunächst Noch- und dann Nicht-Philologe kein längeres Lesen mehr, weil ihm »die Worte« vor Augen »zu Klumpen werden«, mit dem Schreiben ist es nicht anders:
11,117, 249,302 Entweder seine »Feder kratzt [bzw. »sprüht«] nur auf dem Papier« (statt dort zu »tanzen«) oder aber ihre »Tintenflüsse« (»Wie läuft das hin, so voll, so breit!«) ergeben ein einziges »Krikelkrakel«. Es »fehlt [...] die Deutlichkeit –«.[122]

Kein Wunder also, dass Nietzsche die Ab- und Reinschriften seiner Druckmanuskripte immer
102,119, 166,216 wieder den »Händen« von Heinrich Köselitz

Diese Situation besteht bis heute unverändert fort. Nietzsches Handschrift jedenfalls gilt auch erfahrenen Editionsphilologen »als eine besonders schwer entzifferbare« – was nicht nur die »Forderung nach der authentischen Transkription« zu einem »unerfüllbaren Imperativ« werden lässt (über die »Fälschungen« der Schwester sei hier kein Wort verloren), sondern speziell der kritischen Nachlass-Edition »riesige Probleme« bereitet.[121]

In deren aktuellster Lösung freilich (der *IX. Abteilung* der *Gesamtausgabe*), wird damit offensiv umgegangen: Statt weiterhin *Lesetexte* zu kompilieren (einschließlich »präsupponierter Werkstruktur«),

seln ähnlich wird: »mit zusammengedrücktem Bauche, den Kopf über das Papier gebeugt [...].«

119 Nietzsche, KSB 2, S. 57. Und bei anderer Gelegenheit (ders. KSB 4, S. 57): »Wenn du diesen Brief herausconjicierst, so bist du ein ordentlicher Philologe.« Vgl. dazu auch Abb. 10 der Farbtafeln.
Das direkt folgende Zitat ders. KSB 8, S. 263.

120 Nietzsche, KSB 8, S. 431; KSB 6, S. 58. »Ja die Barbarei meiner Handschrift, die niemand mehr lesen kann, ich auch nicht!«, bzw. anderthalb Jahre später: »Ich schreibe wie ein Schwein«. Ders. KSB 6, S. 105, 348.

121 Groddeck/Kohlenbach 1995, S. 30f., 33. Desgleichen Haase/Kohlenbach 2001, S. XV f. (= *Editorische Vorbemerkung* zur KGW IX): »Nietzsches Handschrift [...] ist hochgradig individualisiert. Das Varianzspektrum einzelner Grapheme ist beträchtlich, ihre Differenzierbarkeit dagegen oft unzureichend. Polyvalente Einzelzeichen kommen ebenso vor wie nicht unterscheidbare Wortbilder mit offenkundig unterschiedlicher Wortbedeutung. Ein Wille zur Einheitlichkeit und Kontinuität ist kaum zu erkennen.« Sehr ähnlich auch KGW VII/4-2, S. IX (= *Nachbericht zur siebenten Abteilung*, Frühjahr 1884 bis Herbst 1885).

122 Nietzsche, KSB 5, S. 222; KSB 6, S. 122; NF, KSA 7, 15[1], S. 390; BAW 2, S. 71; GD, KSA 6, S. 110; FW, KSA 3, S. 366. »– Ich bin außer mir über Feder und Tinte, schon seit vier Seiten hat mich alle Gemüthlichkeit verlassen, ich referire bloß noch auf das trockenste [sic!] einige Fakta. –« Ders. KSB 2, S. 57.

ist dort, »ultradiplomatisch« und ergänzt durch die Faksimiles auf CD-ROM, eine »Transkription« der Aufzeichnungen Nietzsches in ihrer »räumlichen Anordnung« sowie den »zeitlichen Zusammenhängen der verschiedenen Niederschriften [...], mit allen Verschreibungen, Streichungen und Korrekturen« unternommen worden.[125] Dass dabei noch typographisch zwischen fünf Schriftarten und farblich zwischen vier Tinten bzw. drei Stiften differenziert wird, bringt schließlich auf jeder transkribierten Seite ein selbst für wis- alias Peter Gast anvertraut: »Wenn Sie nicht errathen, was ich denke, so ist das Manuscript unentzifferbar.«[123] Der junge Professor hatte den noch jüngeren »Musico« (einen »Verehrer meiner Schriften«) 1876 in Basel kennengelernt und kurz darauf als »s t ä n d i g e n Secretär [...] engagirt«.[124] Eine *schon nicht mehr* klassische Schreibszene entsteht: Zwei Männer (vorerst der Wissenschaft ergeben), ein Text (der übersetzt werden soll), dazu Studierzimmer, Schreibgerät – und Rauschen:

> Der treue Musiker Köselitz zieht in meine Behausung und will die Dienste eines hülfreichen Schreiber-Freundes übernehmen. [...] Ich diktirte, den Kopf verbunden und schmerzhaft, er schrieb ab, er corrigirte auch.[126]

[123] Nietzsche, KSB 6, S. 58. Weitere, sogar weibliche Hände folgen: Marie Baumgartner, Louise Röder-Wiederhold und ein namenloser »alter Kaufmann, der banquerott ist«. Vgl. ders. KSB 5, S. 34f.; KSB 7, S. 58f., 65, 70; KSB 6, S. 195.

[124] Nietzsche, KSB 5, S. 162, 123, 192. »Ein junger Musiker, der meinetwegen auf ein paar Jahre nach Basel gekommen ist und den ich seines Talents und seiner Seelengüte halber sehr schätze, ist mir in allen Stücken hülfreich.« Ders. KSB 5, S. 158.

[125] Raulff 2001, S. 16; Groddeck/Kohlenbach 1995, S. 28, 35f.: »Gegenstand der Nachlaßedition ist also nicht die Aufbereitung von Texten, sondern die [»*stereoskopische*«, weil »topologische« *und* »chronologische«] Dokumentation von Niederschriften.« Nicht verwunderlich deshalb, dass unlesbare Zeichen anerkannt und mit dem Lemma ›?‹ gekennzeichnet werden.

[126] Nietzsche, EH, KSA 6, S. 327 (über *Menschliches, Allzumenschliches*); KSB 5, S. 278. Zur Nichtmehr-Klassizität dieser Schreibszene vgl. erst Goethe 1806, S. 172ff., dann Kittler 1985b, S. 24f., 230, der zeigt, dass »Deutsche Dichtung an ihrem Beginn« das Rauschen nur hört und sieht, um es »auszuschließen«: »*Faust*: Mich drängts, den Grundtext aufzuschlagen, / Mit redlichem Gefühl einmal / Das heilige Original / In mein geliebtes Deutsch zu übertragen. *Er schlägt ein Volum auf und schickt sich an.* Geschrieben steht: ›Im Anfang war das W o r t !‹ / Hier stock ich schon! Wer hilft mir weiter fort? / [...] Bedenke wohl die erste Zeile, / Daß deine Feder sich nicht übereile!« Die Antwort auf diesen Hilferuf ist prominent, doch bevor sie erscheint, soll zunächst die Ursache der Schreibstörung beseitigt werden: jenes »pudelnärrische Tier« nämlich, das der Doktor und sein Famulus Wagner von ihrem Osterspaziergang mit nach Hause genommen haben. Wiederum *Faust*: »Soll ich mit dir das Zimmer teilen, / Pudel, so laß das Heulen, / So laß das Bellen! / Solch einen störenden Gesellen / Mag ich nicht in der Nähe leiden. / Einer von uns beiden / Muß die Zelle meiden.«

Für Kittler 1985b, S. 11, 20 zeigt deshalb Goethes »Gelehrtentragödie« einen »Augenblick ohne Paradigmenbewußtsein« an, der die »Zurechnung des Zeichens zu den Mengen, deren Element es ist, suspendiert«; oder: Auch die von Flusser 1991, S. 40 vorgestellte Liste der Schreib-»Faktoren«, bzw. die bei Campe 1991, S. 759f. skizzierte »Schreibszene. Schreiben« →

Aber dennoch, die Nähe zum Missverständnis, die diesmal ungewollte Störung der Lese-Routine bleibt: Denn erstens sind sogar Sekretäre Mängelwesen: »Um des Himmels willen I h r e Orthographie und Interpunktion und keine stäts!«, weshalb es zweitens vorkommt, dass »Drucker und Setzer« deren Vorlagen »gräßlich mißhandeln«.[128] So geschehen mit der *Fröhlichen Wissenschaft* und vor allem als Nietzsche bei seinen zahlreichen Reisen oder Kuraufenthalten wieder einmal selber schreiben musste:

> Das Manuskript [von *Der Fall Wagner*] ist bereits in der Druckerei. Es war schon einmal dort, wurde mir wegen Unleserlichkeit zurückgeschickt. Ich hatte die Abschrift in einem solchen Zustand von Schwäche gemacht, daß die lateinischen Buchstaben ebenso gut als griechische verstanden wurden (– eine kleine Druckprobe b e w i e s mir das).[130]

senschaftliche Leser ungewohntes *Text-Szenario* hervor.[127] Oder, wie es in einem Kommentar zur Erstveröffentlichung der *IX. Abteilung,* Band 1–3 heißt: »Wer soll diese Notate lesen – und vor allem wie? Was kann angesichts dieses ›Textes‹ überhaupt noch ›lesen‹ heißen? [...] Wir fühlen uns gleichzeitig reich beschenkt und um den geliebten Text betrogen. Vielleicht ist dies der Augenblick, das Lesen neu zu lernen.«[129]

Vielleicht? Wohl eher ganz gewiss; wird hier doch (entgegen traditioneller Werkausgaben) die *Duldung des Rauschens,* ja sogar dessen Bestätigung zum editorischen Programm. Bei einem

muss mit und nach Nietzsche (wie es hier geschieht) *um das Dionysische ergänzt, ja sogar umgeschrieben* werden.

127 Vgl. Abb. 10 und 11 der Farbtafeln. Außerdem: Bei aller Nähe zu Nietzsches Schreibgeräten und den materialen Spuren, die sie auf dem Papier hinterlassen haben: eine *medientheoretische (und nicht nur editionsphilologische) Perspektive* muss auf die Bedingungen auch dieser Transkription zumindest hinweisen, von denen der Computer (mit seinen Möglichkeiten zur Digitalisierung) sowie den damit einhergehenden Veränderungen von Text-Form(at)en und Lese-Gewohnheiten zweifellos die wichtigsten sind. Vgl. u.a. NEUMANN 1999, S. 408 ff., 423 ff.

128 NIETZSCHE, KSB 6, S. 215. »Teubner [in Leipzig] hat 6 Bogen bisher gedruckt; wie ich aber die Correkturen mit Köselitz [in Venedig] ü b e r Tautenburg [in Thüringen, Nietzsches 1882er Sommer-»Paradies«] zu Stande bringe, begreife ich noch nicht. Und dabei kann immer etwas v e r l o r e n gehen! –« Ders. KSB 6, S. 219, 212. Außerdem in Bezug auf *Menschliches, Allzumenschkiches*: »Zwei unbegreifliche Fehler im Druck, t r o t z meiner a u s d r ü c k l i c h e n Correktur: Der infame Sprachschnitzer ›viel sichern‹ (für sicherern) und das alberne wahrhaft (für nahrhaft), wodurch die Kraft der ganzen Stelle verdorben ist. – Da haben Sie [= der Verleger Ernst Schmeitzner in Chemnitz] meinen K u m m e r und meinen Ä r g e r.« Ders. KSB 5, S. 395.

129 RAULFF 2001, S. 16. »Buatschleli batscheli / bim bim bim / Buatscheli batschleli / bim!« notiert Nietzsche im Schreibheft N VII 2 (= KGW IX/2, S. 60) – wie um die eigene Handschrift und uns ungebetene Nachlass-Leser/Editoren zu verspotten.

130 NIETZSCHE, KSB 8, S. 368. »Dionysus could read and write« stellt WISE 1998, S. 3 in ihrer Medietheorie des Theaters fest; man muss aber darauf bestehen, dass er sich auch *ver*lesen und *ver*schreiben konnte.

Nachlass-Konvolut, das sowieso in keiner bereinigten = linearen = sortierten Form vorliegt und überdies einen Verfasser hat, der schon von seinen selbst publizierten Texten schreibt, sie seien nicht »zum Durchlesen«, sondern zum »Aufschlagen« gemacht: »man muss den Kopf hinein- und immer wieder hinausstecken können und nichts Gewohntes um sich finden.«[133]

Es kann deshalb genauso wenig wundern, dass Nietzsche Zeit seines kurzsichtigen Lebens verschiedene Schreibfedern ausprobiert hat.[131] Zwar sind aus den Anfangsjahren seiner Schriftstellerei (als Schüler, Student, Professor) keine diesbezüglichen Äußerungen bekannt;[132] seit Juli 1882 aber (drei Jahre nachdem er Basel verlassen hat und drei Monate nachdem die Malling-Hansen unbrauchbar wurde) finden sich Briefstellen, die auch das klassische Schreibgerät thematisieren. Dabei hat es durch Nietzsches häufige Ortswechsel vor allem Schwierigkeiten beim Nachschub gegeben: 11,117, 243,374

Mitchell, Roeder, Sönnecken

> Bitte, um des Himmels Willen: Stahlfedern! Die Naumburger also: **B**. John Mitchells classical 689![134]

So ein Appell vom thüringischen Tautenburg aus an die Schwester, der aber wohl nur der Eile wegen ergeht, denn tatsächlich hieß es schon einige Tage zuvor (selber Versendeort, selbe Adresse):

> Diese Federn sind fürchterlich, eine wie die andere. Erweise mir die Gunst, durch Dr. Romundt ein Gros von der Humboldfeder Roeder's **B** [= »N r. 1 5«] kommen zu lassen. Es ist die einzige Feder, mit der ich noch schreiben kann.[135]

[131] Vgl. Derrida 1973, der über Nietzsches *Stile* geschrieben hat, dessen tatsächlichen *Stili* jedoch gänzlich außer Acht lässt.

[132] Es gibt Ausnahmen (auf kleinen Bestell-Zetteln in Schulpforta), die diese Regel bestätigen; z.B. Nietzsche, KSB 1, S. 16f., 221.

[133] Nietzsche, M, KSA 3, S. 274. Ebenso ders. NF, KSA 8, 23[196], S. 473 sowie Schmidt 2001 a, S. 16: »Tatsächlich zerfällt dieser neue Nietzsche. [...] Das heißt, die [Editions-]Philologen haben ein Bild zerstört, das nie gestimmt hat«. Vgl. auch Thüring 2003, S. 5.

Apropos ›Zerfall‹: Das lenkt die Aufmerksamkeit noch auf eine andere Art des Rauschens. Seit 2001 nämlich werden Nietzsches Erstausgaben sowie die ca. 1100 Bände seiner (unvollständig erhaltenen) Privatbibliothek im Leipziger *Zentrum für Bucherhaltung* restauriert. Der Grund dafür sind weniger mechanische Schäden an den Bindungen bzw. den Broschur-, Papp- oder Ledereinbänden, als vielmehr die progressiven Vergilbungen und Versprödungen des stark übersäuerten, weil holzschliffhaltigen Papiers. In diesem Fall also heißt die Strategie immer noch und zum Glück *Rauschverminderung*. Zu den technischen Einzelheiten der Restaurierung (auch unter Berücksichtigung vorhandener Lesespuren) vgl. Slenzca 2001.

[134] Nietzsche, KSB 6, S. 220. Vgl. auch Stingelin 2000 a, S. 89, bzw. Abb. 4 der Farbtafeln.

[135] Nietzsche, KSB 6, S. 216; KSB 8, S. 92. »B bedeutet ›weich‹ / Man kann sie direkt bestellen (es genügt: S. Roeder Stahlfederfabrik B e r l i n) oder bei einem Naumburger Schreib-Papierhändler.« Ders. KSB 6, S. 376.

Nicht anders im Mai 1883 und Juni 1887 als Nietzsche aus Rom bzw. Sils-Maria zwei weitere Bestellungen nach Naumburg schickt: »Ich möchte gleich einen langen Vorrath davon, also 2 Gros (das sind 24 Dutzend)«, und dann: »mir wäre ein Kästchen mit 12 Dutzend Stahlfedern sehr erwünscht«.[136] Immer wieder Roeder's Berliner Fabrikate; legt man die Briefstellen zugrunde, bisher fünf Jahre lang – um schließlich im darauf folgenden Schweizer Sommer doch noch ersetzt zu werden. Das Problem der Unlesbarkeit nämlich bleibt, wie die Niederschrift von *Der Fall Wagner* gezeigt hat. In Nietzsches Worten, diesmal an seine Mutter:

> [I]ch bitte S t a h l f e d e r n ins Auge zu fassen. Inzwischen habe ich eine so schlechte Schrift bekommen, daß eine b e s o n d e r e A r t S t a h l - f e d e r n versucht werden mußte, die von Sönnecken [»welche der hiesige Lehrer für meine zitternden Hände anempfahl«] [...] Die genaue Bezeichnung ist: / S o n n e c k e n ' s R u n d s c h r i f t f e d e r n / N r. 5 / Bitte, hebe Dir d i e s e A d r e s s e auf. Das Hauptgeschäft ist in Leipzig.[137]

Noch vier Mal wird sich Nietzsche in nachfolgenden Briefen auf diese Sorte Federn beziehen: am 13. bzw. 30. August 1888, weil er (wiederum bei seiner Mutter) »eine ganze Schachtel« bestellt, am 14. September, als er sich für deren Zusendung bedankt (»bin sehr erbaut«) und am 22. Dezember, um auch Heinrich Köselitz von seinem neuen Schreibutensil zu berichten: »ausgezeichnet«.[138]

Eine Genugtuung jedoch, die schon zwei Wochen später ihr jähes Ende findet: »Ich bin [...] in Griechenland Dionysos gewesen«, so einer jener letzten Nietzsche-Briefe, die seither und bis heute »Wahnsinnszettel« heißen.[139] Was Anfangs nur »Verschleierung« war: tanzende »Flecken« vor den Augen, ist tiefe »Finsterniss« geworden:

> Dahin! Dahin! Oh Jugend! Oh Mittag! Oh Nachmittag! Nun kam Abend und Nacht und Mitternacht, – der Hund heult, der Wind: / – ist der Wind nicht ein Hund? Er winselt, er kläfft, er heult. Ach! Ach! wie sie seufzt! wie sie lacht, wie sie röchelt und keucht, die Mitternacht![140]

[136] Nietzsche, KSB 6, S. 376; KSB 8, S. 92.

[137] Nietzsche, KSB 8, S. 357f., 368. Vgl. Abb. 4 und 4a der Farbtafeln.

[138] Nietzsche, KSB 8, S. 392f., 406, 431, 545. Eine noch andere Art vermeindlicher Schreib-Verbesserung dokumentiert ders. KSB 4, S. 151: »In Schaffhausen habe ich ein vortreffliches Tintenfaß gekauft, mit einem Gutta percha [= Gummi] Einsatz: die Tinte zeigt gar keine Oberfläche, und die Feder des Schreibenden drückt erst jenen Einsatz etwas nieder: so wird die Tinte nicht staubig und die Feder nicht übermäßig voll: und darum schreibe ich heute so schön, daß Du nichts lesen kannst, nicht wahr?«

[139] Nietzsche, KSB 8, S. 573; Benders/Oettermann 2000, S. 730.
Die direkt folgenden Zitate Nietzsche KSB 7, S. 33, 43; EH, KSA 6, S. 352.

[140] Nietzsche, ZA-4, KSA 4, S. 401, was beweist, dass der Ex-Professor nicht nur zu Hunden ein anderes Verhältnis hatte als Goethes Noch-Magister Faust zu jenem ›pudelnärrischen Tier‹.

KITTLER Kein Ende ohne Rauschen, aber auch kein Ende des Rauschens. Denn was hier mit dem Dionysischen beschrieben wird, ist in *skriptographischen Szenarien* allgegenwärtig: als Zwischenfälle, Überraschungen, Versehen etc., die jeder Handschrift inhärent sind, da ihre Schreiber und deren Schreibgeräte sie selber hervorbringen.

Mechanisches Dispositiv

Bleibt also Nietzsche »verdammt zum Kritzeln-Müssen?«[141] Eine Frage, auf die nicht nur sein Stil- und Stiluswechsel zu antworten versuchte, sondern auch die Anschaffung der oben bereits erwähnten *Malling-Hansen-Skrivekugle*. Im Februar 1882, heißt das, tauscht der Ex-Professor für knapp 12,180,
zwei Monate Feder, Fass und Tintenfluss gegen Tasten, Typenstangen und 216,271
diskrete Lettern. Seine Hoffnung: Dass die Augen dann beim Schreiben nicht mehr schmerzen und man das Geschriebene = Getippte wieder lesen kann.

Dabei ist schon die Lieferung der Maschine alles andere als reibungslos verlaufen: »[S]chwer beschädigt« kommt sie aus Kopenhagen in Genua an und muss zunächst »eine Woche [...] ›reparirt‹« werden.[142] Zwar funktioniert daraufhin die Mechanik wieder – »Hurrah!« – bis zu jenem 24. März jedoch, als sie ebenso »rätselhaft« wie endgültig »den Dienst verwei- 51,128,
gert«, kommt es nicht nur zu drei weiteren 168,220
»Reparatur[en]«, auch die Anwendung des neuen Schreibgerätes wird sich als eine Anhäufung von Widrigkeiten und Missgeschicken erweisen.[143] Einzig Köselitz lobt nach Erhalt des ersten Typoskripts die »Deutlichkeit der Lettern«. Was keineswegs übertrieben ist, wie das Original oder sein Faksimile zeigen, was aber in Anbetracht aller von Nietzsche bekannten Schreibmaschinentexte eine Ausnahme darstellt. »Teufel! Können Sie das

Als medienhistorisches Supplement zwischen Stahlfedern und Maschine kann Nietzsches *mechanischer Minenstift* gelten (vgl. Abb. 5 der Farbtafeln): ein ca. 12 cm langes aus Silber gefertigtes Schreibgerät, zur Spitze hin verjüngt, mit hohlem Schaft, der zum Einlegen der Graphitminen aufgeschraubt werden kann. Die Mitte des Stiftes umschließt ein Ring für den Transport der Mine. Auf diese Weise ist er stets schreibbereit ohne je angespitzt werden zu müssen. Vermutlich handelt es

[141] Nietzsche, FW, KSA 3, S. 366.

[142] Nietzsche, KSB 6, S. 170. Vgl. auch S. 166, 169.

[143] Nietzsche, KSB 6, S. 170, 186, 175. Außerdem in einem Brief aus Genua, wo Nietzsche sich im April 1883 wiederum aufhält: »Was die Schreibmaschine betrifft, so hat sie ihren ›Knacks‹ weg [...].« Ders. KSB 6, S. 369.
Das direkt folgende Zitat ders. KGB III/2, S. 229.

auch l e s e n ?!«[144] Bereits das Folgetyposkript trägt diesen handschriftlichen Zusatz, denn Tipp- und Transportfehler haben sich derart vermehrt, dass nun Korrekturen mit dem Stift erforderlich sind. Mal müssen Buchstaben eingefügt bzw. überschrieben werden, mal
18, 67, 280, 322 gilt es, fehlende Zeichen (Gänsefüßchen, Asterices, Interpunktionen) zu ergänzen oder Wörter (durch Schrägstriche) zu trennen. Genauso wie man sieht, dass Nietzsche einige überlange Zeilen nur von Hand (aber in Blockschrift) zu Ende schreiben konnte und gelegentlich sogar gezwungen war, auf seine Federn zurückzugreifen, um durchzustreichen (gleichsam zu vertuschen) bzw. angefangene Briefe fortzusetzen.[146]

sich um ein Fabrikat der Londoner Firma *Sampson Mordan & Co.*, die seit 1822 ein Patent auf solche »ever pointed pencils« besaß.[145] Von Nietzsche selber ist keine Äußerung zu seinem Minenstift überliefert – vielleicht, weil er tadellos funktionierte.

These: *Durch die Anwendung der Maschine wird Rauschen nicht vermindert, sondern verändert.* Will sagen: Vom Dionysischen zeigt sich nun, dass es medienspezifisch funktioniert, genauer noch, dass es seine Rolle auch in *typographischen Szenarien* spielt:

> WANN WERDE ICH ES UEBER MEINE FINGER BR>I\I\NGEN⟨,⟩ EINEN LANGEN SATZ ZU DRÜ[~U]CKEN⟨! –⟩[147]

So ist der Schriftsteller Nietzsche noch einmal zum buchstabierenden Schreiber geworden; oder: Sein neues Schreibzeug verlangt von ihm eine

[144] Nietzsche, KSB 6, S. 172. Vgl. das Faksimile in ders. SchrT, S. 18, bzw. Abb. 12 der Farbtafeln.

Auch Nietzsches Klagen über Kopfschmerzen reißen während dieser (zugegebenermaßen) kurzen Zeit der Schreibmaschinen-Experimente nicht ab: ders. KSB 6, S. 170, 174, 187.

[145] Vgl. Schroeder (et al.) 2002, S. 111 f. Außerdem zur diesbezüglichen Bleistiftgeschichte Petroski 1990, Kap. 17, 21; bzw. Crosby 1998.

[146] Dabei zeigt sich an Nietzsche im Speziellen nur, was für das Ensemble von Schreiben, Schrift und Schreibgeräten im Allgemeinen gilt: »Le terme abusif est un terme d'usage. L'abus n'empêche pas l'usage.« Ja mehr noch: »L'abus paraît, même avant l'us.« Serres 1980, S. 147, 22.

Außerdem Goldeck 1952, S. 108, die unter dem Stichwort »Druckfehlerteufel« ebenso verschiedene wie folgenreiche »Satz- und Lesefehler« dokumentiert hat. Zum Beispiel: »Eine aus Nordchina stammende, auch in Deutschland beliebte Gartenpflanze heißt D i c l y t r a. Ihr Entdecker beabsichtigte allerdings, sie Dielytra zu nennen, von di = 2 und elytron = Hülle. Dazu ist es aber nicht gekommen, da der Setzer in der ersten Veröffentlichung als dritten Buchstaben versehentlich c statt e setzte.« Oder: »Der Scheitelpunkt des Himmels der Z e n i t, wurde von den arabischen Astronomen semt errâs (Weg des Kopfes) genannt, verkürzt semt. Die Spanier schrieben statt s ihr ähnlich lautendes z, also zemt. Doch bereits in den ersten spanischen Drucken wurde daraus infolge eines Setzerfehlers ›ni‹ statt ›m‹ zenit.«

[147] Nietzsche, SchrT, S. 18 = Abb. 12 der Farbtafeln. Zu den Transkriptionsregeln vgl. das Siglenverzeichnis im *Anhang*.

zweite, nunmehr beidhändige Alphabetisierung – den Bildungsweg künftiger 119,158,
Sekretärinnen (während Köselitz in Venedig »ÜBEL«[148] wird). Gegen Bedie- 325,363
nungsprobleme jedenfalls: seien sie durch das Chaos der Tasten, schwergängige (weil verbogene) Typenstangen oder die Unsichtbarkeit des gerade getippten Buchstabens verursacht, helfen (neben Reparaturen) nur Praxis und Gewöhnung: bis zur »unfreiwilligen C o o r d i n a t i o n d i e s e r B e w e g u n g e n«, bis sie »ohne Bewußtsein [ihr] Spiel abspielen«, weshalb sich Nietzsche postwendend dazu entschließt, aus Texten »FINGERUEBUNGEN« zu machen.[149] »VERZEIH UND NIMM FUERLIEB⟨!⟩« bittet er den Theologenfreund Overbeck für diesen Schwenk vom Ausdruck (des Innern) zum Anschlag (von Tasten), um nach der Mechanisierung seines Schreibens noch dessen *Automatisierung* zu erreichen: die Entkoppelung der klassischen Trias Augen, Hand und Lettern.

Maschinenpoesie und Autopoiesis

Das Ergebnis kann sich sehen lassen: Neben 16 Briefen und einer Postkarte tippt Nietzsche auch ein 34 Seiten umfassendes Konvolut mit dem (noch viel ehrgeizigeren) Titel

> ⟨5 0 0⟩ A U F S C H R I F T E N / AUF TISCH UND WAND./FUER N>A\ 122,326,
> ⟨A⟩\RRN/VON N A R R E N H A N D .[150] 372

Köselitz (wie immer) ist begeistert. Diesmal lobt er die »Kernigkeit der Sprüche«, durch die Nietzsche, nach einer Formulierung Kittlers, nicht nur von der
»Rhetorik zum Telegrammstil«, von »Argumenten zu Aphorismen«, sondern 255,328,
auch »von Gedanken zu Wortspielen« wechselt.[151] *Die Schreibmaschine* 350,359
machts möglich: »[W]enn die Augen mich verhindern etwas zu l e r n e n – und ich bin bald so weit! so kann ich immer noch Verse schmieden.« Im Frühjahr 1882 sind das zunächst und zumeist Zwei-, Drei- oder Vierzeiler der folgenden Art:

> GLATTES EIS EIN PARADEIS
> FUR DEN DER GUT ZU TANZEN WEISS.
>
> NICHT ZU FREIGEBIG: >⟨!⟩ NUR HUNDE
> SCHEISSEN ZU JEDER STUNDE.

148 Nietzsche, SchrT, S. 25. Zum Einschluss von Frauen und also Heterosexualität in die Schreibstuben und -Prozesse vgl. Kittler 1985a, S. 28; ders. 1985b, S. 248ff.; ders. 1986, S. 273ff., 308ff.

149 Nietzsche, NF, KSA 13, 14[170], S. 356; NF, KSA 11,30[10], S. 356; SchrT, S. 20, ebenso wie das direkt folgende Zitat.
Zu Tastatur und Typenstangen vgl. Abb. 8 und 9 der Farbtafeln.

150 Nietzsche, SchrT, S. 41.

151 Nietzsche, KGB III/2, S. 229; Kittler 1986, S. 296. Das direkt folgende Zitat Nietzsche, KSB 6, S. 188.

WIE KOMM ICH AM BESTEN DEN BERG HINAN? –
STEIG NUR HINAUF UND DENK NICHT DRAN.

NOTHDURFT IST BILLI⟨g⟩ – GL⟨Ü⟩CK IST OHNE PREIS:
DRUM SITZ ICH STATT AUF GOLD AUF MEINEM STE⟨ISS.⟩

[...].

Auf anderen Blättern heißt es auch:

[...] DIE>⟨alle⟩ GEWOHNHEIT MACHT DIE>⟨unsere⟩ ~~HAD~~ ⟨Hand⟩
GESCHICKTER UND DAS AUGE STUMPFER.

[...] ~~DER BESTE PLATZ DES PARADIESES IST VOR SEI-~~
~~NER THUER~~.

[...] ER SCHOSS EIN LEERES WORT ZUM ZEIT
VERTREIB

INS BLAUE – UND DOCH FE\⟨fiel⟩\IL DAROB
EIN WEIB. ⟨– –⟩

[...] ⟨«⟩GUT UND B⟨Ö⟩SE SIND DIE VORURTHEIL⟨E⟩
GOTTES» – SPRACH DIE SCHLANG[-] UND FLOH IN
EILE.

Beziehungsweise (als schon teilweise zitierte ›Aufschrift‹):

SCHREIBKUGEL IST EIN DING GLEICH MIR – VON EI⟨SEN⟩
UND DOCH LEICHT ZU VERDREHN ZUMAL AUF REISEN⟨:⟩
GEDULD UND TAKT MUSS REI\⟨ch⟩\LICH MAN BESITZEN
UND FEINE FINGERCHEN, UNS ZU BENUETZEN.⟨–⟩
MIT WITZB>OLDEN IST GUT WITZELN⟨:⟩
WER KITZELN WILL IST LEICHT ZU KITZELN.⟨–⟩

Und ein letztes Beispiel (da mit interessantem Verschreiber):

LEG ICH MICH AUS SO LEG ICH MICH HINEIN
SO MOEG EIN FREUD MEIN INTERPRETE SEIN.
[...].[152]

Gedichte also sind es (teils Gelegenheits-Reime, teils geschliffene Sentenzen), die zunächst Köselitz überrascht haben und dann Kittler darin bestätigen, dass Nietzsche auf seinem Weg von der Philosophie über die Philologie zurück zum »schieren Schreibakt« erstens mit seiner Malling-Hansen »experimentiert«, um sie dabei zweitens auch als Gegenstand zu explizieren.[153] *Auf der Maschine schreibt Nietzsche über die Maschine*: Sie ist:

[152] Nietzsche, SchrT, S. 45, 55, 57, 69, 87, 59, 89.

[153] Kittler 1985 b, S. 229, 241. Auf S. 247 dann: »Aus Technik wird Wissenschaft, eine Wissenschaft aber von Techniken.« Mit der Ergänzung, dass Nietzsche im Mai 1882 beschließt, die Aphorismen-Sammlung, an der er zur Zeit seiner Schreibmaschinen-Experimente geschrieben hat, *Die Fröhliche Wissenschaft* zu nennen. Vgl. Nietzsche, KSB 6, S. 191.

> DELICAT WIE EIN KLEINER HUND UND MACHT VIEL NOTH – UND EINIGE UNTERHALTUNG.[154]

So sehr führt die Schreibkugel Regie bei seinen Sätzen; so sehr ist das Spiel auf ihren Tasten immer schon abhängig von deren Eigenarten, Funktionsweisen und Widerständen. Anders formuliert: Was für Nietzsche eine Art Prothese sein sollte, zur Kompensation physiologischer Defizite, erweist sich im Laufe seiner Anwendung als Mechanismus sui generis; geregelt durch die technischen Standards und Materialitäten von 1867. Oder (aus der Anwender-Perspektive): *Am Anfang von Medientheorie steht die Positivierung des Missgeschicks;* das Eingeständnis, nicht länger mehr Herr zu sein am eigenen Schreibtisch und was daran geschrieben werden wird.

Ein Eingeständnis, zu dem Nietzsche wohl vor anderen in der Lage war, weil er an Medien zugleich *Mediendifferenzen* selbst erfahren hat: Von den Stahlfedern zur Schreibkugel als von der Hand- zur Maschinenschrift. Denn erst im (konkurrierenden, vergleichenden…) Gebrauch wird das Neue als Neues bemerkbar – und die Gewohnheit historisch. Im *Dritten Teil* des *Zarathustra* jedenfalls ist nicht nur wieder von der einst maschinengeschriebenen- und beschreibenden »Narrenhand« zu lesen: »wehe allen Tischen 122, 326, 370
und Wänden, und was noch Platz hat für Narren-Zierat, Narren-Schmierat!«, sondern auch, dass dadurch die Worte »fremder« werden für »Tinten-Fische und Feder-Füchse«.[155]

Hält man die Handschrift klassischerweise für eine Spur ihres Autors: Am Maschinenschreiben (als eiserner Kulturtechnik) interessiert Nietzsche gerade die Abschaffung dieser Regel. Denn: »In Wahrheit ist der M⟨ittler⟩ n i c h t uneigennützig.«[156]

Lettern-rauschen

Und schließlich: Neben den genannten Geschicklichkeitsproblemen hat es der Ex-Philologe auf seiner Malling-Hansen genauso mit *mechanischen Störungen* zu tun bekommen. Von den beiden Reparaturen einmal abgesehen 13, 57, 238, 360
waren da vor allem (und wie bereits angedeutet) verbogene Typenstangen (für C, H, W, R und &), die ihn zu weiteren Fingerübungen zwangen bzw. der

[154] Nietzsche, SchrT, S. 28. Andere, nicht weniger schreib- und deshalb selbstbezügliche Thematisierungen sind ja bereits zitiert worden: Etwa in den obigen Gedichten: »SCHREIBKUGEL IST EIN DING GLEICH MIR […]«, oder aber in der seither zum Leitsatz von Medientheorie avancierten Replik Nietzsches auf und an Köselitz: »SIE HABEN RECHT – UNSER SCHREIBZEUG ARBEITET MIT AN UNSEREN GED\⟨A⟩\MKEN.« Ders. SchrT, S. 18 (einschließlich Tippfehler: wie um sich selbst zu beweisen), bzw. Abb. 12 der Farbtafeln.

[155] Nietzsche, ZA-3, KSA 4, S. 241: Erschienen Anfang 1884, also ein gutes Jahr nach der im ersten Buch des *Zarathustra* beschriebenen Seiltänzerszene, deren Druckvorlage wiederum ein knappes Jahr nach den tatsächlichen Schreibkugel-Experimenten fertiggestellt wurde. 87, 231, 312, 341

[156] Nietzsche, NF, KSA 8, 41[58], S. 592.

unterhalb des Kugelkopfs angebrachte Transportwagen für das Papier, der aber, weil ebenfalls verbogen, nicht immer und zuverlässig vorrückte.[157] So blieben Buchstaben oftmals ungedruckt oder wurden übereinandergesetzt, weil sich ein Tastenanschlag entweder gar nicht bis auf das Papier fortsetzte oder dort gleich zweimal dieselbe Stelle traf.[158] Hinzu kam, dass durch die vertikale Anordnung der Maschinenfunktionen (Tasten über Kugelkopf über Transportwagen) sowohl der gerade getippte Buchstabe als auch das jeweils eingespannte (und außerdem um 90° gedrehte) Blatt Papier verdeckt waren; also diesbezügliche Fehler nicht sofort gesehen, d.h. korrigiert oder gar vermieden werden konnten.

> DIE SCHREIBMASCHINE IST ZUNAECHS>T⟨T⟩ ANGREIFENDER ALS IRGEND WELCHES SCHREIBEN

tippt Nietzsche (»autoreferenziell wie immer«) an Mutter und Schwester.[159] Zwar gab es die Möglichkeit, das Halbrund der Tastatur hochzuklappen und einen Blick auf das Papier zu werfen, an der Fehlerquote freilich änderte das so wenig, wie es das Sätze drücken in die Länge zog. *Blindes Schreiben, für Nietzsche der Glücksfall, ist nicht ohne blindes Verschreiben zu haben.* Daher die Indifferenz von Botschaft und Rauschen (aus der um 1900 bekanntlich ganze Literaturgattungen hervorgehen)[160] bzw. (noch einmal im Frühjahr 1882): Als Ausdruck eines Kugelkopfes werden Text und Makulatur ununterscheidbar. Woraus keineswegs folgt, man müsse philosophischer oder philologischer werden (sich um mehr Kritik oder Konjektur bemühen), als vielmehr Nietzsches Wende zur Materialität des neuen Schreibgerätes. Mit anderen Worten: *Seit ihm die Malling-*

[157] Eine ebenso detaillierte wie umfassende Liste der Beschädigungen hat Eberwein 2005, S. 28 ff. vor seiner Restauration der Maschine erstellt.

[158] Vgl. Abb. 12 der Farbtafeln: zur Übereinandersetzung von Buchstaben die Zeilen 10 (»I>N«), 14 (»VIELLEI>CHT«), oder 23 (»ME>INEN«); zu deren Auslassung die Zeilen 4 (»KEN⟨N⟩E«), 6 (»GED⟨A⟩MKEN«), 11 (»MIT⟨T⟩E«), 19 (»AB>E⟨B⟩E>R D⟨I⟩E«) oder 24 (»ZE⟨I⟩T⟨,⟩ STILLE⟨,⟩UND>F\⟨F⟩\RISCHE ERD\⟨K⟩\RUME ZU GE\⟨B⟩\EN. ⟨– – – – –⟩«). *Was eigentlich Speicher sein soll, um adressiert zu werden, ist immer und zuvor schon die Macht der Auslöschung.*

[159] Nietzsche, SchrT, S. 19, bzw. Kittler 1986, S. 301. Wie Nietzsche, KSB 6, S. 170, 186 zeigt, ist dies weder die erste noch die letzte Formulierung, in der ›Schreibmaschine‹ als (Satz-)Subjekt auftritt.

Zur Vertikalität ihrer Funktionen vgl. außerdem Abb. 6 und 9 der Farbtafeln.

[160] Vgl. dazu Liede 1963-2, S. 32 ff.: *Die Gattungen der Unsinnspoesie*; u.a. mit Hinweisen (ders. 1963-1, S. 307 f., 365) auf den Nietzsche-»beeindruckten« Christian Morgenstern 1908, S. 56 (dessen *Galgenlieder* ab der 3. Auflage das Motto: »Im ächten Manne ist ein Kind versteckt: das will spielen« tragen; vgl. Nietzsche, ZA-1, KSA 4, S. 85), bzw. den »mit Nietzsche[-Lektüre] aufgewachsenen« Dadaisten Hans Arp (»Gäbe man heute noch den Dichtern Namen wie zur Barockzeit, so müßte man ihn ›den Spielenden‹ nennen.«).

Hansen viel Not und einige Unterhaltung macht, kommt Dionysos auch als medientechnische Kategorie (für das Schreiben) ins Spiel. Als ein Gott, der nun, statt Silene zu befehlen oder Musik zu entfesseln, am Eisen der Maschine dreht – zumal auf Reisen.

> Für eine dionysische Aufgabe gehört die Härte des Hammers, die Lust selbst am Vernichten in entscheidender Weise zu den Vorbedingungen.[161]

Nichts aber beginnt, das nicht auch endet; am allerwenigsten Schreiben – und sei es mit Maschinen. Nietzsches Genueser Experiment bildet da keine Ausnahme: »Leben Sie wohl!«, so muss der Ex-Professor am 21. März 1882 sein Tastenspiel unterbrechen und mit der Feder fortfahren (vgl. Abb. 13 11,117, 249,363
der Farbtafeln, oder*)*:

> Die Schreib-maschine will nicht mehr, es ist gerade die Stelle des geflickten Bandes.[162]

Auf dem Papier werden zuerst die Lettern immer blasser, dann folgen, schon von Hand, ein Punkt und ein Gedankenstrich, wie um erneut das Kritzeln-Müssen anzubahnen.[163] Und tatsächlich: Nietzsches letztes datierbares Typoskript wird ein Brief vom 24. März an Köselitz in Venedig sein, weshalb die Postkarte drei Tage später an die Schwester bereits einen ersten Rückblick auf seine Zeit als mechanisierter Worte-macher darstellt:

> Das verfluchte Schreiben! Aber die Schreibmaschine ist [...] unbrauchbar; das Wetter ist nämlich trüb und wolkig; also feucht: da ist jedesmal der Farbstreifen auch feucht und klebrig, so daß jeder Buchstabe hängen bleibt, und die Schrift gar nicht zu sehn ist. Überhaupt!! — — —[164]

Überhaupt? ›Überhaupt!!‹ Die Maschine »hat ihren ›Knacks‹ weg«, wie Nietzsche nach 4 Wochen sogar bekräftigt und die Typoskripte bis auf den heutigen Tag beweisen. Es hat also nicht allein mit 14 Dioptrien Kurzsichtigkeit zu tun, dass sich dort ein nicht nur blasses, sondern auch diffuses Druckbild zeigt: Die Lettern sind tatsächlich verschwommen bzw. in

[161] Nietzsche, EH, KSA 6, S. 349 – was schon deshalb als »Medientechnikersatz« (Kittler 1986, S. 293) zu lesen ist, weil es im Abschnitt über die Entstehungsgeschichte des *Zarathustra* steht.

[162] Nietzsche, SchrT, S. 37. Zur tatsächlichen Störquelle für das Aussetzen der Maschine vgl. noch einmal Eberwein 2005, S. 62, 204, 210f.

[163] Ganz ähnlich scheint es Nietzsche, SchrT, S. 32 auch am 20. März. ergangen zu sein: in einem Brief von Genua aus nach Venedig, der zugleich den *Grenzverlauf zweier Schreibszenen* sichtbar macht.

[164] Nietzsche, KSB 6, S. 188. Das direkt folgende Zitat S. 369.

einer Art Farbnebel aufgelöst; jedenfalls mit unscharfen Rändern, die ihre Lesbarkeit zum Teil unmöglich machen.[165] So findet das Rauschen eines verregneten Rivierafrühlings auf Schreibmaschinenblättern seine Fortsetzung – als Medium, das über die Spuren nicht hinausweist, die es hervorbringt: typisch, diskret und leicht zu übersehen, gleichwohl eine Diskontinuität in der Geschichte des Schreibens, der Schrift und ihrer Schreibgeräte.

[165] Vgl. dazu fast alle Faksimiles bei NIETZSCHE, SchrT; insbesondere jedoch die S. 28, 39, 87 und 97 sowie deren S. 18 als Abb. 12 der Farbtafeln: dort vor allem die Zeilen 9, 11, 15 und 17.

ANHANG

Siglenverzeichnis zu Nietzsche

Werkausgaben:

BAW	Frühe Schriften. München 1994
KGB	Briefwechsel, Kritische Gesamtausgabe. Berlin, New York 1975 ff.
KGW	Werke, Kritische Gesamtausgabe. Berlin, New York 1993 ff.
KSA	Sämtliche Werke, Kritische Studienausgabe. München 1988 ff.
KSB	Sämtliche Briefe, Kritische Studienausgabe. München 1986 ff.

(Zitiert nach folgendem Schema: Nietzsche, Sigle des Einzeltextes [nicht bei Briefen], Sigle der Werkausgabe, Band, Seitenzahl). Bsp.: NIETZSCHE, FW, KSA 5, S. 462 bzw. NIETZSCHE, KSB 3, S. 35.

Einzeltexte:

(Von Nietzsche selbst veröffentlicht oder zum Druck vorbereitet)

EH	Ecce homo
FW	Die fröhliche Wissenschaft
GD	Götzen-Dämmerung
GM	Zur Genealogie der Moral
GT	Die Geburt der Tragödie aus dem Geiste der Musik
HL	Vom Nutzen und Nachtheil der Historie für das Leben (Unzeitgemässe Betrachtungen: Zweites Stück)
JGB	Jenseits von Gut und Böse
M	Morgenröthe
MA-1	Menschliches, Allzumenschliches: Erster Band
MA-2	Menschliches, Allzumenschliches: Zweiter Band
MD	Mahnruf an die Deutschen
NW	Nietzsche contra Wagner
SE	Schopenhauer als Erzieher (Unzeitgemässe Betrachtungen: Drittes Stück)
WS	Der Wanderer und sein Schatten
ZA-1	Also sprach Zarathustra
ZA-2	Also sprach Zarathustra: Zweiter Teil
ZA-3	Also sprach Zarathustra: Dritter Teil
ZA-4	Also sprach Zarathustra: Vierter und letzter Teil

Nachgelassene Texte:

BA	Ueber die Zukunft unserer Bildungsanstalten (Sechs öffentliche Vorträge)
DW	Dionysische Weltanschauung
CV	Fünf Vorreden zu ungeschriebenen Büchern
GMD	Das griechische Musikdrama
PHG	Die Philosophie im tragischen Zeitalter der Griechen
ST	Sokrates und die Tragoedie
WL	Ueber Wahrheit und Lüge im aussermoralischen Sinne

Vorlesungen:

(Nachgelassene Aufzeichnungen aus der Zeit als Baseler Professor)

DR	⟨Darstellung der antiken Rhetorik⟩
GB	Geschichte der griechischen Beredsamkeit
LG	Vorlesungen über lateinische Grammatik

Fragmente:

NF	Nachgelassene Fragmente [= KSA 7–13]

(Zitiert nach folgendem Schema: Nietzsche, Sigle der Fragmente, Sigle der Werkausgabe, Band, Nummer des Konvolutes, Nummer des Fragments in eckigen Klammern, Seitenzahl). Bsp.: Nietzsche, NF, KSA 10, 13[7], S. 457.

Typoskripte:

SchrT	Schreibmaschinentexte. Weimar 2002.

(Für die Transkription gilt: Mit > wird die Übereinandersetzung zweier Buchstaben markiert, mit \Text\ etwaige Einfügungsschlaufen, mit [~Text] alternative, da unentscheidbare Lesweisen, mit [-] unlesbare Zeichen und mit ~~Text~~ bzw. ⟨Text⟩ Nietzsches handschriftliche Durchstreichungen bzw. Korrekturen: Bleistift oder Tinte)

Archive:

BPK	Bildarchiv Preußischer Kulturbesitz, Berlin
DLA	Deutsches Literaturarchiv Marbach
KSW	Klassik Stiftung Weimar, Museen (ehem. Stiftung Weimarer Klassik und Kunstsammlungen, einschl. Goethe- und Schiller-Archiv bzw. Herzogin Anna Amalia Bibliothek)
NTM	Norsk Teknisk Museum, Oslo

Glossar

Griechisch:

ἀλογία	Nicht-Rede, Nicht-Ausdruck, Nicht-Vernunft – Wobei das ›α‹ (hier mit ›Nicht‹ übersetzt) keine Verneinung meint (als *Alpha negativum*), sondern die Abwesenheit der im Grundwort gegebenen Bedeutung anzeigt: als *Alpha privativum* (vgl. auch die Unterscheidung logisch, unlogisch und alogisch).
ἀγορά	(Volks-, Heeres-)Versammlung, Marktplatz, Forum.
ἀγών	Versammlung, Wettkampf, Prozess, Anstrengung; zu: ἀγώ = führen, treiben, in Bewegung setzen.
ἄναρχος	führerlos, ohne (Feld-, Staats-, Haus-)Herrn (vgl. auch die obigen Anmerkungen zum *Alpha privativum*).
ἀρχή	Anfang, Beginn, Ursprung, Grund, Oberbefehl, Herrschaft, Obrigkeit.
αὐτός	selbst, persönlich, auf sich selbst gestellt.
βίος	Leben, Lebenswandel, Lebensunterhalt.
γραφή	Zeichnung, Malerei, Schriftstück, Dokument, Inschrift; zu: γράφω = einritzen, eingraben, aufschreiben.
γυμναστική	Gymnastik, Leibesübung, Training (auch leicht bewaffnet).
διάλεκτος	Gespräch, Diskussion, Redeweise, Mundart.
διασπορά	Zerstreuung, Verstreutheit.
δόξα	Erwartung, Meinung, Ansicht, Einbildung.
δρᾶν	tun, handeln, ausführen, vollbringen.
ἐκεχειρία	Waffenstillstand, Waffenruhe.
ἔξοδος	Ausgang, Tor, Auszug, Weggang, Herausgehen.
ἐπιστήμη	Wissen, Kenntnis, Einsicht.
θεωρία	Anschauen, Zuschauen, Untersuchung, Schauspiel, sakraler und/oder staatlicher Festzug: aus: θεα-ορός = der eine Schau sieht, aber auch: θεο-ωρός = den Gott wahrend.
ἰδέα	Aussehen, (äußere) Erscheinung, Gestalt, Meinung, Idee.
κιθάρα	Kithara, Leier.
Κρόνος	Sohn der Gäa und des Uranos, Vater des Zeus, Kindermörder.
κύκλος	Kreis, Ring, Kreislauf, Scheibe, (Ring-, Stadt-)Mauern.
Κύκλωψ	Zyklop, einäugiger Riese, bsd. Polyphemos.
λέγειν	etwas von Bedeutung sagen; zu: λέγω = sammeln, dazuzählen, sagen, sprechen.
λόγος	Rede, Erzählung, Vortrag, Wort, Ausdruck, Rechnung, Vernunft.
μεταφοραί	Übertragung, zu: μεταφέρω = verlegen, wegbringen, wechseln, etwas auf jemanden übertragen, verwechseln.
μῦθος	Rede, Wort, Erzählung, Begebenheit, Gerücht, Sage.
Ναρκίσσος	Sohn des Kephissos, der sich in sein eigenes Spiegelbild verliebt, als er bei Thespiai in die Quelle eines Flusses blickt.
νόμος	Brauch, Sitte, Grundsatz, Regel, Gesetz, Satzung.
οἰκονομία	Haushaltung, Haushaltsführung, Verwaltung, Heilsordnung.

οἶκος	Haus, Wohnung, Haushalt, Hab und Gut, Familie.
ὄργανον	Werkzeug, Gerät, Organ.
οὐσία	Dasein, Sein, Wesen, Eigentum, Besitz.
πάθος	Erlebnis, Schicksal, Gemütsbewegung, Seelenstimmung, Leidenschaft.
ποίησις	Handeln, Schaffen, (schöpferische) Tätigkeit, Dichtkunst.
πολεμικός	kriegerisch, zum Krieg gehörig, kriegskundig, feindlich.
σῆμα	Zeichen, Merkmal, Spur, Signal, Schriftzeichen, Losung, Grabmal.
Σκύλλα	mythisches Ungeheuer, das an einer Meerenge gegenüber Χάρυβδις die Seeleute bedrohte, z.B. Odysseus und seine Gefährten. Vgl. σκύλλω = zerfleischen, schinden, plagen.
σύμβολον	Erkennungszeichen, Kennzeichen, Merkmal, Marke, Vertrag.
σχημάτιον	Tanzfigur; zu: σχῆμα = Haltung, Stellung, Gebärde, Gestalt, Aussehen.
σῶμα	Leib, Leben, Leichnam, Person, Individuum.
τέλος	Ende, Grenze, Tod, Ziel, Vollendung, Vollkommenheit, Abgabe, Tribut.
τρόπος	Wendung, Richtung, Art und Weise, Beschaffenheit, Sitte.
τυγχάνω	(Ziel) treffen, stoßen auf, begegnen, erreichen.
φαίνω	sichtbar machen, offenbaren, verkünden, anzeigen, denunzieren.
φωνή	Stimme, Ton, Klang, Ruf, Rede.
σῆμα	Zeichen, Merkmal, Spur, Signal, Schriftzeichen, Losung, Grabmal.
Χάρυβδις	Meeresstrudel; siehe auch: Σκύλλα.
χῶρος	Tanzplatz, Tanz, Chortanz, Schar.
Χρόνος	Zeit, Dauer, Lebenszeit, Alter.
ψυχή	Atem, Leben, Seele, Gemüt.

Lateinisch:

activus	tätig, engagiert handelnd; etym. verwandt mit: agon.
agon	Wettkampf, Kampfspiel.
contemplatio	Beschauen, Betrachtung; siehe auch: templum.
discursus	Auseinanderlaufen, Streifzug, Hin- und Herlaufen.
dubito	zweifeln, bezweifeln, Bedenken tragen.
hostis	Gast, Fremdling, Ausländer, Nebenbuhler.
interpres	Übersetzer, Vermittler, Unterhändler, Erklärer, Wahrsager(in).
manifestus	handgreiflich, ertappt, überführt, deutlich, offenbar.
meditatio	Nachdenken, Einstudieren, Einüben.
medium	Mitte, Mittelpunkt, Öffentlichkeit, Publikum, Gemeinwohl; dazu: medius = mittlere, mitten, in der Mitte befindlich, dazwischen liegend, vermittelnd, neutral, unparteiisch.
pro(r)sus	von altl.: provorto bzw. proverto = nach vorwärts gerichtet, geradewegs.
subiectus	darunter, unterhalb liegend, untergeben, unterwürfig, demütig.
templum	umspannter Raum, abgegrenzter Bezirk, Beobachtungskreis, Heiligtum.

tessera — viereckiger Würfel mit sechs bezeichneten Seiten, Marke, Erkennungszeichen für Gastfreunde [hospitalis].
verso — hin- und herwenden, umkehren.

Text-Körper: Nietzsches Erstausgaben[1]

(Chronologisch aufgeführt nach: Titel/ Verlag mit Erscheinungsjahr/ Druckerei/ Auflage/ Format/ Umschlag/ Seitenzahl/ Verkaufspreis)

Die Geburt der Tragödie aus dem Geiste der Musik/ E. W. Fritzsch: Leipzig 1872/ Breitkopf & Härtel: Leipzig (mit Titelvignette »Der entfesselte Prometheus« von Leopold Rau)/ 800 Ex. (fünf davon auf Verlinpapier)/ Oktavformat/ Broschur in rotbraunem Pappumschlag/ 143 S./ Drei Mark.
Unzeitgemässe Betrachtungen, Erstes Stück, David Strauss der Bekenner und der Schriftsteller/ E. W. Fritzsch: Leipzig 1873/ C. G. Naumann: Leipzig/ 1000 Ex./ Oktavformat/ Broschur in hellgrünem Pappumschlag/ 101 S./ Drei Mark.
Unzeitgemässe Betrachtungen, Zweites Stück, Vom Nutzen und Nachtheil der Historie für das Leben/ E. W. Fritzsch: Leipzig 1874/ C. G. Naumann: Leipzig/ 1000 Ex./ Oktavformat/ Broschur in hellgrünem Pappumschlag/ 111 S./ Drei Mark.
Unzeitgemässe Betrachtungen, Drittes Stück, Schopenhauer als Erzieher/ E. Schmeitzner: Schloss-Chemnitz 1874/ C. G. Naumann: Leipzig/ 1000 Ex./ Oktavformat/ Broschur in braunem Pappumschlag/ 113 S./ Drei Mark.
Unzeitgemässe Betrachtungen, Viertes Stück, Richard Wagner in Bayreuth/ E. Schmeitzner: Schloss-Chemnitz 1876/ 1500 Ex. (davon sechs ›Festexemplare‹ für Bayreuth auf besonderem Papier)/ Oktavformat/ Broschur in braunem Pappumschlag/ 98 S./ Drei Mark.
Menschliches, Allzumenschliches, Ein Buch für freie Geister/ E. Schmeitzner: Schloss-Chemnitz 1878/ Richard Oschatz: Chemnitz (mit Widmung: ›Dem Andenken Voltaire's geweiht zur Gedächtniss-Feier seines Todestages des 30. Mai 1778‹/ 1000 Ex./ Oktavformat/ Broschur in grauem Pappumschlag/ 377 S./ 10 Mark.
Der Wanderer und sein Schatten/ Ernst Schmeitzner: Schloss-Chemnitz 1880/ Richard Oschatz: Chemnitz/ 1000 Ex./ Oktavformat/ Broschur in hellgrauem Pappumschlag/ 186 S./ Sechs Mark.
Morgenröthe, Gedanken über die moralischen Vorurtheile/ E. Schmeitzner: Schloss-Chemnitz 1881/ B. G. Teubner: Leipzig/ 1000 Ex./ Oktavformat/ Broschur in dunkelblauem Pappumschlag/ 363 S./ 10 Mark.
Die fröhliche Wissenschaft (»la gaya scienza«)/ E. Schmeitzner: Schloss-Chemnitz 1882/ B. G. Teubner: Leipzig (mit Ermerson-Zitat: »Dem Dichter und Weisen sind alle Dinge befreundet und geweiht, alle Erlebnisse nützlich, alle Tage hei-

[1] In diesem Fall seine sog. Hauptschriften von 1872–1889. Quellen: Nietzsches Privatbibliothek in KSW: *Herzogin Anna Amalia Bibliothek* (mit herzlichem Dank an Erdmann von Wilamowitz-Moellendorff). Außerdem Schaberg 1995, S. 23 ff., 198 ff.; Wilamowitz-Moellendorff 1997, S. 14 ff. sowie Jung (et al.) 2000, S. 104 ff.

lig, alle Menschen göttlich«)/ 1000 Ex./ Oktavformat/ Broschur in hellblauem Pappumschlag/ 255 S./ 6,40 Mark.

Also sprach Zarathustra, Ein Buch für Alle und Keinen/ E. Schmeitzner: Schloss-Chemnitz 1883/ B. G. Teubner: Leipzig/ 1000 Ex./ Oktavformat/ Broschur in hellblauem Pappumschlag (bedruckt mit roter Farbe)/ 114 S./ 3,30 Mark.

Also sprach Zarathustra, Ein Buch für Alle und Keinen 2/ E. Schmeitzner: Schloss-Chemnitz 1883/ C. G. Naumann: Leipzig/ 1000 Ex./ Oktavformat/ Broschur in hellblauem Pappumschlag (bedruckt mit roter Farbe)/ 103 S./ Drei Mark.

Also sprach Zarathustra, Ein Buch für Alle und Keinen 3/ E. Schmeitzner: Schloss-Chemnitz 1884/ C. G. Naumann: Leipzig/ 1000 Ex./ Oktavformat/ Broschur in hellblauem Pappumschlag (bedruckt mit roter Farbe)/ 119 S./ 3,30 Mark.

Also sprach Zarathustra, Ein Buch für Alle und Keinen, Vierter und letzter Theil/ C. G. Naumann: Leipzig 1885 (Privatdruck)/ 45 Ex./ Oktavformat/ Broschur in hellblauem Pappumschlag (bedruckt mit roter Farbe)/ 112 S. Schenkung an Freunde.

Jenseits von Gut und Böse, Vorspiel einer Philosophie der Zukunft/ C. G. Naumann: Leipzig 1886 (Druck und Verlag)/ 600 Ex./ Oktavformat/ Broschur in kieselgrauem Pappumschlag/ 271 S./ Fünf Mark.

Genealogie der Moral, Eine Streitschrift/ C. G. Naumann: Leipzig 1887 (Druck und Verlag)/ 600 Ex./ Oktavformat/ Broschur in kieselgrauem Pappumschlag/ 82 S./ 3,50 Mark.

Der Fall Wagner, Ein Musikanten-Problem/ C. G. Naumann 1888 (Druck und Verlag)/ 1000 Ex./ Oktavformat/ Broschur in gebrochenem weißen Pappumschlag/ 116 S./ 1,50 Mark.

Götzen-Dämmerung, oder: Wie man mit dem Hammer philosophirt/ C. G. Naumann: Leipzig 1889 (Druck und Verlag)/ 1000 Ex./ Oktavformat/ Broschur in kieselgrauem oder gebrochenem weißen Pappumschlag (Titelzeile gedruckt in roter Farbe)/ 144 S./ 3,30 Mark.

Nietzsche contra Wagner, Aktenstücke eines Psychologen/ C. G. Naumann: Leipzig 1889 (Druck und Verlag)/ 100 Ex. (als Privatauflage)/ Oktavformat/ Broschur in gebrochenem weißen Papierumschlag/ 42 S. (Die erste der Öffentlichkeit zugängliche Ausgabe erscheint 1894 im Bd. VIII der von Fritz Koegel edierten ›Großoktavausgabe‹).

Der Antichrist, Fluch auf das Christenthum/ Manuskript am 30. September 1888 abgeschlossen (Änderungen bis Januar 1889)/ Erstveröffentlichung 1894 im Bd. VIII der von Fritz Koegel edierten ›Großoktavausgabe‹/ C. G. Naumann (Druck und Verlag)/ 1000 Ex./ Oktavformat/ Broschur in grauem Pappumschlag bzw. im Halbledereinband/ 77 S.

Ecce homo, Wie man wird, was man ist/ Manuskript am 4. November 1888 an C. G. Naumann abgeschickt (Korrekturen bis zum 27. Dezember nachgereicht)/ Erstveröffentlichung 1908 im Insel-Verlag: Leipzig (hg. von Raoul Richter als sog. ›Bankierausgabe‹)/ F. Richter: Leipzig/ 1250 (nummerierte) Ex./ Quadratisches Quartformat/ Graue Deckel mit weißen Zierstreifen (150 Ex. auf Velinpapier in grauem Ledereinband), Titel in Jugendstil-Buchstaben und -Ornamenten von Henry van der Velde/ 154 S./ 20 bzw. 50 Mark (durch Subskription).

Literaturverzeichnis

ABEL, Günter (1984): *Nietzsche. Die Dynamik der Willen zur Macht und die ewige Wiederkehr.* Monographien und Texte zur Nietzsche-Forschung, Bd. 15. Berlin, New York (de Gruyter).

ADORNO, Theodor W. (1956): »Satzzeichen«. In: Ders.: *Gesammelte Schriften.* Bd. 11, *Noten zur Literatur.* Hg. von Rolf Tiedemann. Frankfurt/M. (Suhrkamp) 1990, S. 106–113.

ARENDT, Hannah (1958): *The Human Condition.* Chicago, London (University of Chicago Press) 1969.

AUTHIER, Jacqueline (1993): »›In Gänsefüßchen reden‹ oder Nähe und Distanz des Subjekts zu seinem Diskurs«. Übersetzt und fürs Deutsche bearbeitet von Harold Woetzel. In: Geier, Manfred/Woetzel, Harold (Hgg.): *Das Subjekt des Diskurses. Beiträge zur sprachlichen Bildung von Subjektivität und Intersubjektivität.* Berlin (Argument-Verlag), S. 59–76.

BAEUMER, Max L. (1977): »Das moderne Phänomen des Dionysischen und seine ›Entdeckung‹ durch Nietzsche«. In: *Nietzsche-Studien. Internationales Jahrbuch für die Nietzsche-Forschung.* Bd. 6. Berlin, New York (de Gruyter), S. 123–153.

BARTHES, Roland (1953): *Le degré zéro de l'écriture.* Paris (Éditions du Seuil).

– (1962): »L'imagination du signe«. In: Ders.: *Essais critiques.* Paris (Éditions du Seuil) 1964, S. 206–212.

– (1963): »L'activité structuraliste«. In: Ders.: *Essais critiques.* Paris (Éditions du Seuil) 1964, S. 213–220.

– (1968): »La mort de l'auteur«. In: Ders.: *Le bruissement de la langue. Essais critiques IV.* Paris (Éditions du Seuil) 1884, S. 63–69.

– (1970): *S/Z.* Paris (Éditions du Seuil).

– (1971): »De l'œuvre au texte«. In: Ders.: *Le bruissement de la langue. Essais critiques IV.* Paris (Éditions du Seuil) 1884, S. 71–80.

– (1973 a): »Sémiographie d'André Masson«. In: Ders.: *L'obvie et l'obtus. Essais critiques III.* Paris (Éditions du Seuil) 1982, S. 142–144.

– (1973 b): »Variations sur l'écriture (Texte non publié)«. In: Ders.: *Œuvres complètes.* Tome II: 1966–1973. Édition établie et présentée par Éric Marty. Paris (Éditions du Seuil) 1994, S. 1535–1574.

– (1973 c): »Un rapport presque maniaque avec les instruments graphiques«. In: Ders.: *Le grain de la voix,* Entretiens 1962–1980. Paris (Éditions du Seuil) 1981, S. 193–198.

– (1973 d): *Le Plaisir du texte.* Paris (Éditions du Seuil).

– (1975): »Le bruissement de la langue«. In: Ders.: *Le bruissement de la langue, Essais critiques IV.* Paris (Éditions du Seuil) 1884, S. 99–102.

– (1977 a): *Fragments d'un discours amoureux.* Paris (Éditions du Seuil).

– (1977 b): *Leçon/Lektion.* Französisch und Deutsch. Antrittsvorlesung am Collège de France, gehalten am 7. Januar 1977, übersetzt von Helmut Scheffel. Frankfurt/M. (Suhrkamp) 1978.

– (1985): *L'aventure sémiologique.* Paris (Éditions du Seuil).

BAUDRILLARD, Jean (1976): *L'échange symbolique et la mort.* Paris (Gallimard).

BAUER, Martin (1984): »Zur Genealogie von Nietzsches Kraftbegriff. Nietzsches Auseinandersetzung mit J. G. Vogt«. In: *Nietzsche-Studien. Internationales Jahrbuch für die Nietzsche-Forschung*. Bd. 13. Berlin, New York (de Gruyter), S. 211–227.

BAYLE, Pierre (1697): *Dictionaire historique et critique*. Tome I, Première Partie. Amsterdam (Reinier Leers).

BEHLER, Ernst (1978): »Nietzsche und die frühromantische Schule«. In: *Nietzsche-Studien. Internationales Jahrbuch für die Nietzsche-Forschung*. Bd. 7. Berlin, New York (de Gruyter), S. 59–96.

– (1983): »Die Auffassung des Dionysischen durch die Brüder Schlegel und Friedrich Nietzsche«. In: *Nietzsche-Studien. Internationales Jahrbuch für die Nietzsche-Forschung*. Bd. 12. Berlin, New York (de Gruyter), S. 335–354.

– (1994): »Die Sprachtheorie des frühen Nietzsche«. In: *›Centauren-Geburten‹*. Wissenschaft, Kunst und Philosophie beim frühen Nietzsche. Hg. von Tilman Borsche, Frederico Gerratana †, Aldo Venturelli. Monographien und Texte zur Nietzsche-Forschung, Bd. 27. Berlin, New York (de Gruyter), S. 99–111.

BENDERS, Raymond J. / OETTERMANN, Stephan (2000) (Hgg.): *Friedrich Nietzsche. Chronik in Bildern und Texten*. Unter Mitarbeit von Hauke Reich und Sibylle Spiegel, im Auftrag der Stiftung Weimarer Klassik. München, Wien (Hanser).

BENN, Gottfried (1944): »Roman des Phänotyp (Landsberger Fragment)«. In: Ders.: *Prosa und Autobiographie*. Frankfurt/M. (Fischer) 1984.

BEXTE, Peter (1991): »Die Formate des Wissens«. In: Michael Cahn: *Der Druck des Wissens. Geschichte und Medium der wissenschaftlichen Publikation*. Staatsbibliothek Preußischer Kulturbesitz. Berlin, Wiesbaden (Reichert).

BLANCHOT, Maurice (1959): *Le livre à venir*. Paris (Gallimard).

– 1969): »Nietzsche et l'écriture fragmentaire«. In: Ders.: *L'entretien infini*. Paris (Gallimard).

BLONDEL, Eric (1972): »Les guillemets de Nietzsche: Philologie et Généalogie«. In: *Nietzsche aujourd'hui? 2. Passion*. 10/18. Paris (Union générale d'éd.) 1973, S. 153–182.

BLUMENBERG, Hans (1960): *Paradigmen zu einer Metaphorologie*. Frankfurt/M. (Suhrkamp).

– (1979): *Schiffbruch mit Zuschauer*. Paradigma einer Daseinsmetapher. Frankfurt/M. (Suhrkamp).

BOLZ, Norbert (1991): *Eine kurze Geschichte des Scheins*. München (Fink).

BORCHARDT, Rudolf (1929): »Der Hausbesuch«. In: Ders.: *Gesammelte Werke in Einzelbänden. Erzählungen*. Hg. von Marie Luise Borchardt unter der Mitarbeit von S. Rizzi. Stuttgart (Klett-Cotta) 1998.

BORCHERT, Hans (1998): »Europa wächst zusammen«. In: *Focus* 21. 1998. München, S. 116–122,

BORSCHE, Tilman (1992): »System und Aphorismus«. In: Djuric, Mihailo / Simon, Josef (Hgg.): *Nietzsche und Hegel*. Würzburg (Königshausen & Neumann), S. 48–64.

BOSSE, Heinrich (1981): *Autorschaft ist Werkherrschaft. Über die Entstehung des Urheberrechts aus dem Geist der Goethezeit*. Paderborn, München, Wien, Zürich (Schöningh).

Brandt, Reinhard (1991): »Die Titelvignette von Nietzsches ›Geburt der Tragödie aus dem Geiste der Musik‹«. In: *Nietzsche-Studien. Internationales Jahrbuch für die Nietzsche-Forschung*. Bd. 20. Berlin, New York (de Gruyter), S. 314–328.

Brauner, Ludwig (1925): *Die Schreibmaschine in technischer, kultureller und wirtschaftlicher Bedeutung*. Prag II (Mezibránská).

Bredeck, Elizabeth (1984): »Fritz Mauthners Nachlese zu Nietzsches Sprachkritik«. In: *Nietzsche-Studien. Internationales Jahrbuch für die Nietzsche-Forschung*. Bd. 13. Berlin, New York (de Gruyter), S. 587–599.

Brobjer, Thomas H. (2000): »Nietzsches Bibliothek«. In: Henning Ottmann (Hg.): *Nietzsche-Handbuch. Leben – Werk – Wirkung*. Stuttgart, Weimar (Metzler), S. 59–61.

Burckhardt Martin (1994): *Metamorphosen von Zeit und Raum. Eine Geschichte der Wahrnehmung*. Frankfurt/M., New York (Campus) 1997.

Cahn, Michael (1997): »Die Rhetorik der Wissenschaft im Medium der Typographie. Zum Beispiel die Fußnote«. In: *Räume des Wissens. Repräsentation, Codierung, Spur*. Hg. von Hans-Jörg Rheinberger, Michael Hagner und Bettina Wahrig-Schmidt. Berlin (Akademie), S. 91–109.

Campe, Rüdiger (1991): »Die Schreibszene. Schreiben«. In: Hans Ulrich Gumbrecht und K. Ludwig Pfeiffer (Hgg.): *Paradoxien, Dissonanzen, Zusammenbrüche. Situationen offener Epistemologie*. Frankfurt/M. (Suhrkamp), S. 759–772.

Campioni, Giuliano / D'Iorio, Paolo / Fornari, Maria Cristina / Fronterotta, Francesco / Orsucci Andrea (2003) (Hgg.): *Nietzsches persönliche Bibliothek*. Berlin, New York (de Gruyter).

Carrière, Mathieu (1981): *für eine Literatur des Krieges, Kleist*. Frankfurt/M. (Fischer) 1990.

Cervantes, Miguel de (1605): *El ingenioso hidalgo Don Quijote de la Mancha*. Barcelona (Noguer) 1976.

Crescenzi, Luca (1994): »Verzeichnis der von Nietzsche aus der Universitätsbibliothek in Basel ausgeliehenen Bücher (1869–1879)«. In: *Nietzsche-Studien. Internationales Jahrbuch für die Nietzsche-Forschung*. Bd. 23. Berlin, New York (de Gruyter), S. 388–442.

Crosby Deborah (1998): *Victorian Pencils. Tools to Jewels*. Atglen (Schiffer).

Descartes, René (1641): »Meditationes de Prima Philosophia. In quibus Dei existentia, et animae humanae a corpore distinctio, demonstrantur«. In: Ders.: *Philosophische Schriften*. Hamburg 1996.

Deleuze, Gilles (1962): *Nietzsche et la philosophie*. Paris.

– (1968): *Différence et répétition*. Paris.

– (1972): »Pensée nomade«. In: *Nietzsche aujourd'hui? 1. Intensités*. 10/18. Paris (Union générale d'éd.) 1973, S. 159–190.

– (1973): »A quoi reconnaît-on le structuralisme?«. In: François Châtelet (Hg.): *Histoire de la philosophie, idées, doctrines*. Vol. 8. Paris (Hachette), S. 299–335.

– (1980) (zusammen mit Félix Guattari): *Capitalisme et Schizophrénie: Mille Plateaux*. Paris (Les Éditions de Minuit).

Derrida, Jacques (1963): »Force et signification«. In: Ders.: *L'écriture et la différence*. Paris (Éditions du Seuil) 1967, S. 9–49.

– (1964 a): »Violence et métaphysique. Essai sur la pensée d'Emmanuel Levinas«. In: Ders.: *L'écriture et la différence.* Paris (Éditions du Seuil) 1967, S. 117–228.
– (1964 b): »Cogito et histoire de la folie«. In: Ders.: *L'écriture et la différence.* Paris (Éditions du Seuil) 1967, S. 51–97.
– (1966 a): »Le théâtre de la cruauté et la clôture de la représentation«. In: Ders.: *L'écriture et la différence.* Paris (Éditions du Seuil) 1967, S. 341–368.
– (1966 b): »La structure, le signe et le jeu dans le discours des sciences humaines«. In: Ders.: *L'écriture et la différence.* Paris (Éditions du Seuil) 1967, S. 409–428.
– (1967 a): *De la Grammatologie.* Paris.
– (1967 b): »De l'économie restreinte à l'économie générale. Un hegelianisme sans réserve«. In: Ders.: *L'écriture et la différence.* Paris (Éditions du Seuil), S. 369–407.
– (1967 c): *La voix et le phénomène. Introduction au problème du signe dans la phénoménologie de Husserl.* Paris (Quadrige).
– (1968 a): »La différance«. In: Ders.: *Marges de la philosophie.* Paris (Les Éditions de Minuit) 1972, S. 1–29.
– (1968 b): »Le puits et la pyramide. Introduction à la sémiologie de Hegel«. In: Ders.: *Marges de la philosophie.* Paris (Les Éditions de Minuit) 1972, S. 79–127.
– (1971): »Signature événement contexte«. In: Ders.: *Marges de la philosophie.* Paris (Les Éditions de Minuit) 1972, S. 365–393.
– (1972): »Tympan«. In: Ders.: *Marges de la philosophie.* Paris (Les Éditions de Minuit) 1972, S. I–XXV.
– (1973): »La question du style«. In: *Nietzsche aujourd'hui? 1. Intensités.* 10/18. Paris (Union générale d'éd.), S. 235–287.
– (1985): »La main de Heidegger (Geschlecht II)«. In: Ders.: *Psyché. Interventions de l'autre.* Paris (Éditions Galilée) 1987, S. 395–451.
– (1991): *Donner le temps 1.: La fausse monnaie.* Paris (Éditions Galilée).

Dingwerth, Leonhard (1993): *Historische Schreibmaschinen. Faszination der alten Technik.* Delbrück (Dingwerth).

Dosse, François (1991): *Histoire du structuralisme I: Le champ du signe, 1945–1966.* Paris (Éditions La Découverte).
– (1992): *Histoire du structuralisme II: Le chant du cygne, 1967 à nos jours.* Paris (Éditions La Découverte).

Dotzler, Bernhard J. (1995): »›Galilei's Teleskop‹. Zur Wahrnehmung der Geschichte der Wahrnehmung«. In: Ders. / Ernst Müller (Hgg.): *Wahrnehmung und Geschichte. Markierungen zur Aisthesis materialis.* Berlin (Akademie).

Doyle, Sir Arthur Conan (1889): »A Case of Identity«. In: Ders.: *The Complete Sherlock Holmes.* Hg. von Christopher Morley. New York (Doubleday) 1930.

Eberwein, Dieter (2005): *Nietzsches Schreibkugel. Ein Blick auf Nietzsches Schreibmaschinenzeit durch die Restauration der Schreibkugel.* Schauenburg (Typoskript-Verlag).

Ernst, Ulrich (1985): »Lesen als Rezeptionsakt. Textpräsentation und Textverständnis in der manieristischen Barocklyrik«. In: *Zeitschrift für Literaturwissenschaft und Linguistik (LiLi).* Jahrgang 15, Heft 57/58: Lesen – historisch. Hg. von Brigitte Schlieben-Lange. Göttingen (Vandenhoeck & Ruprecht), S. 67–94.

Ernst, Wolfgang (2003): »Sekretärinnen ohne Chef (Mnemosyne, Klio, Schreibmaschinen)«. In: *Europa. Kultur der Sekretäre*. Hg. von Bernhard Siegert und Joseph Vogl. Zürich, Berlin (diaphanes), S. 253-265.

Etgeton, Stefan (2005): »Im Schatten des absoluten Geistes oder wie das Bewusstsein der Psychoanalyse das Unbewusste der Dialektik aufdeckt - und umgekehrt«. In: *Macht und Dynamik des Unbewussten. Auseinandersetzungen in Philosophie, Medizin und Psychoanalyse*. Hg. von Michael B. Buchholz und Günter Gödde. Gießen (Psychosozial), S. 157-179.

E. Violand-Hobi, Heidi (1995): *Jean Tinguely. Biographie und Werk*. München, New York (Prestel).

Fehr, Johannes (1997): *Saussure: Linguistik und Semiologie. Notizen aus dem Nachlaß, Texte, Briefe und Dokumente*. Gesammelt, übersetzt und eingeleitet von Johannes Fehr. Frankfurt/M. (Suhrkamp).

Fichte, Johann Gottlieb (1804): »Die Grundzüge des gegenwärtigen Zeitalters«. In: Ders.: *Werke*. Hg. von Immanuel Hermann Fichte, Bd. VII. Zur Politik, Moral und Philosophie der Geschichte, Fotomechanischer Nachdruck. Berlin (de Gruyter) 1971, S. 3-256.

– (1807): *Deducirter Plan einer zu Berlin zu errichtenden höheren Lehranstalt*. In: *Werke*. Hg. von Immanuel Hermann Fichte, Bd. VIII. Vermischte Schriften und Aufsätze, Fotomechanischer Nachdruck. Berlin (de Gruyter) 1971, S. 97-204.

Fietz, Rudolf (1992): *Medienphilosophie: Musik, Sprache und Schrift bei Friedrich Nietzsche*. Würzburg (Königshausen & Neumann).

Flusser, Vilém (1987): *Die Schrift. Hat Schreiben Zukunft?* Frankfurt/M. (Fischer) 1992.

– (1991): »Die Geste des Schreibens«. In: Ders.: *Gesten. Versuch einer Phänomenologie*. Düsseldorf, Bernsheim (Bollmann), S. 39-49.

Förster-Nietzsche, Elisabeth (1918): »Nachbericht«. In: Friedrich Nietzsche: *Also sprach Zarathustra*. Kriegsausgabe. Leipzig (Kröner), S. 477-478.

Foucault, Michel (1966 a): *Les mots et les choses. Une archéologie des sciences humaines*. Paris (Gallimard).

– (1966 b): »La pensée du dehors«. In: Ders.: *Dits et écrits*. Édition établie sous la direction de Daniel Defert et François Ewald. Avec la collaboration de Jacques Lagrange, Vol. I: 1954-1969. Paris (Gallimard) 1994, S. 518-539.

– (1967 a): »Nietzsche, Freud, Marx«. In: *Dits et écrits*. Vol. I: 1954-1969. Paris (Gallimard) 1994, S. 564-579.

– (1967 b): »Des espaces autres«. In: *Dits et écrits*. Vol. IV: 1980-1988. Paris (Gallimard) 1994, S. 752-762.

– (1968): »Foucault répond à Sartre. Entretien avec J.-P. Elkabbach«. In: Ders.: *Dits et écrits*, Vol. I: 1954-1969. Paris (Gallimard) 1994, S. 662-668.

– (1969 a): »La naissance d'un monde. Entretien avec J.-M. Palmier«. In: Ders.: *Dits et écrits 1954-1988*. Vol. I: 1954-1969. Paris (Gallimard) 1994, S. 786-788.

– (1969 b): *L'archéologie du savoir*. Paris (Gallimard).

– (1969 c): »Qu'est-ce qu'un auteur?« In: Ders.: *Dits et écrits*. Vol. I: 1954-1969. Paris (Gallimard) 1994, S. 789-821.

– (1969 d): »Michel Foucault explique son dernier livre«. Entretien avec J.-J. Brochier. In: Ders.: *Dits et écrits*. Vol. I: 1954-1969. Paris (Gallimard) 1994, S. 771-779.

- (1969 e): »Conversazioni con Michel Foucault«. In: Paolo Caruso, *Conversazioni con Claude Lévi-Strauss, Michel Foucault, Jacques Lacan*. Milano (Mursia) 1971, S. 93–131.
- (1970): *L'ordre du discours*. Leçon inaugurale au Collège de France, prononcée le 2 décembre 1970. Paris (Gallimard) 1972.
- (1971): »Nietzsche, la généalogie, l'histoire«. In: *Dits et écrits*. Vol. II: 1970–1975. Paris (Gallimard) 1994, S. 136–156.
- (1975 a): *Surveiller et punir. La naissance de la prison*. Paris (Gallimard).
- (1975 b): »Entretien sur la prison: le livre et sa méthode« (entretien avec J.-J. Brochier). In: Ders.: *Dits et écrits*. Vol. II: 1970–1975. Paris (Gallimard) 1994, S. 740–753.
- (1976): *Histoire de la sexualité. I: La volonté de savoir*. Paris (Gallimard).
- (1984a): *Histoire de la sexualité. II: L'usage des plaisirs*. Paris (Gallimard).
- (1984b): *Histoire de la sexualité. III: Le souci de soi*. Paris (Gallimard).

FUCHS, Johannes (1978): »Friedrich Nietzsches Augenleiden«. In: *Münchner Medizinische Wochenschrift*. 120. München, S. 631–634.

FRANK, Manfred (1983): *Was ist Neostrukturalismus?* Frankfurt/M. (Suhrkamp).
- (1984): »Die Grenzen der Beherrschbarkeit der Sprache. Das Gespräch als Ort der Differenz zwischen Neostrukturalismus und Hermeneutik«. In: Philippe Forget (Hg.): *Text und Interpretation*. München (Fink), S. 181–213.

FREUD, Sigmund (1899): »Die Traumdeutung«. In: Ders.: *Gesammelte Werke*. Hg. von Anna Freud, Bd. II/III, Frankfurt/M. (Fischer) 1999.
- (1904): »Drei Abhandlungen zur Sexualtheorie«. In: Ders.: *Gesammelte Werke*. Hg. von Anna Freud, Bd. V. Frankfurt/M. (Fischer) 1999, S. 27–145.
- (1908): »Über infantile Sexualtheorien«. In: Ders.: *Gesammelte Werke*. Hg. von Anna Freud, Bd. VII. Frankfurt/M. (Fischer) 1999, S. 171–188.
- (1917): »Eine Schwierigkeit der Psychoanalyse«. In: Ders.: *Gesammelte Werke*. Hg. von Anna Freud, Bd. XII, Frankfurt/M. (Fischer) 1999, S. 1–12.
- (1919): »Das Unheimliche«. In: Ders.: *Gesammelte Werke*. Hg. von Anna Freud, Bd. XII. Frankfurt/M. (Fischer) 1999, S. 227–268.
- (1925): »Die Widerstände gegen die Psychoanalyse«. In: Ders.: *Gesammelte Werke*. Hg. von Anna Freud, Bd. XIV. Frankfurt/M. (Fischer) 1999, S. 97–110.
- (1930): »Das Unbehagen in der Kultur«. In: Ders.: *Gesammelte Werke*. Hg. von Anna Freud, Bd. XIV. Frankfurt/M. (Fischer) 1999, S. 419–506.
- (1932): »Neue Folge der Vorlesungen zur Einführung in die Psychoanalyse«. In: Ders.: *Gesammelte Werke*. Hg. von Anna Freud, Bd. XV. Frankfurt/M. (Fischer) 1999, S. 6–197.

GADAMER, Hans-Georg (1961): »Poesie und Interpunktion«. In: *Die Neue Rundschau*. Hg. von Gottfried Bermann Fischer, Jahrgang 1961. Berlin, Frankfurt/M. (Fischer), S. 143–149.
- (1981): »Text und Interpretation«. In: Philippe Forget (Hg.): *Text und Interpretation*. München (Fink) 1984, S. 24–55.

GASSER, Peter (1995): »›Columbus novus‹ – Zum rhetorischen Impetus von Nietzsches Philosophie«. In: *Nietzsche-Studien. Internationales Jahrbuch für die Nietzsche-Forschung*. Bd. 24. Berlin, New York (de Gruyter), S. 137–161.

GEORGES, Karl Ernst (1962): *Lateinisch-Deutsches Handwörterbuch*. 2 Bde. Hannover (Hahn).

GERBER, Gustav (1871): *Die Sprache als Kunst*. Bd. 1. Bromberg (Mittler'sche Buchhandlung).

GERHARDT, Volker (1996): *Vom Willen zur Macht. Anthropologie und Metaphysik der Macht am exemplarischen Fall Friedrich Nietzsches*. Monographien und Texte zur Nietzsche-Forschung. Bd. 34. Berlin, New York (de Gruyter).

– (2000) (Hg.): *Friedrich Nietzsche: Also sprach Zarathustra*. Klassiker auslegen, Bd. 14. Berlin (Akademie).

GIESECKE, Michael (1991): *Der Buchdruck in der frühen Neuzeit. Eine historische Fallstudie über die Durchsetzung neuer Informations- und Kommunikationstechnologien*. Frankfurt/M. (Suhrkamp).

GLUCKSMANN, André (1977): *Les maîtres penseurs*. Paris (Grasset).

GÖDDE, Günter (1999): *Traditionslinien des ›Unbewußten‹. Schopenhauer – Nietzsche – Freud*. Tübingen (diskord).

GOETHE, Johann Wolfgang von (1806): *Faust. Der Tragödie Erster Teil*. Frankfurt/M. (Insel) 1983.

(1832): *Faust. Der Tragödie Zweiter Teil*. Frankfurt/M. (Insel) 1983.

GOLDECK, Ingeborg (1952): »Verewigte Druckfehler«. In: *Muttersprache. Zeitschrift zur Pflege und Erforschung der deutschen Sprache*. Hg. im Auftrag der Gesellschaft für Deutsche Sprache. Lüneburg (Meyer), S. 108–109.

GRIMM, Jacob und Wilhelm (1893 ff.): *Deutsches Wörterbuch*. München (dtv) 1991.

GRODDECK Wolfram / KOHLENBACH Michael (1995): »Zwischenüberlegungen zur Edition von Nietzsches Nachlaß«. In: *TEXT. Kritische Beiträge*. Heft 1, Text-Kritik. Basel (Stroemfeld), S. 21–39.

GRÜNDER, Karlfried (1971): »Apollinisch/dionysisch«. In: Joachim Ritter (Hg.): *Historisches Wörterbuch der Philosophie*. Bd. 1. Basel, Stuttgart (Schwabe), S. 442–446.

GÜNZEL, Stephan (2002): »Nietzsches Schreibmaschine«. In: *Schreibmaschinentexte*. Hg. von Stephan Günzel und Rüdiger Schmidt-Grépály, Vollständige Edition, Faksimiles und kritischer Kommentar. Weimar (Universitätsverlag), S. 9–14.

HAASE, Marie-Luise / KOHLENBACH, Michael (2001): »Editorische Vorbemerkung – Hinweise zur Benutzung«. In: Friedrich Nietzsche: *Kritische Gesamtausgabe, Werke*. Neunte Abteilung, Bd. 1, Der handschriftliche Nachlass ab Frühjahr 1885 in differenzierter Transkription. München, New York (de Gruyter), S. XV–XXI.

HABERMAS, Jürgen (1968): »Nachwort«. In: Friedrich Nietzsche: *Erkenntnistheoretische Schriften (Theorie 1)*. Hg. von Hans Blumenberg, Jürgen Habermas, Dieter Henrich und Jacob Taubes. Frankfurt/M. (Suhrkamp), S. 237–261.

– (1988 a): *Nachmetaphysisches Denken. Philosophische Aufsätze*. Frankfurt/M. (Suhrkamp).

– (1988 b): *Der philosophische Diskurs der Moderne. Zwölf Vorlesungen*. Frankfurt/M. (Suhrkamp).

– (1990): »Vorwort zur Neuauflage 1990«. In: *Strukturwandel der Öffentlichkeit. Untersuchungen zu einer Kategorie der bürgerlichen Gesellschaft*. Frankfurt/M. (Suhrkamp), S. 11–50.

HAGNER, Michael (1994): »Vom Stottern des Menschen zum Stocken der Maschine«. In: *Im Zug der Schrift*. Hg. von Norbert Haas, Rainer Nägele, Hans-Jörg Rheinberger. Lichtensteiner Exkurse 1. München (Fink), S. 15–35.

HECKER, Justus Friedrich Carl (1832): »Tanzwuth in Deutschland und den Niederlanden«. In: *Die grossen Volkskrankheiten des Mittelalters. Historisch-pathologische Untersuchungen*. Gesammelt und in erweiterter Bearbeitung herausgegeben von Dr. August Hirsch, Professor der Medicin an der Universität zu Berlin. Berlin (Enslin) 1865.

HEGEL, Georg Wilhelm Friedrich (1807): *Phänomenologie des Geistes*. Hg. von Hans-Friedrich Wessels und Heinrich Clairmont. Hamburg (Meiner) 1988.

– (1813/16): *Wissenschaft der Logik II*. In: Ders.: *Werke in 20 Bänden*. Auf der Grundlage der Werke von 1832–1845 neu edierte Ausgabe, Redaktion: Eva Moldenhauer und Karl Markus Michel, Bd. 6. Frankfurt/M. (Suhrkamp) 1986.

– (1816): *Vorlesungen über die Geschichte der Philosophie I*. In: Ders.: *Werke in 20 Bänden*. Bd. 18. Frankfurt/M. (Suhrkamp) 1986.

– (1820/35): *Vorlesungen über die Ästhetik I*. In: Ders.: *Werke in 20 Bänden*. Bd. 13. Frankfurt/M. (Suhrkamp) 1986.

– (1822/28): *Einleitung* in die *Vorlesungen über die Philosophie der Geschichte*. In: Ders.: *Werke in 20 Bänden*. Bd. 12. Frankfurt/M. (Suhrkamp) 1986.

– (1830 a): *Die Enzyklopädie der philosophischen Wissenschaften im Grundrisse, Erster Teil, Die Wissenschaft der Logik*. In: Ders.: *Werke in 20 Bänden*. Bd. 8. Frankfurt/M. (Suhrkamp) 1986.

– (1830 b): *Die Enzyklopädie der philosophischen Wissenschaften im Grundrisse, Zweiter Teil. Die Naturphilosophie*. In: Ders.: *Werke in 20 Bänden*. Bd. 9. Frankfurt/M. (Suhrkamp) 1986.

– (1830 c): *Die Enzyklopädie der philosophischen Wissenschaften im Grundrisse, Dritter Teil. Die Philosophie des Geistes*. In: Ders.: *Werke in 20 Bänden*, Bd. 10, Frankfurt/M. (Suhrkamp) 1986.

– (1831): *Wissenschaft der Logik I*. In: Ders.: *Werke in 20 Bänden*. Bd. 5. Frankfurt/M. (Suhrkamp) 1986.

HEIDEGGER, Martin (1927): *Sein und Zeit*. Tübingen (Niemeyer) 1986.

– (1942 f.): *Parmenides*. In: Ders.: *Gesamtausgabe*. II. Abteilung: Vorlesungen 1923–1944, Bd. 54. Frankfurt/M. (Klostermann).

– (1943): *Vom Wesen der Wahrheit*. Frankfurt/M. (Klostermann) 1986.

– (1946): *Über den Humanismus*. Frankfurt/M. (Klostermann) 1991.

– (1950): »Die Sprache«. In: Ders.: *Unterwegs zur Sprache*. Pfullingen (Neske) 1990, S. 9–33.

– (1955): *Die Technik und die Kehre*. Pfullingen (Neske) 1991.

– (1957 f.): »Das Wesen der Sprache«. In: Ders.: *Unterwegs zur Sprache*. Pfullingen (Neske) 1990, S. 157–216.

– (1959): »Der Weg zur Sprache«. In: Ders.: *Unterwegs zur Sprache*. Pfullingen (Neske) 1990, S. 239–268.

– (1961): *Nietzsche*. Erster Band. In: Ders.: *Gesamtausgabe*. I. Abteilung: Veröffentlichte Schriften 1910–1976, Bd. 6.1. Frankfurt/M. (Klostermann) 1996.

– (1962): *Überlieferte Sprache und technische Sprache*. Hg. von Hermann Heidegger. St. Gallen (Erker) 1989.

Helden, Albert van (1999): *Catalogue of Early Telescopes*. Istituto e Museo di Storia della Scienza. Florenz (Giunti).

Herder, Johann Gottfried (1800): »⟨Vitae, non scholae discendum. Schulrede⟩«. In: Ders.: *Werke in zehn Bänden*. Hg. von Günter Arnold (et al.), Bd. 9/2, Journal meiner Reise im Jahr 1769, Pädagogische Schriften. Hg. von Rainer Wisbert unter Mitarbeit von Klaus Pradel. Frankfurt/M. (Deutsche Klassiker-Verlag) 1997, S. 809–816.

Hildenbrandt, Eberhard (1969): *Versuch einer kritischen Analyse des Cours de linguistique générale von Ferdinand de Saussure*. Marburg/Lahn (Elwert).

His, Eduard (1941): »Friedrich Nietzsches Heimatlosigkeit«. In: *Baseler Zeitschrift für Geschichte und Altertumskunde*. Hg. von der Historischen und Antiquarischen Gesellschaft zu Basel. Basel, S. 159–187; als Reprint wieder aufgelegt in: Beitrage zu Friedrich Nietzsche. Hg. von David Marc Hoffmann, Bd. 5. Basel (Schwabe) 2002.

Hödl, Hans Gerald (1997): *Nietzsches frühe Sprachkritik. Lektüren zu »Ueber Wahrheit und Lüge im aussermoralischen Sinne« (1873)*. Wien (WUV Universitäts-Verlag).

Hölderlin, Friedrich (1803): »Patmos«. Dem Landgrafen von Homburg. In: Ders.: *Werke in einem Band*. München (Hanser) 1990, S. 197–203.

Hörisch, Jochen (1979) (Übers.): Jacques Derrida: *Die Stimme und das Phänomen*. Frankfurt/M. (Suhrkamp).

– (2001): *Der Sinn und die Sinne. Eine Geschichte der Medien*. Frankfurt/M. (Eichborn).

Holderbaum, James (1983): *The Sculptor Giovanni Bologna*. New York, London (Garland).

Hoff, Ansgar Maria (2002): *Das Poetische der Philosophie. Friedrich Schlegel – Friedrich Nietzsche – Martin Heidegger – Jacques Derrida*. Bonn (DenkMal).

Hoffmann, Heinrich (1845): *Der Struwwelpeter. Oder lustige Geschichten mit 15 schön kolorierten Tafel für Kinder von 3–6 Jahren*. Leipzig (Edition Leipzig) 1979.

Illich, Ivan (1993): *In the vineyard of the text: A commentary to Hugh's Didascalion*. Chicago (University of Chicago Press).

Jäger, Ludwig (1975): *Zu einer historischen Rekonstruktion der authentischen Sprach-Idee F. de Saussures*. Düsseldorf.

– (1980): »Linearität und Zeichensynthesis«. In: *Fugen, Deutsch-Französisches Jahrbuch für Text-Analytik*. Olten (Walter).

Jakob, Ludwig Heinrich (1797): *Peter Baylens Philosophisches Wörterbuch, oder die philosophischen Artikel aus Baylens Historisch-Kritischem Wörterbuche in deutscher Sprache*. Abgekürzt und herausgegeben zur Beförderung des Studiums der Geschichte der Philosophie und des menschlichen Geistes, 2 Bde. Halle, Leipzig (Ruff).

Jantzen, Hans (1951): »Das Wort als Bild in der frühmittelalterlichen Buchmalerei«. In: Ders.: *Über den gotischen Kirchenraum und andere Aufsätze*. Berlin (Mann), S. 53–60.

JANZ, Curt Paul (1974): »Friedrich Nietzsches akademische Lehrtätigkeit in Basel 1869–1879«. In: *Nietzsche-Studien. Internationales Jahrbuch für die Nietzsche-Forschung*. Bd. 3. Berlin, New York (de Gruyter), S. 192–203.

– (1978): *Friedrich Nietzsche. Biographie*. 3 Bde. München, Wien (Zweitausendeins) 1999.

JAVAL Emile (1907): *Physiologie des Lesens und des Schreibens*. Leipzig (Engelmann).

JAY, Martin (1993): *Downcast Eyes. The Denigration of Vision in Twentieth-Century French Thought*. Berkeley, Los Angeles (University of California Press).

JUNG, Susanne/SIMON-RITZ, Frank/WAHLE, Clemens/WILAMOWITZ-MOELLENDORFF, Erdmann/WOJTECKI, Wolfram (2000): *Weimarer Nietzsche-Bibliographie*. Stiftung Weimarer Klassik, Herzogin Anna Amalia Bibliothek, Bd. 1, Primärliteratur 1867–1998. Weimar (Metzler).

JÜNGER, Ernst (1932): *Der Arbeiter. Herrschaft und Gestalt*. Stuttgart (Klett-Cotta) 1982.

KAFKA, Franz (1917): »Ein Traum«. In: Ders.: *Drucke zu Lebzeiten*. Hg. von Hans-Gerd Koch, Wolf Kittler und Gerhard Neumann. Frankfurt/M. (Fischer) 1994, S. 295–298.

KALB, Christof (2000): *Desintegration. Studien zu Friedrich Nietzsches Leib- und Sprachphilosophie*. Frankfurt/M. (Suhrkamp).

KANT, Immanuel (1781/87): *Kritik der reinen Vernunft*. Hg. von Raymund Schmidt. Hamburg (Meiner) 1990.

– (1783): »Beantwortung der Frage: Was ist Aufklärung?«. In: Ders.: *Werkausgabe in zwölf Bänden*. Hg. von Wilhelm Weischedel, Bd. XI, Schriften zur Anthropologie, Geschichtsphilosophie, Politik und Pädagogik 1. Frankfurt/M. (Suhrkamp) 1977, S. 53–61.

– (1785): »Rezension zu Johann Gottfried Herders ›Ideen zur Philosophie der Geschichte der Menschheit‹«. In: *Werkausgabe in zwölf Bänden*. Bd. XII, Schriften zur Anthropologie, Geschichtsphilosophie, Politik und Pädagogik 2. Frankfurt/M. (Suhrkamp) 1985, S. 779–806.

– (1790): *Kritik der Urteilskraft*. In: Ders.: *Werkausgabe in zwölf Bänden*. Bd. X. Frankfurt/M. (Suhrkamp) 1974.

– (1798): »Anthropologie in pragmatischer Hinsicht«. In: *Werkausgabe in zwölf Bänden*. Bd. XII, Schriften zur Anthropologie, Geschichtsphilosophie, Politik und Pädagogik 2. Frankfurt/M. (Suhrkamp) 1985, S. 395–690.

– (1800): *Logik*. In: Ders.: *Werkausgabe in zwölf Bänden*. Bd. VI, Schriften zur Metaphysik und Logik. Frankfurt/M. (Suhrkamp) 1982.

KILLIUS, Christina (1999): *Die Antiqua-Fraktur Debatte um 1800 und ihre historische Herleitung*. Mainzer Studien zur Buchwissenschaft, Bd. 7. Wiesbaden (Harrassowitz).

KITTLER, Friedrich A. (1979 a): »Vergessen«. In: Ulrich Nassen (Hg.): *Texthermeneutik, Aktualität, Geschichte, Kritik*. Paderborn, München, Wien, Zürich (Schöningh), S. 195–221.

– (1979 b): »Nietzsche (1844–1900)«. In: *Klassiker der Literaturtheorie, Von Boileau bis Barthes*. Hg von Horst Turk. München (Fink), S. 191–205.

- (1980): »Autorschaft und Liebe«. In: Ders. (Hg.): *Austreibung des Geistes aus den Geisteswissenschaften. Programme des Poststrukturalismus.* Paderborn, München, Wien, Zürich (Schöningh), S. 142–173.
- (1985 a): »nietzsche, der mechanisierte philosoph«. In: *kultuRRevolution.* Nr. 9, Bochum, S. 25–29.
- (1985 b): *Aufschreibesysteme 1800 · 1900.* München (Fink) 1995.
- (1986): *Grammophon, Film, Typewriter.* Berlin (Brinkmann & Bose).
- (1988): »Das Subjekt als Beamter«. In: Manfred Frank/Gérard Raulet/Willem van Reijen (Hgg.): *Die Frage nach dem Subjekt.* Frankfurt/M. (Suhrkamp), S. 401–420.
- (1989): *Die Nacht der Substanz.* Bern (Benteli).
- (1997): »Memories are made for you«. In: Sybille Krämer/Peter Koch (Hgg.): *Schrift, Medien, Kognition. Über die Exteriorität des Geistes.* Tübingen (Stauffenburg), S. 187–203.
- (2000 a): »Pest und Cholera. Die Geburt der Kulturwissenschaft aus dem Geiste historischer Pathologie«. In: Gerhard Neumann, Sigrid Weigel (Hgg.): *Lesbarkeit der Kultur. Literaturwissenschaft zwischen Kulturtechnik und Ethnographie.* München (Fink), S. 377–387.
- (2000 b): *Eine Kulturgeschichte der Kulturwissenschaft.* München (Fink).

KLOSSOWSKI, Pierre (1969): *Nietzsche et le Cercle vicieux.* Paris (Mercure de France).

KLUGE, Friedrich (1989): *Etymologisches Wörterbuch der deutschen Sprache.* Berlin, New York (de Gruyter).

KÖNIG, Wolfgang (1991) (Hg.): *Propyläen Technikgeschichte in 5 Bänden.* Frankfurt/M., Berlin (Propyläen).

KOJÈVE, Alexandre (1947): *Introduction à la lecture de Hegel. Leçon sur la phénoménologie de l'esprit.* Paris (Gallimard) 1975.

KOPPERSCHMIDT, Josef (1994): »Nietzsches Entdeckung der Rhetorik oder Rhetorik im Dienste der Kritik der unreinen Vernunft«. In: Ders./Helmut Schanze (Hgg.): *Nietzsche oder ›Die Sprache ist Rhetorik‹.* München (Fink), S. 39–62.

KRÄMER, Sybille (1996): »Sprache und Schrift oder: Ist Schrift verschriftete Sprache?« In: *ZS, Zeitschrift für Sprachwissenschaft.* Bd. 15, Heft 1. Göttingen (Vandenhoeck & Ruprecht), S. 92–112.
- (1999): »Gibt es eine Sprache hinter dem Sprechen?« In: *Sprache und Sprachen in den Wissenschaften. Geschichte und Gegenwart.* Festschrift für Walter de Gruyter & Co. anläßlich einer 250jährigen Verlagstradition. Hg. von Herbert Ernst Wiegand. Berlin, New York (de Gruyter), S. 372–403.
- (2001): *Sprache, Sprechakt, Kommunikation. Sprachtheoretische Positionen des 20. Jahrhunderts.* Frankfurt/M. (Suhrkamp).

KREMER-MARIETTI, Angèle (1992): *Nietzsche et la rhétorique.* Paris (Presses univ. de France).

KRING, Alfred (1936): *Die Graphologie der Schreibmaschine auf wissenschaftlicher Grundlage. Handbuch für graphologische und kriminologische Untersuchungen.* Zürich (Albis).

KROLL, Wilhelm / MITTELHAUS, Karl (1934) (Hgg.): *Paulys Realencyclopädie der classischen Altertumswissenschaft.* Stuttgart (Metzler) 1988.

LACAN, Jacques (1957): »L'instance de la lettre dans l'inconscient ou la raison depuis Freud«. In: Ders.: *Écrits. Le champ freudien.* Paris (Éditions du Seuil) 1966, S. 493–528.

LACOUE-LABARTHE, Philippe (1971) (zusammen mit Jean-Luc NANCY): »Friedrich Nietzsche. Rhétorique et langage«. In: *Poétique.* Nr. 5. Paris (Éditions du Seuil), S. 99–142.

– (1979): »Le Détour«. In: Ders.: *Le Sujet de la Philosophie (Typographies 1).* Paris (Aubier-Flammarion), S. 31–74.

LAMBERT, Johann Heinrich (1764): *Neues Organon oder Gedanken über die Erforschung und Bezeichnung des Wahren und dessen Unterscheidung vom Irrtum und Schein.* Hg., bearbeitet und mit einem Anhang versehen von Günter Schenk, 3 Bde. Berlin (Akademie) 1990.

LAMPL, Hans Erich (1986): »Ex oblivione: Das Féré-Palimsest. Noten zur Beziehung Friedrich Nietzsche – Charles Féré (1857–1907)«. In: *Nietzsche-Studien. Internationales Jahrbuch für die Nietzsche-Forschung.* Bd. 15. Berlin, New York (de Gruyter), S. 225–264.

LARGE, Duncan (1995): »Nietzsche and the figure of Columbus«. In: *Nietzsche-Studien. Internationales Jahrbuch für die Nietzsche-Forschung.* Bd. 24. Berlin, New York (de Gruyter), S. 162–183.

LESSING, Gotthold Ephraim (1766): *Laokoon oder über die Grenzen der Malerei und Poesie.* Frankfurt/M. (Deutsche Klassiker-Verlag) 1988.

LIEDE, Alfred (1963): *Dichtung als Spiel. Studien zur Unsinnspoesie an den Grenzen der Sprache.* 2 Bde. Berlin, New York (de Gruyter) 1992.

LINDNER, Ernst Otto (1864): *Zur Tonkunst. Abhandlungen.* Berlin (Guttentag).

LISSMANN, Christina M. (1996): »Der Traum bei Nietzsche und Freud«. In: Johann Figl (Hg.): *Von Nietzsche zu Freud. Übereinstimmungen und Differenzen von Denkmotiven.* Wien (WUV-Universitäts-Verlag), S. 97–112.

LOCKE, John (1690): *An Essay concerning Human Understanding.* London (Churchill) 1793.

LUHMANN, Niklas (1975): *Macht.* Stuttgart (Enke) 1988.

– (1984): *Soziale Systeme. Grundriß einer allgemeinen Theorie.* Frankfurt/M. (Suhrkamp) 1987.

– (1994): »Die Form der Schrift«. In: Ludwig Jäger / Bernd Switalla (Hgg.): *Germanistik in der Mediengesellschaft.* München (Fink), S. 405–425.

LYOTARD, Jean-François (1972): »Notes sur le retour et le Kapital«. In: *Nietzsche aujourd'hui? 1. Intensités.* 10/18. Paris (Union générale d'éd.) 1973, S. 141–157.

– (1979): *La condition postmoderne. Rapport sur le savoir.* Paris (Éditions de Minuit).

– (1987)): »Si l'on peut penser sans corps«. In: *L'inhuman. Causeries sur le temps.* Paris (Éditions Galilée) 1988, S. 17–31.

MACHO, Thomas (1987): *Todesmetaphern. Zur Logik der Grenzerfahrung.* Frankfurt/M. (Suhrkamp).

MALLARMÉ, Stéphane (1897): »Un coup de dés«. In: Ders.: *Sämtliche Dichtungen*. Französisch und deutsch, übersetzt von Carl Fischer und Rolf Stabel. München (Hanser) 1992, S. 221–265.

MAN, Paul de (1979 a): »Rhetoric of Tropes (Nietzsche)«. In: Ders.: *Allegories of Reading. Figural Language in Rousseau, Nietzsche, Rilke, and Proust*. New Haven, London (Yale University Press), S. 103–118.

– (1979 b): »Rhetoric of Persuasion (Nietzsche)«. In: Ders.: *Allegories of Reading. Figural Language in Rousseau, Nietzsche, Rilke, and Proust*. New Haven, London (Yale University Press), S. 119–131.

– (1979 c): »Genesis and Genealogy (Nietzsche)«. In: Ders.: *Allegories of Reading. Figural Language in Rousseau, Nietzsche, Rilke, and Proust*. New Haven, London (Yale University Press), S 79–102.

MARTIN, Ernst (1949): *Die Schreibmaschine und ihre Entwicklungsgeschichte*. Pappenheim (Meyer).

MARX, Karl (1867): *Das Kapital. Kritik der politischen Ökonomie*. In: Karl Marx / Friedrich Engels: *Werke*. Bd. 23. Berlin (Dietz) 1975.

MARX, Werner (1967): *Absolute Reflexion und Sprache*. Frankfurt/M. (Suhrkamp).

MAUTHNER, Fritz (1890): »Ola Hanssons Schriften – I«. In: *Deutschland. Wochenzeitung für Kunst, Litteratur, Wissenschaft und sociales Leben*. Nr. 46, 16. August 1890, S. 753–755.

MAYER-TASCH, Peter Cornelius (1998): »Das Paradies im Quadrat. Zur Entwicklungsgeschichte des formalen Gartens«. In: *Neue Zürcher Zeitung*, 18./19.4.1998. Zürich, S. 51.

MCLUHAN, Herbert Marshall (1962): *The Gutenberg Galaxy. The making of typographic man*. London (Routledge & Paul).

– (1964): *Understanding Media. The Extensions of man*. London (Routledge & Paul) 1995.

MEIJERS, Anthonie / STINGELIN, Martin (1988): »Konkordanz zu den wörtlichen Abschriften und Übernahmen von Beispielen und Zitaten aus Gustav Gerber: Die Sprache als Kunst (Bromberg 1871) in Nietzsches Rhetorik-Vorlesungen und in ›Ueber Wahrheit und Lüge im aussermoralischen Sinne‹«. In: *Nietzsche-Studien. Internationales Jahrbuch für die Nietzsche-Forschung*. Bd. 17. Berlin, New York (de Gruyter), S. 350–368.

MEYER, Katrin (2000): »Geschichte der Nietzsche-Editionen«. In: Henning Ottmann (Hg.): *Nietzsche-Handbuch. Leben – Werk – Wirkung*. Stuttgart, Weimar (Metzler), S. 437–439.

MITTASCH, Alwin (1952): *Friedrich Nietzsche als Naturphilosoph*. Stuttgart (Kröner).

MORGENSTERN, Christian (1908): »Galgenlieder nebst Gingganz« (3. Auflage). In: Ders.: *Werke und Briefe*. Hg. von Maurice Cureau, Helmut Gumtau †, Martin Kießig, Ernst Kretschmer und Marie-Luise Zeuch, Bd. 3: Humoristische Lyrik. Stuttgart (Urachhaus) 1987, S. 55–104.

MOST, Glenn / FRIES, Thomas (1994): »⟨«⟩: Die Quellen von Nietzsches Rhetorik-Vorlesung«. In: *»Centauren-Geburten«. Wissenschaft, Kunst und Philosophie beim frühen Nietzsche*. Hg. von Tilman Borsche, Frederico Gerratana †, Aldo Venturelli. Monographien und Texte zur Nietzsche-Forschung, Bd. 27. Berlin, New York (de Gruyter), S. 17–27.

Neumann, Gerhard (1999): »Schreiben und Edieren«. In: Heinrich Bosse/Ursula Renner (Hgg.): *Literaturwissenschaft - Einführung in ein Sprachspiel*. Freiburg/Br. (Rombach), S. 401-426.

Nietzsche, Friedrich (1933 ff.): *Frühe Schriften*. Fotomechanischer Nachdruck der Historisch-kritischen Gesamtausgabe, Werke (nach fünf Bänden abgebrochen). Hg. von Carl Koch, Hans Joachim Mette und Karl Schlechta. München (dtv) 1994.

- (1966 ff.): *Werke in drei Bänden*. Hg. von Karl Schlechta. München (Hanser) 1982 ff.

- (1975 ff.): *Briefwechsel. Kritische Gesamtausgabe*. Hg. von von Giorgio Colli und Mazzino Montinari. Berlin, New York (de Gruyter).

- (1986 ff.): *Sämtliche Briefe. Kritische Studienausgabe*. Hg. von Giorgio Colli und Mazzino Montinari, 8. Bde. München (dtv/de Gruyter).

- (1988 ff.): *Sämtliche Werke. Kritische Studienausgabe*. Hg. von Giorgio Colli und Mazzino Montinari, 15 Bde. München (dtv/de Gruyter).

- (1993 ff.): *Werke. Kritische Gesamtausgabe*. Begr. von Giorgio Colli und Mazzino Montinari, fortgef. von Volker Gerhardt, Norbert Miller, Wolfgang Müller-Lauter und Karl Pestalozzi. Berlin, New York (de Gruyter).

- (2002): *Schreibmaschinentexte*. Hg. von Stephan Günzel und Rüdiger Schmidt-Grépály. Vollständige Edition, Faksimiles und kritischer Kommentar. 1. Auflage. Weimar (Universitätsverlag).

Novalis (1799): »Monolog«. In: Ders.: *Werke*. Hg. und kommentiert von Gerhard Schulz. München (Beck) 1987, S. 426-427.

Oehler, Max (1942): *Nietzsches Bibliothek. Vierzehnte Jahresgabe der Gesellschaft der Freunde des Nietzsche-Archivs*. Weimar (Wagner).

Otto, Detlef (1998): *Wendungen der Metapher. Zur Übertragung in poetologischer, rhetorischer und erkenntnistheoretischer Hinsicht bei Aristoteles und Nietzsche*. München (Fink).

Petroski, Henry (1990): *The pencil. A history of design and circumstance*. New York (Knopf).

Pieper, Annemarie (2001): »Zarathustras Botschaft - hundert Jahre später«. In: *Nietzsche, Zeitenwende - Wertewende*. Nietzscheforschung Sonderband I. Hg. von Renate Reschke. Berlin (Akademie), S. 145-156.

Pircher, Wolfgang (1984): »Brückenbrüder«. In: *Theatro Machinarum 5/6. Brücken, Sprache, Ökonomie*. Bremen (Impuls & Assoziation), S. 43-56.

Platon [1991 a]: »Κράτυλος/Kratylos«. In: Ders.: *Sämtliche Werke in zehn Bänden*. Bd. III. Griechisch und Deutsch. Nach der Übersetzung von Friedrich Schleiermacher, ergänzt durch Übersetzungen von Franz Susemihl und anderen. Hg. von Karlheinz Hülser. Frankfurt/M. (Insel).

- [1991 b]: »Φαίδων/Phaidon«. In: Ders.: *Sämtliche Werke IV*. Hg. von Karlheinz Hülser. Frankfurt/M. (Insel).

- [1991 c]: »Πολιτεία/Politeia«. In: Ders.: *Sämtliche Werke V*. Hg. von Karlheinz Hülser. Frankfurt/M. (Insel).

- [1991 d]: »Θεαίτητος/Theaitetos«. In: Ders.: *Sämtliche Werke VI*. Hg. von Karlheinz Hülser. Frankfurt/M. (Insel).

Raulff, Ulrich (2001): »Klickeradoms. Nietzsche liegt in Stücken: Notizbücher eines Zerstreuten«. In: *Süddeutsche Zeitung*, 24.11.2001. München, S. 16.

Reuß, Roland (2004): »Handschrift in Druckschrift. Zur Diskussion des Verhältnisses von Kalligraphie und Typographie bei Paul Renner, Gerrit Noordzij und Stanley Morison«. In: *›Mir ekelt vor diesem tintenkleksenden Säkulum‹. Schreibszenen im Zeitalter der Manuskripte*. Hg. von Martin Stingelin, in Zusammenarbeit mit Davide Giuriato und Sandro Zanetti. Paderborn (Fink), S. 245–256.

Ricœur, Paul (1975): *La métaphore vive*. Paris (Éditions du Seuil).

Röttgers, Kurt (1990): *Spuren der Macht. Begriffsgeschichte und Systematik*. Freiburg/Br., München (Alber).

– (1997): »Kants Zigeuner«. In: *Kant-Studien. Philosophische Zeitschrift der Kant-Gesellschaft*. 88. Jahrgang. Hg. von Gerhard Funke, Manfred Baum und Thomas M. Seebohm. Berlin, New York (de Gruyter), S. 60–86.

Rommel, Bettina (1988): »Psychophysiologie der Buchstaben«. In: Hans Ulrich Gumbrecht und K. Ludwig Pfeiffer (Hgg.): *Materialität der Kommunikation*. Frankfurt/M. (Suhrkamp) 1995, S. 310–325.

Rosenkranz, Karl (1844): *Georg Wilhelm Friedrich Hegel's Leben. Mit Hegel's Bildnis, gestochen von K. Barth*. Berlin (Dunker und Humblot).

Sarasin, Philipp (2001): *Reizbare Maschinen. Eine Geschichte des Körpers 1765–1914*. Frankfurt/M. (Suhrkamp).

Sartre, Jean-Paul (1952): *Saint Genet. Comédien et martyr*. Paris (Gallimard).

Saussure, Ferdinand de (1916): *Cours de linguistique générale*. Publié par Charles Bally et Albert Sechehaye, avec la collaboration de Albert Riedlinger. Édition critique préparée par Tullio de Mauro. Paris (Payot) 1995.

Schaberg, William H. (1995): *The Nietzsche Canon. A publication history and bibliography*. Chicago, London (University of Chicago Press).

Schäfer, Armin / Vogl, Joseph (2004): »Feuer und Flamme. Über ein Ereignis des 19. Jahrhunderts«. In: Henning Schmidgen, Peter Geimer, Sven Dierig (Hgg.): *Kultur im Experiment*. Berlin (Kadmos), S. 191–211.

Schärf, Christian (2003): »Nietzsches Schreiben. Eine medienphilosophische Skizze«. In: Perspektiven interdisziplinärer Medienphilosophie. Hg. von Christoph Ernst, Petra Gropp und Karl Anton Sprengard. Bielefeld (transcript), S. 139–153.

Schindler, Stephan K. (2001): *Eingebildete Körper. Phantasierte Sexualität in der Goethezeit*. Stauffenburg Colloquium Bd. 49. Tübingen (Stauffenburg).

Schmidt, Rüdiger (2001 a): »Ein Buch für alle und keinen«. In: Ulrich Raulff, *Nietzsche wird nicht mehr sein, der er war – Ein Gespräch mit Rüdiger Schmidt*. Süddeutsche Zeitung, 24.11.2001. München, S. 16.

– (2001 b): »Die verratenen Gedanken. Wie Nietzsche erst gefälscht und dann rekonstruiert wurde«. In: *Süddeutsche Zeitung*, 24.11.2001. München, S. 16.

Schön, Erich (2002): »Lineares und nicht-lineares Lesen. Ein Kapitel aus der Geschichte des Lesens«. In: Waltraud ›Wara‹ Wende (Hg.): *Über den Umgang mit der Schrift*. Würzburg (Königshausen & Neumann), S. 78–99.

Schopenhauer, Arthur (1819): *Die Welt als Wille und Vorstellung I*. In: Ders.: *Sämtliche Werke*. Textkritisch bearbeitet und herausgegeben von Wolfgang Frhr. von Löhneysen, Bd. I. Frankfurt/M. (Suhrkamp) 1986.

– (1844): *Die Welt als Wille und Vorstellung II*. In: Ders.: *Sämtliche Werke*. Textkritisch bearbeitet und herausgegeben von Wolfgang Frhr. von Löhneysen, Bd. II. Frankfurt/M. (Suhrkamp) 1989.

SCHROEDER, Susanne / GEYERSBACH Viola / FREITAG Egon (2002) (Hgg.): *Werkzeuge des Pegasus. Historische Schreibzeuge im Goethe-Nationalmuseum.* Katalog zur Ausstellung, Stiftung Weimarer Klassik. Weimar (Gutenberg).

SERRES, Michel (1980): *Le Parasite.* Paris (Hachette).

– (1985): *Les cinq sens. Philosophie des corps mêlés I.* Paris (Grasset).

SIEGERT, Bernhard (1999): »ALIENS. Zum Trauma des Nicht-Konvergenten in Literatur, Mathematik und technischen Medien«. In: Rudolf Maresch / Niels Werber (Hgg.): *Kommunikation, Medien, Macht.* Frankfurt/M. (Suhrkamp).

SIMON, Josef (1985): »Sprache und Sprachkritik bei Nietzsche«. In: Matthias Lutz-Bachmann (Hg.): *Über Friedrich Nietzsche. Eine Einführung in seine Philosophie.* Frankfurt/M. (Knecht), S. 63–97.

– 1995): »Verstehen ohne Interpretation? Zeichen und Verstehen bei Hegel und Nietzsche«. In: Ders. (Hg.): *Distanz im Verstehen. Zeichen und Interpretation II.* Frankfurt/M. (Suhrkamp), S. 72–104.

SIMONIS, Linda (2002): »Der Stil als Verführer. Nietzsche und die Sprache des Performativen«. In: *Nietzsche-Studien. Internationales Jahrbuch für die Nietzsche-Forschung.* Bd. 31. Berlin, New York (de Gruyter), S. 57–74.

SIMSON, Wojciech (1995): »Beobachtungen zur Typographie in Nietzsches Vorreden von 86/87«. In: *Nietzsche-Studien. Internationales Jahrbuch für die Nietzsche-Forschung.* Bd. 24. Berlin, New York (de Gruyter), S. 204–222.

SLENCZKA, Karin (2001): *Schadenserhebung und Restaurierungskonzept für ›Nietzsches Bibliothek‹. Untersuchung von restauratorischen Behandlungsmöglichkeiten, ausgearbeitet am Beispiel des mit Tinten- und Buntstiftvermerken versehenen Teilbestandes.* Diplomarbeit am Fachbereich Restaurierung und Konservierung von Kunst- und Kulturgut der Fachhochschule Köln. http://www.uni-muenster.de/Forum-Bestandserhaltung/downloads/nietzsches-bibliothek.pdf.

SLOTERDIJK, Peter (1999): »Regeln für den Menschenpark. Ein Antwortschreiben zum Brief über den Humanismus – die Elmauer Rede«. In: *Die Zeit.* 16.9.1999, Nr. 38. Hamburg, S. 15–21.

STEGMAIER, Werner (1996): »Nietzsches Verzeitlichung des Denkens«. In: *Kodikas / Code. Ars Semiotica.* Volume 19, No. 1/2, Erleben und Repräsentation von Zeit. Hg. von Dieter Münch. Tübingen (Narr), S. 17–27.

– (2001): »Nietzsches Lehren, Nietzsches Zeichen«. In: *Nietzsche, Zeitenwende – Wertewende.* Nietzscheforschung Sonderband I. Hg. von Renate Reschke. Berlin (de Gruyter), S. 77–96.

STEINER, George (1989): *Real Presences. Is there anything in what we say?* London (Faber and Faber) 1991.

STETTER, Christian (1979): »zum verhältnis von sprachsystem und sprachgeschichte«. In: *Fugen. Deutsch-Französisches Jahrbuch für Text-Analytik.* Olten (Walter) 1980, S. 233–246.

– (1994): »Sprachwissenschaft und Schrift. Zur Metaphysik linguistischer Gegenstände«. In: Ludwig Jäger / Bernd Switalla (Hgg.): *Germanistik in der Mediengesellschaft.* München (Fink), S. 349–372.

STINGELIN, Martin (1988): »Kugeläußerungen. Nietzsches Spiel auf der Schreibmaschine«. In: Hans Ulrich Gumbrecht und K. Ludwig Pfeiffer (Hgg.): *Materialität der Kommunikation.* Frankfurt/M. (Suhrkamp) 1995, S. 326–341.

- (1992): »›Moral und Physiologie‹. Nietzsches Grenzverkehr zwischen den Diskursen«. In: Bernhard J. Dotzler (Hg.): *Technopathologien*. München (Fink), S. 41–57.
- (1994): »Geschichte, Historie und Rhetorik. Eine Hinführung zu Nietzsches Begriff der ›Abkürzung‹«. In: Josef Kopperschmidt/Helmut Schanze (Hgg.): *Nietzsche oder ›Die Sprache ist Rhetorik‹*. München (Fink), S. 85–92.
- (1996): *›Unsere ganze Philosophie ist Berichtigung des Sprachgebrauchs‹. Friedrich Nietzsches Lichtenberg-Rezeption im Spannungsfeld zwischen Sprachkritik (Rhetorik) und historischer Kritik (Genealogie)*. München (Fink).
- (1999): »Friedrich Nietzsches Psychophysiologie der Philosophie«. In: Sven Dierig/Henning Schmidgen (Hgg.): *Physiologie und physiologische Praktiken im 19. Jahrhundert*. Max-Planck-Institut für Wissenschaftsgeschichte, Berlin (Preprint 120), S. 33–43.
- (2000 a): »›Unser Schreibzeug arbeitet mit an unseren Gedanken‹. Die poetologische Reflexion der Schreibwerkzeuge bei Georg Christoph Lichtenberg und Friedrich Nietzsche«. In: *Lichtenberg-Jahrbuch 1999*. Hg. von Wolfgang Promies und Ulrich Joost. Saarbrücken (Saarbrücker Druckerei und Verlag), S. 81–98.
- (2000 b): »Rhetorik«. In: Henning Ottmann (Hg.): *Nietzsche-Handbuch. Leben – Werk – Wirkung*. Stuttgart, Weimar (Metzler), S. 313–314.

STREICHER, Hubertus (1919): *Die kriminologische Verwertung der Maschinenschrift*. Graz (Moser).

SVENBRO, Jesper (1988): *Phrasikleia. Anthropologie de la lecture en Grèce ancienne*. Paris (Éditions La Découverte).

THOLEN, Georg Christoph (2002): *Die Zäsur der Medien. Kulturphilosophische Konturen*. Frankfurt/M. (Suhrkamp).

THÜRING, Hubert (2003): »Tertium datum. Der ›Nachlass‹ zwischen Leben und Werk. Zur Neuausgabe der handschriftlichen Dokumente des ›späten Nietzsche‹«. In: *http://iasl.uni-muenchen.de/rezensio/liste/thuering.html*.

TOMASINUS, Jacobus Philippus (1670): *De Tesseris Hospitalitatis. Liber singularis, in quo jus hospitii universum, apud veteres potissimum, expenditur*. Amsterdam, sumptibus Andeae Frisii.

TREIBER, Hubert (1994): »Zur ›Logik des Traums‹ bei Nietzsche. Anmerkungen zu den Traum-Aphorismen aus *Menschliches-Allzumenschliches*«. In: *Nietzsche-Studien. Internationales Jahrbuch für die Nietzsche-Forschung*. Bd. 23. Berlin, New York (de Gruyter), S. 1–41.

UHLAND, Ludwig (1866): *Alte hoch- und niederdeutsche Volkslieder mit Abhandlungen und Anmerkungen, II*. Stuttgart (Cotta).

VIRILIO, Paul (1975): »Le Mu«. In: *Cause commune 2. Nomades et Vagabonds*. 10/18. Hg. von Alain Denoel-Gonthier. Paris (Union generale d'édition), S. 14–32.

VOGL, Joseph (2001): »Nietzsche. Philologe«. In: Gerhard Schweppenhäuser/Jörg H. Gleiter (Hgg.): *Nietzsches Labyrinthe. Perspektiven zur Ästhetik, Ethik und Kulturphilosophie*. Philosophische Diskurse 4. Weimar (Universitätsverlag), S. 100–101.

VOLZ, Pia Daniela (1990): *Nietzsche im Labyrinth seiner Krankheit. Eine medizinisch-biographische Untersuchung*. Würzburg (Königshausen & Neumann).

WEINRICH, Harald (1988): »Über Sprache, Leib und Gedächtnis«. In: Hans Ulrich Gumbrecht und K. Ludwig Pfeiffer (Hgg.): *Materialität der Kommunikation.* Frankfurt/M. (Suhrkamp) 1995, S. 80–93.

WEIMAR, Klaus (1989): *Geschichte der deutschen Literaturwissenschaft bis zum Ende des 19. Jahrhunderts.* München (Fink).

WELSCH, Wolfgang (1991): »Ästhetische Grundzüge im gegenwärtigen Denken«. In: Ders.: *Grenzgänge der Ästhetik.* Stuttgart (Reclam) 1999.

WENDE, Waltraud ›Wara‹ (2002): »Sehtexte – oder: Vom Körper der Sprache«. In: Dies. (Hg.): *Über den Umgang mit der Schrift.* Würzburg (Königshausen & Neumann), S. 302–335.

WILAMOWITZ-MOELLENDORFF, Erdmann von (1997) (Hg.): *Verzeichnis der Erstdrucke von Nietzsches Werken.* Herzogin Anna Amalia Bibliothek. Weimar (Typoskript).

WILAMOWITZ-MOELLENDORFF, Ulrich von (1872): »Zukunftsphilologie!« In: Karlfried Gründer (Hg.): *Der Streit um Nietzsches ›Geburt der Tragödie‹. Die Schriften von E. Rohde, R. Wagner, U. v. Wilamowitz-Moellendorff.* Hildesheim, Zürich, New York (Olms) 1989, S. 27–55.

WINDGÄTTER, Christof (2000): »Inszenierung eines Mediums. Zarathustras *Vorrede* und die Frage nach der ›Sprache‹«. In: *Ästhetik & Kommunikation.* 31. Jahrgang, Heft 110 (Was soll das Theater), September 2000, S. 89–97.

– (2004): »Rauschen – Nietzsche und die Materialitäten der Schrift«, in: *Nietzsche-Studien. Internationales Jahrbuch für die Nietzsche-Forschung.* Bd. 33. Hg. von Günter Abel, Josef Simon, Werner Stegmaier. Berlin, New York (de Gruyter), S. 1–36.

– (2005 a): »›Und dabei kann immer noch etwas verloren gehen!‹ – Eine Typologie feder- und maschinenschriftlicher Störungen bei Nietzsche«. In: *›SCHREIBKUGEL IST EIN DING GLEICH MIR: VON EISEN‹. (Mechanisiertes) Schreiben von 1850 bis 1950.* Hg. von Martin Stingelin, in Zusammenarbeit mit Davide Giuriato und Sandro Zanetti. Paderborn (Fink), S. 49–74.

– (2005 b): »›...with mathematic precision‹. On the Historiography of the Dynamometer«. In: *The Virtual Laboratory. Essays and Resources on the Experimentalization of Life.* http://vlp. mpiwg-berlin.mpg.de/essays/data/art42. Max-Planck-Institut für Wissenschaftsgeschichte, Berlin.

WISE, Jennifer (1998): *Dionysus writes. The Invention of Theatre in Ancient Greece.* Ithaca, London (Cornell University Press).

WUNDERLI, Peter (1972): *Ferdinand de Saussure und die Anagramme. Linguistik und Literatur.* Tübingen (Niemeyer).

ZIEGLER, Konrat (1975) (Hg.): *Der kleine Pauly. Lexikon der Antike.* München, Stuttgart (Druckenmüller).

ZUMTHOR, Paul (1987): »Körper und Performanz«. In: Hans Ulrich Gumbrecht/K. Ludwig Pfeiffer (Hgg.): *Materialität der Kommunikation.* Frankfurt/M. (Suhrkamp) 1995, S. 703–713.